부동산 사법

생활 속의 부동산과 법률

【제2판】

장병주 지음

준커뮤니케이션즈

제2판 머리말

이 책을 출간한 때로부터 약 4년이 지났다. 그 동안 부동산 사법 분야에서는 개인 간의 재산 분쟁에 대한 대법원 전원합의체 판결을 비롯한 많은 판례가 나왔을 뿐만 아니라 부동산 범죄 및 개인의 재산권 침해와 관련된 대법원 형사판결 및 헌법재판소 결정도 다수 나왔다. 또한 대학 강단에서 법학전공 뿐만 아니라 비전공 학생을 대상으로 강의를 하면서 책의 내용을 조금 더 수정·보완할 필요가 있음을 느끼게 되었다.

이 책의 수정·보완은 일상생활 속에서 발생할 수 있는 부동산 관련 문제를 조금 더 쉽게 이해할 수 있는 교재를 집필하고자 하는 의도에 따라 실무적인 부분에 중점을 두었다. 이 책에서 수정·보완된 부분은 다음과 같다. 우선 부동산 관련 대법원의 민사 판결뿐만 아니라 중요한 형사 판결 및 헌법재판소 결정을 소개하고, 개정된 민사특별법령 등의 주요 내용을 반영하였다. 구체적으로 상린관계, 명의수탁자의 수탁재산처분과 형사책임, 분묘기지권자의 지료지급의무, 주택임대인의 계약갱신거절과 손해배상, 상가임대인의 권리금회수기회방해와 손해배상, 민사집행법상 유치권과 저당권의 효력 등에 대한 대법원 판례 등을 추가하였다. 또한 주택임대차 신고 제도와 주택 및 상가임대인의 국세 및 지방세 납세증명서 제시의무 등의 법령 개정 내용을 반영하고 필요한 서식을 추가하였다.

이 책의 출간에는 여러 분들의 도움이 있었다. 특히 대학원 강의 중 부동산 실무에 기초한 질문과 실무 내용을 소개해 준 부동산 실무 종사자분들과 다양한 질문을 통하여 이 책의 보완점을 알게 해준 학부생들에게 고마움을 표한다. 마지막으로 이 책의 출간을 허락해주신 준커뮤니케이션즈 박준성 사장님에게 깊이 감사드린다.

2025. 2. 14.

장 병 주

초판 머리말

　대학 강단에서 민법 강의를 시작한 지 벌써 10여 년의 시간이 지났지만, 시간이 지날수록 가르치는 것이 쉽지 않다는 것을 실감하고 있다. 민법은 우리의 일상생활과 가장 밀접한 중요한 법률이지만 그 분량이 방대하고 다양한 이론과 새로운 판례의 등장으로 그 내용은 더욱 어려워지고 있다. 우리 생활 속에서 부동산이 차지하는 비중은 점점 더 커지고 있으며, 부동산과 관련된 법률문제도 더욱 복잡해지고 있다. 부동산 관련 법률문제는 민법 중 물권법과 채권법의 내용을 이해해야 해결할 수 있다. 그러나 대부분의 교재는 이론을 중심으로 서술하고 있어 법학전공자도 혼자서는 쉽게 그 내용을 이해하기 어렵다. 평소 강의를 하면서 우리 생활과 밀접한 부동산 문제를 조금 쉽게 접근할 수 있는 교재의 필요성을 느끼고 이 책을 집필하게 되었다.

　부동산 법률문제에 대한 체계적인 이해를 도모하기 위하여 다음과 같이 서술하였다. ① 부동산 관련 민법 규정과 특별법의 내용을 반영하였다. 구체적으로 부동산 공시제도, 부동산과 소유관계, 부동산의 거래(부동산 매매) 및 이용(용익물권과 임대차), 부동산 담보제도의 순서로 서술하였다. ② 조문과 판례를 중심으로 서술하고, 학설은 필요한 경우에만 소개하였다. 학설은 다수설을 중심으로 서술하고, 부동산 관련 법률관계의 이해를 높이기 위하여 소수 이론이나 저자의 견해는 최소화하였다. ③ 법률은 가장 최근에 개정된 내용까지 반영하였다. 올해 개정된 주택임대차보호법상 임차인의 계약갱신요구권과 차임증액 제한 내용과 상가건물임대차보호법상 제1급감염병에 의한 경제사정의 변동으로 인한 차임 등의 증감청구에 관하여 신설된 내용 등을 서술하였다. ④ 판례는 일상생활에 도움이 될 수 있는 판례를 중심으로 소개하였다. 판례의 내용을 쉽게 이해할 수 있도록 판례마다 별도의 제목을 붙이고, 필요한 경우에는 그 사실관계를 간략하게 요약하여 쉽게 이해하도록 하였다. ⑤ 부동산 관련 양식을 첨부하였다. 등기부·대장, 등기신청서 또는 각종 부동산 계약 관련 서식 등을 첨부하여 부동산등기 신청 및 계약 체결 등의 부동산 실무에 참고할 수 있게 하였다.

이 책의 출간과 더불어 그동안 도와주신 모든 분들에게 감사의 인사를 전한다. 특히 물심양면으로 뒷바라지해 주신 아버님과 돌아가신 어머님, 그리고 가족들에게 고마운 마음을 전하다. 그리고 학문의 길로 이끌어주신 강태성 교수님(경북대학교 법학전문대학원)께 감사의 말씀을 드리며, 이 책의 출간을 위하여 노력해주신 준커뮤니케이션즈 박준성 사장님과 직원분들에게도 감사의 인사를 드린다.

　마지막으로 이 책이 법학전공자뿐만 아니라 부동산 법률문제에 관심이 있는 분들에게 조금이라도 도움이 되기를 기대하며, 부족한 부분은 앞으로 보완해 나갈 것이다.

2020. 12. 5.

장 병 주

차례

제1장 총 설 ······ 2

제1절 부동산 사법(私法) 일반론 ······ 2

Ⅰ. 부동산 사법의 의의 ······ 2

Ⅱ. 법원 ······ 2
   1. 의의 ······ 2
   2. 성문법 ······ 3
   3. 불문법 ······ 4

Ⅲ. 권리의 행사와 의무의 이행 ······ 8
   1. 서설 ······ 8
   2. 신의성실의 원칙 ······ 9
   3. 권리남용금지의 원칙 ······ 16

제2절 부동산과 공시제도 ······ 18

Ⅰ. 부동산의 개념 ······ 18
   1. 토지 ······ 18
   2. 토지의 정착물 ······ 19

Ⅱ. 부동산과 공시제도 ······ 22
   1. 공시의 필요성 ······ 22
   2. 부동산의 공시방법 ······ 22
   3. 공시(公示)의 원칙과 공신(公信)의 원칙 ······ 22

Ⅲ. 부동산 등기 ··· 23
   1. 부동산 물권변동과 등기 ····························· 23
   2. 등기의 의의 ·· 23
   3. 등기사무 ··· 24
   4. 등기부 ·· 24
   5. 등기부의 열람과 등기한 권리의 순위 ········ 25
   6. 등기의 종류 ·· 26
   7. 등기절차 ··· 27
   8. 등기청구권 ··· 33
   9. 등기의 효력 ·· 36

제2장 부동산 소유 ·· 42

제1절 부동산 물권 ·· 42

Ⅰ. 의의 ·· 42
Ⅱ. 물권법정주의 ·· 42

제2절 부동산 소유권 ··· 44

Ⅰ. 서설 ·· 44
   1. 의의 ··· 44
   2. 부동산 소유권의 제한 ································· 44

Ⅱ. 부동산 소유권의 범위 ·· 45
   1. 토지 소유권의 범위 ···································· 45

  2. 상린관계 ··· 47

Ⅲ. 부동산 소유권의 취득 ·· 61
  1. 개설 ··· 61
  2. 법률행위에 의한 부동산 소유권 취득 ··· 61
  3. 법률행위에 의하지 않는 부동산 소유권 취득 ····························· 62

Ⅳ. 부동산 소유권의 침해와 물권적 청구권 ·· 86
  1. 물권적 청구권 ··· 86
  2. 소유물반환청구권 ··· 87
  3. 소유물방해제거청구권 ··· 89
  4. 소유물방해예방청구권 ··· 91
  5. 비용부담의 문제 ··· 92

Ⅴ. 부동산의 공동소유 ·· 93
  1. 의의 ··· 93
  2. 공유 ··· 93
  3. 합유 ··· 102
  4. 총유 ··· 104

Ⅵ. 부동산의 명의신탁 ·· 106
  1. 명의신탁의 의의 ··· 106
  2. 연혁 ··· 106
  3. 부동산실명법의 적용범위 ··· 107
  4. 부동산실명법의 적용을 받는 명의신탁 ····································· 107
  5. 부동산실명법의 적용을 받지 않는 명의신탁 ··························· 115

제3절 집합건물의 소유 및 관리 · 122

Ⅰ. 개념 · 122
Ⅱ. 현행법 규정 · 122
Ⅲ. 구분소유의 성립요건 · 122

Ⅳ. 전유부분 · 공용부분 · 123
   1. 전유부분 · 123
   2. 공용부분 · 123

Ⅴ. 대지사용권 · 123
   1. 의의 · 123
   2. 전유부분과 대지 사용권의 일체성 · 124

Ⅵ. 구분소유의 법률관계 · 125
   1. 구분소유자의 권리 · 의무 · 125
   2. 공용부분에 대한 법률관계 · 127

Ⅶ. 관리조직과 규약 · 130
   1. 관리조직 · 130
   2. 규약 · 133

Ⅷ. 분양자 및 시공자의 담보책임 · 133

제3장 부동산 매매 …………………………………………………… 136

제1절 서설 ………………………………………………………… 136

제2절 부동산 매매 ………………………………………………… 137

Ⅰ. 매매의 의의 …………………………………………………… 137

Ⅱ. 매매의 성립 …………………………………………………… 137
1. 당사자의 합의……………………………………………… 137
2. 매매의 성립에 관한 특칙 ………………………………… 139
3. 부동산 거래의 신고 등의 의무 …………………………… 151

Ⅲ. 매매의 효력……………………………………………………… 153
1. 일반적 효력………………………………………………… 153
2. 매수인의 의무와 채무불이행 ……………………………… 161
3. 매도인의 의무와 채무불이행 ……………………………… 165
4. 매도인의 담보책임 ………………………………………… 169

Ⅳ. 매매 계약의 해제 ……………………………………………… 181
1. 계약의 해제………………………………………………… 181
2. 해제권의 행사……………………………………………… 188
3. 해제의 효과 ………………………………………………… 189
4. 해제권의 소멸……………………………………………… 193

Ⅴ. 특수한 매매……………………………………………………… 195

1. 환매 ··· 195
　　2. 재매매의 예약 ··· 198

제4장 부동산 사용·수익 ·································· 200

제1절 총설 ··· 200

제2절 용익물권 ··· 201

Ⅰ. 지상권 ··· 201
　　1. 의의 ··· 201
　　2. 지상권의 취득 ··· 201
　　3. 지상권의 존속기간 ··· 203
　　4. 지상권의 효력 ··· 205
　　5. 특수지상권 ··· 205

Ⅱ. 지역권 ··· 211
　　1. 의의 ··· 211
　　2. 지역권의 성질 ··· 212
　　3. 지역권의 취득 ··· 213
　　4. 지역권의 존속기간 ··· 214
　　5. 지역권의 효력 ··· 214
　　6. 지역권의 소멸 ··· 215

Ⅲ. 전세권 ··· 216
　　1. 의의 ··· 216

2. 전세권의 취득 ·· 216
　　3. 전세권의 존속기간 ·· 218
　　4. 전세권의 효력 ·· 218
　　5. 전세권의 소멸 ·· 222

제3절 임대차 ··· 224

Ⅰ. 서설 ·· 224

Ⅱ. 임대차의 성립 ·· 224
　　1. 당사자의 합의 ·· 224
　　2. 임대목적물 ·· 224

Ⅲ. 임대차의 존속기간 ·· 225
　　1. 계약으로 기간을 정한 경우 ·· 225
　　2. 계약으로 기간을 정하지 않은 경우 ··· 226

Ⅳ. 임대인의 권리·의무 ·· 227
　　1. 임대인의 권리 ·· 227
　　2. 임대인의 의무 ·· 228

Ⅴ. 임차인의 권리·의무 ·· 233
　　1. 임차인의 권리 ·· 233
　　2. 임차인의 의무 ·· 245

Ⅵ. 임차권의 양도와 임차물의 전대 ·· 252

1. 의의 ··· 252
　　2. 임대인의 동의 있는 양도·전대의 법률관계 ································· 253
　　3. 임대인의 동의 없는 양도·전대 ·· 255

Ⅶ. 보증금 및 권리금 ·· 256
　　1. 보증금 ··· 256
　　2. 권리금 ··· 262

제4절 주택임대차와 상가건물임대차 ·· 264

Ⅰ. 서설 ·· 264

Ⅱ. 주택임대차 ·· 264
　　1. 주택임대차보호법의 목적 ··· 264
　　2. 적용범위 ·· 264
　　3. 임차권의 대항력 ·· 266
　　4. 주택임대차 기간 ·· 277
　　5. 차임·보증금 증감청구권 ·· 282
　　6. 보증금의 효력 ··· 284
　　7. 임차인의 사망과 주택 임차권의 승계 ······································ 294
　　8. 기타 ·· 295

Ⅲ. 상가건물임대차 ·· 297
　　1. 상가건물임대차보호법의 목적 ·· 297
　　2. 적용범위 ·· 297
　　3. 대항력 ··· 298

4. 보증금의 효력 ･･ 298
　　5. 상가건물 임대차의 존속 보장 ･････････････････････････････ 300
　　6. 권리금 ･･･ 305
　　7. 차임 지급의 연체와 해지 ･････････････････････････････････ 310
　　8. 차임 등의 증감청구권 ･･･････････････････････････････････ 311
　　9. 기타 ･･･ 312

제5장 부동산 담보 ････････････････････････････････････ 316

제1절 서설 ･･･ 316

제2절 유치권 ･･･ 317

Ⅰ. 의의 ･･ 317

Ⅱ. 유치권의 성립 ･･ 317
　　1. 변제기가 도래한 채권의 존재 ････････････････････････････ 318
　　2. 타인의 물건 또는 유가증권의 점유 ･･･････････････････････ 318
　　3. 채권과 목적물 사이에 관련성(견련성) ････････････････････ 319

Ⅲ. 유치권의 효력 ･･ 319
　　1. 유치권자의 권리 ･･･ 319
　　2. 유치권자의 의무 ･･･ 322
　　3. 피담보채권의 소멸시효 ･･････････････････････････････････ 322

제3절 저당권 ··· 325

　Ⅰ. 의의 ··· 325

　Ⅱ. 저당권의 성립 ·· 325
　　　1. 저당권 설정 계약 ·· 325
　　　2. 저당권 설정 등기 ·· 325
　　　3. 저당권의 객체 ·· 326
　　　4. 저당권을 설정할 수 있는 채권(피담보채권) ········· 326

　Ⅲ. 저당권의 효력 ·· 327
　　　1. 저당권의 효력이 미치는 범위 ··························· 327
　　　2. 우선변제적 효력 ··· 330
　　　3. 저당권과 용익관계 ·· 332
　　　4. 저당권의 보호 ·· 339

　Ⅳ. 저당권의 처분과 소멸 ··· 341
　　　1. 저당권의 처분 ·· 341
　　　2. 저당권의 소멸 ·· 343

　Ⅴ. 특수저당권 ··· 344
　　　1. 공동저당권 ·· 344
　　　2. 근저당권 ··· 351

제4절 비전형담보 ··· 355

Ⅰ. 의의 ··· 355

Ⅱ. 가등기담보 ··· 355
 1. 의의 ··· 355
 2. 가등기담보권의 성립 ·· 355
 3. 가등기담보권의 효력 ·· 357

Ⅲ. 양도담보 ·· 360
 1. 의의 ··· 360
 2. 양도담보의 성립 ·· 361
 3. 양도담보권의 효력 ··· 362

부 록 ··· 367

제 1 장
총설

제1절 부동산 사법(私法) 일반론
제2절 부동산과 공시제도

제1장 총 설

제1절 부동산 사법(私法) 일반론

Ⅰ. 부동산 사법의 의의

인류는 사회생활을 통하여 발전해 오고 있으며, 사회생활을 하는 동안 필연적으로 이해관계의 충돌로 인한 분쟁이 발생하고 있다. 개인에게 있어 부동산은 사회·경제적으로 매우 중요한 자산이므로 부동산과 관련된 개인 간의 이해관계에 따른 분쟁도 필연적으로 발생할 수 밖에 없다. 부동산 사법은 부동산에 대한 私人 간의 법률관계를 규율하는 법을 의미한다. 그러나 부동산 사법이라는 형식적 의미의 법률은 존재하지 않고, 민법에서 규정하고 있는 부동산의 물권관계 및 채권관계 규정과 부동산과 관련된 특별법을 합쳐서 강학상 부동산 사법이라고 한다. 이 책에서는 소유권을 비롯한 부동산의 취득, 이용, 부동산 거래 및 부동산 담보에 관한 내용을 중심으로 설명한다.

Ⅱ. 법원

1. 의의

부동산 사법은 민법의 일부이므로 부동산 사법의 법원法源, 즉 재판의 기준이 되는 법은 민법이다. 법관은 사인 간의 부동산에 관하여 재판을 할 때에는 실질적 의미의 민법에 의하여야 하며, 민법 제1조에서는 "민사에 관하여 법률에 규정이 없으면 관습법에 의하고 관습법이 없으면 조리에 의한다."는 규정을 두어 법원과 그 적용순서에 대하여 정하고 있다.

2. 성문법

민법 제1조에서 규정하고 있는 '법률'은 헌법이 정하는 절차에 따라 제정·공포되는 형식적 의미의 법률만을 가리키는 것이 아니고, 법률 이외의 제정법을 포함한 모든 성문법을 뜻한다(강태성, 민법총칙, 13면; 곽윤직·김재형, 민법총칙, 17면; 김증한·김학동, 12면; 백태승, 11면).

1) 법률

여기서 말하는 법률은 헌법이 정하는 절차에 따라 제정·공포된 것을 말한다. 민법의 법원으로서 가장 중요한 것은 민법전이다(형식적 의미의 민법). 또한 민법 이외의 부동산에 관한 법률도 법원이 된다. 예를 들어 부동산등기법, 부동산등기특별조치법, 부동산실권리자 명의 등기에 관한 법률(약칭: 부동산실명법), 집합건물의 소유 및 관리에 관한 법률(약칭: 집합건물법), 가등기담보 등에 관한 법률(약칭: 가등기담보법), 공장 및 광업재단저당법(약칭: 공장저당법), 주택임대차보호법, 상가건물임대차보호법 등이 있다.

2) 명령

국회이외의 국가 기관에 의하여 일정한 절차에 따라 제정된 법규인 명령도 민사에 관한 것이면 민법의 법원이 된다. 명령에는 긴급명령과 일반명령이 있고, 긴급명령(예: 긴급재정 경제명령)은 법률과 동위이지만(헌법 제76조), 일반명령은 법률보다 하위이다. 명령은 제정권자에 따라 대통령령·총리령·부령部令으로 구분되며, 목적 및 성질에 따라 법률에 의하여 위임된 사항을 정하는 위임명령(예: 민법 제312조의2 단서의 시행에 관한 규정)과 법률의 규정을 집행하기 위하여 필요한 세칙을 정하는 집행명령(예: 주택임대차보호법 시행령 등의 각종 특별법규의 시행령)이 있다.

3) 대법원 규칙

대법원은 법률에 저촉되지 아니하는 범위 안에서 소송에 관한 절차, 법원의 내부규율과 사무처리에 관한 규칙을 제정할 수 있다(헌법 제108조). 따라서 대법원 규칙(예: 부동산 등기규칙)도 민사에 관한 것이면 민법의 법원이 되지만 법률보다 하위이다.

4) 조약

헌법에 의하여 체결·공포된 조약과 일반적으로 승인된 국제법규는 국내법과 같은 효력을 가진다(헌법 제6조 제1항). 따라서 민사에 관한 조약(예: 특허 협력조약[1])은 민법의 법원이 된다.

5) 자치법규

조례(지방의회 제정)와 규칙(지방자치단체장 제정)도 민사에 관한 것은 민법의 법원이 된다. 다만 조례와 규칙은 법률이나 명령보다 하위이고, 그 적용범위는 해당 지역으로 제한된다(예: 대구광역시 주택 중개보수 등에 관한 조례).

3. 불문법

1) 관습법

관습법慣習法이란 관습, 즉 사회의 거듭된 관행으로 생성된 사회생활 규범이 사회의 법적 확신과 인식에 의하여 법적 규범으로 승인·강행되기에 이른 것을 말한다(대법원 2005.7.21. 선고 2002다1178 전원합의체 판결). 사회에서 법적 확신을 얻은 관습은 법으로서 법원이 적용하여야 할 의무를 지며, 또한 관습법의 존재를 당사자가 입증할 필요가 없다.

관습법이 성립하기 위하여는 관습이 존재하고, 관습에 대한 법적 확신과 헌법을 최상위 규범으로 하는 전체 법질서에 반하지 않는 것으로서 정당성과 합리성이 있어야 한다(대법원 2003.7.24. 선고 2001다48781 판결; 대법원 2005.7.21. 선고 2002다1178 전원합의체 판결). 현재 관습법에 의한 법정지상권(분묘기지권 및 관습법상의 법정지상권)과 수목 등의 소유권 이전에 관한 명인방법이 관습법으로 인정되고 있다. 관습법은 당연히 민법의 법원이 되지만 관습법은 성문법이 없는 부분을 보충하는 효력이 있다(대법원 2005.7.21. 선고 2002다1178 전원합의체 판결).

> **판례** **종중 구성원의 자격(성년 남자)과 관습법의 효력**
> 종원의 자격을 성년 남자로만 제한하고 여성에게는 종원의 자격을 부여하지 않는 종래 관습에 대하여 우리 사회 구성원들이 가지고 있던 법적 확신은 상당 부분 흔들리거나 약화되어 있고, 무엇보다도 헌법을 최상위 규범으로 하는 우리의 전체 법질서는 개인의 존엄과 양성의 평등을 기초로 한 가족생활을 보장하고, 가족 내의 실질적인 권리와 의무에 있어서 남녀의 차별을 두지 아니하며, 정치·경제·사

---

1) 같은 발명에 대하여 여러 나라에서 특허를 취득하려는 경우, 그 비용과 절차의 부담을 덜고 각 나라 특허청에서 중복으로 심사할 때 드는 노력을 줄이기 위해 제정한 조약(patent cooperation treaty).

회·문화 등 모든 영역에서 여성에 대한 차별을 철폐하고 남녀평등을 실현하는 방향으로 변화되어 왔으며, 앞으로도 이러한 남녀평등의 원칙은 더욱 강화될 것인바, 종중은 공동선조의 분묘수호와 봉제사 및 종원 상호간의 친목을 목적으로 형성되는 종족단체로서 공동선조의 사망과 동시에 그 후손에 의하여 자연발생적으로 성립하는 것임에도, 공동선조의 후손 중 성년 남자만을 종중의 구성원으로 하고 여성은 종중의 구성원이 될 수 없다는 종래의 관습은, 공동선조의 분묘수호와 봉제사 등 종중의 활동에 참여할 기회를 출생에서 비롯되는 성별만에 의하여 생래적으로 부여하거나 원천적으로 박탈하는 것으로서, 위와 같이 변화된 우리의 전체 법질서에 부합하지 아니하여 정당성과 합리성이 있다고 할 수 없으므로, 종중 구성원의 자격을 성년 남자만으로 제한하는 종래의 관습법은 이제 더 이상 법적 효력을 가질 수 없게 되었다(대법원 2005.7.21. 선고 2002다1178 전원합의체 판결).

판례 관습법상 법정지상권과 성립요건

토지 또는 건물이 동일한 소유자에 속하였다가 건물 또는 토지가 매매 또는 기타의 원인으로 인하여 양자의 소유자가 다르게 된 때에 그 건물을 철거한다는 조건이 없는 이상 건물소유자는 토지소유자에 대하여 그 건물을 위한 관습상의 법정지상권을 취득하는 것이며(당원 1980.7.8. 선고 79다2000 판결 참조) 이 지상권은 법률행위로 인한 물권의 취득이 아니고 관습법에 의한 부동산에 관한 물권의 취득이므로 등기를 필요로 하지 아니하고 지상권 취득의 효력이 발생하는 것이며 이 관습상 지상권은 물권으로서의 효력에 의하여 이를 취득할 당시의 토지소유자나 이로부터 소유권을 전득한 제3자에게 대하여도 등기 없이 위 지상권을 주장할 수 있다(당원 1971.1.26. 선고 70다2576 판결; 대법원 1984. 9. 11. 선고 83다카2245 판결).

판례 관습상의 사도(私道)통행권 인정여부

민법 제185조는, "물권은 법률 또는 관습법에 의하는 외에는 임의로 창설하지 못한다."고 규정하여 이른바 물권법정주의를 선언하고 있고, 물권법의 강행법규성은 이를 중핵으로 하고 있으므로, 법률(성문법과 관습법)이 인정하지 않는 새로운 종류의 물권을 창설하는 것은 허용되지 아니한다 할 것인바, 원심이 인정한 관습상의 통행권은 성문법과 관습법 어디에서도 근거가 없으므로(기록상 위 지역에 그와 같은 관습법이 존재한다고 볼 자료도 전혀 없다), 원심이 원고들에게 관습상의 통행권이 있다고 판단하여 원고들의 통행권 확인 청구를 인용한 것은 물권법정주의에 관한 법리를 오해하여 판결 결과에 영향을 미친 위법을 저지른 것이라 하겠다(관습상의 사도통행권은 물권법정주의에 위배되어 인정되지 않는다는 사례; 대법원 2002. 2. 26. 선고 2001다64165 판결).

2) 조리

조리(條理)란 사물의 본질적 원리, 즉 일반인이 인정하는 객관적인 원리(질서)이다. 민법 제1조에 따라 조리가 재판에 적용된다고 하더라도 조리를 법원이라고 할 수는 없으며, 조리는 법원(法院)에 의하여 적용되는 것이다(곽윤직·김재형, 민법총칙, 29면; 송덕수, 민법총칙, 24면; 백태승, 23면; 반대견해(강태성, 민법총칙, 22면; 이은영, 민법총칙, 52면 등) 있음). 즉 조리는 성문법을 통하여 구체화되며, 실정법과 법률행위를 해석하는 기준과 재판의 준거로서의 기능을 할 뿐이다.

> **판례** **종원(종중 구성원)의 자격 및 그 근거**
>
> 민법 제1조는 민사에 관하여 법률에 규정이 없으면 관습법에 의하고 관습법이 없으면 조리에 의한다고 규정하고 있는바, 성문법이 아닌 관습법에 의하여 규율되어 왔던 종중에 있어서 그 구성원에 관한 종래 관습은 더 이상 법적 효력을 가질 수 없게 되었으므로, 종중 구성원의 자격은 민법 제1조가 정한 바에 따라 조리에 의하여 보충될 수밖에 없다. 종중이란 공동선조의 분묘수호와 제사 및 종원 상호간의 친목 등을 목적으로 하여 구성되는 자연발생적인 종족집단이므로, 종중의 이러한 목적과 본질에 비추어 볼 때 공동선조와 성과 본을 같이 하는 후손은 성별의 구별 없이 성년이 되면 당연히 그 구성원이 된다고 보는 것이 조리에 합당하다고 할 것이다(대법원 2005.7.21. 선고 2002다1178 전원합의체 판결).

> **판례** **제사주재자의 결정**
>
> [1] 대법원 2008. 11. 20. 선고 2007다27670 전원합의체 판결(이하 '2008년 전원합의체 판결'이라 한다)은 제사주재자는 우선적으로 망인의 공동상속인들 사이의 협의에 의해 정하되, 협의가 이루어지지 않는 경우에는 제사주재자의 지위를 유지할 수 없는 특별한 사정이 있지 않는 한 망인의 장남(장남이 이미 사망한 경우에는 장손자)이 제사주재자가 되고, 공동상속인들 중 아들이 없는 경우에는 망인의 장녀가 제사주재자가 된다고 판시하였다.
>
> [2] 그러나 공동상속인들 사이에 협의가 이루어지지 않는 경우 제사주재자 결정방법에 관한 2008년 전원합의체 판결의 법리는 더 이상 조리에 부합한다고 보기 어려워 유지될 수 없다. 공동상속인들 사이에 협의가 이루어지지 않는 경우에는 제사주재자의 지위를 인정할 수 없는 특별한 사정이 있지 않는 한 피상속인의 직계비속 중 남녀, 적서를 불문하고 최근친의 연장자가 제사주재자로 우선한다고 보는 것이 가장 조리에 부합한다(피상속인이 원고인 배우자, 장녀(1994년생), 차녀(2000년생)를 두고 있는 상태에서 피고와의 사이에 장남(2006년생)을 두고 사망한 후, 피고가 장남의 법정대리인으로 피상속인의 유체를 화장한 후 추모공원에 봉안하자 원고들이

피고를 상대로 유해의 인도를 청구한 사안에서 원고의 청구를 인용하는 판결; 대법원 2023. 5. 11. 선고 2018다248626 전원합의체 판결).

3) 판례

우리나라에서는 선례구속先例拘束의 원리가 적용되지 않으므로 판례는 법이 아니다(강태성, 민법총칙, 23면; 곽윤직·김재형, 민법총칙, 26면; 송덕수, 민법총칙, 26면). 다만 상급법원의 판결은 당해 사건에 관하여 하급심을 기속한다(법원조직법 제8조).

4) 헌법재판소 결정

헌법재판소 결정은 법률과 동일한 효력을 가지고 법원 그 밖의 국가기관과 지방자치단체를 구속한다(헌법재판소법 제47조, 제67조, 제75조). 따라서 민사에 관한 헌법재판소 결정은 법원이 된다.

판례 유류분의 권리자와 유류분[2]에 관한 헌법재판소 결정의 법원성

민법 제1112조는 유류분권리자와 유류분에 관하여 획일적으로 피상속인의 직계비속과 배우자는 법정상속분의 2분의 1(제1호 및 제2호), 직계존속과 형제자매는 법정상속분의 3분의 1(제3호 및 제4호)로 규정하고 있다. - 중략 - 유류분권리자와 유류분을 개별적으로 적정하게 입법하는 것이 현실적으로 매우 어려운 점, 법원이 구체적 사정을 고려하여 정하도록 하는 것은 법원의 과도한 부담 등을 초래할 수 있는 점 등을 고려하면, 민법 제1112조가 유류분권리자와 유류분을 획일적으로 규정한 것이 매우 불합리하다고 단정하기 어렵다. 그러나 패륜적인 상속인의 유류분을 인정하는 것은 일반 국민의 법감정과 상식에 반한다고 할 것이므로, 민법 제1112조 제1호부터 제3호가 유류분상실사유를 별도로 규정하지 아니한 것은 불합리하고 기본권제한입법의 한계를 벗어나 헌법에 위반된다. 또한 상속재산형성에 대한 기여나 상속재산에 대한 기대 등이 거의 인정되지 않는 피상속인의 형제자매에게까지 유류분을 인정하는 민법 제1112조 제4호 역시 불합리하고 기본권제한입법의 한계를 벗어나 헌법에 위반된다. - 중략 - 민법 제1112조 제1호부터 제3호에 대하여 위헌결정을

---

[2] 유류분제도란, 피상속인이 증여 또는 유증으로 자유로이 재산을 처분하는 것을 제한하여 법정상속인 중 일정한 범위의 근친자에게 법정상속분의 일부가 귀속되도록 법률상 보장하는 민법상 제도를 말한다. 여기서 '유류분'은 법정상속인에게 귀속되는 것이 법률상 보장되는 상속재산의 일정비율을 말하고, '유류분권'은 상속개시 후 일정범위의 법정상속인에게 보장되는 권리로서 상속재산의 일정비율을 확보해 주는 것을 그 내용으로 한다. '유류분반환청구권'은 상속개시 후 확보된 유류분권에 미치지 못하는 부족분이 발생하는 경우 그의 유류분을 침해하는 증여 또는 유증의 상대방(수증자 또는 수유자)에 대해 부족분의 반환을 청구하는 권리로서 유류분권으로부터 파생되어 나오는 권리이다.

선고하는 대신 입법자의 개선입법이 있을 때까지 계속 적용을 명하는 헌법불합치결정을 선고함이 타당하다. 입법자는 가능한 빠른 시일 내에 개선입법을 하여야 할 의무가 있고, 2025. 12. 31.까지 개선입법이 이루어지지 않으면 그 다음날부터 위 조항들은 효력을 상실한다(피상속인의 형제자매의 유류분을 규정한 민법 제1112조 제4호에 대하여 단순위헌을, 유류분상실사유를 별도로 규정하지 아니한 민법 제1112조 제1호부터 제3호와 기여분에 관한 제1008조의2를 유류분에 준용하는 규정을 두지 아니한 민법 제1118조에 대하여 계속적용 헌법불합치결정을 각 선고한 사례; 전원재판부 2020 헌가4, 2024. 4. 25.).

Ⅲ. 권리의 행사와 의무의 이행

1. 서설

오늘날 인간의 생활관계는 법률에 의하여 규율되는 경우가 많다. 즉 인간은 생존하는 동안 다양한 법률관계를 맺게 되며, 그 법률관계의 내용에 따라 당사자는 권리를 가지고 의무를 부담하게 된다. 예를 들어 부동산을 매매하는 경우, 매도인은 매수인에 대하여 대금지급청구권을 가지지만 소유권을 이전해야할 의무도 부담한다. 이에 대하여 매수인은 매도인에 대하여 대금을 지급할 의무를 부담하지만 소유권이전청구권을 가진다. 이처럼 권리와 의무는 서로 대응되는 경우도 있지만, 그렇지 않은 경우도 있다.[3]

한편 권리의 내용은 권리행사를 통하여 실현된다. 예를 들어 부동산의 소유자는 그 소유물을 점유·사용·수익·처분 등의 방법으로 권리를 행사할 수 있으며, 부동산의 전세권자는 그 목적물을 점유하면서 사용·수익할 수 있다. 권리의 행사는 권리자 스스로 하는 것이 원칙이나 행사상의 일신전속권(예: 부부 간의 동거 청구권 등)을 제외하고는, 대리(민법 제114조 이하)나 대위(민법 제404조 이하)도 가능하다. 그러나 권리의 행사는 타인의 권리와 충돌될 수 있기 때문에 정당한 이익의 범위 내로 제한할 필요가 있다. 민법 제2조에서는 '신의성실의 원칙'과 '권리남용 금지의 원칙'을 규정하여 권리행사의 한계를 명문화하고 있다.

---

3) 권리와 의무가 대응하지 않는 경우에는 i)권리만 있고 의무는 없는 경우(예: 해제권, 상계권, 취소권 등의 형성권), ii)권리는 없고 의무만 있는 경우(예: 법인의 등기의무(민법 제49조), 법인 청산인의 공고의무(민법 제88조) 등), iii)간접의무(승낙 연착의 통지의무(민법 제528조)와 같이 의무를 부담하는 자가 반드시 이행하여야 하는 것은 아니지만 의무에 위반하면 유리한 법적 지위의 상실과 같은 불이익을 입게 되는 의무)가 있다(강태성, 민법총칙, 56면).

2. 신의성실의 원칙

1) 의의

민법 제2조 제1항에는 신의성실信義誠實의 원칙, 즉 "권리의 행사와 의무의 이행은 신의에 좇아 성실히 하여야 한다."고 규정하고 있다. 신의성실의 원칙이란 사회공동생활의 일원으로서 서로 상대방의 신뢰를 헛되이 하지 않도록 성의 있게 행동하여야 한다는 원칙이다.

> **판례** **잔금미지급으로 인한 매매계약해제와 신의칙 적용여부**
> 총매매대금이 2,000만원인 부동산의 매매대금 중 미지급액이 불과 105,000원일 뿐 아니라 그 미지급액에 대하여 월 5분의 지연이자를 지급하기로 약정한 경우에 있어서 위와 같은 미지급액이 있다는 이유만으로 위 매매계약을 해제한다는 것은 신의칙에 위배되는 것이다(대법원 1971. 3. 31. 선고 71다352,353,354 판결).

> **판례** **부동산 거래에 있어 부수적 의무와 신의칙상 고지 의무**
> [1] 부동산 거래에 있어 거래 상대방이 일정한 사정에 관한 고지를 받았더라면 그 거래를 하지 않았을 것임이 경험칙상 명백한 경우에는 신의성실의 원칙상 사전에 상대방에게 그와 같은 사정을 고지할 의무가 있으며, 그와 같은 고지의무의 대상이 되는 것은 직접적인 법령의 규정뿐 아니라 널리 계약상, 관습상 또는 조리상의 일반원칙에 의하여도 인정될 수 있고(대법원 2006. 10. 12. 선고 2004다48515 판결 등 참조), 일단 고지의무의 대상이 되는 사실이라고 판단되는 경우 이미 알고 있는 자에 대하여는 고지할 의무가 별도로 인정될 여지가 없지만, 상대방에게 스스로 확인할 의무가 인정되거나 거래관행상 상대방이 당연히 알고 있을 것으로 예상되는 예외적인 경우가 아닌 한, 실제 그 대상이 되는 사실을 알지 못하였던 상대방에 대하여는 비록 알 수 있었음에도 알지 못한 과실이 있다 하더라도 그 점을 들어 추후 책임을 일부 제한할 여지가 있음은 별론으로 하고 고지할 의무 자체를 면하게 된다고 할 수는 없다(대법원 2007. 6. 1. 선고 2005다5812,5829,5836 판결).
> [2] 이 사건 아파트 단지 인근에 이 사건 쓰레기 매립장이 건설예정인 사실이 신의칙상 피고가 분양계약자들에게 고지하여야 할 대상이라고 본 것은 정당하고, - 중략 - 쓰레기 매립장이 분양계약을 체결할 당시에는 폐기물처리시설 설치승인처분을 받은 단계에 있었다고 할지라도 그러한 사실이 이 사건 분양계약의 체결에 영향을 미칠 수 있는 사실임을 인정할 수 있는 이상 이를 고지의무의 대상이 된다고 본 원심의 판단도 정당하므로, 거기에 상고이유에서 주장하는 바와 같은 법리오해

의 위법이 없다(대법원 2006. 10. 12. 선고 2004다48515 판결).

[3] 우리 사회의 통념상으로는 공동묘지가 주거환경과 친한 시설이 아니어서 분양계약의 체결 여부 및 가격에 상당한 영향을 미치는 요인일 뿐만 아니라 대규모 공동묘지를 가까이에서 조망할 수 있는 곳에 아파트단지가 들어선다는 것은 통상 예상하기 어렵다는 점 등을 감안할 때 아파트 분양자는 아파트단지 인근에 공동묘지가 조성되어 있는 사실을 수분양자에게 고지할 신의칙상의 의무를 부담한다(대법원 2007. 6. 1. 선고 2005다5812,5829,5836 판결).

[4] 고지의무 위반은 부작위에 의한 기망행위에 해당하므로 원고들로서는 기망을 이유로 분양계약을 취소하고 분양대금의 반환을 구할 수도 있고 분양계약의 취소를 원하지 않을 경우 그로 인한 손해배상만을 청구할 수도 있다(대법원 2006. 10. 12. 선고 2004다48515 판결).

2) 법적 성격

신의, 성실의 개념은 일반적으로 윤리적 도덕적인 평가를 나타내는 개념이다. 신의성실의 원칙(신의칙)은 이를 법적 평가의 한 내용으로 도입한 것이므로 윤리규범성을 띤다(곽윤직·김재형, 민법총칙, 75면; 송덕수, 민법총칙, 94면;). 구체적인 내용은 거래관행 및 그 시대의 정의감과 윤리관 등에 입각하여 개별적인 경우에 모든 구체적인 사정을 고려하여 법관의 재량에 의하여 정하여지는 일반조항이다(곽윤직·김재형, 민법총칙, 76면; 김증한·김학동, 72면). 신의칙은 강행규정의 성질을 가지므로, 판례도 "신의칙에 반하는 것은 강행규정에 위배되는 것이므로, 당사자의 주장이 없더라도 법원은 직권으로 판단할 수 있다."고 한다(대법원 1995. 12. 22. 선고 94다42129 판결).

> **판례** 신의성실 원칙의 의미와 그 적용에 있어서 고려할 사정
> 민법상 신의성실의 원칙이란 법률관계의 당사자는 상대방의 이익을 고려하여 형평에 어긋나거나 신의를 저버리는 내용 또는 방법으로 권리를 행사하거나 의무를 이행하여서는 안된다는 추상적 규범을 말하는 것이고 이를 구체적인 법률관계에 적용함에 있어서는 상대방의 이익의 내용, 행사하거나 이행하려는 권리 또는 의무와 상대방의 이익과의 상관관계 및 상대방의 신뢰의 타당성 등 모든 구체적인 사정을 고려하여 그 적용 여부를 결정하여야 한다(대법원 1992. 5. 22. 선고 91다36642 판결).

> **판례** 신의성실의 원칙과 법원의 직권 판단
> 신의성실의 원칙에 반하는 것은 강행규정에 위배되는 것으로서 당사자의 주장이 없더라도 법원이 직권으로 판단할 수 있으므로 원심법원이 직권으로 신의칙에 의하여

신용보증책임을 감액한 데에 변론주의를 위배한 위법은 없다(대법원 1998. 8. 21. 선고 97다37821 판결).

3) 적용범위

신의칙은 모든 법률관계에 적용되는 일반원칙이다. 따라서 사법관계 전반은 물론이고 공법관계 전반에도 적용된다.[4] 그러나 신의칙 적용은 채권법 분야에서 그 실효성이 가장 크다(강태성, 민법총칙, 83면; 곽윤직·김재형, 민법총칙, 77면).

> **판례** **행정행위와 신의성실 원칙 적용**
>
> [1] 일반 행정법률관계에서 관청의 행위에 대하여 신의칙이 적용되기 위해서는 합법성의 원칙을 희생하여서라도 처분의 상대방의 신뢰를 보호함이 정의의 관념에 부합하는 것으로 인정되는 특별한 사정이 있을 경우에 한하여 예외적으로 적용된다(대법원 2004. 7. 22. 선고 2002두11233 판결).
>
> [2] 조세법률관계에 있어서 신의성실의 원칙이나 신뢰보호의 원칙 또는 비과세 관행 존중의 원칙은 합법성의 원칙을 희생하여서라도 납세자의 신뢰를 보호함이 정의에 부합하는 것으로 인정되는 특별한 사정이 있을 경우에 한하여 적용되는 예외적인 법 원칙이다. 그러므로 과세관청의 행위에 대하여 신의성실의 원칙 또는 신뢰보호의 원칙을 적용하기 위해서는, 과세관청이 공적인 견해표명 등을 통하여 부여한 신뢰가 평균적인 납세자로 하여금 합리적이고 정당한 기대를 가지게 할 만한 것이어야 한다. 비록 과세관청이 질의회신 등을 통하여 어떤 견해를 표명하였다고 하더라도 그것이 중요한 사실관계와 법적인 쟁점을 제대로 드러내지 아니한 채 질의한 데 따른 것이라면 공적인 견해표명에 의하여 정당한 기대를 가지게 할 만한 신뢰가 부여된 경우라고 볼 수 없다(대법원 2013. 12. 26. 선고 2011두5940 판결).

4) 신의칙의 내용

(1) 사정변경의 원칙

사정변경의 원칙은 법률행위를 할 당시에 그 기초가 되었던 사정이 현저히 변화하면 그 법률행위는 원래의 효과 그대로 인정하는 것이 부당한 경우에, 법률행위의 내용

---

[4] 2002년 개정된 민사소송법은 제1조 제2항에서 (민사소송의 이상과 신의성실의 원칙) ①법원은 소송절차가 공정하고 신속하며 경제적으로 진행되도록 노력하여야 한다. ②당사자와 소송관계인은 신의에 따라 성실하게 소송을 수행하여야 한다고 규정하여 신의칙이 민사소송의 대원칙임을 명문화하고 있다. 예를 들어 부제소특약에 위반하여 소를 제기하는 행위는 신의칙에 반한다.

을 변경하거나 계약을 해제·해지할 수 있다는 원칙이다. 민법은 사정변경의 원칙을 일반원칙으로 규정하고 있지 않다. 그러나 일정한 경우 개별적인 규정을 통하여 사정변경의 원칙을 인정하고 있다. 예를 들어, 민법은 지상권의 지료증감청구권(민법 제286조)·전세금 증감청구권(민법 제312조의 2)·증여자의 재산상태 변경과 증여의 해제(민법 제557조)·임대차 차임증감청구권(민법 제628조) 등을 인정하고 있다. 판례는 원칙적으로 사정변경의 원칙을 인정하지 않고 있으나 근보증根保證과 같은 계속적 거래관계에서는 인정하고 있다.

> **판례** **사정변경으로 인한 매매계약의 해제**
> [1] 이른바 사정변경으로 인한 계약해제는, 계약성립 당시 당사자가 예견할 수 없었던 현저한 사정의 변경이 발생하였고 그러한 사정의 변경이 해제권을 취득하는 당사자에게 책임 없는 사유로 생긴 것으로서, 계약내용대로의 구속력을 인정한다면 신의칙에 현저히 반하는 결과가 생기는 경우에 계약준수 원칙의 예외로서 인정되는 것이고, 여기에서 말하는 사정이라 함은 계약의 기초가 되었던 객관적인 사정으로서, 일방당사자의 주관적 또는 개인적인 사정을 의미하는 것은 아니다. 또한, 계약의 성립에 기초가 되지 아니한 사정이 그 후 변경되어 일방당사자가 계약 당시 의도한 계약목적을 달성할 수 없게 됨으로써 손해를 입게 되었다 하더라도 특별한 사정이 없는 한 그 계약내용의 효력을 그대로 유지하는 것이 신의칙에 반한다고 볼 수도 없다(지방자치단체로부터 매수한 토지가 공공공지에 편입되어 매수인이 의도한 건축이 불가능하게 되었더라도 이는 매매계약을 해제할 만한 사정변경에 해당하지 않고, 매매계약을 그대로 유지하는 것이 신의칙에 반한다고 볼 수도 없다고 한 사례; 대법원 2007. 3. 29. 선고 2004다31302 판결).
> [2] 매매계약을 맺은 때와 그 잔대금을 지급할 때와의 사이에 장구한 시일이 지나서 그 동안에 화폐가치의 변동이 극심하였던 탓으로 매수인이 애초에 계약할 당시의 금액표시대로 잔대금을 제공한다면 그 동안에 앙등한 매매목적물의 가격에 비하여 그것이 현저하게 균형을 잃은 이행이 되는 경우라 할지라도 민법상 매도인으로 하여금 사정변경의 원리를 내세워서 그 매매계약을 해제할 수 있는 권리는 생기지 않는다(대법원 1963. 9. 12. 선고 63다452 판결).
> [3] 매매계약체결 후 9년이 지났고 시가가 올랐다는 사정만으로 계약을 해제할 만한 사정변경이 있다고 볼 수 없고, 매수인의 소유권 이전등기 절차이행 청구가 신의칙에 위배된다고도 할 수 없다(대법원 1991. 2. 26. 선고 90다19664 판결).

판례 **사정변경으로 인한 보증계약의 해지**

[1] 사정변경을 이유로 보증계약을 해지할 수 있는 것은 포괄근보증이나 한정근보증과 같이 채무액이 불확정적이고 계속적인 거래로 인한 채무에 대하여 보증한 경우에 한한다 할 것인바, 이 사건과 같이 피고가 위 소외 회사의 이사로 재직하면서 보증 당시 그 채무가 특정되어 있는 확정채무에 대하여 보증을 한 후 이사직을 사임하였다 하더라도 사정변경을 이유로 보증계약을 해지할 수 없다(대법원 1994. 12. 27. 선고 94다46008 판결).

[2] 보증인이 회사의 직책을 맡아 있어 어쩔 수 없이 회사의 채무에 대하여 연대보증을 하였다는 이유로 그 보증인의 책임을 보증인이 재직중에 있을 때 생긴 채무만으로 제한할 수 있는 경우는 포괄근보증이나 한정근보증과 같이 채무액이 불확정적이고 계속적인 거래로 인한 채무에 대하여 보증한 경우에 한하고, 회사에 재직하게 된 관계로 보증할 당시 그 채무가 특정되어 있는 확정채무에 대하여는 보증을 한 후 그 직책을 사임하였다 하더라도 그 책임이 제한되는 것이 아니며, 상환시기와 상환 방법이 구체적으로 확정되어 채무의 총액이 설정되고 주채무자인 회사가 이를 분할상환해 가기로 하되 미상환된 부분에 대하여 발생하는 구상채무를 연대보증한 경우에는 퇴직 후 그 연대채무를 면할 수 없다(대법원 1999. 9. 3. 선고 99다23055 판결).

(2) 모순행위 금지의 원칙

모순행위 금지의 원칙은 선행행위와 모순되는 행위는 허용되지 않는다는 원칙이다. 이 원칙은 영미법상의 금반언禁反言의 법리와 유사하다. 민법 제452조 제1항에서는 '양도통지와 금반언'을 규정하고 있다.[5]

판례 **납세의무와 금반언의 원칙**

농지의 명의수탁자가 적극적으로 농가이거나 자경의사가 있는 것처럼 하여 소재지관서의 증명을 받아 그 명의로 소유권이전등기를 마치고 그 농지에 관한 소유자로 행세하면서, 한편으로 증여세 등의 부과를 면하기 위하여 농가도 아니고 자경의사도 없었음을 들어 농지개혁법에 저촉되기 때문에 그 등기가 무효라고 주장함은 전에 스스로 한 행위와 모순되는 행위를 하는 것으로 자기에게 유리한 법지위를 악용하려 함에 지나지 아니하므로 이는 신의성실의 원칙이나 반금언의 원칙에 위배되는 행위로서 법률상 용납될 수 없다(대법원 1990. 7. 24. 선고 89누8224 판결).

---

5) 제452조 (양도통지와 금반언) ①양도인이 채무자에게 채권양도를 통지한 때에는 아직 양도하지 아니하였거나 그 양도가 무효인 경우에도 선의인 채무자는 양수인에게 대항할 수 있는 사유로 양도인에게 대항할 수 있다.

(3) 실효의 원칙

실효失效의 원칙은 권리자가 그의 권리를 행사할 수 있음에도 불구하고 오랫동안 그 권리를 행사하지 않고 있어서 상대방이 이제는 더 이상 권리의 행사가 없으리라고 믿은 경우에 그 후에 하는 권리자의 권리행사는 허용되지 않는다는 원칙이다. 판례는 일반적으로 실효의 원칙을 인정하고 있으며, 특히 사용자와 근로자 사이의 고용관계(근로자의 지위)의 존부를 둘러싼 노동분쟁에 있어서 실효의 원칙이 더욱 적극적으로 적용되어야 할 필요성이 있다고 한다(대법원 1992. 1. 21. 선고 91다30118 판결).

> **판례** 실효의 원칙을 적용하기 위한 요건
>
> 일반적으로 권리의 행사는 신의에 좇아 성실히 하여야 하고 권리는 남용하지 못하는 것이므로 권리자가 실제로 권리를 행사할 수 있는 기회가 있었음에도 불구하고 상당한 기간이 경과하도록 권리를 행사하지 아니하여 의무자인 상대방으로서도 이제는 권리자가 권리를 행사하지 아니할 것으로 신뢰할 만한 정당한 기대를 가지게 된 다음에 새삼스럽게 그 권리를 행사하는 것이 법질서 전체를 지배하는 신의성실의 원칙에 위반하는 것으로 인정되는 결과가 될 때에는 이른바 실효의 원칙에 따라 그 권리의 행사가 허용되지 않는다고 보아야 할 것이고, 또한 실효의 원칙이 적용되기 위하여 필요한 요건으로서의 실효기간(권리를 행사하지 아니한 기간)의 길이와 의무자인 상대방이 권리가 행사되지 아니하리라고 신뢰할 만한 정당한 사유가 있었는지의 여부는 일률적으로 판단할 수 있는 것이 아니라 구체적인 경우마다 권리를 행사하지 아니한 기간의 장단과 함께 권리자측과 상대방측 쌍방의 사정 및 객관적으로 존재한 사정 등을 모두 고려하여 사회통념에 따라 합리적으로 판단하여야 할 것이다(근로자가 사직원의 작성·제출이 자신이 아닌 그의 형에 의하여 이루어졌음을 이유로 의원면직의 무효 확인을 구하는 사안에서, 근로자의 형이 사직원을 제출하게 된 경위 및 근로자가 아무런 이의 없이 퇴직금을 수령한 점 등 제반 사정에 비추어 볼 때, 의원면직일로부터 5년 정도 경과한 후에 위와 같은 소를 제기하는 것은 신의칙 내지 금반언의 원칙에 반하는 것으로서 부적법하다고 한 원심의 판단을 수긍한 사례; 대법원 2005. 10. 28. 선고 2005다45827 판결).

> **판례** 부동산 매매와 실효의 원칙
>
> 매매계약 체결 후 부동산의 시가가 등귀하였고, 매수인이 잔대금 지급기일을 경과한 지금까지 매매대금 중 7분의 6에 해당하는 금원을 지급하지 아니한 채 매매계약 후 19년이 지난 후에 소유권이전등기청구의 소를 제기하였다 하더라도 이러한

사유만으로 그 청구가 신의칙에 반하고 권리남용에 해당한다고 볼 수 없다(부동산 매매에 있어서 실효의 원칙이 적용되지 않는다고 한 사례; 대법원 1992. 6. 12. 선고 92다12384, 92다12391(반소) 판결).

5) 적용상 주의점

신의성실의 원칙을 규정하고 있는 민법 제2조는 아주 포괄적이고 추상적인 규정이다. 즉 민법 제2조는 대표적인 일반조항으로 민사법뿐만 아니라 공법 영역 등 법률 전반에서 적용되고 있다. 신의성실의 원칙은 법규범을 구체화하고 보충 또는 수정하며, 법률행위 해석의 기준이 된다(강태성, 민법총칙, 78면~80면; 송덕수, 민법총칙, 98면~101면). 따라서 신의칙은 사회 변화에 따라 실정법의 경직성을 보완하는 방향으로 운용되어야 한다. 그러나 실정법에 정하여진 개별 법제도의 구체적 내용에 따라 판단되는 바를 신의칙과 같은 일반조항에 의한 법원칙을 들어 배제 또는 제한하는 것은 법적 안정성을 후퇴시킬 우려가 있으므로 신의칙 적용에는 신중을 기하여야 한다(대법원 2016. 9. 30. 선고 2016다218713, 218720 판결). 즉 일반조항으로의 도피는 허용되지 않는다(백태승, 102면; 이은영, 민법총칙, 79면).

> **판례** **신의성실의 원칙과 적용상 한계**
>
> [1] 채무자의 소멸시효에 기한 항변권의 행사도 우리 민법의 대원칙인 신의성실의 원칙과 권리남용금지의 원칙의 지배를 받는 것이어서, 채무자가 시효완성 전에 채권자의 권리행사나 시효중단을 불가능 또는 현저히 곤란하게 하였거나, 그러한 조치가 불필요하다고 믿게 하는 행동을 하였거나, 객관적으로 채권자가 권리를 행사할 수 없는 장애사유가 있었거나, 또는 일단 시효완성 후에 채무자가 시효를 원용하지 아니할 것 같은 태도를 보여 권리자로 하여금 그와 같이 신뢰하게 하였거나, 채권자 보호의 필요성이 크고 같은 조건의 다른 채권자가 채무의 변제를 수령하는 등의 사정이 있어 채무이행의 거절을 인정함이 현저히 부당하거나 불공평하게 되는 등의 특별한 사정이 있는 경우에는 채무자가 소멸시효의 완성을 주장하는 것이 신의성실의 원칙에 반하여 권리남용으로서 허용될 수 없다(대법원 2002. 10. 25. 선고 2002다32332 판결; 대법원 2016. 9. 30. 선고 2016다218713, 218720 판결).
>
> [2] 다만 실정법에 정하여진 개별 법제도의 구체적 내용에 좇아 판단되는 바를 신의칙과 같은 일반조항에 의한 법원칙을 들어 배제 또는 제한하는 것은 중요한 법가치의 하나인 법적 안정성을 후퇴시킬 우려가 있다. 특히 소멸시효 제도는 법률관계의 주장에 일정한 시간적 한계를 설정함으로써 그에 관한 당사자 사이의 다툼을 종식시키려는 것으로서, 누구에게나 무차별적·객관적으로 적용되는 시간의 경과가 1차적인 의미를 가지는 것으로 설계되었음을 고려하면, 법적 안정성의 요

구는 더욱 선명하게 제기된다. 따라서 소멸시효 완성의 주장이 신의성실의 원칙에 반하여 허용되지 아니한다고 평가하는 것은 신중을 기할 필요가 있다(대법원 2005. 5. 13. 선고 2004다71881 판결, 대법원 2010. 5. 27. 선고 2009다44327 판결; 대법원 2016. 9. 30. 선고 2016다218713, 218720 판결).

3. 권리남용금지의 원칙

1) 의의

민법 제2조 제2항 "권리는 남용하지 못한다."는 권리남용금지의 원칙을 규정하고 있다. 권리남용금지의 원칙은 권리의 행사가 외관상으로는 적법한 것으로 보이지만, 실질적으로 그 권리 행사는 공공복리에 반하여 정당한 권리 행사로 인정되지 않는다는 원칙이다. 따라서 권리남용에 해당하는 경우에는 정상적인 권리행사에 따른 법률효과가 발생하지 않는다. 민법 제2조 제2항은 강행규정이다.

> **판례** 권리남용금지 규정의 법적 성격
> 신의성실의 원칙에 반하는 것 또는 권리남용은 강행규정에 위배되는 것이므로 당사자의 주장이 없더라도 법원은 직권으로 판단할 수 있다(대법원 1989. 9. 29. 선고 88다카17181 판결; 대법원 1995. 12. 22. 선고 94다42129 판결).

> **판례** 권리남용의 요건과 사례
> [1] 권리의 행사가 주관적으로 오직 상대방에게 고통을 주고 손해를 입히려는 데 있을 뿐 이를 행사하는 사람에게는 아무런 이익이 없고 객관적으로 사회질서에 위반된다고 볼 수 있으면 그 권리의 행사는 권리남용으로서 허용되지 아니한다고 할 것이고, 권리의 행사가 상대방에게 고통이나 손해를 주기 위한 것이라는 주관적 요건은 권리자의 정당한 이익을 결여한 권리행사로 보여지는 객관적인 사정에 의하여 추인할 수 있다(대법원 1993. 5. 14. 선고 93다4366 판결; 대법원 2005. 3. 25. 선고 2003다5498 판결).
> [2] 이 사건 송전선은 원고 소유의 이 사건 각 토지의 중앙부를 지나고 있어 원고의 이 사건 토지에 대한 소유권행사를 방해하고 있음이 명백하고 이러한 송전선 설치에 앞서 법에 그 토지 위의 공간 사용권을 취득할 수 있는 절차가 규정되어 있음에도 불구하고, 피고는 그러한 토지 위 공간사용권의 취득절차를 취하지 않고, 이 사건 토지상공에 송전선을 설치·통과시켰으며, 이 사건 송전선의 설치 후 오랜 기간 보상 혹은 배상이 이루어지지 않고 있는 사정 등을 고려하면 이 사건 송전선이 공익적 기능을 가진 국가 기간 시설물이고, 송전선 변경에 많은 비용이 소요된다거나, 원고가 보상금 지급 규정에 비하여 더 많은 보상을 요구한다는 사정만으로

원고의 이 사건 철거청구가 신의칙에 반한다거나 권리남용에 해당한다고 할 수 없다(토지 위를 통과하여 무단으로 설치된 송전선의 철거청구는 권리남용에 해당하지 않는다는 사례; 대법원 2005. 3. 25. 선고 2003다5498 판결).

2) 적용범위

권리남용금지의 원칙은 민법을 포함한 사법관계에서 뿐만 아니라 공법관계에서도 적용된다. 특히 권리남용금지의 원칙은 소유권에 있어서 특별한 의미를 가진다. 한편 권리남용금지 원칙의 지나친 확대 적용은 개인의 자유와 권리를 과도하게 제한할 수 있으므로, 그 적용에 있어서는 신중을 기하여야 한다(강태성, 민법총칙, 110면; 송덕수, 민법총칙, 117면).

> **판례** **재심 청구와 소권 남용**
> 무릇 재판청구권의 행사도 상대방의 보호 및 사법기능의 확보를 위하여 신의성실의 원칙에 의하여 규제된다고 볼 것인바(대법원 1997. 12. 23. 선고 96재다226 판결 참조), 법원에서 수회에 걸쳐 같은 이유 등으로 재심청구를 패소당하여 확정되었음에도 불구하고 이미 배척되어 법률상 받아들여질 수 없음이 명백한 이유를 들어 같은 내용의 재심청구를 거듭하는 것은 상대방을 괴롭히는 결과가 되고, 나아가 사법인력을 불필요하게 소모시키는 결과로도 되기에 그러한 제소는 특단의 사정이 없는 한 신의성실의 원칙에 위배하여 소권을 남용하는 것으로서 허용될 수 없는 것이다(대법원 1999. 5. 28. 선고 98재다275 판결).

3) 신의성실의 원칙과의 관계

권리의 행사가 신의칙에 반하는 경우에는 권리남용이 되는 것이 보통이다. 판례는 민법 제2조 제1항과 2항을 중복 적용하고 있다.

> **판례** **신의성실의 원칙과 권리남용금지의 원칙의 중복 적용**
> 기존회사가 채무를 면탈하기 위하여 기업의 형태·내용이 실질적으로 동일한 신설회사를 설립하였다면, 신설회사의 설립은 기존회사의 채무면탈이라는 위법한 목적 달성을 위하여 회사제도를 남용한 것에 해당한다. 이러한 경우에 기존회사의 채권자에 대하여 위 두 회사가 별개의 법인격을 갖고 있음을 주장하는 것은 신의성실의 원칙상 허용될 수 없으므로, 기존회사의 채권자는 위 두 회사 어느 쪽에 대하여서도 채무의 이행을 청구할 수 있다(대법원 2004. 11. 12. 선고 2002다66892 판결; 대법원 2008. 8. 21. 선고 2006다24438 판결).

제2절 부동산과 공시제도

Ⅰ. 부동산의 개념

권리의 객체는 권리의 종류에 따라 다르며, 부동산 사법은 부동산을 그 객체로 한다. 부동산은 토지 및 그 정착물을 의미한다(민법 제99조 제1항).

1. 토지

토지는 연속된 육지의 일부이나, 「공간정보의 구축 및 관리 등에 관한 법률」(약칭: 공간정보관리법)이 정하는 절차에 따라 구분하여 각 구역마다 번호(지번)을 부여하고, 이를 지적공부(토지대장, 임야대장)에 등록함으로써 독립성이 인정된다(대법원 1995.6.16. 선고 94다4615 판결). 이 지번이 부여된 각 토지는 독립된 물건으로서 1필의 토지(1筆地)가 된다. 1필의 토지의 일부는 분필절차를 밟기 전에는 양도하거나 제한물권을 설정할 수 없으나 용익물권은 분필하지 않더라도 1필의 토지의 일부 위에 설정할 수 있다(부동산등기법 제69조·제70조·제72조).

한편 공간정보관리법이 정한 절차에 따라 여러 필의 토지는 1필의 토지로 합병할 수 있으며, 1필의 토지는 여러 필의 토지로 분할할 수 있다. 토지란 지표와 정당한 이익 있는 범위 내에서 지표의 상하를 포함하는 자연물이다(민법 제212조 참조). 따라서 토지의 구성부분(암석, 토사, 지하수 등)은 토지의 일부분이며, 토지 소유권은 당연히 그 구성부분에 미친다(강태성, 민법총칙, 418면; 곽윤직·김재형, 민법총칙, 229면).

> **판례** **토지의 특정방법과 소유권의 범위**
>
> [1] 토지의 개수는 지적법(현행 공간정보관리법)에 의한 지적공부상의 토지의 필수를 표준으로 하여 결정되는 것으로서 1필지의 토지를 수필의 토지로 분할하여 등기하려면 지적법이 정하는 바에 따라 먼저 지적공부 소관청에 의하여 지적측량을 하고 그에 따라 필지마다 지번, 지목, 경계 또는 좌표와 면적이 정하여진 후 지적공부에 등록되는 등 분할의 절차를 밟아야 되고, 가사 등기부에만 분필의 등기가 이루어졌다고 하여도 이로써 분필의 효과가 발생할 수는 없다.
>
> [2] 일정한 토지가 지적공부에 1필의 토지로 등록된 경우, 그 토지의 소재지번, 지

목, 지적 및 경계는 일응 그 등록으로써 특정되고 그 토지의 소유권의 범위는 지적공부상의 경계에 의하여 확정된다.

[3] 등기부상만으로 어떤 토지 중 일부가 분할되고 그 분할된 토지에 대하여 지번과 지적이 부여되어 등기되어 있어도 지적공부 소관청에 의한 지번, 지적, 지목, 경계확정 등의 분필절차를 거친 바가 없다면 그 등기가 표상하는 목적물은 특정되었다고 할 수는 없으니, 그 등기부에 소유자로 등기된 자가 그 등기부에 기재된 면적에 해당하는 만큼의 토지를 특정하여 점유하였다고 하더라도, 그 등기는 그가 점유하는 토지부분을 표상하는 등기로 볼 수 없어 그 점유자는 등기부취득시효의 요건인 "부동산의 소유자로 등기한 자"에 해당하지 아니하므로 그가 점유하는 부분에 대하여 등기부시효취득을 할 수는 없다(대법원 1995.6.16. 선고 94다4615 판결).

2. 토지의 정착물

정착물은 토지에 고정되어 쉽게 이동할 수 없는 물건으로서, 고정된 상태로 사용하는 것이 그 물건의 거래상 성질로 인정되는 것을 말한다. 토지의 정착물은 모두 부동산이지만, 토지의 일부에 불과한 종속 정착물(교량, 돌담, 도랑, 도로의 포장 등)과 토지와 별개의 독립한 부동산으로서 독립한 물권의 객체로 되는 독립정착물이 있다.

1) 건물

건물은 토지와는 별개의 독립한 부동산이며, 별도의 건물 등기부를 두고 있다. 건축 중인 건물이 언제부터 독립한 부동산이 되는가, 헐고 있는 건물이 언제부터 부동산이 아닌 것으로 되는가 하는 문제는 사회통념에 따라서 결정된다. 판례는 적어도 기둥과 지붕 그리고 주벽만이라도 갖추어야 한다고 한다(대법원 1998.9.22. 선고 98다26194 판결; 대법원 2002.4.26. 선고 2000다16350 판결).

건물은 1동棟이 하나의 물건으로 되는 것이 원칙이다. 그러나 1동의 건물을 구분소유하는 경우에는 구분된 각각이 1개의 물건이 된다(집합건물법 제1조 참고). 1동의 건물에 대하여 구분소유가 성립하기 위해서는 객관적·물리적인 측면에서 1동의 건물이 존재하고, 구분된 건물부분이 구조상·이용상 독립성을 갖추어야 할 뿐 아니라, 1동의 건물 중 물리적으로 구획된 건물부분을 각각 구분소유권의 객체로 하려는 구분행위가 있어야 한다. 여기서 구분행위는 건물의 물리적 형질에 변경을 가함이 없이 법률관념상 건물의 특정 부분을 구분하여 별개의 소유권의 객체로 하려는 일종의 법률행위로서, 그 시기나 방식에 특별한 제한이 있는 것은 아니고 처분권자의 구분의사가 객관적으로 외부에 표시되면 인정된다(대법원 2013.1.17. 선고 2010다71578 전원합의체 판결).

판례 독립한 부동산으로서의 건물의 요건과 건물의 소유자

[1] 건축업자가 타인의 대지를 매수하여 그 대금을 지급하지 아니한 채 그 위에 자기의 노력과 재료를 들여 건물을 건축하면서 건축허가 명의를 대지소유자로 한 경우에는, 부동산등기법 제131조의 규정에 의하여 특별한 사정이 없는 한 건축허가 명의인 앞으로 소유권보존등기를 할 수밖에 없는 점에 비추어 볼 때, 그 목적이 대지대금 채무를 담보하기 위한 경우가 일반적이라 할 것이고, 이 경우 완성된 건물의 소유권은 일단 이를 건축한 채무자가 원시적으로 취득한 후 채권자 명의로 소유권보존등기를 마침으로써 담보 목적의 범위 내에서 위 채권자에게 그 소유권이 이전된다고 보아야 한다.

[2] 건축주의 사정으로 건축공사가 중단되었던 미완성의 건물을 인도받아 나머지 공사를 마치고 완공한 경우, 그 건물이 공사가 중단된 시점에서 이미 사회통념상 독립한 건물이라고 볼 수 있는 형태와 구조를 갖추고 있었다면 원래의 건축주가 그 건물의 소유권을 원시취득하고, 최소한의 기둥과 지붕 그리고 주벽이 이루어지면 독립한 부동산으로서의 건물의 요건을 갖춘 것이라고 보아야 한다(대법원 2002.4.26. 선고 2000다16350 판결).

판례 구분소유의 성립과 등기·등록 여부

1동의 건물에 대하여 구분소유가 성립하기 위해서는 객관적·물리적인 측면에서 1동의 건물이 존재하고, 구분된 건물부분이 구조상·이용상 독립성을 갖추어야 할 뿐 아니라, 1동의 건물 중 물리적으로 구획된 건물부분을 각각 구분소유권의 객체로 하려는 구분행위가 있어야 한다. 여기서 구분행위는 건물의 물리적 형질에 변경을 가함이 없이 법률관념상 건물의 특정 부분을 구분하여 별개의 소유권의 객체로 하려는 일종의 법률행위로서, 그 시기나 방식에 특별한 제한이 있는 것은 아니고 처분권자의 구분의사가 객관적으로 외부에 표시되면 인정된다. 따라서 구분건물이 물리적으로 완성되기 전에도 건축허가신청이나 분양계약 등을 통하여 장래 신축되는 건물을 구분건물로 하겠다는 구분의사가 객관적으로 표시되면 구분행위의 존재를 인정할 수 있고, 이후 1동의 건물 및 그 구분행위에 상응하는 구분건물이 객관적·물리적으로 완성되면 아직 그 건물이 집합건축물대장에 등록되거나 구분건물로서 등기부에 등기되지 않았더라도 그 시점에서 구분소유가 성립한다(구분소유는 건물 전체가 완성되고 원칙적으로 집합건축물대장에 구분건물로 등록된 시점, 예외적으로 등기부에 구분건물의 표시에 관한 등기가 마쳐진 시점에 비로소 성립한다는 취지의 판결을 변경한 판례; 대법원 2013.1.17. 선고 2010다71578 전원합의체 판결).

2) 수목

토지에 정착하고 있는 수목樹木은 거래관념상 토지의 일부로서 토지와 법적 운명을 같이한다. 그러나 「입목에 관한 법률」(약칭: 입목법)에 의하여 소유권 보존등기가 된 수목의 집단, 즉 입목은 토지와 별개의 부동산이다. 또한 명인방법을 구비한 수목의 집단 및 개개의 수목은 토지와 별개의 부동산이다(대법원 1998.10.28. 자 98마1817 결정).

> **판례** 경매 토지 위의 수목의 존재와 토지의 최저경매가격 결정
>
> 경매의 대상이 된 토지 위에 생립하고 있는 채무자 소유의 미등기 수목은 토지의 구성 부분으로서 토지의 일부로 간주되어 특별한 사정이 없는 한 토지와 함께 경매되는 것이므로 그 수목의 가액을 포함하여 경매 대상 토지를 평가하여 이를 최저경매가격으로 공고하여야 하고, 다만 입목에관한법률에 따라 등기된 입목이나 명인방법을 갖춘 수목의 경우에는 독립하여 거래의 객체가 되므로 토지 평가에 포함되지 아니한다(토지 경매에서 수목의 가액을 제외시킨 채 토지가격만을 평가하여 최저입찰가격을 결정한 것이 그 가격 결정에 중대한 하자가 있는 경우에 해당하여 낙찰 불허한 사례; 대법원 1998.10.28. 자 98마1817 결정).

3) 미분리 과실 및 농작물

미분리 과실(수목에 달려 있는 과실)은 원칙적으로 수목의 일부이다. 그러나 명인방법을 구비한 미분리 과실은 토지나 수목과는 별개의 부동산이다. 파종 후 몇 개월 후에 수확할 수 있는 농작물의 경우(예: 벼, 보리, 콩, 채소 등)에는 경작의 권원과 상관없이 토지와 별개의 물건으로서 경작자의 소유에 속한다.

> **판례** 농작물의 독립성과 재물 손괴죄
>
> [1] 원고가 대구시 소유의 남의 토지에 대하여 이것을 사용, 수익할 만한 권한이 없이 함부로 농작물을 경작한 경우라 할지라도 원고가 심은 소자, 양파, 마늘, 고추 따위의 소유권은 여전히 원고에게 귀속되는 것이요. 따라서 그 수확도 원고만이 할 수 있고, 이것들이 그 기지의 소유자에게 귀속되는 것은 아니라 할 것이다(대법원 1967.7.11. 선고 67다893 참조; 대법원 1968.6.4. 선고 68다613, 68다614 판결).
>
> [2] 타인소유의 토지에 이를 사용수익할 만한 권한이 없이 농작물을 경작할 경우에 그 농작물의 소유권은 경작한 사람에게 귀속한다고 할 것인바(대법원 1968. 6. 4. 선고 68다 613, 614 판결 참조), 이 사건에 있어서 보면 판시 망 공소외 1 소유 논은 판시 공소외 2 명의로 소유권이전

등기가 경료되었으며 피고인이 망인의 딸 공소외 3으로부터 매수하여 계속 경작하여 오던 것이라 할지라도 피고인이 뽑아버린 콩은 공소외 2가 경작한 것임을 자인하고 있을 터이므로 설사 장차 소송에 의하여 피고인 명의로 소유권이전등기를 받을 수 있는 형편에 있고 또 공소외 2가 불법적으로 피고인의 경작을 방해하기 때문에 흥분한 나머지 범한 것이라 할지라도 피고인에 대한 재물손괴의 죄책을 면할 수 없다(토지 매수인이 매도인 소유의 농작물을 제거한 경우 재물손괴죄가 성립한다는 사례; 대법원 1970.3.10. 선고, 70도82 판결).

Ⅱ. 부동산과 공시제도

1. 공시의 필요성

물권은 물건을 배타적으로 지배할 수 있는 절대권이므로, 물권자는 그 권리를 누구에게나 주장할 수 있다. 특히 소유권과 저당권은 관념적 권리이므로 제3자는 그 물권의 내용을 알 수 없다. 따라서 부동산을 거래하는 제3자는 예측하지 못한 손해를 입지 않으려면 거래의 객체에 대한 물권의 존부나 변동관계를 알 수 있어야 한다. 즉 제3자의 불측의 손해를 예방하고 거래의 안전 보호를 위하여 물권의 귀속과 그 내용을 일반인에게 공시할 필요가 있다.

2. 부동산의 공시방법

부동산의 소유권 이전·전세권 설정·저당권 설정 및 소멸 등과 같은 부동산의 물권 변동은 부동산에 관한 일정한 권리관계를 기록하는 부동산등기에 의하여 공시된다. 그 밖에 입목법에서는 입목에 관한 등기라는 공시방법을 인정하고 있으며, 수목의 집단과 미분리 과실에 대한 명인방법明認方法도 인정되고 있다.

3. 공시(公示)의 원칙과 공신(公信)의 원칙

1) 공시의 원칙

공시의 원칙은 물권의 변동을 언제나 외부에서 인식할 수 있는 어떤 표상, 즉 공시방법에 의하여 공시하여야 한다는 원칙이다. 따라서 공시방법을 갖추지 않으면 물권변동은 일어나지 않는다. 예를 들어, 甲이 자신의 토지 소유권을 乙에게 이전하려면 그 이전을 등기하여야 하고, 만약 등기하지 않는다면 소유권이전의 효과는 인정되지 않는다. 그러나 공시의 원칙이 인정되지 않는 경우, 甲이 乙에게 소유권 이전을 등기하지 않더라도 乙은 소유권을 취득하게 된다. 이 경우 甲이 권리자라는 외관을 믿고 거래한 丙은 그의 신뢰를 보호받지 못하고 예측하지 않은 손실을 받게 된다. 따라서 공시의 원칙이 필요하며, 이 원칙은 제3자 보호 즉 거래안전에 기여한다. 우리나라에서는 부동산 물권 변동시 등기를 그 성립요건으로 하고 있다(성립요건주의).

2) 공신의 원칙

공신의 원칙은 공시방법에 의하여 공시된 내용을 믿고 거래한 자가 있는 경우에, 비록 그 공시내용이 진실한 권리관계에 일치하지 않더라도 그 자의 신뢰를 보호하여야 한다는 원칙이다. 따라서 공신의 원칙을 인정하면 거래의 안전은 보호되지만, 진정한 권리자의 보호에는 문제가 있을 수 있다. 우리나라의 경우 동산 거래에서는 공신의 원칙을 인정하고 있으나(민법 제249조[6]), 부동산 거래에 있어서는 인정하지 않고 있다.

Ⅲ. 부동산 등기

1. 부동산 물권변동과 등기

부동산에 관한 법률행위(예: 증여, 매매 등)로 인한 물권의 취득, 변경 및 소멸은 등기하여야 그 효력이 생긴다(민법 제186조). 또한 상속, 공용징수, 판결, 경매 기타 법률의 규정에 의한 부동산에 관한 물권의 취득은 등기를 요하지 아니하나 등기를 하지 아니하면 이를 처분하지 못한다(민법 제187조). 이와 같이 부동산 등기는 부동산 물권변동에 있어서의 필수적 요건 또는 처분을 위한 요건이다.

2. 등기의 의의

등기登記란 등기관이 법정절차에 따라 부동산에 관한 일정한 권리관계를 등기부라

---

6) 제249조(선의취득) 평온, 공연하게 동산을 양수한 자가 선의이며 과실없이 그 동산을 점유한 경우에는 양도인이 정당한 소유자가 아닌 때에도 즉시 그 동산의 소유권을 취득한다.

는 공적 장부에 기록하는 행위 또는 그 기록 자체를 의미한다. 등기의 신청이 있었으나 등기부에 기재되어 있지 않으면 등기는 존재하지 않는 것으로 된다(민법 제186조 참조). 부동산 등기에 관한 법률에는 부동산등기법과 부동산등기규칙이 있다.

> **판례** **소유권이전등기 경료 후 선순위등기신청인의 이의제기**
> 소유권이전등기가 이미 동일한 부동산소유권에 관하여 후순위등기신청인에게 소유권이전등기가 경료되어 있으면 이 등기를 등기공무원이 직권으로 말소등기 할 수 있는 근거가 없는 현행법 하에서는 선순위등기신청인은 등기신청서류의 접수번호의 순서만을 내세워 이의를 할 수 없다. 위의 후순위신청에 기한 등기가 본법 제55조 제2호에서 말하는 "사건이 등기할 것이 아닌 때"에 해당하지는 않는다(대법원 1971.3.24. 자 71마105 결정).

3. 등기사무

등기사무는 부동산의 소재지를 관할하는 지방법원, 그 지원支院 또는 등기소(이하 "등기소"라 한다)에서 담당하고, 부동산이 여러 등기소의 관할구역에 걸쳐 있을 때에는 대법원규칙으로 정하는 바에 따라 각 등기소를 관할하는 상급법원의 장이 관할 등기소를 지정한다(부동산등기법 제7조 제1항).

4. 등기부

1) 등기부

등기부는 부동산에 관한 권리 관계와 부동산의 표시에 관한 사항을 기록하는 공적 기록이며, 등기부는 토지등기부와 건물등기부로 구분한다(부록_서식 토지등기기록 등 참고, 부동산등기법 제14조). 등기부는 1부동산 1등기기록의 원칙(물적편성주의)에 따라 1필의 토지 또는 1동의 건물에 대한 1개의 등기기록을 둔다(동법 제15조). 다만, 1동의 건물을 구분소유하는 경우에 있어서는 1동의 건물에 속하는 전부에 대하여 1개의 등기기록을 사용하고(동법 제15조 제1항 단서), 구분건물등기기록에는 1동의 건물에 대한 표제부를 두고 전유부분마다 표제부, 甲구, 乙구를 둔다(부동산등기규칙 제14조 제1항). 등기기록은 표제부·갑구·을구로 구성되어 있으며, 표제부는 부동산의 표시와 변경에 관한 내용, 갑구는 소유권에 관한 사항, 을구는 소유권이외의 권리에 관한 사항을 기록한다.

2) 대장

대장은 부동산 자체의 현황을 명확히 파악하기 위한 장부이며, 효율적인 부동산관리 및 정책의 기초자료로서의 활용 등의 행정목적을 위한 것이다. 대장에는 공간정보관리법에 기한 지적공부인 토지대장과 임야대장(동법 제2조 제19호)과 건축법에 기한 건축물대장 있다(부록_서식 토지대장 등 참고, 건축법 제38조). 건축물대장은 건축물의 종류에 따라 일반건축물대장과 집합건축물대장으로 구분한다(건축물대장의 기재 및 관리 등에 관한 규칙 제4조). 대장은 과세의 기초가 되며, 그 소관청은 시장·군수·구청장이 된다(건축법 제38조).

3) 등기부와 대장의 관계

대장과 등기부의 각 기재 내용은 일치하여야 한다. 부동산의 물체적 상황(부동산의 표시)에 관하여는 대장의 기재를 기초로 등기부에 기재하고(부동산등기법 제29조 제11호), 소유권 변동의 경우에는 등기부의 기재를 기초로 대장을 정정한다(공간정보관리법 제84조). 그러나 소유권 보존등기에 있어서는 소유권의 확인에 관하여 대장의 기재를 기초로 등기부에 기재한다(부동산등기법 제65조 제1호).

> **판례** **부동산등기부와 임야대장상의 소유자의 주소가 다른 경우 변경절차**
> 지적법과 부동산등기법의 제규정을 종합하면, 지적공부는 등기된 토지에 관한 한 토지소유자에 관한 사항을 증명하는 것은 아니라고 할 것이고, 그리하여 부동산등기부상의 소유자의 주소와 임야대장상의 소유자의 주소가 다른 경우에는 먼저 진정한 소유자의 신청에 의한 경정등기가 이루어져야 하고, 그 다음에 경정등기가 이루어진 등기필증·등기부등본 또는 초본에 의하여 임야대장상의 등록사항 정정이 이루어져야 하는 것으로서, 등기된 부동산의 경우 지적공부가 직접 경정등기의 자료로 사용되는 것이 아니어서 부동산 등기에 직접적으로 영향을 미치는 것이 아니라, 오히려 등기부에 먼저 소유자에 관한 사항이 변경 또는 경정된 후에 그에 따라 후속적으로 공부의 기재사항이 변경되어야 하는 것이고, 이러한 절차를 거쳐 부동산등기부와 대장상의 소유자에 관한 사항이 일치하지 아니하면 당해 부동산에 대하여 다른 등기를 신청할 수 없다(대법원 2003.11.13. 선고 2001다37910 판결).

5. 등기부의 열람과 등기한 권리의 순위

등기부는 누구든지 수수료를 내고 대법원규칙으로 정하는 바에 따라 등기기록에 기록되어 있는 사항의 전부 또는 일부의 열람閱覽과 이를 증명하는 등기사항증명서의 발급을 청구할 수 있다. 다만, 등기기록의 부속서류에 대하여는 이해관계 있는 부분만 열람을 청구할 수 있다(부동산등기법 제19조).

동일한 부동산에 관하여 등기한 권리의 순위는 법률에 다른 규정이 없으면 등기한 순서에 따른다. 등기의 순서는 등기용지 중 같은 구에서 한 등기는 순위번호에 따르고, 다른 구에서 한 등기는 접수번호에 따른다(부동산등기법 제4조).

6. 등기의 종류

1) 보존등기(保存登記)·권리변동의 등기

보존등기는 미등기부동산(예: 토지의 매립, 건물 신축)에 관하여 그 소유자의 신청으로 처음으로 행하여지는 소유권에 관한 등기이다. 권리변동의 등기는 소유권보존등기를 기초로 하여, 그 후에 행하여지는 권리변동에 관한 등기(예: 소유권이전등기, 저당권 설정등기 등)이다.

2) 종국등기(終局登記)와 예비등기(豫備登記)

(1) 종국등기

종국등기는 물권변동의 효력을 발생하게 하는 등기이며, 보통의 등기는 종국등기이다. 또한 가등기에 대하여 본등기라고도 한다.

(2) 예비등기

예비등기는 장래에 어떤 등기가 행하여질 수 있음을 표시하기 위한 등기이고, 예고등기의 폐지로 현재는 가등기만이 인정되고 있다.

가등기(假登記)는 부동산물권 변동을 목적으로 하는 청구권을 보전하기 위하여 인정되는 등기이다(부동산등기법 제88조). 예를 들어 부동산 매매에 있어서 매수인은 부동산소유권이전청구권을 가지나, 매도인이 2중매매하여 제2매수인 앞으로 소유권이전등기를 완료하게 되면 제1매수인은 자신의 청구권을 제2매수인에게 주장할 수 없다. 이러한 경우 제1매수인의 손해를 방지하기 위하여, 매수인의 소유권이전청구권이 존재하고 있음을 등기하여 청구권을 보전할 필요에 따라 인정되는 등기이다. 가등기는 청구권을 보전하기 위하여 인정된 등기이나 채권담보의 목적으로 이루어지는 담보가등기도 인정되고 있다(가등기담보법 제1조·제2조 참고).

> **판례** **가등기의 가등기 인정 여부**
> 가등기는 원래 순위를 확보하는 데에 그 목적이 있으나, 순위 보전의 대상이 되는 물권변동의 청구권은 그 성질상 양도될 수 있는 재산권일 뿐만 아니라 가등기로 인하여 그 권리가 공시되어 결과적으로 공시방법까지 마련된 셈이므로, 이를 양도한 경우에는 양도인과 양수인의 공동신청으로 그 가등기상의 권리의 이전등기를 가등기에 대한 부기등기의 형식으로 경료할 수 있다고 보아야 한다(대법원 1998.11.19. 선고 98다24105 전원합의체 판결).

7. 등기절차

등기는 당사자의 신청 또는 관공서의 촉탁에 따라 한다. 다만, 법률에 다른 규정이 있는 경우[7]에는 그러하지 아니하다(부동산등기법 제22조).

1) 등기의 신청

(1) 공동 신청

등기의 진정 확보를 위하여 등기는 법률에 다른 규정이 없는 경우에는 등기권리자와 등기의무자가 공동으로 신청한다(부동산등기법 제23조 제1항). 등기권리자는 실체적 권리관계에서 권리의 취득 기타 이익을 받는 자라는 것이 등기부상 형식적으로 표시되는 자(예: 부동산 매매의 매수인 등)이며, 등기의무자는 등기가 행하여짐으로써 실체적 권리관계에서 권리의 상실 기타 불이익을 받는다는 것이 등기부상 형식적으로 표시되는 자(예: 부동산 매매의 매도인 등)이다.

(2) 단독 신청이 인정되는 경우

소유권보존등기 또는 소유권보존등기의 말소등기, 상속에 의한 등기, 판결에 의한 등기 등은 예외적으로 단독으로 신청한다(부동산등기법 제23조 제2항 내지 제4항).

---

[7] 등기는 등기관의 직권 또는 법원의 명령에 의하여 이루어지기도 한다. 전자의 예로는 등기의 경정(부동산등기법 제32조)·직권에 의한 표시변경등기(동법 제36조) 등이 있으며, 후자의 예로는 처분 전의 가등기 및 부기등기의 명령(동법 제106조)·관할 법원의 명령에 따른 등기(동법 제107조) 등이 있다.

(3) 등기신청이 강제되는 경우

1990년에 제정된 부동산등기특별조치법[8]은 부동산투기를 억제하기 위하여 부동산소유권이전등기신청을 의무화하고 있다. 즉 세금을 내지 않을 목적으로 등기를 하지 않거나 등기를 하지 않은 채 부동산을 파는 것을 막기 위하여 중간생략등기를 금지하고 있으며(부동산등기특별조치법 제2조 제1항 내지 제3항), 미등기 부동산을 등기 없이 거래하는 것을 금지하고 있다(동조 제5항). 등기권리자가 상당한 사유 없이 등기신청 의무를 위반하면 벌칙 및 과태료 처분을 받게 된다(동법 제8조·제9조·제11조).

(4) 대위신청

등기권리자는 민법 제404조에 따라 등기의무자를 대위하여 등기신청을 할 수 있다(부동산등기법 제28조). 예를 들어 토지의 매도인이 등기를 신청하지 않는 경우에 매수인은 매도인의 등기신청권을 대위행사할 수 있다[9].

(5) 대리인에 의한 신청

등기권리자·등기의무자의 대리인에 의한 등기 신청도 가능하다(부동산등기법 제24조). 즉 대리인에 의한 등기 신청 시 자기계약·쌍방대리를 금지하는 민법 제124조의 규정은 적용이 없다. 따라서 등기신청에 필요한 서류를 갖춘 경우 1인에 의한 등기신청도 가능하다.

(6) 등기신청의 방법

① 방문신청 또는 전자신청

등기는 신청인 또는 그 대리인이 등기소에 출석하여 신청정보 및 첨부정보를 적은 서면을 제출하는 방법(방문신청) 또는 부동산등기규칙으로 정하는 바에 따라 전산정보처리

---

[8] 부동산등기특별조치법은 부동산소유권이전등기신청을 의무화하고 부동산투기의 수단으로 이용되는 허위·부실등기신청행위와 부동산투기억제를 위한 거래제한법령을 회피하여 나가는 각종 편법·탈법행위를 직접적으로 규제함으로써, 등기부기재와 거래의 실제내용이 일치하도록 하여 건전한 부동산거래질서를 확립함을 목적으로 제정되었다(동법 제1조 참고).
[9] 등기신청권의 대위는 공권인 등기신청권의 대위이므로, 사권인 등기청구권의 대위와는 구별된다(강태성, 물권법, 168면).

조직을 이용(이동통신단말장치에서 사용되는 애플리케이션(Application)을 통하여 이용하는 경우를 포함한다)하여 신청정보 및 첨부정보를 보내는 방법(전자신청)으로 신청할 수 있다. 다만 전자신청은 법원행정처장이 지정하는 등기유형으로 한정한다(부동산등기법 제24조 제1항).

② 신청정보 및 첨부정보

방문신청 또는 전자신청시 등기신청인이 제공하여야 할 신청정보와 첨부정보는 동일하다. 다만 방문신청의 경우에 신청정보는 신청서에 기재하고 첨부정보는 서면을 첨부하나(부동산등기규칙 제56조 제1항·제3항), 전자신청의 경우에는 신청정보와 첨부정보를 전자문서로 등기소에 송신한다(동규칙 제67조 제2항·제3항).

신청정보는 부동산등기규칙 제43조 및 그 밖의 법령에서 정하고 있다.[10] 첨부정보는 부동산등기규칙 제46조 및 그 밖의 법령에서 정하고 있다.[11] 특히 첨보정보로서 등기원인을 증명하는 정보, 등기의무자의 등기필정보登記畢情報 및 인감증명서를 제공하여야 한다.

㉮ 등기원인을 증명하는 정보

등기원인을 증명하는 정보는 등기를 신청하는 때에 등기원인을 증명하기 위하여 첨부하여야 한다(부동산등기규칙 제46조 제1항 제1호). 예를 들어 매매·교환·증여에 의한 소유권이전등기

---

10) 등기를 신청하는 경우에는 ① 부동산의 표시에 관한 사항, ② 신청인의 성명(또는 명칭)·주소(또는 사무소 소재지) 및 주민등록번호(또는 부동산등기용등록번호), ③ 신청인이 법인인 경우에는 그 대표자의 성명과 주소, ④ 대리인에 의하여 등기를 신청하는 경우에는 그 성명과 주소, ⑤ 등기원인과 그 연월일, ⑥등기의 목적, ⑦ 등기필정보(다만, 공동신청 또는 승소한 등기의무자의 단독신청에 의하여 권리에 관한 등기를 신청하는 경우로 한정한다), ⑧ 등기소의 표시, ⑨ 신청연월일을 신청정보의 내용으로 등기소에 제공하여야 한다(부동산등기규칙 제43조 제1항). 등기를 신청하는 경우에는 제43조에서 규정하는 사항 외에 취득세나 등록면허세 등 등기와 관련하여 납부하여야 할 세액 및 과세표준액을 신청정보의 내용으로 등기소에 제공하여야 한다(동규칙 제44조 제1항).
11) 등기를 신청하는 경우에는 ① 등기원인을 증명하는 정보, ② 등기원인에 대하여 제3자의 허가, 동의 또는 승낙이 필요한 경우에는 이를 증명하는 정보, ③ 등기상 이해관계 있는 제3자의 승낙이 필요한 경우에는 이를 증명하는 정보 또는 이에 대항할 수 있는 재판이 있음을 증명하는 정보, ④ 신청인이 법인인 경우에는 그 대표자의 자격을 증명하는 정보, ⑤ 대리인에 의하여 등기를 신청하는 경우에는 그 권한을 증명하는 정보, ⑥ 등기권리자(새로 등기명의인이 되는 경우로 한정한다)의 주소(또는 사무소 소재지) 및 주민등록번호(또는 부동산등기용등록번호)를 증명하는 정보(다만, 소유권이전등기를 신청하는 경우에는 등기의무자의 주소(또는 사무소 소재지)를 증명하는 정보도 제공하여야 한다), ⑦ 소유권이전등기를 신청하는 경우에는 토지대장·임야대장·건축물대장 정보나 그 밖에 부동산의 표시를 증명하는 정보를 그 신청정보와 함께 첨부정보로서 등기소에 제공하여야 한다.

의 경우에는 매매·교환·증여계약서, 저당권설정등기의 경우에는 저당권설정계약서 또는 저당권부 소비대차계약서, 판결에 의한 등기의 경우에는 집행력 있는 확정판결 정본, 상속 등기의 경우에는 상속을 증명할 수 있는 서면(예: 폐쇄된 가족관계등록부)을 첨부정보로 제공하여야 한다.

 부동산등기특별조치법에서는 부동산 거래의 실체적 권리관계에 맞는 등기신청을 위하여, 계약을 원인으로 소유권이전등기를 신청할 때에는 계약서에 검인신청인을 표시하여 부동산의 소재지를 관할하는 시장·구청장·군수 등의 검인을 받은 검인계약서를 제출할 의무를 부과하고 있다(부동산등기특별조치법 제3조 제1항). 그러나 부동산 매매의 경우에는 거래의 당사자는 실거래 가격 등을 거래계약체결일로부터 30일 이내에 부동산 소재지의 시장·군수·구청장에게 신고하여야 한다(부동산 거래신고 등에 관한 법률 제3조 제1항). 신고를 받은 신고관청은 그 신고 내용을 확인 후 신고인에게 신고필증을 교부하여야 하며(동법 제3조 제5항), 이 경우 부동산 매수인은 검인을 받은 것으로 본다(동법 제6조). 한편 매매를 원인으로 소유권이전등기를 하는 경우에는 거래가액을 기록하여야 하며(부동산등기법 제68조), 거래가액이란 부동산거래신고 등에 관한 법률 제3조에 따라 신고한 금액을 말한다(부동산등기규칙 제124조 제1항). 따라서 매매계약에 따른 등기 신청시에는 검인계약서가 아니라 거래계약신고필증 정보를 첨부정보로 제공하여야 한다(동규칙 제124조 제2항). 매매계약 이외의 원인으로 소유권을 이전하는 경우에는 등기원인을 증명하는 정보로 검인계약서를 제공하여야 한다.

 ㉯ 등기의무자의 등기필정보

 등기권리자와 등기의무자가 공동으로 권리에 관한 등기를 신청하는 경우에 신청인은 그 신청정보와 함께 등기의무자의 등기필정보를 등기소에 제공하여야 한다(부동산등기법 제50조 제2항).[12] 그러나 등기의무자의 등기필정보가 없을 때에는 등기의무자 또는 그 법정대리인이 등기소에 출석하여 등기관으로부터 등기의무자등임을 확인받아야 한다. 다만, 등기신청인의 대리인(변호사나 법무사만을 말한다)이 등기의무자등으로부터 위임받았음을 확인한 경우 또는 신청서(위임에 의한 대리인이 신청하는 경우에는 그 권한을 증명하는 서면을 말한다) 중 등기의무자등의 작성부분에 관하여 공증公證을 받은 경우에는 등기소에 직접 출석할 필요가 없다(동법 제51조). 등기의무자의 등기필정보 없이

---

[12] 승소한 등기의무자가 단독으로 권리에 관한 등기를 신청하는 경우에도 또한 같다(부동산등기법 제50조 제2항).

등기가 이루어진 경우에는 이 제도가 악용되는 것을 막기 위하여 등기관은 신청인뿐만 아니라 등기의무자에게도 등기완료 통지를 하여야 한다(동법 제30조, 부동산등기규칙 제53조).

㉰ 인감증명

방문신청을 하는 경우에는 등기의무자의 인감증명을 제출하여야 하며(부동산등기규칙 제60조), 이 경우 해당 신청서(위임에 의한 대리인이 신청하는 경우에는 위임장을 말한다)나 첨부서면에는 그 인감을 날인하여야 한다.

인감증명서에 대하여는 인감증명법에서 규정하고 있으며, 동법에 따르면 인감증명서의 유효기간에 대하여는 규정이 없다. 그러나 부동산등기규칙 제62조(인감증명 등의 유효기간)에 따르면, 등기신청서에 첨부하는 인감증명은 발행일부터 3개월 이내의 것이어야 한다.[13]

2) 등기신청에 대한 심사

등기신청을 받은 등기관은 절차(부동산등기규칙 제65조)에 따라 접수한 후에 지체 없이 신청 사항에 대하여 심사하여야 한다. 등기신청이 적법하면 등기를 실행하고 잘못된 부분이 있으면 각하하여야 한다(부동산등기법 제29조 참고). 등기신청에 대하여 등기관은 실체법상의 권리관계와 일치하는지 여부를 심사할 실질적 심사권한은 없으나 신청서 및 그 첨부서류와 등기부에 의하여 등기요건에 합당한지 여부를 심사할 형식적 심사권한이 있다(강태성, 물권법, 178면; 송덕수, 물권법, 104면).

> **판례** 등기신청과 등기관의 심사권한
>
> [1] 등기공무원이 부동산등기법에 의하여 등기신청서류에 대한 심사를 하는 경우 심사의 기준시는 바로 등기부에 기재(등기의 실행)하려고 하는 때인 것이지 등기신청서류의 제출시가 아니다(대법원 1989.5.29.자 87마820 결정).
>
> [2] 등기관은 실체법상의 권리관계와 일치하는지 여부를 심사할 실질적 심사권한은 없으나 신청서 및 그 첨부서류와 등기부에 의하여 등기요건에 합당한지 여부를 심사할 형식적 심사권한이 있으므로, 법원이 집행관에 의한 현황조사를 거쳐 경매신청이 된 미등기건물이 경매의 대상이 되는 건물이라고 판단하여 강제경매개시결정을 하고 등기관에게 강제경매개시결정등기를 촉탁한 경우라도, 등기관으로서는 그 촉탁서 및 첨부서류에 의하여 등기요건에 합당한지 여부를 심사할 권한이

---

13) 부동산등기규칙 제62조(인감증명 등의 유효기간)에 따르면, 등기신청서에 첨부하는 인감증명외에도 법인등기사항증명서, 주민등록표등본·초본, 가족관계등록사항별증명서 및 건축물대장·토지대장·임야대장 등본도 발행일부터 3개월 이내의 것이어야 한다.

있고, 그 심사 결과 등기요건에 합당하지 아니하면 강제경매개시결정등기의 촉탁을 각하하여야 한다(대법원 2008.3.27.자 2006마920 결정).

3) 등기의 실행

등기신청이 적법한 경우에 등기관은 접수번호의 순서에 따라 전산정보처리조직을 이용하여 등기부에 등기사항을 기록하여야 한다(부동산등기법 제11조 제3항·제2항). 등기관이 등기사무를 처리한 때에는 등기사무를 처리한 등기관이 누구인지 알 수 있는 조치를 하여야 한다(동법 제11조 제4항).

4) 등기 완료 후의 절차

(1) 등기완료의 통지 및 등기필정보의 통지

등기관이 등기를 마쳤을 때에는 대법원규칙으로 정하는 바에 따라 신청인 등에게 그 사실을 알려야 한다(부동산등기법 제30조, 부동산등기규칙 제53조). 등기관이 새로운 권리에 관한 등기를 마쳤을 때에는 등기필정보를 작성하여 등기권리자에게 통지하여야 한다(동법 제50조 제1항).

(2) 등기원인증서의 반환

첨부정보로 제공한 등기원인을 증명하는 정보를 담고 있는 서면이 법률행위의 성립을 증명하는 서면(예: 매매계약서)인 때에는 등기관이 등기를 마친 후에 이를 신청인에게 돌려주어야 한다(부동산등기규칙 제66조).

(3) 소유권변경 사실의 통지 및 과세자료의 제공

등기관이 소유권의 보존 또는 이전 등기, 등기명의인표시의 변경 또는 경정 등의 등기를 하였을 때에는 지체 없이 그 사실을 토지의 경우에는 지적소관청에, 건물의 경우에는 건축물대장 소관청에 각각 알려야 한다(부동산등기법 제62조). 등기관이 소유권의 보존 또는 이전의 등기(가등기를 포함한다)를 하였을 때에는 대법원규칙으로 정하는 바에 따라 지체 없이 그 사실을 부동산 소재지 관할 세무서장에게 통지하여야 한다(동법 제63조).

5) 등기관의 처분에 대한 이의

등기관의 결정 또는 처분에 이의가 있는 자는 관할 지방법원에 이의신청을 할 수 있다($^{부동산등기법}_{제100조}$). 또한 등기관의 부당한 결정이나 처분으로 인하여 손해가 발생한 경우에는 국가배상법에 따라 국가에 대하여 손해배상을 청구할 수 있다.

8. 등기청구권

1) 의의

등기청구권은 당사자 일방이 등기신청에 협력하지 않는 경우에 등기권리자가 등기의무자에 대하여 등기신청에 협력할 것을 요구할 수 있는 권리이다. 등기의 공동신청의 원칙에 따라 인정되는 권리로서 국민이 등기관이라는 국가기관에 대하여 등기를 신청하는 등기신청권과는 다르다. 한편 등기권리자가 본인 명의로 등기를 하지 않는 경우 등기의무자는 ($^{매도인의\ 세금부담}_{문제\ 등으로}$) 등기권리자에게 등기를 인수하라고 청구할 수 있다($^{등기인수}_{청구권}$).

> **판례** 등기의무자의 등기인수청구권 행사 여부
>
> 부동산등기법은 등기는 등기권리자와 등기의무자가 공동으로 신청하여야 함을 원칙으로 하면서도(제28조), 제29조에서 '판결에 의한 등기는 승소한 등기권리자 또는 등기의무자만으로' 신청할 수 있도록 규정하고 있는바, 위 법조에서 승소한 등기권리자 외에 등기의무자도 단독으로 등기를 신청할 수 있게 한 것은, 통상의 채권채무 관계에서는 채권자가 수령을 지체하는 경우 채무자는 공탁 등에 의한 방법으로 채무부담에서 벗어날 수 있으나 등기에 관한 채권채무 관계에 있어서는 이러한 방법을 사용할 수 없으므로, 등기의무자가 자기 명의로 있어서는 안 될 등기가 자기 명의로 있음으로 인하여 사회생활상 또는 법상 불이익을 입을 우려가 있는 경우에는 소의 방법으로 등기권리자를 상대로 등기를 인수받아 갈 것을 구하고 그 판결을 받아 등기를 강제로 실현할 수 있도록 한 것이다($^{대법원\ 2001.2.9.\ 선고}_{2000다60708\ 판결}$).

2) 등기청구권의 발생원인과 소멸시효

(1) 법률행위에 의한 물권변동의 경우

매도인과 매수인 사이에 매도인 소유의 부동산에 대한 매매계약을 체결한 경우, 매수인의 등기청구권의 성질에 따라 매수인의 등기청구권 행사여부가 달라진다. 판례는 부동산의 매매로 인한 소유권이전등기청구권은 물권의 이전을 목적으로 하는 매매의 효과로서 매도인이 부담하는 재산권이전의무의 한 내용을 이루는 것이고, 매도인이 물권행위의 성립요건을 갖추도록 의무를 부담하는 경우에 발생하는 채권적 청구권으로 본다(대법원 2001.10.9. 선고 2000다51216 판결). 따라서 매매목적물을 인도 받은 매수인의 등기청구권은 소멸시효의 일반원칙에 따라 소멸시효에 걸린다. 그러나 매수인이 적극적으로 권리를 행사하는 경우, 매수인은 권리 위에 잠자는 자가 아니므로 소멸시효하지 않는다. 예를 들어 매수인이 부동산을 인도받아 스스로 용익하는 경우 또는 매수인이 부동산을 인도받아 용익하다가 다른 사람에게 그 부동산을 처분하여 그 점유를 승계하여 준 경우, 그 매수인의 등기청구권은 다른 채권과 달리 소멸시효에 걸리지 않는다(대법원 1999. 3. 18. 선고 98다32175 전원합의체 판결).

> **판례** **미등기 매수인의 등기청구권과 소멸시효**
>
> [1] 미등기 매수인의 사용·수익과 등기청구권의 시효소멸
> 매수인으로서 그 목적물을 인도받아서 이를 사용·수익하고 있는 경우에 그 매수인을 권리 위에 잠자고 있는 것으로 볼 수 없고 또한 매도인 명의로 등기가 남아 있는 상태와 매수인이 인도받아 이를 사용·수익하고 있는 상태를 비교하면 매도인 명의로 잔존하고 있는 등기를 보호하기 보다는 매수인의 사용·수익 상태를 더욱 보호하여야 할 것이므로, 부동산을 매수한 자가 그 목적물을 인도받아 용익하는 경우에는 그 매수인의 등기청구권은 다른 채권과는 달리 소멸시효에 걸리지 않는다(대법원 1990. 12. 7. 선고 90다카25208 판결; 대법원 2010. 1. 28. 선고 2009다73011 판결).
>
> [2] 미등기 매수인의 양도와 등기청구권의 소멸시효
> 부동산의 매수인이 그 부동산을 인도받아 이를 사용·수익하다가 그 부동산에 대한 보다 적극적인 권리행사의 일환으로 그 부동산을 처분하고 그 점유를 승계하여 준 경우에 그 이전등기청구권의 행사여부에 관하여 그가 그 부동산을 스스로 계속 사용·수익하고 있는 경우와 특별히 다를 바가 없으므로 매수인의 등기청구권은 소멸시효로 소멸하지 않는다(매수인은 매도인에 대하여 소유권이전등기청구권을

행사하여 자신명의로 이전 등기를 한 후에 제3자에게 이전등기를 해 줄 수 있다는 사례; ^{대법원 1999. 3. 18. 선고} ^{98다32175 전원합의체 판결}).

(2) 실체관계와 등기가 일치하지 않는 경우

무권리자에 의한 등기가 행해진 경우(예: A소유의 부동산에 무권리자인 B가 위조 문서를 사용하여 B명의로 이전등기를 한 때) 또는 매매가 무효·취소·해제된 경우에 실체관계에 부합하지 않는 등기를 말소하기 위한 등기청구권은 당연히 인정된다. 판례는 매매계약이 실효되면 그 소유권도 당연히 복귀하는 것으로 보고 있다(^{대법원 1977.5.24. 선고 75다1394 판결;} ^{대법원 1991.11.12. 선고 91다9503 판결}). 즉 이전된 후 말소되지 않고 있는 등기는 소유권의 실현을 방해하고 있으므로, 소유자는 방해제거청구권을 행사하여 그 불일치를 제거할 수 있다. 따라서 실체관계와 등기가 일치하지 않는 경우에 있어서의 등기청구권은 물권의 효력으로 발생하는 일종의 물권적 청구권이다. 따라서 시효소멸하지 않는다.

> **판례** 부존재 채무의 대물변제와 소유권이전의 효력
>
> 채무자가 채권자의 승낙을 얻어 본래의 채무이행에 갈음하여 부동산으로 대물변제를 하였으나 본래의 채무가 존재하지 않았던 경우에는, 당사자가 특별한 의사표시를 하지 않은 한 대물변제는 무효로서 부동산의 소유권이 이전되는 효과가 발생하지 않는다(갑이 을에 대한 채무의 대물변제로 을에 대한 채권을 갖고 있는 병에게 직접 소유권이전등기를 경료하였지만 대물변제한 본래의 채무인 갑의 을에 대한 채무가 존재하지 아니하였기 때문에 그 부동산의 소유권이 갑으로부터 병에게 이전되는 것은 아니라고 본 사례; ^{대법원 1991.11.12. 선고} ^{91다9503 판결})

(3) 취득시효의 경우

취득시효는 법률의 규정에 의한 물권변동이므로 민법 제187조가 적용되어야 한다. 그러나 민법 제254조 제1항에서 점유취득시효는 등기하여야 그 효력이 생기는 것으로 하고 있다.[14] 따라서 점유취득시효가 완성되면 시효취득자는 등기부상의 권리자에게 시효취득을 이유로 한 등기청구권을 행사할 수 있다. 즉 점유취득시효를 주장하는 자는 등기를 하여야만 소유권을 취득하게 되므로, 이 경우의 등기청구권은 채권적 청구

---

14) 민법 제254조 (점유로 인한 부동산소유권의 취득기간) ① 20년간 소유의 의사로 평온, 공연하게 부동산을 점유하는 자는 등기함으로써 그 소유권을 취득한다.

권이다. 판례도 채권적 청구권이라고 하며, 그 등기청구권은 점유가 계속되는 한 시효로 소멸하지 않는다고 한다.

> **판례** **시효완성자의 점유상실과 등기청구권의 시효소멸**
> 토지에 대한 취득시효 완성으로 인한 소유권이전등기청구권은 그 토지에 대한 점유가 계속되는 한 시효로 소멸하지 아니하고, 그 후 점유를 상실하였다고 하더라도 이를 시효이익의 포기로 볼 수 있는 경우가 아닌 한 이미 취득한 소유권이전등기청구권은 바로 소멸되는 것은 아니나, 취득시효가 완성된 점유자가 점유를 상실한 경우 취득시효 완성으로 인한 소유권이전등기청구권의 소멸시효는 이와 별개의 문제로서, 그 점유자가 점유를 상실한 때로부터 10년간 등기청구권을 행사하지 아니하면 소멸시효가 완성한다(대법원 1996.3.8. 선고 95다34866, 34873 판결).

9. 등기의 효력

1) 본등기의 효력

(1) 권리 변동적 효력

물권행위와 그에 부합하는 등기가 있으면, 부동산에 관한 물권변동의 효력이 생긴다. 일반적으로 물권적 의사표시 후에 등기를 하는 것이 대부분이므로, 물권변동의 시기는 등기를 접수한 때이다(부동산등기법 제6조 제2항).[15]

> **판례** **등기와 물권변동**
> 대물변제가 채무소멸의 효력을 발생하려면 채무자가 본래의 이행에 갈음하여 행하는 다른 급여가 현실적인 것이어야 하며 그 경우 다른 급여가 부동산소유권의 이전인 때에는 당사자의 의사표시 또는 인감증명서의 교부만으로는 부족하고 그 부동산에 관한 물권변동의 효력이 발생하는 등기를 경료하여야 한다(대법원 1984. 6. 26. 선고 82다카1758 판결).

---

15) 제6조(등기신청의 접수시기 및 등기의 효력발생시기) ① 등기신청은 대법원규칙으로 정하는 등기신청정보가 전산정보처리조직에 저장된 때 접수된 것으로 본다. ② 제11조 제1항에 따른 등기관이 등기를 마친 경우 그 등기는 접수한 때부터 효력을 발생한다.

(2) 대항적 효력

등기된 사항은 제3자에 대한 효력이 있다. 예를 들어 제한물권(지상권, 지역권, 전세권, 저당권, 저당권부채권에 대한 질권)의 경우 일정한 사항(존속기간, 지료와 이자 등)을 기재한 경우에는 그것을 가지고 제3자에게 대항할 수 있다(부동산등기법 제69조·제70조·제72조·제75조·제76조). 부동산 환매권과 부동산 임차권에 일정사항(환매기간·차임 등)이 등기된 때에도 제3자에 대한 효력이 있다(동법 제53조·제74조). 그러나 등기되지 않은 사항에 대하여는 당사자 사이에 채권적 효력만 있다.

(3) 순위 확정적 효력

동일한 부동산에 등기된 권리의 순위는 법률에 다른 규정이 없으면 등기한 순서에 따른다(부동산등기법 제4조 제1항). 구체적으로 등기의 순서는 등기기록 중 같은 구에서 한 등기 상호간에는 순위번호에 따르고, 다른 구에서 한 등기 상호간에는 접수번호에 따른다(동법 제4조 제2항). 부기등기의 경우에 그 순위는 주등기의 순위에 따르고, 같은 주등기에 관한 부기등기 상호간의 순위는 그 등기 순서에 따른다(동법 제5조).

(4) 추정적 효력

등기에는 추정력이 있다. 즉 어떤 등기가 있으면 그에 대응하는 실체적 권리관계의 존부가 불분명하더라도 그러한 법률관계가 존재하는 것으로 추정된다. 즉 등기가 있으면 실체법상 그 권리가 등기명의인에게 속하는 것으로 추정되고, 그에 따른 유효한 물권변동이 있었던 것으로 추정된다. 또한 등기의 추정력은 등기원인과 등기절차의 적법성에도 미치고, 권리변동의 당사자 사이에서도 미친다. 따라서 등기명의자는 제3자 뿐만 아니라 전등기명의인에 대하여도 유효한 권리변동의 추정효를 주장할 수 있다(대법원 2004.9.24. 선고 2004다27273 판결). 또한 등기의 추정력은 제3자도 원용할 수 있으므로 등기의 추정력은 등기명의인 또는 제3자의 이익·불이익과 상관없이 인정된다.

한편 등기의 추정력은 추정을 면하려는 자의 반대사실의 입증이 없는 한, 등기의 내용을 신뢰하는 것은 선의·무과실로 추정되며(대법원 1992.1.21. 선고 91다36918 판결), 부동산 물권을 취득하려는 자는(등기부를 조사하는 것이 보통이므로) 등기내용을 알고 있었던 것으로, 즉 악의로 추정된다(곽윤직·김재형, 물권법, 148면; 김상용, 물권법, 195면).

판례 지분이전등기의 추정력과 입증책임

지분이전등기가 경료된 경우 그 등기는 적법하게 된 것으로서 진실한 권리상태를 공시하는 것이라고 추정되므로, 그 등기가 위법하게 된 것이라고 주장하는 상대방에게 그 추정력을 번복할 만한 반대사실을 입증할 책임이 있다(원심이 신빙성에 의심이 가는 증거들만으로 지분이전등기의 추정력을 번복하는 반대사실을 인정함으로써 증거가치의 판단을 그르쳐 사실을 오인한 위법을 저질렀다 하여 원심판결을 파기한 사례; 대법원 1992.10.27. 선고 92다30047 판결).

판례 적법하지 않은 등기절차에 의한 부동산소유권이전등기의 추정력

부동산에 관하여 소유권이전등기가 마쳐져 있는 경우 그 등기명의자는 제3자에 대하여서 뿐만 아니라 그 전 소유자에 대하여서도 적법한 절차 및 원인에 의하여 소유권을 취득한 것으로 추정되므로, 그 절차 및 원인이 부당하여 그 등기가 무효라는 사실은 이를 주장하는 자에게 입증책임이 있으나, 등기절차가 적법하게 진행되지 아니한 것으로 볼 만한 의심스러운 사정이 있음이 입증되는 경우에는 그 추정력은 깨어진다(대법원 2003.2.28. 선고 2002다46256 판결; 대법원 2008.3.27. 선고 2007다91756 판결; 대법원 2010.7.22. 선고 2010다21702 판결).

[1] 등기의무자를 달리하는 별개의 부동산에 관하여 동일한 접수일과 접수번호로 경료된 소유권이전등기의 추정력을 번복한 사례(대법원 2003.2.28. 선고 2002다46256 판결).

[2] 국가가 매수토지에 관한 소유권이전등기를 촉탁하면서 그 등기촉탁서에 등기의무자의 부동산 매도용 인감증명서만 첨부하고 그의 승낙서를 첨부하지 않은 사안에서, 위 소유권이전등기는 그 등기절차가 적법하게 진행되지 않은 것으로 볼 만한 의심스러운 사정이 있고, 위 등기의무자의 인감증명서를 부동산등기법 제36조 제1항의 승낙서와 동일한 것으로 취급하여야 할 아무런 근거도 없으므로, 그 추정력이 깨어졌다고 본 원심의 판단이 정당하다고 한 사례(대법원 2010.7.22. 선고 2010다21702 판결).

판례 소유권이전등기의 추정력이 전 소유자에 대하여도 미치는지 여부(적극)

부동산에 관하여 소유권이전등기가 마쳐져 있는 경우, 등기명의자는 제3자에 대하여서 뿐만 아니라 그 전의 소유자에 대하여도 적법한 등기원인에 의하여 소유권을 취득한 것으로 추정되므로, 이를 다투는 측에서 무효사유를 주장·입증하여야 한다(대법원 2004.9.24. 선고 2004다27273 판결; 대법원 2013.1.10. 선고 2010다75044,75051 판결).

판례 등기부상 명의인으로부터 부동산을 매수하여 점유하는 자의 과실유무

[1] 부동산 매매에 있어 등기부상 명의인이 제3자에 속하는 때에는 거래관념상 매도인의 권원에 관하여 의심할 만한 사정이 있으므로 매수인은 등기부상 소유자 명

의에 관하여 진부가 확인되지 아니한 한 그 부동산을 인도받아 선의로 점유하였어도 과실없이 부동산의 점유를 개시한 자라고 볼 수는 없는 것이나, 부동산등기부상 명의인과 매도인이 동일인인 경우에는 이를 소유자로 믿고 그 부동산을 매수한 자는 특별한 사정이 없는 한 과실 없는 점유자라 할 것이다(대법원 1982.5.11. 선고 80다2881 판결).

[2] 갑이 을을 상대로 소유권이전등기의 말소등기절차이행청구소송을 제기하여 승소판결이 확정되었으나, 병이 을로부터 부동산을 매수할 때는 위 판결에 따른 말소등기가 되어 있지 아니하고 예고등기까지 말소되어 있었다면, 병이 을을 진정한 소유자로 믿은 데 과실이 있다 할 수 없다(병의 등기부시효취득을 인정한 사례; 대법원 1992.1.21. 선고 91다36918 판결).

2) 가등기의 효력

(1) 본등기 순위 보전의 효력

물권변동을 목적으로 하는 청구권을 보전하기 위한 가등기는 부동산등기법 제6조 제2항에 의하여 그 본등기 시에 본등기의 순위를 가등기의 순위에 의하도록 하는 순위보전적 효력만 있을 뿐이고, 가등기만으로는 아무런 실체법상의 효력이 없다(대법원 2001.3.23. 선고 2000다51285 판결).

> **판례** 가등기권리자의 무효인 중복등기의 말소청구 여부
>
> 가등기는 부동산등기법 제6조 제2항의 규정에 의하여 그 본등기시에 본등기의 순위를 가등기의 순위에 의하도록 하는 순위보전적 효력만이 있을 뿐이고, 가등기만으로는 아무런 실체법상 효력을 갖지 아니하는 것으로서, 가사 이 사건에서와 같이 그 본등기를 명하는 판결이 확정된 경우라도 본등기를 경료하기까지는 마찬가지이므로, 피고 명의의 각 소유권보존등기가 비록 무효일 망정, 가등기권리자에 불과한 원고로서는 피고에 대하여 그 말소를 청구할 권리가 있다고 할 수 없다(등기를 명하는 판결이 확정된 경우라도 본등기를 경료하기 전까지는 순위보전적 효력만이 있으므로 중복된 등기가 무효이더라도 가등기권리자는 그 말소를 청구할 권리가 없다는 사례; 대법원 2001.3.23. 선고 2000다51285 판결).

(2) 가등기에 기한 본등기 절차

① 가등기 후 본등기 전에 제3자 명의의 보존등기가 존재하지 않는 경우

가등기권리자는 부동산등기법 절차에 따라 신청함으로써 본등기를 할 수 있다.

② 가등기 후 본등기 전에 제3자 명의의 소유권 보존등기가 경료된 경우

예를 들어 A의 부동산에 관하여 B 명의의 가등기가 있은 후에 A로부터 C로의 소유권이전의 본등기가 있는 경우, B는 가등기에 기하여 A에게 소유권이전등기를 청구해야 한다. 이 경우 C의 등기는 구부동산등기법 제55조 제2호(현행 부동산등기법 제29조 제2호)의 '사건이 등기할 것이 아닌 때'에 해당한다. 따라서 등기관은 가등기에 의한 본등기를 하였을 때에는 대법원규칙으로 정하는 바에 따라 가등기 이후에 된 등기로서 가등기에 의하여 보전되는 권리를 침해하는 등기를 직권으로 말소하여야 한다(동법 제92조 제1항).

판례 가등기 후 본등기 전에 행하여진 가압류등기의 직권말소여부

소유권이전청구권의 보전을 위한 가등기는 부동산의 물권변동에 있어 순위보전의 효력이 있는 것이므로, 그 가등기에 의한 소유권이전의 본등기가 마쳐진 경우에는 그 가등기 후 본등기 전에 행하여진 가압류등기는 가등기권자의 본등기 취득으로 인한 등기순위 보전 및 물권의 배타성에 의하여 실질적으로 등기의 효력을 상실하게 되는 것이다. 따라서 등기공무원은 부동산등기법 제175조 내지 제177조 및 제55조 제2호에 의하여 위 가압류등기를 직권으로 말소할 수 있다(대법원 1962.12.24.자 4294민재항675 전원합의체 결정; 대법원 1981.10.6.자 81마140 결정; 대법원 2010.3.19.자2008마1883 결정).

2

제 2 장
부동산 소유

제1절 부동산 물권
제2절 부동산 소유권
제3절 집합건물의 소유 및 관리

제2장 부동산 소유

제1절 부동산 물권

Ⅰ. 의의

물권은 물건 기타의 객체를 직접 지배해서 이익을 얻는 배타적 권리이다. 따라서 부동산 물권은 부동산을 직접 지배해서 이익을 얻는 배타적 권리라고 정의할 수 있다. 또한 일물일권주의一物一權主義 원칙상 1개의 부동산 위에는 내용상 병존할 수 없는 물권은 1개만 성립할 수 있다. 즉 부동산 물권의 객체는 1개의 독립한 부동산이어야 한다. 일물一物을 정하는 표준은 사회 통념 또는 거래관념에 의해 결정된다.

> **판례** 일물일권주의(一物一權主義)
> [1] 일물일권주의는 하나의 물건 위에는 내용상 병존(양립)할 수 없는 물권은 하나만 성립할 수 있다는 원칙이다.
> [2] 일물일권주의의 원칙상, 물건의 일부분, 구성부분에는 물권이 성립할 수 없는 것이어서 구분 또는 분할의 절차를 거치지 아니한 채 하나의 부동산 중 일부분만에 관하여 따로 소유권보존등기를 경료하거나, 하나의 부동산에 관하여 경료된 소유권보존등기 중 일부분에 관한 등기만을 따로 말소하는 것은 허용되지 아니한다 (대법원 2000. 10. 27. 선고 2000다39582 판결).

Ⅱ. 물권법정주의

물권법정주의物權法定主義는 물권의 종류와 내용은 법률로 정하고 있는 것에 한하여 인정되며, 당사자가 그 밖의 물권을 자유로이 창설하는 것을 금지하는 법원칙이다. 우리나라에서는 민법 제185조에서 "물권은 법률 또는 관습법에 의하는 외에는 임의로 창설하지 못한다."라고 규정하고 있다. 우리 민법상 인정되고 있는 부동산 물권에는 점유권, 소유권, 지상권, 지역권, 전세권, 유치권, 저당권이 인정되고 있으며, 관습법상 분묘기지권과 관습법상의 법정지상권이 인정되고 있다.

> **판례** 관습법상 통행권의 인정여부
>
> 민법 제185조는, "물권은 법률 또는 관습법에 의하는 외에는 임의로 창설하지 못한다."고 규정하여 이른바 물권법정주의를 선언하고 있고, 물권법의 강행법규성은 이를 중핵으로 하고 있으므로, 법률(성문법과 관습법)이 인정하지 않는 새로운 종류의 물권을 창설하는 것은 허용되지 아니한다. 원심이 인정한 관습상의 통행권은 성문법과 관습법 어디에서도 근거가 없으므로(기록상 위 지역에 그와 같은 관습법이 존재한다고 볼 자료도 전혀 없다), 원심이 원고들에게 관습상의 통행권이 있다고 판단하여 원고들의 통행권 확인 청구를 인용한 것은 물권법정주의에 관한 법리를 오해하여 판결 결과에 영향을 미친 위법을 저지른 것이라 하겠다(관습상의 사도통행권 인정이 물권법정주의에 위배된다고 본 사례; 대법원 2002. 2. 26. 선고 2001다64165 판결).

> **판례** 관습법상 온천권의 인정여부
>
> [1] 온천에 관한 권리를 관습법상의 물권이라고 볼 수 없고 또한 온천수는 민법 제235조, 제236조 소정의 공용수 또는 생활상 필요한 용수에 해당하지 아니한다(대법원 1970. 5. 26. 선고 69다1239 판결).
>
> [2] 온천권이 토지소유권과 독립되는 물권이나 준물권으로 볼만한 관습이 있음을 인정할 만한 증거는 없는데다가 온천수도 지하수의 일종이고 온천수의 용출 및 인수에 관한 시설이 그 토지상의 건물에 상용되는 것인 이상 그 토지 및 건물과 함께 운명을 같이 하는 종물로서 그 토지와 건물의 소유권을 취득한 자는 온천수와 그 용출 및 인수시설에 관한 지배권도 아울러 취득하는 것이다(서울고등법원 1976. 3. 24. 선고 75나133(반소134) 제3민사부판결).

제2절 부동산 소유권

Ⅰ. 서설

1. 의의

부동산 소유권은 법률의 범위 내에서 부동산을 사용·수익·처분할 수 있는 권리를 말한다(민법 제211조). 즉 부동산 소유권은 부동산을 전면적으로 지배할 수 있는 권리이다. 따라서 부동산의 소유자는 부동산을 사용·수익함으로써 사용가치와 처분함으로써 교환가치를 얻을 수 있다. 그에 비하여 물건 가치의 일부만을 지배할 수 있는 권리를 제한물권이라고 한다. 제한물권은 물건의 사용가치를 지배하는 용익물권(지상권, 지역권, 전세권)과 물건의 교환가치를 지배하는 담보물권(유치권, 저당권)으로 구분할 수 있다.

2. 부동산 소유권의 제한

헌법은 국민의 재산권을 보장하고 있으며(헌법 제23조 참조), 민법은 소유권 절대의 원칙을 그 기본원리로 하고 있다. 그러나 소유권 절대의 원칙이 무제한 인정될 수 없다. 헌법 제23조에서는 재산권의 내용과 한계는 법률로 정하고, 재산권은 공공복리에 적합하도록 행사하여야 하는 것으로 규정하고 있다. 민법에서는 법률의 범위 내에서 소유권을 보장하고 있으며(민법 제211조), 권리남용의 금지(민법 제2조 제2항) 및 상린관계에 의한 제한 규정(민법 제215조 이하) 등을 두고 있다. 그 밖에 농지법, 공익사업을 위한 토지 등의 취득 및 보상에 관한 법률, 국토의 계획 및 이용에 관한 법률 등의 특별법으로 소유권을 제한하고 있다. 한편 공공복리를 위하여 법률로 재산권을 제한하는 경우에도 재산권의 본질적 내용을 침해하여서는 아니 된다(헌법 제37조 제2항). 또한 공공 필요에 의한 재산권의 수용·사용 또는 제한 및 그에 대한 보상은 법률로써 하고, 정당한 보상을 지급하여야 한다(헌법 제23조 제3항).

Ⅱ. 부동산 소유권의 범위

1. 토지 소유권의 범위

1) 토지 소유권의 경계

어떤 토지가 공간정보관리법(구지적법)에 의하여 지적공부(토지대장, 임야대장, 지적도, 임야도 등)에 1필의 토지로 등록되면 그 토지의 소재, 지번, 지목, 지적 및 경계는 이 등록으로써 특정된다(대법원 2006.9.22. 선고 2006다24971 판결). 즉 토지소유권의 범위는 현실의 경계와 관계없이 지적공부상의 경계에 의하여 확정된다. 다만, 지적도를 작성함에 있어서 기점을 잘못 선택하는 등 기술적인 착오로 말미암아 지적도상의 경계선이 진실한 경계선과 다르게 작성되었다는 등과 같은 특별한 사정이 있는 경우에는, 그 토지의 경계는 실제의 경계에 의하여야 한다(대법원 2006.9.22. 선고 2006다24971 판결).

> **판례** 실제 경계선을 지적공부상 경계선에 일치시키기로 한 합의의 효력
>
> 지적법(현행 공간정보관리법)에 의하여 어떤 토지가 지적공부에 1필지의 토지로 등록되면 그 토지의 경계는 다른 특별한 사정이 없는 한 이 등록으로써 특정되고, 다만 지적공부를 작성함에 있어 기점을 잘못 선택하는 등의 기술적인 착오로 말미암아 지적공부상의 경계가 진실한 경계선과 다르게 잘못 작성되었다는 등의 특별한 사정이 있는 경우에는 그 토지의 경계는 지적공부에 의하지 않고 실제의 경계에 의하여 확정하여야 하지만, 그 후 그 토지에 인접한 토지의 소유자 등 이해관계인들이 그 토지의 실제의 경계선을 지적공부상의 경계선에 일치시키기로 합의하였다면 적어도 그 때부터는 지적공부상의 경계에 의하여 그 토지의 공간적 범위가 특정된다(대법원 2006.9.22. 선고 2006다24971 판결).

> **판례** 실측상 지적이 등기부 면적을 초과하는 경우 초과부분의 소유
>
> 물권의 객체인 토지 1필지의 공간적 범위를 특정하는 것은 지적도나 임야도의 경계이지 등기부의 표제부나 임야대장·토지대장에 등재된 면적이 아니므로, 부동산등기부의 표제부에 토지의 면적이 실제와 다르게 등재되어 있어도 이러한 등기는 해당 토지를 표상하는 등기로서 유효하다. 또한 부동산등기부의 표시에 따라 지번과 지적을 표시하고 1필지의 토지를 양도하였으나 양도된 토지의 실측상 지적이 등기부에 표시된 것보다 넓은 경우 등기부상 지적을 넘는 토지 부분은 양도된

지번과 일체를 이루는 것으로서 양수인의 소유에 속한다(부동산등기부의 표제부에 토지의 면적이 실제와 다르게 등재된 경우, 등기가 해당 토지를 표상하는 등기로서 유효하고, 부동산등기부의 표시에 따라 지번과 지적을 표시하고 토지를 양도하였으나 실측상 지적이 등기부에 표시된 것보다 넓은 경우, 등기부상 지적을 넘는 토지 부분이 양수인의 소유에 속한다고 한 사례; 대법원 2016. 6. 28. 선고 2016다1793 판결).

2) 토지소유권의 상하의 범위

토지의 소유권은 정당한 이익이 있는 범위 내에서 토지의 상하에 미친다(민법 제212조). 따라서 토지소유자는 지표뿐만 아니라 지상의 공간이나 지하도 이용할 수 있다. 그러나 공중이나 지하는 정당한 이익이 있는 범위 내에서만 이용할 수 있으며, 정당한 이익이 없는 경우에는 특별법의 규정이 없더라도 타인의 이용을 금지할 수 없다.[1]

광물鑛物은 토지의 구성부분이지만, 국가는 미채굴 법정광물[2]에 대하여 광업권(탐사권과 채굴권)을 가지고 있으므로(광업법 제2조) 미채굴의 법정광물은 토지와 독립된 국유로 보아야 한다(강태성, 민법총칙, 420면; 곽윤직·김재형, 민법총칙, 230면; 김상용, 민법총칙, 308면; 송덕수, 민법총칙, 699면 등).[3] 지하수는 토지의 구성부분을 이루고 있으며, 온천수도 지하수이므로 토지소유권과 별도의 관습법상의 물권의 대상이 아니다(대법원 1970. 5. 26. 선고 69다1239 판결).

> **판례** 인근 토지의 지하수 개발과 용수권 침해
>
> 토지의 소유권은 정당한 이익이 있는 범위 내에서 토지의 상하에 미치므로 토지소유자는 법률의 제한 범위 내에서 그 소유 토지의 지표면 아래에 있는 지하수를 개발하여 이용할 수 있다 할 것이나, 소유권 방해제거·예방청구권에 관한 민법 제214조의 규정과 용수장해로 인한 용수권자의 손해배상청구권 및 원상회복청구권에 관한 민법 제236조의 규정을 종합하여 보면, 어느 토지 소유자가 새로이 지하수 개발공사를 시행하여 설치한 취수공 등을 통하여 지하수를 취수함으로 말미암아 그 이전부터 인근 토지 내의 원천에서 나오는 지하수를 이용하고 있는 인근 토

---

1) '서울특별시 도시철도건설을 위한 지하부분의 토지의 사용에 따른 보상기준에 관한 조례'에 의하면 보상 대상은 고층시가지에서는 40미터, 중층시가지에서는 30미터, 저층시가지와 주택지에서는 30미터, 농지와 임지에서는 20미터를 한계심도로 하고 있으며, 한계 심도를 초과하는 경우에는 일정한 보상을 한다.
2) 광업법 제3조 제1호에서는 광물의 종류에 대하여 열거하고 있다.
3) 그러나 미채굴의 광물은 토지의 구성부분으로 독립한 부동산이 될 수 없으며, 국가 경영상의 이유에서 일정한 미채굴의 법정광물은 국가의 배타적인 탐사·채굴의 허가권의 객체로 보는 견해도 있다(김주수·김상용, 236면; 김증한·김학동, 278면; 백태승, 280면; 이영준, 민법총칙, 858면 등).

제2장 부동산 소유

지 소유자의 음료수 기타 생활상 필요한 용수에 장해가 생기거나 그 장해의 염려가 있는 때에는, 생활용수 방해를 정당화하는 사유가 없는 한 인근 토지 소유자는 그 생활용수 방해의 제거(원상)나 예방을 청구할 수 있다(대법원 1998.4.28. 선고 97다48913 판결).

2. 상린관계

1) 의의

인접하고 있는 부동산의 소유자가 서로 자신의 소유권만을 주장한다면 각자는 자기의 부동산을 제대로 이용할 수 없게 된다. 따라서 인접한 부동산 소유자의 소유권을 제한하여 부동산 소유자 상호간의 이용을 조절할 필요가 있다. 민법에서는 상린관계에 관한 규정(민법 제215조~제244조)을 두어 이를 해결하고 있다.

상린관계에 관한 규정은 부동산 상호간의 이용을 조절하는 것이므로 지상권·전세권에도 준용된다(민법 제290조·제319조). 그리고 부동산 임대차에 관하여는 명문의 규정이 없지만 유추적용하고 있다(강태성, 물권법, 497면; 곽윤직·김재형, 물권법, 236면; 양형우, 479면).

> **판례** **상린관계 규정의 적용 범위**
> 인접하는 토지 상호간의 이용의 조절을 위한 상린관계에 관한 민법 등의 규정은 인접지 소유자에게 소유권에 대한 제한을 수인할 의무를 부담하게 하는 것이므로 적용 요건을 함부로 완화하거나 유추하여 적용할 수는 없고, 상린관계 규정에 의한 수인의무의 범위를 넘는 토지이용관계의 조정은 사적자치의 원칙에 맡겨야 한다(상린관계에 관한 규정의 유추적용에 의한 타인의 토지나 타인이 시설한 전선 등에 대한 사용권을 부정하는 사례; 대법원 2012. 12. 27. 선고 2010다103086 판결).

2) 건물의 구분소유

1개의 건물에는 1개의 소유권이 인정되는 것이 원칙이지만, 1동의 건물의 일부가 구조와 이용에 있어서 독립성이 인정되면 그 1동 건물의 일부를 객체로 하는 구분소유권이 성립할 수 있다(예: 아파트 또는 연립주택). 구분소유자 상호간의 관계에 대하여 민법은 '수인이 한 채의 건물을 구분하여 각각 그 일부분을 소유한 때에는 건물과 그 부속물중 공용하는 부분은 그의 공유로 추정하고, 공용부분의 보존에 관한 비용 기타의 부담은 각자의 소유부분의 가액에 비례하여 분담한다.'고 규정하고 있다(민법 제215조).

그러나 대규모의 공동주택이 일반화된 현대에는 민법상의 규정만으로는 공동 주거 생활에 따라 발생하는 복잡한 법률관계를 합리적으로 규율할 수 없게 되었다. 현재는 이러한 구분소유를 적절하게 규제하기 위하여 특별법으로 '집합건물의 소유 및 관리에 관한 법률'이 제정·시행되고 있다(자세한 내용은 제2장 제3절 '집합건물의 소유 및 관리' 부분 참조).

3) 인지사용청구권

토지소유자는 경계나 그 근방에서 담 또는 건물을 축조하거나 수선하기 위하여 필요한 범위 내에서 이웃 토지의 사용을 청구할 수 있으나, 이웃 사람의 승낙이 없으면 그 주거에 들어가지 못한다(민법 제216조 제1항). 이러한 경우에 손해를 받은 이웃 사람은 보상을 청구할 수 있다(민법 제216조 제2항).

4) 생활방해 금지

토지소유자는 매연, 열기체, 액체, 음향, 진동 기타 이에 유사한 것으로 이웃 토지의 사용을 방해하거나 이웃 거주자의 생활에 고통을 주지 아니하도록 적당한 조처를 할 의무가 있다(민법 제217조 제1항). 그러나 이러한 생활 방해가 그 토지의 통상의 용도에 적당한 것인 때에는 이웃 거주자는 이를 인용할 의무가 있다(민법 제217조 제2항). 다만 그 생활방해가 수인한도를 넘는 경우에, 피해자는 토지의 소유자에 대하여 적당한 조처 또는 방해의 제거·예방을 청구할 수 있다. 그리고 손해가 생긴 때에는 불법행위로 인한 손해배상도 청구할 수 있다.

> **판례** 공해소송에 있어서 인과관계의 입증책임
>
> 일반적으로 불법행위로 인한 손해배상청구사건에 있어서 가해행위와 손해발생 간의 인과관계의 입증책임은 청구자인 피해자가 부담하나, 대기오염에 의한 공해를 원인으로 하는 손해배상청구소송에 있어서는 기업이 배출한 원인물질이 대기를 매개로 간접적으로 손해를 끼치는 경우가 많고 공해문제에 관하여는 현재의 과학수준으로 해명할 수 없는 분야가 있기 때문에 가해행위와 손해발생 간의 인과관계의 과정을 모두 자연과학적으로 증명하는 것은 극난 내지 불가능한 경우가 대부분인 점 등에 비추어 가해기업이 배출한 어떤 유해한 원인물질이 피해물건에 도달하여 손해가 발생하였다면 가해자 측에서 그 무해함을 입증하지 못하는 한 책임을

면할 수 없다고 봄이 사회형평의 관념에 적합하다(대법원 1991.7.23. 선고 89다카1275 판결).

판례 군용 항공기 소음에 대한 수인한도와 손해배상

[1] 소음 등을 포함한 공해 등의 위험지역으로 이주하여 들어가서 거주하는 경우와 같이 위험의 존재를 인식하면서 그로 인한 피해를 용인하며 접근한 것으로 볼 수 있는 경우에, 그 피해가 직접 생명이나 신체에 관련된 것이 아니라 정신적 고통이나 생활방해의 정도에 그치고 그 침해행위에 고도의 공공성이 인정되는 때에는, 위험에 접근한 후 실제로 입은 피해 정도가 위험에 접근할 당시에 인식하고 있었던 위험의 정도를 초과하는 것이거나 위험에 접근한 후에 그 위험이 특별히 중대하였다는 등의 특별한 사정이 없는 한 가해자의 면책을 인정하여야 하는 경우도 있다. 특히 소음 등의 공해로 인한 법적 쟁송이 제기되거나 그 피해에 대한 보상이 실시되는 등 피해지역임이 구체적으로 드러나고 또한 이러한 사실이 그 지역에 널리 알려진 이후에 이주하여 오는 경우에는 위와 같은 위험에의 접근에 따른 가해자의 면책 여부를 보다 적극적으로 인정할 여지가 있다. 다만 일반인이 공해 등의 위험지역으로 이주하여 거주하는 경우라고 하더라도 위험에 접근할 당시에 그러한 위험이 존재하는 사실을 정확하게 알 수 없는 경우가 많고, 그 밖에 위험에 접근하게 된 경위와 동기 등의 여러 가지 사정을 종합하여 그와 같은 위험의 존재를 인식하면서도 위험으로 인한 피해를 용인하면서 접근하였다고 볼 수 없는 경우에는 손해배상액의 산정에 있어 형평의 원칙상 과실상계에 준하여 감액사유로 고려하여야 한다.

[2] 국가배상법 제5조 제1항에 정하여진 '영조물의 설치 또는 관리의 하자'라 함은 공공의 목적에 공여된 영조물이 그 용도에 따라 갖추어야 할 안전성을 갖추지 못한 상태에 있음을 말하고, 여기서 안전성을 갖추지 못한 상태, 즉 타인에게 위해를 끼칠 위험성이 있는 상태라 함은 당해 영조물을 구성하는 물적 시설 그 자체에 있는 물리적·외형적 흠결이나 불비로 인하여 그 이용자에게 위해를 끼칠 위험성이 있는 경우뿐만 아니라, 그 영조물이 공공의 목적에 이용됨에 있어 그 이용 상태 및 정도가 일정한 한도를 초과하여 제3자에게 사회통념상 수인할 것이 기대되는 한도를 넘는 피해를 입히는 경우까지 포함된다고 보아야 한다. 그리고 수인한도의 기준을 결정함에 있어서는 일반적으로 침해되는 권리나 이익의 성질과 침해의 정도뿐만 아니라 침해행위가 갖는 공공성의 내용과 정도, 그 지역 환경의 특수성, 공법적인 규제에 의하여 확보하려는 환경기준, 침해를 방지 또는 경감시키거나 손해를 회피할 방안의 유무 및 그 난이 정도 등 여러 사정을 종합적으로 고려하여 구체적 사건에 따라 개별적으로 결정하여야 한다(대구비행장 주변 지역의 항공기소음으

로 인한 피해의 내용 및 정도, 그 비행장 및 군용항공기의 운항이 가지는 공공성과 아울러 그 비행장이 개설 당시와 달리 점차 주거지 및 도시화되어 인구가 밀집되는 등으로 비도시지역에 위치한 국내의 다른 비행장과 확연히 구별되는 지역적, 환경적 특성을 갖는 점 등 여러 사정을 종합적으로 고려하여, 대구비행장 주변 지역의 소음 피해가 소음도 85WECPNL 이상인 경우 사회생활상 통상의 수인한도를 넘어 위법하다고 본 원심의 판단이 정당하다고 한 사례; 대법원 2010. 11. 25. 선고 2007다74560 판결).

5) 타인 토지에 있어서의 수도 등의 시설권

토지소유자는 타인의 토지를 통과하지 아니하면 필요한 수도, 소수관(송수관), 까스관, 전선 등을 시설할 수 없거나 과다한 비용을 요하는 경우에는 타인의 토지를 통과하여 이를 시설할 수 있다. 그러나 이로 인한 손해가 가장 적은 장소와 방법을 선택하여 이를 시설하고, 타토지의 소유자의 요청에 의하여 손해를 보상하여야 한다(민법 제218조). 이러한 시설을 한 후 사정의 변경이 있는 때에는 타토지의 소유자는 그 시설의 변경을 청구할 수 있으며 그 비용은 시설통과권자가 부담한다(대법원 1982.5.25. 선고 81다1·2·3 판결).

> **판례** 시설변경 청구권의 발생요건과 사정변경유무의 판단기준
> 시설변경청구는 당초에는 적법한 권원에 의하여 시설된 소수관 등을 사후에 발생한 시설통과지 소유자의 사정변경 때문에 시설통과권자의 비용으로 변경시설토록 하는 것이므로 그 같은 사정변경 유무는 시설통과지 소유자의 주관적 의사에 따라 결정할 것이 아니라 객관적으로 시설을 변경하는 것이 타당한지의 여부에 의하여 결정할 것이다(대법원 1982.5.25. 선고 81다1,2,3 판결).

> **판례** 타인 토지에 있는 전선 등의 시설권 행사의 한계
> 어느 토지소유자가 타인의 토지를 통과하지 아니하면 필요한 전선 등을 시설할 수 없거나 과다한 비용을 요하는 경우에는 타인은 자기 토지를 통과하여 시설을 하는데 대하여 수인할 의무가 있으나(민법 제218조 참조), 이는 타인의 토지를 통과하지 않고는 전선 등 불가피한 시설을 할 수가 없는 합리적 사정이 있어야만 인정되는 것이다. 인접한 타인의 토지를 통과하지 않고도 시설을 할 수 있는 경우에는 스스로 그와 같은 시설을 하는 것이 타인의 토지 등을 이용하는 것보다 비용이 더 든다는 등의 사정이 있다는 이유만으로 이웃토지 소유자에게 그 토지의 사용을 수인하라고 요구할 수 있는 권리는 인정될 수 없다(대법원 2012. 12. 27. 선고 2010다103086 판결).

6) 주위토지통행권

(1) 어느 토지와 공로사이에 그 토지의 용도에 필요한 통로가 없는 경우[4]에 그 토지 소유자는 주위의 토지를 통행 또는 통로로 하지 아니하면 공로에 출입할 수 없거나 과다한 비용을 요하는 때에는 그 주위의 토지를 통행할 수 있고 필요한 경우에는 통로를 개설할 수 있다(민법 제219조 제1항 본문). 이 경우 그로 인한 손해가 가장 적은 장소와 방법을 선택하여야 하며, 통행권자는 통행지소유자의 손해를 보상하여야 한다(민법 제219조 제1항 단서 및 제2항).

(2) 공로에 통하고 있던 토지가 분할 또는 일부양도로 인하여 공로에 통하지 못하게 된 때에는, 그 토지소유자는 공로에 출입하기 위하여 다른 분할자 또는 양수인의 토지를 통행할 수 있고(민법 제220조 제1항, 제2항), 제3자의 토지를 통행하지 못한다(대법원 2005.3.10. 선고 2004다65589, 65596 판결). 이 경우에는 보상의무가 없다(민법 제220조 제1항 제2문).

> **판례** **무상통행권의 특정승계 여부와 주위토지통행권의 범위**
>
> [1] 분할 또는 토지의 일부 양도로 인하여 공로에 통하지 못하는 토지가 생긴 경우에 분할 또는 일부 양도 전의 종전 토지 소유자가 그 포위된 토지를 위하여 인정한 통행사용권은 직접 분할자, 일부 양도의 당사자 사이에만 적용되므로, 포위된 토지 또는 피통행지의 특정승계인의 경우에는 주위토지통행권에 관한 일반원칙으로 돌아가 그 통행권의 범위를 따로 정하여야 한다.
>
> [2] 주위토지통행권의 범위는 통행권을 가진 자에게 필요할 뿐 아니라 이로 인한 주위토지 소유자의 손해가 가장 적은 장소와 방법의 범위 내에서 인정되어야 하며, 그 범위는 결국 사회통념에 비추어 쌍방 토지의 지형적, 위치적 형상 및 이용관계, 부근의 지리상황, 상린지 이용자의 이해득실 기타 제반 사정을 참작한 뒤 구체적 사례에 응하여 판단하여야 하는 것인바, 통상적으로는 사람이 주택에 출입하여 다소의 물건을 공로로 운반하는 등의 일상생활을 영위하는 데 필요한 범위의 노폭까지 인정되고, 또 현재의 토지의 용법에 따른 이용의 범위에서 인정되는 것이지 더 나아가 장차의 이용 상황까지 미리 대비하여 통행로를 정할 것은 아니다(대법원 1996.11.29. 선고 96다33433, 33440 판결).

> **판례** **무상토지통행권이 설정된 토지 매수인의 통행료 청구**
>
> 토지 소유자가 토지를 매수할 때 통로 부분은 주위의 토지 소유자들을 위해 무상

---

[4] 이미 그 소유토지의 용도에 필요한 통로가 있는 경우에는 이 통로를 사용하는 것보다 더 편리하다는 이유만으로 다른 장소로 통행할 권리는 인정되지 않는다(대법원 1995.6.13. 선고 95다1088, 1095 판결).

으로 통행에 제공된 사실을 용인하고 그 상태에서 이를 매수한 것이라고 봄이 상당한 경우라면 통로 주위대지를 매수한 이래 줄곧 통로 부분을 무상으로 통행해 온 주위대지 소유자에 대하여 단지 통로의 소유자라는 이유만으로 통행료를 청구하는 것은 신의칙에 위배되어 허용될 수 없다(대법원 1992.2.11. 선고 91다40399 판결).

판례 | 토지의 일부 양도와 주위토지통행권의 범위

동일인 소유의 토지의 일부가 양도되어 공로에 통하지 못하는 토지가 생긴 경우에 포위된 토지를 위한 주위토지통행권은 일부 양도 전의 양도인 소유의 종전 토지에 대하여만 생기고 다른 사람 소유의 토지에 대하여는 인정되지 아니하며, 또 무상의 주위토지통행권이 발생하는 토지의 일부 양도라 함은 1필의 토지의 일부가 양도된 경우뿐만 아니라 일단으로 되어 있던 동일인 소유의 수필의 토지 중 일부가 양도된 경우도 포함된다(일단의 토지를 형성하고 있던 동일인 소유의 수필의 토지 중 일부가 양도된 경우, 일부 양도 전의 양도인 소유의 종전 토지에 대하여 무상의 주위토지통행권이 인정되는 이상 제3자 소유의 토지에 대하여는 민법 제219조에 따른 주위토지통행권을 주장할 수 없다고 한 사례; 대법원 2005.3.10. 선고 2004다65589, 65596 판결).

판례 | 주위토지통행권 행사의 한계

주거는 사람의 사적인 생활공간이자 평온한 휴식처로서 인간생활에서 가장 중요한 장소라고 아니할 수 없어 우리 헌법도 주거의 자유를 보장하고 있는바, 주위토지통행권을 행사함에 있어서도 이러한 주거의 자유와 평온 및 안전을 침해하여서는 아니 된다(인접 토지의 일부를 통행로로 이용하던 중 그 토지 위에 연립주택이 건축된 사안에서, 연립주택 단지 내 기존 통행로는 연립주택 주민들 전체의 주거공간이므로, 공로로 통할 수 있는 다른 인접 토지가 있다면 별도의 통행로를 개설하는 비용이 들더라도 그 인접 토지를 통하여 공로로 나가는 것이 연립주택 단지 내의 주거의 평온과 안전에 대한 침해를 최소화할 수 있다는 이유로, 기존 통행로에 대한 주위토지통행권을 인정한 원심판결을 파기한 사례; 대법원 2009. 6. 11. 선고 2008다75300, 75317, 75324 판결).

판례 | 토지 소유자의 배타적 사용·수익권 행사 제한

[1] 어느 사유지가 종전부터 자연발생적으로 또는 도로예정지로 편입되어 사실상 일반 공중의 교통에 공용되는 도로로 사용되고 있는 경우, 토지 소유자가 스스로 그 토지를 도로로 제공하거나 그러한 사용 상태를 용인함으로써 인근 주민이나 일반 공중이 이를 무상으로 통행하고 있는 상황에서, 도로의 점유자를 상대로 한 부당이득반환청구나 손해배상청구, 토지인도청구 등 그 토지에 대한 독점적·배타

적인 사용·수익권의 행사를 제한할 수 있는 경우가 있다.

[2] 이와 같이 토지 소유자가 그 소유 토지를 일반 공중 등의 통행로로 무상 제공하거나 그에 대한 통행을 용인하는 등으로 자신의 의사에 부합하는 토지이용상태가 형성되어 그에 대한 독점적·배타적 사용·수익권의 행사가 제한되는 것은 금반언이나 신뢰보호 등 신의성실의 원칙상 기존 이용상태가 유지되는 한 토지 소유자가 이를 수인해야 함에 따른 결과일 뿐이고 그로써 소유권의 본질적 내용인 사용·수익권 자체를 대세적·확정적으로 상실하는 것은 아니다. 또한 토지 소유자의 독점적·배타적 사용·수익권 행사가 제한되는 경우에도 일정한 요건을 갖춘 때에는 신의성실의 원칙으로부터 파생되는 사정변경의 원칙에 따라 소유자가 다시 독점적·배타적 사용·수익권을 행사할 수 있다.

[3] 독점적·배타적 사용·수익권 행사가 제한되는지를 판단할 때는 토지 소유자의 의사를 비롯하여 다음에 보는 여러 사정을 종합적으로 고찰할 때 토지 소유자나 그 승계인이 권리를 행사하는 것이 금반언이나 신뢰보호 등 신의성실의 원칙상 허용될 수 있는지가 고려되어야 한다. 즉 독점적·배타적 사용·수익권을 행사하는 것을 제한할 수 있는지 여부는 소유자가 토지를 소유하게 된 경위와 보유기간, 소유자가 토지를 공공의 사용에 제공하거나 그 사용을 용인하게 된 경위와 그 규모, 토지 제공 당시 소유자의 의사, 토지 제공에 따른 소유자의 이익 또는 편익의 유무와 정도, 해당 토지의 위치나 형태, 인근의 다른 토지들과의 관계, 주위 환경, 소유자가 보인 행태의 모순 정도 및 이로 인한 일반 공중의 신뢰 내지 편익 침해 정도, 소유자가 행사하는 권리의 내용이나 행사 방식 및 권리 보호의 필요성 등 여러 사정을 종합적으로 고찰하고, 토지 소유자의 소유권 보장과 공공의 이익 사이의 비교형량을 하여 판단하여야 한다.

[4] 독점적·배타적 사용·수익권 행사를 제한하는 법리는 토지 소유자의 권리행사를 제한하는 예외적인 법리이므로, 공공필요에 의한 재산권의 수용·사용 또는 제한에 관한 정당한 보상을 지급하여야 한다는 헌법 제23조 제3항 및 법치행정의 취지에 비추어 신중하고 엄격하게 적용되어야 하고, 독점적·배타적 사용·수익권 행사의 제한을 주장하는 사람이 그 제한 요건을 충족하였다는 점에 대한 증명책임을 진다(갑이 사정받은 토지가 분할됨과 동시에 분할된 일부 토지의 지목이 '도로'로 변경되어 도로로 사용되다가 을이 위 토지를 매수하였는데, 을이 병 지방자치단체를 상대로 병 지방자치단체가 토지를 도로부지로 사용하였다는 이유로 부당이득반환을 구한 사안에서, 갑 및 그 상속인들이 토지에 대한 독점적·배타적인 사용·수익권을 행사하는 것을 제한할 수 있다고 보기 어려우므로 을의 부당이

득반환청구를 인정한 사례; (대법원 2024. 2. 15. 선고 2023다295442 판결)

판례 사유지 내의 도로 통행 방해와 일반교통방해 · 업무방해 성립여부

[1] 형법 제185조의 일반교통방해죄는 일반공중의 교통의 안전을 보호법익으로 하는 범죄로서 여기서의 '육로'라 함은 사실상 일반공중의 왕래에 공용되는 육상의 통로를 널리 일컫는 것으로서 그 부지의 소유관계나 통행권리관계 또는 통행인의 많고 적음 등을 가리지 않는다고 할 것이다(대법원 1999. 7. 27. 선고 99도1651 판결 참조).

[2] 이 사건 도로는 피고인이 그 부지를 매입하기 이전부터 등산객이나 인근 주민, 위 여관 및 식당, 버섯농장의 손님들의 통행로로 이용되었거나, 적어도 공소외 1이 도로를 만든 이후부터는 불특정 다수인의 통행로로 이용되어 온 점, 피고인도 이 사건 도로를 만들 때 이를 승낙하였거나 묵인하여 왔던 것으로 보이는 점 등의 사정에 비추어, 피고인이 이 사건 도로의 일부가 자신의 소유라 하더라도 적법한 절차에 의하여 문제를 해결하려고 하지 아니하고 그 도로의 중간에 바위를 놓아두거나 이를 파헤침으로써 차량의 통행을 못하게 한 이상, 피고인의 이러한 행위는 일반교통방해 및 공소외 1, 공소외 2에 대한 업무방해에 해당한다고 판단하여, 피고인에 대한 이 사건 공소사실을 모두 유죄로 인정하여 처벌하고 있는바, 앞서 본 법리와 기록에 비추어 살펴보면, 원심의 위와 같은 사실인정과 판단은 수긍이 되고, 원심판결에 상고이유에서 지적하는 바와 같이 채증법칙을 위배하여 사실을 오인하였거나, 일반교통방해죄에 있어서의 육로 및 업무방해죄의 고의에 관한 법리를 오해한 위법이 있다고 할 수 없다(불특정 다수인의 통행로로 이용되어 오던 도로의 토지 일부의 소유자라 하더라도 그 도로의 중간에 바위를 놓아두거나 이를 파헤침으로써 차량의 통행을 못하게 한 행위는 일반교통방해죄 및 업무방해죄에 해당한다고 한 사례; (대법원 2002. 4. 26. 선고 2001도6903 판결)).

7) 물에 관한 상린관계(相隣關係)

(1) 자연적 배수(排水)

① 토지소유자의 승수(承水) 의무

토지소유자는 이웃토지로부터 자연히 흘러오는 물을 막지 못한다(민법 제221조 제1항). 고지소유자는 이웃저지에 자연히 흘러내리는 이웃저지에서 필요한 물을 자기의 정당한 사

용범위를 넘어서 이를 막지 못한다(민법 제221조 제2항).

> **판례** **토지소유자의 승수의무**
> [1] 민법 제221조 제1항 소정의 자연유수의 승수의무란 토지소유자는 다만 소극적으로 이웃 토지로부터 자연히 흘러오는 물을 막지 못한다는 것뿐이지 적극적으로 그 자연유수의 소통을 유지할 의무까지 토지소유자로 하여금 부담케 하려는 것은 아니다(대법원 1977.11.22. 선고 77다1588 판결).
> [2] 물이 높은 곳으로부터 낮은 곳으로 흐르는 것은 자연의 법칙이므로 낮은 곳의 토지소유자는 높은 토지로부터의 자연인 물의 흐름을 막을 수 없다는 소위 승수의 의무가 있는 것이나 옆의 토지소유자가 그 토지에 특히 가공을 함으로서 비로소 흐르게 되는 물에 대하여는 승수의 의무가 없다(이웃토지소유자가 인공적으로 토지를 높였기 때문에 흘러오는 물에 대하여는 승수의무가 없다는 사례; 대법원 1962. 4. 12. 선고 61다1129 판결).
> [3] 낮은 곳의 토지 소유자가 자신의 토지에 성토하여 지반고를 높이거나 제방을 쌓았기 때문에 종전에 높은 곳으로부터 자연히 흘러오는 우수의 흐름을 막게 되었다면, 이는 민법 제221조 제1항 소정의 승수의무를 위반한 것이다(대법원 1995.10.13. 선고 94다31488 판결).

② 소통공사권

흐르는 물이 어떤 사정으로 저지에서 막힌 때에는 고지소유자는 자비로 소통에 필요한 공사를 할 수 있다(민법 제222조). 이 때 비용부담에 관한 관습이 있으면 그 관습에 의한다(민법 제224조).

(2) 인공적 배수

① 타인 토지의 사용권

인공적 배수를 위하여 타인의 토지를 사용할 수 없다. 따라서 토지소유자는 처마물이 이웃에 직접 떨어지지 않도록 적당한 시설을 하여야 한다(민법 제225조). 그러나 예외적으로 고지소유자는 침수지를 건조하기 위하여 또는 가용이나 농, 공업용의 여수餘水를 소통하기 위하여 공로, 공류公流 또는 하수도에 달하기까지 저지에 물을 통과하게 할 수 있다(민법 제226조 제1항).

② 유수용(流水用) 공작물의 사용권

토지소유자는 그 소유지의 물을 소통하기 위하여 이웃토지소유자의 시설한 공작물을 사용할 수 있다(민법 제227조 제1항). 이 경우 공작물을 사용하는 자는 그 이익을 받는 비율로 공작물의 설치와 보존의 비용을 분담하여야 한다(민법 제227조 제2항).

판례 이웃 토지소유자의 유수용 공작물 사용권 행사 제한

어느 토지소유자가 소유지의 물을 소통하기 위하여 이웃토지 소유자가 시설한 공작물을 사용할 수 있지만(민법 제227조), 이는 타인의 토지를 통하지 않으면 물을 소통할 수 없는 합리적 사정이 있어야만 인정되는 것이다. 인접한 타인의 토지를 통과하지 않고도 물을 소통할 수 있는 경우에는 스스로 그와 같은 시설을 하는 것이 타인의 토지 등을 이용하는 것보다 비용이 더 든다는 등의 사정이 있다는 이유만으로 이웃토지 소유자에게 그 토지의 사용 또는 그가 설치·보유한 시설의 공동사용을 수인하라고 요구할 수 있는 권리는 인정될 수 없다(대법원 2012. 12. 27. 선고 2010다103086 판결).

③ 배수 등을 위한 공작물에 대한 공사청구권

토지소유자가 저수, 배수 또는 인수引水하기 위하여 공작물을 설치한 경우에 공작물의 파손 또는 폐색閉塞으로 타인의 토지에 손해를 가하거나 가할 염려가 있는 때에는 타인은 그 공작물의 보수, 폐색의 소통 또는 예방에 필요한 청구를 할 수 있다(민법 제223조). 이 때 비용부담에 관한 관습이 있으면 그 관습에 의한다(민법 제224조).

(3) 여수급여청구권

토지소유자는 과다한 비용이나 노력을 요하지 아니하고는 가용이나 토지이용에 필요한 물을 얻기 곤란한 때에는 이웃토지소유자에게 보상하고 여수의 급여를 청구할 수 있다(민법 제228조).

(4) 유수에 관한 상린관계

① 수류의 변경

구거溝渠(도랑) 기타 수류지의 소유자는 대안對岸의 토지가 타인의 소유인 때에는 그

수로나 수류의 폭을 변경하지 못한다(민법 제229조 제1항). 양안兩岸의 토지가 수류지소유자의 소유인 때에는 소유자는 수로와 수류의 폭을 변경할 수 있다. 그러나 하류는 자연의 수로와 일치하도록 하여야 한다(민법 제229조 제2항). 그리고 이들에 관하여 다른 관습이 있으면 그 관습에 의한다(민법 제229조 제3항).

> **판례** 신설 배수로의 통수 면적 감소로 인한 침수 책임
> 민법 제229조 제2항이 '양안의 토지가 수류지 소유자의 소유인 때에는 소유자는 수로와 수류의 폭을 변경할 수 있다'고 규정한 것은 대안의 수류지 소유자 관계에서 수류이용권을 규정한 것으로서, 이는 위와 같은 경우 수류지 소유자는 수로와 수류의 폭을 변경하여 물을 가용 또는 농·공업용 등에 이용할 권리가 있다는 것을 의미함에 그치고, 더 나아가 수로와 수류의 폭을 임의로 변경하여 범람을 일으킴으로써 인지 소유자에게 손해를 발생시킨 경우에도 면책된다는 취지를 규정한 것이라고 볼 수는 없다(매립장 부지에 폐기물 매립장을 설치하는 공사를 하던 중 인접 토지 소유자가 인접 토지에 있던 기존 배수로를 매립하고 현존 배수로를 새로 만들었는데, 현존 배수로가 기존 배수로보다 통수단면 면적이 감소한 탓에 수일간 내린 비로 월류가 발생하여 매립장이 침수되는 등 사고가 발생한 사안에서, 인접 토지 소유자의 위법행위가 사고발생의 원인이 되었다고 본 사례; 대법원 2012. 4. 13. 선고 2010다9320 판결).

② 언(堰, 방죽, 둑 또는 보)의 설치, 이용권

수류지의 소유자가 언을 설치할 필요가 있는 때에는 그 언을 대안對岸에 접촉하게 할 수 있다. 그러나 이로 인한 손해를 보상하여야 한다(민법 제230조 제1항). 대안의 소유자는 수류지의 일부가 자기소유인 때에는 그 언을 사용할 수 있다. 그러나 그 이익을 받는 비율로 언의 설치, 보존의 비용을 분담하여야 한다(민법 제230조 제2항).

③ 공유하천용수권

공유하천의 연안沿岸에서 농, 공업을 경영하는 자는 이에 이용하기 위하여 타인의 용수를 방해하지 아니하는 범위 내에서 필요한 인수를 할 수 있다(민법 제231조 제1항). 인수를 하기 위하여 필요한 공작물을 설치할 수 있다(민법 제231조 제2항).

인수나 공작물로 인하여 하류연안의 용수권을 방해하는 때에는 그 용수권자는 방해의 제거 및 손해의 배상을 청구할 수 있다(민법 제232조). 농, 공업의 경영에 이용하는 수로

기타 공작물의 소유자나 몽리자蒙利者(즉 이익을 얻은 사람)의 특별승계인은 그 용수에 관한 전소유자나 몽리자의 권리의무를 승계한다(민법 제233조). 용수권에 관한 다른 관습이 있으면 그 관습에 의한다(민법 제234조).

> **판례** 인접한 신·구 염전의 해수용수권
> [1] 기존의 염전에 인접하여 그 보다 낮은 지대에 새 염전을 개설하려는 자는 기존 염전의 소유자 또는 경영자와의 사이에 약정 등 특별한 사정이 없는 한 기존염전의 염제조를 위한 기득의 해수용수권을 침해하지 아니하는 방법으로 새 염전을 설치, 경영하여야 하고, 기존염전의 소유자 또는 경영자가 종전의 방법으로 해수를 인수 또는 배수함으로써 새 염전에 침해를 주었다 하더라도 그것이 기존염전의 염제조에 필요한 통상적인 용수권의 행사로서 다년간 관행되어 온 종전의 방법과 범위를 초과하지 않는 것이라면 새 염전의 개설 경영자는 이를 수인할 의무가 있다.
> [2] 기득의 용수권의 범위내의 인수행위는 정당한 권리의 행사로서 위법성이 있을 수 없고, 그 과정에서 비록 타인이 손해를 받게 될 우려가 있다 하더라도 이를 예방하는 일은 그 타인의 일일뿐 아니라 설사 그 타인이 손해를 보았다 하더라도 용수권자에게 그 손해의 배상을 구할 수 없다(대법원 1983. 3. 8. 선고 80다2658 판결).

(5) 지하수 사용권

상린자는 그 공용에 속하는 원천源泉(자연히 솟는 지하수)이나 수도水道(인공적으로 솟게 한 지하수를 끌어오는 시설, 단 공용수도는 제외함)를 각 수요의 정도에 응하여 타인의 용수를 방해하지 아니하는 범위 내에서 각각 용수할 권리가 있다(민법 제235조).

필요한 용도나 수익이 있는 원천이나 수도가 타인의 건축 기타 공사로 인하여 단수, 감수 기타 용도에 장해가 생긴 때에는 용수권자는 손해배상을 청구할 수 있다(민법 제236조 제1항). 이러한 공사로 인하여 음료수 기타 생활상 필요한 용수에 장해가 있을 때에는 원상회복을 청구할 수 있다(민법 제236조 제2항).

8) 경계에 관한 상린관계

(1) 경계표와 담의 설치

인접하여 토지를 소유한 자는 공동비용으로 통상의 경계표나 담을 설치할 수 있다

(민법
제237조 제1항). 그 비용은 쌍방이 절반하여 부담하고, 측량비용은 토지의 면적에 비례하여 부담한다(민법
제237조 제2항). 그러나 인지소유자는 자기의 비용으로 담의 재료를 통상보다 양호한 것으로 할 수 있으며 그 높이를 통상 보다 높게 할 수 있고 또는 방화벽 기타 특수시설을 할 수 있다(민법
제238조).

경계에 설치된 경계표, 담, 구거 등은 상린자의 공유로 추정하지만, 경계표, 담, 구거 등이 상린자 일방의 단독비용으로 설치되었거나 담이 건물의 일부인 경우에는 그러하지 아니하다(민법
제239조). 공유가 되는 경계표 등에는 공유의 규정이 적용되나, 공유자가 분할을 청구하지는 못한다(민법
제268조 제3항).

> **판례** **경계표와 담의 설치권 행사**
> [1] 토지의 경계에 경계표나 담이 설치되어 있지 아니하다면 특별한 사정이 없는 한 어느 한쪽 토지의 소유자는 인접한 토지의 소유자에 대하여 공동비용으로 통상의 경계표나 담을 설치하는 데에 협력할 것을 요구할 수 있고, 인접 토지 소유자는 그에 협력할 의무가 있다고 보아야 하므로, 한쪽 토지 소유자의 요구에 대하여 인접 토지 소유자가 응하지 아니하는 경우에는 한쪽 토지 소유자는 민사소송으로 인접 토지 소유자에 대하여 그 협력 의무의 이행을 구할 수 있다.
> [2] 기존의 경계표나 담장에 대하여 한쪽 토지 소유자가 처분권한을 가지고 있으면서 기존의 경계표나 담장을 제거할 의사를 분명하게 나타내고 있는 경우라면 한쪽 토지 소유자는 인접 토지 소유자에 대하여 새로운 경계표나 담장의 설치에 협력할 것을 소구할 수 있다. 담장의 처분권한이 없는 토지 소유자가 그 처분권한이 있는 인접 토지 소유자를 상대로 기존 담장의 철거를 명하는 판결을 받아 그 담장이 적법하게 철거되어야 하는 경우에도 인접 토지 사이에 경계를 표시할 통상의 담장이 설치되지 않은 상태와 마찬가지로 볼 수 있으므로, 이와 같은 법리가 그대로 적용된다(대법원 2023. 4. 13. 선고 2021다271725 판결).

> **판례** **경계표의 손괴와 경계침범죄**
> [1] 비록 실제상의 경계선에 부합되지 않는 경계표라 할지라도 그것이 종전부터 일반적으로 승인되어 온 것이라면 그와 같은 경계표는 형법 제370조 소정의 계표에 해당된다 할 것이다.
> [2] 형법 제370조의 경계침범죄는 단순히 계표를 손괴하는 것만으로는 부족하고 계표를 손괴, 이동 또는 제거하거나 기타 방법으로 토지의 경계를 인식불능하게

함으로써 비로소 성립되며 계표의 손괴, 이동 또는 제거 등은 토지의 경계를 인식 불능케 하는 방법의 예시에 불과하여 이와 같은 행위의 결과로서 토지의 경계가 인식불능케 됨을 필요로 하고 동죄에 대하여는 미수죄에 관한 규정이 없으므로 계표의 손괴 등의 행위가 있더라도 토지경계의 인식불능의 결과가 발생하지 않은 한 본죄가 성립될 수 없다(대법원 1991. 9. 10. 선고 91도856 판결).

(2) 경계를 넘은 수지(樹脂, 나뭇가지)·목근(木根, 나무뿌리)의 제거권

인접지의 수목가지가 경계를 넘은 때에는 그 소유자에 대하여 가지의 제거를 청구할 수 있다(민법 제240조 제1항). 그러나 소유자가 그 청구에 응하지 아니한 때에는 청구자가 그 가지를 제거할 수 있다(민법 제240조 제2항). 그리고 인접지의 수목 뿌리가 경계를 넘은 때에는 임의로 제거할 수 있다(민법 제240조 제3항).

9) 공작물 설치에 대한 상린관계

(1) 토지의 심굴(深掘, 깊이 파기)금지

토지소유자는 인접지의 지반이 붕괴할 정도로 자기의 토지를 심굴하지 못한다. 그러나 충분한 방어공사를 한 때에는 그러하지 아니하다(민법 제241조).

> **판례** 토지의 심굴굴착공사와 공사중지가처분
> 토지의 소유자가 충분한 예방공사를 하지 아니한 채 건물의 건축을 위한 심굴굴착공사를 함으로써 인접대지의 일부 침하와 건물 균열 등의 위험이 발생하였다고 하더라도 나머지 공사의 대부분이 지상건물의 축조이어서 더 이상의 심굴굴착공사의 필요성이 없다고 보여지고 침하와 균열이 더 이상 확대된다고 볼 사정이 없다면 토지심굴굴착금지청구권과 소유물방해예방 또는 방해제거청구권에 기한 공사중지가처분을 허용하여서는 아니 된다(대법원 1981. 3. 10. 선고 80다2832 판결).

(2) 경계선으로부터 일정한 거리를 두어야 할 의무

건물을 축조함에는 특별한 관습이 없으면 경계로부터 반 미터이상의 거리를 두어야 한다(민법 제242조 제1항). 이를 위반한 경우에 인접지소유자는 건물의 변경이나 철거를 청구할 수 있다. 그러나 건축에 착수한 후 1년을 경과하거나 건물이 완성된 후에는 손해배상만을 청구할 수 있다(민법 제242조 제2항).

> **판례** **경계로부터 반 미터의 기준**
> 민법 제242조 제1항이 건물을 축조하면서 특별한 관습이 없으면 경계로부터 반 미터 이상의 거리를 두어야 한다고 규정한 것은 서로 인접한 대지에 건물을 축조하는 경우에 각 건물의 통풍이나 채광 또는 재해방지 등을 꾀하려는 취지이므로, '경계로부터 반 미터'는 경계로부터 건물의 가장 돌출된 부분까지의 거리를 말한다 (대법원 2011.7.28. 선고 2010다108883 판결).

우물을 파거나 용수, 하수 또는 오물 등을 저치貯置할 지하시설을 하는 때에는 경계로부터 2미터이상의 거리를 두어야 하며, 저수지, 구거 또는 지하실공사에는 경계로부터 그 깊이의 반이상의 거리를 두어야 한다(민법 제244조 제1항). 그리고 이러한 공사를 함에는 토사가 붕괴하거나 하수 또는 오액汚液이 이웃에 흐르지 아니하도록 적당한 조처를 하여야 한다(민법 제244조 제2항).

(3) 차면시설의무

경계로부터 2미터이내의 거리에서 이웃 주택의 내부를 관망할 수 있는 창이나 마루를 설치하는 경우에는 적당한 차면시설遮面施設을 하여야 한다(민법 제243조).

Ⅲ. 부동산 소유권의 취득

1. 개설

부동산에 대한 소유권은 법률행위에 의하여 취득할 수 있으며(민법 제186조), 법률의 규정에 의하여도 취득할 수 있다(민법 제187조).

2. 법률행위에 의한 부동산 소유권 취득

민법 제186조에 의하면, 부동산에 관한 법률행위로 인한 물권의 득실변경은 등기하여야 그 효력이 생긴다.[5] 예를 들어 토지매매에 의한 소유권 취득의 경우에 매도인과

---

5) 법률행위로 인한 물권변동의 경우, 물권적 의사표시와 공시방법 구비 시에 물권변동이 일어나므로 물권

매수인은 토지매매계약을 체결하고, 매도인은 자신의 소유권이전의무를 이행하기 위하여 매수인과 소유권이전에 관한 합의를 한 후 등기를 이전함으로써 매수인은 소유권을 취득하게 된다. 이와 같이 부동산 매매의 경우에 매수인은 매매 계약을 체결한 후에 소유권을 취득하는 것이 일반적이다. 그러나 부동산 매매 계약과 동시에 매매대금을 전부 지급하고 등기함으로써 소유권을 취득할 수도 있다.

3. 법률행위에 의하지 않는 부동산 소유권 취득

부동산 소유권은 법률행위에 의하지 아니하고 취득할 수 있으며, 이 경우 부동산 소유권 취득에 등기를 요하지 아니하지만 등기를 하지 아니하면 이를 처분하지 못한다(민법 제187조). 법률행위에 의하지 않는 부동산 소유권 취득 원인에는 상속, 공용징수[6], 판결, 경매 기타 법률의 규정이 있다. 상속은 피상속인의 사망으로 개시되며(민법 제997조), 상속인은 피상속인의 사망한 때에 부동산의 소유권을 취득한다. 수용에 의한 소유권취득 시기는 협의 수용에서는 협의에 의하여 정하여지는 시기이고, 재결수용에서는 보상금의 지급을 정지조건으로 하여 재결에서 정하는 시기이다(토지보상법 제45조). 판결[7]은 형성판결만을 의미하며(대법원 1971.3.23. 선고 71다234 판결), 판결에 의하여 부동산 소유권을 취득하는 시기는 그 형성판결이 확정된 때이다. 경매는 공경매를 말하며, 공경매에는 민사집행법에 의한 경매와 국세징수법에 의한 공매가 있다. 민사집행법에 의한 경매에는 통상의 강제경매(동법 제78조 이하)와 담보권실행경매(임의경매, 동법 제264조 이하)가 있으며, 공경매에 의한 부동산의 소유

행위와 공시방법의 관계에 학설의 대립이 있다. 학설은 공시방법에 대하여 i)물권적 의사표시와 공시방법이 합하여져 물권행위를 구성한다는 물권행위성립요건설(강태성, 물권법, 103면; 이영준, 물권법, 89면), ii)물권행위는 물권적 의사표시만으로 성립하나 공시방법을 구비해야만 효력이 생긴다는 물권행위효력요건설(윤철홍, 50면), iii)물권행위는 물권적 의사표시만으로 구성되고 공시방법은 물권행위 이외에 법률에 의하여 요구되는 물권변동의 1요건이라는 물권변동1요건설(곽윤직·김재형, 물권법, 51면; 송덕수, 물권법, 63면). 그러나 법률행위로 인한 물권변동은 공시방법을 구비해야 하므로, 물권변동의 시기는 달라지지 않으므로 학설의 대립은 실익이 없다.

6) 공용징수는 공익사업을 위하여 국민의 특정의 재산권을 법률의 힘에 의하여 강제적으로 취득하는 것으로 수용이라고도 한다. '공익사업을 위한 토지 등의 취득 및 보상에 관한 법률'(이하 토지보상법)에 의하면, 수용에는 협의 수용(동법 제29조)과 재결수용(동법 제30조 이하)이 있다.

7) 판결은 각하판결(소송요건이 구비되지 않은 경우)과 본안판결로 대별된다. 본안판결은 기각판결(청구가 이유없는 경우)과 인용판결로 나뉜다. 인용판결에는 이행판결, 확인판결, 형성판결이 있다. 이행판결은 피고에게 일정한 행위를 명하는 판결로서, 이 판결만으로는 물권변동이 일어나지 않는다. 즉 판결에서 명하는 행위가 있은 때에 비로소 부동산물권변동이 일어난다. 확인판결은 이미 존재하는 법률관계를 확인하는 것일 뿐 새로운 법률관계를 창설하는 것은 아니다. 형성판결은 법률관계를 형성(변동)시키는 판결이다.

권을 취득하는 시기는 경락인이 경락대금을 완납한 때이다. 기타 법률의 규정에 의한 부동산 소유권 취득의 경우에 기타 법률은 관습법도 포함하며, 민법 제245조 이하에서는 취득시효, 부합에 대하여 규정하고 있다.

> **판례** **민법 제187조에 규정한 판결의 의미**
> 매매 등 법률행위를 원인으로 한 소유권이전등기절차 이행의 소에서의 원고 승소 판결은 부동산물권취득이라는 형성적 효력이 없어 민법 제187조 소정의 판결에 해당하지 않으므로 승소판결에 따른 소유권이전등기 경료시까지는 부동산의 소유권을 취득한다고 볼 수 없다(민법 제187조 소정의 판결에는 형성적 효력이 있어야 한다는 판결; 대법원 1982.10.12. 선고 82다129 판결).

1) 취득시효

(1) 의의

시효는 일정한 사실상태가 일정한 기간 동안 계속되고 있는 경우에 그 상태가 진실한 권리관계와 일치하는지 여부를 묻지 않고, 그 사실 상태를 존중하여 그대로 권리관계를 인정하는 제도이다. 시효에는 소멸시효[8]와 취득시효가 있다. 취득시효는 어떤 자가 권리자인 것처럼 권리를 행사하고 있는 사실상태가 일정한 기간 동안 계속된 경우에 그가 진실한 권리자인가를 묻지 않고서 처음부터 권리자이었던 것으로 인정하는 제도이다. 우리 민법은 부동산 소유권의 취득시효로 점유취득시효와 등기부취득시효를 인정하고 있다(민법 제245조).

취득시효는 법률관계의 안정을 위하여 현재의 사실 상태를 인정하고 있다. 그 결과 권리를 취득하였으나 이를 증명하지 못하는 자는 취득시효에 의하여 보호받을 수 있다. 반면에 권리를 취득하지 않았음에도 불구하고 권리를 취득하는 자가 생길 수도 있으므로 취득시효는 제한적으로 인정되어야 한다(강태성, 물권법, 566면; 송덕수, 물권법, 314면).

> **판례** **취득시효 제도의 취지**
> 부동산에 대한 취득시효 제도의 존재이유는 부동산을 점유하는 상태가 오랫동안

---
[8] 소멸시효는 권리자의 권리불행사가 일정기간 계속된 경우에 그의 권리를 소멸시키는 제도이다(민법 제162조 이하).

계속된 경우 권리자로서의 외형을 지닌 사실상태를 존중하여 이를 진실한 권리관계로 높여 보호함으로써 법질서의 안정을 기하고, 장기간 지속된 사실상태는 진실한 권리관계와 일치될 개연성이 높다는 점을 고려하여 권리관계에 관한 분쟁이 생긴 경우 점유자의 증명곤란을 구제하려는 데에 있다(대법원 2016. 10. 27. 선고 2016다224596 판결).

(2) 부동산 소유권의 점유취득시효

20년간 소유의 의사로 평온, 공연하게 부동산을 점유하는 자는 등기함으로써 그 소유권을 취득한다(민법 제245조 제1항).

> **판례** 점유취득시효
>
> 원고(한국불교태고종 청수사)는 늦어도 1974. 4. 23.부터 위 (가), (나)부분을 포함한 (다)부분 토지를 사찰부지로서 소유의 의사로 평온·공연하게 점유하여 온 것으로 추정되어, 그로부터 20년이 경과한 1994. 4. 23.에 이르러 그 취득시효가 완성되었다고 할 것이므로, 피고는 특별한 사정이 없는 한 원고에게 위 (다)부분 토지 3,522㎡에 관하여 위 날짜 취득시효완성을 원인으로 한 소유권이전등기절차를 이행할 의무가 있다(원고의 사찰부지에 대한 점유취득시효를 원인으로 한 소유권전등기청구소에 대한 피고의 사찰부지 반환청구 반소에 대하여, 원고는 피고로부터 증여(시주)받아 원고의 사찰부지로 점유·관리하여 온 사실을 인정하고 피고의 임대차 주장을 부인하여 취득시효를 인정한 사례; 부산지방법원 2004. 5. 20. 선고 2003나8487, 8494 판결; 대법원 2004. 10. 28. 선고 2004다32206, 32213 판결).

① 요건

㉮ 부동산의 점유

점유취득시효의 대상이 되는 부동산은 타인일 것을 요하지 않으며, 자기의 부동산인데도 소유권을 입증할 수 없을 때에는 취득시효를 주장할 수 있다(대법원 2001.7.13. 선고 2001다17572 판결). 국유 또는 공유의 부동산은 원칙적으로 시효취득의 대상이 되지 않지만 일반재산(잡종재산)[9]은 취득시효의 대상이 된다(국유재산법 제7조 제2항). 이 경우 국유재산이 취득시효의 대상이 되는 일반재산(잡종재산)이라는 점에 대한 입증책임은 시효의 이익을 주장하는 자에게 있다

---

9) 국유재산 가운데 행정재산(관청이나 관사와 같은 공용재산, 국가가 공공용으로 사용하기로 결정한 공공용 재산, 정부기업의 건물 등의 기업용 재산, 문화재와 같이 정부가 보존하는 재산)이 아닌 모든 국유재산을 일반재산이라 한다(국유재산법 제6조 제3항).

(대법원 1995.6.16. 선고 94다42655 판결).

부동산의 일부에 대한 시효취득도 인정된다. 토지의 경우 1필의 토지의 일부에 대한 시효취득을 인정하기 위하여는 그 부분이 다른 부분과 구분되어 시효취득자의 점유에 속한다는 것을 인식하기에 족한 객관적인 징표가 계속하여 존재하여야 한다(대법원 2009.6.25. 선고 2009다10386 판결). 그러나 시효취득으로 소유권을 취득하기 위해서는 분필등기를 하여야 한다.

판례 일반재산(잡종재산)의 취득시효와 입증책임

이 사건 토지 중 서울(주소7 생략) 대 69㎡의 지하에 대형하수관(1,200mm)이 매설되어 그 일대의 공공하수도로 사용되고 있는 사실을 알 수 있는바, 사실이 그러하다면 위 토지는 공공용재산인 하수도가 설치되어 있는 국유재산으로서 행정재산으로 볼 여지가 있다 할 것이고, 행정재산은 공용이 폐지되지 아니하는 한 사법상 거래의 대상이 될 수 없어 취득시효의 대상이 되지 아니한다 할 것이다(대법원 1969.7.8. 선고 69다418, 419, 420판결, 1994.3.22. 선고 93다56220 판결 등 참조). 그럼에도 불구하고, 원심이 위 토지에 하수관이 매설되어 있는 사실만으로는 위 토지가 국유재산법 소정의 행정재산이라고 단정하기에 부족하다고 하여 피고의 위 주장을 배척하였음은 필경 행정재산에 관한 법리를 오해한 위법이 있다고 하지 아니할 수 없고, 이와 같은 위법은 판결에 영향을 미친 것임이 분명하므로 이 점을 지적하는 상고이유의 주장은 이유 있다. 그리고 국유재산이 시효취득의 대상이 되는 잡종재산이라는 점에 대한 입증책임은 시효의 이익을 주장하는 원고에게 있다 할 것이다(대법원 1995.4.28. 선고 93다42658 판결; 대법원 1995.6.16. 선고 94다42655 판결).

판례 잡종재산이 행정재산으로 변경된 경우 취득시효 여부

국유재산법 제5조 제2항은 "국유재산은 민법 제245조의 규정에 불구하고 시효취득의 대상이 되지 아니한다. 다만, 잡종재산의 경우는 그러하지 아니하다."고 규정하고 있는바, 원래 잡종재산이던 것이 행정재산으로 된 경우 잡종재산일 당시에 취득시효가 완성되었다고 하더라도 행정재산으로 된 이상 이를 원인으로 하는 소유권이전등기를 청구할 수 없다고 할 것이다(도시계획법상 공원으로 결정·고시된 국유토지라도 적어도 도시공원법에 의하여 조성계획이 결정되어 그 위치, 범위 등이 확정되어야만 국유재산법에서 규정하고 있는 행정재산이 되고, 공원이 확정되어 행정재산이 된 후에는 취득시효를 부인한 판결; 대법원 1997.11.14. 선고 96다10782 판결).

판례 1필지의 토지 일부에 대한 시효취득의 인정 요건

1필의 토지의 일부에 대한 시효취득을 인정하기 위하여는 그 부분이 다른 부분과 구분되어 시효취득자의 점유에 속한다는 것을 인식하기에 족한 객관적인 징표가 계속하여 존재할 것을 요한다(대법원 1989.4.25. 선고 88다카9494 판결, 대법원 1997.3.11. 선고 96다37428 판결 등 참조). 원심이 인정한 사실관계와 기록에 비추어 살펴보아도, 이 사건 임야 중 피고가 주장하는 특정 부분이 피고의 점유에 속한다는 것을 인식하기에 족한 객관적인 징표가 10년 또는 20년 동안 계속하여 존재하였음을 인정할 자료를 찾아볼 수 없으므로, 이 사건 임야 중 피고가 현재 점유하고 있는 부분에 관하여 216/6240 지분을 시효취득하였다고 할 수 없다(대법원 2009.6.25. 선고 2009다10386 판결).

㉯ 자주점유, 평온·공연한 점유

시효취득을 주장하는 자는 소유의 의사로 평온·공연하게 점유하여야 한다. 즉 자주점유, 평온·공연한 점유가 필요하며, 점유는 직접점유에 한하지 않고 간접점유로도 가능하다.[10]

자주점유 및 평온·공연한 점유는 추정되므로(민법 제197조 제1항), 이에 대한 입증책임은 점유자의 시효취득을 막으려는 자가 자주점유 및 평온·공연한 점유가 아님을 입증하여야 한다.

> **판례** **자주점유의 추정과 번복**
>
> [1] 자주점유의 경우, 점유자의 점유가 소유의 의사 있는 자주점유인지 아니면 소유의 의사 없는 타주점유인지의 여부는 점유자의 내심의 의사에 의하여 결정되는 것이 아니라 점유 취득의 원인이 된 권원의 성질이나 점유와 관계가 있는 모든 사정에 의하여 외형적·객관적으로 결정되어야 하는 것이기 때문에 점유자가 성질상 소유의 의사가 없는 것으로 보이는 권원에 바탕을 두고 점유를 취득한 사실이 증명되었거나, 점유자가 타인의 소유권을 배제하여 자기의 소유물처럼 배타적 지배를 행사하는 의사를 가지고 점유하는 것으로 볼 수 없는 객관적 사정, 즉 점유자가 진정한 소유자라면 통상 취하지 아니할 태도를 나타내거나 소유자라면 당연히 취했을 것으로 보이는 행동을 취하지 아니한 경우 등 외형적·객관적으로 보아 점유자가 타인의 소유권을 배척하고 점유할 의사를 갖고 있지 아니하였던 것이라고 볼 만한 사정이 증명된 경우에도 그 추정은 깨어진다.
>
> [2] 점유자가 점유 개시 당시에 소유권 취득의 원인이 될 수 있는 법률행위 기타 법률요건이 없이 그와 같은 법률요건이 없다는 사실을 잘 알면서 타인 소유의 부동산을 무단 점유한 것임이 입증된 경우에도 특별한 사정이 없는 한 점유자는 타인

---

10) 제3자를 점유매개자로 하여 농지를 간접적으로 점유하여 온 자는 비록 그가 농민이 아니라고 하더라도 그 농지를 시효취득할 수 있다(대법원 1998.2.24. 선고 97다49053 판결).

의 소유권을 배척하고 점유할 의사를 갖고 있지 않다고 보아야 할 것이므로 이로써 소유의 의사가 있는 점유라는 추정은 깨어졌다고 할 것이다(국가 소유의 토지에 설치된 철조망을 임의제거한 후 점유하기 시작한 사실, 즉 무단점유가 증명된 경우에는 자주점유의 추정이 번복된다는 판결; 대법원 1997. 8. 21. 선고 95다28625 전원합의체 판결).

판례 **평온·공연한 점유**

점유자는 소유의 의사로 평온 및 공연하게 점유하는 것으로 추정되고, 평온한 점유란 점유자가 그 점유를 취득 또는 보유하는 데 법률상 용인될 수 없는 강폭행위를 쓰지 아니하는 점유이고, 공연한 점유란 은비의 점유가 아닌 점유를 말하는 것이므로, 그 점유가 불법이라고 주장하는 자로부터 이의를 받은 사실이 있거나 점유물의 소유권을 둘러싸고 당사자 사이에 법률상의 분쟁이 있었다고 하더라도 그러한 사실만으로 곧 그 점유의 평온·공연성이 상실된다고 할 수 없다(대법원 1994.12.9. 선고 94다25025 판결).

㉰ 20년간의 점유

부동산의 점유는 자주점유, 평온·공연한 점유로 20년 동안 계속되어야 한다.

점유기간의 기산점은 시효기간 만료전이나 만료 후에 이해관계 있는 제3자[11]가 있는 경우(명의변경)에는 점유개시시 占有開始時이므로 시효취득주장자가 임의로 그 기산점을 선택(기산점을 실제보다 뒤로하여)하여 주장할 수 없다(대법원 1977.6.28. 선고 77다47 판결; 대법원 1998.4.10. 선고 97다56822 판결).[12] 시효기간 중 계속해서 등기명의자가 동일한 경우에는 점유기간 중의 임의의 시점을 그 기산점으로 할 수 있다(대법원 1994.3.22. 선고 93다46360 전원합의체 판결).

점유의 승계가 이루어진 경우, 점유자는 점유승계의 효과로서 자신의 점유만을 주장하거나 전 점유자의 점유를 합산하여 주장할 수 있다(민법 제199조 제1항). 전점유자의 점유를 아울러 주장할 경우, 이해관계 있는 제3자가 없으면 그 기산점을 임의의 시점으로 할 수 있다(대법원 2015.9.10. 선고 2014다68884 판결). 그러나 이해관계 있는 제3자가 있는 경우에는 자기 또는 전점유자의 특정 점유개시일 만을 선택할 수 있을 뿐이고, 점유기간 중 임의의 시점을 선택할 수 없다(대법원 1998.4.10. 선고 97다56822 판결). 상속의 경우에는 점유승계에 있어서 분리·병합의 원

---

11) 취득시효기간 만료 후에 새로운 이해관계를 가지게 된 제3자는 부동산에 관한 거래의 안전과 등기제도의 기능을 해하지 아니하기 위하여 보호하여야 할 가치가 있는 자에 국한되어야 한다(대법원 2002. 3. 15. 선고 2000다23341 판결).
12) 시효이익을 주장하는 자가 그 기산점을 임의로 선택하게 되면 제3자의 법적 지위가 시효취득자에 의하여 좌우되기 때문이다.

칙이 적용되지 않는다. 즉 상속인은 새로운 권원에 의하여 자기 고유의 점유를 시작하지 않는 한 피상속인의 점유를 떠나 자기만의 점유를 주장할 수 없다(대법원 1997.12.12. 선고 97다40100 판결).

> **판례** 점유의 승계와 취득시효의 기산점
> 취득시효의 기초가 되는 점유가 법정기간 이상으로 계속되는 경우, 취득시효는 그 기초가 되는 점유가 개시된 때를 기산점으로 하여야 하고 취득시효를 주장하는 사람이 임의로 기산일을 선택할 수는 없으나, 점유가 순차 승계된 경우에 있어서는 취득시효의 완성을 주장하는 자는 자기의 점유만을 주장하거나 또는 자기의 점유와 전 점유자의 점유를 아울러 주장할 수 있는 선택권이 있으며, 전 점유자의 점유를 아울러 주장하는 경우에도 어느 단계의 점유자의 점유까지를 아울러 주장할 것인가도 이를 주장하는 사람에게 선택권이 있고, 다만 전 점유자의 점유를 아울러 주장하는 경우에는 그 점유의 개시시기를 어느 점유자의 점유기간 중의 임의의 시점으로 선택할 수 없다(대법원 1998.4.10. 선고 97다56822 판결).

> **판례** 상속에 의한 점유 승계와 취득시효
> 상속에 의하여 점유권을 취득한 경우에는 상속인이 새로운 권원에 의하여 자기 고유의 점유를 시작하지 않는 한 피상속인의 점유를 떠나 자기만의 점유를 주장할 수 없고, 또 선대의 점유가 타주점유인 경우 선대로부터 상속에 의하여 점유를 승계한 자의 점유도 그 성질 내지 태양을 달리하는 것이 아니어서 특별한 사정이 없는 한 그 점유가 자주점유로 될 수 없고, 그 점유가 자주점유가 되기 위하여는 점유자가 소유자에 대하여 소유의 의사가 있는 것을 표시하거나 새로운 권원에 의하여 다시 소유의 의사로써 점유를 시작하여야 한다(대법원 1997.12.12. 선고 97다40100 판결).

② 효과

취득시효 완성자는 등기함으로써 소유권을 취득할 수 있다. 즉 취득시효의 요건을 갖추었다고 하여 부동산의 소유권을 취득하지는 못하고, 취득시효 완성자는 등기청구권을 취득할 뿐이다. 그러므로 등기를 하여야 소유권을 취득하게 된다.

㉮ 취득시효 완성 후 등기 전의 법률관계
  ㉠ 취득시효 완성자의 등기청구권 취득(취득시효 5원칙)
    ⓐ 부동산에 대한 점유 취득시효가 완성된 경우

토지에 대한 취득시효의 완성을 이유로 소유권이전등기를 청구하려면 시효완성 당시의 소유자 또는 그의 포괄승계인을 상대로 하여야 한다(대법원 1999.2.23. 선고 98다59132 판결). 그 부동산의 등기명의자는 권리변동의 당사자이므로 취득시효 완성자는 등기명의자에 대하여 등기 없이도 그 부동산의 시효취득을 주장할 수 있다(대법원 1993.5.25. 선고 92다51280 판결; 제1원칙). 그러나 그 부동산의 등기 명의자는 취득시효 완성자에 대한 이전등기의무자일 뿐이고 취득시효 완성자에 대하여 소유권에 기한 권능을 행사할 수 없다.

> **판례** **취득시효 완성을 원인으로 한 등기청구권 행사의 상대방**
> 원고가 이 사건 토지를 시효취득하였다 하더라도 원고가 소유권을 취득하기 위하여는 그로 인하여 소유권을 상실하게 되는 시효완성 당시의 소유자를 상대로 소유권이전등기청구를 하는 방법에 의하여야 하는 것이지, 제3자에 불과한 피고를 상대로 원고에게 소유권 또는 소유권이전등기청구권이 있음의 확인을 구할 이익은 없다 할 것이다(취득시효완성 당시의 소유자가 사망한 후 상속인이 존재하지 않아 민법 제1058조에 따라 상속재산이 국가에 귀속된 후 국가를 상대로 취득시효를 원인으로 한 소유권이전등기청구권을 부인한 사례; 대법원 1992.12.22. 선고 91다47116 판결; 대법원 1995.5.9. 선고 94다39123 판결 등).

    ⓑ 점유취득시효 완성 전 등기부상 소유자가 변경된 경우

점유취득시효완성 당시의 등기부상의 소유자가 권리변동의 당사자가 되는 것이므로 취득시효 완성자는 그 자에 대하여 등기 없이도 취득시효완성의 효과를 주장할 수 있다(대법원 1989.4.11. 선고 88다카5843.5850 판결; 제2원칙). 시효 진행 중에 등기부상의 소유명의자가 변경된 것은 취득시효 완성자의 종래의 사실상태의 계속을 파괴한 것으로 볼 수 없어 시효중단사유가 될 수 없기 때문이다(대법원 1997.4.25. 선고 97다6186 판결).

> **판례** **시효완성 전 등기명의 변경과 시효중단 여부**
> 취득시효기간의 완성 전에 등기부상의 소유명의가 변경되었다 하더라도 이로써 종래의 점유상태의 계속이 파괴되었다고 할 수 없으므로 이는 취득시효의 중단사유가 될 수 없는 것인바(대법원 1976. 3. 9. 선고 75다2220, 2221 판결, 1993. 5. 25. 선고 92다52764, 52771 판결 등 참조), 이와 같은 취지의 원심판단

은 정당하고, 위와 같은 대법원의 판례를 변경할 필요성이 있다고 인정되지도 아니하다(대법원 1997. 4. 25. 선고 97다6186 판결).

ⓒ 점유취득시효 완성 후 등기 전 등기부상 소유자가 변경된 경우

점유취득시효가 완성되었다고 하더라도 그에 따른 등기를 하지 않고 있는 사이에 제3자가 그 부동산에 관한 소유권이전등기를 경료한 경우, 취득시효 완성자는 그 제3자에 대하여 취득시효완성의 효과를 주장할 수 없다(대법원 1992. 12. 11. 선고 92다9968,9975 판결; 제3원칙). 그 근거로 판례는 i) 제3자는 점유취득시효완성으로 인한 권리변동의 당사자가 아니고(대법원 1992.3.10. 선고 91다43329 판결), ii) 시효에 의한 취득등기를 하기 전에 제3자에게 양도되어 소유권이전등기가 완료된 이상 이중양도의 경우와 마찬가지로 그에 대하여 시효에 의한 소유권취득을 주장할 수 없다(대법원 1965. 7. 6. 선고 65다914 판결)는 점을 들고 있다.

> **판례** 취득시효 완성 후 등기 명의 변경과 시효취득 주장
> 부동산에 대한 점유취득시효가 완성되었다고 하더라도 이를 등기하지 아니하고 있는 사이에 그 부동산에 관하여 제3자에게 소유권이전등기가 마쳐지면 점유자는 그 제3자에게 대항할 수 없는 것이고, 이 경우 제3자의 이전등기 원인이 점유자의 취득시효 완성 전의 것이라 하더라도 마찬가지이다(대법원 1998.7.10. 선고 97다45402 판결).

ⓓ 등기부상 소유자 변경 시 점유기산점의 임의 선택 부정

이른바 제3원칙이 적용되는 당연한 결과로서, 점유취득시효가 언제 완성되는지에 따라 취득시효 완성자와 제3자의 우열 및 대항력이 달라질 수 있으므로 취득시효 완성자는 실제로 점유를 개시한 때를 점유취득시효의 기산점으로 삼아야 하고 그 기산점을 임의로 선택할 수 없다(대법원 1965.4.6. 선고 65다170 판결; 제4원칙). 즉 판례는 점유취득시효의 기산점에 관하여 고정시설을 원칙으로 하고 있다.

> **판례** 점유취득시효 기간 중 등기명의 변경과 기산점 산정
> 취득시효기간을 계산할 때에, 점유기간 중에 해당 부동산의 소유권자가 변동된 경우에는 취득시효를 주장하는 자가 임의로 기산점을 선택하거나 소급하여 20년 이상 점유한 사실만 내세워 시효완성을 주장할 수 없으며, 법원이 당사자의 주장에 구애됨이 없이 소송자료에 의하여 인정되는 바에 따라 진정한 점유의 개시시기를 인정하고, 그에 터 잡아 취득시효 주장의 당부를 판단하여야 한다(대법원 1995.5.23. 선고 94다39987 판결; 대법원 2015.3.20. 선고 2012다

$^{17479}_{판결}$). 그러나 점유기간 중에 소유자 변동이 없는 경우에는 취득시효의 기산점을 임의로 선택할 수 있다($^{대법원\ 1994.3.22.\ 선고}_{93다46360\ 전원합의체\ 판결\ 참고}$).

ⓔ 2차 점유취득시효의 인정

취득시효완성 후 등기 전에 부동산 등기 명의자에 변동이 있는 경우, 당초의 점유자가 계속 점유하고 있고 소유자가 변동된 시점을 새로운 기산점으로 삼아도 다시 취득시효의 점유기간이 완성되는 경우에 시효취득을 주장하는 점유자로서는 소유권 변동시를 새로운 취득시효의 기산점으로 삼아 취득시효의 완성을 주장할 수 있다($^{대법원}_{1994.3.22.\ 선고\ 93다46360\ 전원합의체\ 판결:\ 제5원칙}$). 즉 시효완성 후 등기 전에 소유자가 변경된 경우에 제3원칙을 고수하면, 당초의 점유자가 제3취득자의 등기 후에도 계속 점유함으로써 다시 취득기간이 완성되었음에도 시효취득을 할 수 없다. 그 결과 일단 취득시효기간이 경과한 후에 제3자 명의로 이전 등기된 부동산은 새로운 권원에 의한 점유가 없는 한 영구히 시효취득의 대상이 되지 아니하는 부동산이 되어 제3취득자는 보통의 소유자 보다 더 강력한 보호를 받게 된다는 문제점이 있기 때문에, 제3원칙에 대한 예외를 인정하게 되었다. 따라서 2차 취득시효기간 중 등기명의자 변경여부와 상관없이 취득시효 완성자는 1차 취득시효기간이 만료된 후 등기 전에 등기부상 소유명의자가 변경($^{甲에서}_{乙로\ 변경}$)된 시점부터 2차 취득시효를 주장할 수 있다. 이러한 법리는 새로이 2차의 취득시효가 개시되어 그 취득시효기간이 경과하기 전에 등기부상의 소유명의자가 다시 변경($^{乙에서}_{丙으로\ 변경}$)된 경우에도 동일하게 적용되므로, 첫 소유명의 변경시($^{甲에서\ 乙로}_{변경된\ 시점}$)를 기산점으로 하여 시효완성 당시의 소유명의자丙에게 시효취득을 주장할 수 있다($^{대법원\ 2009.7.16.\ 선고}_{2007다15172,15189\ 전원합의체\ 판결}$).

판례 2차 점유취득시효 완성 전 등기명의 변경과 시효취득여부

[1] 부동산에 대한 점유취득시효가 완성된 후 취득시효 완성을 원인으로 한 소유권이전등기를 하지 않고 있는 사이에 그 부동산에 관하여 제3자 명의의 소유권이전등기가 경료된 경우라 하더라도 당초의 점유자가 계속 점유하고 있고 소유자가 변동된 시점을 기산점으로 삼아도 다시 취득시효의 점유기간이 경과한 경우에는 점유자로서는 제3자 앞으로의 소유권 변동시를 새로운 점유취득시효의 기산점으로 삼아 2차의 취득시효의 완성을 주장할 수 있다($^{대법원\ 1994.\ 3.\ 22.\ 선고}_{93다\ 46360\ 전원합의체\ 판결\ 등\ 참조}$).

[2] 취득시효기간이 경과하기 전에 등기부상의 소유명의자가 변경된다고 하더라도 그 사유만으로는 점유자의 종래의 사실상태의 계속을 파괴한 것이라고 볼 수 없어

취득시효를 중단할 사유가 되지 못하므로, 새로운 소유명의자는 취득시효 완성 당시 권리의무 변동의 당사자로서 취득시효 완성으로 인한 불이익을 받게 된다 할 것이어서 시효완성자는 그 소유명의자에게 시효취득을 주장할 수 있는바, 이러한 법리는 새로이 2차의 취득시효가 개시되어 그 취득시효기간이 경과하기 전에 등기부상의 소유명의자가 다시 변경된 경우에도 마찬가지로 적용된다고 봄이 상당하다(제1차 점유취득시효 완성 후 등기명의자가 변경되고, 다시 제2차 점유취득시효 진행 중 등기명의자가 변경된 경우에 취득시효 완성자는 제2차 점유취득시효 완성 당시의 등기명의자를 상대로 취득시효를 원인으로 하여 소유권이전등기청구권을 행사할 수 있다고 한 사례; 대법원 2009.7.16. 선고 2007다15172,15189 전원합의체 판결).

ⓒ 취득시효 완성자의 방해배제청구권

취득시효 완성자는 점유권에 기하여 등기부상의 명의인을 상대로 점유방해의 배제를 청구할 수 있다(대법원 2005.3.25. 선고 2004다23899 · 23905 판결).

판례 시효완성 후 토지소유자가 설치한 담장의 철거 청구

취득시효가 완성된 점유자는 점유권에 기하여 등기부상의 명의인을 상대로 점유방해의 배제를 청구할 수 있다 할 것인데, 시효취득자가 점유취득시효의 완성을 원인으로 하여 소유권이전등기를 청구하면서, 그와 동시에 시효 완성 후에 토지소유자가 멋대로 설치한 담장 등의 철거를 구하고 있을 뿐, 소유권에 기한 방해배제청구권에 기하여 위 담장 등의 철거를 구한 바 없고, 오히려 "토지소유자가 기존의 담장을 허물고 새로운 담장을 쌓은 것은 시효취득자의 점유를 침탈한 행위에 해당한다."고 주장하였으며, 원심의 변론종결 직전에는 소유권에 기한 주장은 하지 아니하고 담장 등 철거 청구도 시효취득에 의하여서만 구하는 것이라고 진술하였는바, 그렇다면 시효취득자는 점유권에 기한 방해배제청구권의 행사로서 토지소유자를 상대로 담장 등의 철거를 청구하고 있는 것으로 보아야 한다(취득시효 완성자의 점유보호청구권에 기한 담장 철거를 인용한 사례; 대법원 2005.3.25. 선고 2004다23899, 23905 판결).

ⓒ 소유명의인의 부동산 처분과 불법행위의 문제(이중양도의 법리 적용)

부동산 취득시효 완성 후 등기부상 소유명의인이 취득시효의 대상인 부동산을 제3자에게 처분하는 행위는 특별한 사정이 없는 한 유효하고 불법행위가 성립하지 않는다(대법원 2006.5.12. 선고 2005다75910 판결). 그러나 그 처분권자가 악의인 경우에는 그렇지 않다. 즉 시효취득을

주장하는 자가 취득시효를 주장하거나 소유권 이전등기 청구소송을 제기한 후에 제3자에게 처분한 경우에는 불법행위가 된다. 특히 부동산을 취득한 제3자가 이러한 불법행위에 적극 가담하였다면 이는 사회질서에 반하는 행위로서 무효이다(대법원 1999.9.3. 선고 99다20926 판결). 이 경우 제3자 명의의 등기는 원인무효이므로, 점유자는 취득시효 완성 당시의 소유자를 대위하여 제3자 명의의 등기말소를 청구하고, 다시 위 소유자를 상대로 취득시효 완성을 이유로 한 소유권 이전등기를 청구할 수 있다.

판례 **취득시효 완성 후 부동산 처분과 그 유효성**
부동산 소유자가 취득시효가 완성된 사실을 알고 그 부동산을 제3자에게 처분하여 소유권이전등기를 넘겨줌으로써 취득시효 완성을 원인으로 한 소유권이전등기의무가 이행불능에 빠지게 되어 시효취득을 주장하는 자가 손해를 입었다면 불법행위를 구성한다고 할 것이고, 부동산을 취득한 제3자가 부동산 소유자의 이와 같은 불법행위에 적극 가담하였다면 이는 사회질서에 반하는 행위로서 무효라고 할 것이다(대법원 2002.3.15. 선고 2001다77352,77369 판결).

㉣ 등기청구권의 소멸시효

부동산에 대한 점유취득시효완성을 원인으로 하는 소유권이전등기청구권은 채권적 청구권으로서, 그 토지에 대한 점유가 계속되는 한 소멸시효로 소멸하지 않는다. 그 후 점유를 상실하였다고 하더라도 이를 시효이익의 포기로 볼 수 있는 경우가 아닌 한, 이미 취득한 소유권이전등기청구권은 소멸되지 않는다(대법원 1995.3.28. 선고 93다47745 전원합의체 판결). 다만 취득시효 완성자가 그 부동산에 대한 점유를 상실한 때로부터 10년간 이를 행사하지 아니하면 소멸시효가 완성한다(대법원 1995.12.5. 선고 95다24241 판결).

㉤ 취득시효 완성 후의 점유자로부터 인도받은 자의 지위

취득시효기간 만료 당시의 점유자로부터 부동산을 양수하여 점유를 승계한 현점유자는 자신의 전점유자에 대한 소유권이전등기청구권을 보전하기 위하여 전점유자의 소유자에 대한 등기청구권을 대위행사 할 수 있을 뿐이고, 전점유자의 취득시효 완성의 효과를 주장하여 직접 자기에게 소유권이전등기를 해달라고 청구할 권원은 없다(대법원 1995.3.28. 선고 93다47745 전원합의체 판결).

㉯ 점유취득시효에 의한 등기후의 법률관계

㉠ 원시취득

점유취득시효에 의한 소유권취득은 원시취득에 해당한다($^{대법원\ 2004.9.24.\ 선고}_{2004다31463\ 판결}$). 따라서 점유취득시효를 원인으로 하는 등기는 보존등기에 해당하나, 민법이나 부동산등기법에 이에 관한 규정이 없다. 실무상으로는 절차상의 까다로움으로 등기의무자와 시효취득자의 공동신청에 의하여 소유권이전등기를 행하고 있다($^{대법원\ 2004.9.24.\ 선고}_{2004다31463\ 판결}$). 점유취득시효에 의한 등기를 한 경우에는 특별한 사정이 없는 한 원소유자의 소유권에 가하여진 각종 제한에 의하여 영향을 받지 아니하는 완전한 내용의 소유권을 취득하게 된다($^{대법원\ 2004.9.24.\ 선고}_{2004다31463\ 판결}$).

> **판례** 점유취득시효로 인한 등기와 소유권의 원시취득
> 부동산 점유취득시효는 20년의 시효기간이 완성한 것만으로 점유자가 곧바로 소유권을 취득하는 것은 아니고 민법 제245조에 따라 점유자 명의로 등기를 함으로써 소유권을 취득하게 되며, 이는 원시취득에 해당하므로 특별한 사정이 없는 한 원소유자의 소유권에 가하여진 각종 제한에 의하여 영향을 받지 아니하는 완전한 내용의 소유권을 취득하게 되고, 이와 같은 소유권취득의 반사적 효과로서 그 부동산에 관하여 취득시효의 기간이 진행중에 체결되어 소유권이전등기청구권가등기에 의하여 보전된 매매예약상의 매수인의 지위는 소멸된다고 할 것이지만, 시효기간이 완성되었다고 하더라도 점유자 앞으로 등기를 마치지 아니한 이상 전 소유권에 붙어 있는 위와 같은 부담은 소멸되지 아니한다($^{대법원\ 2004.9.24.\ 선고}_{2004다31463\ 판결}$).

㉡ 소급효

취득시효로 인하여 소유권취득의 효과는 점유를 개시한 때에 소급한다($^{민법}_{제247조\ 제1항}$).

(3) 등기부 취득시효

부동산의 소유자로 등기한 자가 10년간 소유의 의사로 평온, 공연하게 선의이며 과실 없이 그 부동산을 점유한 때에는 소유권을 취득한다($^{민법}_{제245조\ 제2항}$).

> **판례** 등기부취득시효
> 이 사건 토지에 관하여 1974. 6. 26. 국가 앞으로 소유권보존등기가 경료되었고, 이

사건 토지 중 각 5,109분의 2,554.5 지분에 관하여 1997. 12. 2.자 매매를 원인으로 하여 1998. 1. 22. 갑 앞으로 각 소유권이전등기가 경료되었다. 을은 국가를 소유권보존등기의, 갑을 상대로 위 소유권이전등기의 각 말소등기를 청구한 소유권보존등기말소 등 사건(서울중앙지방법원 2008가합94375호)에서 법원은 2009. 4. 2.에 국가에 대한 청구는 인용하고, 갑에 대한 청구는 이를 기각하는 판결을 선고하였다. 그 이유는, "을의 선대인 소외인이 이 사건 토지를 사정받은 것으로 추정되고, 국가 명의의 이 사건 소유권보존등기는 원인무효이므로, 국가는 소외인의 재산을 최종적으로 단독상속한 을에게 그 말소등기절차를 이행할 의무가 있"고, 한편 "이 사건 토지에 관한 갑 명의의 소유권이전등기가 경료된 날로부터 10년이 경과한 2008. 1. 22. 등기부취득시효가 완성되었으므로, 갑의 소유권이전등기는 실체관계에 부합하는 유효한 등기"라는 것이다(갑의 등기부취득시효를 원인으로 인하여 손해를 입은 을이 국가를 상대로 손해배상을 청구한 사건에서 언급된 선행소송의 등기부취득시효 사례;대법원 2012. 5. 17. 선고 2010다28604 전원합의체 판결 참고).

① 요건

㉮ 부동산의 점유

부동산의 일부(1필지의 토지의 일부)에 대한 등기부취득시효는 인정되지 않는다. 다만 부동산 전체에 관하여 공유지분등기가 되어 있는 공유자의 1인이 그 부동산의 특정부분만을 점유한 경우에 관하여 그 특정부분에 대한 공유지분의 범위 내에서 등기부취득시효가 인정될 수 있다(대법원 1993.8.27. 선고 93다4250 판결).

> **판례** **공유자 1인의 특정부분 점유와 등기부취득시효**
> 공유자의 1인이 공유부동산 중 특정부분만을 점유하여 왔다면 그 특정부분에 대한 공유지분의 범위내에서만 민법 제245조 제2항에서 말하는 "부동산의 소유자로 등기한 자"와 "부동산을 점유한 때"라는 등기부취득시효의 요건을 구비한 경우에 해당될 뿐이고 그 나머지 부분은 이에 해당하지 않는 것이다(대법원 1993.8.27. 선고 93다4250 판결).

㉯ 부동산 소유자로 등기되어 있을 것

점유자는 소유자가 아니면서 소유자로 등기되어 있어야 한다. 이러한 현상은 의사표시의 하자로 소유권 이전등기가 무효나 취소가 되었으나 말소되지 않은 채

여전히 소유권자로 등기되어 있거나 무권대리인으로부터 매수하여 소유권이전 등기를 한 경우에 일어날 수 있다.

> **판례** **중복된 소유권보존등기와 등기부취득시효**
> 동일 부동산에 관하여 등기명의인을 달리하여 중복된 소유권보존등기가 경료된 경우에는, 먼저 이루어진 소유권보존등기가 원인무효가 되지 아니하는 한, 뒤에 된 소유권보존등기는 실체권리관계에 부합되는지의 여부를 따질 필요도 없이 무효이다. 민법 제245조 제2항은 부동산의 소유자로 등기한 자가 10년간 소유의 의사로 평온·공연하게 선의이며 과실 없이 그 부동산을 점유한 때에는 소유권을 취득한다고 규정하고 있는바, 위 법 조항의 '등기'는 부동산등기법 제15조가 규정한 1부동산 1용지주의(등기기록주의)에 위배되지 아니한 등기를 말하므로, 어느 부동산에 관하여 등기명의인을 달리하여 소유권보존등기가 2중으로 경료된 경우 먼저 이루어진 소유권보존등기가 원인무효가 아니어서 뒤에 된 소유권보존등기가 무효로 되는 때에는, 뒤에 된 소유권보존등기나 이에 터잡은 소유권이전등기를 근거로 하여서는 등기부취득시효의 완성을 주장할 수 없다(대법원 1996. 10. 17. 선고 96다12511 전원합의체 판결).

㉰ 자주점유, 평온·공연한 점유, 10년 동안의 점유

소유의 의사로 평온·공연하게 점유하여야 한다는 요건은 점유취득시효와 동일하고, 점유는 10년간 계속되어야 한다. 그러나 등기부취득시효에서의 점유는 등기와 함께 10년간 계속되어야 한다.

> **판례** **등기의 승계와 등기부 취득시효**
> 등기부취득시효에 관하여 민법 제245조 제2항은 "부동산의 소유자로 등기한 자가 10년간 소유의 의사로 평온, 공연하게 선의이며 과실없이 그 부동산을 점유한 때에는 소유권을 취득한다"고 규정하고 있는데 그 뜻은 위 규정에 의하여 소유권을 취득하는 자는 10년간 반드시 그의 명의로 등기되어 있어야 하는 것은 아니고 앞사람의 등기까지 아울러 그 기간 동안 부동산의 소유자로 등기되어 있으면 된다는 것으로 풀이하여야 할 것이다. 왜냐하면 등기부취득시효에 있어서의 등기와 점유는 권리의 외관을 표상하는 방법에서 동등한 가치를 가진다 할 것이므로 등기에 관하여서도 점유의 승계에 관한 민법 제199조를 유추적용함이 타당할 뿐만 아니라 위 규정이 "부동산의 소유자로 등기한 자"라는 문언을 썼다하여 반드시 그 앞사람의 등기를 거기에서 배제하는 것이라고는 볼 수 없기 때문이다(대법원 1989. 12. 26. 선고 87다카

2176 전원합의체판결).

㉮ 점유자의 선의·무과실

점유자의 선의란 소유권이 없는 점유자가 자신이 무권리자임을 모르고 자신을 권리자로 믿고 점유하는 것을 말하고, 무과실이란 점유자가 선의인 것에 대하여 과실이 없는 것을 말한다. 점유자의 점유는 선의로 추정되나(민법 제197조 제1항), 무과실은 추정되지 아니한다. 그러므로 시효취득을 하는 자가 점유취득이 선의인데 과실이 없었음을 입증하여야 한다(대법원 1997.8.22. 선고 97다2665 판결).

판례 취득시효기간만료 후 시효완성자의 매수제의와 시효취득 여부
점유자가 취득시효기간이 경과한 다음에 상대방에게 토지의 매수제의를 한 일이 있다 하더라도 일반적으로 점유자는 취득시효가 완성한 후에도 소유권자와의 분쟁을 간편히 해결하기 위하여 매수를 시도하는 사례가 허다함에 비추어 이와 같은 매수제의를 하였다는 사실을 가지고 점유자가 시효의 이익을 포기한다는 의사표시로 보거나 악의의 점유로 간주된다고 할 수 없다(대법원 1985.2.25. 선고 85다카771 판결; 대법원 1989.4.11. 선고 88다카5843, 88다카5850 판결).

판례 등기부취득시효에 있어서 선의·무과실이 요구되는 시점
등기부취득시효에 있어서 선의·무과실은 등기에 관한 것이 아니고 점유의 취득에 관한 것이므로, 등기경료 이전부터 점유를 하여 온 경우에는 그 점유개시 당시를 기준으로 그 점유의 개시에 과실이 없었는지 여부에 관하여 심리 판단하여야 한다(대법원 1994.11.11. 선고 93다28089 판결). 피고가 과실 없이 점유를 시작한 이후에 이 사건 부동산의 소유권에 관한 분쟁이 있다는 것을 알았다고 하더라도 그로 인하여 피고의 점유가 과실이 있는 것으로 전환되는 것이 아니다(대법원 1993.11.23. 선고 93다21132 판결).

판례 등기부취득시효에 있어서의 무과실 증명책임
[1] 등기부취득시효가 인정되려면 점유의 개시에 과실이 없어야 하는데, 무과실에 관한 증명책임은 시효취득을 주장하는 사람에게 있다.
[2] 부동산을 매수하는 사람으로서는 매도인에게 부동산을 처분할 권한이 있는지 여부를 조사하여야 하므로, 이를 조사하였더라면 매도인에게 처분권한이 없음을 알 수 있었음에도 불구하고 그러한 조사를 하지 않고 매수하였다면 부동산의 점유에 대하여 과실이 있다고 보아야 한다. 매도인이 등기부상의 소유명의자와 동일인인 경우에는 일반적으로는 등기부의 기재가 유효한 것으로 믿고 매수한 사람에게

과실이 있다고 할 수 없을 것이다. 그러나 만일 등기부의 기재 또는 다른 사정에 의하여 매도인의 처분권한에 대하여 의심할 만한 사정이 있거나, 매도인과 매수인의 관계 등에 비추어 매수인이 매도인에게 처분권한이 있는지 여부를 조사하였더라면 별다른 사정이 없는 한 그 처분권한이 없음을 쉽게 알 수 있었을 것으로 보이는 경우에는, 매수인이 매도인 명의로 된 등기를 믿고 매수하였다 하여 그것만으로 과실이 없다고 할 수 없다(대법원 2017. 12. 13. 선고 2016다248424 판결).

② 효과

점유자는 곧바로 부동산의 소유권을 취득하며, 소유권취득의 효력은 점유를 개시한 때에 소급한다(민법 제247조 제1항).

> **판례** **등기부취득시효 완성 후 불법등기말소와 등기부취득시효 효력**
>
> 등기는 물권의 효력발생요건이고 효력존속요건이 아니므로 물권에 관한 등기가 원인 없이 말소된 경우에 그 물권의 효력에는 아무런 영향을 미치지 않는 것이므로, 등기부취득시효가 완성된 후에 그 부동산에 관한 점유자 명의의 등기가 말소되거나 적법한 원인 없이 다른 사람 앞으로 소유권이전등기가 경료되었다 하더라도, 그 점유자는 등기부취득시효의 완성에 의하여 취득한 소유권을 상실하는 것은 아니다(대법원 2001.1.16. 선고 98다20110 판결). 등기부취득시효가 완성된 경우에는 이를 원인으로 하는 별도의 소유권이전등기청구권이 발생할 여지가 없으므로, 이 경우에 점유자는 시효취득한 소유권에 기하여 현재의 등기명의자를 상대로 방해배제청구를 할 수 있을 뿐이고, 등기부 취득시효의 완성을 이유로 현재 등기명의자를 상대로 소유권이전등기를 청구할 수는 없다(대법원 1999.12.10. 선고 99다25785 판결).

(4) 취득시효의 중단 · 정지 및 시효이익의 포기

① 취득시효의 중단

소멸시효의 중단에 관한 규정은 부동산소유권의 취득시효에도 준용한다(민법 제247조 제2항 · 민법 제168조). 따라서 부동산 소유권의 취득시효는 권리자의 청구(예: 말소등기청구소송, 소유권에 기한 반환청구소송, 소유권침해에 따른 손해배상청구소송이나 부당이득 반환청구소송 등) 또는 점유자의 승인이 있으면 취득시효는 중단된다. 또한 점유자가 점유를 상실한 경우에는 당연히 취득시효가 중단된다(민법 제192조 제2항 참조). 시효중단사유의 주장 · 입증책임은 시효완성을 다투는 자가 부담하며, 그 주장책임의 정도는 취득시효가 중단되었다는 명시적인 주장을 필요로 하는 것이 아니라 중단사유에 속하는 사실만 주장하면 주장책임을 다한 것으로 보아야 한다(대법원 1997.4.25. 선고 96다46484 판결).

> **판례** 등기부상 소유자 변경과 취득시효 중단 여부
>
> 취득시효기간이 경과하기 전에 등기부상의 소유명의자가 변경된다고 하더라도 그 사유만으로는 점유자의 종래의 사실상태의 계속을 파괴한 것이라고 볼 수 없어 취득시효를 중단할 사유가 되지 못하므로, 새로운 소유명의자는 취득시효 완성 당시 권리의무 변동의 당사자로서 취득시효 완성으로 인한 불이익을 받게 된다 할 것이어서 시효완성자는 그 소유명의자에게 시효취득을 주장할 수 있는바, 이러한 법리는 새로이 2차의 취득시효가 개시되어 그 취득시효기간이 경과하기 전에 등기부상의 소유명의자가 다시 변경된 경우에도 마찬가지로 적용된다고 봄이 상당하다 (대법원 1989. 4. 11. 선고 88다카5843, 88다카5850 판결; 대법원 2009. 7. 16. 선고 2007다15172,15189 전원합의체 판결).

② 취득시효의 정지

민법은 취득시효의 정지에 관한 규정을 두고 있지 않으나 소멸시효의 정지에 관한 민법규정을 취득시효에 유추적용할 수 있다(강태성, 물권법, 604면; 곽윤직·김재형, 물권법, 269면; 반대견해(송덕수, 물권법, 337면) 있음). [13]

③ 취득시효이익의 포기

"소멸시효의 이익은 미리 포기하지 못한다."는 민법 제184조 제1항 규정은 취득시효에도 유추적용할 수 있다(강태성, 물권법, 604면; 곽윤직·김재형, 물권법, 268면; 송덕수, 물권법, 337면). 따라서 취득시효 완성자는 시효 완성 후 시효이익을 포기할 수 있다..

> **판례** 시효이익의 포기와 그 상대방
>
> 취득시효이익의 포기와 같은 상대방 있는 단독행위는 그 의사표시로 인하여 권리에 직접적인 영향을 받는 상대방에게 도달하는 때에 효력이 발생한다. 취득시효 완성으로 인한 권리변동의 당사자는 시효취득자와 취득시효 완성 당시의 진정한 소유자이고, 실체관계와 부합하지 않는 원인무효인 등기의 등기부상 소유명의자는 권리변동의 당사자가 될 수 없으므로, 결국 시효이익의 포기는 달리 특별한 사

---

13) 따라서 취득시효의 상대방이 제한능력자인 경우(민법 제179조), 재산관리자에 대한 제한능력자의 권리·부부 사이의 권리(민법 제180조), 상속재산에 관한 권리(민법 제181조)는 시효진행 장애사유가 소멸한 때로부터 6개월 내에는 취득시효가 완성되지 아니하고, 천재 기타 사변의 경우에는 그 사유가 종료한 때로부터 1월 내에는 시효가 완성하지 아니한다(민법 제182조).

정이 없는 한 시효취득자가 취득시효 완성 당시의 진정한 소유자에 대하여 하여야 그 효력이 발생하는 것이지 원인무효인 등기의 등기부상 소유명의자에게 그와 같은 의사를 표시하였다고 하여 그 효력이 발생하는 것은 아니다(대법원 2011.7.14. 선고 2011다23200 판결).

2) 부동산에의 부합

(1) 의의

부합은 소유자를 달리하는 여러 개의 물건이 결합하여 1개의 물건으로 되는 것이다. 민법은 부동산에의 부합(민법 제256조)과 동산간의 부합(민법 제257조)으로 나누어 규정하고 있다. 부동산에의 부합은 특정인의 부동산에 다른 특정인의 물건이 결합하여 사회 관념상 분리할 수 없어 1개의 물건으로 되는 경우를 말한다. 부합의 경우에는 사회·경제적으로도 유리한 경우가 있으므로, 복구가 허용되지 않고 하나의 물건으로 다루어진다(강태성, 물권법, 618면).

(2) 요건

① 부합되는 물건
부합되는 물건(부합의 모체)은 부동산이어야 한다.

② 부합하는 물건
부합하는 물건(부합물)은 동산뿐만 아니라 부동산도 부합물이 될 수 있다(대법원 1991.4.12. 선고 90다11967 판결).

> **판례** 주건물에 부합된 건물의 부합 여부에 대한 판단기준
> 주건물에 부합된 건물인가 여부의 판단기준의 하나는 과연 부속된 부분이 독립한 건물로서의 가치와 기능을 시인할 수 있는가 아니면 오로지 주건물에 부착되어 분리하여서는 독립된 건물로서의 가치가 없고 주건물의 사용편의에 제공될 뿐인가 하는 것이다(대법원 1991.4.12. 선고 90다11967 판결).

③ 결합의 정도

부합·합체는 일정한 정도에 이르러야 한다. 즉, 부합되는 부동산이나 부합하는 동산을 훼손하지 않으면 분리할 수 없거나 분리에 과다한 비용을 요하는 정도로 결합되어야 한다. 또한 분리하게 되면 그 경제적 가치가 현저히 감소할 정도로 부착·합체되어 있는 것을 말한다(대법원 1995. 6. 29. 선고 94다6345 판결).

> **판례** 유류저장탱크의 토지 부합 여부
>
> 유류저장탱크를 토지로부터 분리하는 데는 과다한 비용이 들고 또한 사실관계가 위와 같다면 지하에 매설된 유류저장탱크를 분리하여 발굴할 경우 그 경제적 가치가 현저히 감소할 것임은 경험칙상 분명하므로 이 사건 유류저장탱크는 이 사건 토지에 부합된 것이라고 할 것이다(대법원 1995. 6. 29. 선고 94다6345 판결).

(3) 효과

① 소유권의 귀속

㉮ 원칙

부합되는 부동산의 소유자는 원칙적으로 부합한 물건의 소유권을 취득한다(민법 제256조). 동산이 부합하는 경우에 동산의 가격이 부동산의 가격을 초과하더라도 동산소유자는 부동산소유권을 취득하지 못한다(송덕수, 물권법, 346면).

㉯ 예외

부합한 물건이 타인의 권원에 의하여 부속된 때에는 부속시킨 물건은 그 타인의 소유로 된다(민법 제256조 제2문). 여기서 말하는 권원은 지상권·전세권·임차권 등과 같이 타인의 부동산에 자기의 물건을 부속시켜 이용할 수 있는 권리를 말한다(대법원 1989.7.11. 선고 88다카9067 판결). 따라서 타인 소유의 토지에 수목을 식재할 당시에 토지 소유자로부터 그에 관한 명시적 또는 묵시적 승낙·동의·허락 등을 받았다면, 이는 민법 제256조에서 부동산에의 부합의 예외사유로 정한 '권원'에 해당한다고 볼 수 있으므로, 해당 수목은 토지에 부합하지 않고 식재한 자에게 그 소유권이 귀속된다(대법원 2023. 11. 16. 선고 2023도11885 판결). 또한 그 부속물은 구성부분으로 되지 않고 독립성을 가져야 한다. 따라서 부합물이 독립한 권리의 객체성을 상실하고 부동산의 구성부분으로 된 경우에는 설사 권원에 의하여 부합된 물건이라도 그 부합물의 소유권은 부동산의 소유자에게 귀속된다(대법원 2008.5.8. 선고 2007다36933,36940 판결).

> **판례** **부합물의 독립성 판단**
> 어떠한 동산이 부동산에 부합된 것으로 인정되기 위해서는 그 동산을 훼손하거나 과다한 비용을 지출하지 않고서는 분리할 수 없을 정도로 부착·합체되었는지 여부 및 그 물리적 구조, 용도와 기능면에서 기존 부동산과는 독립한 경제적 효용을 가지고 거래상 별개의 소유권의 객체가 될 수 있는지 여부 등을 종합하여 판단하여 한다(대법원 2007. 7. 27. 선고 2006다39270,39287 판결).

> **판례** **부합물의 독립성 상실과 소유권 귀속관계**
> 부동산에 부합된 물건이 사실상 분리복구가 불가능하여 거래상 독립한 권리의 객체성을 상실하고 그 부동산과 일체를 이루는 부동산의 구성부분이 된 경우에는 타인이 권원에 의하여 이를 부합시켰더라도 그 물건의 소유권은 부동산의 소유자에게 귀속된다(대법원 1985.12.24. 선고 84다카2428 판결 등 참조).

> **판례** **부합의 예외 사유로 규정한 권원의 의미**
> [1] 민법 제256조에서 부동산에의 부합의 예외사유로 규정한 '권원'은 지상권, 전세권, 임차권 등과 같이 타인의 부동산에 자기의 동산을 부속시켜서 그 부동산을 이용할 수 있는 권리를 뜻한다. 따라서 타인 소유의 토지에 수목을 식재할 당시 토지의 소유권자로부터 그에 관한 명시적 또는 묵시적 승낙·동의·허락 등을 받았다면, 이는 민법 제256조에서 부동산에의 부합의 예외사유로 정한 '권원'에 해당한다고 볼 수 있으므로, 해당 수목은 토지에 부합하지 않고 식재한 자에게 그 소유권이 귀속된다(대법원 2023. 11. 16. 선고 2023도11885 판결).
> [2] 지상권자는 타인의 토지에 건물 기타 공작물이나 수목을 소유하기 위하여 그 토지를 사용하는 권리가 있으므로(민법 제279조), 지상권설정등기가 경료되면 토지의 사용·수익권은 지상권자에게 있고, 지상권을 설정한 토지소유자는 지상권이 존속하는 한 토지를 사용·수익할 수 없다. 따라서 지상권을 설정한 토지소유자로부터 토지를 이용할 수 있는 권리를 취득하였다고 하더라도 지상권이 존속하는 한 이와 같은 권리는 원칙적으로 민법 제256조 단서가 정한 '권원'에 해당하지 아니한다(지상권설정 후 지상권설정자가 부여한 토지사용권은 민법 제256조 단서의 권원에 해당하지 않는다는 판결: 대법원 2018. 3. 15. 선고 2015다69907 판결).

② 보상의 청구

부합물의 소유자는 부합한 물건의 소유권을 취득한 부동산 소유자에 부당이득에 관한 규정에 의하여 보상을 청구할 수 있다(민법 제261조). 따라서 부합물의 소유자는 부합한 물건의 소유권을 취득한 부동산 소유자에게 부당이득에 관한 규정에 의하여 보상을 청구할 수 있다. 민법 제261조에서 부합에 의한 소유권 취득(민법 제256조)이 인정된 경우에 "손해를 받은 자는 부당이득에 관한 규정에 의하여 보상을 청구할 수 있다."라고 규정하고 있는바, 이러한 보상청구가 인정되기 위해서는 민법 제261조 자체의 요건뿐만 아니라, 부당이득 법리에 따른 판단에 의하여 부당이득의 요건이 모두 충족되었다고 인정되어야 한다(대법원 2018. 3. 15. 선고 2017다282391 판결).

판례 **아파트에 가스공급시설을 설치한 가스공급업자의 보상청구**
가스공급업자가 아파트에 설치한 가스공급시설은 그 대지와 일체를 이루는 구성부분으로 부합됨으로써 그 대지 지분권을 양수한 아파트 구분소유자들의 소유로 되었다. 따라서 가스공급시설이 이 사건 아파트에 부합되었다면 민법 제261조에 기하여 가스공급업자는 이사건 아파트 구분소유자들을 상대로 하여 부당이득의 반환을 청구하는 것은 별론으로 하고, 입주자대표회의를 상대로 하여 그 부당이득의 반환을 구할 수는 없다(대법원 2007. 7. 27. 선고 2006다39270,39287 판결).

판례 **미완성 건물 인수 후 건물 완공한 자의 보상의무**
건물 신축의 공사가 진행되다가 독립한 부동산인 건물로서의 요건을 아직 갖추지 못한 단계에서 중지된 것을 제3자가 이어받아 계속 진행함으로써 별개의 부동산인 건물로 성립되어 그 소유권을 원시취득한 경우에 그로써 애초의 신축 중 건물에 대한 소유권을 상실한 사람은 민법 제261조, 제257조, 제259조를 준용하여 건물의 원시취득자에 대하여 부당이득 관련 규정에 기하여 그 소유권의 상실에 관한 보상을 청구할 수 있다(원고가 소외 1 소유의 토지 위에 소외 1의 허락을 받아 건물을 신축하던 중 공사대금의 미지급 등을 이유로 공사가 중단된 상태에서 피고가 소외 1로부터 이 사건 토지 등을 매수한 후에 위 건물신축공사를 다시 진행하여 이들 건물을 완성함으로써 그 소유권을 원시취득하였으므로 피고는 원고에 대하여 그 건물 가액을 부당이득으로 반환할 의무가 있다는 사례; 대법원 2010. 2. 25. 선고 2009다83933 판결).

③ 부합 부동산에 대한 저당권의 효력

저당권의 효력은 저당부동산에 부합된 물건에 미친다(민법 제358조).

> **판례** 경매와 부합물의 소유권 귀속
> 저당권의 효력은 법률에 특별한 규정이 있거나 설정행위에 다른 약정이 있는 경우를 제외하고는 저당부동산에 부합된 물건에도 미치고, 저당권의 실행으로 부동산이 경매된 경우에 그 부동산에 부합된 물건은 그것이 부합될 당시에 누구의 소유이었는지를 가릴 것 없이 그 부동산을 낙찰 받은 사람이 소유권을 취득한다(대법원 2008. 5. 8. 선고 2007다36933,36940 판결).

> **판례** 증축 부분에 대한 저당권의 효력
> 건물의 증축 부분이 기존건물에 부합하여 기존건물과 분리하여서는 별개의 독립물로서의 효용을 갖지 못하는 이상 기존건물에 대한 근저당권은 민법 제358조에 의하여 부합된 증축 부분에도 효력이 미치는 것이므로 기존건물에 대한 경매절차에서 경매목적물로 평가되지 아니하였다고 할지라도 경락인은 부합된 증축 부분의 소유권을 취득한다(대법원 2002. 10. 25. 선고 2000다63110 판결).

(4) 특수문제

① 건물의 증축·개축

타인소유의 건물을 증축 또는 개축한 경우에 그 증축 또는 개축한 부분은 원칙적으로 건물소유자의 소유에 속한다(민법 제256조 제1문). 그러나 건물 임차인 등이 건물소유자의 승낙을 얻어 증·개축한 경우에는 타인의 권원에 의하여 부속된 것이므로 그 부분이 구조상으로나 이용상으로 기존 건물과 구분되는 독립성이 있는 때에는, 구분소유권이 성립하여 증축·개축된 부분은 독립한 소유권의 객체가 된다(대법원 1999.7.27. 선고 99다14518 판결). 증축 당시에는 독립성이 없었지만 그 후 구조의 변경 등으로 독립성을 갖게 된 때에는 본건물과 독립하여 거래의 대상이 될 수 있다(대법원 1982.1.26. 선고 81다519 판결). 그러나 타인의 권원에 기하여 증·개축을 하였더라도 증·개축한 부분이 기존 건물과 분리하여 별개의 독립물로서 효용을 갖지 않는다면, 증축된 부분에 별개의 소유권이 성립할 수 없고,[14] 그 임차 건

---

14) 이 경우에는 비용상환청구권만 문제된다.

물이 경매된 경우에는 경락인이 증축부분의 소유권을 취득한다(대법원 1981.11.10. 선고 80다2757,2758 판결).

> **판례** 증축 부분이 기존건물에 부합되는지 여부에 대한 판단 기준
> [1] 건물이 증축된 경우에 증축부분이 기존건물에 부합된 것으로 볼 것인가 아닌가 하는 점은 증축부분이 기존건물에 부착된 물리적 구조뿐만 아니라 그 용도와 기능의 면에서 기존건물과 독립한 경제적 효용을 가지고 거래상 별개의 소유권 객체가 될 수 있는지의 여부 및 증축하여 이를 소유하는 자의 의사 등을 종합하여 판단하여야한다(기존건물 및 이에 접한 신축건물 사이의 경계벽체를 철거하고 전체를 하나의 상가 건물로 사용한 경우, 제반 사정에 비추어 신축건물이 기존건물에 부합되어 1개의 건물이 되었다고 볼 수 없다고 한 사례; 대법원 2002.5.10. 선고 99다24256 판결).
> [2] 지하 1층, 지상 7층의 주상복합건물을 신축하면서 불법으로 위 건물 중 주택 부분인 7층의 복층으로 같은 면적의 상층을 건축하였고, 그 상층은 독립된 외부 통로가 없이 하층 내부에 설치된 계단을 통해서만 출입이 가능하고, 별도의 주방시설도 없이 방과 거실로만 이루어져 있으며, 위와 같은 사정으로 상·하층 전체가 단일한 목적물로 임대되어 사용된 경우, 그 상층 부분은 하층에 부합되었다(대법원 2002. 10. 25. 선고 2000다63110 판결).

② 농작물·수목 등의 부합

수목에 관하여는 권한 없이 타인의 토지에 심은 수목은 임야소유자에게 귀속하고(대법원 1989. 7. 11. 선고 88다카9067 판결), 권원에 기하여 수목을 심은 경우에는 수목을 심은 자에게 그 소유권이 있다(대법원 1991. 4. 12. 선고 90다20220 판결). 그런데 농작물에 관하여는 적법한 권원 없이 타인의 토지에 경작하였더라도 경작한 입도立稻의 소유권은 경작자에게 귀속한다(대법원 1979. 8. 28. 선고 79다784 판결).15)

> **판례** 권원 없이 식재한 수목의 부합여부
> 권원이 없는 자가 타인의 토지 위에 나무를 심었다면 특별한 사정이 없는 한 토지 소유자에 대하여 나무의 소유권을 주장할 수 없다(대법원 2018.3.15. 선고 2015다69907 판결).

> **판례** 담보지상권설정 후 지상권설정자가 부여한 토지사용권에 기하여 식재한 수목의 소유권
> 금융기관이 대출금 채권의 담보를 위하여 토지에 저당권과 함께 지료 없는 지상권

---

15) 이에 대하여 농작물의 경우에도 당연히 부합의 원리가 적용되어야 한다는 반대견해가 있다(곽윤직·김재형, 물권법, 278면; 강태성, 물권법, 19면; 송덕수, 물권법, 349면). 생각건대, 농작물의 경우에도 부합의 법리가 적용되는 것이 타당하다. 그 결과 씨앗을 뿌린 때에 농작물의 소유권은 토지 소유자에게 속하게 되고, 경작자는 보상청구만을 할 수 있게 된다(민법 제261조).

을 설정하면서 채무자 등의 사용·수익권을 배제하지 않은 경우, 지상권은 저당권이 실행될 때까지 제3자가 용익권을 취득하거나 목적 토지의 담보가치를 하락시키는 침해행위를 하는 것을 배제함으로써 저당 부동산의 담보가치를 확보하는 데에 목적이 있으므로, 토지소유자는 저당 부동산의 담보가치를 하락시킬 우려가 있는 등의 특별한 사정이 없는 한 토지를 사용·수익할 수 있다고 보아야 한다. 따라서 그러한 토지소유자로부터 토지를 사용·수익할 수 있는 권리를 취득하였다면 이러한 권리는 민법 제256조 단서가 정한 '권원'에 해당한다고 볼 수 있다(따라서 토지 소유자로부터 사용·수익권을 취득한 자가 식재한 단풍나무는 그의 소유에 속한다; 대법원 2018.3.15. 선고 2015다69907 판결).

판례 명시적·묵시적 승낙 등에 의하여 식재한 수목의 소유와 특수재물손괴죄

피고인은 피해자 갑이 을로부터 매수한 토지의 경계 부분에 매수 전 자신이 식재하였던 옹아나무 등 수목 5그루 시가 합계 약 2,050만 원 상당을 전기톱을 이용하여 절단하였다고 하여 특수재물손괴의 공소사실로 기소된 사안에서, 제반 사정에 비추어 피고인이 수목을 식재할 당시 토지의 전 소유자 을로부터 명시적 또는 묵시적으로 승낙·동의를 받았거나 적어도 토지 중 수목이 식재된 부분에 관하여는 무상으로 사용할 것을 허락받았을 가능성을 배제하기 어렵고, 이는 민법 제256조에서 부동산에의 부합의 예외사유로 정한 '권원'에 해당한다고 볼 수 있어 수목은 토지에 부합하는 것이 아니라 이를 식재한 피고인에게 소유권이 귀속되며, 비록 갑이 토지를 매수할 당시 을로부터 지장물까지 함께 매수하였다는 취지로도 증언하였으나 이를 뒷받침할 만한 증거가 없고, 설령 토지 및 지장물을 함께 매수하였더라도 수목이 식재될 당시부터 토지에 부합하지 않았다면 그 매매목적물에 수목이 당연히 포함된다고 단정할 수도 없다는 등의 이유로, 이와 달리 피고인은 수목이 갑 소유임을 미필적으로나마 인식하고서 이를 절단하였다고 보아 공소사실을 유죄로 인정한 원심판결에 재물손괴죄의 '소유권'에 관한 법리를 오해함으로써 판결에 영향을 미친 잘못이 있다(대법원 2023. 11. 16. 선고 2023도11885 판결).

Ⅳ. 부동산 소유권의 침해와 물권적 청구권

1. 물권적 청구권

물권적 청구권은 물권 내용의 실현이 어떤 사정으로 방해당하고 있거나 또는 방해당할 염려가 있는 경우에, 물권자가 방해자에 대하여 그 방해의 제거 또는 예방에 필

요한 일정한 행위(작위 또는 부작위)를 청구할 수 있는 권리이다. 민법에서는 부동산 소유권에 대하여 소유물반환청구권(민법 제213조), 소유물방해제거청구권·방해예방청구권(민법 제214조)의 세 종류를 인정하고 있다.

2. 소유물반환청구권

1) 의의
소유자가 그 소유에 속한 물건을 점유한 자에 대하여 반환을 청구할 수 있는 권리이다(민법 제213조).

2) 요건

(1) 청구권자
청구권자는 소유물반환청구권 행사 당시에 점유하고 있지 않은 소유자이다. 소유자는 법률상의 소유자를 의미하므로, 소유권이전등기 전의 부동산 매수인은 소유물반환청구권을 행사할 수 없고, 그 부동산의 불법점유자에 대하여 매도인을 대위하여 반환청구를 할 수 있을 뿐이다(대법원 2007.6.15. 선고 2007다11347 판결).

> **판례** 건물의 무단점유자에 대한 미등기 양수인의 반환청구
> 미등기 무허가건물의 양수인이라 할지라도 그 소유권이전등기를 경료받지 않는 한 그 건물에 대한 소유권을 취득할 수 없고, 그러한 상태의 건물 양수인에게 소유권에 준하는 관습상의 물권이 있다고 볼 수도 없으므로(대법원 2006. 10. 27. 선고 2006다49000 판결 등 참조), 건물을 신축하여 그 소유권을 원시취득한 자로부터 그 건물을 매수하였으나 아직 소유권이전등기를 갖추지 못한 자는 그 건물의 불법점거자에 대하여 직접 자신의 소유권 등에 기하여 명도를 청구할 수는 없다고 할 것이다(대법원 2007. 6. 15. 선고 2007다11347 판결).

(2) 상대방
소유물반환청구권의 상대방은 현재 그 물건을 점유함으로써 소유자의 점유를 방해하고 있는 자이다.

어떤 자가 불법으로 점유하였더라도 현재 점유하고 있지 않으면 그는 상대방이 될 수 없고, 현실적으로 점유하고 있는 자가 상대방이 된다(대법원 1999. 7. 9. 선고 98다9045 판결). 따라서 침탈자가 그 점유를 제3자에게 이전한 경우에는 그 침탈자는 상대방이 아니다. 점유하고 있는지 여부는 사실심의 변론종결 당시를 기준으로 한다.

상대방이 간접점유를 하고 있는 경우에는 소유자는 직접점유자뿐만 아니라 간접점유자에 대하여 반환을 청구할 수 있다(강태성, 물권법, 643면; 송덕수, 물권법, 352면). 상대방이 점유보조자를 통하여 점유하고 있는 경우에는 점유보조자는 상대방으로 되지 않는다(강태성, 물권법, 643면; 송덕수, 물권법, 352면).

상대방은 점유를 정당화할 권리가 없어야 한다(민법 제213조 제2문). 점유할 권리, 즉 점유를 정당하게 하는 권리에는 지상권, 전세권, 유치권과 같은 점유를 수반하는 물권뿐만 아니라 임차권과 같은 채권과 동시이행의 항변권도 포함된다.

상대방의 고의나 과실 등의 유책사유는 묻지 않는다(강태성, 물권법, 641면; 송덕수, 물권법, 353면). 상대방의 점유취득이 타인의 행위에 의하는 경우(예컨대, 제3자가 그가 훔친 물건을 상대방의 집에다 놓고 간 때), 또는 자연력에 의하는 경우(예컨대, 바람으로 상대방의 마당으로 날아간 옷)라도 상관없다.

> **판례** **소유물반환청구권 행사의 상대방**
> 불법점유를 이유로 하여 그 명도 또는 인도를 청구하려면 현실적으로 그 목적물을 점유하고 있는 자를 상대로 하여야 하고 불법점유자라 하여도 그 물건을 다른 사람에게 인도하여 현실적으로 점유를 하고 있지 않은 이상, 그 자를 상대로 한 인도 또는 명도청구는 부당하다(대법원 1999. 7. 9. 선고 98다9045 판결).

(3) 입증책임

소유권에 기한 반환 청구에 있어서는, 청구권자는 목적물에 대한 그의 소유권과 상대방이 그 물건을 점유하고 있는 사실만을 주장·입증하면 되고, 상대방은 그의 점유가 정당한 권원에 의한 것임을 주장·입증하여 청구권자의 주장을 배척할 수 있다.(강태성, 물권법, 644면).

3) 내용

소유자는 점유자에 대하여 소유물의 반환을 청구할 수 있다. 반환은 점유의 이전 즉 인도이다. 그러나 반환청구는 원상회복을 포함하지 않는다. 따라서 A의 토지에 B

가 불법으로 건물을 지어 사용하고 있는 경우에 토지의 반환과 건물에 대한 방해배제 (철거) 청구권을 동시에 행사할 수 있다.

> **판례** 매도인의 미등기 매수인에 대한 물권적 청구권 행사여부
> 토지의 매수인이 아직 소유권이전등기를 경료받지 아니하였다 하여도 매매계약의 이행으로 그 토지를 인도받은 때에는 매매계약의 효력으로서 이를 점유·사용할 권리가 생기게 된 것으로 보아야 하고, 또 매수인으로부터 위 토지를 다시 매수한 자는 위와 같은 토지의 점유·사용권을 취득한 것으로 봄이 상당하므로 매도인은 매수인으로부터 다시 위 토지를 매수한 자에 대하여 토지 소유권에 기한 물권적청구권을 행사할 수 없다(대법원 1998. 6. 26. 선고 97다42823 판결).

3. 소유물방해제거청구권

1) 의의
소유물방해제거청구권은 소유자가 자기의 소유권을 방해하는 자에 대하여 방해의 제거를 청구할 수 있는 권리이다(민법 제214조).

2) 요건

(1) 청구권자
청구권자는, 점유침탈 이외의 방법으로 현재 소유권의 내용 실현을 방해받고 있는 소유자이다. 방해의 판단 시점은 현재 즉 사실심의 변론 종결시이다.

(2) 상대방
상대방은 현재 점유침탈 이외의 방법으로 소유권 내용의 완전한 실현을 방해하고 있는 자이다. 상대방은 현재 방해하고 있는 자이므로 과거에 방해를 한 자이더라도 현재 방해하고 있지 않으면 상대방이 될 수 없다. 방해에 대한 상대방의 귀책사유는 요하지 않는다.

3) 내용

소유자는 방해자에 대하여 방해의 제거를 청구할 수 있다. 여기서 방해의 제거라 함은 방해 결과의 제거가 아니고 현재 계속되고 있는 방해의 원인을 제거하는 것이다(대법원 2003.3.28. 선고 2003다5917 판결). 따라서 불법건물의 경우에는 불법건물의 철거를 청구할 수 있고, 무효인 등기가 말소되지 않고 있는 경우에는 그 등기의 말소를 청구할 수 있다. 건물의 철거와 관련하여서는 그 방해의 정도가 전체 건물에 비하여 일부분인 경우에 그 전체 건물의 철거를 청구하는 것은 권리남용(민법 제2조 제2항)에 해당되어 부정될 수 있다.

> **판례** **방해배제청구권에 있어서 '방해'의 의미 및 그 내용**
> 소유권에 기한 방해배제청구권에 있어서 '방해'라 함은 현재에도 지속되고 있는 침해를 의미하고, 법익 침해가 과거에 일어나서 이미 종결된 경우에 해당하는 '손해'의 개념과는 다르다 할 것이어서, 소유권에 기한 방해배제청구권은 방해결과의 제거를 내용으로 하는 것이 되어서는 아니 되며(이는 손해배상의 영역에 해당한다 할 것이다.) 현재 계속되고 있는 방해의 원인을 제거하는 것을 내용으로 한다고 할 것인데, 이 사건 토지에 원고 등이 매립에 동의하지 않은 쓰레기가 매립되어 있다 하더라도 이는 과거의 위법한 매립공사로 인하여 생긴 결과로서 원고가 입은 손해에 해당한다 할 것일 뿐, 그 쓰레기가 현재 원고의 소유권에 대하여 별도의 침해를 지속하고 있다고 볼 수 없고 따라서 소유권에 기한 방해배제청구권을 행사할 수 있는 경우에 해당하지 아니한다(대법원 2003.3.28. 선고 2003다5917 판결).

> **판례** **건물철거 및 인도청구와 권리남용**
> 원고는 이 사건 토지와 함께 인접한 대지를 취득하여 이 사건 토지상에 건립되어 있는 기존 병원의 확장공사를 하는 한편, 대로변에 위치한 피고 소유의 건물이 위 병원의 전면에 위치하게 되어 이를 매수하려고 하였으나 성사되지 아니하자 이 사건 제소에 이르게 된 사실을 엿볼 수 있고, 또한 원고가 이 사건 (가)부분 지상에 세워진 건물부분을 철거하여 그 부지를 인도받는다 하더라도 그 면적이 0.3평방미터에 불과하고, 피고의 이 사건 건물과 인접하여 한 원고의 병원신축건물은 거의 완공상태에 있어서 이를 어떠한 용도에 사용할 수 있는지 알 수 없는 데 반하여, 피고로서는 위 토지상의 건물부분이 1층 식당 및 2층 사무실의 일부이어서 그 철거에 상당한 비용이 소요되고 철거 후에도 그 잔존건물의 효용이 크게 감소되리라고 보여지는바, 이러한 사정 아래에서는 권리남용의 법리에 비추어 원고의 위 청구가 떳떳한 권리행사라고는 보여지지 않는다(경계를 침범한 0.3㎡의 토지 위에 건립된 건

물의 일부 철거를 청구하는 것은 권리남용에 해당한다고 한 판결; (대법원 1993.5.14. 선고 93다4366 판결).

판례 **부실등기와 방해배제청구**
등기부상 진실한 소유자의 소유권에 방해가 되는 부실등기가 존재하는 경우에 그 등기명의인이 허무인 또는 실체가 없는 단체인 때에는 소유자는 그와 같은 허무인 또는 실체가 없는 단체 명의로 실제 등기행위를 한 자에 대하여 소유권에 기한 방해배제로서 등기행위자를 표상하는 허무인 또는 실체가 없는 단체 명의 등기의 말소를 구할 수 있다(대법원 2019. 5. 30. 선고 2015다47105 판결).

4. 소유물방해예방청구권

1) 의의

소유물방해예방청구권은 소유자가 소유권을 방해할 염려가 있는 행위를 하는 자에 대하여 그 예방이나 손해배상의 담보를 청구할 수 있는 권리이다(민법 제214조 후문).

2) 요건

(1) 청구권자

청구권자는 소유권 내용의 완전한 실현이 방해당할 염려가 있는 소유자이다.

(2) 상대방

상대방은 장차 소유권을 방해할 염려가 있는 행위를 하는 자이다.

(3) 장래 방해받을 개연성의 존재

소유권의 완전한 실현이 방해받을 염려가 있어야 한다. 즉 현재 방해하고 있지는 않으나 장차 방해가 생길 상당한 개연성이 있어야 한다. 그 개연성은 객관적으로 존재하여야 하며 관념적인 가능성만으로는 불충분하다(대법원 1995.7.14. 선고 94다50533 판결).

3) 내용

소유자는 상대방에 대하여 그 방해의 예방이나 손해배상의 담보를 청구할 수 있다.

> **판례** **소유물방해예방청구권을 행사하기 위한 요건**
>
> 토지의 소유자는 소유권을 방해할 염려가 있는 행위를 하는 자에 대하여 그 예방을 청구할 수 있는데, 위 예방청구권은 방해의 발생을 기다리지 않고 현재 예방수단을 취할 것을 인정하는 것이므로 그 방해의 염려가 있다고 하기 위하여는 방해예방의 소에 의하여 미리 보호받을 만한 가치가 있는 것으로서 객관적으로 근거 있는 상당한 개연성을 가져야 할 것이고 관념적인 가능성만으로는 이를 인정할 수 없다 할 것인바, 이 사건에 있어서 그 판시와 같은 굴토로 인하여 이 사건 토지 부분이 비바람 등 자연적인 현상에 의하여 경사지 흙의 유실 등으로 장차 붕괴할 가능성이 없다고는 할 수 없으나, 위 경사지는 1989.12.경 형성되었음에도 그로부터 4년 이상이 경과한 현재의 이 사건 토지의 형상이 당시보다 지금 바로 원고가 구하는 예방조치를 취하지 아니하면 아니될 정도로 변화되었다고 볼 아무런 증거가 없어 피고에게 이 사건 토지의 붕괴 위험에 대한 예방조치를 강제할 정도로 이 사건 토지부분이 붕괴될 개연성이 상당하다고 볼 수 없을 뿐 아니라 이 사건 토지의 지목이 답이고 1990년경부터 경작되지 아니하고 방치되어 온 점 등의 사정에 비추어 보더라도 이 사건 토지에 관한 원고의 소유권이, 피고에게 원고가 구하는 내용의 예방조치의 이행을 강제할 정도로 방해받을 염려가 있다고도 보기 어렵다(대법원 1995.7.14. 선고 94다50533 판결).

5. 비용부담의 문제

소유권에 기한 물권적 청구권을 행사하는 경우에, 그 비용은 누가 부담하는가?

판례 및 학설에 따르면, 물권적 청구권은 상대방의 적극적인 행위를 청구하는 권리, 즉 행위청구권이다(대법원 2019. 5. 30. 선고 2015다47105 판결 등; 강태성, 물권법, 652면; 송덕수, 물권법, 39면). 따라서 방해상태가 상대방의 유책사유에 의하여 생긴 경우, 소유자는 상대방에 대하여 적극적으로 그 배제를 청구할 수 있고, 그 비용은 당연히 상대방이 부담한다. 그러나 상대방의 책임 없는 사유로 방해가 생긴 때(예: 천재 또는 제3자의 행위에 의한 경우)에는 소유자 자신이 그 방해를 제거하는 것을 상대방에게 인용케 하는데 그치고,[16] 그 비용도 소유자 본인이 부담한다.

---

16) 우리 민법상 물권적 청구권에는 반환청구권, 방해제거 및 예방청구권만이 인정된다. 그러나 상대방에게 점유설정의사가 없는 경우, 소유자는 물권적 청구권을 행사할 수 없다. 이러한 경우 독일 민법에서 규정하고 있는 수거허용청구권을 인정할 필요가 있고(강태성, 물권법, 67면; 송덕수, 물권법, 31면), 수거에 필요한 비용은 수거권자, 즉 소유자가 부담하여야 한다.

V. 부동산의 공동소유

1. 의의

공동소유는 2인 이상의 다수인이 하나의 물건을 공동으로 소유하는 것을 공동소유라고 한다. 우리 민법상 공동 소유에는 그 다수의 주체사이의 법률관계에 따라 공유·합유·총유의 세 유형이 인정되고 있다.

2. 공유

1) 의의

공유共有는 수인이 지분에 의하여 물건을 소유하는 것이다(민법 제262조 제1항). 공유는 공동소유자 사이에 인적결합관계가 없는 공동소유형태이고, 개인주의적 공동소유형태이다.

공유는 일물일권주의의 원칙상 1개의 소유권이 분량적으로 분할되어 수인에게 속하는 것으로 해석된다(양적분할설; 강태성, 물권법, 665면, 곽윤직·김재형, 물권법, 283면; 윤철홍, 물권법, 284면; 이영준, 물권법, 581면; 이은영, 물권법, 509면 등).

> **판례** **공유의 성질과 공유물 분할의 자유**
> 공유는 물건에 대한 공동소유의 한 형태로서 물건에 대한 1개의 소유권이 분량적으로 분할되어 여러 사람에게 속하는 것이므로 특별한 사정이 없는 한 각 공유자는 공유물의 분할을 청구하여 기존의 공유관계를 폐지하고 각 공유자간에 공유물을 분배하는 법률관계를 실현하는 일방적인 권리를 가지는 것이며(공유물분할의 자유), 공유물의 분할은 당사자간에 협의가 이루어지는 경우에는 그 방법을 임의로 선택할 수 있으나 협의가 이루어지지 아니하여 재판에 의하여 공유물을 분할하는 경우에는 법원은 현물로 분할하는 것이 원칙이고, 현물로 분할할 수 없거나 현물로 분할을 하게 되면 현저히 그 가액이 감손될 염려가 있는 때에 비로소 물건의 경매를 명할 수 있다(대법원 1991.11.12. 선고 91다27228 판결).

2) 공유의 성립

(1) 법률행위에 의한 성립

하나의 물건을 수인이 공동으로 소유한다는 뜻의 의사의 합치와 등기(공유 및 지분등기)가 있을 경우 공유가 성립한다.

(2) 법률규정에 의한 성립

건물의 구분소유에 있어서 공용부분은 구분소유자의 공유로 추정하고(민법 제215조 제1항), 경계에 설치된 경계표·담·구거 등은 상린자의 공유로 추정한다(민법 제239조).[17] 공동상속재산은 상속인의 공유로 하고(민법 제1006조), 공동포괄수증재산(민법 제1078조)도 동일하다(민법 제1078조).

3) 공유의 지분

(1) 지분(持分)

지분은 1개의 소유권의 분량적 일부분이다. 즉, 지분은 각 공유자가 목적물에 대하여 가지는 소유의 비율이다. 그리고 이 지분에 기하여 각 공유자가 공유물에 대하여 가지는 권리를 지분권이라 한다.

(2) 지분의 비율

지분의 비율은 당사자의 의사표시 또는 법률의 규정에 의해서 정해진다. 그러나 지분의 비율이 불분명한 경우에는 균등한 것으로 추정된다(민법 제262조 제2항). 지분의 비율은 등기되어야 하며(부동산등기법 제44조), 등기하지 않으면 지분은 균등한 것으로 추정된다. 따라서 지분을 등기하지 않은 경우에는 실제의 지분비율을 가지고 제3자에게 대항하지 못한다.

(3) 지분의 처분

공유자는 그의 지분을 처분할 수 있다(민법 제263조). 즉 공유자는 자유로이(다른 공유자의 동의 없이) 그의 지분을 양도하거나 지분에 담보물권을 설정하거나 그의 지분을 포기할 수 있다. 처분금지의 특약은 당사자 간에만 효력이 있다.

---

17) 분할 청구가 금지되나(민법 제268조 제3항), 보통의 공유의 성질을 가진다.

(4) 지분이 침해되는 경우

① 목적물 반환청구권의 행사

㉮ 제3자가 공유물을 불법으로 점유하고 있는 경우

제3자가 공유물을 불법으로 점유하고 있는 경우에 각 공유자는 그의 지분의 비율에 따른 반환을 청구할 수 있다. 문제는 각 공유자가 그의 지분에 기하여 단독으로 공유물의 전부의 인도를 청구할 수 있는가 하는 것이다. 공유물의 보존행위는 공유자 각자가 할 수 있다고 규정하고 있으므로, 제3자가 공유물을 불법적으로 무단 점유하는 경우에 각 지분권자(과반수지분권자 또는 소수지분권자)는 공유물의 보존행위로서 제3자를 상대로 공유물의 반환과 방해배제를 청구할 수 있다(대법원 1994. 2. 8. 선고 93다42986 판결).

> **판례** **구분소유적 공유자의 공유물 전체에 대한 방해배제청구**
> 1필지의 토지 중 일부를 특정하여 매수하고 다만 그 소유권이전등기는 그 필지 전체에 관하여 공유지분권이전등기를 한 경우에는 그 특정부분 이외의 부분에 관한 등기는 상호 명의신탁을 하고 있는 것으로서, 그 지분권자는 내부관계에 있어서는 특정부분에 한하여 소유권을 취득하고 이를 배타적으로 사용, 수익할 수 있고, 다른 구분소유자의 방해행위에 대하여는 소유권에 터잡아 그 배제를 구할 수 있으나, 외부관계에 있어서는 1필지 전체에 관하여 공유관계가 성립되고 공유자로서의 권리만을 주장할 수 있는 것이므로, 제3자의 방해행위가 있는 경우에는 자기의 구분소유 부분뿐 아니라 전체토지에 대하여 공유물의 보존행위로서 그 배제를 구할 수 있다(대법원 1994.2.8. 선고 93다42986 판결).

㉯ 공유자의 1인이 공유물을 배타적·독점적으로 사용하는 경우

공유자 1인이 공유물을 배타적·독점적으로 점유하여 사용·수익하는 경우에 다른 공유자의 목적물 반환청구권 행사여부는 공유자의 지분 여부에 따라 그 결론이 달라진다.

첫째, 과반수지분권자의 배타적 공유물 점유로 인하여 소수지분권자가 그 공유물을 사용 수익할 수 없는 경우, 소수지분권자는 과반수지분권자[18]에게 목적물 반환청구권

---
18) 참고로 과반수지분권자란 전체 지분 중 절반이 넘는 지분을 가진 공유자(예: 2/3 지분권자)를 말하며, 소

을 행사할 수 없다. 왜냐하면, 공유물의 사용·수익은 관리에 관한 사항이므로 과반수지분권자의 배타적 점유 및 사용은 민법 제265조에 의한 적법한 사용으로 보고 있기 때문이다(대법원 2002. 5. 14. 선고 2002다9738 판결; 대법원 2014. 2. 27. 선고 2011다42430 판결). 또한 과반수 지분자로부터 사용·수익을 허락받은 점유자에 대하여 소수지분권자는 점유자가 사용·수익하는 건물의 철거나 퇴거 등 그 점유의 배제를 구할 수 없다(대법원 2009. 6. 25. 선고 2009다22235 판결).

둘째, 소수지분권자의 사용·수익권이 다른 독점적 소수지분권자에 의하여 침해되는 경우, 대법원은 전원합의체 판결에서 기존의 판례를 변경하였다. 즉 소수지분권자는 다른 독점적 소수지분권자에 대하여 보존행위로서 공유물 전부의 인도 및 방해배제청구권을 행사할 수 없고, 지분권에 기하여 그 방해배제만을 청구할 수 있다(대법원 2020. 5. 21. 선고 2018다287522 전원합의체 판결).

셋째, 소수지분권자의 배타적·독점적 점유 및 사용으로 과반수지분권자의 사용·수익권을 침해하는 경우, 과반수 지분권자는 공유물의 관리에 관한 규정(민법 제265조)에 의하여 그 반환 및 방해배제를 청구할 수 있다.

> **판례** 과반수지분권자의 독점적 공유물 점유의 적법성
>
> 공유자 사이에 공유물을 사용·수익할 구체적인 방법을 정하는 것은 공유물의 관리에 관한 사항으로서 공유자의 지분의 과반수로써 결정하여야 할 것이고, 과반수 지분의 공유자는 다른 공유자와 사이에 미리 공유물의 관리방법에 관한 협의가 없었다 하더라도 공유물의 관리에 관한 사항을 단독으로 결정할 수 있으므로, 과반수 지분의 공유자가 그 공유물의 특정 부분을 배타적으로 사용·수익하기로 정하는 것은 공유물의 관리방법으로서 적법하다고 할 것이므로, 과반수 지분의 공유자로부터 사용·수익을 허락받은 점유자에 대하여 소수 지분의 공유자는 그 점유자가 사용·수익하는 건물의 철거나 퇴거 등 점유배제를 구할 수 없다(대법원 2002. 5. 14. 선고 2002다9738 판결; 대법원 2014. 2. 27. 선고 2011다42430 판결).

> **판례** 과반수지분권자의 독점적 공유물 점유와 부당이득
>
> 공유건물에 관하여 과반수지분권을 가진 자가 공유건물의 특정된 한 부분을 배타적으로 사용·수익할 것을 정하는 것은 공유물의 관리방법으로서 적법하지만, 이

수지분권자는 그 지분이 전체 지분의 절반을 넘지 못하는 공유자(예: 1/3)를 말한다. 다만 절반에 해당하는 1/2의 지분을 가진 공유자는 엄밀하게 말하면 소수지분권자는 아니지만, 일반적으로 1/2의 지분을 가진 공유자도 '소수지분권자'라 한다(대법원 2020. 5. 21. 선고 2018다287522 전원합의체 판결 참조).

경우 비록 그 특정 부분이 자기의 지분비율에 상당하는 면적의 범위 내라 할지라도 다른 공유자들 중 지분은 있으나 사용·수익은 전혀 하고 있지 아니함으로써 손해를 입고 있는 자에 대하여는 과반수지분권자를 포함한 모든 사용·수익을 하고 있는 공유자가 그 자의 지분에 상응하는 임료 상당의 부당이득을 하고 있다고 보아야 한다. 왜냐하면, 모든 공유자는 공유물 전부를 지분의 비율로 사용·수익할 수 있기 때문이다(대법원 2014. 2. 27. 선고 2011다42430 판결).

> **판례** **소수지분권자의 독점적 공유물 점유와 공유물 보존행위**
> 공유물의 소수지분권자가 다른 공유자와 협의 없이 공유물의 전부 또는 일부를 독점적으로 점유·사용하고 있는 경우 다른 소수지분권자는 공유물의 보존행위로서 그 인도를 청구할 수는 없고, 다만 자신의 지분권에 기초하여 공유물에 대한 방해 상태를 제거하거나 공동 점유를 방해하는 행위의 금지 등을 청구할 수 있다고 보아야 한다(대법원 2020. 5. 21. 선고 2018다287522 전원합의체 판결).

② 방해배제청구

공유자가 현재 점유하고 있지만, 그 점유가 다른 공유자나 제3자에 의하여 방해받고 있는 경우에, 공유자는 그의 지분에 기하여 그 지분의 비율에 따른 목적물방해제거청구권을 가진다. 이 경우에 공유자는 단독으로 공유물전부에 대한 방해제거를 청구할 수 있는가? 판례는 공유물의 보존행위에 해당하면 인정하고 있다(대법원 2005.9.29. 선고 2003다40651 판결).[19]

> **판례** **공유자 1인의 원인무효의 등기 전부 말소청구와 지분이전등기청구**
> 부동산의 공유자 중 한 사람은 공유물에 대한 보존행위로서 그 공유물에 관한 원인무효의 등기 전부의 말소를 구할 수 있고, 진정명의회복을 원인으로 한 소유권이전등기청구권과 무효등기의 말소청구권은 어느 것이나 진정한 소유자의 등기명의를 회복하기 위한 것으로서 실질적으로 그 목적이 동일하고 두 청구권 모두 소유권에 기한 방해배제청구권으로서 그 법적 근거와 성질이 동일하므로, 공유자 중 한 사람은 공유물에 경료된 원인무효의 등기에 관하여 각 공유자에게 해당 지분별로 진정명의회복을 원인으로 한 소유권이전등기를 이행할 것을 단독으로 청구할 수 있다(대법원 2005.9.29. 선고 2003다40651 판결).

---

[19] 공유 부동산에 관하여 공유자 중 1인이 부정한 방법으로 공유물 전부에 관한 소유권이전등기를 그의 단독명의로 행한 경우에는 방해받고 있는 공유자 중 1인은 보존행위로서 단독명의로 등기되어 있는 공유자에 대하여 '그 공유자의 공유지분을 제외한 나머지 공유지분 전부에 관하여' 등기 말소를 청구할 수 있다.

③ 부당이득 반환청구

공유자 1인이 다른 공유자의 동의 없이 배타적으로 공유물을 사용하여 이익을 얻는 경우, 다른 공유자는 그 이익을 부당이득으로 반환 청구할 수 있다. 제3자가 위법하게 점유하는 경우에도 동일하다. 이 경우 각 공유자는 단독으로 그 부당이득 전부를 청구할 수 있는 가? 판례는 각 공유자는 단독으로 부당이득반환청구를 하지 못하고, 그의 지분의 비율에 따른 부당이득반환청구만을 할 수 있을 뿐이라고 한다(대법원 2006. 11. 24. 선고 2006다49307, 49314 판결).

판례 **공동상속인 중 1인의 배타적 상속재산 사용과 부당이득**

공유자는 공유물 전부를 지분의 비율로 사용·수익할 수 있고 공유물의 관리에 관한 사항은 공유자의 지분의 과반수로써 결정하는 것이므로 공유물의 구체적인 사용·수익의 방법에 관하여 공유자들 사이에 지분 과반수의 합의 없이 공유자 중의 1인이 이를 배타적으로 점유·사용하고 있다면 다른 공유자에 대하여는 그 지분에 상응하는 부당이득을 하고 있는 것이 된다(대법원 2001.12.11. 선고 2000다13948 판결 참조). 이 사건에서, 피고는 원고들과의 공동상속인 중의 1인이면서도 이 사건 건물과 토지를 단순히 점유하는 데 그치지 아니하고 이 사건 건물에 거주함으로써 배타적으로 이 사건 건물과 토지를 사용·수익하고 있다고 할 것이므로, 그 사용·수익이 공유지분 과반수의 결의에 기한 것이라는 등의 특별한 사정이 없는 한, 피고는 이 사건 건물뿐만 아니라 토지에 관하여도 그 배타적 사용·수익으로 인한 이득 중 원고들의 공유지분에 해당하는 부분을 부당이득으로서 원고들에게 반환할 의무가 있다고 할 것이다 (대법원 2006.11.24. 선고 2006다49307, 49314 판결).

④ 불법행위로 인한 손해배상청구권

공유자 1인이 그 지분 과반수의 동의 없이 공유물을 배타적·독점적으로 점유, 사용·수익하거나 제3자가 공유물을 불법으로 점유하는 경우, 공유자는 자신의 사용·수익권을 침해한 공유자 또는 제3자에 대하여 불법행위책임을 물을 수 있다(대법원 1991. 9. 24. 선고 91다23639 판결). 손해는 과거에 침해로 인한 것이므로 손해배상을 청구하는 것은 보존행위에 해당하지 않는다. 따라서 각 공유자는 특별한 사정이 없는 한 자신의 지분의 비율의 한도에서만 손해배상을 청구할 수 있고 타인의 지분에 대해서는 청구할 수 없다(대법원 1970. 4. 14. 선고 70다171 판결; 대법원 2008. 4. 24. 선고 2007다44774 판결).

판례 **구분소유자의 공용부분 전부에 대한 손해배상청구**

이 사건 건물의 1층과 지하는 전유부분과 공유부분이 혼재되어 있음을 알 수 있으므로, 특별한 사정이 없는 한 위 매표소 등은 이 사건 건물의 1층 및 지하의 전유부분 또는 공유부분에 속하는 것으로 볼 여지가 있다고 할 것이어서, 원심으로서는 마땅히 위 매표소와 급수 부스타 등이 어느 부분에 설치되어 있는지, 그 설치 위치에도 불구하고 원고의 소유로서 원고가 전적으로 사용·관리한다고 볼 특별한 사정이 있는지 등을 따져본 후 그 소유권자 및 수리비의 부담주체를 확정하여야 할 것이고, 만약 위 매표소와 급수 부스타 등이 이 사건 건물의 공유부분에 속하는 것이라면 원고로서는 특별한 사정이 없는 한 그 공유지분에 대응한 비율에 해당하는 부분을 넘어서서 수리비 상당의 손해배상청구권을 행사할 수는 없다고 할 것이다(건물의 1층에 있는 사우나 매표소 및 지하에 있는 급수 부스타 펌프 3개, 콘트롤 판넬 등을 파손한 경우, 이 사건 건물 중 전유부분인 3층 301호, 4층 401호, 5층 501호, 6층 601호의 소유자가 원고로서 손해 전액에 대한 손해배상청구권을 행사한 사안에서, 각 시설의 소유권의 귀속을 제대로 따져 보지도 아니한 채 위 매표소 등의 수리비 전액을 원고의 손해로 인정한 원심을 파기한 사례; 대법원 2008. 4. 24. 선고 2007다44774 판결).

(5) 지분의 탄력성

지분은 각 공유자가 가지는 1개의 소유권의 양적 일부분이다. 따라서 지분의 하나가 소멸하면 나머지 지분은 그에 따라 확장한다. 즉 지분에는 탄력성이 있으므로, 공유자가 그 지분을 포기하거나 상속인 없이 사망한 때에는 그 지분은 다른 공유자에게 각 지분의 비율로 귀속한다(민법 제267조).

4) 공유물의 관리 등

(1) 공유물의 사용, 수익

각 공유자는 공유물의 전부를 그의 지분의 비율로 사용, 수익할 수 있다(민법 제263조).

(2) 공유물의 관리

공유물의 이용 및 개량 등 관리에 관한 사항은 공유자의 지분의 과반수로써 결정한다(민법 제265조 본문). 그러나 각 공유자는 단독으로 보존행위를 할 수 있다(민법 제265조 단서).

판례 **공유물의 관리 방법**

공유자 사이에 공유물을 사용·수익할 구체적인 방법을 정하는 것은 공유물의 관리에 관한 사항으로서 공유자의 지분의 과반수로써 결정하여야 할 것이고, 과반수 지분의 공유자는 다른 공유자와 사이에 미리 공유물의 관리방법에 관한 협의가 없었다 하더라도 공유물의 관리에 관한 사항을 단독으로 결정할 수 있으므로, 과반수 지분의 공유자가 그 공유물의 특정 부분을 배타적으로 사용·수익하기로 정하는 것은 공유물의 관리방법으로서 적법하다(대법원 2002. 5. 14. 선고 2002다9738 판결; 대법원 2019. 5. 30. 선고 2016다245562 판결).

판례 **상가건물 공유자의 임대차 갱신거절 통지와 공유물의 관리행위**

공유자가 공유물을 타인에게 임대하는 행위 및 그 임대차계약을 해지하는 행위는 공유물의 관리행위에 해당하므로 민법 제265조 본문에 의하여 공유자의 지분의 과반수로써 결정하여야 한다. 상가건물임대차보호법이 적용되는 상가건물의 공유자인 임대인이 같은 법 제10조 제4항에 의하여 임차인에게 갱신 거절의 통지를 하는 행위는 실질적으로 임대차계약의 해지와 같이 공유물의 임대차를 종료시키는 것이므로 공유물의 관리행위에 해당하여 공유자의 지분의 과반수로써 결정하여야 한다(대법원 2010.9.9. 선고 2010다37905 판결).

(3) 공유물의 처분, 변경

공유물의 처분, 변경에는 공유자 전원의 동의가 있어야 한다(민법 제264조).

(4) 공유물에 관한 부담

공유자는 그 지분의 비율로 공유물의 관리비용 기타 의무를 부담한다(민법 제266조 제1항). 그리고 공유자가 1년 이상 그 의무이행을 지체한 때에는 다른 공유자는 상당한 가액으로 지분을 매수할 수 있다(민법 제266조 제2항). 공유자 지분의 매수청구권을 행사함에 있어서는 먼저 매수대상이 되는 지분 전부의 매매대금을 제공한 다음 매수청구권을 행사하여야 한다(대법원 1992.10.9. 선고 92다25656 판결).

5) 공유물의 분할

(1) 공유물 분할의 자유

공유자는 공유물의 분할을 청구할 수 있다(민법 제268조 제1항 본문). 그러나 공유자는 5년 내의 기간으로 분할하지 아니할 것을 약정할 수 있다(민법 제268조 제1항 단서). 이러한 불분할 계약은 갱신할 수 있으며, 갱신할 때에는 그 기간은 갱신한 날로부터 5년을 넘지 못한다(민법 제268조 제2항).[20]

(2) 분할의 방법

① 협의에 의한 분할

공유물의 분할은 1차적으로 공유자의 협의에 의하여야 한다(민법 제268조 제1항·제269조 제1항 참조). 이 경우에는 공유자 전원이 참여하여야 한다(대법원 1968.5.21. 선고 68다414,415 판결). 분할은 현물분할, 대금분할, 가격배상(공유자의 1인이 다른 공유자의 지분을 양수하여 그 가격을 지급하고 단독소유권을 취득하는 방법)의 방법으로 할 수 있다.

> **판례** **공유물의 분할과 공유자 전원의 참여**
> 각 공유자는 공유물의 분할에 있어서는 당사자로서 직접 이해관계를 갖는 것이므로 공유자 중 어떤 사람을 제외하고 분할 절차를 진행 한다든가하는 것은 협의상의 분할 이나 재판상의 분할 이나를 막론하고 절대로 이를 불허하는 것이다(대법원 1968. 5. 21. 선고 68다414,415 판결).

② 재판 분할

분할의 방법에 관하여 협의가 성립되지 아니한 때에는 공유자는 법원에 그 분할을 청구할 수 있다(민법 제269조 제1항). 분할은 현물 분할이 원칙이며, 현물로 분할할 수 없거나 분할로 인하여 현저히 그 가액이 감손될 염려가 있는 때에는 법원은 물건의 경매를 명할 수 있다(민법 제269조 제2항).

> **판례** **재판 분할과 대금 분할 시 유의사항**
> [1] 공유물의 분할은 당사자 간에 협의가 이루어지는 경우에는 그 방법을 임의로 선택할 수 있으나, 협의가 이루어지지 아니하여 재판에 의하여 공유물을 분할하는 경우에 법원은 현물로 분할하는 것이 원칙이고, 현물로 분할할 수 없거나 현물로 분할을 하게 되면 현저히 그 가액이 감손될 염려가 있는 때에 비로소 물건의 경매[21]를 명할 수 있다(민법 제269조 제2항).

---

20) 구분소유 건물의 공용부분(민법 제215조)과 경계표, 담, 구거 등(민법 제239조)은 법률상 분할이 금지되어 있다(민법 제268조 제3항).
21) 대금분할의 경우에는 형식적 경매에 의한다. 즉 유치권에 의한 경매와 민법·상법, 그 밖의 법률이 규정하는 바에 따른 경매는 담보권 실행을 위한 경매의 예에 따라 실시한다(민사집행법 제274조 제1항).

[2] 이때 '현물로 분할할 수 없다.'는 요건은 이를 물리적으로 엄격하게 해석할 것은 아니고, 공유물의 성질, 위치나 면적, 이용 상황, 분할 후의 사용가치 등에 비추어 보아 현물분할을 하는 것이 곤란하거나 부적당한 경우를 포함하고, '현물로 분할을 하게 되면 현저히 그 가액이 감손될 염려가 있는 경우' 역시 공유자의 한 사람이라도 현물분할에 의하여 단독으로 소유하게 될 부분의 가액이 분할 전의 소유 지분 가액보다 현저하게 감손될 염려가 있는 경우까지 포함한다.

[3] 그러나 이 경우에도 재판에 의한 공유물분할은 공유자별 지분에 따른 합리적인 분할을 할 수 있는 한 현물분할을 하는 것이 원칙이므로, 원고가 바라는 방법에 따른 현물분할을 하는 것이 부적당하거나 이 방법에 따르면 그 가액이 현저히 감손될 염려가 있다고 하여 이를 이유로 곧바로 경매에 따른 대금분할을 명하여서는 아니 되고, 불가피하게 경매에 따른 대금분할을 할 수밖에 없는 요건에 관한 객관적·구체적인 심리 없이 단순히 공유자들 사이에 분할의 방법에 관하여 의사가 합치하고 있지 않다는 등의 주관적·추상적인 사정에 터 잡아 함부로 경매에 따른 대금분할을 명하는 것도 허용될 수 없다(대금분할시 그 요건에 대한 객관적·구체적 심리가 필요하다는 판결; 대법원 2023. 6. 29. 선고 2023다217916 판결).

3. 합유

1) 의의

합유合有는 수인이 조합체로서 물건을 소유하는 것이다(민법 제271조 제1항 제1문). 조합체는 동일목적을 가지고 결합되어 있으나 아직 단일적 활동체로서 단체적 체제를 갖추지 못하고 있는 복수인의 결합체를 말한다. 공유에서처럼 합유자는 지분을 가지나, 지분처분의 자유와 분할청구권이 없다는 점에서 공유와 다르다.

2) 합유의 성립

합유가 성립하기 위하여는 조합체가 존재하여야 한다. 즉 그 조합체가 어떤 물건에 대한 소유권을 취득함으로써 합유가 성립한다. 조합체는 계약(예:동업계약 등)[22]과 법률의 규정(예: 신탁에 있어서 수탁자가 수인인 경우, 공동광업권자가 공동소유하는 경우)에 의하여 성립하며, 부동산 합유의 경우에는 합유등기를 하여야 한다(부동산등기법 제48조 제4항).[23]

---

22) 조합은 2인 이상이 상호출자하여 공동사업을 경영할 것을 약정함으로써 그 효력이 생긴다(민법 제703조).
23) 권리자가 2인 이상인 경우에는 권리자별 지분을 기록하여야 하고 등기할 권리가 합유(合有)인 때에는 그

판례 **계약에 의한 조합 및 합유 성립**

원고와 주식회사 OO건축사사무소가 이 사건 입찰에 참가하기 위하여 구성한 컨소시엄(이하 '원고 조합'이라고 한다)은 공동수급체로서 특별한 사정이 없는 한 민법상 조합에 해당한다고 볼 수 있고, 원고가 피고의 임시총회에서 경쟁업체인 OO건축 등을 낙찰자로 선정하고 OO건축 등과의 건축설계계약 체결을 승인한 결의에 대하여 무효확인을 구하는 이 사건 소를 제기한 것은, 원고 조합이 이 사건 입찰과 관련하여 갖는 법적 지위 내지 법률상 보호받는 이익이 침해될 우려가 있어 그 현상을 유지하기 위한 것이므로 합유재산의 보존행위에 해당한다(공사입찰 참가를 위한 컨소시엄을 조합으로 보고 합유를 인정한 사례; 대법원 2013. 11. 28. 선고 2011다80449 판결).

판례 **법률 규정에 의한 조합 및 합유 성립**

공유수면매립법 제14조 제1항 내지 제3항의 규정에 의하면 매립지 중 국가 또는 지방자치단체에 귀속되는 것을 제외한 토지는 매립공사의 준공인가일에 매립면허를 받은 자가 그 소유권을 취득한다고 규정되어 있으므로, 원고와 OOO의 공동명의로 된 공유수면매립면허가 유효한 이상 원고와 위 OOO은 공동으로 이 사건 매립지 중 면허권자에게 귀속되는 토지의 소유권을 취득하였다 할 것이고, 나아가 공동면허권자가 공유수면매립법의 규정에 의하여 가지는 권리의무는 그들의 합유에 속한다고 할 것이므로, 이 사건 토지들은 원고와 위 OOO이 합유로 취득한 것이라 할 것이다(원고와 OOO이 공동의 면허권자가 됨으로써 일종의 조합관계를 결성한 것으로 합유의 성립을 인정한 사례; 대법원 1997. 4. 8. 선고 95다34521 판결).

3) 합유의 법률관계

합유자의 권리, 즉 지분은 합유물의 전부에 미친다(민법 제271조 제1항 제2문). 그 밖의 법률관계는 계약에 의하여 정하여지며, 계약이 없는 경우에는 법률의 규정에 의한다(민법 제271조 제2항). 즉 합유물에 관한 보존행위(예: 합유물에 관하여 경료된 소유권이전등기의 말소청구)는 각자가 할 수 있다(민법 제272조 제2문). 그러나 합유물을 처분 또는 변경함에는 합유자 전원의 동의가 있어야 한다(민법 제272조 제1문). 합유자는 전원의 동의없이 합유물에 대한 지분을 처분하지 못하고(민법 제273조 제1항), 합유자는 합유물의 분할을 청구하지 못한다(민법 제273조 제2항).

뜻을 기록하여야 한다(부동산등기법 제48조 제4항).

판례 **낙찰 무효확인의 소와 합유재산의 보존행위**

[1] 합유재산의 보존행위는 합유재산의 멸실·훼손을 방지하고 그 현상을 유지하기 위하여 하는 사실적·법률적 행위로서 이러한 합유재산의 보존행위를 각 합유자 단독으로 할 수 있도록 한 취지는 그 보존행위가 긴급을 요하는 경우가 많고 다른 합유자에게도 이익이 되는 것이 보통이기 때문이다.

[2] 민법상 조합인 공동수급체가 경쟁입찰에 참가하였다가 다른 경쟁업체가 낙찰자로 선정된 경우, 그 공동수급체의 구성원 중 1인이 그 낙찰자 선정이 무효임을 주장하며 무효확인의 소를 제기하는 것은 그 공동수급체가 경쟁입찰과 관련하여 갖는 법적 지위 내지 법률상 보호받는 이익이 침해될 우려가 있어 그 현상을 유지하기 위하여 하는 소송행위이므로 이는 합유재산의 보존행위에 해당한다(조합원 1인의 낙찰무효확인의 소는 합유재산의 보존행위로 인정된다는 사례; ^{대법원 2013. 11. 28. 선고 2011다80449 판결}).

4) 합유의 종료

합유는 조합체의 해산 또는 합유물의 양도로 인하여 종료한다(^{민법 제274조 제1항}). 이러한 경우에 합유물의 분할에 관하여는 공유물의 분할에 관한 규정을 준용한다(^{민법 제274조 제2항}).

판례 **합유자 중 일부가 사망한 경우의 소유권 귀속관계**

부동산의 합유자 중 일부가 사망한 경우 합유자 사이에 특별한 약정이 없는 한 사망한 합유자의 상속인은 합유자로서의 지위를 승계하지 못하므로, 해당 부동산은 잔존 합유자가 2인 이상일 경우에는 잔존 합유자의 합유로 귀속되고 잔존 합유자가 1인인 경우에는 잔존 합유자의 단독소유로 귀속된다(^{대법원 1996.12.10. 선고 96다23238 판결}).

4. 총유

1) 의의

총유總有는 법인 아닌 사단의 사원이 집합체로서 물건을 소유하는 것이다(^{민법 제275조 제1항}). 총유에 있어서 관리, 처분의 권능은 구성원의 단체에 속하고, 사용과 수익권능은 각 구성원에 속한다. 단체주의적 공동소유형태이다.

2) 총유의 주체

총유의 주체는 법인 아닌 사단(^{예: 종중, 교회 등})의 사원이다. 총유재산이 부동산인 경우에는 등기하여야 하며, 이때에 사단이 등기권리자 또는 등기의무자이다. 그 등기신청은 사단명의로 대표자 또는 관리인이 한다(부동산등기법 제30조).

> **판례** **종산의 소유 형태**
> 5형제가 종산을 구입하여 부모 묘소를 쓰기로 합의하고 그중 자력이 있는 4형제가 돈을 모아 임야를 매수하여 맏형 명의로 소유권이전등기를 경료하고 부모 등의 묘소를 설치한 경우 위 임야는 부를 중시조로 하는 종중의 종산으로 보존하기 위하여 매수한 것으로서 5형제의 총유에 해당한다(대법원 1992.10.27. 선고 91다11209 판결).

3) 총유의 법률관계

총유에 관하여는 사단의 정관 기타 계약에 의하여 규율되는 것이 원칙이다. 그러나 이러한 규정들이 없는 경우에는, 총유물의 관리 및 처분은 사원총회의 결의에 의하며, 각 사원은 정관 기타의 규약에 좇아 총유물을 사용, 수익할 수 있다(민법 제276조).

> **판례** **주택조합이 분양하는 아파트의 소유관계와 그 관리 · 처분 방법**
> 주택조합이 주체가 되어 신축 완공한 건물로서 조합원 외의 일반인에게 분양되는 부분은 조합원 전원의 총유에 속하며, 총유물의 관리 및 처분에 관하여 주택조합의 정관이나 규약에 정한 바가 있으면 이에 따르고 그에 관한 정관이나 규약이 없으면 조합원 총회의 결의에 의하여야 하며, 그와 같은 절차를 거치지 않은 행위는 무효라고 할 것이다(대법원 2007. 12. 13. 선고 2005다52214 판결).

4) 총유물에 관한 권리의무의 취득, 상실

총유물에 관한 사원의 권리, 의무는 사원의 지위를 취득, 상실함으로써 취득, 상실된다.

> **판례** **교인의 교회 탈퇴와 교회 재산의 귀속관계**
> 교인들은 교회 재산을 총유의 형태로 소유하면서 사용 · 수익할 것인데, 일부 교인들이 교회를 탈퇴하여 그 교회 교인으로서의 지위를 상실하게 되면 탈퇴가 개별적인 것이든 집단적인 것이든 이와 더불어 종전 교회의 총유 재산의 관리처분에 관한 의결에 참가할 수 있는 지위나 그 재산에 대한 사용 · 수익권을 상실하고, 종전 교회는 잔존 교인들을 구성원으로 하여 실체의 동일성을 유지하면서 존속하며 종

전 교회의 재산은 그 교회에 소속된 잔존 교인들의 총유로 귀속됨이 원칙이다. 그리고 교단에 소속되어 있던 지교회의 교인들의 일부가 소속 교단을 탈퇴하기로 결의한 다음 종전 교회를 나가 별도의 교회를 설립하여 별도의 대표자를 선정하고 나아가 다른 교단에 가입한 경우, 그 교회는 종전 교회에서 집단적으로 이탈한 교인들에 의하여 새로이 법인 아닌 사단의 요건을 갖추어 설립된 신설 교회라 할 것이어서, 그 교회 소속 교인들은 더 이상 종전 교회의 재산에 대한 권리를 보유할 수 없게 된다(대법원 2006.4.20. 선고 2004다37775 전원합의체 판결).

Ⅵ. 부동산의 명의신탁

1. 명의신탁의 의의

명의신탁名義信託은 대내적 관계에서는 신탁자가 소유권을 보유하여 관리·수익하면서 공부상 소유명의만을 수탁자로 하여 두는 것이다.

2. 연혁

일제시대의 토지조사·사정 과정에서 종중은 권리능력이 없었으므로 종중명의의 등기는 불가능하였다. 그리하여 종중에서는 종중원 1인(예: 종손) 또는 수인 명의로 사정을 받아 등기하였으나, 등기명의인이 그 재산을 처분하여 분쟁이 발생하는 경우도 있었다. 이에 대하여 조선고등법원에서는 명의신탁의 유효성을 인정하여 그 처분이 유효한 것으로 판결하였다. 즉 명의신탁에서 대외적 소유자는 수탁자이며, 수탁자가 소유권을 처분하면 제3자는 소유권을 취득하는 것으로 판시하였다.

판례에 의하여 명의신탁의 유효성이 인정됨에 따라 명의신탁은 조세면탈, 투기, 상속 위장, 재산의 은닉 등 온갖 불법과 탈법의 수단으로 악용되었다. 부동산등기특별조치법의 제정으로 명의신탁을 금지하였으나 단속규정에 불과하여 명의신탁을 근절할 수 없었다. 이러한 문제를 해결하기 위하여 1995. 3. 30. 부동산실권리자 명의 등기에 관한 법률(약칭: 부동산실명법)을 제정하여 명의신탁약정을 무효로 하게 되었다.[24]

---

24) 부동산실명법은 부동산에 관한 소유권과 그 밖의 물권을 실체적 권리관계와 일치하도록 실권리자 명의(名義)로 등기하게 함으로써 부동산등기제도를 악용한 투기·탈세·탈법행위 등 반사회적 행위를 방지하고 부동산 거래의 정상화와 부동산 가격의 안정을 도모하여 국민경제의 건전한 발전에 이바지함을 목적으로 한다(동법 제1조).

부동산실명법 시행 이후에도 모든 명의신탁약정이 무효인 것은 아니다. 즉 모든 명의신탁에 부동산실명법이 적용되는 것은 아니며, 부동산실명법이 적용되지 않는 명의신탁의 경우(부동산실명법 제2조 제1호 단서·제8조 참조)에는 종래의 판례 이론이 적용된다.

3. 부동산실명법의 적용범위

부동산실명법은 부동산에 관한 소유권이나 그 밖의 물권을 보유한 자 또는 사실상 취득하거나 취득하려고 하는 자(이하 "실권리자"라 한다)가 타인과의 사이에서 대내적으로는 실권리자가 부동산에 관한 물권을 보유하거나 보유하기로 하고 그에 관한 등기는 그 타인의 명의로 하기로 하는 약정을 명의신탁약정으로 규정하고, 구체적으로 등기명의신탁과 계약명의신탁을 규제하고 있다(동법 제2조).

그러나 부동산실명법은 i)채무의 변제를 담보하기 위하여 채권자가 부동산에 관한 물권을 이전받거나(양도담보) 가등기하는 경우(동법 제2조 제1호 가목), ii)부동산의 위치와 면적을 특정하여 2인 이상이 구분소유하기로 하는 약정을 하고 그 구분소유자의 공유로 등기하는 경우(상호명의신탁; 동법 제2조 제1호 나목), iii)신탁법 또는 「자본시장과 금융 투자업에 관한 법률」에 따른 신탁재산인 사실을 등기한 경우(신탁법상의 신탁; 동법 제2조 제1호 다목)에는 적용되지 않는다. 또한 조세 포탈, 강제집행의 면탈免脫 또는 법령상 제한의 회피를 목적으로 하지 아니하는 iv)종중宗中이 보유한 부동산에 관한 물권을 종중 외의 자의 명의로 등기한 경우(종중명의신탁), v)배우자 명의로 부동산에 관한 물권을 등기한 경우(배우자명의신탁), vi)종교단체의 명의로 그 산하 조직이 보유한 부동산에 관한 물권을 등기한 경우(종교단체명의신탁)의 경우에도 적용되지 않는다(동법 제8조).

4. 부동산실명법의 적용을 받는 명의신탁

1) 실권리자명의 등기의무

누구든지 부동산에 관한 물권을 명의신탁약정에 따라 명의수탁자의 명의로 등기하여서는 아니 된다(동법 제3조 제1항). 실권리자 명의등기의무를 위반한 자에 대하여 부동산실명법은 과징금, 이행강제금 및 벌칙을 부과하고 있다. 즉 부동산실명법은 실명등기의무를 위반한 명의신탁자에게 i)해당 부동산 가액價額의 100분의 30에 해당하는 금액의 범위에서 과징금을 부과하고(동법 제5조), ii)과징금을 부과 받은 자가 정당한 사유 없이 실명등기를 하지 않는 경우에는 이행강제금[25]을 부과할 수 있다(동법 제6조). 또한 ⅲ)명의신탁자에게는 5년 이하의 징역 또는 2억원 이하의 벌금, 명의수탁자에게는 3년 이하의 징역 또는 1억원 이하의 벌금에 처할 수 있도록 규정하고 있다(동법 제7조). 한편 부동산실명법은 장기 미등기자와 기존 명의신탁자에게도 실명등기의무를 부과하고, 위반한 경우 과징금, 이행강제금, 벌칙에 대하여 규정하고 있다(동법 제10조 ~제12조).

2) 명의신탁의 법률관계

(1) 명의신탁약정의 효력

실권리자명의 등기의무를 위반하여 명의신탁약정을 한 경우 그 약정은 무효로 하고(동법 제4조 제1항), 명의신탁약정에 따른 등기로 이루어진 부동산에 관한 물권변동도 무효로 한다. 다만, 부동산에 관한 물권을 취득하기 위한 계약에서 명의수탁자가 어느 한쪽 당사자가 되고 상대방 당사자는 명의신탁약정이 있다는 사실을 알지 못한 경우에는 그러하지 아니하다(동법 제4조 제2항). 명의신탁약정의 무효는 제3자에게 대항하지 못한다(동법 제4조 제3항). 부동산실명법이 규정하고 있는 등기명의신탁과 계약명의신탁의 법률관계에 대하여 구체적으로 살펴본다.

(2) 구체적 법률관계

① 등기명의신탁

㉮ 전형적인 명의신탁(2자간 명의신탁)

부동산물권자로 등기된 자가 명의신탁약정에 의하여 타인 명의로 등기하는 경우이다. 이 경우 명의신탁 약정과 물권변동은 무효이다(동법 제4조 제1항·제2항). 따라서 명의신탁자는 소유권에 기한 방해배제청구권을 행사하여 등기말소를 청구할 수 있으며, 부당이득 반환청구로 등기의 말소를 청구할 수 있다(대법원 2003.11.27. 선고 2003다41722 판결). 또한 등기말소 청구 대신 이

---

[25] 과징금 부과일부터 1년이 지난 때에 부동산평가액의 100분의 10에 해당하는 금액을, 다시 1년이 지난 때에 부동산평가액의 100분의 20에 해당하는 금액을 각각 이행강제금으로 부과한다(동법 제6조).

전등기청구도 허용된다(대법원 2002.9.6. 선고 2002다35157 판결).

> **판례** **명의수탁자 명의 등기의 불법원인급여 해당여부**
> 부동산실명법 규정의 문언, 내용, 체계와 입법 목적 등을 종합하면, 부동산실명법을 위반하여 무효인 명의신탁약정에 따라 명의수탁자 명의로 등기를 하였다는 이유만으로 그것이 당연히 불법원인급여에 해당한다고 단정할 수는 없다(양자간 명의신탁 사안에서 명의신탁자의 상속인(원고)이 명의수탁자의 상속인(피고)을 상대로 진정명의회복을 원인으로 한 소유권이전등기절차의 이행을 구하는 사건에서 피고 명의의 등기는 불법원인 급여에 해당하지 않으므로 피고는 원고에게 이 사건 부동산에 관해 진정명의회복을 원인으로 한 소유권이전등기절차를 이행할 의무가 있다고 한 판결; 대법원 2019. 6. 20. 선고 2013다218156 전원합의체 판결)

㉯ 중간생략명의신탁(3자간 명의신탁)

신탁자가 매도인과 부동산 물권을 취득하는 계약을 체결하면서 그 물권에 관한 등기는 수탁자와의 명의신탁약정에 의하여 매도인으로부터 직접 수탁자 앞으로 하는 것이다. 이 경우 명의신탁약정 및 그에 따른 등기는 무효이다(동법 제4조 제1항·제2항). 따라서 수탁자는 소유권을 취득하지 못하고, 매도인은 등기말소를 청구할 수 있다.

그러나 신탁자와 매도인과의 매매계약은 유효하므로, 신탁자는 소유권이전등기청구권과 대금지급의무를 부담한다. 그리고 신탁자는 자신의 상대방, 즉 매도인에 대한 등기청구권을 보전하기 위하여 매도인이 수탁자에 대하여 가지고 있는 등기말소청구권을 대위 행사할 수 있다. 그러나 명의신탁자는 수탁자를 상대로 부당이득 반환을 원인으로 하는 소유권이전등기를 청구할 수 없다(대법원 2008.11.27. 선고 2008다55290,55306 판결).

> **판례** **명의신탁자의 수탁자에 대한 소유권이전등기 청구여부**
> 이른바 3자간 등기명의신탁의 경우 부동산실명법에서 정한 유예기간 경과에 의하여 그 명의신탁약정과 그에 의한 등기가 무효로 되더라도 명의신탁자는 매도인에 대하여 매매계약에 기한 소유권이전등기청구권을 보유하고 있어 그 유예기간의 경과로 그 등기 명의를 보유하지 못하는 손해를 입었다고 볼 수 없고, 또한 명의신탁 부동산의 소유권이 매도인에게 복귀된 마당에 명의신탁자가 무효의 등기명의인인 명의수탁자를 상대로 그 이전등기를 구할 수도 없다고 보아야 하므로, 결국 3자간 등기명의신탁에 있어서 명의신탁자는 명의수탁자를 상대로 부당이득반환을

원인으로 한 소유권이전등기를 구할 수 없다고 봄이 상당하다(대법원 2008.11.27. 선고 2008다55290,55306 판결).

② 계약명의신탁

수탁자가 신탁자와의 계약에 의하여 수탁자 자신이 계약의 일방당사자가 되고 그의 명의로 등기하기로 하는 경우이다(허수아비 행위). 즉 매매계약의 당사자는 매도인과 수탁자이고, 등기도 매도인에서 수탁자 명의로 이전한다. 이때의 명의신탁약정은 무효이다(동법 제4조 제1항). 따라서 신탁자는 명의신탁약정에 기하여 수탁자에게 소유권이전등기를 청구할 수 없다. 그러나 물권변동의 유효여부는 계약 상대방, 즉 매도인이 명의신탁약정이 있다는 사실을 알았는지에 달려 있다. 이 경우 명의수탁자가 당사자가 되어 매도인과 체결한 부동산에 관한 매매계약과 등기의 효력은 매매계약을 체결할 당시 매도인의 인식을 기준으로 판단하여야 한다(대법원 2018. 4. 10. 선고 2017다257715 판결).

> **판례** 계약명의신탁에서 매매계약과 등기의 효력 판단기준
> 부동산 실권리자명의 등기에 관한 법률 제4조 제2항 단서는 부동산 거래의 상대방을 보호하기 위한 것으로 상대방이 명의신탁약정이 있다는 사실을 알지 못한 채 물권을 취득하기 위한 계약을 체결한 경우 그 계약과 그에 따른 등기를 유효라고 한 것이다. 명의신탁자와 명의수탁자가 계약명의신탁약정을 맺고 명의수탁자가 당사자가 되어 매도인과 부동산에 관한 매매계약을 체결하는 경우 그 계약과 등기의 효력은 매매계약을 체결할 당시 매도인의 인식을 기준으로 판단해야 하고, 매도인이 계약 체결 이후에 명의신탁약정 사실을 알게 되었다고 하더라도 위 계약과 등기의 효력에는 영향이 없다. 매도인이 계약 체결 이후 명의신탁약정 사실을 알게 되었다는 우연한 사정으로 인해서 위와 같이 유효하게 성립한 매매계약이 소급적으로 무효로 된다고 볼 근거가 없다. 만일 매도인이 계약 체결 이후 명의신탁약정 사실을 알게 되었다는 사정을 들어 매매계약의 효력을 다툴 수 있도록 한다면 매도인의 선택에 따라서 매매계약의 효력이 좌우되는 부당한 결과를 가져올 것이다(명의신탁자와 명의수탁자가 계약명의신탁약정을 맺고 명의수탁자가 당사자가 되어 매도인과 부동산에 관한 매매계약을 체결하는 경우, 계약과 등기의 효력을 판단하는 기준은 매매계약을 체결할 당시 매도인의 인식으로 하고, 이때 매도인이 계약 체결 이후 명의신탁약정 사실을 알게 되었다는 이유로 위 계약과 등기가 무효로 되는지 않는다고 판단한 사례; 대법원 2018. 4. 10. 선고 2017다257715 판결).

㉮ 상대방(매도인)이 악의인 경우

상대방이 명의신탁약정이 있다는 사실을 알고 있는 경우, 즉 매도인이 악의인 때에는 등기 및 물권변동도 무효이다. 따라서 매도인은 소유권이전등기의 말소를 청구할 수 있고, 명의수탁자는 매매대금의 반환을 청구할 수 있다. 그러나 명의신탁자는 수탁자뿐만 아니라 매도인에게도 소유권이전등기 청구를 할 수 없다(대법원 2016.6.28. 선고 2014두6456 판결). 또한 명의신탁자는 명의수탁자에 대하여 반환받은 매매대금을 부당이득으로 반환청구 할 수 있고, 수탁자에 대한 부당이득반환청구권을 보전하기 위하여 수탁자를 대위하여 그 매도인에 대한 급부반환청구권을 행사할 수 있다.

> **판례** 명의수탁자의 부동산 처분과 악의 매도인의 손해배상청구
>
> 명의신탁자와 명의수탁자가 이른바 계약명의신탁 약정을 맺고 매매계약을 체결한 소유자도 명의신탁자와 명의수탁자 사이의 명의신탁약정을 알면서 그 매매계약에 따라 명의수탁자 앞으로 당해 부동산의 소유권이전등기를 마친 경우 부동산 실권리자명의 등기에 관한 법률 제4조 제2항 본문에 의하여 명의수탁자 명의의 소유권이전등기는 무효이므로, 당해 부동산의 소유권은 매매계약을 체결한 소유자에게 그대로 남아 있게 되고, 명의수탁자가 자신의 명의로 소유권이전등기를 마친 부동산을 제3자에게 처분하면 이는 매도인의 소유권 침해행위로서 불법행위가 된다. 그러나 명의수탁자로부터 매매대금을 수령한 상태의 소유자로서는 그 부동산에 관한 소유명의를 회복하기 전까지는 신의칙 내지 민법 제536조 제1항 본문의 규정에 의하여 명의수탁자에 대하여 이와 동시이행의 관계에 있는 매매대금 반환채무의 이행을 거절할 수 있는데, 이른바 계약명의신탁에서 명의수탁자의 제3자에 대한 처분행위가 유효하게 확정되어 소유자에 대한 소유명의 회복이 불가능한 이상, 소유자로서는 그와 동시이행관계에 있는 매매대금 반환채무를 이행할 여지가 없다. 또한 명의신탁자는 소유자와 매매계약관계가 없어 소유자에 대한 소유권이전등기청구도 허용되지 아니하므로, 결국 소유자인 매도인으로서는 특별한 사정이 없는 한 명의수탁자의 처분행위로 인하여 어떠한 손해도 입은 바가 없다(대법원 2013.9.12. 선고 2010다95185 판결).

㉯ 상대방이 선의인 경우

상대방(매도인)이 명의신탁약정이 있다는 사실을 모르고 있는 경우, 즉 매도인의 선의인 때에는 등기 및 물권변동은 유효하다(동법 제4조 제2항). 그리하여 매도인이 선의인 경우에 수탁자는 완전한 소유권을 취득하게 된다(대법원 2002.12.26. 선고 2000다21123 판결). 이 경우 명의신탁자와 수

탁자의 상대방은 아무런 법률관계가 없으므로 신탁자는 수탁자의 상대방, 즉 매도인에 대하여 아무런 청구도 하지 못한다. 다만, 신탁자는 수탁자를 상대로 매매대금 상당의 부당이득의 반환청구를 할 수 있을 것이다(대법원 2010.10.14. 선고 2007다90판결). 그러나 부동산 자체의 반환을 청구할 수는 없고, 부동산 경매절차에서도 동일하다(대법원 2009.9.10. 선고 2006다73102 판결).

판례 유효한 계약명의신탁약정과 수탁자의 부당이득반환 범위

부동산실명법 제4조 제1항, 제2항에 의하면 명의신탁자와 명의수탁자가 이른바 계약명의신탁약정을 맺고 명의수탁자가 당사자가 되어 명의신탁약정이 있다는 사실을 알지 못하는 소유자와의 사이에 부동산에 관한 매매계약을 체결한 후 그 매매계약에 따라 당해 부동산의 소유권이전등기를 수탁자 명의로 마친 경우에는 명의신탁자와 명의수탁자 사이의 명의신탁약정의 무효에도 불구하고 그 명의수탁자는 당해 부동산의 완전한 소유권을 취득하게 되고, 다만 명의수탁자는 명의신탁자에 대하여 부당이득반환의무를 부담하게 될 뿐이다. 이 경우 그 계약명의신탁약정이 '부동산 실권리자명의 등기에 관한 법률' 시행 후인 경우에는 명의신탁자는 애초부터 당해 부동산의 소유권을 취득할 수 없었으므로, 위 계약명의신탁약정의 무효로 인하여 명의신탁자가 입은 손해는 당해 부동산 자체가 아니라 명의수탁자에게 제공한 매수자금이고, 따라서 명의수탁자는 당해 부동산 자체가 아니라 명의신탁자로부터 제공받은 매수자금 상당액을 부당이득하였다고 할 것이다. 이때 명의수탁자가 소유권이전등기를 위하여 지출하여야 할 취득세, 등록세 등을 명의신탁자로부터 제공받았다면, 이러한 자금 역시 위 계약명의신탁약정에 따라 명의수탁자가 당해 부동산의 소유권을 취득하기 위하여 매매대금과 함께 지출된 것이므로, 당해 부동산의 매매대금 상당액 이외에 명의신탁자가 명의수탁자에게 지급한 취득세, 등록세 등의 취득비용도 특별한 사정이 없는 한 위 계약명의신탁약정의 무효로 인하여 명의신탁자가 입은 손해에 포함되어 명의수탁자는 이 역시 명의신탁자에게 부당이득으로 반환하여야 한다(대법원 2010.10.14. 선고 2007다90432 판결).

판례 계약명의신탁약정과 경매 부동산의 소유권

부동산경매절차에서 부동산을 매수하려는 사람이 다른 사람과의 명의신탁약정 아래 그 사람의 명의로 매각허가결정을 받아 자신의 부담으로 매수대금을 완납한 경우, 경매목적 부동산의 소유권은 매수대금의 부담 여부와는 관계없이 그 명의인이 취득하게 되고, 매수대금을 부담한 명의신탁자와 명의를 빌려 준 명의수탁자 사이의 명의신탁약정은 부동산 실권리자명의 등기에 관한 법률 제4조 제1항에 의하여 무효이므로, 명의신탁자는 명의수탁자에 대하여 그 부동산 자체의 반환을 구할 수는 없고 명의수탁자에게 제공한 매수대금에 상당하는 금액의 부당이득반환청구권을 가질 뿐이다(대법원 2009.9.10. 선고 2006다73102 판결).

③ 제3자에 대한 관계

명의신탁에 있어서 명의신탁약정 또는 그에 기한 물권변동의 무효는 제3자에게 대항하지 못한다(부동산실명법 제4조 제3항). 여기서 제3자는 명의신탁 약정의 당사자 및 포괄승계인 이외의 자로서 명의수탁자가 물권자임을 기초로 그와의 사이에 직접 새로운 이해관계를 맺은 자를 말하며, 제3자의 선의·악의를 묻지 않는다(대법원 2000. 3. 28. 선고 99다56529 판결; 대법원 2009. 3. 12. 선고 2008다36022 판결). 예를 들어 명의수탁자로부터 소유권이나 저당권 등 물권을 취득한 자뿐만 아니라 압류 또는 가압류채권자(법원 2013. 3. 14. 선고 2012다107068 판결) 또는 명의수탁자로부터 명의신탁 부동산을 신탁받은 재건축조합 등이 제3자에 해당한다(대법원 2009. 6. 23. 선고 2008다1132 판결). 따라서 수탁자가 그에게 등기명의가 있음을 이용하여 목적부동산을 타인에게 매도하고 소유권이전등기를 해 준 경우에는 그 매수인은 소유권을 취득한다. 그러나 명의신탁자는 명의수탁자를 상대로 불법행위를 원인으로 한 손해배상을 청구할 수 있다.

> **판례** 명의수탁자의 신탁부동산 처분과 명의신탁자의 권리
>
> 명의신탁자와 명의수탁자 사이의 명의신탁약정에 기하여 명의수탁자 앞으로 부동산소유권이전등기가 마쳐진 후 명의수탁자가 이를 새로운 이해관계를 가진 제3자에게 처분한 경우에는 그 제3자에 대하여 명의신탁약정의 무효를 이유로 대항하지 못한다고 할 것인바(대법원 2005. 11. 10. 선고 2005다34667, 34674 판결 참조), 명의수탁자가 명의신탁 부동산을 재건축조합에게 신탁하고 재건축조합이 이를 바탕으로 재건축사업을 진행한 경우 재건축조합도 여기서 말하는 새로운 이해관계인인 제3자에 해당하므로(대법원 2003. 8. 19. 선고 2001다47467 판결 참조), 명의수탁자와 재건축조합 사이에 체결된 명의신탁 부동산에 관한 신탁약정이나 명의수탁자가 재건축조합과의 관계에서 취득한 조합원의 지위 등은 특별한 사정이 없는 한 그 명의신탁약정이 명의신탁자에 대한 관계에서 무효라는 사정만으로 영향을 받지 않는다고 할 것이다. 따라서 재건축조합이 관리처분계획 인가 및 이에 따른 분양처분의 고시 내지 이전고시 등의 절차를 밟지 않고 조합원들로부터 토지 및 건물 등을 신탁받아 재건축사업을 진행하여 신축한 건물과 그 대지권을 조합원인 명의수탁자와의 분양계약을 통하여 명의수탁자에게 분양한 경우 명의수탁자의 그 신축 건물 등에 대한 소유권 취득은 유효하다고 할 것이고 그 신축 건물 등과 당초의 명의신탁

부동산 사이에는 동일성이 유지되고 있다고 볼 수 없으므로, 명의신탁자는 명의신탁 부동산의 처분을 이유로 명의수탁자에게 손해배상 등을 청구할 수 있음은 별론으로 하고, 당초의 명의신탁약정이 명의신탁자에 대한 관계에서 무효라는 사정을 내세워 명의수탁자를 상대로 명의수탁자가 재건축조합으로부터 분양받은 신축 건물 등에 관한 소유권의 이전을 청구할 권리가 있다고 할 수 없다(대법원 2009. 6. 23. 선고 2008다1132 판결).

④ 명의수탁자의 신탁재산 처분과 형사책임

명의수탁자가 신탁재산을 임의 처분한 경우, 대법원은 중간생략등기형 명의신탁과 계약명의신탁의 경우에 횡령죄 또는 배임죄의 성립을 부정하고 있고(대법원 2012.12.13. 선고 2010도10515 판결; 대법원 2016.5.19. 선고 2014도6992 전원합의체 판결), 2자간 명의신탁의 경우에도 대법원은 전원합의체 판결을 통하여 명의수탁자가 신탁받은 부동산을 임의로 처분하여도 명의신탁자에 대한 관계에서 횡령죄가 성립하지 아니하는 것으로 판례를 변경하였다(대법원 2021. 2. 18. 선고 2016도18761 전원합의체 판결). 즉 부동산실명법을 위반한 명의신탁의 경우에 명의수탁자는 명의신탁자에 대한 관계에서 횡령죄에서 말하는 '타인의 재물을 보관하는 자'의 지위에 있다고 볼 수는 없고, 명의신탁자와 명의수탁자 사이에 존재한다고 주장될 수 있는 사실상의 위탁관계라는 것도 부동산실명법에 반하여 범죄를 구성하는 불법적인 관계에 지나지 아니할 뿐 이를 형법상 보호할 만한 가치 있는 신임에 의한 것이 아니므로 명의수탁자가 신탁 받은 부동산을 임의로 처분하여도 횡령죄가 성립하지 아니한다.

> **판례** 2자간 명의신탁상 수탁자의 신탁재산 처분과 횡령죄
> [1] 부동산실명법을 위반하여 명의신탁자가 그 소유인 부동산의 등기명의를 명의수탁자에게 이전하는 이른바 양자간 명의신탁의 경우, 계약인 명의신탁약정과 그에 부수한 위임약정, 명의신탁약정을 전제로 한 명의신탁 부동산 및 그 처분대금 반환약정은 모두 무효이다. 나아가 명의신탁자와 명의수탁자 사이에 무효인 명의신탁약정 등에 기초하여 존재한다고 주장될 수 있는 사실상의 위탁관계라는 것은 부동산실명법에 반하여 범죄를 구성하는 불법적인 관계에 지나지 아니할 뿐 이를 형법상 보호할 만한 가치 있는 신임에 의한 것이라고 할 수 없다.
> [2] 명의수탁자가 명의신탁자에 대하여 소유권이전등기말소의무를 부담하게 되나, 위 소유권이전등기는 처음부터 원인무효여서 명의수탁자는 명의신탁자가 소유권에 기한 방해배제청구로 말소를 구하는 것에 대하여 상대방으로서 응할 처지에 있음에 불과하다. 명의수탁자가 제3자와 한 처분행위가 부동산실명법 제4조 제3항에

따라 유효하게 될 가능성이 있다고 하더라도 이는 거래 상대방인 제3자를 보호하기 위하여 명의신탁약정의 무효에 대한 예외를 설정한 취지일 뿐 명의신탁자와 명의수탁자 사이에 위 처분행위를 유효하게 만드는 어떠한 위탁관계가 존재함을 전제한 것이라고는 볼 수 없다. 따라서 말소등기의무의 존재나 명의수탁자에 의한 유효한 처분가능성을 들어 명의수탁자가 명의신탁자에 대한 관계에서 '타인의 재물을 보관하는 자'의 지위에 있다고 볼 수도 없다. 그러므로 부동산실명법을 위반한 양자간 명의신탁의 경우 명의수탁자가 신탁받은 부동산을 임의로 처분하여도 명의신탁자에 대한 관계에서 횡령죄가 성립하지 아니한다(대법원 2021. 2. 18. 선고 2016도18761 전원합의체 판결).

판례 명의수탁자의 신탁재산 처분과 횡령죄 불성립의 의미

부동산실명법을 위반한 명의신탁의 경우에 명의수탁자가 제3자에게 신탁재산을 처분하면 제3자는 부동산실명법 제4조 제3항에 따라 유효하게 소유권을 취득하게 된다. 그 결과 명의신탁자는 명의수탁자를 상대로 손해배상을 청구할 수 있음과 별개로 신탁재산의 소유권을 상실할 수 있는 위험이 항상 존재하므로 부동산실명법은 명의신탁 근절에 효과가 있다. 이와 반대로 형사재판에서는 신탁재산을 처분한 명의수탁자를 횡령죄 등으로 처벌함으로써 명의신탁자를 보호하는 결과를 초래하게 되어 부동산실명법 제정 목적에 반한다는 비판을 받아왔다. 또한 민사재판과 형사재판의 다른 결론으로 인한 혼란과 법원에 대한 신뢰 상실의 문제가 제기되어 왔다. 그러나 대법원은 판례 변경을 통하여 부동산실명법을 위반한 명의신탁의 경우에 명의신탁자와 명의수탁자 사이에는 법률상 보호할 만한 신임관계가 없으므로 명의수탁자의 신탁재산 처분은 횡령죄가 성립하지 않는 것으로 판결하였다. 그 결과 민사재판과 형사재판의 결과가 동일해 짐으로써 판결에 대한 국민적 신뢰 회복과 더불어 부동산실명법 제정 목적에 부합하는 결과를 기대할 수 있게 되었다.

5. 부동산실명법의 적용을 받지 않는 명의신탁

1) 명의신탁 유형

부동산실명법이 적용이 배제되어 그 명의신탁이 유효한 경우가 있다.[26] 그 중에서

---

26) 채무의 변제를 담보하기 위하여 채권자가 부동산에 관한 물권을 이전받거나(양도담보) 가등기하는 경우(가등기담보)에는 가담법이 적용된다(동법 제2조 제1호 가목). 또한 신탁법 또는 「자본시장과 금융 투자업에 관한 법률」에 따른 신탁재산인 사실을 등기한 경우(신탁법상의 신탁)에는 신탁법이 적용된다(동법 제2조 제1호 다목). 등기나 등록에 의하여 공시되는 동산물권이나 광업권·어업권·지식재산권에 대한

부동산의 위치와 면적을 특정하여 2인 이상이 구분소유하기로 하는 약정을 하고 그 구분소유자의 공유로 등기하는 경우(상호명의신탁, 동법 제2조 제1호 나목)와 종중(宗中)이 보유한 부동산에 관한 물권을 종중 외의 자의 명의로 등기한 경우(종중 부동산의 명의신탁), 배우자 명의로 부동산에 관한 물권을 등기한 경우(배우자 명의신탁), 종교단체의 명의로 그 산하 조직이 보유한 부동산에 관한 물권을 등기한 경우(종교단체 명의신탁)로서 조세포탈, 강제 집행 면탈 또는 법령상 회피의 목적으로 하지 않는 경우(동법 제8조)에는 종래 판례이론이 적용된다.

2) 법률관계

종래 판례이론에 따르면, 대외적 관계에서 소유권은 명의수탁자에게 이전되지만, 명의신탁자와 명의수탁자 사이에서는 명의신탁자가 소유권을 보유한다.

(1) 대내적 관계

명의신탁을 한 경우, 내부적으로는 신탁자가 그대로 소유권을 보유하며 신탁재산을 관리·수익하며, 수탁자가 점유하는 경우에 그 점유는 타주점유이다. 당사자 일방 사망시는 명의신탁관계는 상속인 사이에 그대로 존속한다. 따라서 명의수탁자의 상속인이 그 점유를 승계한 경우, 그 상속인의 점유는 특별한 사정이 없는 한 자주점유로 될 수 없다(대법원 1996. 6. 11. 선고 96다7403 판결).

> **판례** **명의수탁자의 점유권원과 등기부취득시효**
>
> [1] 명의신탁에 의하여 부동산의 소유자로 등기된 자는 그 사실만으로 당연히 부동산을 점유하는 것으로 볼 수 없음은 물론이고 설사 그의 점유가 인정된다고 하더라도 그 점유권원의 성질상 자주점유라 할 수 없는 것이고(대법원 1991. 12. 10. 선고 91다27655 판결 등 참조), 한편, 명의신탁자가 스스로 점유를 계속하면서 등기명의를 수탁자에게 이전한 경우에 수탁자의 등기명의를 신탁자의 등기명의와 동일한 것으로 볼 수는 없다(명의신탁 등기 후 명의신탁자가 점유를 계속하는 경우, 수탁자 명의의 등기기간이 10년을 경과하였더라도 수탁자 명의 등기를 명의신탁자의 것으로 볼 수 없으므로, 명의신탁자의 등기부취득시효는 인정될 수 없다는 사례; 대법원 2002. 4. 26. 선고 2001다8097,8103 판결).
>
> [2] 명의신탁에 의하여 부동산의 소유자로 등기된 사람은 그 점유권원의 성질상 자주점유라 할 수 없어 신탁부동산의 소유권을 시효취득할 수 없다(대법원 1992. 4. 14. 선고 91다46533 판결).

명의신탁에는 부동산실명법이 적용되지 않는다(동법 제3조 참고).

판례 **명의수탁자의 상속인의 점유승계와 자주점유**

등기명의가 신탁되었다면 특별한 사정이 없는 한 명의수탁자의 부동산에 관한 점유는 그 권원의 성질상 자주점유라고 할 수 없고(당원 1992. 8. 18. 선고 92다20415 판결 참조), 다시 명의수탁자로부터 상속에 의하여 점유를 승계한 자의 점유도 상속 전과 그 성질 내지 태양을 달리하는 것이 아니어서 특별한 사정이 없는 한 그 점유가 자주점유로는 될 수 없고, 그 점유가 자주점유로 되기 위하여는 점유자가 소유자에 대하여 소유의 의사가 있는 것을 표시하거나 새로운 권원에 의하여 다시 소유의 의사로써 점유를 시작하여야만 한다고 할 것이다(대법원 1995. 1. 12. 선고 94다19884 판결; 대법원 1996. 6. 11. 선고 96다7403 판결).

(2) 대외적 관계

대외적으로 수탁자는 완전한 소유자로 취급된다(대법원 2007. 5. 10. 선고 2007다7409 판결). 따라서 수탁자의 일반채권자는 신탁재산에 대하여 강제집행 내지 경매를 할 수 있다. 또한 수탁자의 신탁재산에 대한 처분행위는 완전히 유효하므로, 수탁자로부터 신탁재산을 취득한 제3자는 선의·악의를 불문하고 소유권을 취득한다(대법원 2000. 10. 6. 선고 2000다32147 판결). 그러나 제3자가 수탁자의 배임행위에 적극 가담하여 취득한 경우에는 사회질서에 반하여 무효이다(대법원 1992. 6. 9. 선고 91다29842 판결). 제3자가 목적물을 불법점거 또는 방해하는 경우에는 수탁자가 물권적 청구권 등을 행사하고, 신탁자는 수탁자를 대위해서만 물권적 청구권을 행사할 수 있다(대법원 2001. 8. 21. 선고 2000다36484 판결).

판례 **명의신탁재산의 대외적 소유관계와 신탁자의 권리**

부동산 실권리자명의 등기에 관한 법률 제8조 제1호에 의하면 종중이 보유한 부동산에 관한 물권을 종중 이외의 자의 명의로 등기하는 명의신탁의 경우 조세포탈, 강제집행의 면탈 또는 법령상 제한의 회피를 목적으로 하지 아니하는 경우에는 같은 법 제4조 내지 제7조 및 제12조 제1항·제2항의 규정의 적용이 배제되어 종중이 같은 법 시행 전에 명의신탁한 부동산에 관하여 같은 법 제11조의 유예기간 이내에 실명등기 또는 매각처분을 하지 아니한 경우에도 그 명의신탁약정은 여전히 그 효력을 유지하는 것이지만, 부동산을 명의신탁한 경우에는 소유권이 대외적으로 수탁자에게 귀속하므로 명의신탁자는 신탁을 이유로 제3자에 대하여 그 소유권을 주장할 수 없고(대법원 1974. 6. 25. 선고 74다423 판결 참조), 특별한 사정이 없는 한 신탁자가 수탁자에 대해 가지는 명의신탁해지를 원인으로 한 소유권이전등기청구권은 집행채권자에게 대항할 수 있는 권리가 될 수 없으므로(대법원 1980. 1. 29. 선고 79다1223 판결 참조), 결국 명의신탁자인 종중은 명의신탁된 부동산에 관하여 제3자 이의의 소의 원인이 되는 권리를 가지고 있지 않다고 할 것이다(대법원 2007. 5. 10. 선고 2007다7409 판결).

> **판례** 수탁자의 신탁재산 처분의 유효여부

[1] 부동산을 명의신탁한 경우에는 소유권이 대외적으로 수탁자에게 귀속하므로, 수탁자가 수탁 부동산을 처분하였을 때에는 그 처분행위가 무효 또는 취소되는 등의 사유가 없는 한 제3취득자는 신탁재산에 대한 소유권을 적법히 취득하고 명의신탁관계는 소멸한다(대법원 1997. 10. 10. 선고 96다38896 판결; 대법원 2000. 10. 6. 선고 2000다32147 판결).

[2] 일반적으로 명의수탁자는 신탁재산을 유효하게 제3자에게 처분할 수 있고 제3자가 명의신탁사실을 알았다 하여도 그의 소유권취득에 영향이 없는 것이기는 하지만, 특별한 사정이 있는 경우, 즉 명의수탁자로부터 신탁재산을 매수한 제3자가 명의수탁자의 명의신탁자에 대한 배신행위에 적극 가담한 경우에는 명의수탁자와 제3자 사이의 계약은 반사회적인 법률행위로서 무효라고 할 것이고, 따라서 명의수탁 받은 부동산에 관한 명의수탁자와 제3자 사이의 매매계약은 무효로 보아야 할 것이다. 그리고 명의수탁자와 제3자 사이의 매매계약이 반사회적인 법률행위로서 무효라고 한다면 이는 제3자와 명의신탁자 사이에서만 상대적으로 효력이 없는 것이라고는 할 수 없고 제3자와 명의수탁자 사이에서도 무효인 것으로 보아야 하는 것이므로 제3자가 명의수탁자에 대하여 위 매매계약이 유효함을 전제로 하여 그 불이행을 이유로 하는 손해배상을 청구할 수는 없는 것이다(대법원 1992. 6. 9. 선고 91다29842 판결).

> **판례** 명의신탁약정의 종료와 신탁자의 소유권이전등기청구

명의신탁에 있어서 대외적으로는 수탁자가 소유자라고 할 것이고, 명의신탁재산에 대한 침해배제를 구하는 것은 대외적 소유권자인 수탁자만이 가능한 것이며, 신탁자는 수탁자를 대위하여 그 침해에 대한 배제를 구할 수 있을 뿐이므로, 명의신탁사실이 인정된다고 할지라도 신탁자는 제3자에 대하여 진정한 등기명의 회복을 원인으로 한 소유권이전등기청구를 할 수 있는 진정한 소유자의 지위에 있다고 볼 수 없다(대법원 2001. 8. 21. 선고 2000다36484 판결).

(3) 명의신탁의 종료(해지)

명의신탁자는 특별한 사정이 없는 한 언제든지 명의신탁을 해지하고, 명의수탁자에게 신탁재산의 반환을 청구할 수 있다. 이 경우 대내적으로 신탁자는 신탁계약을 해지함으로써 당연히 소유권을 회복하고, 신탁자는 신탁관계의 종료 또는 신탁계약의

해지를 원인으로 하여 신탁자 명의의 소유권이전등기절차의 이행을 청구할 수 있다 (대법원 2002. 5. 10. 선고 2000다55171 판결). 대외관계에서는 신탁자에게로 소유권이전등기를 마쳐야만 신탁자에게 소유권이 복귀한다(대법원 1995. 8. 25. 선고 94다20426, 20433(참가) 판결).

판례 명의신탁약정의 종료와 신탁자의 소유권이전등기청구

부부간의 명의신탁약정은 특별한 사정이 없는 한 유효하고(부동산실명법 제8조 참조), 이때 명의신탁자는 명의수탁자에 대하여 신탁해지를 하고 신탁관계의 종료 그것만을 이유로 하여 소유 명의의 이전등기절차의 이행을 청구할 수 있음은 물론, 신탁해지를 원인으로 하고 소유권에 기해서도 그와 같은 청구를 할 수 있는데, 이와 같이 명의신탁관계가 종료된 경우 신탁자의 수탁자에 대한 소유권이전등기청구권은 신탁자의 일반채권자들에게 공동담보로 제공되는 책임재산이 된다. 그런데 신탁자가 유효한 명의신탁약정을 해지함을 전제로 신탁된 부동산을 제3자에게 직접 처분하면서 수탁자 및 제3자와의 합의 아래 중간등기를 생략하고 수탁자에게서 곧바로 제3자 앞으로 소유권이전등기를 마쳐 준 경우 이로 인하여 신탁자의 책임재산인 수탁자에 대한 소유권이전등기청구권이 소멸하게 되므로, 이로써 신탁자의 소극재산이 적극재산을 초과하게 되거나 채무초과상태가 더 나빠지게 되고 신탁자도 그러한 사실을 인식하고 있었다면 이러한 신탁자의 법률행위는 신탁자의 일반채권자들을 해하는 행위로서 사해행위에 해당한다(대법원 2016. 7. 29. 선고 2015다56086 판결).

판례 명의신탁의 종료와 신탁자의 소유권취득

일제시의 임야조사령이나 토지조사령에 의하여 사정을 받은 사람은 소유권을 원시적, 창설적으로 취득하는 것이고, 종중이 그 소유였던 부동산을 종중원에게 명의를 신탁하여 사정받았더라도 그 사정 명의인이 소유권을 취득하고, 명의신탁자인 종중은 명의신탁 계약에 의한 신탁자의 지위에서 명의신탁을 해지하고 그 소유권이전등기를 청구할 수 있을 뿐이며, 종중이 명의신탁 계약을 해지하였더라도 그 명의로 소유권이전등기를 경료하지 않은 이상 그 소유권을 취득할 수는 없다 (대법원 1995. 8. 25. 선고 94다20426, 20433(참가) 판결).

【명의신탁에 대한 전망】

부동산실명법이 시행된 지 벌써 20여년이 지났지만 명의신탁 관련 분쟁이 끊임없이 발생하고 있다. 부동산에 관한 명의신탁등기가 이루어진 경우, 부동산실명법에 의하여 그 명의신탁과 물권변동은 무효이므로 명의신탁자는 명의수탁자의 협조를 얻어야만 소유권이전등기를 받을 수 있으나, 명의수탁자가 협조를 거절하여 소송으로 진행될 경우 명의신탁사실이 드러나고 과징금($^{부동산\ 평가액의}_{30/100\ 범위}$)이 부과되고 부동산실명법상 형사처벌을 받게 된다. 그럼에도 명의신탁이 근절되지 않는 이유는 공소시효로 인한 형사처벌의 실효성이 없고 과징금 및 이행강제금의 징수가 미미하다는 것이다. 그리고 부동산실명법의 입법취지와 달리 명의신탁재산을 임의로 처분한 명의수탁자를 횡령죄 등으로 처벌함으로써 오히려 명의신탁을 조장할 수 있다는 점($^{형사}_{과\ 민사재판}_{의\ 불일치}$)과 명의신탁자는 신탁재산을 회수할 수 있다는 점도 중요한 이유가 된다.

그러나 부동산실명법을 위반한 명의신탁에서 명의수탁자가 신탁재산을 임의 처분한 경우, 그 형사책임과 관련하여 대법원 2016.5.19. 선고 2014도6992 전원합의체 판결과 대법원 2021. 2. 18. 선고 2016도18761 전원합의체 판결 등으로 인하여 명의수탁자의 신탁재산 임의 처분을 형사처분할 수 없게 됨으로써 명의신탁 근절에 기여할 것이다. 그리고 부동산실명법을 위반하여 무효인 명의신탁약정에 따라 명의수탁자 명의로 등기를 한 경우, 명의신탁자가 명의수탁자를 상대로 그 등기의 말소를 구하는 것이 민법 제746조의 불법원인급여에 해당하지 않는다($^{대법원\ 2019.6.20.\ 선}_{고\ 2013다218156\ 전원}_{합의체\ 판결}$). 따라서 명의신탁자는 신탁재산을 회수할 수 있게 됨으로써 명의신탁 방지에 어려움이 있을 수도 있다. 그러나 부동산실명법의 입법취지를 살리기 위하여 우선적으로 부동산실명법에 규정되어 있는 내용을 충실히 집행하여야 한다. 즉 부동산실명법을 위반한 명의신탁자와 명의수탁자에게는 형사법적 제재를 가할 수 있고, 명의신탁자에게는 과징금과 이행강제금을 부과할 수 있다. 부동산실명법상의 형사법적 제재는 공소시효로 인하여 그 실효성이 떨어질 수 있다. 그러나 명의신탁자에게 부과되는 과징금은 그 상한이 '해당 부동산 가액(價額)의 100분의 30에 해당하는 금액'이르고($^{동법}_{제5조}$), 과징금을 부과 받은 자가 정당한 이유 없이 자신의 명의로 등기하지 않으면 부과되는 이행강제금도 최고 '해당 부동산평가액의 100분의 30'에 이른다($^{동법}_{제6조}$).

생각건대 부동산실명법의 입법자는 명의신탁자에 신탁재산 회수기회를 인정하는 대신에 부동산실명법을 위반한 명의신탁자에게 부과하는 과징금과 이행강제금의 액수를 고액으로 정함으로써 부동산실명법의 입법취지를 달성하려고 한 것이다. 따라서 명의신탁을 통하여 이익을 얻기 위하여 형사법적 제재와 해당 부동산 평가액의 최고 100분의 60에 달하는 과징금과 이행강제금 부과에 대한 위험을 감수할 사람은 많지 않을 것이다. 부동산 가액의 100분의 30의 과징금이 명의신탁자에게 주는 경제적 부담에 관한 사실은 부동산 실권리자명의 등기에 관한 법률 제5조 제

1항 제1호 등 위헌 소원 사건 수에서도 확인할 수 있다.[27] 또한 명의신탁자는 명의수탁자가 신탁재산을 처분한 경우 제3자에게 대항할 수 없으며($^{부동산실명법}_{제4조 제3항}$), 대법원 2016.5.19. 선고 2014도6992 전원합의체 판결과 대법원 2021. 2. 18. 선고 2016도18761 전원합의체 판결 등으로 인하여 명의수탁자의 신탁재산 임의처분을 통제하기도 어렵다. 결국 명의신탁자에게 과징금과 이행강제금을 철저하게 징수하고, 2자간 명의신탁의 경우에도 명의수탁자가 신탁재산을 임의로 처분하여도 횡령죄로 처벌받지 않게 되어 명의신탁자의 형사법적 보호에 대한 기대가 사라지게 되어 투기 · 탈세 · 탈법행위 등의 수단으로 이용되는 명의신탁의 근절 가능성은 더욱 높아질 것으로 기대된다.

---

27) 헌법재판소 2013.2.28. 선고 2010헌바421 전원재판부; 헌법재판소, 2012.4.24. 선고 2011헌바62 전원재판부; 헌법재판소 2011.12.29. 선고 2010헌바130 전원재판부; 헌법재판소 2011.6.30. 선고 2009헌바55, 전원재판부; 헌법재판소 2006.5.25. 선고 2005헌가17, 전원재판부; 헌법재판소 2001.5.31. 선고 2000헌바64 · 65 · 85(병합) 전원재판부.

제3절 집합건물의 소유 및 관리

Ⅰ. 개념

1동의 건물 중 구조상 구분된 여러 개의 부분이 독립한 건물로서 사용될 수 있을 때에는 그 각 부분은 각각 소유권의 목적으로 할 수 있다(^{집합건물법}_{제1조}). 즉 1동의 건물의 일부가 구조상·이용상 독립성이 인정되는 경우, 그 1동 건물의 일부를 객체로 하는 소유권을 구분소유권이라고 하며, 이러한 소유를 구분소유라고 한다. 이러한 경우에 1동의 건물을 집합건물이라고 하며, 그 각 부분을 구분건물이라고 한다.

Ⅱ. 현행법 규정

민법은 이러한 구분소유에 관하여 제215조에서 소유자 상호간의 관계를 규율하고 있다. 그러나 오늘날 중·고층의 대규모 공동주택, 특히 아파트가 일반화되어, 민법 제215조만으로는 공동주거에 따른 복잡한 법률관계를 합리적으로 규율할 수 없게 되었다. 이러한 구분소유를 적절하게 규제하기 위하여 특별법으로 '집합건물의 소유 및 관리에 관한 법률', 즉 집합건물법이 제정·시행되고 있다.

Ⅲ. 구분소유의 성립요건

1동의 건물에 대하여 구분소유가 성립하기 위해서는 i)객관적·물리적인 측면에서 1동의 건물이 존재하고 ii)구분된 건물부분이 구조상·이용상 독립성을 갖추어야 할 뿐 아니라 iii)1동의 건물 중 물리적으로 구획된 건물부분을 각각 구분소유권의 객체로 하려는 구분행위가 있어야 한다(^{대법원 1999.7.27. 선고}_{98다35020 판결 등 참조}). 여기서 구분행위는 건물의 물리적 형질에 변경을 가함이 없이 법률관념상 그 건물의 특정 부분을 구분하여 별개의 소유권의 객체로 하려는 일종의 법률행위로서, 그 시기나 방식에 특별한 제한이 있는 것은 아니고 처분권자의 구분의사가 객관적으로 외부에 표시되면 인정된다(^{대법원 2013.1.17. 선고}_{2010다71578 전원합의체 판결}).

판례 **구분소유의 성립을 위한 등록이나 등기 필요 여부**

구분건물이 물리적으로 완성되기 전에도 건축허가신청이나 분양계약 등을 통하여 장래 신축되는 건물을 구분건물로 하겠다는 구분의사가 객관적으로 표시되면 구분행위의 존재를 인정할 수 있고, 이후 1동의 건물 및 그 구분행위에 상응하는 구분건물이 객관적·물리적으로 완성되면 아직 그 건물이 집합건축물대장에 등록되거나 구분건물로서 등기부에 등기되지 않았더라도 그 시점에서 구분소유가 성립한다(대법원 2006.3.10. 선고 2004다742 판결 등 참조). 이와 달리 구분소유는 건물 전체가 완성되고 원칙적으로 집합건축물대장에 구분건물로 등록된 시점, 예외적으로 등기부에 구분건물의 표시에 관한 등기가 마쳐진 시점에 비로소 성립한다는 취지로 판시한 대법원 1999.9.17. 선고 99다1345 판결, 대법원 2006.11.9. 선고 2004다67691 판결 등의 견해는 이 판결의 견해와 저촉되는 한도에서 이를 변경하기로 한다(대법원 2013.1.17. 선고 2010다71578 전원합의체 판결).

Ⅳ. 전유부분·공용부분

1. 전유부분

구분소유권의 목적인 건물부분이 전유부분이다(집합건물법 제2조 제3호). 전유부분이 되려면 그 부분이 구조상으로나 이용상으로 다른 부분과 구분되는 독립성이 있어야 한다(대법원 1999.11.9. 선고 99다46096 판결). 그리고 이러한 전유부분에 성립하는 소유권이 구분소유권이다.

2. 공용부분

공용부분은 다수의 구분소유자가 공동으로 이용하는 부분으로 건물 중 전유부분을 제외한 부분을 말한다. 공용부분에는 전유부분외의 건물부분(예: 지붕, 계단, 복도), 전유부분에 속하지 아니하는 건물의 부속물(예: 엘리베이터) 및 규약에 의하여 공용부분으로 된 부속의 건물(예: 창고, 주차장)이 있다(집합건물법 제2조 제4호).

Ⅴ. 대지사용권

1. 의의

전유부분을 소유하기 위해서는 대지의 이용이 불가피하며, 구분소유자가 전유부분을 소유하기 위하여 건물의 대지[28]에 대하여 가지는 일체의 권리를 대지사용권이라 한다(집합건물법 제2조 제6호).

2. 전유부분과 대지 사용권의 일체성

대지사용권과 구분소유권은 매우 밀접한 관계에 있기 때문에, 집합건물법은 이들의 일체화를 도모하고 있다. 즉 구분소유자의 대지사용권은 그의 전유부분의 처분에 따르도록 하고, 전유부분과 분리하여 대지사용권만을 처분할 수 없도록 규정하고 있다(집합건물법 제20조).

> **판례** 집합건물 전유부분과 대지사용권의 일체성에 반하는 대지 처분행위(무효)
> 집합건물의 소유 및 관리에 관한 법률은 제20조에서 구분소유자의 대지사용권은 그가 가지는 전유부분의 처분에 따르고, 구분소유자는 규약으로써 달리 정하지 않는 한 그가 가지는 전유부분과 분리하여 대지사용권을 처분할 수 없으며, 분리처분금지는 그 취지를 등기하지 아니하면 선의로 물권을 취득한 제3자에게 대항하지 못한다고 규정하고 있는데, 위 규정의 취지는 집합건물의 전유부분과 대지사용권이 분리되는 것을 최대한 억제하여 대지사용권이 없는 구분소유권의 발생을 방지함으로써 집합건물에 관한 법률관계의 안정과 합리적 규율을 도모하려는 데 있으므로, 전유부분과 대지사용권의 일체성에 반하는 대지의 처분행위는 효력이 없다. - 중략 - 집합건물의 소유 및 관리에 관한 법률 제20조 제3항의 분리처분금지로 대항할 수 없는 '선의'의 제3자라 함은 원칙적으로 집합건물의 대지로 되어 있는 사정을 모른 채 대지사용권의 목적이 되는 토지를 취득한 제3자를 의미한다(갑이 아파트 분양계약 체결 후 토지에 관하여 을과 부동산담보신탁계약을 체결하고 신탁등기를 마쳐 준 사안에서, 신탁등기 당시 아파트 각 층의 기둥, 주벽 및 천장 슬래브 공사가 이루어져 건물 내부의 각 전유부분이 구조상·이용상의 독립성을 갖춘 경우에 갑이 분양계약 체결로 구분행위도 인정되어 아파트의 전유부분에 관한 구분소유권이 성립한 이상 부동산담보신탁계약은 집합건물법 제20조에 위배되어 무효이므로 신탁등기는 말소되어야 하고, 신탁계약 체결 당시 아파트가 집합건물로서 모습을 갖춘 점 등에 비추어 을 회사는 위 토지가 집합건물의 대지로 되어 있는 사정을 알고 있었다고 보이므로 선의의 제3자에 해당하지 않는다고 본 사례; 대법원 2013. 1.

---

28) 건물의 대지에는 법정대지(전유부분이 속하는 1동 건물이 소재하는 토지)와 규약대지(규약에 의하여 건물의 대지로 된 것)가 있다. 규약 대지에는 단지 내의 도로, 주차장, 정원, 부속건물의 대지 등이 있다.

17. 선고 2010다71578
전원합의체 판결   ).

Ⅵ. 구분소유의 법률관계

1. 구분소유자의 권리 · 의무

구분소유권에는 일종의 상린관계라고 할 수 있는 일정한 권리 · 의무가 수반된다.

1) 내용

(1) 공동의 이익에 반하는 행위 금지

구분소유자(전유부분을 점유하는 자 포함)는 건물의 보존에 해로운 행위 기타 건물의 관리 · 사용에 관하여 구분소유자의 공동의 이익에 반하는 행위를 하여서는 아니 된다(집합건물법 제5조 제1항).

(2) 주거용의 용도 변경 및 증 · 개축 금지

전유부분이 주거의 용도로 분양된 것인 경우에는 구분소유자는 정당한 사유 없이 그 부분을 주거 이외의 용도로 사용하거나 그 내부벽을 철거 또는 파손하여 증 · 개축하는 행위를 하여서는 아니 된다(집합건물법 제5조 제2항).

(3) 타인의 전유부분 사용 청구

구분소유자는 전유부분 · 공용부분의 보존 · 개량을 위하여 다른 구분소유자의 전유부분 등의 사용을 청구할 수 있다(집합건물법 제5조 제3항 제1문). 이 경우에 다른 구분소유자가 손해를 입은 때에는 이를 보상하여야 한다(동법 제5조 제3항 제2문).

(4) 재건축 결의 및 매도청구권

건물 건축 후 상당한 기간이 지나 건물이 훼손되거나 일부 멸실되거나 그 밖의 사정으로 건물 가격에 비하여 지나치게 많은 수리비 · 복구비나 관리비용이 드는 경우 또는 부근 토지의 이용 상황의 변화나 그 밖의 사정으로 건물을 재건축하면 재건축에 드는 비용에 비하여 현저하게 효용이 증가하게 되는 경우에 관리단집회는 그 건물을 철거하여 그 대지를 구분소유권의 목적이 될 새 건물의 대지로 이용할 것을 결의할 수 있다(집합건물법 제47조 제1항). 이 경우 재건축 결의는 구분소유자의 5분의 4 이상 및 의결권의 5분의 4 이상의 결의에 따른다(동법 제47조 제2항). 한편 재건축 결의 후 2개월의 재건축 참가 촉구 절차를 거친 다음 재건축 결의에 찬성한 각 구분소유자는 그 결의에 찬성하지 않은 구분소유자에게 시가로 매도할 것을 청구할 수 있다(동법 제48조).

(5) 건물의 일부 멸실에 대한 복구권

건물가격의 2분의 1 이하에 상당하는 건물 부분이 멸실되었을 때에는 각 구분소유자는 멸실한 공용부분과 자기의 전유부분을 복구할 수 있다(집합건물법 제50조 제1항). 그러나 건물이 일부 멸실된 경우로서 제1항 본문의 경우를 제외한 경우, 즉 건물가격의 2분의 1을 초과한 때에 관리단집회는 구분소유자의 5분의 4 이상 및 의결권의 5분의 4 이상으로 멸실한 공용부분을 복구할 것을 결의할 수 있다(동조 제4항).

2) 위반의 효과

(1) 방해의 배제 청구 및 사용금지청구

구분소유자가 공동의 이익에 반하는 행위를 한 경우 또는 그 행위를 할 염려가 있는 경우에 관리인 또는 관리단집회의 결의에 의하여 구분소유자의 공동의 이익을 위하여 그 행위를 정지하거나 그 행위의 결과를 제거하거나 또는 그 행위의 예방에 필요한 조치를 취할 것을 청구할 수 있다(집합건물법 제43조). 이러한 청구로 그 장해를 제거하여 공용부분의 이용의 확보나 구분소유자의 공동생활의 유지를 도모함이 심히 곤란한 때에는, 소로써 상당한 기간 당해 구분소유자에 의한 전유부분의 사용금지를 청구할 수 있다(동법 제44조 제1항).

(2) 경매명령 청구 및 계약 해제

구분소유자가 그의 의무에 현저히 위반하여 공동생활의 유지가 심히 곤란하게 된 때에는 관리인 또는 관리단집회의 결의에 의하여 지정된 구분소유자는 당해 구분소유자의 전유부분 및 대지사용권의 경매를 명할 것을 법원에 청구할 수 있다(집합건물법 제45조 제1항). 또한 공동생활의 유지가 심히 곤란하게 될 때에는 관리인 또는 관리단집회의 결의에 의하여, 그 전유부분을 목적으로 하는 계약의 해제 및 그 전유부분의 인도를 청구할 수 있다(동법 제46조 제1항).

2. 공용부분에 대한 법률관계

1) 공유관계

공용부분은 구분소유자 전원의 공유에 속한다. 다만, 일부의 구분소유자만의 공용에 제공되는 것임이 명백한 공용부분, 즉 일부공용부분은 그들 구분소유자의 공유에 속한다(집합건물법 제10조). 각 공유자의 지분은 그가 가지는 전유부분의 면적의 비율에 의하며(동법 제12조 제1항), 각 공유자는 공용부분을 그 용도에 따라 사용할 수 있다(동법 제11조). 따라서 용도에 따른 사용인 한 지분의 비율과는 관계없이 사용할 수 있다.[29]

2) 전유부분과 공용부분에 대한 지분의 일체성

공유자의 공용부분에 대한 지분은 그가 가지는 전유부분의 처분에 따른다. 공유자는 그가 가지는 전유부분과 분리하여 공용부분에 대한 지분을 처분할 수 없다(집합건물법 제13조).

3) 공용부분의 변경·관리

공용부분의 변경에 관한 사항은 관리단집회(구분소유자를 구성원으로 하는 관리단의 총회)에서 구분소유자의 3분의 2 이상 및 의결권[30]의 3분의 2 이상이 결의함으로써 결정한다.[31] 다만, 공용부분의 개량을 위한 것으로서 과다한 비용이 드는 것이 아닐 경우에는 통상의 집회결의(구분소유자 및 의결권의 과반수로써 의결)로써 결정할 수 있다(집합건물법 제15조 제1항). 특히, 공용부분의 변경이 다른 구분소유자의 권리에 특별한 영향을 미칠 때에는 그 구분소유자의 승낙을 얻어야 한다(동법 제15조 제2항). 건물의 노후화 억제 또는 기능 향상 등을 위한 것으로 구분소유권 및 대지사용권

---
29) 일반적인 공유에서는 각 공유자는 공유물을 지분의 비율에 따라서 사용·수익한다(민법 제263조).
30) 각 구분소유자의 의결권은 규약에 특별한 규정이 없으면 전유부분의 면적 비율에 따른다(동법 제37조 제1항).
31) 집합건물 공용부분의 변경 결의의 의결정족수를 합리화하고(구분소유자의 4분의 3이상 및 의결권의 4분의 3이상에서 각각 3분의 2이상으로 개정), 권리변동을 일으키는 공용부분의 변경 제도 등을 신설함 (2021. 02. 15. 시행).

의 범위나 내용에 변동을 일으키는 공용부분의 변경에 관한 사항은 관리단집회에서 구분소유자의 5분의 4 이상 및 의결권의 5분의 4 이상의 결의로써 결정한다(동법 제15조의 2).

공용부분의 관리에 관한 사항은 통상의 집회결의로써 결정한다. 따라서 관리단집회의 의사는 이 법 또는 규약에 특별한 규정이 없으면 구분소유자의 과반수 및 의결권의 과반수로써 의결한다(동법 제38조 제1항). 의결권은 서면이나 전자적 방법으로 또는 대리인을 통하여 행사할 수 있다(동조 제2항).[32] 다만, 보존행위는 각 공유자가 할 수 있다(동법 제16조).

> **판례** 아파트 단지 내 도시가스정압기 철거 청구의 법적성질
> 도시가스사업자인 갑 주식회사가 아파트 건축 시 시행사로부터 사용기간 영구, 무상의 사용승낙을 얻어 아파트 대지 위에 정압기실을 설치한 다음 위 아파트와 인근 지역에 도시가스를 공급하고 있는데, 위 아파트의 입주자대표회의 회장, 동대표 및 그 배우자들인 을 등이 입주자대표회의의 결의에 따라 갑 회사를 상대로 정압기실의 철거와 부지의 인도를 구하는 소를 제기하면서 관리단집회의 결의를 거치지 않은 사안에서, 위 정압기실은 아파트의 구분소유자들이 도시가스를 공급받기 위한 필수적인 시설로서 이를 철거할 경우 도시가스 공급에 지장을 줄 수 있고, 도시가스의 공급 없이는 원만한 주거생활이 어려운 점을 고려하면, 을 등이 구하는 정압기실의 철거와 부지의 인도 청구는 다른 구분소유자들의 이익에 반할 수 있고, 갑 회사가 아파트 건축 시 시행사의 사용승낙을 받아 적법하게 정압기실을 설치하였고 그 후 현재까지 정압기실이 아파트 대지에 존재하고 있어 그 철거를 구하는 것이 아파트 대지의 현상을 유지하기 위한 행위라고 보기 어려우므로, 을 등의 청구는 보존행위가 아니라 아파트 대지의 관리를 위한 행위로서 집합건물의 소유 및 관리에 관한 법률 제16조 제1항에 따라 아파트 관리단집회의 결의를 거쳐야 하는데도 이를 거치지 않아 허용될 수 없다(아파트 단지내 도시가스정압기 철거 청구는 관리행위이므로, 통상의 관리단집회의 결의를 거치지 않으면 정압기 철거 등을 청구할 수 없다는 사례; 대법원 2019. 9. 26. 선고 2015다208252 판결).

4) 부담·수익 및 채권적 효력

각 공유자는 규약에 달리 정함이 없는 한 그 지분의 비율에 따라 공용부분의 관리비용 기타 의무를 부담하며 공용부분에서 생기는 이익을 취득한다(집합건물법 제17조). 공유자가

---

32) 특별 의결정족수를 규정한 경우를 제외하고 통상의 관리단집회에서 결의할 것으로 정한 사항에 관하여는 구분소유자의 4분의 3 이상 및 의결권의 4분의 3 이상이 서면이나 전자적 방법 또는 서면과 전자적 방법으로 합의하면 관리단집회를 소집하여 결의한 것으로 본다(동법 제41조 제1항 참조).

공용부분에 관하여 다른 공유자에 대하여 가지는 채권은 그 특별승계인에 대하여도 행사할 수 있다(동법 제18조).

> **판례** **구분소유권의 양도와 양수인의 체납관리비 승계여부**
>
> [1] 전유부분 체납관리비 승계
> 집합건물의 관리규약에서 체납관리비 채권 전체에 대하여 입주자의 지위를 승계한 자에 대하여도 행사할 수 있도록 규정하고 있다 하더라도, '관리규약이 구분소유자 이외의 자의 권리를 해하지 못한다.'고 규정하고 있는 집합건물의 소유 및 관리에 관한 법률(이하 '집합건물법'이라 한다) 제28조 제3항에 비추어 볼 때, 관리규약으로 전 입주자의 체납관리비를 양수인에게 승계시키도록 하는 것은 입주자 이외의 자들과 사이의 권리·의무에 관련된 사항으로서 입주자들의 자치규범인 관리규약 제정의 한계를 벗어나는 것이고, 개인의 기본권을 침해하는 사항은 법률로 특별히 정하지 않는 한 사적 자치의 원칙에 반한다는 점 등을 고려하면, 특별승계인이 그 관리규약을 명시적, 묵시적으로 승인하지 않는 이상 그 효력이 없다고 할 것이며, 집합건물법 제42조 제1항의 규정은 공동주택의 입주자들이 공동주택의 관리·사용 등의 사항에 관하여 관리규약으로 정한 내용은 그것이 승계 이전에 제정된 것이라고 하더라도 승계인에 대하여 효력이 있다는 뜻으로서, 관리비와 관련하여서는 승계인도 입주자로서 관리규약에 따른 관리비를 납부하여야 한다는 의미일 뿐, 그 규정으로 인하여 승계인이 전 입주자의 체납관리비까지 승계하게 되는 것으로 해석할 수는 없다(전입주자의 체납관리비 중 전유부분에 대한 체납관리비는 전입주자의 특별승계인이 명시적, 묵시적 승인이 없는 한 그 특별승계인에게 승계되지 않는다는 사례; 대법원 2007. 2. 22. 선고 2005다65821 판결).
>
> [2] 공용부분 체납관리비 승계
> 집합건물의 공용부분은 전체 공유자의 이익에 공여하는 것이어서 공동으로 유지·관리해야 하고 그에 대한 적정한 유지·관리를 도모하기 위하여는 소요되는 경비에 대한 공유자 간의 채권은 이를 특히 보장할 필요가 있어 공유자의 특별승계인에게 그 승계의사의 유무에 관계없이 청구할 수 있도록 집합건물법 제18조에서 특별규정을 두고 있는바, 위 관리규약 중 공용부분 관리비에 관한 부분은 위 규정에 터잡은 것으로서 유효하다고 할 것이므로, 집합건물의 특별승계인은 전 입주자의 체납관리비 중 공용부분에 관하여는 이를 승계하여야 한다고 봄이 타당하다(부동산의 특별승계인은 그 집합건물의 관리규약에 불구하고 전전 입주자의 체납관리비 중 공용부분에 관한 관리비만을 승계하고 전유부분에 관한 관리비는 승계

하지 않는다고 판단한 사례; 대법원 2001. 9. 20. 선고 2001다8677 전원합의체 판결 ; 대법원 2007. 2. 22. 선고 2005다65821 판결).

[3] 공용부분 체납관리비의 연체료 승계

관리비 납부를 연체할 경우 부과되는 연체료는 위약벌의 일종이고 집합건물의 특별승계인이 전 입주자가 체납한 공용부분 관리비를 승계한다고 하여 전 입주자가 관리비 납부를 연체함으로 인해 이미 발생하게 된 법률효과까지 그대로 승계하는 것은 아니므로, 공용부분 관리비에 대한 연체료는 집합건물의 특별승계인에게 승계되는 공용부분 관리비에 포함되지 않는다(대법원 2006. 6. 29. 선고 2004다3598, 3604 판결; 대법원 2007. 2. 22. 선고 2005다65821 판결).

[4] 관리비채권의 소멸시효

민법 제163조 제1호에서 3년의 단기소멸시효에 걸리는 것으로 규정한 '1년 이내의 기간으로 정한 채권'이란 1년 이내의 정기로 지급되는 채권을 말하는 것으로서 1개월 단위로 지급되는 집합건물의 관리비채권은 이에 해당한다고 할 것이다(대법원 2006. 6. 29. 선고 2004다3598, 3604 판결; 대법원 2007. 2. 22. 선고 2005다65821 판결).

Ⅶ. 관리조직과 규약

1. 관리조직

1) 관리단

건물에 대하여 구분소유 관계가 성립되면 구분소유자 전원을 구성원으로 하여 건물과 그 대지 및 부속시설의 관리에 관한 사업의 시행을 목적으로 하는 관리단이 설립된다(집합건물법 제23조 제1항). 이 관리단은 구분소유관계가 성립하는 건물이 있는 경우에 특별한 조직행위가 없어도 당연히 성립하는 단체이다(대법원 2002.12.27. 선고 2002다45284 판결). 구분소유자가 10인 이상일 때에는 관리인을 선임하여야 하고(동법 제24조 제1항), 관리인은 관리단집회의 결의에 의하여 선임되거나 해임된다(동법 제24조 제2항). 관리인은 공용부분의 보존행위 및 공용부분의 관리 및 변경에 관한 관리단집회 결의를 집행하는 행위 등을 할 권한과 의무를 가진다(동법 제25조).[33]

---

[33] 그 외에 관리인은 공용부분의 관리비용 등 관리단의 사무 집행을 위한 비용과 분담금을 각 구분소유자에게 청구·수령하는 행위 및 그 금원을 관리하는 행위, 관리단의 사업 시행과 관련하여 관리단을 대표하여 하는 재판상 또는 재판 외의 행위, 소음·진동·악취 등을 유발하여 공동생활의 평온을 해치는 행위의 중지 요청 또는 분쟁 조정절차 권고 등 필요한 조치를 하는 행위, 그 밖에 규약에 정하여진 행위를 할 권한과 의무도 가진다.

관리단에는 최고 의사결정기관인 관리단집회가 있다. 관리단의 사무는 이 법 또는 규약으로 관리인에게 위임한 사항 외에는 관리단집회의 결의에 따라 수행한다(동법 제31조). 관리인은 매년 회계연도 종료 후 3개월 이내에 정기 관리단집회를 소집하여야 하고 (동법 제32조), 필요하다고 인정할 때에는 임시 관리단집회를 소집할 수 있다(동법 제33조 제1항).

> **판례** 미분양 상가건물의 관리단과 분양회사의 관리단 구성원 포함 여부
>
> 집합건물의소유및관리에관한법률(이하 '집합건물법'이라고 한다) 제23조 제1항에서는 "건물에 대하여 구분소유관계가 성립되면 구분소유자는 전원으로써 건물 및 그 대지와 부속시설의 관리에 관한 사업의 시행을 목적으로 하는 관리단을 구성한다."고 규정하고 있으므로, 관리단은 어떠한 조직행위를 거쳐야 비로소 성립되는 단체가 아니라 구분소유관계가 성립하는 건물이 있는 경우 당연히 그 구분소유자 전원을 구성원으로 하여 성립되는 단체라 할 것이므로(대법원 1995.3.10. 선고 94다49687, 49694 판결; 대법원1996.8.23. 선고 94다27199 판결 등 참조), 집합건물의 분양이 개시되고 입주가 이루어져서 공동관리의 필요가 생긴 때에는 그 당시의 미분양된 전유부분의 구분소유자를 포함한 구분소유자 전원을 구성원으로 하는 관리단이 설립된다고 할 것이다. 또한, 집합건물법 제29조 제1항에 의하면, 관리단규약의 설정은 구분소유자 및 의결권의 각 4분의 3 이상의 찬성을 얻어야 하고, 같은 법 제37조 제1항에 의하면, 그 의결권은 같은 법 제12조에 의한 지분비율에 의하도록 되어 있는 바, 기록에 의하면, 원심 판시의 임시총회가 개최된 2000. 10. 2. 현재 이 사건 상가 중 35개의 점포는 이 사건 상가를 건축한 소외 주식회사 주은산업과 주식회사 청설종합건설(이하 '분양회사'라고 한다)의 공동명의로 소유권보존등기가 경료된 뒤 분양되지 않은 채 있으므로, 분양회사가 입주자는 아니더라도 구분소유자에서 제외되어야 할 아무런 근거가 없고 분양회사와 그 소유의 지분비율이 관리단규약 설정시의 구분소유자 및 의결권산정에서 제외될 수는 없다고 할 것이므로, 이를 제외한 나머지 수분양자들과 그들만의 지분비율에 의하여 의결된 관리규약은 그 명칭에도 불구하고 이 사건 상가에 관한 집합건물법상의 유효한 관리단규약이라고는 할 수 없다(미분양 상가건물의 관리단의 구성원에는 수분양자 뿐만 아니라 미분양 전유부분의 구분소유자, 즉 소유권 보존등기를 한 건축회사 등도 포함되므로 수분양자 만으로 의결된 관리규약은 유효한 관리규약이라고 할 수 없다는 사례; 대법원 2002. 12. 27. 선고 2002다45284 판결).

2) 입주자대표회의

입주자대표회의란 공동주택의 입주자등을 대표하여 관리에 관한 주요사항을 결정하기 위하여 구성하는 자치 의결기구를 말한다(공동주택관리법 제2조 제1항 제8호).

의무관리대상 공동주택을 건설한 사업주체는 입주예정자의 과반수가 입주할 때까지 그 공동주택을 관리하여야 하며, 입주예정자의 과반수가 입주하였을 때에는 입주자등에게 대통령령으로 정하는 바에 따라 그 사실을 통지하고 해당 공동주택을 관리할 것을 요구하여야 한다(동법 제11조 제1항). 입주자등이 제1항에 따른 요구를 받았을 때에는 그 요구를 받은 날부터 3개월 이내에 입주자를 구성원으로 하는 입주자대표회의를 구성하여야 한다(동법 제11조 제2항). 입주자대표회의는 4명 이상으로 구성하되, 동별 세대수에 비례하여 관리규약으로 정한 선거구에 따라 선출된 대표자(이하 "동별 대표자"라 한다)로 구성한다. 이 경우 선거구는 2개 동 이상으로 묶거나 통로나 층별로 구획하여 정할 수 있다(동법 제14조 제1항).

> **판례** **입주자대표회의 구성**
>
> 동별 세대수를 고려하지 않은 채 일률적으로 동별로 1명의 대표자를 선출하는 방법으로 동별 대표자로 선출된 甲이 아파트 입주자대표회의 회장 선거에 입후보하여 회장으로 선출된 사안에서, 위와 같은 방법으로 동별 대표자를 선출하는 것은 대표자 1명당 최소세대수와 최다세대수 사이에 1:3.9의 편차가 생기는 등 대표자 1명당 세대수에 있어 합리성을 인정할 수 없을 정도의 편차를 초래하는 것으로서 강행규정인 구 주택법 제50조 제1항에 위반되어 무효이다(20세대 1개동, 32세대 내지 40세대 14개동, 66세대 내지 78세대 11개동으로 구성된 아파트에서 동별로 대표자 1인(총16인)을 선출 후 입주자대표회의의 회장을 선출한 사건에서 회장선출이 무효가 된 사례; 대법원 2014. 2. 21. 선고 2011다101032 판결).

3) 관리단과 입주자대표회의의 관계

관리단과 입주자대표회의의 관계에 대하여는 명문의 규정이 없다. 그러나 입주자대표회의는 단체로서의 조직을 갖추고 의사결정기관과 대표자가 있을 뿐만 아니라, 또 현실적으로도 자치관리기구를 지휘·감독하는 등 공동주택의 관리업무를 수행하고 있으므로, 특별한 다른 사정이 없는 한, 법인 아닌 사단으로서 당사자능력을 가지고 있는 것으로 보아야 할 것이다(대법원 1991.4.23. 선고 91다4478 판결). 따라서 집합건물 중 공동주택의 관리에 관한 사항은 공동주택관리법에서 정하고 있으므로, 입주자대표회의는 관리단을 대신하는 관리조직으로 볼 수 있다(강태성, 물권법, 518면,).

2. 규약

건물과 대지 또는 부속시설의 관리 또는 사용에 관한 구분소유자 상호간의 사항중 이 법에서 규정하지 아니한 사항은 규약으로써 정할 수 있다(집합건물법 제28조 제1항). 규약의 설정·변경 및 폐지는 관리단집회에서 구분소유자의 4분의 3 이상 및 의결권의 4분의 3 이상의 찬성을 얻어서 한다. 이 경우 규약의 설정·변경 및 폐지가 일부 구분소유자의 권리에 특별한 영향을 미칠 때에는 그 구분소유자의 승낙을 받아야 한다(동법 제29조 제1항).

Ⅷ. 분양자 및 시공자의 담보책임

집합 건물을 건축하여 분양한 자와 시공자의 담보책임에 관하여는 수급인의 담보책임에 관한 규정(민법 제667조 내지 제671조)을 준용한다(집합건물법 제9조 제1항). 따라서 일정한 경우에, 구분소유자는 하자보수와 손해배상을 청구할 수 있다(민법 제667조). 또한 분양된 목적물의 하자로 인하여 계약의 목적을 달성할 수 없는 경우에는 계약을 해제할 수 있다(대법원 2003.11.14. 선고 2002다2485 판결).

분양자의 담보책임에 관하여는 민법에 규정하는 것보다 매수인을 불리하게 한 특약은 그 효력이 없다(집합건물법 제9조 제2항). 이 담보책임을 물을 수 있는 자는, 현재의 집합건물의 소유자이다(대법원 2004.1.27. 선고 2001다24891 판결).

> **판례** 완공된 집합건물의 하자와 수분양자의 분양계약 해제
>
> 집합건물법 제9조 제1항이 위 법 소정의 건물을 건축하여 분양한 자의 담보책임에 관하여 수급인에 관한 민법 제667조 내지 제671조의 규정을 준용하도록 규정한 취지는 건축업자 내지 분양자로 하여금 견고한 건물을 짓도록 유도하고 부실하게 건축된 집합건물의 소유자를 두텁게 보호하기 위하여 집합건물의 분양자의 담보책임에 관하여 민법상 수급인의 담보책임에 관한 규정을 준용하도록 함으로써 분양자의 담보책임의 내용을 명확히 하는 한편 이를 강행규정화한 것으로서 분양자가 부담하는 책임의 내용이 민법상 수급인의 담보책임이라는 것이지 그 책임이 분양계약에 기한 것이라거나 아니면 분양계약의 법률적 성격이 도급이라는 취지는 아니며, 통상 대단위 집합건물의 경우 분양자는 대규모 건설업체임에 비하여 수분양자는 경제적 약자로서 수분양자를 보호할 필요성이 높다는 점, 집합건물이 완공된 후 개별분양계약이 해제되더라도 분양자가 집합건물의 부지사용권을 보유하고 있으므로 계약해제에 의하여 건물을 철거하여야 하는 문제가 발생하지 않을 뿐 아니

라 분양자는 제3자와 새로 분양계약을 체결함으로써 그 집합건물 건축의 목적을 충분히 달성할 수 있는 점 등에 비추어 볼 때 집합건물법 제9조 제1항이 적용되는 집합건물의 분양계약에 있어서는 민법 제668조 단서가 준용되지 않고 따라서 수분양자는 집합건물의 완공 후에도 분양목적물의 하자로 인하여 계약의 목적을 달성할 수 없는 때에는 분양계약을 해제할 수 있다(대법원 2003.11.14. 선고 2002다2485 판결).

판례 집합건물이 양도된 경우 집합건물법상 하자담보추급권의 귀속관계

집합건물법 제9조에 의한 하자담보추급권은 집합건물의 수분양자가 집합건물을 양도한 경우 양도 당시 양도인이 이를 행사하기 위하여 유보하였다는 등의 특별한 사정이 없는 한 현재의 집합건물의 구분소유자에게 귀속한다고 보아야 할 것이다(이러한 해석이 집합건물에 관한 수분양권 또는 소유권이 양도된 경우 일반적으로 양수인이 하자담보추급권을 가지고 있다고 여기는 거래관행 및 거래현실에도 부합한다는 판결; 대법원 2003.2.11. 선고 2001다47733 판결).

3

제 3 장
부동산 매매

제1절 서설
제2절 부동산 매매

제3장 부동산 매매

제1절 서설

　부동산 소유권은 법률의 규정(예: 상속, 취득시효 등)에 의하여 취득할 수 있다. 그러나 대부분의 경우에는 계약에 의하여 소유권이전등기를 함으로써 그 부동산의 소유권을 취득한다. 부동산의 소유권이전을 내용으로 하는 계약을 체결한 자는 i)계약의 당사자가 서로 대가적인 채무를 부담하는 경우에는 반대급부의 이행이 완료된 날, ii)계약당사자의 일방만이 채무를 부담하는 경우에는 그 계약의 효력이 발생한 날부터 60일 이내에 소유권이전등기를 신청하여야 한다(부동산등기특별조치법 제2조 제1항). 우리 민법에서는 계약의 당사자가 서로 대가적인 채무를 부담하는 경우에 관한 계약으로 교환과 매매를 규정하고 있으며, 계약당사자의 일방만이 채무를 부담하는 경우로 증여를 규정하고 있다. 부동산 등기 특별조치법에서는 부동산 거래에 관한 등기에 관한 특례를 규정한 법으로서 매매, 교환, 증여를 부동산 거래로 보고 있으나, 부동산 거래 신고 등에 관한 법률에서는 부동산 거래를 매매로 보고 있다.

　증여는 당사자 일방이 무상으로 재산을 상대방에 수여하는 의사를 표시하고 상대방이 이를 승낙함으로써 성립하는 계약이다(민법 제554조). 교환은 당사자 쌍방이 금전 이외의 재산권을 상호 이전할 것을 약정함으로써 성립하는 계약이다(민법 제596조). 그러나 현대사회에서 증여의 경제적 작용은 거의 없고, 교환도 화폐경제가 발달한 현대사회에서 그 역할이 크지 않다. 따라서 부동산 거래라 함은 대부분 부동산 매매계약을 말한다.

제2절 부동산 매매

Ⅰ. 매매의 의의

매매는 당사자 일방(매도인)이 재산권을 상대방(매수인)에게 이전할 것을 약정하고, 상대방이 그 대금을 지급할 것을 약정함으로써 성립하는 계약이다(민법 제563조). 매매는 낙성·쌍무·유상·불요식 계약이다. 매매는 가장 대표적인 유상계약으로 민법에서 상세하게 규정하고, 매매에 관한 규정은 다른 유상계약에 준용하고 있다(민법 제567조).

Ⅱ. 매매의 성립

1. 당사자의 합의

매매는 낙성·불요식 계약으로 당사자의 합의(청약과 승낙의 의사표시 일치)만으로 성립하며, 반드시 서면으로 작성될 필요는 없다. 또한 합의 내용에는 반드시 매매의 본질적인 부분인 목적 재산권과 대금에 대한 합의가 있어야 한다. 매매계약 비용, 채무의 이행시기 및 이행장소 등은 부수적인 부분에 해당하므로 구체적인 합의가 없어도 계약 성립에는 지장이 없다. 이 경우에는 법률 규정이나 해석에 의하여 보충할 수 있기 때문이다.

한편 반대급부로서 대금이 지급되어야 하며, 대금지급이 아닌 물건이나 권리의 이전을 약정하는 경우에는 교환계약이 성립한다. 매매의 목적인 재산권은 타인의 부동산이어도 매매는 유효하다(민법 제569조 참조). 또한 매매의 목적물과 대금은 보통 계약체결 당시에 특정되나, 사후에라도 구체적으로 특정할 수 있는 방법과 기준이 정해져 있으면 매매는 성립한다. 그러나 이행기까지 특정할 수 없는 경우 그 매매는 무효로 된다.

> **판례** **매매목적물과 대금의 특정**
> 매매는 당사자 일방이 재산권을 상대방에게 이전할 것을 약정하고 상대방이 대금을 지급할 것을 약정함으로써 효력이 발생하는 것이므로, 매매계약은 매도인이 재산권을 이전하는 것과 매수인이 대가로서 대금을 지급하는 것에 관하여 쌍방 당사자의 합의가 이루어짐으로써 성립하는 것이며, 그 경우 매매목적물과 대금은 반드

시 계약체결 당시에 구체적으로 특정할 필요는 없고 이를 사후에라도 구체적으로 특정할 수 있는 방법과 기준이 정하여져 있으면 족하다(상가 2층의 준보석 B존의 점포 중 전용면적과 공용면적을 합한 계약면적 4평 또는 계약면적 8평으로 특정하여 분양대금은 평당 31,000,000원으로 약정한 상가 분양계약에서 분양계약의 목적물이 특정되지 않은 것이라고 볼 수 없다고 한 사례; 대법원 2009.3.16. 선고 2008다1842 판결).

판례 분양광고의 성질과 분양광고 내용의 계약 포함 여부

[1] 청약은 이에 대응하는 상대방의 승낙과 결합하여 일정한 내용의 계약을 성립시킬 것을 목적으로 하는 확정적인 의사표시인 반면 청약의 유인은 이와 달리 합의를 구성하는 의사표시가 되지 못하므로 피유인자가 그에 대응하여 의사표시를 하더라도 계약은 성립하지 않고 다시 유인한 자가 승낙의 의사표시를 함으로써 비로소 계약이 성립하는 것으로서 서로 구분되는 것이다. 그리고 위와 같은 구분 기준에 따르자면, 상가나 아파트의 분양광고의 내용은 청약의 유인으로서의 성질을 갖는 데 불과한 것이 일반적이라 할 수 있다(대법원 2007. 6. 1. 선고 2005다5812,5829,5836 판결).

[2] 그런데 선분양·후시공의 방식으로 분양되는 대규모 아파트단지의 거래 사례에 있어서 분양계약서에는 동·호수·평형·입주예정일·대금지급방법과 시기 정도만이 기재되어 있고 분양계약의 목적물인 아파트 및 그 부대시설의 외형·재질·구조 및 실내장식 등에 관하여 구체적인 내용이 기재되어 있지 아니한 경우가 있는바, 분양계약의 목적물인 아파트에 관한 외형·재질 등이 제대로 특정되지 아니한 상태에서 체결된 분양계약은 그 자체로서 완결된 것이라고 보기 어렵다 할 것이므로, 비록 분양광고의 내용, 모델하우스의 조건 또는 그 무렵 분양회사가 수분양자에게 행한 설명 등이 비록 청약의 유인에 불과하다 할지라도 그러한 광고 내용이나 조건 또는 설명 중 구체적 거래조건, 즉 아파트의 외형·재질 등에 관한 것으로서 사회통념에 비추어 수분양자가 분양자에게 계약 내용으로서 이행을 청구할 수 있다고 보이는 사항에 관한 한 수분양자들은 이를 신뢰하고 분양계약을 체결하는 것이고 분양자들도 이를 알고 있었다고 보아야 할 것이므로, 분양계약시에 달리 이의를 유보하였다는 등의 특단의 사정이 없는 한, 분양자와 수분양자 사이에 이를 분양계약의 내용으로 하기로 하는 묵시적 합의가 있었다고 봄이 상당하다(아파트 분양광고의 내용 중 아파트의 외형·재질 등에 관한 것과 부대시설에 준하는 것으로서 분양자가 이행 가능한 것은 분양계약의 내용이 된다고 한 사례; 대법원 2007. 6. 1. 선고 2005다5812,5829,5836 판결).

판례 **타인의 권리의 매매**

[1] 원고와 피고 사이에 2000. 11. 20. 체결된 매매계약은 원고가 대전지방법원 99타경13843호 부동산임의경매절차에서 낙찰받은 토지들을 그 대금납부 전에 피고에게 매도하기로 한 것으로서 민법 제569조에 정해진 타인의 권리의 매매에 해당한다. - 중략 - 원고와 피고는 이 사건 매매계약을 체결하면서 이 사건 토지의 소유권을 취득하여 피고에게 이전하여야 한다는 원고의 채무이행을 위해 필수적으로 요구되는 낙찰대금 납입은 그 이전등기청구권자인 피고가 대신하기로 약정하였음에도, 피고는 위 약정을 위반하여 그 납입의무를 이행하지 아니하였고, 그로 인하여 위 토지가 재경매되어 원고가 자신의 채무를 이행할 수 없게 되었다는 것인바, 위와 같은 사정을 앞서 본 법리에 비추어 보면, 원고의 채무가 이행불능된 책임은 원고가 아니라 피고에게 있다고 하지 않을 수 없다(낙찰 받은 토지의 매매계약체결은 유효하나 매수인의 대금미지급으로 인하여 매도인이 경매대금을 납부하지 못하여 소유권을 취득하지 못하게 되어 매수인에게 소유권을 이전할 수 없게 된 경우에 매도인의 이행불능책임을 부인하는 사례; 대법원 2008. 8. 11. 선고 2008다25824 판결).

[2] 부동산을 매수한 자가 그 소유권이전등기를 하지 아니한 채 이를 다시 제3자에게 매도한 경우에는 그것을 민법 제569조에서 말하는 '타인의 권리 매매'라고 할 수 없다(대법원 1996. 4. 12. 선고 95다55245 판결).

2. 매매의 성립에 관한 특칙

1) 매매의 예약

(1) 의의

매매의 예약은 본계약本契約을 장래에 체결할 것을 약속하는 계약을 말한다. 매매예약을 한 경우에는 계약자유의 원칙이 제한을 받게 되어 본계약 체결이 강제된다. 즉 매매예약은 사정상 현재는 매매계약을 체결할 수 없으나 장래에 계약 체결을 희망할 경우에 그 때에 상대방이 계약체결을 거절할 수 없도록 하는 제도이다. 이 경우 예약 권리자는 본계약 체결에 대한 우선권을 확보하게 된다.

그런데 근래에는 채권담보를 위한 수단으로 이용되고 있다. 즉 금전을 빌려주는 경우에 채권자는 자기 채권의 담보를 위하여 채무자의 부동산에 대한 매매예약과 그에 기한 소유권이전청구권을 보전하기 위한 가등기를 해두고, 채무자의 변제가 없으면 채권자는 예약상의 권리를 행사하여 부동산의 소유권을 취득함으로써 채권의 만족을 얻는 목적으로 사용되고 있다.[1]

(2) 매매예약의 종류

① 편무예약 · 쌍무예약

매매예약 중에서 편무예약과 쌍무예약은 예약상의 권리자가 본계약 체결을 위하여 청약을 하면, 상대방은 승낙을 하여야 할 의무를 부담하기로 약정하는 계약이다. 그 중에서 편무예약은 일방만이 청약할 권리를 가지고 상대방은 승낙의무를 부담하는 계약이고, 쌍무예약은 당사자 쌍방이 청약할 권리와 승낙할 의무를 모두 부담하는 계약이다.

② 일방예약 · 쌍방예약

매매예약 중에서 일방예약 · 쌍방예약은 예약상의 권리자가 상대방에 대하여 본 계약을 성립시킨다는 의사표시(예약완결권 행사)를 하면 상대방의 승낙을 기다리지 않고 본 계약이 성립하는 계약이다. 일방예약은 일방만이 예약완결권을 가지고, 쌍방예약은 쌍방이 예약완결권을 가지는 계약이다.

(3) 매매의 일방예약

계약 자유의 원칙상 위의 네 가지 예약이 모두 가능하다. 그러나 당사자의 의사표시의 해석이 불분명한 때에는 매매의 일방예약으로 해석한다(곽윤직, 채권각론, 127면; 김상용, 채권각론, 176면; 송덕수, 채권각론, 169면; 이은영, 채권각론, 299면).[2] 민법에서는 매매의 일방예약에 관해서만 규정하고 있다(민법 제564조).

---

1) 이러한 경우 채무자는 채무액에 비하여 고가의 부동산을 상실하게 되어 규제할 필요성이 있다. 가등기담보 등에 관한 법률이 제정되어 시행되고 있다.
2) 왜냐하면 편무예약 또는 쌍무예약의 경우에 일방이 청약권을 행사하였지만 상대방이 승낙을 하지 않을 경우 본계약이 성립하지 않기 때문에, 청약권 행사자는 상대방에 대하여 예약을 근거로 i)'승낙에 갈음하는 의사표시를 할 것을 명하는 소송'을 제기하여 승소 후 본계약을 성립시키거나, ii)예약 채무의 불이행을 이유로 예약을 해제하고 손해배상을 청구할 수 밖에 없다. 따라서 상대방의 승낙을 요하는 편무예약 · 쌍무예약을 고집할 경우 상대방의 승낙 여부에 따라 본계약 체결에 시간과 비용이 많이 드는 절차상의 번거로움이 있기 때문에 이를 피하기 위하여 아예 예약의 내용으로 계약의 일방 또는 쌍방에게 형성권인 본계약완결권을 인정하여 '일방적인 청약권의 행사만으로 상대방의 승낙여부와 무관하게 본계약의 성립을 인정'

① 성립요건

매매의 일방예약은 당사자의 합의로 성립한다. 그러나 매매의 일방예약은 매매를 완결할 의사표시를 한 때에 매매의 효력이 생기는 것이므로 그것이 성립하려면 그 예약에 기하여 체결될 본 계약의 요소가 되는 내용이 확정되어 있거나 적어도 확정될 수 있어야 한다.

> **판례** **매매예약의 성립**
> 매매의 예약은 당사자의 일방이 매매를 완결할 의사를 표시한 때에 매매의 효력이 생기는 것이므로 적어도 일방예약이 성립하려면 그 예약에 터잡아 맺어질 본계약의 요소가 되는 매매목적물, 이전방법, 매매가액 및 지급방법 등의 내용이 확정되어 있거나 확정할 수 있어야 한다(본계약의 구성요소들이 확정되어 있다고 할 수 없고 약정의 당사자도 다른 경우 매매의 예약이라고 단정할 수 없다고 한 사례; 대법원 1993.5.27. 선고 93다4908, 4915, 4922 판결).

② 예약완결권

예약완결권이란 매매의 일방예약의 경우 예약권리자가 상대방에 대하여 매매완결의 의사표시를 할 수 있는 권리이다. 따라서 매매의 일방예약은 상대방이 매매를 완결할 의사를 표시하는 때에 매매의 효력이 생긴다(민법 제564조 제1항). 따라서 예약완결권은 형성권이다. 예약완결권은 i)당사자 사이에 그 행사기간을 정한 경우에는 그 기간 내에 행사하여야 하고, ii)당사자가 그 기간을 정하지 않은 경우에 예약의무자는 상당한 기간을 정하여 매매완결 여부의 확답을 상대방(예약완결자)에게 최고할 수 있고, 예약의무자가 그 기간 내에 확답을 받지 못한 때에는 예약은 그 효력을 잃는다(민법 제564조 제2항·제3항). 한편 예약완결권은 예약이 성립한 때로부터 10년의 기간 내에 행사하여야 한다.

> **판례** **예약완결권의 양도**
> 예약의무자가 예약완결권의 가등기 후 제3자에게 양도한 경우, 예약상의 의무자에 대하여 예약완결권을 행사하고 가등기에 기한 본등기신청을 하면, 등기공무원은 가등기와 본등기 사이에 이루어진 목적부동산에 관한 양수인 명의의 본등기는 '등기할 수 없는 사유'에 해당한다는 이유로 직권으로 말소한다(대법원 1981.10.6.자 81마140 결정).

하는 일방예약 또는 쌍방예약 제도를 두는 것이다. 특히 당사자 일방만이 권리를 가지는 것이 보통일 것이므로 낙성계약의 예약은 일방예약으로 보는 것이 합리적이다(송덕수, 채권각론, 169면).

판례 **매매예약 완결권의 행사기간 약정의 유효 여부**

매매예약의 완결권은 일종의 형성권으로서 당사자 사이에 행사기간을 약정한 때에는 그 기간 내에, 약정이 없는 때에는 예약이 성립한 때로부터 10년 내에 이를 행사하여야 하고, 그 기간을 지난 때에는 예약 완결권은 제척기간의 경과로 인하여 소멸한다. 한편 당사자 사이에 약정하는 예약 완결권의 행사기간에 특별한 제한은 없다(예약 완결권의 행사기간을 30년으로 약정한 경우, 그 예약완결권은 10년의 제척기간 경과로 소멸하지 않고, 30년이 지나야 그 예약완결권이 제척기간의 경과로 소멸한다는 사례; 대법원 2017.1.25. 선고 2016다42077 판결).

2) 가계약금

(1) 의미

우리 사회에 정식 계약을 체결하기 전에 가계약을 체결하고 가계약금을 지급하는 형태의 거래관행이 광범위하게 형성되어 있다. 그러나 가계약과 가계약금의 법률상 의미와 구속력의 정도에 관하여 규정하는 법률은 없다.

부동산 거래에서도 매수인은 공인중개사를 통하여 여러 물건을 보고 마음에 드는 물건이 있으면, 정식 계약을 체결하기 전에 매도인에게 매매목적물과 대금만을 정한 후 가계약금을 지급하는 경우가 있다. 특히 시장에 공급보다 수요가 강세인 경우, 매수인은 귀한 물건을 잡기 위하여, 매도인에게 정식 계약을 체결할 의사를 표시할 목적으로 가계약금부터 입금하는 경우가 있다. 그러나 정식 계약이 체결되지 않은 경우에 가계약금의 반환과 관련된 분쟁이 다수 발생하고 있다.

(2) 가계약금의 반환

가계약은 본계약에 비하여 법적 구속력이 약하므로, 가계약금의 반환 여부는 당사자 사이에 가계약금을 해약금으로 한다는 약정 여부에 따라 결정된다. 즉 당사자 사이에 가계약금을 해약금으로 한다는 약정이 있으면 교부자는 가계약금의 반환을 청구할 수 없다. 그러나 가계약금을 해약금을 한다는 약정이 명백하지 않으면 교부자의 수령자를 상대로 가계약금의 반환을 청구할 수 있다(대법원 2022. 9. 29. 선고 2022다247187 판결).

> **판례** **가계약금의 해약금 약정 인정요건**
> [1] 가계약금에 관하여 해약금 약정이 있었다고 인정하기 위해서는 약정의 내용, 계약이 이루어지게 된 동기 및 경위, 당사자가 계약에 의하여 달성하려고 하는 목적과 진정한 의사, 거래의 관행 등에 비추어 정식으로 계약을 체결하기 전까지 교부자는 이를 포기하고, 수령자는 그 배액을 상환하여 계약을 체결하지 않기로 약정하였음이 명백하게 인정되어야 한다(대법원 2021. 9. 30. 선고 2021다248312 판결 참조).
> [2] 당사자 사이에 가계약금을 해약금으로 하는 약정이 있었음이 명백히 인정되지 아니하는 한 원고가 스스로 계약 체결을 포기하더라도 가계약금이 피고 2에게 몰취되는 것으로 볼 수는 없다고 할 것이다(가계약금을 해약금으로 하는 약정이 명백하지 않은 경우에 교부자가 정식계약 체결을 포기하더라도 가계약금의 반환을 청구할 수 있다는 사례; 대법원 2022. 9. 29. 선고 2022다247187 판결).

3) 계약금

(1) 의의

계약금이란 계약을 체결할 때에 그 계약에 부수하여 당사자 일방이 그 상대방에게 교부하는 금전 기타의 유가물을 말한다. 계약금은 요물계약이었던 매매가 낙성계약으로 발전하는 단계에서 생겨난 제도로서 계약금 계약은 금전 기타의 유가물의 교부를 요건으로 하는 독립된 요물계약要物契約이다. 또한 계약금 계약은 매매 기타의 계약에 부수해서 행하여지는 종된 계약으로 주계약이 무효이거나 취소되는 경우에 계약금계약도 당연히 그 효력을 잃는다. 또한 계약금계약 체결 후 약정된 금액을 지불하지 않는 경우에는 채무불이행을 이유로 계약금계약을 해제할 수 있다. 한편 계약금 계약은 종된 계약이지만 반드시 주된 계약과 동시에 체결할 필요는 없으며, 주된 계약이 성립한 후에 주고 받는 계약금에 대하여도 계약금으로서의 효력이 있다(대법원 1955.3.10. 선고 4287민상388 판결; 제주지방법원 1988.9.9. 선고 88나100 제1민사부판결).

> **판례** **계약금 미지급과 계약금계약의 성립여부**
> 당사자가 계약금의 일부만을 먼저 지급하고 잔액은 나중에 지급하기로 약정하거나 계약금 전부를 나중에 지급하기로 약정한 경우, 교부자가 계약금의 잔금이나 전부를 약정대로 지급하지 않으면 상대방은 계약금 지급의무의 이행을 청구하거나 채무불이행을 이유로 계약금약정을 해제할 수 있고, 나아가 위 약정이 없었더라면 주

계약을 체결하지 않았을 것이라는 사정이 인정된다면 주계약도 해제할 수도 있을 것이나, 교부자가 계약금의 잔금 또는 전부를 지급하지 아니하는 한 계약금계약은 성립하지 아니하므로 당사자가 임의로 주계약을 해제할 수는 없다(대법원 2008.3.13. 선고 2007다73611 판결).

(2) 계약금의 성질

① 증약금(증거계약금)
계약금은 계약체결의 증거로서의 의미를 가진다.

> **판례** 증약금의 금원
> 피고는 소외인으로부터 위 금 2,000,000원을 수령함에 있어 일방적으로 계약금조로 이를 수령한다는 취지의 영수증을 작성하여 교부하였다고 하나, 이로써 계약금 계약이 변경되었다거나 동일한 계약이 새로이 추가적으로 체결되었다고는 보기 어렵고, 또한 계약금이라 함은 어떠한 목적으로 교부되었는지에 관계없이 최소한도 계약의 성립을 증명하는 증약금으로서의 성질도 가지는 것이므로 특단의 사정이 없는 한 계약의 성립과 동시에 현실로 수수된 것만을 계약금으로 보는 것이 상당하다 할 것이므로 원고가 계약 다음날 피고에게 지급한 위 금 2,000,000원은 위 매매대금중 계약금 1,000,000원을 제외한 잔대금의 일부로서 지급된 것으로 봄이 타당하다 할 것이다(전주지방법원 1985. 5. 23. 선고 84나457 제1민사부판결).

② 위약금(위약계약금)
위약금은 약속 위반 즉 채무불이행이 있는 경우에 의미를 가지며, 반드시 특약이 있어야 한다.

㉮ 위약벌의 성질을 가지는 위약금
계약금을 교부한 자가 계약상의 채무를 이행하지 않으면, 그에 대한 벌로서 몰수하는 계약금이다. 위약금이 위약벌로 해석되는 경우에 계약금 교부자의 채무불이행으로 손해가 발생하면 그 상대방인 수령자는 계약금 몰수와 별도로 손해배상을 청구할 수 있다. 그러나 위약벌의 성질을 가지는 위약금은 현실적으로 매우 드물며, 위약자는 계약금의 몰취 및 손해배상이라는 이중의 불이익을 받게 된다. 위약벌은 손해배상액의

예정과 다르므로 부당하다는 이유로 감액할 수 없고, 다만 그 의무의 강제에 의하여 얻어지는 채권자의 이익에 비하여 약정된 벌이 과도하게 무거울 때에는 그 일부 또는 전부가 공서양속에 반하여 무효로 된다는 것이 판례의 입장이다(대법원 2016. 1. 28. 선고 2015다239324 판결).

> **판례** 공서양속에 반하는 위약벌 약정의 효력
> [1] 이 사건 사업약정서 제5조 제3항은 "상대방의 귀책사유로 인하여 본 계약이 해제 또는 해지되는 경우 위반한 당사자는 다른 당사자에게 손해배상과 별도로 위약벌로 5억 원을 지급하기로 한다."는 내용의 위약벌을 규정하고 있다.
> [2] 위약벌의 약정은 채무의 이행을 확보하기 위하여 정해지는 것으로서 손해배상의 예정과 다르므로 손해배상의 예정에 관한 민법 제398조 제2항을 유추 적용하여 그 액을 감액할 수 없고, 다만 그 의무의 강제에 의하여 얻어지는 채권자의 이익에 비하여 약정된 벌이 과도하게 무거울 때에는 그 일부 또는 전부가 공서양속에 반하여 무효로 된다는 것이 판례의 입장이다(상대방의 귀책사유로 인하여 본 계약이 해제 또는 해지되는 경우 위반한 당사자는 다른 당사자에게 손해배상과 별도로 위약벌로 5억 원을 지급하기로 하는 약정을 한 사례; 대법원 2016. 1. 28. 선고 2015다239324 판결).

㉯ 손해배상액의 예정으로서의 성질을 가지는 위약금

위약금이 손해배상액의 예정으로서의 성질을 가지는 경우, 채무자는 채무불이행의 사유가 있으면 손해배상액의 예정액만을 손해로 배상하고 추가 손해가 발생하더라도 이를 배상할 필요가 없다. 이 경우 손해배상액의 예정이 부당히 과한 경우에는 법원은 적당히 감액할 수 있다(민법 제398조 제2항). 위약금의 약정이 있는 경우에 그 성질이 불분명한 경우에는 손해배상액의 예정으로 추정된다(민법 제398조 제4항). 다만 계약금은 이미 상대방에게 교부되어 있으므로 단순한 위약금 약정과는 다르고, 계약금은 당사자 사이에 반드시 위약에 관한 특약이 있어야만 위약금으로 효력이 있다. 그러한 특약이 없는 경우에는 채무불이행으로 계약을 해제하더라도 실제 손해만을 배상받을 수 있을 뿐이고, 계약금이 위약금으로서 당연히 상대방에게 귀속되는 것은 아니다.

> **판례** 분양아파트 입주 지연과 분양계약상 지체상금의 의미
> 이 사건 분양계약상의 지체상금에 관한 약정은 특별한 사정이 없는 한 손해배상액의 예정으로서의 성격을 갖는다고 할 것인바, 민법 제398조 제2항의 규정에 따라 계약당사자의 지위, 계약의 목적과 내용, 지체상금을 예정한 동기, 실제의 손해와

그 지체상금액의 대비, 그 당시의 거래관행 및 경제상태 등 제반 사정을 참작하여 약정에 따라 산정한 지체상금액이 일반 사회인이 납득할 수 있는 범위를 넘어 부당하게 과다하다고 인정되는 경우에는 이를 적당히 감액할 수 있다(유적 발굴 조사기간 연장으로 아파트 완공이 지연된 경우에 분양자의 입주 지연에 대한 지체상금은 손해배상액 예정의 성질을 가진 것으로 감액이 된다는 사례; 대법원 2008. 7. 10. 선고 2008다15940,15957 판결).

판례 **위약금의 해석**

당사자 사이에 채무불이행이 있으면 위약금을 지급하기로 약정한 경우 그 위약금 약정이 손해배상액의 예정인지 위약벌인지는, 계약서 등 처분문서의 내용과 계약의 체결 경위, 당사자가 위약금을 약정한 주된 목적 등을 종합하여 구체적인 사건에서 개별적으로 판단해야 할 의사해석의 문제이다. 위약금은 민법 제398조 제4항에 따라 손해배상액의 예정으로 추정되지만, 당사자 사이의 위약금 약정이 채무불이행으로 인한 손해의 배상이나 전보를 위한 것이라고 보기 어려운 특별한 사정, 특히 하나의 계약에 채무불이행으로 인한 손해의 배상에 관하여 손해배상예정에 관한 조항이 따로 있다거나 실손해의 배상을 전제로 하는 조항이 있고 그와 별도로 위약금 조항을 두고 있어서 그 위약금 조항을 손해배상액의 예정으로 해석하게 되면 이중배상이 이루어지는 등의 사정이 있을 때에는 그 위약금은 위약벌로 보아야 한다(대법원 2022. 7. 21. 선고 2018다248855, 248862 전원합의체 판결).

③ 해약금(해약계약금)

해약금은 계약의 해제권을 보류하는 작용을 갖는 계약금을 말한다. 따라서 계약금을 교부한 자는 그것을 포기함으로써 계약을 해제할 수 있고, 계약금을 교부받은 자는 그 배액을 상환함으로써 계약을 해제할 수 있다(민법 제565조).

판례 **위약 특약의 성질(손해배상액의 예정과 해약금)**

매매당사자 사이에 수수된 계약금에 대하여 매수인이 위약하였을 때에는 이를 무효로 하고 매도인이 위약하였을 때에는 그 배액을 상환할 뜻의 약정이 있는 경우에는 특별한 사정이 없는 한 그 계약금은 민법 제398조 제1항 소정의 손해배상액의 예정의 성질을 가질 뿐 아니라 민법 제565조 소정의 해약금의 성질도 가진 것으로 볼 것이다(대법원 1992. 5. 12. 선고 91다2151 판결).

(3) 해약금의 추정

민법은 계약금이 교부된 경우에 당사자 간에 다른 약정이 없는 한 계약금은 해약금으로 추정한다(민법 제565조 제1항). 따라서 매매의 당사자 일방이 계약 당시에 계약금을 상대방에게 교부한 때에는 당사자 간에 다른 약정이 없는 한 당사자 일방이 이행에 착수할 때까지 교부자는 계약금을 포기하고 수령자는 그 배액을 상환하여 매매계약을 해제할 수 있다.[3] 손해배상액의 예정의 성질을 가지는 위약계약금의 특약이 있는 경우에는 특별한 사정이 없는 한 그 성질 외에 해약금의 성질도 가진다(대법원 1992.5.12. 선고 91다2151 판결).

> **판례** 계약 당사자가 해약권 배제 약정을 한 경우
> 민법 제565조의 해약권은 당사자 간에 다른 약정이 없는 경우에 한하여 인정되는 것이고, 만일 당사자가 위 조항의 해약권을 배제하기로 하는 약정을 하였다면 더 이상 그 해제권을 행사할 수 없다(대법원 2009.4.23. 선고 2008다50615 판결).

(4) 해약금의 효력

① 해약금에 의한 해제

당사자의 한 쪽이 이행에 착수할 때까지, 교부자는 이를 포기하고 수령자는 그 배액을 상환하여 각각 매매계약을 해제할 수 있다(민법 제565조 제1항). 그러나 교부자가 계약금의 잔금 또는 전부를 지급하지 않은 경우에 계약금계약은 성립하지 아니하므로 당사자가 임의로 주계약을 해제할 수는 없다(대법원 2008.3.13. 선고 2007다73611 판결).

㉮ 교부자의 계약금 포기 또는 수령자의 배액 상환

계약금의 교부자는 계약금을 포기하면서 계약을 해제할 수 있다.

계약금의 수령자는 해제의 의사표시만으로 해제할 수 없고, 반드시 배액의 제공이 있어야 해제의 효과가 발생한다(대법원 1992.7.28. 선고 91다33612 판결). 그러나 배액의 제공만으로 충분하며, 상대방이 수령하지 않는다고 공탁까지 할 필요는 없다(대법원 1992.5.12. 선고 91다2151 판결). 매도인이 계약금의 일부만을 지급받은 경우에 지급받은 금원의 배액만을 상환하고 매매계약을 해제

---
[3] 계약금에 의한 계약해제를 인정하는 이유는 계약 체결 후 그 이행에 착수하기 전까지 체결된 계약을 다시 한 번 생각해 볼 수 있는 기회를 보장하여 경솔한 계약체결을 예방하기 위한 것이다. 그러나 일방의 의사시에 의한 일방적 계약 해제를 인정함으로써 계약의 효력을 약화시킨다는 비판이 있다.

할 수 없다. 이 경우에 해약금의 기준이 되는 금원은 실제 교부받은 계약금이 아니라 약정 계약금이다(대법원 2015.4.23. 선고 2014다231378 판결). 한편 해약금의 제공이 적법하지 못하였다면 해제권을 보유하고 있는 기간 안에 적법한 제공을 한 때에 계약이 해제된다(대법원 1997.6.27. 선고 97다9369 판결). 계약금의 배액을 공탁하는 경우에는 공탁원인사실에 계약해제의 의사가 포함되어 있다고 할 것이므로, 상대방에게 공탁통지가 도달한 때에 계약해제 의사표시가 있었다고 본다(대법원 1993.1.19. 선고 92다31323 판결).

> **판례** **계약금 일부 지급과 매도인의 계약해제**
>
> [1] 매매계약이 일단 성립한 후에는 당사자의 일방이 이를 마음대로 해제할 수 없는 것이 원칙이다. 다만 주된 계약과 더불어 계약금계약을 한 경우에는 민법 제565조 제1항의 규정에 따라 해제를 할 수 있기는 하나, 당사자가 계약금 일부만을 먼저 지급하고 잔액은 나중에 지급하기로 약정하거나 계약금 전부를 나중에 지급하기로 약정한 경우, 교부자가 계약금의 잔금 또는 전부를 지급하지 아니하는 한 계약금계약은 성립하지 아니하므로 당사자가 임의로 주계약을 해제할 수는 없다(대법원 2008.3.13. 선고 2007다73611 판결 참조).
>
> [2] 피고의 주장과 같이 계약금 일부만 지급된 경우 수령자가 매매계약을 해제할 수 있다고 하더라도, 그 해약금의 기준이 되는 금원은 '실제 교부받은 계약금'이 아니라 '약정 계약금'이라고 봄이 타당하다. '실제 교부받은 계약금'의 배액만을 상환하여 매매계약을 해제할 수 있다면 이는 당사자가 일정한 금액을 계약금으로 정한 의사에 반하게 될 뿐 아니라, 교부받은 금원이 소액일 경우에는 사실상 계약을 자유로이 해제할 수 있어 계약의 구속력이 약화되는 결과가 되어 부당하기 때문이다. 따라서 피고가 계약금 일부로서 지급받은 금원의 배액을 상환하는 것으로는 이 사건 매매계약을 해제할 수 없다(매도인이 계약금의 일부로서 지급받은 금원의 배액을 상환하는 것으로는 매매계약을 해제할 수 없다고 한 사례; 대법원 2015.4.23. 선고 2014다231378 판결).

㉯ 해제기간

계약을 해제할 수 있는 기간은 당사자의 일방이 이행에 착수할 때까지이다. 민법 제565조에서 해제권의 행사시기를 '당사자 일방이 이행에 착수할 때까지'로 제한하고 있는 것은 당사자의 일방이 이미 이행에 착수한 때에는 그 당사자는 그에 필요한 비용을 지출하였을 것이고, 또 그 당사자는 계약이 이행될 것으로 기대하고 있는데 만일 이러한 단계에서 상대방으로부터 계약이 해제된다면 예측하지 못한 손해를 입게 될 우려가 있으므로 이를 방지함에 있다(대법원 1997.6.27. 선고 97다9369 판결). 따라서 당사자 일방이 이행에 착수하였다면 이행에 착수한 자의 상대방뿐만 아니라 이행에 착수한 자신도 해제할 수 없다.

여기서 '당사자 일방이 이행에 착수'하였다고 함은 반드시 계약 내용에 들어맞는 이행의 제공에까지 이르러야 하는 것은 아니지만 객관적으로 외부에서 인식할 수 있을 정도로 채무 이행행위의 일부를 행하거나(중도금의 제공 등), 또는 이행을 하는데 필요한 전제행위를 하는 것으로서(예: 잔대금을 준비하고 이전등기절차를 밟기 위하여 등기소에 동행할 것을 촉구하거나, 또는 잔대금을 지급할 준비를 하고서 가옥의 인도를 요구하는 경우 등) 단순히 이행의 준비를 하는 것만으로는 부족하다(대법원 1997.6.27. 선고 97다9369 판결). 매매의 경우에 매도인이 매수인에 대하여 매매계약의 이행을 최고하고 매매잔대금의 지급을 구하는 소송을 제기한 것만으로는 이행에 착수하였다고 볼 수 없다(대법원 2008.10.23. 선고 2007다72274,72281 판결). 한편 이행기의 약정이 있는 경우라 하더라도 당사자가 채무의 이행기 전에는 착수하지 아니하기로 하는 특약을 하거나 계약에서 정한 매매대금의 이행기가 매도인을 위해서도 기한의 이익이 있는 경우 등 특별한 사정이 없는 한 이행기 전에 이행에 착수할 수 있다(대법원 2006. 2. 10. 선고 2004다11599 판결; 대법원 2024. 1. 4. 선고 2022다256624 판결).

> **판례** **당사자 일방의 의미**
> 민법 제565조 제1항에서 말하는 당사자의 일방이라는 것은 매매 쌍방 중 어느 일방을 지칭하는 것이고, 상대방이라 국한하여 해석할 것이 아니므로, 비록 상대방인 매도인이 매매계약의 이행에는 전혀 착수한 바가 없다 하더라도 매수인이 중도금을 지급하여 이미 이행에 착수한 이상 매수인은 민법 제565조에 의하여 계약금을 포기하고 매매계약을 해제할 수 없다(대법원 2000. 2. 11. 선고 99다62074 판결).

> **판례** **이행기 전의 이행과 계약해제**
> [1] 민법 제565조가 해제권 행사의 시기를 당사자의 일방이 이행에 착수할 때까지로 제한한 것은 당사자의 일방이 이미 이행에 착수한 때에는 그 당사자는 그에 필요한 비용을 지출하였을 것이고, 또 그 당사자는 계약이 이행될 것으로 기대하고 있는데 만일 이러한 단계에서 상대방으로부터 계약이 해제된다면 예측하지 못한 손해를 입게 될 우려가 있으므로 이를 방지하고자 함에 있고, 이행기의 약정이 있는 경우라 하더라도 당사자가 채무의 이행기 전에는 착수하지 아니하기로 하는 특약을 하는 등 특별한 사정이 없는 한 이행기 전에 이행에 착수할 수 있다.
> [2] 매매계약의 체결 이후 시가 상승이 예상되자 매도인이 구두로 구체적인 금액의 제시 없이 매매대금의 증액요청을 하였고, 매수인은 이에 대하여 확답하지 않은

상태에서 중도금을 이행기 전에 제공하였는데, 그 이후 매도인이 계약금의 배액을 공탁하여 해제권을 행사한 사안에서, 시가 상승만으로 매매계약의 기초적 사실관계가 변경되었다고 볼 수 없어 '매도인을 당초의 계약에 구속시키는 것이 특히 불공평하다'거나 '매수인에게 계약내용 변경요청의 상당성이 인정된다'고 할 수 없고, 이행기 전의 이행의 착수가 허용되어서는 안 될 만한 불가피한 사정이 있는 것도 아니므로 매도인은 위의 해제권을 행사할 수 없다(대법원 2006.2.10. 선고 2004다11599 판결).

판례　매도인의 기한이익과 이행기 전의 이행

[1] 매도인이 민법 제565조에 의하여 계약을 해제한다는 의사표시를 하고 일정한 기한까지 해약금의 수령을 최고하며 기한을 넘기면 공탁하겠다고 통지를 한 이상 중도금 지급기일은 매도인을 위하여서도 기한의 이익이 있다고 보는 것이 옳고, 따라서 이 경우에는 매수인이 이행기 전에 이행에 착수할 수 없는 특별한 사정이 있는 경우에 해당하여 매수인은 매도인의 의사에 반하여 이행할 수 없다고 보는 것이 옳으며, 매수인이 이행기 전에, 더욱이 매도인이 정한 해약금 수령기한 이전에 일방적으로 이행에 착수하였다고 하여도 매도인의 계약해제권 행사에 영향을 미칠 수 없다(매도인의 해제의사표시가 있으면 매수인의 이행기전 이행착수를 부인하는 사례; 대법원 1993. 1. 19. 선고 92다31323 판결).

[2] 부동산 매매계약에서 중도금 또는 잔금 지급기일은 일반적으로 계약금에 의한 해제권의 유보기간의 의미를 가진다고 이해되고 있으므로, 계약에서 정한 매매대금의 이행기가 매도인을 위해서도 기한의 이익을 부여하는 것이라고 볼 수 있다면, 채무자가 이행기 전에 이행에 착수할 수 없는 특별한 사정이 있는 경우에 해당한다고 할 수 있다. 이에 해당하는지 여부는 채무 내용, 이행기가 정하여진 목적, 이행기까지 기간의 장단 및 그에 관한 부수적인 약정의 존재와 내용, 채무 이행행위를 비롯하여 당사자들이 계약 이행과정에서 보인 행위의 태양, 이행기 전 이행행위가 통상적인 계약의 이행에 해당하기보다 상대방의 해제권의 행사를 부당하게 방해하기 위한 것으로 볼 수 있는지, 채권자가 채무자의 이행의 착수에도 불구하고 계약을 해제하는 것이 신의칙에 반한다고 볼 수 있는지 등 여러 가지 사정을 종합하여 구체적으로 판단해야 한다(매수인이 매도인에게 중도금을 지불하기 전까지는 매도인은 계약금액의 배액을 상환하고 매수인은 계약금을 포기하고 계약을 해제할 수 있다는 약정은 매도인이 이행기 전에 이행에 착수할 수 없는 특별한 사정에 해당한다는 사례; 대법원 2024. 1. 4. 선고 2022다256624 판결).

② 해제의 효과(소급효)

해약금에 의한 계약해제가 있으면, 계약은 소급하여 무효가 된다. 그러나 이행에 착수하기 전에 해제하였으므로 원상회복의무는 없으며, 채무불이행에 의한 해제가 아니므로 손해배상청구권도 발생하지 않는다(민법 제565조 제2항).

계약금이 교부되어 있으나 상대방이 계약을 이행하지 않는 경우에는 채무불이행을 이유로 계약을 해제할 수 있다. 이 경우에는 해약금에 의한 해제가 아니므로, 다른 특약이 없는 한 계약해제의 일반적 효과(민법 제548조·제551조; 원상회복 및 손해배상)가 있다. 따라서 위약금의 특약이 있는 경우, 위약금이 위약벌로 해석되는 경우에는 위약금 외에 손해배상을 청구할 수 있으며, 손해배상액의 예정으로 추정되는 경우에는 손해배상액만을 청구할 수 있다.

3) 매매계약 비용의 부담

매매계약의 비용이란 목적물의 측량비, 평가비, 계약서 작성비 등과 같이 매매계약을 체결하는 경우에 일반적으로 필요한 비용을 말한다. 매매계약에 관한 비용은 당사자 쌍방이 균분하여 부담한다(민법 제566조). 그러나 이행비용(채무자 부담)이나 수령비용(채권자 부담)은 매매계약의 비용에 해당하지 않는다. 부동산 매매의 경우 등기비용은 매도인의 소유권 이전채무의 이행비용이므로 매도인이 부담하는 것이 원칙이나, 보통 매수인이 부담하는 것이 거래 관행이다.

3. 부동산 거래의 신고 등의 의무

1) 부동산 거래 신고

거래당사자는 부동산 매매계약을 체결한 경우 그 실제 거래가격 등 대통령령으로 정하는 사항을 거래계약의 체결일부터 30일 이내에 그 권리의 대상인 부동산등의 소재지를 관할하는 시장·군수 또는 구청장에게 공동으로 신고하여야 한다(부록_서식 부동산거래계약 신고서 참고, 부동산 거래신고 등에 관한 법률 제3조 제1항). 개업공인중개사가 거래계약서를 작성·교부한 경우에는 해당 개업공인중개사가 부동산 거래 신고를 하여야 하고, 이 경우 공동으로 중개를 한 경우에는 해당 개업공인중개사가 공동으로 신고하여야 한다(동조 제3항).[4] 신고의무를 이행하지 않는 경우에

---

[4] 부동산 거래 신고를 받은 신고관청은 그 신고 내용을 확인한 후 신고인에게 신고필증을 지체 없이 발급

는 500만원 이하의 과태료를 부과한다(동법 제28조 제2항).

한편 부동산 거래를 신고한 후 해당 거래계약이 해제, 무효 또는 취소된 경우에 거래당사자는 해제, 무효 또는 취소가 확정된 날부터 30일 이내에 해당 신고관청에 공동으로 신고하여야 한다(부록_부동산거래계약 변경 신고서 및 해제 등 신고서 참고, 동법 제3조의 2 제1항).

2) 등기 신청

부동산의 소유권이전을 내용으로 하는 계약을 체결한 자는 60일 이내에 소유권이전등기를 신청하여야 한다(부록_서식 소유권이전등기 신청서 등 참고, 부동산등기특별조치법 제2조 제1항). 따라서 부동산 매매계약을 체결한 자는 잔금지급일로부터 60일 이내에 관할 등기소에 소유권이전등기를 신청하여야 한다. 등기권리자(매수인)가 정당한 이유 없이 등기신청을 게을리 한 경우에는 과태료를 부과한다(동법 제11조 제1항).

3) 취득세 신고 및 납부

취득세 과세물건, 즉 부동산을 취득한 자는 그 취득한 날부터 60일 이내에 취득세를 신고하고 납부하여야 한다(지방세법 제20조 제1항). 취득세를 신고하려는 자는 행정안전부령으로 정하는 신고서에 취득물건, 취득일 및 용도 등을 적어 납세지를 관할하는 시장·군수·구청장에게 신고하여야 한다(동법 시행령 제33조 제1항). 취득세 납세의무자가 취득세를 신고 또는 납부의무를 다하지 아니한 경우 그 부족세액의 추징 및 가산세를 징수한다(동법 제21조 제1항).

한편 토지와 건물을 양도한 경우에는 그 양도일이 속하는 달의 말일부터 2개월 이내에 양도소득세 과세표준을 예정 신고하여야 한다. 다만, 「부동산 거래신고 등에 관한 법률」 제10조 제1항에 따른 토지거래계약에 관한 허가구역에 있는 토지를 양도할 때 토지거래계약허가를 받기 전에 대금을 청산한 경우에는 그 허가일(토지거래계약허가를 받기 전에 허가구역의 지정이 해제된 경우에는 그 해제일을 말한다)이 속하는 달의 말일부터 2개월 이내에 신고하여야 한다(소득세법 제105조 제1항).

하여야 한다(동법 제3조 제5항). 부동산등의 매수인은 신고인이 제5항에 따른 신고필증을 발급받은 때에 「부동산등기 특별조치법」 제3조제1항에 따른 검인을 받은 것으로 본다(동법 제3조 제6항).

Ⅲ. 매매의 효력

1. 일반적 효력

1) 서설

계약의 효력은 그 계약에 의하여 발생하는 법률효과를 말하며, 그 내용은 채권·채무의 발생이다. 그 구체적인 법률효과는 계약의 종류 및 내용에 따라 상이하고, 매매계약의 경우 매도인의 재산권이전의무와 매수인의 대금지급의무가 발생한다. 계약의 구체적인 법률효과에 대해서는 전형계약별로 살펴보아야 한다.

그러나 민법에서는 매매와 같은 쌍무계약[5]의 효력으로 동시이행의 항변권(민법 제536조)과 위험부담(민법 제537조, 제538조) 그리고 제3자를 위한 계약(민법 제539조 이하)을 규정하고 있다. 이하에서는 대표적인 쌍무계약인 매매계약상의 동시이행의 항변권과 위험부담에 관하여 살펴보기로 한다.

2) 동시이행의 항변권

(1) 의의

쌍무계약에 있어서 당사자 일방은 상대방이 채무를 이행하거나 이행의 제공을 할 때까지 자기 채무의 이행을 거절할 수 있다(민법 제536조 제1항). 이를 동시이행의 항변권이라 하며, 당사자 사이의 공평을 꾀하기 위하여 인정된 제도이다.

동시이행의 항변권은 연기적 항변권으로서 상대방의 청구가 있어야 성립하고, 이행거절권이기 때문에 행사하지 않으면 효력이 생기지 않는다.[6] 또한 동시이행의 항변권

---

[5] 쌍무계약은 각 당사자가 서로 대가적 의미를 갖는 채무를 부담하는 계약이며, 쌍방 당사자의 채무는 서로 의존관계에 있다. 이러한 쌍무계약 채무 상호간의 의존관계를 채무의 견련성(성립·이행·존속)이라 한다. 즉 당사자 일방의 채무가 불능·불법 기타의 이유로 성립하지 않는 경우 상대방의 채무도 성립하지 않는다(성립상의 견련성). 또한 당사자 일방이 채무를 이행하지 않는 경우 상대방도 채무를 이행하지 않아도 무방하고(이행상의 견련성), 일방의 채무가 채무자에게 책임 없는 사유로 이행불능이 되어 소멸하게 되면 그것과 상호의존관계에 있는 상대방의 채무도 소멸한다(존속상의 견련성).

[6] 다만 예외적으로 원용이 없더라도 이행지체 저지의 효력과 상계금지의 효력은 항변권의 존재 자체로부터 생긴다(통설, 판례).

에 관한 규정은 임의규정이므로 당사자 간에 이를 포기하기로 하는 약정은 유효하다(대법원 1999. 3. 12. 선고 97다37852, 37869 판결).

> **판례** 동시이행의 항변권의 제도취지
>
> [1] 동시이행의 항변권은 공평의 관념과 신의칙에 입각하여 각 당사자가 부담하는 채무가 서로 대가적 의미를 가지고 관련되어 있을 때 그 이행에 있어서 견련관계를 인정하여 당사자 일방은 상대방이 채무를 이행하거나 이행의 제공을 하지 아니한 채 당사자 일방의 채무의 이행을 청구할 때에는 자기의 채무 이행을 거절할 수 있도록 하는 제도인바, 이러한 제도의 취지에서 볼 때 당사자가 부담하는 각 채무가 쌍무계약에 있어 고유의 대가관계가 있는 채무가 아니라고 하더라도 구체적인 계약관계에서 각 당사자가 부담하는 채무에 관한 약정 내용에 따라 그것이 대가적 의미가 있어 이행상의 견련관계를 인정하여야 할 사정이 있는 경우에는 동시이행의 항변권을 인정할 수 있는 것이다.
>
> [2] 부동산 매매계약에 있어 매수인이 부가가치세를 부담하기로 약정한 경우, 부가가치세를 매매대금과 별도로 지급하기로 했다는 등의 특별한 사정이 없는 한 부가가치세를 포함한 매매대금 전부와 부동산의 소유권이전등기의무가 동시이행의 관계에 있다고 봄이 상당하다(대법원 2006. 2. 24. 선고 2005다58656,58663 판결).

> **판례** 동시이행의 항변권 포기 약정의 효력
>
> 아파트 공급계약서상 분양자가 입주예정일을 넘길 경우 기납부한 중도금에 대하여 입주예정일로부터 입주지정기간 개시일 전일까지 경과된 일수를 입주지체일수로 하여 지체상금을 지급하기로 약정한 반면 수분양자들이 중도금 및 잔금의 납기를 지연한 때에는 지연일수에 지체상금률과 동일한 요율에 따른 연체료를 지급하기로 하는 별도의 약정을 하고, 각각 이행기인 납기 혹은 입주예정일이 지나면 곧바로 지체책임이 발생하도록 하고, 그 대금지급방법도 아파트 건축공정에 상응하여 중도금을 7회에 걸쳐 분납하도록 한 경우, 위 지체상금 및 연체료의 약정은 쌍무계약상 동시이행에 관한 권리를 쌍방이 포기하기로 하는 특약을 한 것으로 해석된다(대법원 1999.3.12. 선고 97다37852, 37869 판결).

(2) 성립요건

① 서로 대가적 의미 있는 채무의 존재

당사자 쌍방이 부담하는 채무는 하나의 쌍무계약에서 생긴 대가적 의미 있는 채무이어야 한다. 예를 들어 매매계약에서 매도인의 재산권이전의무와 매수인의 대금지급의무는 특별한 사정이 없는 한 서로 견련관계에 있다.

쌍무계약에서 당사자가 여러 개의 채무를 부담하는 경우 원칙적으로 '본래의 급부의무' 가운데 '주된 급부의무'만이 동시이행의 관계에 있고 '부수적 급부의무'는 그러하지 아니하다. 그러나 '부수적 급무의무'일지라도 당사자가 그것을 동시 이행하기로 특약하였거나 그것이 당사자 일방에게 중요한 것으로 인정되는 경우에는 그 의무도 동시이행의 관계에 있다.

쌍무계약상의 채무가 동일성을 유지하면서 이전된 경우(예: 채권양도, 채무인수, 상속 등)에도 동시이행의 항변권은 존속한다. 또한 일방의 채무가 이행불능 기타의 원인으로 소멸한 때에는 동시이행의 항변권은 소멸한다. 그러나 동시이행의 관계에 있는 쌍방의 채무 중 어느 한 채무가 귀책사유로 이행불능이 되더라도, 손해배상채무로서 동일성이 유지되는 한 여전히 다른 채무와 다른 채무와 동시이행의 관계에 있다(대법원 2000.2.25. 선고 97다30066 판결).

> **판례** **매수인의 양도소득세 부담 약정과 매도인의 동시이행의 항변권**
> 부동산의 매매계약시 그 부동산의 양도로 인하여 매도인이 부담할 양도소득세를 매수인이 부담하기로 하는 특약을 하였다 하여도 매수인이 양도소득세를 부담하기 위한 이행제공의 형태, 방법, 시기 등이 매도인의 소유권이전등기의무와 견련관계에 있다고 인정되는 경우에 한하여 매도인의 소유권이전등기의무와 매수인의 양도소득세액 제공의무는 서로 동시이행의 관계에 있다고 봄이 상당하다(대법원 1995.3.10. 선고 94다27977 판결).

② 상대방의 채무가 변제기에 있을 것

상대방의 채무가 변제기에 있지 않고 자기의 채무만이 변제기에 있는 당사자(선이행의무자)는 동시이행의 항변권이 없다(민법 제536조 제1항 단서). 즉 상대방의 채무가 변제기에 있어야 한다는 것은 동시이행의 항변권을 행사할 때 상대방의 채무의 변제기가 되었을 것을 요구하는 것을 뿐이고, 처음부터 이행기가 같아야 하는 것은 아니다. 따라서 선이행의무자는 원칙적으로 동시이행의 항변권이 없으나 선이행의무자의 지체 중 상대방 채무의 변제기가 도래한 경우에 선이행의무자는 동시이행의 항변권을 행사할 수 있다. 또한 선이행의무자는 상대방의 이행이 곤란할 현저한 사정이 있는 경우에는 채무이행을 거절할 수 있다(민법 제536조 제2항). 즉 선이행의무자는 불안의 항변권을 행사할 수 있다.

> **판례** 선이행의무자의 동시이행의 항변권 행사 여부
>
> [1] 매수인이 선이행하여야 할 중도금지급을 하지 아니한 채 잔대금지급일을 경과한 경우에는 매수인의 중도금 및 이에 대한 지급일 다음날부터 잔대금지급일까지의 지연손해금과 잔대금의 지급채무는 매도인의 소유권이전등기의무와 특별한 사정이 없는 한 동시이행관계에 있다(대법원 1991.3.27. 선고 90다19930 판결).
>
> [2] 이 사건 분양계약서 제12조는 "대금 완납과 동시에 조합은 소유권이전에 필요한 제반서류 일체를 피고에게 제공하여야 한다. 단, 토지분은 건물준공과 관계 없이 지연될 수 있으며 지적정리 또는 공부정리 완료와 동시에 소유권이전을 하되 공유지분으로 한다"고 규정하고 있으므로, 이 사건 건물의 완공시까지 지적정리 또는 공부정리가 이루어지지 아니하였다면 피고의 분양잔대금 지급의무는 토지에 관한 조합의 소유권이전등기의무보다는 선이행하여야 할 것이나 쌍무계약인 매매계약에서 매수인이 선이행의무인 분양잔대금 지급의무를 이행하지 않고 있는 사이에 매도인의 소유권이전등기의무의 이행기가 도래하여 도과한 경우, 분양잔대금 지급채무를 여전히 선이행하기로 약정하는 등 특별한 사정이 없는 한 매도인과 매수인 쌍방의 의무는 동시이행 관계에 놓이게 된다고 할 것이므로 이 사건 건물의 완공시까지 지적정리 또는 공부정리가 이미 이루어졌다면 피고의 분양잔대금 지급의무는 토지에 관한 조합의 소유권이전등기의무와 동시이행관계에 있다(쌍무계약인 매매계약에서 매수인이 선이행의무인 분양잔대금 지급의무를 이행하지 않고 있는 사이에 매도인의 소유권이전등기의무의 이행기가 도과한 경우, 특별한 사정이 없는 한 매도인과 매수인 쌍방의 의무는 동시이행 관계에 있다는 사례; 대법원 2001.7.27. 선고 2001다27784, 27791 판결).

> **판례** 불안의 항변권
>
> [1] 동시이행의 항변권은 당사자 쌍방이 부담하는 각 채무가 고유의 대가관계에 있는 쌍무계약상 채무가 아니더라도 구체적 계약관계에서 당사자 쌍방이 부담하는 채무 사이에 대가적인 의미가 있어 이행상 견련관계를 인정하여야 할 사정이 있는 경우에는 이를 인정해야 한다. 이러한 법리는 민법 제536조 제1항뿐만 아니라 같

은 조 제2항에서 정한 이른바 '불안의 항변권'의 경우에도 마찬가지로 적용된다.
[2] 민법 제536조 제2항에서 정한 '선이행의무를 지고 있는 당사자가 상대방의 이행이 곤란할 현저한 사유가 있는 때에 자기의 채무이행을 거절할 수 있는 경우'란 선이행채무를 지고 있는 당사자가 계약 성립 후 상대방의 신용불안이나 재산상태 악화 등과 같은 사정으로 상대방의 이행을 받을 수 없는 사정변경이 생기고 이로 말미암아 당초의 계약 내용에 따른 선이행의무를 이행하게 하는 것이 공평과 신의칙에 반하게 되는 경우를 가리킨다(_{대법원 2012. 3. 29. 선고} _{2011다93025 판결 등 참조}). 상대방의 채무가 아직 이행기에 이르지 않았지만 이행기에 이행될 것인지 여부가 현저히 불확실하게 된 경우에는 선이행채무를 지고 있는 당사자에게 상대방의 이행이 확실하게 될 때까지 선이행의무의 이행을 거절할 수 있다(_{대법원 2022. 5. 13. 선고} _{2019다215791 판결}).

③ 상대방이 채무의 이행 또는 그 제공을 하지 않고서 이행을 청구하였을 것

상대방이 채무를 이행을 하면 채무의 대립상태는 소멸하므로 동시이행의 항변권은 인정되지 않는다. 상대방이 이행의 제공을 하였으나 이를 수령하지 아니하여 수령지체에 빠진 당사자는, 그 후 상대방이 이행의 제공을 하지 않고서 이행을 청구한 경우에, 동시이행의 항변권을 행사할 수 있다. 즉 동시이행관계에 있는 채무를 부담하는 쌍방 당사자 중 일방이 먼저 현실의 제공을 하고 상대방을 수령지체에 빠지게 하였다고 하더라도 그 이행의 제공이 계속되지 아니하였다면 과거에 이행제공이 있었다는 사실만으로 상대방이 가지는 동시이행의 항변권은 소멸하지 아니 한다(_{대법원 2014. 4. 30. 선고} _{2010다11323 판결}).

> **판례** **수령지체 후 이행청구와 동시이행의 항변권**
>
> 쌍무계약의 당사자 일방이 먼저 한번 현실의 제공을 하고 상대방을 수령지체에 빠지게 하였다 하더라도 그 이행의 제공이 계속되지 않는 경우는 과거에 이행의 제공이 있었다는 사실만으로 상대방이 가지는 동시이행의 항변권이 소멸하는 것은 아니므로, 일시적으로 당사자 일방의 의무의 이행제공이 있었으나 곧 그 이행의 제공이 중지되어 더 이상 그 제공이 계속되지 아니하는 기간 동안에는 상대방의 의무가 이행지체 상태에 빠졌다고 할 수는 없다고 할 것이고, 따라서 그 이행의 제공이 중지된 이후에 상대방의 의무가 이행지체되었음을 전제로 하는 손해배상청구도 할 수 없다(매도인이 소유권이전등기절차 이행에 필요한 서류를 준비하여 잔금 지급을 최고하였으나 지급받지 못하고, 상당한 기간 경과 후 잔금의 지급을 청구한 경우, 매도인의 이행제공이 계속되지 않았다는 이유로 매수인의 동시이행의

항변권을 인정한 사례(대법원 1999. 7. 9. 선고 98다13754, 13761 판결; 대법원 2014. 4. 30. 선고 2010다11323 판결).

(3) 효력

① 이행거절권

동시이행의 항변권은 상대방이 채무를 이행하거나 이행의 제공을 할 때까지 자기 채무의 이행을 거절할 수 있는 권리이다. 따라서 동시이행의 항변권은 일시적으로 상대방의 청구권 행사를 저지하는 연기적 항변권이다. 즉 동시이행의 항변권은 재판상 또는 재판 외에서 행사하여야만 그 효력이 있으며, 그 행사여부는 항변권자의 자유이므로 청구 받은 때에 행사하면 된다. 한편 소송에서 원고의 청구에 대하여 피고가 적법하게 동시이행의 항변권을 행사한 경우에, 원고가 자기 채무의 이행을 제공하고 있음을 입증하지 못한 때에는, 법원은 원고패소판결이 아니라 상환급부판결(피고는 원고의 이행과 상환으로 이행하여야 한다는 판결)을 하여야 한다(김상용, 채권각론, 89면; 송덕수, 채권각론, 82면).

② 부수적 효과

동시이행의 항변권은 그것이 행사되어서 비로소 그 본래의 효력을 발생하는 것이지만, 그 항변권이 존재한다는 것 자체만으로도 효력이 있다. 첫째, 동시이행의 항변권을 행사할 수 있는 동안에 채무자는 이행지체가 되지 않는다(대법원 2019. 10. 31. 선고 2019다247651 판결). 따라서 청구자가 이행제공을 해서 동시이행의 항변권을 소멸시켜야만 상대방에게 이행지체 책임을 물을 수 있다.[7] 둘째, 동시이행의 항변권이 붙은 채권을 자동채권으로 하여 상계하지 못한다(대법원 1975. 10. 21. 선고 75다48 판결). 그러나 수동채권으로 하여 상계하는 것은 허용된다.[8]

---

[7] 매수인이 그의 대금지급채무에 관하여 동시이행의 항변권을 가지고 있다면, 매도인은 매매목적물의 소유권이전의무의 이행을 제공해서 매수인의 동시이행의 항변권을 소멸케 하지 않는다면, 매수인에게 이행지체의 책임을 지게 할 수 없다. 따라서 매도인의 매수인의 채무불이행을 이유로 계약을 해제하려면, 목적물을 제공하여야 하므로, 결국 동시이행의 항변권을 가지고 있는 채무자는 이행지체가 되지 않는다.

[8] 동시이행의 항변권이 붙은 채권을 자동채권으로 하여 상계하지 못한다. 이를 허용하면, 상대방은 이유 없이 그의 항변권을 잃기 때문이다. 예를 들어 매수인 乙에 대하여 대금채권을 가지고 있는 매도인 甲이 그 대금채권과 乙에 대하여 부담하고 있는 금전채무를 상계하려는 때에는, 매매 목적물을 제공하여야 한다. 그러한 제공을 하지 않고서 한 상계는 무효이다. 그렇지 않다면, 乙의 매매 목적물의 소유권 이전채권(즉 甲의 소유권이전채무)만이 홀로 남게 되어, 乙은 이 채권의 이행을 확보할 수 있는 힘이 되는 동시이행의 항변권을 일방적으로 잃게 되기 때문이다. 따라서 甲은 乙에 대한 매매대금 채권을 자동채권으로 하여 乙에 대한 대여금 채무와 상계하지 못한다. 그러나 乙은 매매대금 채권과 상계할 수 있다(동시이행의 항

판례 **동시이행의 항변권 행사와 권리남용**

[1] 일반적으로 동시이행의 관계가 인정되는 경우에 그러한 항변권을 행사하는 자의 상대방이 그 동시이행의 의무를 이행하기 위하여 과다한 비용이 소요되거나 또는 그 의무의 이행이 어려운 반면 그 의무의 이행으로 인하여 항변권자가 얻는 이득은 별달리 크지 아니하여 동시이행의 항변권의 행사가 주로 자기 채무의 이행만을 회피하기 위한 수단이라고 보여지는 경우에는, 그 항변권의 행사는 권리남용으로서 배척되어야 할 것이다(대법원 2001.9.18. 선고 2001다9304 판결).

[2] 임대차가 종료된 경우 임차인이 326,000원이 소요되는 전기시설의 원상회복을 하지 않은 채 건물을 인도하려고 하는데 임대인이 이를 이유로 1억 2천여만원의 잔존 임대차보증금 전액의 반환을 거부하는 것은 공평의 관념에 반하여 부당하고 그와 같은 임대인의 동시이행의 항변은 신의칙에 반하는 것이 되어 적용할 수 없다(대법원 1999.11.12. 선고 99다34697 판결).

3) 위험부담

(1) 의의

위험부담은 쌍무계약의 당사자 일방의 채무가 채무자의 책임 없는 사유로 그 급부가 불능이 된 경우에 발생된 불이익을 누구로 하여금 부담하도록 할 것인가를 정하는 것을 말한다. 즉 채무자의 책임 없는 사유로 이행불능이 된 경우에 그에 대응하는 채무의 운명은 어떻게 되느냐의 문제이다. 예를 들어 갑 소유의 도자기를 을이 매수하는 매매계약을 체결하였는데, 갑자기 발생한 지진으로 인하여 그 도자기가 파손되어 갑이 그의 채무를 이행할 수 없게 된 경우에 매도인 갑은 도자기 대금의 지급을 청구할 수 있느냐의 문제이다.

(2) 채무자 위험부담주의

쌍무계약의 당사자 일방의 채무가 당사자 쌍방의 책임없는 사유로 이행할 수 없게 된 때에는 채무자는 상대방의 이행을 청구하지 못한다(민법 제537조). 즉 채무자는 상대방의 이행을 청구하지 못하므로 물건의 손실에 대한 위험은 채무자가 부담하므로(채무자위험 부담주의),

---

변권 포기의 자유가 있기 때문).

채무자는 대가의 지급을 청구하지 못하다. 위의 사례에서 쌍방의 책임 없는 사유, 즉 지진으로 도자기가 파손된 경우, 매도인 갑은 을에 대한 도자기 인도 의무를 면하지만 을에게 대금의 지급을 청구할 수 없다. 따라서 매도인 갑은 매수인 을로부터 지급받은 계약금이나 중도금은 부당이득이므로 갑은 을에게 이를 반환하여야 한다.[9]

> **판례** 채무자 위험부담과 부당이득 반환
>
> 민법 제537조는 채무자위험부담주의를 채택하고 있는바, 쌍무계약에서 당사자 쌍방의 귀책사유 없이 채무가 이행불능된 경우 채무자는 급부의무를 면함과 더불어 반대급부도 청구하지 못하므로, 쌍방 급부가 없었던 경우에는 계약관계는 소멸하고 이미 이행한 급부는 법률상 원인 없는 급부가 되어 부당이득의 법리에 따라 반환청구할 수 있다. 따라서 매매 목적물이 경매절차에서 매각됨으로써 당사자 쌍방의 귀책사유 없이 이행불능에 이르러 매매계약이 종료된 사안에서, 위험부담의 법리에 따라 매도인은 이미 지급받은 계약금을 반환하여야 하고 매수인은 목적물을 점유·사용함으로써 취득한 임료 상당의 부당이득을 반환할 의무가 있다(대법원 2009.5.28. 선고 2008다98655,98662 판결).

(3) 채권자의 유책사유로 인한 이행불능의 경우(채권자 위험부담주의)

위험부담은 채무자가 부담하는 것이 원칙이다. 그러나 이행불능이 채권자에게만 책임이 있는 사유로 생긴 경우 그 위험은 채권자가 부담하므로 채무자는 반대급부를 청구할 수 있다(민법 제538조 제1항 전단). 채권자의 수령지체 중 당사자 쌍방의 책임 없는 사유로 이행할 수 없게 된 경우에도 채권자 위험부담주의가 적용되고, 채무자는 반대급부를 청구할 수 있다(민법 제538조 제1항 후단). 채무자가 그의 채무를 면함으로써 이익을 얻은 때에는, 이를 채권자에게 상환하여야 한다(민법 제538조 제2항).

> **판례** 채권자 위험부담주의에 있어서 채권자의 책임 있는 사유의 의미
>
> 민법 제538조 제1항 제1문은 쌍무계약에 관한 채무자위험부담원칙의 예외로서 "쌍무계약의 당사자 일방의 채무가 채권자의 책임 있는 사유로 이행할 수 없게 된 때에는 채무자는 상대방의 이행을 청구할 수 있다."고 정하고 있다. 여기에서 '채권자

---

[9] 위의 사례에서 제3자에 의하여 위의 도자기가 파손된 경우, 매도인(채무자) 갑이 이행불능을 원인으로 하여 목적물에 갈음하는 이익을 취득한 경우(예: 보험금청구권, 제3자에 대한 손해배상청구권 등)에 매수인(채권자)은 대상청구권을 행사하여 그 이익을 취득할 수 있다. 이 경우 매도인은 자신의 채무를 이행하여야 한다.

의 책임 있는 사유'라고 함은 채권자의 어떤 작위나 부작위가 채무의 내용인 급부의 실현을 방해하고 그 작위나 부작위는 채권자가 이를 피할 수 있었다는 점에서 신의칙상 비난받을 수 있는 경우를 의미한다(아파트 수분양자에게 중도금을 대출한 은행이 수분양자가 그 대출금 이자의 지급 및 후취담보약정의 이행 등을 하지 않자 연대보증인인 분양회사로부터 분양아파트에 대한 근저당권을 설정받아 결국 그 근저당권을 실행함으로써 제3자가 분양아파트의 소유권을 취득한 사안에서, 위 근저당권의 실행으로 분양회사의 소유권이전의무가 이행불능이 된 것은 민법 제538조 제1항 제1문의 '채권자의 책임 있는 사유'로 인하여 채무자의 채무가 이행할 수 없게 된 때에 해당한다고 한 사례; 대법원 2011. 1. 27. 선고 2010다25698 판결).

2. 매수인의 의무와 채무불이행

1) 매수인의 대금지급 의무

매수인은 매도인에게 매매대금을 지급할 의무가 있으며, 매매대금지급 의무는 매도인의 의무와 동시이행의 관계에 있다(민법 제568조). 대금의 지급은 금전채무에 해당하므로 금전채권에 관한 규정이 적용되고, 대금의 지급시기·장소 등은 당사자의 특약으로 결정한다. 그러나 이에 대한 특약이 없는 경우에는 민법의 규정(민법 제585조~민법 제587조)에 의한다.

(1) 대금지급시기

매매 당사자의 재산권이전의무와 대금지급의무 중 어느 하나에 의무이행의 기한이 있는 때에는 상대방의 의무이행에 대하여도 동일한 기한이 있는 것으로 추정한다(민법 제585조).

(2) 대금지급장소

특정물 인도[10] 이외의 채무는 채권자의 현주소에서 변제하여야 한다(민법 제467조 제2항; 지참채무의 원칙). 그러나 매매 목적물의 인도와 동시에 대금을 지급할 경우에는 그 인도 장소에서 지급하여야 한다(민법 제586조). 목적물의 인도와 동시에 대금을 지급할 경우에는 그 인도 장소에

---

10) 제467조(변제의 장소) ①채무의 성질 또는 당사자의 의사표시로 변제장소를 정하지 아니한 때에는 특정물의 인도는 채권성립당시에 그 물건이 있던 장소에서 하여야 한다.

서 지급하는 것이 오히려 간편하기 때문에 둔 특칙이다.

(3) 대금의 이자

대금의 지급을 지체하는 경우 매수인은 대금의 이자를 지급하여야 한다. 그러나 목적물의 인도를 받지 못한 경우 대금의 이자는 목적물의 인도를 받은 날로부터 지급하여야 한다(민법 제587조 제2문). 따라서 대금채무의 지급기한이 지났더라도 목적물의 인도가 없는 한, 이자를 지급할 필요는 없다. 그러나 대금지급의 시기가 정하여져 있고 또한 그 시기가 인도일보다 후인 때에는, 그 기한이 닥쳐올 때까지 이자를 지급할 필요가 없다(민법 제587조 제3문).

(4) 권리주장자가 있는 경우와 대금지급거절권

매도인이 이행의 제공을 하더라도, 매매의 목적물에 대하여 권리를 주장하는 자가 있는 경우에 매수인이 매수한 권리의 전부나 일부를 잃을 염려가 있는 때에는 매수인은 그 위험의 한도에서 대금의 전부나 일부의 지급을 거절할 수 있다. 그러나 매도인이 상당한 담보를 제공한 때에는 매수인은 그 대금지급을 거절하지 못하고, 매수인에게 대금지급거절권이 있는 경우에 매도인은 매수인에 대하여 대금의 공탁을 청구할 수 있다(민법 제589조).

> **판례** **매매부동산에 설정된 근저당권과 매수인의 대금지급거절권**
> 매도인이 말소할 의무를 부담하고 있는 매매목적물상의 근저당권을 말소하지 못하고 있다면 매수인은 그 위험의 한도에서 매매대금의 지급을 거절할 수 있고, 그 결과 민법 제587조 단서에 의하여 매수인이 매매목적물을 인도받았다고 하더라도 미지급 대금에 대한 인도일 이후의 이자를 지급할 의무가 없으나, 이 경우 지급을 거절할 수 있는 매매대금이 어느 경우에나 근저당권의 채권최고액에 상당하는 금액인 것은 아니고, 매수인이 근저당권의 피담보채무액을 확인하여 이를 알고 있는 경우와 같은 특별한 사정이 있는 경우에는 지급을 거절할 수 있는 매매대금은 확인된 피담보채무액에 한정된다(대법원 1996.5.10. 선고 96다6554 판결).

2) 매수인의 채무불이행과 매도인의 권리

매수인이 대금지급의무를 이행하지 않는 경우, 매도인은 이행지체[11]를 이유로 매수인에 대하여 채무이행(대금지급) 및 손해배상(지연배상)을 청구할 수 있다(민법 제390조). 또한 매도인은 상당한 기간을 정하여 이행을 최고하고 그 기간 내에 이행하지 아니하는 경우에는 매도인은 이행에 갈음한 손해배상(전보배상)을 청구할 수 있고(민법 제395조), 계약을 해제할 수 있다(민법 제544조).

한편 매수인의 대금지급채무는 금전채무이므로, 금전채무불이행에 관한 특칙이 적용된다. 즉 당사자 사이에 특별한 약정이 없으면 매수인의 이행지체로 인한 손해배상액은 법정이율에 의한다. 또한 손해배상에 관하여 매도인(채권자)은 손해의 증명을 요하지 아니하고 매수인(채무자)은 과실 없음을 항변하지 못한다(민법 제397조). 또한 매수인의 대금지급채무는 금전채무이므로 이행지체만이 생길 수 있을 뿐이고 이행불능의 문제는 발생하지 않는다(곽윤직, 채권총론, 35면; 김상용, 채권총론, 49면; 송덕수, 채권총론, 79면; 이은영, 채권총론, 118면 등).

판례 매수인의 대금지급 지체와 지연손해배상

[1] 지연손해금 비율에 대한 약정이 있는 경우

지연손해금률에 관하여도 당사자 사이에 별도의 약정이 있으면 그에 따라야 할 것이고, 설사 그것이 법정이율보다 낮다 하더라도 마찬가지이다(대법원 2013. 4. 26. 선고 2011다50509 판결). 금전채무에 관하여 이행지체에 대비한 지연손해금 비율을 따로 약정한 경우에 이는 일종의 손해배상액의 예정으로서 민법 제398조 제2항에 의한 감액의 대상이 된다(대법원 2017. 5. 30. 선고 2016다275402 판결).

[2] 지연손해에 대한 약정이 없는 경우

금전채무에 관하여 아예 이자약정이 없어서 이자청구를 전혀 할 수 없는 경우에도 채무자의 이행지체로 인한 지연손해금은 법정이율에 의하여 청구할 수 있다(대법원 2009. 12. 24. 선고 2009다85342 판결).

판례 매매계약 해제 시 반환해야할 원금과 그 이자 및 원금반환 지연이자

[1] 매매계약의 해제 시 원금반환과 그 이자 산정

당사자 일방이 계약을 해제한 때에는 각 당사자는 그 상대방에 대하여 원상회복의

---

11) 민법 제387조(이행기와 이행지체) ①채무이행의 확정한 기한이 있는 경우에는 채무자는 기한이 도래한 때로부터 지체책임이 있다. 채무이행의 불확정한 기한이 있는 경우에는 채무자는 기한이 도래함을 안 때로부터 지체책임이 있다. ②채무이행의 기한이 없는 경우에는 채무자는 이행청구를 받은 때로부터 지체책임이 있다.

무가 있고, 이 경우 반환할 금전에는 그 받은 날로부터 이자를 가산하여 지급하여야 한다. 여기서 가산되는 이자는 원상회복의 범위에 속하는 것으로서 일종의 부당이득반환의 성질을 가지는 것이고 반환의무의 이행지체로 인한 지연손해금이 아니다. 따라서 당사자 사이에 그 이자에 관하여 특별한 약정이 있으면 그 약정이율이 우선 적용되고 약정이율이 없으면 민사 또는 상사 법정이율이 적용된다(대법원 2013. 4. 26. 선고 2011다50509 판결).

[2] 매매계약 해제 후 원금반환 지체와 지연손해 산정

(1) 지연이자 약정이 있는 경우

원상회복의무가 이행지체에 빠진 이후의 기간에 대해서는 부당이득반환의무로서의 이자가 아니라 반환채무에 대한 지연손해금이 발생하게 되므로 거기에는 지연손해금률이 적용되어야 한다. 그 지연손해금률에 관하여도 당사자 사이에 별도의 약정이 있으면 그에 따라야 할 것이고, 설사 그것이 법정이율보다 낮다 하더라도 마찬가지이다(대법원 1995. 10. 12. 선고 95다26797 판결; 대법원 2013. 4. 26. 선고 2011다50509 판결).

(2) 지연이자 약정 없는 경우

① 원금반환 이자약정이 있는 경우

계약해제 시 반환할 금전에 가산할 이자에 관하여 당사자 사이에 약정이 있는 경우에는 특별한 사정이 없는 한 이행지체로 인한 지연손해금도 그 약정이율에 의하기로 하였다고 보는 것이 당사자의 의사에 부합한다. 다만 그 약정이율이 법정이율보다 낮은 경우에는 약정이율에 의하지 아니하고 법정이율에 의한 지연손해금을 청구할 수 있다고 봄이 타당하다. 계약해제로 인한 원상회복 시 반환할 금전에 받은 날로부터 가산할 이자의 지급의무를 면제하는 약정이 있는 때에도 그 금전반환의무가 이행지체 상태에 빠진 경우에는 법정이율에 의한 지연손해금을 청구할 수 있는 점과 비교해 볼 때 그렇게 보는 것이 논리와 형평의 원리에 맞기 때문이다(대법원 2013. 4. 26. 선고 2011다50509 판결).

② 원금반환 이자약정이 없는 경우

금전채무에 관하여 아예 이자약정이 없어서 이자청구를 전혀 할 수 없는 경우에도 채무자의 이행지체로 인한 지연손해금은 법정이율에 의하여 청구할 수 있다(대법원 2009. 12. 24. 선고 2009다85342 판결).

3. 매도인의 의무와 채무불이행

1) 매도인의 의무

(1) 재산권 이전의무

① 소유권이전등기의무

매도인은 매수인에 대하여 매매의 목적이 된 권리를 이전할 의무가 있다(민법 제568조 제1항). 따라서 타인의 권리가 매매의 목적인 경우에는 매도인은 그 권리를 취득하여 매수인에게 이전하여야 한다(민법 제569조). 매도인이 목적 재산권을 이전할 경우에는 권리이전에 필요한 요건을 갖추어야 하므로 부동산 매도인은 소유권 이전등기의무를 부담한다. 또한 재산권은 특약이나 특별한 사정이 없는 한 아무런 부담이 없는 완전한 것이어야 한다.[12]

② 목적부동산의 점유 이전 의무

부동산의 점유를 내용으로 하는 물권(예: 토지 소유권, 지상권, 전세권)을 매매하는 경우에 매도인은 등기 이외에 목적 부동산의 점유도 이전하여야 한다(김상용, 채권각론, 186면; 송덕수, 채권각론, 182면). 따라서 부동산 매도인은 목적부동산의 점유도 이전하여야 한다.

③ 매수인의 대금지급의무와 동시이행

매도인의 재산권이전의무 및 목적물인도의무는 원칙적으로 매수인의 대금지급의무와 동시이행의 관계에 있다(민법 제568조 제2항 참조).

> **판례** 매도인의 재산권이전의무와 매수인의 잔대금지급의무의 관계
> 부동산의 매매계약이 체결된 경우에는 매도인의 소유권이전등기의무, 인도의무와 매수인의 잔대금지급의무는 동시이행의 관계에 있는 것이 원칙이고, 이 경우 매도인은 특별한 사정이 없는 한 제한이나 부담이 없는 완전한 소유권이전등기의무를 지는 것이므로 매매목적 부동산에 가압류등기 등이 되어 있는 경우에는 매도인은 이와 같은 등기도 말소하여 완전한 소유권이전등기를 해 주어야 하는 것이고, 따

---

12) 예를 들어 매매 목적 부동산에 근저당권등기, 지상권 등기, 가압류등기, 가처분등기가 있는 경우에는 말소 등기 후 이전등기를 하여야 한다.

라서 가압류등기 등이 있는 부동산의 매매계약에 있어서는 매도인의 소유권이전등기 의무와 아울러 가압류등기의 말소의무도 매수인의 대금지급의무와 동시이행 관계에 있다고 할 것이다(대법원 2000.11.28. 선고 2000다8533 판결).

2) 매도인의 과실 인도의무

매매의 경우 특별한 약정이 없는 한 매도인의 재산권이전의무와 매수인의 대금지급의무는 동시이행의 관계에 있다(민법 제585조). 이러한 경우에 매수인은 목적물의 인도를 받기 전에는 대금의 이자를 지급할 필요가 없으며, 매도인은 목적물을 매수인에게 인도하기 전이라면 목적물로부터 생긴 과실의 수취권을 가진다(민법 제587조 제1항). 즉 매매의 경우에 과실은 대금의 이자에 대응하는 개념이므로, 인도하기 전에는 매도인이 과실수취권을 가지고 매수인은 대금의 이자를 지급할 필요가 없다(민법 제587조). 그러나 매수인이 대금 지급을 완료한 경우에는 매수인이 과실수취권을 가지므로 매도인은 과실을 인도하여야 한다.

> **판례** **매수인의 대금지급과 과실수취권**
>
> 특별한 사정이 없는 한 매매계약이 있은 후에도 인도하지 아니한 목적물로부터 생긴 과실은 매도인에게 속하나, 매매목적물의 인도 전이라도 매수인이 매매대금을 완납한 때에는 그 이후의 과실수취권은 매수인에게 귀속된다(대법원 1993. 11. 9. 선고 93다28928 판결).

3) 매도인의 채무불이행과 매수인의 권리

(1) 이행청구권

매도인이 재산권이전의무를 이행하지 않는 경우 매수인은 이행을 청구할 수 있으며(민법 제568조 제1항), 매도인의 대금지급요구에 대하여는 동시이행의 항변권을 행사할 수 있다(민법 제536조).

(2) 매도인의 이행불능

매도인의 책임 있는 사유로 채무를 이행할 수 없는 경우, 매수인은 계약을 해제하고(민법 제546조), 손해배상(전보배상)을 청구할 수 있다(민법 제390조). 또한 민법에 규정은 없으나 대상청구권도 행사할 수 있다(곽윤직, 채권총론, 93면; 송덕수, 채권총론, 149면; 양형우, 882면; 대법원 2016. 10. 27. 선고 2013다7769 판결). 즉 이행을 불능하게 하는 사유로 채무자가 이행의 목적물에 대신하는 이익(예: 토지의 수용으로 인한 매도인의 수용보상금청구권, 건물 소실로 인한 매도인의 화재보험금청구권)을 취득하는 경우에 채권자가 채무자에 대하여 그 이익을 청구할 수 있다(대상청구권, 대체이익청구권 또는 대용물 청구권). 그러나 채무자의 책임 없는 사유로 이행할 수 없게 된 경우에는 위험부담이 문제된다(민법 제537조·제538조).

판례 매도인의 이행불능과 매수인의 대상청구권

[1] 우리 민법은 이행불능의 효과로서 채권자의 전보배상청구권과 계약해제권 외에 별도로 대상청구권을 규정하고 있지 않으나 해석상 대상청구권을 부정할 이유가 없다고 할 것인데, 매매의 일종인 경매의 목적물인 토지가 경락허가결정 이후 하천구역에 편입되게 됨으로써 소유자의 경락자에 대한 소유권이전등기의무가 이행불능이 되었다면 경락자는 소유자가 하천구역 편입으로 인하여 지급받게 되는 손실보상금에 대한 대상청구권을 행사할 수 있다(대법원 2002. 2. 8. 선고 99다23901 판결).

[2] 매매의 목적물이 화재로 인하여 소실됨으로써 채무자인 매도인의 매매목적물에 대한 인도의무가 이행불능이 되었다면, 채권자인 매수인은 위 화재사고로 인하여 매도인이 지급받게 되는 화재보험금, 화재공제금에 대하여 대상청구권을 행사할 수 있다(대법원 2016. 10. 27. 선고 2013다7769 판결).

판례 부동산의 이중매매와 매도인의 책임

[1] 이중매매와 민사책임

매매목적물에 관하여 이중으로 제3자와 매매계약을 체결하였다는 사실만 가지고는 매매계약이 법률상 이행불능이라고 할 수 없고, 채무의 이행이 불능이라는 것은 단순히 절대적, 물리적으로 불능인 경우가 아니라 사회생활에 있어서의 경험법칙 또는 거래상의 관념에 비추어 볼 때 채권자가 채무자의 이행의 실현을 기대할 수 없는 경우를 말한다(대법원 1996. 7. 26. 선고 96다14616 판결). 매도인이 그 매매부동산을 제3자에게 2중 양도하고 그 이전등기를 경료한 때는 그 제3자로부터 그 소유권을 회복하여 매수인에게 이전할 수 있는 특별한 사정이 없는 한 매도인의 매수인에 대한 소유권이전등기의무는 이행불능이라고 할 것이다(대법원 1981. 6. 23. 선고 81다225 판결).

[2] 이중매매와 형사책임

부동산 매매계약에서 계약금만 지급된 단계에서는 어느 당사자나 계약금을 포기하거나 그 배액을 상환함으로써 자유롭게 계약의 구속력에서 벗어날 수 있다. 그러나 중도금이 지급되는 등 계약이 본격적으로 이행되는 단계에 이른 때에는 계약이 취소되거나 해제되지 않는 한 매도인은 매수인에게 부동산의 소유권을 이전해 줄 의무에서 벗어날 수 없다. 따라서 이러한 단계에 이른 때에 매도인은 매수인에 대하여 매수인의 재산보전에 협력하여 재산적 이익을 보호·관리할 신임관계에 있게 된다. 그때부터 매도인은 배임죄에서 말하는 '타인의 사무를 처리하는 자'에 해당한다고 보아야 한다. 그러한 지위에 있는 매도인이 매수인에게 계약 내용에 따라 부동산의 소유권을 이전해 주기 전에 그 부동산을 제3자에게 처분하고 제3자 앞으로 그 처분에 따른 등기를 마쳐 준 행위는 매수인의 부동산 취득 또는 보전에 지장을 초래하는 행위이다. 이는 매수인과의 신임관계를 저버리는 행위로서 배임죄가 성립한다(부동산 매도인이 매수인과 매매계약을 체결하고 매수인으로부터 계약금과 중도금을 지급받은 후 매매목적물인 부동산을 제3자에게 이중으로 매도하고 소유권이전등기를 마쳐 주어 기소된 사안에서, 매도인의 행위는 매수인과의 신임관계를 저버리는 임무위배행위로서 배임죄가 성립한다고 판단한 사례; 대법원 2018. 5. 17. 선고 2017도4027 전원합의체 판결).

(3) 매도인의 이행지체

매수인의 이행청구에 대하여 매도인이 임의로 이행하지 않는 경우, 매수인은 그 강제이행을 법원에 청구할 수 있다(민법 제389조). 또한 매수인은 본래 채무(재산권 이전의무)와 손해배상(지연배상)을 청구할 수도 있다(민법 제390조). 한편 매수인이 상당한 기간을 정하여 이행을 최고하여도 그 기간 내에 이행하지 아니하거나 지체 후의 이행이 채권자에게 이익이 없는 때에는 채권자는 수령을 거절하고 이행에 갈음한 손해배상(전보배상)을 청구할 수 있고(민법 제395조), 계약을 해제할 수 있다(민법 제544조).

(4) 매도인의 담보책임

매도인에게 책임 있는 사유가 없지만 이전된 재산권에 하자가 있는 경우, 매수인은 매도인에게 그 하자에 대한 담보책임을 물을 수 있다(민법 제569조~제584조). 담보책임에 대하여는 후술한다.

4. 매도인의 담보책임

1) 의의 및 성질

(1) 의의

매매에 의하여 매수인이 취득하는 소유권이나 기타 권리 또는 권리의 객체인 물건에 하자가 있는 경우에 매도인이 그 하자에 대하여 매수인에게 부담하는 책임을 매도인의 담보책임이라고 한다. 매도인의 담보책임은 일정한 대가적 의존관계에 있는 유상계약의 효과를 담보하기 위하여 매도인이 매수인에 대하여 부담하는 무과실 책임이다. 민법 제569조 내지 제584조에서 매도인의 담보책임을 규정하고, 이를 유상계약에 준용하고 있다(민법 제567조).[13]

(2) 성질

매도인의 담보책임은 매도인의 고의·과실을 문제 삼지 않는 무과실책임이다. 그러나 매도인에게 유책사유(고의나 과실)가 있는 경우에는 채무불이행책임을 묻는 것이 배제되지 않는다. 따라서 매수인은 담보책임의 요건이 갖추어진 경우에는 담보책임을 물을 수 있고, 채무불이행의 요건이 갖추어져 있는 때에는 그 요건을 입증하여 채무불이행책임을 물을 수도 있다(대법원 1993.11.23. 선고 93다37328 판결).[14]

> **판례** 매도인의 담보책임과 채무불이행책임
> (1) 권리에 하자가 있는 경우
> 타인의 권리를 매매의 목적으로 한 경우에 있어서 그 권리를 취득하여 매수인에게 이전하여야 할 매도인의 의무가 매도인의 귀책사유로 인하여 이행불능이 되었다면 매수인이 매도인의 담보책임에 관한 민법 제570조 단서의 규정에 의해 손해배상을 청구할 수 없다 하더라도 채무불이행 일반의 규정(민법 제546조, 제390조)에 좇아서 계약을

---

13) 다만 도급인의 담보책임에 관하여는 별도의 규정(민법 제667조 이하)이 있다.
14) 예를 들어 타인의 권리를 매매한 경우에 매도인이 그 권리를 취득하여 이전할 수 없다면 선의의 매수인은 계약을 해제하고 손해배상을 청구할 수 있다. 악의의 매수인은 계약을 해제할 수 있을 뿐 손해배상을 청구하지는 못한다. 그러나 채무불이행의 경우 매수인은 매도인에게 유책사유만 있으면 그 책임을 물을 수 있다. 즉 매수인은 자신의 선의여부와 상관없이 채무불이행책임을 물을 수 있다. 따라서 매도인에게 유책사유가 있을 경우에 매수인은 채무불이행책임을 물어서, 계약해제와 손해배상을 청구할 수 있다.

해제하고 손해배상을 청구할 수 있다(대법원 1993.11.23. 선고 93다37328 판결).

(2) 물건에 하자가 있는 경우

토지 매도인이 성토작업을 기화로 다량의 폐기물을 은밀히 매립하고 그 위에 토사를 덮은 다음 도시계획사업을 시행하는 공공사업시행자와 사이에서 정상적인 토지임을 전제로 협의취득절차를 진행하여 이를 매도함으로써 매수자로 하여금 그 토지의 폐기물처리비용 상당의 손해를 입게 하였다면 매도인은 이른바 불완전이행으로서 채무불이행으로 인한 손해배상책임을 부담하고, 이는 하자 있는 토지의 매매로 인한 민법 제580조 소정의 하자담보책임과 경합적으로 인정된다(대법원 2004.7.22. 선고 2002다51586 판결).

2) 권리의 하자에 대한 담보책임

(1) 권리의 전부가 타인에게 속하는 경우

매매의 목적이 된 권리가 타인에게 속한 경우에는 매도인은 그 권리를 취득하여 매수인에게 이전하여야 한다(민법 제569조). 매도인이 그 권리를 취득하여 매수인에게 이전할 수 없는 때에는 매수인은 그의 선의·악의를 묻지 않고 계약을 해제할 수 있다. 그러나 매수인이 계약당시 선의인 경우에는 계약해제와 더불어 손해배상을 청구할 수 있다(민법 제570조).

한편 민법은 선의의 매도인의 담보책임에 관한 특칙을 두고 있다. 즉 매도인이 계약당시에 매매의 목적이 된 권리가 자기에게 속하지 아니함을 알지 못한 경우에 그 권리를 취득하여 매수인에게 이전할 수 없는 때에는 매도인은 손해를 배상하고 계약을 해제할 수 있고, 매수인이 계약당시 그 권리가 매도인에게 속하지 아니함을 안 때에는 매도인은 매수인에 대하여 그 권리를 이전할 수 없음을 통지하고 계약을 해제할 수 있다(민법 제571조).

> **판례** 타인의 권리에 속하는 목적물 양도계약의 효력
>
> 민법 제569조, 제570조에 비추어 보면, 양도계약의 목적물이 타인의 권리에 속하는 경우에 있어서도 그 양도계약은 계약당사자간에 있어서는 유효하고, 그 양도계약에 따라 양도인은 그 목적물을 취득하여 양수인에게 이전하여 줄 의무가 있는 것이다(대법원 1993. 8. 24. 선고 93다24445 판결).

판례 부동산 미등기 전매와 타인의 권리 매매 해당 여부

부동산을 매수한 후 그 소유권이전등기를 하지 아니한 채 이를 다시 제3자에게 매도한 경우에는 그것을 민법 제569조에서 말하는 '타인의 권리 매매'라고 할 수 없다(대법원 1972. 11. 28. 선고 72다982 판결 참조). 원심이 적법하게 확정한 사실과 같이 피고가 소외 1의 이름으로 소외 주식회사 ㅇㅇ기업으로부터 이 사건 오피스텔을 분양받은 후 그 소유권이전등기를 하지 아니한 채 원고에게 이를 매도하였다면, 그 매도인인 피고는 이 사건 오피스텔을 사실상 처분할 수 있을 뿐 아니라 법률상으로도 처분할 수 있는 권원에 의하여 원고에게 매도한 것이므로 이를 민법 제569조 소정의 타인의 권리의 매매에 해당한다고 해석할 수는 없다(대법원 1996. 4. 12. 선고 95다55245 판결).

판례 경매대금 납부 전 매매계약체결과 타인의 권리 매매

원고와 피고 사이에 2000. 11. 20. 체결된 매매계약은 원고가 대전지방법원 99타경13843호 부동산임의경매절차에서 낙찰받은 토지들을 그 대금납부 전에 피고에게 매도하기로 한 것으로서 민법 제569조에 정해진 타인의 권리의 매매에 해당한다(대법원 2008. 8. 11. 선고 2008다25824 판결).

(2) 권리의 일부가 타인에게 속하는 경우

매매의 목적이 된 권리의 일부가 타인에게 속함으로 인하여 매도인이 그 권리를 취득하여 매수인에게 이전할 수 없는 때(예: A가 B소유의 토지 200평을 1000만원에 샀는데, 그 중 20평이 C의 소유에 해당하는 경우)에는 매수인은 그의 선의·악의를 묻지 않고 그 부분의 비율로 대금의 감액을 청구할 수 있다(민법 제572조 제1항). 이 경우에 잔존한 부분만이면 매수인이 이를 매수하지 아니하였을 때에는 선의의 매수인은 계약전부를 해제할 수 있다(민법 제572조 제2항). 선의의 매수인은 감액청구 또는 계약해제 외에 손해배상을 청구할 수 있다(민법 제573조 제3항). 매수인의 권리는 매수인이 선의인 경우에는 사실을 안 날로부터, 악의인 경우에는 계약한 날로부터 1년 내에 행사하여야 한다(민법 제573조).

판례 매매 건물 일부가 이웃 토지 위에 건립된 경우 담보책임

매매계약에서 건물과 그 대지가 계약의 목적물인데 건물의 일부가 경계를 침범하여 이웃 토지 위에 건립되어 있는 경우에 매도인이 그 경계 침범의 건물부분에 관한 대지부분을 취득하여 매수인에게 이전하지 못하는 때에는 매수인은 매도인에 대하여 민법 제572조를 유추적용하여 담보책임을 물을 수 있다고 할 것이다. 그리고 그 경우에 이웃 토지의 소유자가 소유권에 기하여 그와 같은 방해상태의 배제를 구하는 소를 제기하여 승소의 확정판결을 받았으면, 이제 다른 특별한 사정이 없는 한 매도인은 그 대지부분을 취득하여 매수인에게 이전할 수 없게 되었다고 봄이 상당하다(대법원 2009. 7. 23. 선고 2009다33570 판결).

판례 피상속인이 취득한 부동산 권리의 일부가 타인에게 속한 경우 담보책임

매매의 목적이 된 권리의 일부가 타인에게 속함으로 인하여 매도인이 그 권리를 취득하여 매수인에게 이전할 수 없게 된 경우, 선의의 매수인은 매도인에게 담보책임을 물어 그 부분의 비율로 대금의 감액을 청구할 수 있을 뿐만 아니라 이로써 전보되지 못하는 손해가 있는 경우에는 그 손해배상도 청구할 수 있다고 할 것인데, 피상속인이 매매계약 당시에 매매의 목적이 된 부동산 중 일부분의 소유권이 매도인에게 속하지 아니함을 알지 못하였다면 피상속인은 선의의 매수인에 해당하고, 따라서 피상속인은 매도인에 대하여 감액대금반환을 청구할 수 있을 뿐만 아니라 이로 인한 손해배상도 청구할 수 있다고 할 것인바, 구 상속세법(1994. 12. 22. 법률 제4805호로 개정되기 전의 것) 제9조 제1항은 상속재산의 가액 등은 상속개시 당시의 현황에 의한다고 규정하고 있으므로, 상속개시 당시에 이미 상속대상 부동산 중 일부의 소유권이 타인에게 속함으로 인하여 그 부분을 양도받지 못하게 됨으로써 피상속인이 갖게 되는 대금감액청구권 및 손해배상청구권은 상속재산에 포함된다(대법원 2002. 12. 6. 선고 2000두2976 판결).

(3) 목적물의 수량이 부족하거나 일부멸실의 경우

수량을 지정한 매매의 목적물이 부족한 경우(예: A가 B의 소유 토지 200평을 평당 20만원으로 해서 4,000만원에 샀는데, 실제 180평인 경우)와 매매목적물의 일부가 계약당시에 이미 멸실된 경우(예: A가 창고가 딸린 B 소유 건물을 샀는데, 창고가 계약 전에 이미 소실된 경우)에 매수인이 선의인 때에는 권리의 일부가 타인에게 속하는 경우(민법 제572조)의 매도인의 담보책임이 적용된다(민법 제574조). 따라서 선의의 매수인은 대금감액청구권, 손해배상청구권, 계약해제권(계약 당시의 잔부만으로는 매매하지 않았으리라는 사정이 있는 경우)을 행사할 수 있다. 그러나 매수인이 악의인 경우에는 담보책임이 발생하지 않는다.

판례 목적물의 수량부족과 담보책임

[1] 부동산매매계약에 있어서 실제면적이 계약면적에 미달하는 경우에는 그 매매가 수량지정매매에 해당할 때에 한하여 민법 제574조, 제572조에 의한 대금감액청구권을 행사함은 별론으로 하고, 그 매매계약이 그 미달 부분만큼 일부 무효임을 들어 이와 별도로 일반 부당이득반환청구를 하거나 그 부분의 원시적 불능을 이유

로 민법 제535조가 규정하는 계약체결상의 과실에 따른 책임의 이행을 구할 수 없다(대법원 2002.4.9. 선고 99다47396 판결).

[2] 민법 제574조가 수량을 지정한 매매의 목적물이 부족되는 경우와 매매목적물의 일부가 계약 당시에 이미 멸실된 경우에 매수인이 그 부족 또는 멸실을 알지 못한 때에 매도인의 담보책임을 인정하여 매수인에게 대금의 감액을 청구할 수 있는 등의 권리를 주고 있는 취지는, 그와 같이 매매로 인한 채무의 일부를 원시적으로 이행할 수 없는 경우에 대가적인 계약관계를 조정하여 그 등가성을 유지하려는 데에 있다. 사실관계가 원심이 확정한 바와 같이, 원고와 피고가 매매계약을 체결함에 있어서 이 사건 토지의 면적을 기초로 하여 평수에 따라(평당가액에 면적을 곱하여) 대금을 산정하였는데, 그 토지의 일부가 매매계약 당시에 이미 도로의 부지로 편입되어 있었고, 매수인 원고가 그와 같은 사실을 알지 못하고 위 매매계약을 체결한 것이라면, 원고는 민법 제574조에 따라 피고에 대하여 이 사건 토지 중 도로의 부지로 편입된 부분의 비율로 대금의 감액을 청구할 수 있다고 봄이 위 법조의 규정취지에 부합된다(대법원 1992. 12. 22. 선고 92다30580 판결).

판례 낙찰대금 지급 기일 전 낙찰목적물의 일부 멸실과 대금감액

[1] 임의경매절차가 진행되어 그 낙찰허가결정이 확정되었는데 그 낙찰대금 지급 기일이 지정되기 전에 그 낙찰목적물에 대한 소유자 내지 채무자 또는 그 매수인의 책임으로 돌릴 수 없는 사유로 말미암아 그 낙찰목적물의 일부가 멸실되었고, 그 낙찰인이 나머지 부분이라도 매수할 의사가 있어서 경매법원에 대하여 그 낙찰대금의 감액신청을 하여 왔을 때에는 경매법원으로서는 민법상의 쌍무계약에 있어서의 위험부담 내지 하자담보책임의 이론을 적용하여 그 감액결정을 허용하는 것이 상당하다(대법원 2005. 3. 29. 자 2005마58 결정).

[2] 낙찰목적물의 일부가 "멸실" 된 때라 함은 물리적인 멸실 뿐만 아니라 경매개시결정이 취소되는 등의 사유로 낙찰인이 당해 목적물의 소유권을 취득할 수 없게 된 경우도 이에 포함된다고 봄이 상당하다. 원심이 이 사건 낙찰부동산 중 6부동산에 대한 경매개시결정이 취소되었음을 이유로 그 부분에 해당하는 대금을 감액한 조치는 위 법리에 따른 것으로서 정당하고, 거기에 재항고이유로 주장하는 바와 같은 낙찰목적물 일부 멸실의 경우 대금감액에 관한 법리오해 등의 위법이 없다(대법원 2005. 3. 29. 자 2005마58 결정).

(4) 권리가 타인의 제한물권에 의하여 제한받고 있는 경우

매매의 목적이 된 권리가 타인의 제한물권에 의하여 제한을 받고 있는 경우(예: A는 B소유 건물 매수하였으나 이미 C가 동건물에 대해 전세권이나 대항력을 가진 임차권 등을 가지는 경우)에 매도인은 담보책임을 부담한다. 즉 매매의 목적물이 지상권, 지역권, 전세권, 질권 또는 유치권의 목적이 되거나 매매의 목적이 된 부동산을 위하여 존재할 지역권이 없거나 그 부동산에 등기된 임대차계약이 있는 경우에 계약체결시에 이러한 제한물권 등의 존재를 알고 있었던 매수인은 보호할 필요가 없다. 따라서 매도인은 선의의 매수인에 대해서만 담보책임을 진다. 즉 선의의 매수인은 제한물권 등으로 인하여 계약의 목적을 달성할 수 없을 때에는 계약해제와 손해배상청구권을 행사할 수 있고, 그렇지 않은 경우에는 손해배상만 청구할 수 있다(민법 제575조 제1항). 이러한 권리는 매수인이 그 사실을 안 날로부터 1년 내에 행사하여야 한다(민법 제575조 제2항).

(5) 저당권 또는 전세권의 행사로 인하여 소유권을 취득할 수 없거나 상실한 경우

매매의 목적이 된 부동산에 설정된 저당권[15] 또는 전세권의 행사로 인하여 매수인이 그 소유권을 취득할 수 없거나 취득한 소유권을 잃은 때(예: B가 C에 대한 3,000만원의 채무담보로 B소유 5,000만원 상당의 건물을 C에게 저당권을 설정한 후, 동 건물을 A에게 매각하였으나 B의 채무불이행으로 저당권이 실행되어 D가 경락받아 소유자가 된 경우)에는 매수인은 선의·악의를 불문하고, 담보책임을 물을 수 있다. 즉 매수인이 소유권을 취득할 수 없거나 상실한 경우에는 계약해제(민법 제576조 제1항)와 손해배상(민법 제576조 제3항)을 청구할 수 있으며, 매수인의 출재로 소유권을 보존한 경우에는 출재 상환청구(민법 제576조 제2항)와 손해배상을 청구할 수 있다(민법 제576조 제3항).

> **판례** 피담보채무 일부 인수 매수인의 미지급으로 인한 소유권 상실
>
> 매매의 목적이 된 부동산에 설정된 저당권의 행사로 인하여 매수인이 취득한 소유권을 잃은 때에는 매수인은 민법 제576조 제1항의 규정에 의하여 매매계약을 해제할 수 있지만, 매수인이 매매목적물에 관한 근저당권의 피담보채무를 인수하는 것으로 매매대금의 지급에 갈음하기로 약정한 경우에는 특별한 사정이 없는 한, 매

---

[15] 실무상 부동산의 매수인은 매매목적물에 대한 근저당권의 피담보채무(가압류채무, 임대차보증금반환채무)를 인수하는 한편 그 채무액을 매매대금에서 공제하기로 약정한 경우에는 특별한 사정이 없는 한 이행인수가 된다. 따라서 인수인은 채무자에 대하여 그 채무를 변제할 의무를 부담할 뿐이고, 직접 채권자에 대하여 의무를 지지 않는다. 그러나 저당권이 설정된 부동산 매수인이 매매계약을 체결하면서 채권자(근저당권자 또는 임차인 등)의 승낙을 받아 저당채무를 인수하는 경우에는 면책적 채무인수로 본다. 이 경우 종전의 채무자는 채무인수에 의해 채무를 면하고 인수인이 그 동일한 채무를 부담하므로, 법률행위에 의한 채무자 교체에 해당한다.

수인으로서는 매도인에 대하여 민법 제576조 제1항의 담보책임을 면제하여 주었거나 이를 포기한 것으로 봄이 상당하므로, 매수인이 매매목적물에 관한 근저당권의 피담보채무 중 일부만을 인수한 경우 매도인으로서는 자신이 부담하는 피담보채무를 모두 이행한 이상 매수인이 인수한 부분을 이행하지 않음으로써 근저당권이 실행되어 매수인이 취득한 소유권을 잃게 되더라도 민법 제576조 소정의 담보책임을 부담하게 되는 것은 아니다(대법원 2002. 9. 4. 선고 2002다11151 판결).

판례 **가압류된 부동산 매수인의 강제집행으로 인한 소유권 상실**
가압류 목적이 된 부동산을 매수한 사람이 그 후 가압류에 기한 강제집행으로 부동산 소유권을 상실하게 되었다면 이는 매매의 목적 부동산에 설정된 저당권 또는 전세권의 행사로 인하여 매수인이 취득한 소유권을 상실한 경우와 유사하므로, 이와 같은 경우 매도인의 담보책임에 관한 민법 제576조의 규정이 준용된다고 보아 매수인은 같은 조 제1항에 따라 매매계약을 해제할 수 있고, 같은 조 제3항에 따라 손해배상을 청구할 수 있다고 보아야 한다(대법원 2011. 5. 13. 선고 2011다1941 판결).

(6) 저당권의 목적인 지상권, 전세권 매매의 경우

저당권의 목적이 된 지상권 또는 전세권이 매매의 목적이 된 경우[16], 그 저당권의 실행으로 매수인이 지상권이나 전세권을 취득할 수 없게 되거나(예: A소유의 토지에 B는 지상권을 취득하고, C에 대한 3,000만원의 채무의 담보로 그 지상권에 C명의의 저당권을 설정한 후, D에게 이 지상권을 매도한 후, C가 채무불이행을 이유로 저당권을 실행한 경우) 매수인이 자기의 출재로 지상권이나 전세권을 보존한 때에 매수인은 민법 제576조의 담보책임을 물을 수 있다(민법 제577조). 즉 매수인이 소유권을 취득할 수 없거나 상실한 경우에는 계약해제(민법 제576조 제1항)와 손해배상(민법 제576조 제3항)을 청구할 수 있으며, 매수인의 출재로 소유권을 보존한 경우에는 출재 상환청구(민법 제576조 제2항)와 손해배상을 청구할 수 있다(민법 제576조 제3항).

3) 물건의 하자에 대한 담보책임(하자담보책임)

(1) 의의

매매의 목적물(특정물과 불특정물)의 하자에 대한 매도인의 담보책임을 하자담보책임이라고 한

---

16) 제371조 (지상권, 전세권을 목적으로 하는 저당권) ① 본장의 규정은 지상권 또는 전세권을 저당권의 목적으로 한 경우에 준용한다. ② 지상권 또는 전세권을 목적으로 저당권을 설정한 자는 저당권자의 동의 없이 지상권 또는 전세권을 소멸하게 하는 행위를 하지 못한다.

다. 매매 목적물에 하자가 있을 경우 매수인은 일정한 요건 하에 계약을 해제하고 손해배상을 청구할 수 있고, 경우에 따라서는 완전물의 급부를 청구할 수 있다.

(2) 요건

① 매매의 목적물에 하자가 있을 것

매매의 목적물에는 특정물·불특정물을 포함한다. 매매 목적물의 하자(=흠)란 그 목적물이 거래 통념상 기대되는 객관적 성질을 결하거나, 당사자가 예정 또는 보증한 성질을 결여한 경우를 말한다(대법원 2002. 4. 12. 선고 2000다17834 판결). 즉 하자는 객관적 하자뿐만 아니라 주관적 하자도 포함된다. 한편 매매의 목적물에 물질적인 흠은 없으나 법률적인 장애로 인하여 원하는 목적으로 사용할 수 없는 법률적 장애障碍가 있는 경우에도 물건의 하자로 인정된다(대법원 1985. 4. 9. 선고 84다카2525 판결).

> **판례** 하자의 개념: 객관적 하자와 주관적 하자
> 매도인이 매수인에게 공급한 기계가 통상의 품질이나 성능을 갖추고 있는 경우, 그 기계에 작업환경이나 상황이 요구하는 품질이나 성능을 갖추고 있지 못하다 하여 하자가 있다고 인정할 수 있기 위해서는, 매수인이 매도인에게 제품이 사용될 작업환경이나 상황을 설명하면서 그 환경이나 상황에 필요한 품질이나 성능을 갖추고 있는 제품의 공급을 요구한 데 대하여 매도인이 그러한 품질과 성능을 갖춘 제품이라는 점을 명시적으로나 묵시적으로 보증하고 공급하였다는 사실이 인정되어야만 할 것이다(대법원 2002.4.12. 선고 2000다17834 판결).

> **판례** 법률적 장애와 물건의 하자
> [1] 매매의 목적물이 거래통념상 기대되는 객관적 성질·성능을 결여하거나, 당사자가 예정 또는 보증한 성질을 결여한 경우에 매도인은 매수인에 대하여 그 하자로 인한 담보책임을 부담한다 할 것이고, 한편 건축을 목적으로 매매된 토지에 대하여 건축허가를 받을 수 없어 건축이 불가능한 경우, 위와 같은 법률적 제한 내지 장애 역시 매매목적물의 하자에 해당한다 할 것이나, 다만 위와 같은 하자의 존부는 매매계약 성립시를 기준으로 판단하여야 할 것이다(대법원 2000.1.18. 선고 98다18506 판결; 대법원 1985.4.9. 선고 84다카2525 판결).
> [2] 매도인이 불법운행하여 150일간 운행정지처분된 차량을 매도한 경우, 매수인이 그 차량을 매수하여 즉시 운행하려 하였다면 매수인으로서는 다른 차량을 대체

하지 않고는 그 목적을 달할 수 없는 경우도 예상되므로 매수인이 그런 하자있음을 알지 못하고 또 이를 알지 못한데에 과실이 없는 때에는 민법 제580조의 매도인에게 하자담보책임이 있는 경우에 해당하여 매수인은 그 매매계약을 해제할 수 있다(대법원 1985. 4. 9. 선고 84다카2525 판결).

② 매수인의 선의·무과실

매수인은 매매 목적물의 하자에 대하여 선의이고 무과실인 경우에만 매도인의 담보책임을 물을 수 있다. 따라서 매수인의 선의·무과실의 입증책임은 매도인이 부담한다(곽윤직, 채권각론, 148면; 송덕수, 채권각론, 201면). 즉 담보책임을 면하려는 매도인이 매수인의 악의 또는 과실을 입증하여야 한다.

(3) 책임의 내용

① 특정물 매매의 경우

목적물의 하자로 계약의 목적을 달성할 수 없는 경우(예: A가 B소유의 건물을 샀는데, 동 건물의 천정 및 바닥에 균열이 있는 경우)에 매수인은 계약을 해제함과 동시에 손해배상을 청구할 수 있고,[17] 그 이외의 경우에 매수인은 계약을 해제하지 못하고 손해배상만을 청구할 수 있다(민법 제580조).

② 불특정물 매매의 경우

매매의 목적물을 종류로 지정한 경우에도 그 후 특정된 목적물에 하자가 있는 때에는 특정물의 하자에 관한 규정을 준용한다(민법 제581조·제580조). 즉 매매 목적물이 특정된 후에 그 특정된 목적물에 하자가 있는 경우(예: A가 현대자동차의 SONATA를 주문했는데, 인도된 자동차의 엔진부분에 결함이 있는 경우)에 계약의 목적 달성이 불가능한 때에는 계약해제와 손해배상을 청구할 수 있고, 그 이외의 경우에는 손해배상만을 청구할 수 있다(대법원 2014. 5. 16. 선고 2012다72582 판결). 그러나 불특정물 매매의 경우에 매수인은 계약의 해제 또는 손해배상의 청구를 하지 아니하고 하자 없는 물건 즉 완전물의 급부를 청구할 수 있다(민법 제581조 제2항).

---

17) 계약이 해제되면 이행하지 않은 채무는 소멸하고 이미 이행한 급부는 서로 반환하여 원상으로 회복하여야 한다. 손해배상의 범위는 신뢰이익이다.

판례 매매목적물의 하자와 완전물급부청구권 행사 제한

민법의 하자담보책임에 관한 규정은 매매라는 유상·쌍무계약에 의한 급부와 반대급부 사이의 등가관계를 유지하기 위하여 민법의 지도이념인 공평의 원칙에 입각하여 마련된 것인데, 종류매매에서 매수인이 가지는 완전물급부청구권을 제한 없이 인정하는 경우에는 오히려 매도인에게 지나친 불이익이나 부당한 손해를 주어 등가관계를 파괴하는 결과를 낳을 수 있다. 따라서 매매목적물의 하자가 경미하여 수선 등의 방법으로도 계약의 목적을 달성하는 데 별다른 지장이 없는 반면 매도인에게 하자 없는 물건의 급부의무를 지우면 다른 구제방법에 비하여 지나치게 큰 불이익이 매도인에게 발생되는 경우와 같이 하자담보의무의 이행이 오히려 공평의 원칙에 반하는 경우에는, 완전물급부청구권의 행사를 제한함이 타당하다. 그리고 이러한 매수인의 완전물급부청구권의 행사에 대한 제한 여부는 매매목적물의 하자의 정도, 하자 수선의 용이성, 하자의 치유가능성 및 완전물급부의 이행으로 인하여 매도인에게 미치는 불이익의 정도 등의 여러 사정을 종합하여 사회통념에 비추어 개별적·구체적으로 판단하여야 한다(甲이 乙 주식회사로부터 자동차를 매수하여 인도받은 지 5일 만에 계기판의 속도계가 작동하지 않는 하자가 발생하였음을 이유로 乙 회사 등을 상대로 신차 교환을 구한 사안에서, 甲의 완전물급부청구권 행사가 허용되지 않는다고 한 사례; 대법원 2014.5.16. 선고 2012다72582 판결).

③ 제척기간

매매목적물의 하자로 매수인이 매도인에 대하여 가지는 계약해제권·손해배상청구권·완전물급부청구권은 매수인이 목적물에 하자가 있다는 사실을 안 날로부터 6개월 내에 행사하여야 한다(민법 제582조).

판례 상사매매에 관한 특칙(상법 제69조)

상인간의 매매에 있어서 매수인이 목적물을 수령한 때에는 지체없이 이를 검사하여야 하며 하자 또는 수량의 부족을 발견한 경우에는 즉시, 즉시 발견할 수 없는 하자가 있는 경우에는 6월 내에 매수인이 매도인에게 그 통지를 발송하지 아니하면 이로 인한 계약해제, 대금감액 또는 손해배상을 청구하지 못하도록 규정하고 있는 상법 제69조 제1항은 민법상의 매도인의 담보책임에 대한 특칙으로 전문적 지식을 가진 매수인에게 신속한 검사와 통지의 의무를 부과함으로써 상거래를 신속하게 결말짓도록 하기 위한 규정으로서 그 성질상 임의규정으로 보아야 할 것이고 따라서 당사자간의 약정에 의하여 이와 달리 정할 수 있다고 할 것이다(대법원 2008. 5. 15. 선고 2008다3671 판결).

4) 경매와 매도인의 담보책임

(1) 경매에서의 담보책임

계약은 경매나 입찰[18]과 같은 다수인의 공개적 경쟁에 의하여 체결될 수도 있다. 민법은 경매에 있어서의 담보책임에 대하여 특별규정을 두고 있다. 여기에서의 경매는 공경매를 의미하며, 공경매에는 통상의 강제경매, 담보권실행경매, 국세징수법에 의한 공매가 있다. 공경매는 재산이 소유자의 의사에 의하지 않고 매각되며, 매각대금으로부터 채권자 등이 우선변제를 받는 특수성이 있다. 경매의 경우에 경락인은 권리의 하자에 대하여만 담보책임을 물을 수 있고(민법 제578조), 물건의 하자에 대하여는 책임을 묻지 못한다(민법 제580조 제2항). 왜냐하면 경매참가자는 경매목적물의 현황을 조사할 의무가 있기 때문이다. 그리고 경매절차 자체가 무효인 경우에는 채무자나 채권자의 담보책임은 인정될 여지가 없다(대법원 2004. 6. 24. 선고 2003다59259 판결).

> **판례** **경매의 무효와 담보책임**
>
> 경락인이 강제경매절차를 통하여 부동산을 경락받아 대금을 완납하고 그 앞으로 소유권이전등기까지 마쳤으나, 그 후 강제경매절차의 기초가 된 채무자 명의의 소유권이전등기가 원인무효의 등기이어서 경매 부동산에 대한 소유권을 취득하지 못하게 된 경우, 이와 같은 강제경매는 무효라고 할 것이므로 경락인은 경매 채권자에게 경매대금 중 그가 배당받은 금액에 대하여 일반 부당이득의 법리에 따라 반환을 청구할 수 있고, 민법 제578조 제1항, 제2항에 따른 경매의 채무자나 채권자의 담보책임은 인정될 여지가 없다(대법원 2004.6.24. 선고 2003다59259 판결).

(2) 권리의 하자와 담보책임

경매목적물의 권리에 하자가 있는 경우 경락인은 민법 제570조 내지 제577조의 규정에 의하여 채무자 또는 채권자에게 담보책임을 물을 수 있다(민법 제578조). 채무자는 매도인의 지위에 있으므로 제1차적 책임을 지고, 채무자가 무자력인 경우에는 대금의 배

---

[18] 경매는 각 경쟁자가 다른 경쟁자가 표시하는 내용을 보고, 다시 그보다 더 유리한 내용을 표시할 수 있는 기회를 갖는다. 반면에 입찰은 경쟁자가 서로 다른 경쟁자가 표시하는 내용을 알 수 없는 경우이다. 입찰은 입찰 공고, 입찰, 개봉(개찰), 낙찰결정 순으로 이루어진다. 입찰공고는 대부분 청약의 유인이고, 입찰은 청약의 성질을 가지고 낙찰은 승낙의 의미를 가진다. 따라서 계약은 낙찰 시에 성립한다(현대그룹과 현대자동차 간의 현대건설 인수과정에서 저가 입찰의 현대차동차가 낙찰 받은 사례 참고).

당을 받을 채권자가 제2차적으로 책임을 진다.[19] 즉 경매에 있어서 권리에 하자가 있는 경우에 경락인은 제1차적으로 채무자(또는 물상보증인)에게 계약의 해제 또는 대금감액의 청구를 할 수 있다(민법 제578조 제1항). 그러나 채무자가 자력이 없는 때에는 경락인은 대금의 배당을 받은 채권자에 대하여 그 대금전부나 일부의 반환을 청구할 수 있다(동조 제2항).

한편 경매는 채무자의 의사에 따라 행하여지는 것이 아니고, 경매로 그 목적물이 채무자에게서 경락인으로 이전되므로 채권자도 경매 목적물의 권리 상태를 제대로 알지 못하므로 경매목적물에 권리의 하자가 있더라도 원칙적으로 손해배상책임이 생기지 않는다. 그러나 채무자가 물건 또는 권리의 흠결을 알고 고지하지 아니하거나 채권자가 이를 알고 경매를 청구한 때에는 경락인은 그 흠결을 안 채무자나 채권자에 대하여 손해배상을 청구할 수 있다(동조 제3항).

> **판례** 임의경매에 있어서 물상보증인의 지위와 책임
> 민법 제578조 제1항의 채무자에는 임의경매에 있어서의 물상보증인도 포함되는 것이므로 경락인이 그에 대하여 적법하게 계약해제권을 행사했을 때에는 물상보증인은 경락인에 대하여 원상회복의 의무를 진다(대법원 1988.4.12. 선고 87다카2641 판결).

> **판례** 낙찰대금지급기일 전 선순위근저당권 소멸과 담보책임
> 선순위 근저당권의 존재로 후순위 임차권이 소멸하는 것으로 알고 부동산을 낙찰받았으나, 그 후 채무자가 후순위 임차권의 대항력을 존속시킬 목적으로 선순위 근저당권의 피담보채무를 모두 변제하고 그 근저당권을 소멸시키고도 이 점에 대하여 낙찰자에게 아무런 고지도 하지 않아 낙찰자가 대항력 있는 임차권이 존속하게 된다는 사정을 알지 못한 채 대금지급기일에 낙찰대금을 지급하였다면, 채무자는 민법 제578조 제3항의 규정에 의하여 낙찰자가 입게 된 손해를 배상할 책임이 있다(대법원 2003.4.25. 선고 2002다70075 판결).

5) 담보책임에 관한 특약

매도인의 담보책임에 관한 규정은 강행규정이 아니므로 당사자의 특약으로 그 책임을 면제할 수 있다(곽윤직, 채권각론, 154면; 김상용, 채권각론, 209면). 그러나 담보책임 면제 특약이 있는 경우에도 매도인이 알고 고지하지 아니한 사실 및 제3자에게 권리를 설정 또는 양도한 행위에 대하여는 책임을 면하지 못한다(민법 제584조).

---
19) 권리의 하자로 감액되어야 할 경매대금을 전액 받아간 것은 부당이득이 되기 때문이다.

Ⅳ. 매매 계약의 해제

1. 계약의 해제

1) 의의

해제는 유효하게 성립하고 있는 계약의 효력을 당사자 일방의 의사표시에 의하여 그 계약이 처음부터 있지 않았던 것과 같은 상태로 되돌아가게 하는 제도이다. 즉 해제 제도는 계약의 당사자가 법률적 구속에서 벗어나기 위한 제도이다.

2) 해제권의 발생

해제권은 당사자 일방의 의사표시로 권리관계의 변동을 가져오는 권리이며, 해제권은 계약 또는 법률의 규정에 의하여 인정된다(민법 제543조).

(1) 약정해제권

해제권은 계약에 의하여 인정될 수 있다(민법 제543조 제1항). 따라서 당사자가 미리 계약에서 해제권을 보류하는 경우에는 약정해제권이 인정된다. 이 경우 해제권 유보는 계약 체결과 동시 또는 별개의 계약으로도 가능하며, 당사자는 계약에서 그 행사방법이나 효과에 관하여 정할 수 있다. 또한 약정해제권은 당사자가 명백히 보류하지 않았지만 법률에 의하여 해제권을 보류하는 것으로 다루어지는 경우도 있다. 즉 전술한 바와 같이 매매 기타 유상계약에서 계약금이 교부된 경우에는 해제권 보류의 특약이 있는 것으로 추정된다(민법 제565조 참조). 한편 약정해제권을 행사하여 계약을 해제하는 경우에는 채무불이행을 원인으로 하는 손해배상청구권은 인정되지 않는다(대법원 1983.1.18. 선고 81다89,90 판결).

> **판례** 약정해제권 행사와 손해배상청구
>
> [1] 계약서 제8조의 "을이 공사를 시공중이라고 할지라도 공사에 대한 자재는 건축 통례상 저질자재를 사용하였거나 무단히 3일 이상 중단하거나 준공할 가망이 없다고 갑이 인정하거나 본 계약 각 조항 중 어느 1조항이라도 위반하였거나 공정표와 차질이 생겼을 경우에는 갑은 공사중단을 명할 수 있으며 이 경우 을은 갑이 취하는 여하한 조치에도 이의없이 차에 순응할 의무를 진다"라는 규정은 원·피고 사

이에 본건 도급계약을 체결함에 있어 합의에 의하여 수급인에게 계약조항상의 부수적 의무위반이 있는 등의 경우에 도급인인 원고에게 해제권을 부여하고 그 자의 단독의 의사표시에 의하여 본건 도급계약을 해제할 수 있도록 하는 약정으로서 이른바 약정해제권 유보에 관한 규정이다.

[2] 원·피고 사이의 계약조항상의 부수적 의무위반을 이유로 한 약정해제권의 행사의 경우에는 법정해제의 경우와는 달리 그 해제의 효과로서 손해배상의 청구는 할 수 없다 할 것이다(대법원 1983. 1. 18. 선고 81다89, 90 판결).

(2) 법정해제권

법정해제권에는 각종 전형계약에 특수한 것(예: 망은행위에 의한 증여의 해제(민법 제556조)·증여자의 재산상태변경과 증여의 해제(민법 제557조) 등)과 채무불이행을 이유로 하는 계약일반에 공통하는 것이 있다. 부동산 매매에 특수한 법정해제사유는 민법 제570조 내지 제578조·제580조에서 규정한 매도인의 담보책임에 따른 계약해제를 들 수 있다(이에 대하여는 전술함). 이하에서는 모든 계약에 공통적인 법정해제권의 발생 원인인 채무불이행에 대하여 살펴보기로 한다.

① 이행지체에 의한 해제권의 발생

이행지체에 의한 해제권은 i)채무자의 책임 있는 사유에 의한 이행지체가 있을 것, ii)채권자가 상당한 기간을 정하여 그 이행을 최고하였을 것, iii)채무자가 최고 기간 내에 이행 또는 이행의 제공을 하지 아니하였을 것이라는 요건을 갖추어야만 발생한다(민법 제544조 본문). 그러나 채무자가 미리 이행하지 아니할 의사를 표시한 경우에는 최고를 요하지 아니한다(민법 제554조 단서).

㉮ 이행지체의 성립

이행지체는 i)당사자 사이에 채권관계가 존재하고, ii)이행기가 도래하여야 하며, iii)채무의 이행이 가능하여야 하고, iv)채무자의 책임 있는 사유로 지체가 되어야 하며, v)이행하지 않는 것이 위법한 경우에 성립한다. 그러나 채무자가 지체에 정당한 권한을 가지는 경우(예: 유치권 또는 동시이행의 항변권)에는 지체책임이 생기지 않고, 해제권도 발생하지 않는다. 따라서 채무자가 동시이행의 항변권을 가지고 있는 경우 채권자는 자기 채무의 이행을 제공하기 전까지는 해제하지 못한다(대법원 1992. 11. 10. 선고 92다36373 판결).

> **판례** **채무자의 동시이행의 항변권과 해제권**
> 소정의 기간 내에 이행이 없으면 계약은 당연히 해제된 것으로 한다는 뜻을 포함하고 있는 이행청구는 그 이행청구와 동시에 그 기간 내에 이행이 없는 것을 정지조건으로 하여 미리 해제의 의사를 표시한 것으로 볼 수 있을 것이지만, 그 경우에 있어서도 동시이행관계에 있는 의무자의 일방이 상대방의 이행지체를 이유로 한 해제권을 적법하게 취득하기 위하여는 그 이행청구에 표시된 이행기가 "일정한 기간내"로 정하여진 경우라면 그 이행의 청구한 자가 원칙으로 그 기간 중 이행제공을 계속하여야 할 것이고, "일정한 일시"등과 같이 기일로 정하여진 경우에는 그 기일에 이행제공이 있어야 할 것이다(대법원 1992.12.22. 선고 92다28549 판결).

> **판례** **부동산 매도인의 의무이행과 동시이행의 항변권**
> 쌍무계약인 부동산 매매계약에 있어서 특별한 사정이 없는 한 매수인의 잔대금지급의무와 매도인의 소유권이전등기서류 교부의무는 동시이행관계에 있다 할 것이고, 이러한 경우 매도인이 매수인에게 지체책임을 지워 매매계약을 해제하려면 매수인이 이행기일에 잔대금을 지급하지 아니한 사실만으로는 부족하고 매도인이 소유권이전등기신청에 필요한 일체의 서류를 수리할 수 있을 정도로 준비하여 그 뜻을 상대방에게 통지하여 수령을 최고함으로써 이를 제공하여야 한다(매도인이 부동산 매도용 인감증명서를 발급받아 놓고 인감도장과 등기권리증 등을 준비하여 잔대금 수령과 동시에 법무사 등에게 위임하여 소유권이전등기 신청행위에 필요한 서류를 작성할 수 있도록 준비하였다면 그 이행의 제공으로 충분하다고 한 사례; 대법원 1992.11.10. 선고 92다36373 판결).

㉯ 상당한 기간을 정한 이행 최고

채권자는 상당한 기간을 정하여 이행을 최고하여야 한다. 상당한 기간은 채무자가 이행을 준비하고, 이를 이행하는 데 필요한 기간이며, 그 기간은 채무의 성질 기타 객관적 사정을 고려하여 결정한다. 최고의 방법에는 특별한 제한이 없으며, 지정된 기간 내에 이행이 없으면 해제를 한다는 표시는 할 필요가 없다. 최고의 기간이 상당하지 아니한 경우에는 상당한 기간이 지난 후에 해제권이 발생한다. 그러나 채무자가 미리 이행하지 아니할 의사를 표시한 경우에는 최고를 요하지 아니한다(민법 제554조 단서).

> **판례** **계약상 불이행 의사 표시와 최고**
> 계약상 채무자가 계약을 이행하지 아니할 의사를 명백히 표시한 경우에 채권자는

신의성실의 원칙상 이행기 전이라도 이행의 최고 없이 채무자의 이행거절을 이유로 계약을 해제하거나 채무자를 상대로 손해배상을 청구할 수 있고, 채무자가 계약을 이행하지 아니할 의사를 명백히 표시하였는지 여부는 계약 이행에 관한 당사자의 행동과 계약 전후의 구체적인 사정 등을 종합적으로 살펴서 판단하여야 한다(대법원 2005.8.19. 선고 2004다53173 판결).

판례 계약상 의무 없는 과다한 채무이행요구와 최고
쌍무계약인 부동산 매매계약에 있어 매수인이 이행기일을 도과한 후에 이르러 매도인에 대하여 계약상 의무 없는 과다한 채무의 이행을 요구하고 있는 경우에는 매도인으로서는 매수인이 이미 자신의 채무를 이행할 의사가 없음을 표시한 것으로 보고 자기 채무의 이행제공이나 최고 없이도 계약을 해제할 수 있다(대법원 1992.9.14. 선고 92다9463 판결).

㉰ 최고기간 내에 이행 또는 이행제공이 없을 것

채무자가 최고기간 내에 이행하지 않는 데에 대한 채무자의 책임 있는 사유가 있어야 한다. 또한 매매의 경우 당사자 쌍방의 채무는 동시이행의 관계에 있으므로 채권자의 이행 제공은 최고기간에도 계속되어야 하며, 해제권 발생 후에는 더 이상 이행제공의 필요가 없다. 한편 최고 기간 중의 이행제공의 정도는 이행지체 성립에 필요한 이행제공과는 달리 엄격하게 해석할 필요가 없다(송덕수, 채권각론, 125면). 채권자의 반대급부의무의 이행제공의 정도를 엄격하게 요구하면 오히려 불성실한 채무자에게 구실을 줄 염려가 있으므로 그 정도는 구체적인 상황에 따라 합리적으로 판단하여야 한다(대법원 2011. 4. 28. 선고 2010다94953 판결).

판례 최고 기간 중 미이행과 채무자의 유책사유
채권자가 채무자에게 지급하여야 할 채무의 이행을 최고한 것을 부적법한 이행의 최고라고 할 수는 없다고 할지라도 그 이행을 지체하게 된 전후 사정, 그 이행에 관한 당사자의 태도, 소송의 경과 등 제반 사정에 비추어 보아 채무자가 최고기간 또는 상당한 기간 내에 이행하지 아니한 데에 정당한 사유가 있다고 여겨질 경우에는 신의칙상 그 최고기간 또는 상당한 기간 내에 이행 또는 이행의 제공이 없다는 이유로 해제권을 행사하는 것이 제한될 수 있다(대법원 2013.6.27. 선고 2013다14880,14897 판결).

판례 최고 기간 중 채권자의 이행 제공
쌍무계약의 당사자 일방이 먼저 한번 현실의 제공을 하고 상대방을 수령지체에 빠지게 하였다 하더라도 그 이행의 제공이 계속되지 않는 경우는 과거에 이행의 제

공이 있었다는 사실만으로 상대방이 가지는 동시이행의 항변권이 소멸하는 것은 아니므로, 일시적으로 당사자 일방의 의무의 이행제공이 있었으나 곧 그 이행의 제공이 중지되어 더 이상 그 제공이 계속되지 아니하는 기간 동안에는 상대방의 의무가 이행지체 상태에 빠졌다고 할 수는 없다고 할 것이고, 따라서 그 이행의 제공이 중지된 이후에 상대방의 의무가 이행지체되었음을 전제로 하는 손해배상청구도 할 수 없다(대법원 1999.7.9. 선고 98다13754, 13761 판결).

판례 최고 기간 중 채권자의 이행 제공의 정도

[1] 쌍무계약에서 일방 당사자의 자기 채무에 관한 이행제공을 엄격하게 요구하면 오히려 불성실한 상대 당사자에게 구실을 주는 것이 될 수도 있으므로, 일방 당사자가 하여야 할 제공 정도는 시기와 구체적인 상황에 따라 신의성실의 원칙에 어긋나지 않게 합리적으로 정하여야 한다(대법원 2011. 4. 28. 선고 2010다94953 판결).

[2] 부동산 매도인의 이행 제공

부동산 매도의 경우, 매도인으로서는 부동산매도용 인감증명서를 발급받아 놓고, 인감도장이나 등기권리증 등을 준비하여 놓아, 잔대금수령과 동시에 법무사 등에게 위임하여 이전등기신청행위에 필요한 서류를 작성할 수 있도록 준비함으로써 이행의 제공을 하고 잔대금지급의 최고를 할 수 있다고 보아야 할 것이고, 이와 같은 경우 위의 서류 등은 자신의 집에 소지하고 있음으로써 족하다고 할 것이다(대법원 1992. 7. 14. 선고 92다5713 판결).

[3] 부동산 매수인의 이행 제공

쌍무계약의 일방 당사자가 이행기에 한번 이행제공을 하여서 상대방을 이행지체에 빠지게 한 경우 신의성실의 원칙상 이행을 최고하는 일방 당사자로서는 그 채무이행의 제공을 계속할 필요는 없다 하더라도 상대방이 최고기간 내에 이행 또는 이행제공을 하면 계약해제권은 소멸되므로 상대방의 이행을 수령하고 자신의 채무를 이행할 수 있는 정도의 준비가 되어 있으면 된다고 할 것인바(대법원 1982. 6. 22. 선고 81다카1283, 1284 판결 참조), 이 사건에 있어 원심이 적법히 인정한 사실관계와 같이 피고가 원고에게 이행을 최고함에 있어서 현실로 이행제공하였던 잔대금으로 양도성예금증서를 구입하여 보관하고 있으면서 자신의 채무를 이행할 수 있는 준비를 하고 있었다면 이는 해제권 발생을 위한 적법한 최고라고 할 것이다(부동산 매수인이 잔대금으로 양도성예금증서를 준비하고 있는 경우 이행제공으로 판단한 사례; 대법원 1996. 11. 26. 선고 96다35590, 35606 판결).

② 이행불능에 의한 해제권의 발생 (민법 제546조)

채무자에게 책임 있는 사유에 의하여 채무의 이행이 불능인 경우에 채권자는 최고 없이 계약을 해제할 수 있다. 그러나 채무자에게 책임이 없는 사유로 이행불능이 된 경우에는 위험부담의 문제가 되며, 이행불능을 이유로 한 해제는 인정되지 않는다.

한편 이행불능으로 인한 해제권은 이행불능 시에 발생하므로 이행기 전에 이행불능으로 된 경우에도 이행기를 기다릴 필요 없이 해제 가능하다.

판례 **이행불능의 판단**
채무의 이행이 불능이라는 것은 단순히 절대적·물리적으로 불능인 경우가 아니라 사회생활에 있어서의 경험법칙 또는 거래상의 관념에 비추어 볼 때 채권자가 채무자의 이행의 실현을 기대할 수 없는 경우를 말하는 것이다(대법원 1996. 7. 26. 선고 96다14616 판결; 대법원 2003. 1. 24. 선고 2000다22850 판결).

판례 **이행불능에 의한 해제와 이행제공 여부**
매도인의 매매계약상의 의무가 이행불능이 되어 이를 이유로 매매계약을 해제함에 있어서는 상대방인 원고의 잔대금지급의무(예: 분양대금 70억)가 매도인의 위 의무와 동시이행 관계에 있다고 하더라도 그 이행의 제공을 필요로 하는 것이 아니다(대법원 2003.1.24. 선고 2000다22850 판결).

③ 불완전이행에 의한 해제권의 발생

채무를 이행하였으나 그 이행이 불완전한 경우에는 일정한 요건 하에 계약을 해제할 수 있다. 완전이행이 가능한 경우에는 상당한 기간을 정하여 이행을 최고하였으나 그 기간 내에 이행을 하지 아니한 경우에는 해제권이 발생하고, 완전이행이 불가능한 경우에는 최고 없이 계약을 해제할 수 있다. 한편 물건의 급부를 목적으로 하는 채무의 경우에는 매도인의 하자담보책임이 문제될 수 있다(민법 제580조·제581조).

④ 사정 변경에 의한 해제권의 발생

사정변경의 원칙은 계약 체결 당시의 기초 사정이 그 후 현저하게 변경되어 계약 내용을 그대로 유지하는 것이 신의칙과 공평의 원칙에 반하는 부당한 결과를 가져오는 경우에는 당사자가 그 법률행위의 효과를 신의칙과 공평의 원칙에 맞도록 변경하거나 또는 해제시킬 수 있다는 원칙이다.

민법에는 사정변경의 원칙을 인정하는 일반적인 규정은 존재하지 않으나, 그에 대한 개별 규정[20]이 두어져 있다. 판례는 사정변경의 원칙을 인정하는 추세이지만 부동산 매매계약에 있어서는 아직까지 사정변경의 원칙에 의한 계약해제를 인정하지 않고 있다.

> **판례** **부동산 매매와 사정변경으로 인한 계약해제**
>
> 사정변경으로 인한 계약해제는, 계약성립 당시 당사자가 예견할 수 없었던 현저한 사정의 변경이 발생하였고 그러한 사정의 변경이 해제권을 취득하는 당사자에게 책임 없는 사유로 생긴 것으로서, 계약내용대로의 구속력을 인정한다면 신의칙에 현저히 반하는 결과가 생기는 경우에 계약준수 원칙의 예외로서 인정되는 것이고, 여기에서 말하는 사정이라 함은 계약의 기초가 되었던 객관적인 사정으로서, 일방 당사자의 주관적 또는 개인적인 사정을 의미하는 것은 아니다. 또한, 계약의 성립에 기초가 되지 아니한 사정이 그 후 변경되어 일방당사자가 계약 당시 의도한 계약목적을 달성할 수 없게 됨으로써 손해를 입게 되었다 하더라도 특별한 사정이 없는 한 그 계약내용의 효력을 그대로 유지하는 것이 신의칙에 반한다고 볼 수도 없다(지방자치단체로부터 매수한 토지가 공공공지에 편입되어 매수인이 의도한 음식점 등의 건축이 불가능하게 되었더라도 이는 매매계약을 해제할 만한 사정변경에 해당하지 않고, 매수인이 의도한 주관적인 매수목적을 달성할 수 없게 되어 손해를 입었다 하더라도 매매계약을 그대로 유지하는 것이 신의칙에 반한다고 볼 수도 없다고 한 사례; 대법원 2007.3.29. 선고 2004다31302 판결).

⑤ 부수적 채무의 불이행과 계약해제권

계약의 주된 목적의 달성에 필수적인 것이 아닌 부수적 채무의 불이행이 있더라도 계약의 목적 달성에 아무런 영향이 없으므로 해제는 허용되지 않는다.

> **판례** **부수적 채무불이행과 계약해제**
>
> [1] 민법 제544조에 의하여 채무불이행을 이유로 계약을 해제하려면, 당해 채무가 계약의 목적 달성에 있어 필요불가결하고 이를 이행하지 아니하면 계약의 목적이 달성되지 아니하여 채권자가 그 계약을 체결하지 아니하였을 것이라고 여겨질 정

---

20) 예를 들어 지상권의 지료증감청구권(민법 제286조), 전세금 증감청구권(민법 제312조의2), 증여자의 재산상태 변경과 해제(민법 제557조), 임차물의 멸실과 해지권·차임증감청구권(민법 제627조·제628조) 등이 있다.

도의 주된 채무이어야 하고 그렇지 아니한 부수적 채무를 불이행한 데에 지나지 아니한 경우에는 계약을 해제할 수 없다. 계약상의 의무 가운데 주된 채무와 부수적 채무를 구별함에 있어서는 급부의 독립된 가치와는 관계없이 계약을 체결할 때 표명되었거나 그 당시 상황으로 보아 분명하게 객관적으로 나타난 당사자의 합리적 의사에 의하여 결정하되, 계약의 내용·목적·불이행의 결과 등의 여러 사정을 고려하여야 한다(대기환경보전법상의 배출시설설치신고에 필요한 서류의 교부의무는 배출시설설치계약에 있어서 그 설치업자의 주된 채무라 볼 수 없으므로, 이 의무의 불이행을 사유로 한 계약해제는 효력이 없다고 한 사례; 대법원 2005.11.25. 선고 2005다53705, 53712 판결).

[2] 대구도시철도공사와 '교통카드를 이용한 지하철 제1호선 운임 자동징수 시스템의 설치·공급 및 운영에 관한 계약'을 체결하고 교통카드 발급업무를 담당하던 업체가 위 공사와 협의 없이 기본형 교통카드 외에 액세서리형 교통카드 등 새로운 형태의 교통카드를 발급하고 임의로 교통카드의 외형을 변경하거나 광고 문구를 삽입하여 판매한 사안에서, 이는 시민편익을 위한 교통정책에 부응하고 교통카드의 사용을 활성화하기 위한 조치였다고 봄이 상당하고 그로 인해 위 계약을 해지할 정도로 계약상 의무를 위반한 것으로는 볼 수 없다(대구고등법원 2009.10.8. 선고 2009나2058 판결).

2. 해제권의 행사

1) 해제권의 행사 방법

해제권이 발생한 경우에 해제권의 행사여부는 해제권자의 자유이다. 따라서 해제권자가 해제권을 행사하지 않는 경우에는 해제의 효과는 발생하지 않는다. 해제권은 상대방에 대한 의사표시로 하고(민법 제543조 제1항), 그 방식에는 제한이 없다. 해제의 의사표시는 상대방에 도달한 때로부터 효력이 생기고(민법 제111조), 해제의 의사표시는 상대방에 도달한 후에는 철회할 수 없다(민법 제543조 제2항).[21] 한편 해제의 의사표시에는 조건이나 기한을 붙이지 못한다.[22]

---

21) 단 제한능력·의사표시의 착오나 사기·강박을 이유로 취소할 수 있고, 상대방이 승낙하면 철회할 수 있다.
22) 해제는 단독행위이므로 예외적으로 조건을 붙이면 상대방을 일방적으로 불리한 지위에 놓이게 할 염려가 있고, 해제는 소급효가 인정되므로 기한을 붙이는 것이 무의미하기 때문이다. 그러나 조건이나 기한을 붙여도 상대방을 불이익하게 하지 않는 경우에는 무방하다(예컨대, 최고를 하면서 최고기간 내에 이행하지 않으면 다시 해제의 의사표시를 하지 않더라도 당연히 해제된다고 하는 것은 최고기간 내의 불이행을 정지조건으로 하는 해제의 의사표시이지만 유효하다).

2) 해제권의 불가분성

당사자의 일방 또는 쌍방이 수인인 경우에 계약의 해제는 그 전원으로부터 또는 전원에 대하여 하여야 한다(민법 제547조 제1항). 예를 들어 하나의 건물 공유자 A, B, C가 그 건물을 D에게 공동으로 매도하는 계약을 체결한 후 대금지급의무 불이행을 이유로 매매계약을 해제하는 경우 계약해제는 매도인 전원이 하여야 한다. 이는 복잡한 법률관계가 생기는 것을 피하기 위하여 취해진 원칙이다. 이러한 원칙에 따라 해제의 권리가 당사자 1인에 대하여 소멸한 때에는 다른 당사자에 대하여도 소멸한다(민법 제547조 제2항).

> **판례** **다수 당사자와 계약해제**
>
> [1] 하나의 부동산을 수인이 공유하는 경우 각 공유자는 각 그 소유의 지분을 자유로이 처분할 수 있으므로, 공유자 전원이 공유물에 대한 각 그 소유지분 전부를 형식상 하나의 매매계약에 의하여 동일한 매수인에게 매도하는 경우라도 당사자들의 의사표시에 의하여 각 지분에 관한 소유권이전의무, 대금지급의무를 불가분으로 하는 특별한 사정이 없는 한 실질상 각 공유지분별로 별개의 매매계약이 성립되었다고 할 것이고, 일부 공유자가 매수인의 매매대금지급의무불이행을 원인으로 한 그 공유지분에 대한 매매계약을 해제하는 것은 가능하다고 할 것이다(대법원 1995. 3. 28. 선고 94다59745 판결).
>
> [2] 이 사건 매매계약은 당사자들의 의사표시에 의하여 각 지분에 관한 소유권이전의무, 대금지급의무를 불가분으로 하는 실질상으로도 하나의 매매계약이라고 할 것이고 따라서 매도인 중 한 사람인 원고가 그의 지분비율에 상응하는 매매대금 중 일부를 매수인으로부터 지급받지 못하였다 할지라도 이를 이유로 자신의 지분에 관한 매매계약 부분만을 해제할 수는 없다고 할 것이다(실질상 하나의 매매계약으로 인정되는 경우에 매매계약 전체에 대한 해제의 의사표시는 매도인 전원이 하여야 하고, 매도인 중 공유자 1인이 자신의 지분에 관한 매매계약 부분을 해제할 수 없다고 한 사례; 대법원 1995. 3. 28. 선고 94다59745 판결).

3. 해제의 효과

1) 해제의 소급효

계약이 해제되면 해제된 계약은 소급하여 무효로 되고, 계약에 의한 법률효과도 생기지 않았던 것이 된다. 따라서 계약에 의하여 발생한 채권·채무는 모두 소급적으로 소멸하므로 이행하지 않은 채무는 이행할 필요가 없고, 이미 이행된 급부는 반환하여야 한다. 예를 들어 A의 X토지를 B에게 매도하는 계약을 체결한 후 약정에 따라 A는 B에게로 소유권이전등기를 완료하였으나 B가 대금을 지급하지 않아 계약이 해제된 경우 X토지의 소유권은 당연히 A에게 복귀한다.

한편 해제는 제3자의 권리를 해하지 못한다(민법 제548조 제1항 단서). 제3자란 일반적으로 해제된 계약으로부터 생긴 법률효과를 기초로 하여 해제 전에 새로운 이해관계를 가졌을 뿐만 아니라 등기, 인도 등으로 권리를 취득한 사람을 말한다(대법원 2014.12.11. 선고 2013다14569 판결). 위의 사례에서 X토지의 소유권을 취득한 B가 다시 C에게 매도한 후 소유권이전을 완료한 후에 A가 B를 상대로 매매계약을 해제하더라도 C의 X토지 소유권 취득에는 영향을 주지 않는다. 또한 판례는 거래의 안전을 위하여 '해제의 의사표시 후 해제가 있었음을 모르고' 이해관계를 맺은 선의의 제3자도 보호하고 있다.

> **판례** **계약해제와 물권변동의 소급효**
> 민법 548조 1항 본문에 의하면 계약이 해제되면 각 당사자는 상대방을 계약이 없었던 것과 같은 상태에 복귀케 할 의무를 부담한다는 뜻을 규정하고 있는바 계약에 따른 채무의 이행으로 이미 등기나 인도를 하고 있는 경우에 그 원인행위인 채권계약이 해제됨으로써 원상회복 된다고 할 때 그 이론 구성에 관하여 소위 채권적 효과설과 물권적 효과설이 대립되어 있으나 우리의 법제가 물권행위의 독자성과 무인성을 인정하고 있지 않는 점과 민법 548조 1항 단서가 거래안정을 위한 특별규정이란 점을 생각할 때 계약이 해제되면 그 계약의 이행으로 변동이 생겼던 물권은 당연히 그 계약이 없었던 원상태로 복귀한다 할 것이다(대법원 1977.5.24. 선고 75다1394 판결; 대법원 1995.5.12. 선고 94다18881, 18898, 18904 판결).

> **판례** **계약해제와 제3자의 범위**
> [1] 계약해제 전 이해관계를 맺은 자(선·악 불문)
> 민법 제548조 제1항 단서에서 말하는 제3자는 일반적으로 해제된 계약으로부터 생긴 법률효과를 기초로 하여 해제 전에 새로운 이해관계를 가졌을 뿐만 아니라 등기, 인도 등으로 권리를 취득한 사람을 말한다(대법원 2014.12.11. 선고 2013다14569 판결).
> [2] 계약해제 후 이해관계를 맺은 자(선의)
> 계약해제시 계약은 소급하여 소멸하게 되어 해약당사자는 각 원상회복의 의무를 부담하게 되나 이 경우 계약해제로 인한 원상회복등기 등이 이루어지기 이전에 해약당사자와 양립되지 아니하는 법률관계를 가지게 되었고 계약해제 사실을 몰랐

던 제3자에 대하여는 계약해제를 주장할 수 없고, 이 경우 제3자가 악의라는 사실의 주장·입증책임은 계약해제를 주장하는 자에게 있다(대법원 2005.6.9. 선고 2005다6341 판결).

2) 원상회복의무

당사자 일방이 계약을 해제하면 각 당사자는 그 상대방에 대하여 원상회복의 의무가 있다(민법 제548조 제1항). 원상회복의무는 당사자 전원(해제한 자 및 그 상대방)이 부담하고, 채권이 양도된 경우 양수인도 원상회복의무가 있다. 해제로 인한 원상회복의무는 일종의 부당이득의 성질을 가지고, 또한 그 범위는 민법 제548조에 따라 이익의 현존 여부나 선의·악의를 불문하고 이익 전부를 반환하여야 한다(대법원 2014. 3. 13. 선고 2013다34143 판결).

따라서 원물이 존재하는 경우에는 원물을 반환하고, 원물이 채무자의 귀책사유로 멸실·훼손·소비 등으로 반환이 불가능한 경우에는 해제 당시의 가액을 반환하여야 한다. 채무자, 즉 매수인이 목적물을 이용한 경우에는 그 사용이익을 반환하여야 한다. 그러나 그 사용으로 인한 감가비는 반환할 필요가 없으며, 매수인의 노력으로 인한 운용이익은 반환할 사용이익의 범위에서 공제하여야 한다(대법원 2006. 9. 8. 선고 2006다26328, 26335 판결).

> **판례** **채권 양도와 원상회복의무**
>
> 민법 제548조 제1항 단서에서 규정하고 있는 제3자란 일반적으로 계약이 해제되는 경우 그 해제된 계약으로부터 생긴 법률효과를 기초로 하여 해제 전에 새로운 이해관계를 가졌을 뿐 아니라 등기·인도 등으로 완전한 권리를 취득한 자를 말하고, 계약상의 채권을 양수한 자는 여기서 말하는 제3자에 해당하지 않는다고 할 것인바, 계약이 해제된 경우 계약해제 이전에 해제로 인하여 소멸되는 채권을 양수한 자는 계약해제의 효과에 반하여 자신의 권리를 주장할 수 없음은 물론이고, 나아가 특단의 사정이 없는 한 채무자로부터 이행받은 급부를 원상회복하여야 할 의무가 있다(대법원 2003.1.24. 선고 2000다22850 판결).

> **판례** **원상회복의무의 법적 성격과 그 반환범위**
>
> 계약 해제의 효과로서 원상회복의무를 규정하는 민법 제548조 제1항 본문은 부당이득에 관한 특별규정의 성격을 가지는 것으로서, 그 이익 반환의 범위는 이익의 현존 여부나 청구인의 선의·악의를 불문하고 특단의 사유가 없는 한 받은 이익의 전부이다(대법원 2014.3.13. 선고 2013다34143 판결).

판례 | 감가비와 원상회복의무

계약해제로 인하여 계약당사자가 원상회복의무를 부담함에 있어서 계약당사자 일방이 목적물을 이용한 경우에는 그 사용에 의한 이익을 상대방에게 반환하여야 하므로, 중기를 매수인이 인도받아 사용하던 중 그 매매계약이 해제된 경우에 있어 매도인이 위 해제로 인하여 매수인에게 그 중기의 사용에 의한 이익의 반환을 구함은 별론으로 하고, 그 중기가 매수인에 의하여 사용됨으로 인하여 감가 내지 소모가 되는 요인이 발생하였다 하여도 그것을 훼손으로 볼 수 없는 한 그 감가비 상당은 매수인이 원상회복의무로서 반환할 성질의 것은 아니다(대법원 1991. 8. 9. 선고 91다13267 판결).

판례 | 사용이익의 반환과 운용이익의 공제

매매계약의 해제로 인하여 매수인이 반환하여야 할 목적물의 사용이익을 산정함에 있어서 매수인이 목적물을 사용하여 취득한 순수입에는 목적물 자체의 사용이익뿐만 아니라 목적물의 수리비 등 매수인이 투입한 현금자본의 기여도 포함되어 있으므로 매수인의 순수입에서 현금자본의 투입비율을 고려하지 아니하고 단순히 현금자본에 해당하는 금액을 공제하는 방식으로 목적물의 사용이익을 산정할 수 없고, 매수인의 영업수완 등 노력으로 인한 이른바 운용이익이 포함된 것으로 볼 여지가 있는 경우 이러한 운용이익은 사회통념상 매수인의 행위가 개입되지 아니하였더라도 그 목적물로부터 매도인이 당연히 취득하였으리라고 생각되는 범위 내의 것이 아닌 한 매수인이 반환하여야 할 사용이익의 범위에서 공제하여야 한다(대법원 2006.9.8. 선고 2006다26328, 26335 판결).

판례 | 원물반환 불능과 가액반환의 범위

계약이 해제된 경우에 각 당사자는 민법 제548조에 따라 상대방에 대하여 원상회복의 의무를 지며, 원상회복의무로서 반환할 금전에는 그 받은 날부터 이자를 가산하여 지급하여야 한다. 따라서 매도인으로부터 매매 목적물의 소유권을 이전받은 매수인이 매도인의 계약해제 이전에 제3자에게 목적물을 처분하여 계약해제에 따른 원물반환이 불가능하게 된 경우에 매수인은 원상회복의무로서 가액을 반환하여야 하며, 이때에 반환할 금액은 특별한 사정이 없는 한 그 처분 당시의 목적물의 대가 또는 그 시가 상당액과 처분으로 얻은 이익에 대하여 그 이득일부터의 법정이자를 가산한 금액이다(대법원 2013.12.12. 선고 2013다14675 판결).

3) 해제와 손해배상의 청구

계약의 해제는 손해배상의 청구에 영향을 미치지 아니한다(민법 제551조). 따라서 해제권자는 계약해제와 함께 상대방의 채무불이행으로 입은 손해에 대하여 손해배상을 청구할 수 있다. 이 경우에 손해배상은 그 계약의 이행으로 인하여 채권자가 얻을 이익, 즉 '이행이익의 배상'을 구하는 것이 원칙이나 그에 갈음하여 신뢰이익의 배상을 구할 수도 있다(대법원 2002. 6. 11. 선고 2002다2539 판결).

> **판례** **손해배상과 이행이익·신뢰이익**
>
> 채무불이행을 이유로 계약해제와 아울러 손해배상을 청구하는 경우에 그 계약이행으로 인하여 채권자가 얻을 이익, 즉 '이행이익의 배상'을 구하는 것이 원칙이지만, 그에 갈음하여 그 계약이 이행되었으리라고 믿고 채권자가 지출한 비용 즉 '신뢰이익의 배상'을 구할 수도 있다. 또한 그 신뢰이익 중 계약의 체결과 이행을 위하여 통상적으로 지출되는 비용은 통상의 손해로서 '상대방이 알았거나 알 수 있었는지의 여부와는 관계없이' 그 배상을 구할 수 있고, 이를 초과하여 지출되는 비용은 특별한 사정으로 인한 손해로서 상대방이 이를 알았거나 알 수 있었던 경우에 한하여 그 배상을 구할 수 있다고 할 것이고, 다만 신뢰이익은 과잉배상금지의 원칙의 원칙에 비추어 이행이익의 범위를 초과할 수 없다(채권입찰제 방식의 아파트분양에서 주택채권을 액면가로 매입하였다가 그 채권매입후 매입액의 34%의 금액으로 매각한 후 분양자의 채무불이행으로 인하여 아파트 분양계약이 해제된 경우, 주택채권의 매입가와 그 시세에 상당하는 매각대금의 차액을 신뢰이익의 배상으로 청구할 수 있다고 한 사례; 대법원 2002.6.11. 선고 2002다2539 판결).

4) 해제와 동시이행

계약이 해제되면 계약당사자는 상대방에 대하여 원상회복의무와 손해배상의무를 부담하고, 계약당사자가 부담하는 원상회복의무뿐만 아니라 손해배상의무도 함께 동시이행의 관계에 있다(대법원 1996.7.26. 선고 95다25138, 25145 판결).

4. 해제권의 소멸

1) 일반적 소멸원인

해제권은 형성권이므로 10년이 경과하면 행사할 수 없다. 또한 해제권은 포기에 의하여 소멸할 수 있으며, 실효의 원칙상 해제권을 행사하지 못할 수도 있다. 즉 채권자가 해제권을 취득한 후 장기간 이를 행사하지 않고, 또한 상대방도 더 이상 해제권을 행사하지 않으리라고 믿게 된 때에는 신의칙상 해제권을 행사할 수 없다(대법원 1994. 11. 25. 선고 94다12234 판결).

> **판례** **해제권의 묵시적 포기**
> 상가분양계약에 있어서 약정해제사유의 발생에 의해 계약해제권을 갖게 된 후에도 계약해제의 의사표시를 하지 아니하고 그 잔대금과 약정연체료까지 지급받으면서 소유권이전등기절차를 이행할 뜻을 통고까지 하였다면 위 분양계약을 이행할 의사로 그 전에 발생한 약정해제사유에 의하여 갖게 된 해제권을 포기하기로 한 것으로 보아야 하고, 위 해제권을 그대로 유보하기로 하였다거나 새로이 해제권이 발생하였다는 등의 특별한 사정이 인정되지 아니하는 이상 그 후의 계약해제 통고는 아무런 효력이 없다(대법원 1991.5.14. 선고 91다8005 판결).

> **판례** **계약해제권과 실효의 원칙**
> 해제의 의사표시가 있은 무렵을 기준으로 볼 때 무려 1년 4개월 가량 전에 발생한 해제권을 장기간 행사하지 아니하고 오히려 매매계약이 여전히 유효함을 전제로 잔존채무의 이행을 최고함에 따라 상대방으로서는 그 해제권이 더이상 행사되지 아니할 것으로 신뢰하였고 또 매매계약상의 매매대금 자체는 거의 전부가 지급된 점 등에 비추어 보면 그와 같이 신뢰한 데에는 정당한 사유도 있었다고 봄이 상당하다면, 그 후 새삼스럽게 그 해제권을 행사한다는 것은 신의성실의 원칙에 반하여 허용되지 아니한다(실효의 원칙상 매매계약을 해제하기 위하여는 다시 이행제공을 하면서 최고를 할 필요가 있다는 사례; 대법원 1994.11.25. 선고 94다12234 판결).

2) 해제권에 특수한 소멸원인

해제권의 행사 기간을 정하지 아니한 때에는 상대방은 상당한 기간을 정하여 해제권 행사여부의 확답을 해제권자에게 최고할 수 있고, 그 기간 내에 해제의 통지를 받지 못한 때에는 해제권은 소멸한다(민법 제552조). 해제권자의 고의나 과실로 인하여 계약의 목적물이 현저히 훼손되거나 이를 반환할 수 없게 된 경우 또는 해제권자가 목적물을 가공 또는 개조하여 다른 종류의 물건으로 변경된 경우에 해제권은 소멸한다(민법 제553조). 당사자의 일방 또는 쌍방이 수인인 경우에 당사자 1인에 관하여 해제권이 소멸하면 다른 당사자에 대하여도 소멸한다(민법 제547조 제2항).

V. 특수한 매매

1. 환매

1) 의의

환매還買란 매도인이 매매계약과 동시에 환매할 권리를 보유하고, 환매기간 내에 그 환매권을 행사하여 매수인으로 부터 목적물을 다시 매수하는 것을 말한다(민법 제590조). 즉 환매의 경우 원매매의 매도인이 환매권자가 되고, 매수인은 환매의무자가 되어서 다시 매매가 성립한다.

2) 환매의 기능

환매특약은 장래에 다시 매수하여야 할 필요성이 생길 가능성이 있는 경우를 대비하여 하는 것이다. 그러나 환매는 주로 채권담보를 위한 목적으로 이용되고 있다. 예를 들어 갑이 을로부터 1억원을 빌리면서 그 담보제공을 위하여 갑이 자기 소유의 부동산을 을에게 매도하는 것으로 하고, 5년 이내에 환매할 수 있다는 특약을 한 경우, 갑이 5년 내에 대금 1억원과 계약 비용을 반환하여 해당 부동산을 환매하지 못하면 을이 그 부동산의 소유권을 취득하고 채권의 만족을 얻게 된다.

3) 환매의 요건

(1) 환매의 목적물

환매의 목적물은 재산권이이어야 한다. 따라서 환매는 부동산·동산, 그 밖의 재산권(채권·지식재산권 등)에 관하여서도 특약을 할 수 있다.

(2) 환매의 특약

환매의 특약은 매매계약과 동시에 하여야 한다(민법 제590조 제1항). 따라서 매매 계약 후 특약을 한 경우에는 환매가 아니다[23]. 매매계약이 무효·취소되는 경우, 환매의 특약은

---

[23] 다만 재매매예약으로서의 효력은 있을 수 있다(송덕수, 채권각론, 214면; 양형우, 1286면).

매매계약의 종된 계약이므로 환매특약도 무효로 된다. 부동산 환매의 경우에는 매매등기와 동시에 환매권 유보 등기를 하여야만 제3자에게 그 효력을 주장할 수 있다(민법 제592조). 환매권의 등기는 부동산등기법 제53조[24])에 따라 매매에 의한 이전등기의 부기등기 형식으로 한다(부동산등기법 제52조 제6호).

> **판례** 환매등기의 대항력
>
> 부동산에 관하여 매매등기와 아울러 환매특약의 등기가 경료된 이후 그 부동산 매수인으로부터 그 부동산을 전득한 제3자가 환매권자의 환매권행사에 대항할 수 없으나, 환매특약의 등기가 부동산의 매수인의 처분권을 금지하는 효력을 가지는 것은 아니므로 그 매수인은 환매특약의 등기 이후 부동산을 전득한 제3자에 대하여 여전히 소유권이전등기절차의 이행의무를 부담하고, 나아가 환매권자가 환매권을 행사하지 아니한 이상 매수인이 전득자인 제3자에 대하여 부담하는 소유권이전등기절차의 이행의무는 이행불능 상태에 이르렀다고 할 수 없으므로, 부동산의 매수인은 전득자인 제3자에 대하여 환매특약의 등기사실만으로 제3자의 소유권이전등기청구를 거절할 수 없다(대법원 1994. 10. 25. 선고 94다35527 판결).

(3) 환매대금

환매대금은 당사자의 특약으로 정할 수 있다(민법 제590조 제2항). 특약이 없는 경우에 환매권자는 최초의 매매대금과 매수인이 부담한 매매비용을 반환하고 환매할 수 있다(민법 제590조 제1항).

(4) 환매기간

환매기간은 부동산은 5년, 동산은 3년을 넘지 못하고, 약정기간이 이를 넘는 때에는 부동산은 5년, 동산은 3년으로 단축한다(민법 제591조 제1항). 환매기간을 정한 때에는 다시 이를 연장하지 못하고(동조 제2항), 환매기간을 정하지 아니한 때에는 그 기간은 부동산은 5년, 동산은 3년으로 한다(동조 제3항).

---

24) 부동산등기법 제53조(환매특약의 등기)에 의하면, 등기관이 환매특약의 등기를 할 때에는 매수인이 지급한 대금, 매매비용, 환매기간을 기록하여야 한다. 다만, 환매기간은 등기원인에 그 사항이 정하여져 있는 경우에만 기록한다.

4) 환매권의 실행

(1) 환매권 행사

환매권자, 즉 매도인은 환매기간 내에 환매대금과 매매비용을 매수인에게 제공하고 환매의 의사표시를 하여야 한다(민법 제594조 제1항). 환매목적물이 양도된 경우에는 환매권 등기가 되어 있는 경우에 한하여 전득자에 대하여 환매권을 행사할 수 있다(민법 제592조 · 제594조 제2항 참조).

(2) 환매권의 대위행사

환매권은 대위행사할 수 있다(민법 제593조 · 제404조). 그러나 환매권자, 즉 매도인의 채권자가 매도인을 대위하여 환매하고자 하는 때에는 매수인은 법원이 선정한 감정인의 평가액에서 매도인이 반환할 금액을 공제한 잔액으로 매도인의 채무를 변제하고 잉여액이 있으면 이를 매도인에게 지급하여 환매권을 소멸시킬 수 있다(민법 제593조).

5) 환매의 효과

환매권 행사에 의하여 매도인과 매수인 사이에 두 번째 매매가 성립한다. 따라서 환매권자는 환매대금지급의무와 비용상환의무[25]를 부담하고, 환매의무자는 환매목적물의 소유권이전 및 인도의무를 부담한다.

> **판례** 공익사업 폐지 · 변경으로 불필요해진 토지 환매
>
> 「공익사업을 위한 토지 등의 취득 및 보상에 관한 법률」(이하 '공익사업법'이라 한다) 제91조에 의한 환매는 환매기간 내에 환매의 요건이 발생하면 환매권자가 지급받은 보상금에 상당한 금액을 사업시행자에게 미리 지급하고 일방적으로 의사표시를 함으로써 사업시행자의 의사와 관계없이 환매가 성립하는 것이다. 따라서 환매기간 내에 환매대금 상당을 지급하거나 공탁하지 아니한 경우에는 환매로 인한 소유권이전등기청구를 할 수 없다(대법원 2012. 8. 30. 선고 2011다74109 판결).

---

25) 매수인이나 전득자가 목적물에 대하여 비용을 지출한 때에는 매도인은 제203조의 규정에 의하여 이를 상환하여야 한다. 그러나 유익비에 대하여는 법원은 매도인의 청구에 의하여 상당한 상환기간을 허여할 수 있다(민법 제594조 제2항).

2. 재매매의 예약

1) 의의

재매매예약은 어떤 물건 또는 권리를 타인에게 매도한 후 장래에 그 물건이나 권리를 다시 매수하기로 하는 예약이다. 재매매예약은 매매예약의 일종으로 계약자유의 원칙상 인정되고 있다(송덕수, 채권각론, 217면). 따라서 재매매예약은 매매예약처럼 일방예약으로 추정되므로(민법 제564조), 재매매예약권자는 예약완결권을 행사하여 본계약을 성립시킬 수 있다. 그 결과 재매매예약은 환매의 경우와 같이 채권담보를 위한 목적으로 이용되는 경우가 많다(김상용, 채권각론, 219면; 송덕수, 채권각론, 217면).

2) 환매와의 구별

환매도 재매매예약의 일종이지만 재매매예약과 달리 환매는 민법에 의하여 제한을 받고 있다. 따라서 민법의 규정이 적용되는 것은 환매로 보고, 그 밖의 것은 재매매의 예약으로 구분할 수 있다. 양자는 계약의 동시성, 대금의 동액성, 존속기간의 제한, 등기 등에서 차이가 있다(김상용, 채권각론, 219면; 송덕수, 채권각론, 217~218면). 구체적으로 i)환매 특약은 매매계약과 동시에 하여야 하나 재매매예약의 경우에는 제한이 없다. ii)환매대금은 특약이 없으면 일정한 범위(매매대금과 매매비용)를 초과할 수 없으나 재재매예약의 경우에는 제한이 없다. iii)환매기간은 일정한 제한(부동산 5년, 동산 3년)이 있으나, 재매매예약은 제한이 없다. iv)환매권은 등기할 수 있으나, 재매매예약의 경우에는 법률의 규정이 없으므로 청구권보전의 가등기를 할 수 있다.

4

제 4 장
부동산 사용·수익

제1절 총설
제2절 용익물권
제3절 임대차
제4절 주택임대차와 상가건물임대차

제4장 부동산 사용·수익

제1절 총설

부동산 소유자는 자유롭게 부동산을 사용·수익할 수 있다. 그러나 모든 사람이 사용·수익할 수 있는 부동산을 가지고 있는 것은 아니므로 타인의 부동산을 이용할 수밖에 없다. 타인의 부동산을 이용하는 방법에는 채권계약에 의하는 방법과 물권을 설정하여 타인의 부동산을 배타적으로 이용하는 방법이 있다. 전자에는 사용대차·임대차가 있으며, 후자는 용익물권제도이다. 그런데 용익물권자는 타인의 부동산을 배타적으로 사용·수익하기 때문에, 부동산 소유자는 주로 임대차를 이용하고 있다. 그러나 임대차는 채권으로써 계약 당사자인 임대인에게만 자신이 권리를 주장할 수 있는 바, 임차 주택이 양도된 경우 임차인은 그 주택의 양수인에게 자신의 임차권을 주장할 수 없다. 경제적 약자인 임차인을 보호할 필요가 있으며, 민법과 주택임대차보호법·상가건물 임대차보호법에서 임차인 보호를 위한 제도를 마련해 두고 있다. 한편 민법은 타인의 부동산을 배타적으로 사용할 수 있는 용익물권으로 지상권, 지역권, 전세권을 규정하고 있으며, 관습법으로 분묘기지권과 관습법상 법정지상권을 인정하고 있다. 지역권은 일정한 목적을 위하여 타인의 토지를 자기토지의 편익에 이용할 수 있는 권리를 말한다(민법 제291조). 그러나 지역권의 내용은 임대차에 의하여 달성할 수도 있고, 상린관계에 의하여도 어느 정도 달성할 수 있어 그 경제적 활용도가 크지 않다.

제2절 용익물권

Ⅰ. 지상권

1. 의의

지상권은 타인의 토지에서 건물 기타 공작물이나 수목을 소유하기 위하여 그 토지를 사용하는 물권이다($^{민법}_{제279조}$). 지상권의 목적은 임차권에 의하여도 달성될 수 있다. 그러나 부동산 임차권에 비하여 지상권자의 지위가 임차인의 지위보다 강력하다. 특히 건물이나 수목의 소유를 목적으로 하는 지상권의 존속기간은 최소 30년 이상 보장되므로 토지소유자는 지상권을 설정을 회피하여 지상권을 이용하는 경우는 많지 않다. 최근에는 저당권 설정 후 토지의 이용을 제한하여 부동산 담보가치를 유지하기 위하여 지상권을 설정하고 있다.

> **판례** 저당권자의 지상권 취득(담보지상권)
> 금융기관이 대출금 채무의 담보를 위하여 채무자 또는 물상보증인 소유의 토지에 저당권을 취득함과 아울러 그 토지에 지료를 지급하지 아니하는 지상권을 취득하면서 채무자 등으로 하여금 그 토지를 계속하여 점유, 사용토록 하는 경우, 특별한 사정이 없는 한 당해 지상권은 저당권이 실행될 때까지 제3자가 용익권을 취득하거나 목적 토지의 담보가치를 하락시키는 침해행위를 하는 것을 배제함으로써 저당 부동산의 담보가치를 확보하는 데에 그 목적이 있다고 할 것이고, 그 경우 지상권의 목적 토지를 점유, 사용함으로써 임료 상당의 이익이나 기타 소득을 얻을 수 있었다고 보기 어려우므로, 그 목적 토지의 소유자 또는 제3자가 저당권 및 지상권의 목적 토지를 점유, 사용한다는 사정만으로는 금융기관에게 어떠한 손해가 발생하였다고 볼 수 없다($^{대법원\ 2008.\ 1.\ 17.\ 선고}_{2006다586\ 판결}$).

2. 지상권의 취득

1) 법률행위에 의한 취득

지상권은 지상권설정계약과 등기에 의하여 성립한다($^{민법}_{제186조\ 참조}$). 그러나 지상권자의 지료 지급은 지상권 성립요건이 아니다.

2) 법률행위에 의하지 않은 취득

(1) 상속 · 공용징수 · 판결 등
지상권은 상속, 공용징수, 판결, 경매 기타 법률의 규정에 의하여 취득할 수 있다(민법 제187조). 이 경우에는 등기를 필요로 하지 않는다. 그러나 민법 제245조에 의하여 점유취득시효로 인하여 지상권을 취득하는 경우에는 예외적으로 등기하여야 한다(민법 제245조 제1항).

(2) 법정지상권

① 의의

법정지상권이란 당사자의 의사에 의하지 않고 토지와 건물의 소유자가 달라지게 된 경우에 법률상 당연히 건물소유자에게 건물 이용권을 인정함으로써 건물을 유지 또는 사용할 수 있는 권리이다. 우리나라에서는 토지와 건물이 별개의 부동산으로 다루어지고 있기 때문에 당사자의 의사와 무관하게 토지와 건물의 소유자가 달라질 수 있다. 건물소유자가 건물을 위한 토지 이용권을 설정할 기회를 가지지 못하는 경우에 건물 소유자는 타인의 토지 위에 권원 없이 건물을 소유할 수 없으므로 부득이 그 건물을 철거할 수밖에 없다. 이러한 경우까지 건물을 철거해야 한다면 건물소유자에게 너무 가혹하고 사회경제적으로도 바람직하지 못하다. 그래서 일정한 경우 건물소유자는 법률의 규정에 의하여 토지에 지상권을 취득하는 것으로 하고 있다.

② 법정지상권이 인정되는 경우

현행법상 법정지상권은 i)대지와 건물이 동일한 소유자에 속한 경우에 건물에 전세권을 설정한 후 토지소유자가 변경된 경우(민법 제305조 제1항), ii)저당물의 경매로 인하여 토지와 그 지상건물이 다른 소유자에 속한 경우(민법 제366조), iii)토지와 그 위의 건물이 동일한 소유자에게 속하는 경우에 그 토지나 건물에 대하여 가등기담보권 등이 설정된 후에 담보권의 실행으로 그 소유자가 다르게 된 경우(가등기담보법 제10조), iv)토지와 입목이 동일인에게 속하는 경우에 경매 기타의 사유로 토지와 입목이 다른 소유자에게 속하게 된 경우(입목법 제6조 제1항)에 인정된다.

> **판례** 건축 중인 건물에 대한 법정지상권 성립여부
>
> 민법 제366조의 법정지상권은 저당권설정 당시 동일인의 소유에 속하던 토지와 건물이 경매로 인하여 양자의 소유자가 다르게 된 때에 건물의 소유자를 위하여 발생하는 것으로서, 토지에 관하여 저당권이 설정될 당시 토지 소유자에 의하여 그 지상에 건물을 건축중이었던 경우 그것이 사회관념상 독립된 건물로 볼 수 있는 정도에 이르지 않았다 하더라도 건물의 규모, 종류가 외형상 예상할 수 있는 정도까지 건축이 진전되어 있었고, 그 후 경매절차에서 매수인이 매각대금을 다 낸 때까지 최소한의 기둥과 지붕 그리고 주벽이 이루어지는 등 독립된 부동산으로서 건물의 요건을 갖추어야 법정지상권의 성립이 인정된다(대법원 2004.2.13. 선고 2003다29043 판결).

(3) 관습법상의 법정지상권

판례에서는 관습법상의 분묘기지권과 관습법상의 법정지상권을 인정하고 있다. 이에 대하여는 후술한다.

3. 지상권의 존속기간

1) 기간의 약정이 있는 경우

지상권의 존속기간은 임의로 정할 수 있으나, 지상물의 종류에 따라 최단기간의 제한이 있다(민법 제280조). 즉 계약으로 지상권의 존속기간을 정하더라도 i)석조·석회조·연와조 또는 이와 유사한 견고한 건물이나 수목의 소유를 목적으로 하는 때에는 30년, ii) 그 밖의 건물의 소유를 목적으로 하는 때에는 15년보다 단축하지 못한다(동조 제1항 제1호·제2호).

2) 기간을 약정하지 않은 경우

계약으로 지상권의 존속기간을 정하지 아니한 때에는 그 기간은 제280조의 최단존속기간으로 한다(민법 제281조). 따라서 그 지상물이 견고한 건물(예: 석조·석회조·연와조 건물 등)인 경우에는 30년, 그 밖의 건물인 경우에는 15년으로 한다.

3) 계약의 갱신과 존속기간

지상권이 소멸하면 당사자는 합의로 지상권 설정 계약을 갱신할 수 있다. 그러나 당사자의 합의가 성립하지 않더라도 지상권이 존속기간의 만료로 인하여 소멸하는 때에 건물 기타 공작물이나 수목이 현존한 때에는 지상권자는 계약의 갱신을 청구할 수 있다(민법 제283조 제1항). 만약 지상권설정자가 계약의 갱신을 원하지 아니하는 경우에 지상권자는 상당한 가액으로 그 지상물의 매수를 청구할 수 있다. 지상권자의 매수청구권은 형성권이므로, 지상권자의 매수청구에 의하여 지상물에 관한 매매계약이 성립한다(강태성, 물권법, 787면; 김상용, 물권법, 460면). 한편 지상권갱신청구권의 행사는 지상권의 존속기간 만료 후 지체 없이 하여야 한다. 따라서 지상권의 존속기간 만료 후 지체 없이 행사하지 아니하여 지상권갱신청구권이 소멸한 경우에는, 지상권자의 적법한 갱신청구권의 행사와 지상권설정자의 갱신 거절을 요건으로 하는 지상물매수청구권은 발생하지 않는다(대법원 2023. 4. 27. 선고 2022다306642 판결).

> **판례** **지료연체와 지상물매수청구권**
>
> 민법 제283조 제2항 소정의 지상물매수청구권은 지상권이 존속기간의 만료로 인하여 소멸하는 때에 지상권자에게 갱신청구권이 있어 그 갱신청구를 하였으나 지상권설정자가 계약갱신을 원하지 아니할 경우 행사할 수 있는 권리이므로, 지상권자의 지료연체를 이유로 토지소유자가 그 지상권소멸청구를 하여 이에 터잡아 지상권이 소멸된 경우에는 매수청구권이 인정되지 않는다(대법원 1993.6.29. 선고 93다10781 판결).

> **판례** **지상권갱신청구권 행사**
>
> 민법 제283조 제2항에서 정한 지상물매수청구권은 지상권이 존속기간의 만료로 인하여 소멸하는 때에 지상권자에게 갱신청구권이 있어 갱신청구를 하였으나 지상권설정자가 계약갱신을 원하지 아니할 때 비로소 행사할 수 있는 권리이다. 한편 지상권갱신청구권의 행사는 지상권의 존속기간 만료 후 지체 없이 하여야 한다. 따라서 지상권의 존속기간 만료 후 지체 없이 행사하지 아니하여 지상권갱신청구권이 소멸한 경우에는, 지상권자의 적법한 갱신청구권의 행사와 지상권설정자의 갱신 거절을 요건으로 하는 지상물매수청구권은 발생하지 않는다(지상권 존속기간 만료 4년 후 행사한 지상권갱신청구권 및 지상물매수청구권 행사를 부정한 사례; 대법원 2023. 4. 27. 선고 2022다306642 판결).

4. 지상권의 효력

1) 지상권자의 토지사용권

지상권자는 설정계약에 정하여진 목적에 따라 토지를 사용할 권리가 있다. 지상권자는 지상권이 침해되는 경우 물권적 청구권을 행사할 수 있으며(민법 제290조·제213조·제214조), 인지의 토지소유자 또는 지상권자 등과의 사이에서 상린관계에 관한 규정(민법 제216조~제244조)이 준용된다(민법 제290조).

2) 지상권의 양도·임대

지상권자는 타인에게 그 권리를 양도하거나 그 권리의 존속기간 내에서 그 토지를 임대할 수 있다(민법 제282조). 이 경우에 지상권자는 지상권설정자의 동의 없이 양도 또는 임대할 수 있다.

3) 지료지급의무

지료 지급은 지상권 성립 요건이 아니지만, 당사자는 지료액 및 그 지급시기에 관한 약정을 할 수 있으며, 등기하여야만 제3자에게 대항할 수 있다(부동산등기법 제136조). 그러나 법정지상권의 경우에는 지료지급의무가 있다(민법 제305조 제1항 단서·제366조 단서).

지료가 토지에 관한 조세 기타 부담의 증감이나 지가의 변동으로 인하여 상당하지 아니하게 된 때에는 당사자는 그 증감을 청구할 수 있다(민법 제286조). 또한 지상권자가 2년 이상의 지료를 지급하지 아니한 때에는 지상권설정자는 지상권의 소멸을 청구할 수 있다(민법 제287조).

5. 특수지상권

1) 구분지상권

구분지상권은 건물 기타 공작물을 소유하기 위하여 타인 토지의 지상 또는 지하의 공간을 상하의 범위를 정하여 사용할 수 있는 권리이다(민법 제289조의2 제1항). 예를 들어 지하상가, 지하철, 고가도로, 송전탑 등과 같이 타인의 토지 중 지하 또는 공중의 일정한 층만을 이용하는 경우에 보통의 지상권을 설정하면, 토지 소유자의 토지 이용은 전면적으로 금지될 뿐만 아니라 이용권자는 일부 사용에 대하여 전면적인 이용 대가를 지불하여야 하는 문제점이 있다. 이러한 문제점을 해결하기 위하여 토지의 지상 또는 지하의 일정한 부분만을 이용할 수 있는 구분지상권 제도를 인정하고 있다. 구분지상권은 지상권과 마찬가지로 구분지상권 설정의 합의와 등기를 함으로써 성립한다.

2) 관습법상 법정지상권

(1) 의의
관습법상 법정지상권은 동일인에게 속하였던 토지 및 건물이 매매 기타의 원인으로 인하여 소유자를 달리하게 된 때에 그 건물을 철거한다는 특약이 없으면 건물소유자가 당연히 취득하게 되는 법정지상권이다.

(2) 성립요건

① 토지와 건물이 동일인의 소유에 속하고 있을 것

토지 또는 건물이 처분될 당시에 토지와 건물은 동일인의 소유에 속하고 있어야 한다(대법원 1995.7.28. 선고 95다9075, 9082 판결). 그 건물은 반드시 등기가 되어 있어야만 하는 것이 아니고 무허가 건물이라고 하여도 상관이 없다(대법원 1991.8.13. 선고 91다16631 판결).

② 매매 기타의 원인으로 토지와 건물의 소유자가 다르게 되었을 것

토지와 건물의 소유자가 매매 기타의 원인으로 소유자가 다르게 되었어야 한다. 매매 이외의 원인으로는 대물변제, 증여, 공유지분할, 국세징수법에 의한 공매와 민사집행법상의 통상의 강제경매를 들 수 있다. 그러나 담보권 실행경매에 의하여 토지와 건물의 소유자가 달라지는 경우에 법정지상권이 성립한다(민법 제366조 참조).

③ 건물 철거 특약이 없을 것

당사자 사이에 건물을 철거한다는 등의 특약이 없어야 한다. 따라서 건물을 철거한

다는 특약이 있는 경우에는 지상권이 성립하지 않는다.

판례 미등기 건물의 양도와 법정지상권 성립여부

[1] 법정지상권 성립 여부

민법 제366조의 법정지상권은 저당권 설정 당시에 동일인의 소유에 속하는 토지와 건물이 저당권의 실행에 의한 경매로 인하여 각기 다른 사람의 소유에 속하게 된 경우에 건물의 소유를 위하여 인정되는 것이므로, 미등기건물을 그 대지와 함께 매수한 사람이 그 대지에 관하여만 소유권이전등기를 넘겨받고 건물에 대하여는 그 등기를 이전받지 못하고 있다가, 대지에 대하여 저당권을 설정하고 그 저당권의 실행으로 대지가 경매되어 다른 사람의 소유로 된 경우에는, 그 저당권의 설정 당시에 이미 대지와 건물이 각각 다른 사람의 소유에 속하고 있었으므로 법정지상권이 성립될 여지가 없다.

[2] 관습법상 법정지상권의 대위행사 여부

관습상의 법정지상권은 동일인의 소유이던 토지와 그 지상건물이 매매 기타 원인으로 인하여 각각 소유자를 달리하게 되었으나 그 건물을 철거한다는 등의 특약이 없으면 건물 소유자로 하여금 토지를 계속 사용하게 하려는 것이 당사자의 의사라고 보아 인정되는 것이므로 토지의 점유·사용에 관하여 당사자 사이에 약정이 있는 것으로 볼 수 있거나 토지 소유자가 건물의 처분권까지 함께 취득한 경우에는 관습상의 법정지상권을 인정할 까닭이 없다 할 것이어서, 미등기건물을 그 대지와 함께 매도하였다면 비록 매수인에게 그 대지에 관하여만 소유권이전등기가 경료되고 건물에 관하여는 등기가 경료되지 아니하여 형식적으로 대지와 건물이 그 소유 명의자를 달리하게 되었다 하더라도 매도인에게 관습상의 법정지상권을 인정할 이유가 없다(A 소유의 미등기 건물과 대지를 함께 매수한 甲이 그 대지에 관하여만 소유권이전등기를 넘겨받고 건물에 대하여는 그 등기를 이전받지 못하고 있다가, 대지에 대하여 저당권을 설정하고 그 저당권의 실행으로 대지가 경매되어 乙의 소유로 된 경우, 갑은 법정지상권을 취득하지 못하고, 또한 미등기건물의 매도인 A는 관습법상 법정지상권을 취득하지 못하므로 갑은 A의 관습법상 법정지상권을 대위행사 할 수 없다는 사례; 대법원 2002. 6. 20. 선고 2002다9660 전원합의체 판결).

판례 부동산 가압류와 관습법상 법정지상권의 성립

[1] 원래 관습상 법정지상권이 성립하려면 토지와 그 지상 건물이 애초부터 원시적으로 동일인의 소유에 속하였을 필요는 없고, 그 소유권이 유효하게 변동될 당시에 동일인이 토지와 그 지상 건물을 소유하였던 것으로 족하다(대법원 2012. 10. 18. 선고 2010다52140 전원합의체 판결).

[2] 강제경매의 목적이 된 토지 또는 그 지상 건물의 소유권이 강제경매로 인하여 그 절차상의 매수인에게 이전된 경우에 건물의 소유를 위한 관습상 법정지상권이 성립하는가 하는 문제에 있어서는 그 매수인이 소유권을 취득하는 매각대금의 완납시가 아니라 그 압류의 효력이 발생하는 때를 기준으로 하여 토지와 그 지상 건물이 동일인에 속하였는지가 판단되어야 한다. -중략- 한편 강제경매개시결정 이전에 가압류가 있는 경우에는, 그 가압류가 강제경매개시결정으로 인하여 본압류로 이행되어 가압류집행이 본집행에 포섭됨으로써 당초부터 본집행이 있었던 것과 같은 효력이 있다. 따라서 경매의 목적이 된 부동산에 대하여 가압류가 있고 그것이 본압류로 이행되어 경매절차가 진행된 경우에는, 애초 가압류가 효력을 발생하는 때를 기준으로 토지와 그 지상 건물이 동일인에 속하였는지를 판단하여야 한다(강제경매의 목적이 된 토지 또는 그 지상 건물의 소유권이 강제경매로 인하여 그 절차상 매수인에게 이전된 경우, 건물 소유를 위한 관습상 법정지상권의 성립요건인 '토지와 그 지상 건물이 동일인 소유에 속하였는지'를 판단하는 기준 시기는 '압류 또는 가압류의 효력 발생 시점'이라고 판시하고, 종래의 '매각 당시'를 기준으로 판단한 대법원 판례를 변경한 전원합의체 판결; 대법원 2012. 10. 18. 선고 2010다52140 전원합의체 판결).

(3) 효력

관습법상 법정지상권은 관습법에 의한 부동산 물권의 취득이므로 등기를 필요로 하지 아니한다. 따라서 관습법상 법정지상권 취득 당시의 토지소유자나 이로부터 소유권을 전득한 제3자에게 대하여도 등기 없이 위 지상권을 주장할 수 있다(대법원 1988.9.27. 선고 87다카279 판결). 또한 관습법상 법정지상권이 성립된 이후 증축한 건물에도 그 법정지상권의 효력이 미친다(대법원 1995.7.28. 선고 95다9075, 9082 판결). 그리고 지료나 존속기간 등과 같은 법률관계에 대하여는 다른 특별한 사정이 없는 한 지상권에 관한 규정을 준용하여야 한다(대법원 1993.6.29. 선고 93다10781 판결).

> **판례** 증축된 건물 부분에 대한 관습법상 법정지상권의 효력
> 관습법상의 법정지상권이 성립된 토지에 대하여는 법정지상권자가 건물의 유지 및 사용에 필요한 범위를 벗어나지 않은 한 그 토지를 자유로이 사용할 수 있는 것이므로, 지상건물이 법정지상권이 성립한 이후에 증축되었다 하더라도 그 건물이 관습법상의 법정지상권이 성립하여 법정지상권자에게 점유·사용할 권한이 있는 토지 위에 있는 이상 이를 철거할 의무는 없다(대법원 1995.7.28. 선고 95다9075, 9082 판결).

3) 분묘기지권

(1) 의의

분묘기지권은 타인의 토지에서 분묘(시신이 안장되어 있을 것)를 설치한 자가 분묘를 수호하고 봉제사하는 목적을 달성하는 데 필요한 범위 내에서 그 분묘의 기지부분基地部分인 타인 소유의 토지를 사용할 수 있고, 토지 소유자나 제3자의 방해를 배제할 수 있는 지상권에 유사한 관습상의 물권이다(대법원 2017.1.19. 선고 2013다17292 전원합의체 판결).

(2) 인정이유

우리나라에서는 전통적인 조상 숭배사상과 매장중심의 장묘문화가 일반적이었던 반면에 개인 소유 토지의 부족으로 타인의 토지에 분묘를 설치하게 되었다. 그러나 근대적인 의미의 임야소유제도가 형성되면서 타인의 토지 위에 설치된 분묘에 관하여 법률분쟁이 발생하기 시작하였다. 대법원은 우리 사회에 널리 퍼져있던 매장 중심의 장묘문화와 이를 바탕으로 인정된 분묘의 수호와 봉사를 위한 토지 사용권의 보호를 내용으로 하는 관습 또는 관행의 존재를 근거로 분묘기지권을 인정하게 되었다(대법원 2017.1.19. 선고 2013다17292 전원합의체 판결 참조).

(3) 성립요건

① 분묘의 존재

분묘기지권이 성립하기 위하여 분묘는 봉분 등 외부에서 분묘의 존재를 인식할 수 있는 형태를 갖추고 있어야 한다(대법원 1996.6.14. 선고 96다14036 판결 등 참조).

② 일정한 요건을 갖출 것

분묘기지권은 일정한 요건을 갖춘 경우에만 인정된다. 즉 i)소유자의 승낙을 얻어 그의 소유지 안에 분묘를 설치한 경우, ii)타인 소유의 토지에 그 소유자의 승낙 없이 분묘를 설치한 후 20년간 평온, 공연하게 분묘의 기지를 점유한 경우(취득시효에 의하여 분묘기지권을 취득하는 경우), 또는 iii)자기 소유의 토지에 분묘를 설치한 자가 그 분묘기지에 대한 소유권을 보류하거나 또는 분묘와 함께 이전한다는 특약을 함이 없이 토지를 매매 등으로 양도한 경우(이 경우는 관습법상의 법정 지상권의 법리를 유추한 것임)에 분묘기지권이 성립한다. 그러나 ii)유형의 분묘기지권은 「장사 등에 관한 법률」(약칭: 장사법)의 개정으로 토지 소유자 또는 묘지 연고자의 승낙 없이 타인의 토지 또는 묘지에 설치된 분묘의 연고자는 그 분묘의 보존을 위한 권리를 주장할 수 없게 되었다.[1] 즉 취득시효형 분묘기지권은 개정된 장사법 시행일(2001.1.13.) 이전에 설치된 분묘에 대하여는 인정되나, 2001.1.13. 이후에 설치된 분묘에 대하여는 인정되지 않는다(대법원 2017.1.19. 선고 2013다17292 전원합의체 판결 등).

③ 등기 여부

분묘기지권의 특성상 분묘가 공시기능을 하고 있으므로 분묘기지권은 등기 없이 성립한다(대법원 1996.6.14. 선고 96다14036 판결; 대법원 2017.1.19. 선고 2013다17292 전원합의체 판결 등).

(4) 효력

분묘기지권은 분묘의 수호·관리하는 자(예: 종손 또는 종중)에게 귀속된다.

분묘기지권은 분묘를 수호하고 봉제사하는 목적을 달성하는 데 필요한 범위 내에서만 사용할 수 있다. 따라서 새로운 분묘를 설치할 수 없다. 분묘기지권은 당사자 사이에 약정이 있는 등 특별한 사정이 없으면 권리자가 분묘의 수호와 봉사를 계속하며 그 분묘가 존속하고 있는 동안은 분묘기지권이 존속한다(대법원 2007.6.28. 선고 2005다44114 판결 등 참조).

지료에 관하여는 당사자의 약정에 따른다. 그러나 약정이 없는 경우, 판례는 지상권에 있어서 지료의 지급은 그 요소가 아니어서 지료에 관한 약정이 없는 이상 지료의 지급을 구할 수 없으므로, 분묘기지권을 시효 취득하는 때에는 지료를 지급할 필요가 없다고 하였다(대법원 1995. 2. 28. 선고 94다37912 판결). 그러나 대법원 2021. 4. 29. 선고 2017다228007 전원합의체 판결 이후 분묘기지권자는 지료를 지급하여야 한다. 즉 분묘기지권을 시효취득한 자는 토지소유자의 지료 청구일로부터 지료를 지급할 의무가 있으며, 관습법상 법정지상권형 분묘기지권자는 분묘기지권이 성립한 때로부터 분묘 기지에 대한 지료

---

1) 2001. 1. 13. 이후, 토지 소유자 또는 묘지 연고자의 승낙없이 타인의 토지 또는 묘지에 설치된 분묘의 연고자는 그 분묘의 보존을 위한 권리를 주장할 수 없다(구법 제23조 제3항). 현행법 제27조에 의하면, 토지소유자는 '토지 소유자의 승낙 없이 해당 토지에 설치한 분묘'에 대하여 분묘를 관할하는 시장등의 허가를 받아 분묘에 매장된 시신 또는 유골을 개장할 수 있다.

를 지급할 의무가 있다(대법원 2021. 9. 16. 선고 2017다271834, 271841 판결).

> **판례** **분묘기지권의 지료**
> [1] 분묘의 기지인 토지가 분묘의 수호·관리권자 아닌 다른 사람의 소유인 경우에 그 토지 소유자가 분묘 수호·관리권자에 대하여 분묘의 설치를 승낙한 때에는 그 분묘의 기지에 관하여 분묘기지권을 설정한 것으로 보아야 한다. 이와 같이 승낙에 의하여 성립하는 분묘기지권의 경우 성립 당시 토지 소유자와 분묘의 수호·관리자가 지료 지급의무의 존부나 범위 등에 관하여 약정을 하였다면 그 약정의 효력은 분묘 기지의 승계인에 대하여도 미친다(승낙형 분묘기지권의 지료지급약정이 승계된다는 판결; 대법원 2021. 9. 16. 선고 2017다271834, 271841 판결).
> [2] 자기 소유 토지에 분묘를 설치한 사람이 그 토지를 양도하면서 분묘를 이장하겠다는 특약을 하지 않음으로써 분묘기지권을 취득한 경우, 특별한 사정이 없는 한 분묘기지권자는 분묘기지권이 성립한 때부터 토지 소유자에게 그 분묘의 기지에 대한 토지사용의 대가로서 지료를 지급할 의무가 있다(관습법상 법정지상권형 분묘기지권의 지료는 분묘기지권이 성립한 때로부터 발생한다는 판결; 대법원 2021. 9. 16. 선고 2017다271834, 271841 판결).
> [3] 2000. 1. 12. 법률 제6158호로 전부 개정된 구 장사 등에 관한 법률(이하 '장사법'이라 한다)의 시행일인 2001. 1. 13. 이전에 타인의 토지에 분묘를 설치한 다음 20년간 평온·공연하게 분묘의 기지를 점유함으로써 분묘기지권을 시효로 취득하였더라도, 분묘기지권자는 토지소유자가 분묘기지에 관한 지료를 청구하면 그 청구한 날부터의 지료를 지급할 의무가 있다고 보아야 한다(취득시효형 분묘기지권의 지료는 지료지급청구를 받은 때로부터 발생한다는 판결; 대법원 2021. 4. 29. 선고 2017다228007 전원합의체 판결).

Ⅱ. 지역권

1. 의의

지역권은 설정행위에서 정한 일정한 목적(예: 통행, 인수, 조망 등)을 위하여 타인의 토지(승역지)를 자기의 토지(요역지)의 편익에 이용하는 물권이다(민법 제291조). 자신의 토지의 편익을 위하여 타인의 토지를 이용할 필요가 있는 경우, 그 토지 소유자는 다른 사람의 토지를 임대하거나 상린관계 규정에 의하여 그 목적을 달성할 수 있다. 그러나 당사자의 계약에 의하여 그 이용의 조절을 확대할 필요가 있을 경우에는 지역권을 이용함으로써 그 목적을 달성할 수 있다.

한편 요역지와 승역지는 반드시 인접할 필요가 없으며, 편익을 받는 것은 토지이므로 요역지 소유자가 변경되어도 그 토지에는 여전히 지역권이 존재한다. 따라서 지역권 설정 후의 요역지 및 승역지의 지상권자, 전세권자, 임차인도 지역권을 행사하거나 지역권의 제한을 받게 된다(강태성, 물권법, 819면; 곽윤직·김재형, 물권법, 332면; 김상용, 물권법, 484면; 송덕수, 물권법, 412면).

2. 지역권의 성질

1) 지역권의 부종성

지역권은 요역지 소유권과는 별개의 독립된 권리이지만, 지역권은 다른 약정이 없는 경우에 요역지 소유권에 부종하여 이전하거나 요역지에 대한 소유권 이외의 권리의 목적(예: 요역지에 저당권 또는 지상권이 설정된 때)이 된다(민법 제292조 제1항). 또한 지역권은 요역지와 분리하여 양도하거나 다른 권리의 목적으로 하지 못한다(민법 제292조 제2항).

2) 지역권의 불가분성

(1) 공유관계, 일부양도와 불가분성

토지공유자의 1인은 지분에 관하여 그 토지를 위한 지역권 또는 그 토지가 부담한 지역권을 소멸하게 하지 못한다(민법 제293조 제1항). 토지의 분할이나 토지의 일부양도의 경우에는 지역권은 요역지의 각 부분을 위하여 또는 그 승역지의 각 부분에 존속한다. 그러나 지역권이 토지의 일부분에만 관한 것인 때에는 다른 부분에 대하여는 그러하지 아니하다(민법 제293조 제2조).

(2) 지역권의 취득과 불가분성

공유자의 1인이 지역권을 취득한 때에는 다른 공유자도 이를 취득한다(민법 제295조 제1항). 점유로 인한 지역권취득기간의 중단은 지역권을 행사하는 모든 공유자에 대한 사유가 아니면 그 효력이 없다(민법 제295조 제2항).

(3) 소멸시효의 중단, 정지와 불가분성

요역지가 수인의 공유인 경우에 그 1인에 의한 지역권 소멸시효의 중단 또는 정지는 다른 공유자를 위하여 효력이 있다(민법 제296조).

3. 지역권의 취득

1) 법률행위에 의한 취득

지역권은 그 설정의 물권적 합의와 등기에 의하여 성립한다.

> **판례** **지역권 설정의 합의와 등기의무**
>
> 갑과 을은 갑의 토지 X와 을의 토지 Y를 상호 교환하기로 하는 내용의 교환계약을 체결하였다. 또한 갑이 토지 Y 지상에 자동차 정비공장을 설치하고 경영함에 있어서 위 토지와 국도 사이에 통로가 없었으므로 그 통행을 위하여 을은 자신의 토지(Z)에 폭 8미터의 도로를 개설하여 갑으로 하여금 영구히 사용케 한다고 약정하고 그에 대한 대가를 지급하였다. 이 경우 갑과 을 사이에 맺은 약정은 지역권 설정에 관한 합의이며, 을은 위 도로개설에 관한 약정, 즉 지역권 설정에 관한 합의에 따라 지역권설정등기 절차에 협력할 의무가 있다(대법원 1980. 1. 29. 선고 79다1704 판결).

2) 시효취득

지역권은 계속되고 표현된 것에 한하여 제245조의 규정을 준용한다(민법 제294조). 따라서 계속되고 표현된 지역권에 한하여 점유취득시효 또는 등기부취득시효 할 수 있다.

> **판례** **통행지역권의 시효취득 요건**
>
> [1] 계속되고 표현된 지역권
>
> 지역권은 일정한 목적을 위하여 타인의 토지를 자기 토지의 편익에 이용하는 권리로서 계속되고 표현된 것에 한하여 취득시효에 관한 민법 제245조의 규정을 준용하도록 되어 있다. 따라서 통행지역권은 요역지의 소유자가 승역지 위에 도로를 설치하여 요역지의 편익을 위하여 승역지를 늘 사용하는 객관적 상태가 민법 제245조에 규정된 기간 계속된 경우에 한하여 그 시효취득을 인정할 수 있다(대법원 1995. 6. 13. 선고 95다1088, 1095 판결; 대법원 2001. 4. 13. 선고 2001다8493 판결; 대법원 2015.3.20. 선고 2012다17479 판결).
>
> [2] 지역권 취득시효의 기산점

취득시효기간을 계산할 때에, 점유기간 중에 해당 부동산의 소유권자가 변동된 경우에는 취득시효를 주장하는 자가 임의로 기산점을 선택하거나 소급하여 20년 이상 점유한 사실만 내세워 시효완성을 주장할 수 없으며, 법원이 당사자의 주장에 구애됨이 없이 소송자료에 의하여 인정되는 바에 따라 진정한 점유의 개시시기를 인정하고, 그에 터 잡아 취득시효 주장의 당부를 판단하여야 한다(대법원 1995. 5. 23. 선고 94다39987 판결 등 참조). 한편 점유가 순차 승계된 경우에는 취득시효의 완성을 주장하는 자가 자기의 점유만을 주장하거나 또는 자기의 점유와 전 점유자의 점유를 아울러 주장할 수 있는 선택권이 있다(대법원 1998. 4. 10. 선고 97다56822 판결 등 참조). 소유권의 취득시효에 관한 위와 같은 법리는 지역권의 취득시효에 관한 민법 제294조에 의하여 민법 제245조의 규정이 준용되는 통행지역권의 취득시효에 관하여도 마찬가지로 적용된다(대법원 2015. 3. 20. 선고 2012다17479 판결).

[3] 시효취득자의 보상의무

도로 설치에 의한 사용을 근거로 영구적인 통행지역권이 인정되는 통행지역권의 취득시효에 관한 여러 사정들과 아울러 주위토지통행권과의 유사성 등을 종합하여 보면, 종전의 승역지 사용이 무상으로 이루어졌다는 등의 다른 특별한 사정이 없다면 통행지역권을 취득시효한 경우에도 주위토지통행권의 경우와 마찬가지로 요역지 소유자는 승역지에 대한 도로 설치 및 사용에 의하여 승역지 소유자가 입은 손해를 보상하여야 한다고 해석함이 타당하다(대법원 2015. 3. 20. 선고 2012다17479 판결).

4. 지역권의 존속기간

지역권의 존속기간은 당사자의 약정에 의하여 자유로이 정할 수 있으며, 당사자의 약정이 있는 경우에는 등기하여야 제3자에게 대항할 수 있다(곽윤직·김재형, 물권법, 334면; 김상용, 물권법, 486면; 이영준, 물권법, 718면; 반대견해(강태성, 물권법, 824면)있음). 한편 지역권의 존속기간은 영구무한으로 할 수도 있다(대법원 2015. 3. 20. 선고 2012다17479 판결 참조).

5. 지역권의 효력

1) 지역권자의 권리

지역권자는 승역지를 자기 토지의 편익에 이용할 수 있다. 승역지의 이용은 권리의 목적을 달성하는 데 필요할 뿐만 아니라 승역지 이용자에게 가장 부담이 적은 범위에 한정되어야 한다. 특히 용수지역권의 경우에 용수승역지의 수량이 요역지 및 승역지의 수요에 부족한 때에는 다른 약정이 없으면 그 수요정도에 의하여 먼저 가용에 공급하고 다른 용도에 공급하여야 한다(민법 제297조 제1항).

한편 용수지역권 사이에 충돌이 발생하는 경우에는 설정의 선후에 의하여야 한다(민법 제297조 제2항). 지역권이 방해받거나 방해받을 염려가 있으면 지역권에 기한 방해배제청구권과 방해예방청구권을 행사할 수 있다(민법 제301조·민법 제214조).

2) 승역지 소유자의 의무

승역지 소유자는 지역권자의 행위를 인용하고 일정한 이용을 하지 않을 부작위 의무를 부담한다(민법 제291조 참조). 계약에 의하여 승역지소유자가 자기의 비용으로 지역권의 행사를 위하여 공작물의 설치 또는 수선의 의무를 부담한 때에는 승역지소유자의 특별승계인도 그 의무를 부담한다(민법 제298조). 그러나 승역지의 소유자는 지역권에 필요한 부분의 토지소유권을 지역권자에게 위기委棄하여 그 의무(민법 제298조 참조)의 부담을 면할 수 있다(민법 제299조). 승역지의 소유자는 지역권의 행사를 방해하지 아니하는 범위 내에서 지역권자가 지역권의 행사를 위하여 승역지에 설치한 공작물을 사용할 수 있고, 이 경우에 승역지의 소유자는 수익정도의 비율로 공작물의 설치, 보존의 비용을 분담하여야 한다(민법 제300조).

6. 지역권의 소멸

지역권은 요역지 또는 승역지의 멸실, 지역권의 포기, 혼동(지역권자의 승역지 소유권 취득), 존속기간의 만료, 승역지의 공용징수, 약정소멸사유의 발생, 승역지의 시효취득, 지역권의 소멸시효 등으로 소멸한다.

1) 승역지의 시효취득

제3자가 승역지를 시효취득하는 경우, 원칙적으로 지역권은 소멸한다. 그러나 승역지의 점유자가 지역권의 존재를 인정하면서 점유하였거나 취득시효가 진행되는 동안에 지역권자가 그의 권리를 행사한 경우, 승역지의 시효취득자는 지역권을 제한을 받는 승역지의 소유권을 취득하게 된다(김상용, 물권법, 491면; 송덕수, 물권법, 418면).

2) 지역권의 소멸시효

지역권은 20년간 행사하지 않으면, 소멸시효가 완성된다(민법 제162조 제2항).

Ⅲ. 전세권

1. 의의

전세권은 전세금을 지급하고 타인의 부동산을 점유하여 그 부동산의 용도에 좇아 사용·수익하며, 그 부동산 전부에 대하여 후순위권리자 기타 채권자보다 전세금의 우선변제를 받을 수 있는 권리이다(민법 제303조). 즉 전세권은 용익물권적 성격과 담보물권적 성격을 가지고 있다.

전세권은 우리나라에서 오래 전부터 이용되어오던 부동산 임대차의 일종인 전세계약을 물권의 일종으로 민법에 규정한 것이다. 건물 전세계약은 요즘에도 많이 이용되고 있으며, 일반적으로 고액의 전세금을 지급할 뿐이고 다른 사용대가를 지급하지 않는다. 건물 전세계약을 체결하고 등기를 하면 물권인 전세권이 되고, 등기를 하지 않으면 채권적 전세가 되어 부동산 임차권에 준하여 주택임대차보호법의 보호를 받게 된다.

> **판례** **전세권의 법적 성격과 목적물 인도의 성립요건여부**
> 전세권이 용익물권적 성격과 담보물권적 성격을 겸비하고 있다는 점 및 목적물의 인도는 전세권의 성립요건이 아닌 점 등에 비추어 볼 때, 당사자가 주로 채권담보의 목적으로 전세권을 설정하였고, 그 설정과 동시에 목적물을 인도하지 아니한 경우라 하더라도, 장차 전세권자가 목적물을 사용·수익하는 것을 완전히 배제하는 것이 아니라면, 그 전세권의 효력을 부인할 수는 없다(대법원 1995. 2. 10. 선고 94다18508 판결).

2. 전세권의 취득

1) 전세권 설정 계약과 등기

전세권은 부동산 소유자, 즉 전세권설정자와 전세권자 사이의 설정계약과 등기에 의하여 성립한다. 전세권의 객체는 부동산이므로 건물과 토지는 전세권의 객체가 될 수 있다. 그러나 농경지는 전세권의 객체가 될 수 없다(민법 제303조 제2항).[2] 부동산의 일부, 즉 1필의 토지나 1동의 건물 일부에도 전세권을 설정할 수 있다. 이 경우에는 전세권설정등기 신청시에 그 부분을 표시한 지적도나 건물도면을 첨부정보로서 등기소에 제공하여야 한다(부동산등기법 제72조 제1항 6호 · 부동산등기규칙 제128조 제2항).

> **판례** 제3자 명의 전세권의 유효성
>
> 전세권이 담보물권적 성격도 가지는 이상 부종성과 수반성이 있는 것이기는 하지만, 채권담보를 위하여 담보권을 설정하는 경우 채권자와 채무자 및 제3자 사이에 합의가 있으면 채권자가 그 담보권의 명의를 제3자로 하는 것도 가능하고, 이와 같은 경우에는 채무자와 담보권명의자인 제3자 사이에 담보계약관계가 성립하는 것으로 그 담보권명의자는 그 피담보채권을 수령하고 그 담보권을 실행하는 등의 담보계약상의 권한을 가진다(대법원 1995. 2. 10. 선고 94다18508 판결).

2) 전세금의 지급

전세금의 지급은 전세권의 성립요건이고, 전세권자는 전세권 소멸시 전세권설정자로부터 전세금을 반환받게 되며, 전세금은 그 이자가 차임을 대신한다. 전세금은 당사자의 합의로 결정하지만, 전세금은 등기하여야 하고(부동산등기법 제72조), 등기된 금액의 범위 내에서만 제3자에 대하여 효력이 있다. 또한 전세금은 보증금으로서의 성질도 갖는다. 따라서 목적물의 전부 또는 일부가 전세권자에게 책임 있는 사유로 인하여 멸실된 경우에 전세권설정자는 전세권이 소멸된 후 전세금으로써 손해의 배상에 충당하고 잉여가 있으면 반환하여야 하며 부족이 있으면 다시 청구할 수 있다(민법 제315조).

> **판례** 기존의 채권으로 전세금 지급에 갈음할 수 있는지 여부
>
> 전세금의 지급은 전세권 성립의 요소가 되는 것이지만 그렇다고 하여 전세금의 지급이 반드시 현실적으로 수수되어야만 하는 것은 아니고 기존의 채권으로 전세금의 지급에 갈음할 수도 있다(대법원 1995.2.10. 선고 94다18508 판결; 대법원 2009.1.30. 선고 2008다67217 판결).

---

2) 농지법은 농경지의 소작이나 임대차 또는 위탁경영 등의 행위를 원칙적으로 금지하고 있다(동법 제23조). 이러한 농지법에 따라 민법에서도 농경지는 전세권의 객체가 될 수 없는 것으로 규정하고 있다.

3. 전세권의 존속기간

1) 설정행위에서 기간을 정한 경우

전세권의 존속기간에는 최장기 및 최단기의 제한이 있다. 즉 전세권의 존속기간은 10년을 넘지 못하며, 약정기간이 10년을 넘는 때에는 10년으로 단축된다(민법 제312조 제1항). 그리고 건물에 대한 전세권의 존속기간을 1년 미만으로 정한 때에는 그 기간은 1년으로 된다(동조 제2항). 또한 전세권의 설정계약은 갱신할 수 있다. 그러나 그 기간은 갱신한 날로부터 10년을 넘지 못하며(동조 제3항), 갱신된 전세권설정계약은 등기하여야 효력이 있다.

한편 건물 전세권에는 특별히 법정갱신이 인정된다. 즉 건물의 전세권설정자가 전세권의 존속기간 만료 전 6월부터 1월까지 사이에 전세권자에 대하여 갱신거절의 통지 또는 조건을 변경하지 아니하면 갱신하지 아니한다는 뜻의 통지를 하지 아니한 경우에는 그 기간이 만료된 때에 전前전세권과 동일한 조건으로 다시 전세권을 설정한 것으로 본다(동조 제4항 제1문). 이 경우 전세권의 존속기간은 그 정함이 없는 것으로 본다(동조 제4항 제2문·민법 제313조 참고).

2) 존속기간을 약정하지 않은 경우

전세권의 존속기간을 약정하지 아니한 때에는 각 당사자는 언제든지 상대방에 대하여 전세권의 소멸을 통고할 수 있고 상대방이 이 통고를 받은 날로부터 6월이 경과하면 전세권은 소멸한다(민법 제313조).

4. 전세권의 효력

1) 전세권자의 사용·수익권

(1) 사용·수익권과 의무

전세권자는 전세금을 지급하고 타인의 부동산을 점유하여 그 부동산의 용도에 좇아 사용·수익할 권리가 있다(민법 제303조 제1항). 부동산의 용도는 설정계약에서 정하지 아니한 경우에는 그 부동산의 성질에 의하여 결정한다. 전세권자가 전세권설정계약 또는 그 목적물의 성질에 의하여 정하여진 용법으로 이를 사용·수익하지 아니한 경우에 전세권설정자는 전세권의 소멸을 청구할 수 있고, 원상회복 또는 손해배상을 청구할 수 있다(민법 제311조).

전세권설정자는 임대인과 달리 전세권자의 사용·수익을 방해하지 않을 소극적 의무가 있을 뿐이다. 따라서 목적물의 현상 유지와 그 통상의 관리에 속한 수선은 전세권자가 하여야 한다(민법 제309조).

(2) 사용·수익의 범위

전세권을 부동산 용도에 따라 사용·수익하는 경우, 건물 전세권자는 그 건물을 용도에 맞게 사용·수익하기 위하여 필요한 범위에서 토지를 이용하여야만 한다. 이에 민법은 건물 전세권의 지상권·임차권에 대한 효력(민법 제304조)과 법정지상권(민법 제305조) 및 상린관계(민법 제319조)에 관한 규정을 두고 있다.

① 건물 전세권의 지상권·임차권에 대한 효력

타인의 토지에 있는 건물에 전세권을 설정한 때에는 전세권의 효력은 그 건물의 소유를 목적으로 한 지상권 또는 임차권에 미친다(민법 제304조 제1항). 이 경우에 전세권설정자는 전세권자의 동의없이 지상권 또는 임차권을 소멸하게 하는 행위를 하지 못한다(민법 제304조 제2항).[3]

② 건물의 전세권과 법정지상권

대지와 건물이 동일한 소유자에 속한 경우에 건물에 전세권을 설정한 때에는 그 대지소유권의 특별승계인은 전세권설정자에 대하여 지상권을 설정한 것으로 본다(민법 제305조 제1항 본문). 이처럼 건물전세권설정자에게 법정지상권을 인정하는 이유는 건물에 대한 법정지상권을 인정하여 전세건물의 철거를 방지함으로써 건물전세권자를 보호하려는 것이다.

전세건물에 법정지상권이 성립하는 경우에 그 지료는 당사자의 청구에 의하여 법원이 이를 정한다(민법 제305조 제1항 단서). 건물에 법정지상권이 설정된 경우에 대지소유자는 타인에게 그 대지를 임대하거나 이를 목적으로 한 지상권 또는 전세권을 설정하지 못한다(민법 제305조 제2항).

---

[3] 그 이유는 건물전세권설정자가 전세권자의 동의 없이 건물을 위하여 존재하는 지상권·임차권을 소멸하게 하는 행위를 자유롭게 할 수 있다면, 전세권설정자는 그 건물을 철거해야 한다. 그 결과 건물전세권도 당연 소멸하게 되어 건물전세권자에게 불이익을 주기 때문이다(강태성, 물권법, 866면).

③ 상린관계 규정의 준용

토지전세권뿐만 아니라 건물전세권은 토지의 이용을 수반하는 권리이다. 따라서 인접지 소유자 간의 토지 이용을 조절하는 상린관계에 관한 규정(민법 제216조~제244조)은 전세권자간 또는 전세권자와 인지소유자 및 지상권자간에 이를 준용한다(민법 제319조).

2) 전세권의 처분

(1) 처분의 자유
전세권자는 전세권을 타인에게 양도 또는 담보로 제공할 수 있고 그 존속기간 내에서 그 목적물을 타인에게 전전세 또는 임대할 수 있다. 그러나 설정행위로 이를 금지한 때에는 그러하지 아니하다(민법 제306조).

(2) 전세권의 양도
전세권자는 전세권설정자의 동의 없이 전세권을 타인에게 양도할 수 있고(민법 제306조 본문), 양수인은 전세권설정자에 대하여 양도인과 동일한 권리의무가 있다(민법 제307조). 따라서 전세권의 존속기간이 만료하는 경우에 양수인은 전세권설정자에 대하여 전세금의 반환을 청구할 수 있다.

(3) 전세권의 담보제공
전세권자는 전세권을 목적으로 하는 저당권을 설정할 수 있다(민법 제371조).

> **판례** 전세권 존속기간 만료 후 전세권저당권 실행 방법과 효과
> [1] 전세권이 기간만료로 종료된 경우 전세권은 전세권설정등기의 말소등기 없이도 당연히 소멸하고, 저당권의 목적물인 전세권이 소멸하면 저당권도 당연히 소멸하는 것이므로 전세권을 목적으로 한 저당권자는 전세권의 목적물인 부동산의 소유자에게 더 이상 저당권을 주장할 수 없다(대법원 1999. 9. 17. 선고 98다31301 판결).
> [2] 전세권에 대하여 저당권이 설정된 경우 그 저당권의 목적물은 물권인 전세권 자체이지 전세금반환채권은 그 목적물이 아니고, 전세권의 존속기간이 만료되면 전세권은 소멸하므로 더 이상 전세권 자체에 대하여 저당권을 실행할 수 없게 되

고, 이러한 경우에는 민법 제370조, 제342조 및 민사소송법 제733조에 의하여 저당권의 목적물인 전세권에 갈음하여 존속하는 것으로 볼 수 있는 전세금반환채권에 대하여 압류 및 추심명령 또는 전부명령을 받거나 제3자가 전세금반환채권에 대하여 실시한 강제집행절차에서 배당요구를 하는 등의 방법으로 자신의 권리를 행사하여 비로소 전세권설정자에 대해 전세금의 지급을 구할 수 있게 된다는 점, 원래 동시이행항변권은 공평의 관념과 신의칙에 입각하여 각 당사자가 부담하는 채무가 서로 대가적 의미를 가지고 관련되어 있을 때 그 이행에 있어서 견련관계를 인정하여 당사자 일방은 상대방이 채무를 이행하거나 이행의 제공을 하지 아니한 채 당사자 일방의 채무의 이행을 청구할 때에는 자기의 채무이행을 거절할 수 있도록 하는 제도인 점, 전세권을 목적물로 하는 저당권의 설정은 전세권의 목적물 소유자의 의사와는 상관없이 전세권자의 동의만 있으면 가능한 것이고, 원래 전세권에 있어 전세권설정자가 부담하는 전세금반환의무는 전세금반환채권에 대한 제3자의 압류 등이 없는 한 전세권자에 대해 전세금을 지급함으로써 그 의무이행을 다할 뿐이라는 점에 비추어 볼 때, 전세권저당권이 설정된 경우에도 전세권이 기간만료로 소멸되면 전세권설정자는 전세금반환채권에 대한 제3자의 압류 등이 없는 한 전세권자에 대하여만 전세금반환의무를 부담한다고 보아야 한다(대법원 1999. 9. 17. 선고 98다31301 판결).

(4) 목적물의 전전세(轉傳貰)·임대

전세권자는 전세권설정자의 동의 없이, 전세기간 내에서 목적물을 전전세 또는 임대할 수 있다. 그러나 이 경우 전세권자의 책임이 가중된다. 즉 전세권의 목적물을 전전세 또는 임대한 경우에 전세권자는 전전세 또는 임대하지 아니하였으면 면할 수 있는 불가항력으로 인한 손해에 대하여 그 책임을 부담한다(민법 제308조).

3) 전세금증감청구권

전세금이 목적 부동산에 관한 조세·공과금 기타 부담의 증감이나 경제사정의 변동으로 인하여 상당하지 아니하게 된 때에는 당사자는 장래에 대하여 그 증감을 청구할 수 있다(민법 제312조의2). 그러나 증액의 경우, 전세금의 증액청구의 비율은 약정한 전세금의 20분의 1을 초과하지 못하고(민법 제312조의2 단서의 시행에 관한 규정 제2조), 전세권설정계약이 있은 날 또는 약정한 전세금의 증액이 있은 날로부터 1년 이내에는 전세금의 증액을 청구하지 못한다(동 규정 제3조).

4) 전세권자의 점유권·물권적 청구권

전세권은 부동산을 점유하여 사용·수익하는 용익물권이다. 따라서 그 점유를 침해당하거나 침해당할 염려가 있는 경우에 전세권자는 점유보호청구권, 즉 점유물반환청구권, 점유물방해제거청구권, 점유물방행예방청구권을 행사할 수 있다(민법 제204조~제206조). 또한 전세권자는 전세권의 내용 실현이 방해받거나 방해받을 염려가 있는 경우에 전세권에 기한 물권적 청구권, 즉 전세물반환청구권, 전세물방해제거청구권, 전세물방해예방청구권을 행사할 수 있다(민법 제319조·제213조·제214조).

5. 전세권의 소멸

전세권은 일반적으로 존속기간의 만료로 소멸한다.[4] 또한 전세권은 전세권자가 정하여진 용법을 위반하여 사용하는 경우 전세권설정자의 소멸청구에 의하여 소멸하고(민법 제311조 제1항), 존속기간을 정하지 않은 경우 각 당사자의 소멸통고에 의하여 전세권은 소멸한다(민법 제313조). 이와 같은 사유에 의하여 전세권이 소멸하면 일정한 효력이 발생한다.

1) 전세금의 반환 및 전세부동산의 인도

전세권이 소멸한 경우에 전세권설정자는 전세금을 반환하고, 전세권자는 전세목적물의 인도 및 전세권설정등기의 말소등기에 필요한 서류를 교부하여야 한다. 양자의 의무는 동시이행의 관계에 있다(민법 제317조).

> **판례** 전세목적물의 소유권 양도와 양수인의 전세금 반환의무
> 전세권이 성립한 후 전세목적물의 소유권이 이전된 경우 민법이 전세권 관계로부터 생기는 상환청구, 소멸청구, 갱신청구, 전세금증감청구, 원상회복, 매수청구 등의 법률관계의 당사자로 규정하고 있는 전세권설정자 또는 소유자는 모두 목적물의 소유권을 취득한 신 소유자로 새길 수밖에 없다고 할 것이므로, 전세권은 전세권자와 목적물의 소유권을 취득한 신 소유자 사이에서 계속 동일한 내용으로 존속하게 된다고 보아야 할 것이고, 따라서 목적물의 신 소유자는 구 소유자와 전세권자 사이에 성립한 전세권의 내용에 따른 권리의무의 직접적인 당사자가 되어 전세권이 소멸하는 때에 전세권자에 대하여 전세권설정자의 지위에서 전세금 반환의

---

4) 전세권의 물권 일반의 소멸사유, 즉 목적부동산의 멸실, 공용징수, 혼동·포기, 전세권에 우선하는 담보물권의 실행, 기타 약정소멸원인의 발생으로 소멸한다.

무를 부담하게 된다(대법원 2006.5.11. 선고 2006다6072 판결).

2) 전세권자의 경매청구권과 우선변제권

전세권설정자가 전세금의 반환을 지체한 때에는 전세권자는 민사집행법의 정한 바에 의하여 전세권의 목적물의 경매를 청구할 수 있다(민법 제318조). 이 경우 전세권자는 그 부동산 전부에 대하여 후순위권리자 기타 채권자보다 전세금의 우선변제를 받을 권리가 있다(민법 제303조).

3) 원상회복의무와 부속물 매수청구권

전세권이 그 존속기간의 만료로 인하여 소멸한 경우에 전세권자는 그 목적물을 원상에 회복하여야 하고, 그 목적물에 부속시킨 물건은 수거할 수 있다(민법 제316조 제1항 제1문). 여기서 부속물이라 함은 건물에 부속된 물건으로 전세권자의 소유에 속하고, 건물의 구성부분이 되지 아니한 것으로서 건물의 사용에 객관적인 편익을 가져오게 하는 물건이다(대법원 1993.2.26. 선고 92다41627 판결).

그러나 부속물을 수거할 경우에는 그 가치가 감소하는 경우도 있으므로 사회경제적 이유에서 부속물 매수청구권을 인정하고 있다. 따라서 전세권이 소멸하면 전세권설정자는 언제든지 그 부속물의 매수를 청구할 수 있으며, 이 때에 전세권자는 정당한 이유 없이 거절하지 못한다(민법 제316조 제1항 제2문). 그러나 전세권설정자와 달리 전세권자는 그 부속물건이 i)전세권설정자의 동의를 얻어 부속시킨 것이거나 ii)전세권설정자로부터 매수한 것인 경우에만 전세권설정자에 대하여 그 부속물건의 매수를 청구할 수 있다(민법 제316조 제2항).

4) 유익비상환청구권

전세권자가 목적물을 개량하기 위하여 지출한 금액 기타 유익비에 관하여는 그 가액의 증가가 현존한 경우에 한하여 소유자의 선택에 좇아 그 지출액이나 증가액의 상환을 청구할 수 있다(민법 제310조 제1항). 이 경우에 법원은 소유자의 청구에 의하여 상당한 상환기간을 허여할 수 있다(민법 제310조 제2항).

제3절 임대차

Ⅰ. 서설

임대차는 당사자 일방(임대인)이 상대방(임차인)에게 목적물(임대물)을 사용·수익하게 할 것을 약정하고, 상대방이 이에 대하여 차임을 지급할 것을 약정함으로써 성립하는 계약이다(민법 제618조). 예를 들어 토지나 주택의 전부 또는 일부를 사용대가(차임)를 받고서 빌려주는 것이다. 임대차의 경우 임차인은 대부분 임대인에 비하여 경제적 약자이므로 보호의 필요성이 있으며, 임차인은 민법과 특별법(주택임대차보호법, 상가건물임대차보호법)에 의하여 보호받고 있다.

Ⅱ. 임대차의 성립

1. 당사자의 합의

임대차는 낙성계약이므로 임대인과 임차인 사이의 일정한 사항에 대한 합의만으로 성립하며, 임대차의 목적물과 차임은 필수적 합의 사항이다.

2. 임대목적물

임대차의 목적물은 물건이다. 그러나 임대차의 목적물은 사용·수익 후 목적물 자체를 반환할 수 있는 것이어야 하므로, 전기 기타 관리 가능한 자연력은 제외된다.

부동산 임대차의 경우, 그 목적물은 부동산이다. 그러나 농지의 경우에는 원칙적으로 임대차가 금지되고, 일정한 경우[5]에만 예외적으로 인정된다(농지법 제23조). 임대인은 부동산에 대한 소유권 및 처분권한을 반드시 가져야 하는 것은 아니다(대법원 1996.9.6. 선고 94다54641 판결). 왜냐하면 임대인은 임대부동산의 소유권 이전 의무를 부담하지 않기 때문이다.

---

5) 예를 들어 3년 이상 소유한 농지를 주말·체험영농을 하려는 자에게 임대하거나 무상사용하게 하는 경우 또는 상속으로 농지를 취득하거나 이농으로 농업경영을 하지 아니하는 사람이 1만 제곱미터를 초과하여 소유하고 있는 농지 등을 임대하거나 무상사용하게 하는 경우는 농지법상 예외적으로 허용된다(농지법 제23조).

판례 **소유권 기타 임대 권한이 없는 자의 임대와 효력**

임대인이 임대차 목적물에 대한 소유권 기타 이를 임대할 권한이 없다고 하더라도 임대차계약은 유효하게 성립하고, 따라서 임대인은 임차인으로 하여금 그 목적물을 완전하게 사용·수익케 할 의무가 있고 또한 임차인은 이러한 임대인의 의무가 이행불능으로 되지 아니하는 한 그 사용·수익의 대가로 차임을 지급할 의무가 있으며, 그 임대차관계가 종료되면 임차인은 임차목적물을 임대인에게 반환하여야 할 계약상의 의무가 있지만, 임차인이 진실한 소유자로부터 목적물의 반환청구나 임료 내지 그 해당액의 지급요구를 받는 등의 이유로 임대인이 임차인으로 하여금 사용·수익케 할 수가 없게 되었다면 임대인의 채무는 이행불능으로 되고, 임차인은 이행불능으로 인한 임대차의 종료를 이유로 그 때 이후의 임대인의 차임지급청구를 거절할 수 있다(임대인이 국가 소유의 부동산을 임대하였는데 임차인의 차임 연체로 인하여 그 임대차계약이 해지되었다면, 특별한 사정이 없는 한 임차인은 임대인에게 그 부동산을 명도하고 해지로 인한 임대차 종료시까지의 연체차임 및 그 이후부터 명도 완료일까지 그 부동산을 점유·사용함에 따른 차임 상당의 부당이득금을 반환할 의무가 있다고 한 사례; 대법원 1996.9.6. 선고 94다54641 판결).

Ⅲ. 임대차의 존속기간

1. 계약으로 기간을 정한 경우

1) 계약으로 정한 기간

당사자는 임대차의 존속기간을 자유로이 약정할 수 있으며, 그 존속기간을 약정한 경우에는 그 기간이 임대차의 존속기간이 된다. 민법에는 임대차의 최장기간 및 최단기간을 제한하는 규정이 없다.[6]

판례 **임대차 존속기간 제한 규정(민법 제651조) 삭제**

견고한 건물 등의 소유 또는 식목植木 등을 목적으로 하는 토지임대차를 제외한 모든 임대차의 존속기간은 20년을 넘지 못한다고 규정한 제651조 제1항은 그 입법취지가 불분명하고 계약의 자유를 침해하므로 헌법에 위반된다는 헌법재판소의 결정(헌법재판소 2013.12.26 결정 2011헌바234)을 반영하여 임대차 존속기간에 제한을 둔 관련 규정을 폐지

---

6) 그러나 주택임대차보호법 제4조 및 상가임대차보호법 제9조에는 최단기간을 보장하고 있다.

하는 한편, 제651조 제2항은 임대차 존속기간의 갱신 및 갱신기간의 상한을 규정한 것으로서 임대차 존속기간의 제한을 폐지하는 경우에는 별도로 존치할 필요가 없으므로, 자율적 거래관계의 형성이 촉진되도록 하고 국민의 자유로운 재산권 행사를 충실히 보장하려는 목적으로 민법 제651조 전부를 삭제하였다.

2) 임대차의 갱신(기간 연장)

(1) 계약에 의한 갱신
당사자가 계약으로 정한 임대차의 기간은 당사자의 합의로 갱신할 수 있으며, 갱신의 횟수에는 제한이 없다.

(2) 묵시의 갱신(법정갱신)
임대차 기간이 만료한 후 임차인이 임차물의 사용, 수익을 계속하는 경우에 임대인이 상당한 기간 내에 이의를 하지 아니한 때에는 전임대차와 동일한 조건으로 다시 임대차한 것으로 본다(민법 제639조 제1항 제1문). 그러나 당사자는 언제든지 계약 해지의 통고를 할 수 있고, 일정한 기간이 경과하면 해지의 효력이 생긴다(민법 제635조 제1항·제2항 참조). 즉 토지·건물 임대차의 경우, 임대인이 해지를 통고한 경우에는 임차인이 그 통고를 받을 날로부터 6개월의 기간이 경과하면 해지의 효력이 생기고, 임차인이 해지를 통고한 경우에는 임대인이 그 통고를 받은 날로부터 1개월의 기간이 경과하면 해지의 효력이 생긴다.

2. 계약으로 기간을 정하지 않은 경우

임대차기간의 약정이 없는 때에는 당사자는 언제든지 계약해지의 통고를 할 수 있다(민법 제635조 제1항). 이 경우의 해지의 효력은 상대방이 해지통고를 받은 날로부터 일정기간, 즉 해지기간이 경과한 후에 생긴다(민법 제635조 제2항). 해지기간은 토지, 건물에 대하여는 임대인이 해지통고를 하는 경우에는 6개월, 임차인이 해지를 통고한 경우에는 1개월이다.

Ⅳ. 임대인의 권리·의무

1. 임대인의 권리

1) 차임지급청구권

임대인은 임차인에 대하여 차임의 지급을 청구할 수 있다(민법 제618조).

(1) 차임증액청구권

임대물에 대한 공과금의 증가 기타 경제사정의 변동으로 약정한 차임이 상당하지 아니하게 된 때에 임대인은 장래에 대한 차임의 증액을 청구할 수 있다(민법 제628조). 차임증액청구권은 형성권이므로 임대인이 장래에 대한 차임의 증액을 청구하였을 때에 그 청구가 상당하다고 인정되면 그 효력은 재판시가 아니고 그 청구시에 발생한다(대법원 1974.8.30. 선고 74다1124 판결).

> **판례** 협의에 의한 임대차 차임 조정약정의 취지
>
> [1] 임차인의 차임 협의 거부의 효력
>
> 임대차계약을 할 때에 임대인이 임대 후 일정 기간이 경과할 때마다 물가상승 등 경제사정의 변경을 이유로 임차인과의 협의에 의하여 차임을 조정할 수 있도록 약정하였다면, 그 취지는 임대인에게 일정 기간이 지날 때마다 물가상승 등을 고려하여 상호 합의에 의하여 차임을 증액할 수 있는 권리를 부여하되 차임 인상요인이 생겼는데도 임차인이 인상을 거부하여 협의가 성립하지 않는 경우에는 법원이 물가상승 등 여러 요인을 고려하여 정한 적정한 액수의 차임에 따르기로 한 것으로 보아야 한다(대법원 2018. 3. 15. 선고 2015다 239508, 239515 판결).
>
> [2] 임대인의 증액 청구에 따른 증액 차임의 이행기
>
> 한편 임대인이 민법 제628조에 의하여 장래에 대한 차임의 증액을 청구하였을 때에 당사자 사이에 협의가 성립되지 아니하여 법원이 결정해 주는 차임은 증액청구의 의사표시를 한 때에 소급하여 그 효력이 생기는 것이므로, 특별한 사정이 없는 한 증액된 차임에 대하여는 법원 결정 시가 아니라 증액청구의 의사표시가 상대방에게 도달한 때를 이행기로 보아야 한다(대법원 2018. 3. 15. 선고 2015다239508, 239515 판결).

(2) 부동산임대인의 법정담보물권

민법은 임대인의 차임채권 등의 임대차에 관한 채권을 보호하기 위하여 일정한 경우 부동산임대인의 법정담보물권을 인정하고 있다.

① 법정저당권

'토지임대인'이 변제기를 경과한 최후 2년의 차임채권에 의하여 그 지상에 있는 임차인 소유의 건물을 압류한 때에는 저당권과 동일한 효력이 있다(민법 제649조).

② 법정질권

'토지임대인'이 임대차에 관한 채권에 의하여 임차지에 부속 또는 그 사용의 편익에 공용한 임차인의 소유 동산 및 그 토지의 과실을 압류한 때에는 질권과 동일한 효력이 있다(민법 제648조). '건물 임대인'이 임대차에 관한 채권에 의하여 그 건물 기타 공작물에 부속한 임차인 소유의 동산을 압류한 때에는 질권과 동일한 효력이 있다(민법 제650조).

2) 목적물반환청구권

임대차 종료 시에 임대인은 임차물의 반환을 청구할 수 있다.

2. 임대인의 의무

1) 목적물을 사용·수익하게 할 의무

임대인은 목적물을 임차인에게 인도하고 계약 존속 중 그 사용, 수익에 필요한 상태를 유지하게 할 의무를 부담한다(민법 제623조). 즉 임대인은 목적물인도의무, 방해제거의무, 수선의무를 부담한다.

임대인의 수선이 필요한지 여부는 목적물의 파손이 임차인의 사용·수익을 방해하는가에 따라 결정한다. 즉 임대차계약에서 임대인은 목적물을 계약 존속 중 사용·수익에 필요한 상태를 유지할 의무를 부담하므로, 목적물에 파손 또는 장해가 생긴 경우 그것이 임차인이 별비용을 들이지 아니하고도 손쉽게 고칠 수 있을 정도의 사소한 것이어서 임차인의 사용·수익을 방해할 정도의 것이 아니라면 임대인은 수선의무를 부담하지 않지만, 그것을 수선하지 아니하면 임차인이 계약에 의하여 정해진 목적에 따라 사용·수익할 수 없는 상태로 될 정도의 것이라면 임대인은 수선의무를 부담한다(대법원 2012.6.14. 선고 2010다89876,89883 판결).

한편 임대인의 수선의무는 특약에 의하여 이를 면제하거나 임차인의 부담으로 돌릴 수 있다. 그러나 특약에 의하여 면제되는 수선의무의 범위를 명시하고 있는 등의 특별한 사정이 없는 한 특약에 의하여 면제되는 수선의무는 통상 생길 수 있는 파손의 수선 등 소규모의 수선에 한하며, 대파손의 수리, 건물의 주요 구성부분에 대한 대수선, 기본적 설비부분의 교체 등과 같은 대규모의 수선은 이에 포함되지 아니하고 여전히 임대인이 그 수선의무를 부담한다(대법원 1994.12.9. 선고 94다34692,94다34708 판결).

> **판례** **임대인의 수선의무 판단 기준**
>
> [1] 임대차계약에서 임대인은 목적물을 계약 존속 중 사용·수익에 필요한 상태를 유지할 의무를 부담하므로, 목적물에 파손 또는 장해가 생긴 경우 그것이 임차인이 별비용을 들이지 아니하고도 손쉽게 고칠 수 있을 정도의 사소한 것이어서 임차인의 사용·수익을 방해할 정도의 것이 아니라면 임대인은 수선의무를 부담하지 않지만, 그것을 수선하지 아니하면 임차인이 계약에 의하여 정해진 목적에 따라 사용·수익할 수 없는 상태로 될 정도의 것이라면 임대인은 수선의무를 부담한다(대법원 2012. 6. 14. 선고 2010다89876,89883 판결).
>
> [2] 임차인 갑이 가구전시장으로 임차하여 사용하던 건물 바닥에 결로현상이 발생하자 임대인 을을 상대로 임대목적물 하자에 따른 손해배상을 청구한 사안에서, 감정인의 감정서 등에 비추어 위 건물에는 구조상 바닥 밑 단열과 방습조치가 되어 있지 않은 하자가 있어 여름형 결로현상이 발생할 수밖에 없고, 을은 임대차계약 체결 당시 갑이 건물을 가구전시장으로 임차한 사실을 알고 있었으므로, 갑의 요구에 따라 건물 바닥에 나타난 습기의 발생 원인을 조사하고 이를 제거하기 위하여 제습기 또는 공조시설 등을 설치하거나 바닥 공사를 하여 주는 등 조치를 취함으로써 갑이 사용·수익할 수 있는 상태를 유지하여 줄 의무가 있는데도, 이와 달리 건물이 일반적 용도로 사용하는 데 하자가 없다고 단정하여 위 청구를 배척한 원심판결에 임대차 목적물에 대한 임대인의 수선의무에 관한 법리오해 등 위법이 있다(대법원 2012. 6. 14. 선고 2010다89876,89883 판결).
>
> [3] 임대인의 수선의무는 특별한 사정이 없는 한 임대차의 목적에 따른 용도대로 임차인으로 하여금 그 목적물을 사용·수익시키는 데 필요한 범위에서 인정되는

것으로서, 임대인의 수선의무를 발생시키는 사용·수익의 방해에 해당하는지 여부는 구체적인 사안에 따라 목적물의 종류 및 용도, 파손 또는 장해의 규모와 부위, 이로 인하여 목적물의 사용·수익에 미치는 영향의 정도, 그 수선이 용이한지 여부와 이에 소요되는 비용, 임대차계약 당시 목적물의 상태와 차임의 액수 등 제반 사정을 참작하여 사회통념에 의하여 판단하여야 할 것이다(제1, 2차 집중호우로 각각 임대목적물인 공장에 인접한 임야 일부가 붕괴되면서 밀려 내려온 토사류가 공장 벽체를 일부 파손하고 공장 내부까지 들어와 임차인 갑 소유의 원자재, 기계 및 완제품이 훼손된 사안에서, 제반 사정에 비추어 임대인 을에게 공장의 사용·수익에 필요한 상태를 유지하기 위하여 제1차 집중호우 발생 전후에 걸쳐 임야에 맞닿은 쪽에 담장을 설치하거나 견고한 재질에 의하여 공장 벽체를 시공할 의무가 있다고 본 원심판결에 법리오해 등의 위법이 있다고 한 사례; 대법원 2012. 3. 29. 선고 2011다107405 판결).

판례 수선의무 면제특약과 면제되는 수선의무 범위

임대인의 수선의무는 특약에 의하여 이를 면제하거나 임차인의 부담으로 돌릴 수 있으나, 그러한 특약에서 수선의무의 범위를 명시하고 있는 등의 특별한 사정이 없는 한 그러한 특약에 의하여 임대인이 수선의무를 면하거나 임차인이 그 수선의무를 부담하게 되는 것은 통상 생길 수 있는 파손의 수선 등 소규모의 수선에 한한다 할 것이고, 대파손의 수리, 건물의 주요 구성부분에 대한 대수선, 기본적 설비부분의 교체 등과 같은 대규모의 수선은 이에 포함되지 아니하고 여전히 임대인이 그 수선의무를 부담한다고 해석함이 상당하다(대법원 1994.12.9. 선고 94다34692,94다34708 판결).

임대인이 수선의무를 불이행하는 경우, 임차인은 손해배상청구권과 계약해지권 및 차임감액청구권을 행사할 수 있다. 즉 임대인이 목적물을 사용·수익하게 할 의무를 불이행하여 임차인이 목적물을 전혀 사용할 수 없을 경우에는 임차인은 차임 전부의 지급을 거절할 수 있고, 목적물의 사용·수익이 부분적으로 지장이 있는 상태인 경우에는 그 지장의 한도 내에서 차임의 지급을 거절할 수 있다(대법원 1997.4.25. 선고 96다44778,44785 판결).

판례 임대물의 사용·수익 장애와 차임지급거절 범위

임대차계약에 있어서 목적물을 사용·수익하게 할 임대인의 의무와 임차인의 차임지급의무는 상호 대응관계에 있으므로 임대인이 목적물을 사용·수익하게 할 의무를 불이행하여 임차인이 목적물을 전혀 사용할 수 없을 경우에는 임차인은 차임 전부의 지급을 거절할 수 있으나, 목적물의 사용·수익이 부분적으로 지장이 있는 상태인 경우에는 그 지장의 한도 내에서 차임의 지급을 거절할 수 있을 뿐 그 전부의 지급을 거절할 수는 없다(대법원 1997. 4. 25. 선고 96다44778,44785 판결). 이는 임대인이 수선의무를 이행함으로써 목적물의 사용·수익에 지장이 초래된 경우에도 마찬가지이다(대법원 2015. 2. 26. 선고 2014다65724 판결).

2) 비용상환의무

임차인이 임차물에 필요비 또는 유익비를 지출한 경우에는 임대인이 이를 상환하여야 한다(민법 제626조). 자세한 내용은 임차인의 비용상환청구권에서 후술한다.

3) 임대인의 담보책임

임대차는 유상계약이다. 따라서 임대물의 담보책임에 관하여는 매매에 관한 규정을 준용한다(민법 제567조, 제569조 이하). 따라서 임차물에 하자가 있거나 그 권리에 하자가 있는 경우에는 손해배상청구권, 대금감액청구권, 계약해제·해지권을 행사할 수 있다.

> **판례** 임대차 건물 면적 부족과 임대인의 담보책임(민법 제574조)
> [1] 건물 일부의 임대차계약을 체결함에 있어 임차인이 건물면적의 일정한 수량이 있는 것으로 믿고 계약을 체결하였고, 임대인도 그 일정 수량이 있는 것으로 명시적 또는 묵시적으로 표시하였으며, 또한 임대차보증금과 월임료 등도 그 수량을 기초로 하여 정하여진 경우에는, 그 임대차는 수량을 지정한 임대차라고 봄이 타당하다(대법원 1995. 7. 14. 선고 94다38342 판결).
> [2] 임대차계약에서 임대차면적에 따른 임대차보증금(전세금)을 일단 계산한 후 그 금액의 15% 내외의 금액을 임대차보증금으로 지급하고 그 나머지 금액에 월 2%를 곱한 금액을 월임료로 지급하기로 약정한 경우, 임차인은 임대인에게 귀책사유가 있는 목적물의 면적 부족분에 해당하는 임대차보증금 과다지급분에 대하여는, 그 금액에 월 2%를 곱한 금액만큼의 임료를 지급하지 않아도 될 것임에도 불구하고 그에 상당한 금액을 임료로 과다지급함으로써 손해를 입었다고 할 것이므로, 그 과다지급 임대차보증금에 2%를 곱하여 임대차보증금의 과다지급으로 인한 손해를 산정하는 것이 정당하다(건물 일부의 임대차 계약을 체결함에 있어서 그 임대료를 건물 면적을 기초로 한 경우는 수량을 지정한 임대차이고, 그 경우 면적이 부족하다면 그에 해당하는 임료를 지급할 의무가 없고, 임료 과다지급으로 인한 손해를 인정한 사례; 대법원 1995. 7. 14. 선고 94다38342 판결).

4) 임차인 안전배려·보호의무 등

통상의 임대차관계에 있어서 임대인은 임차인에 대하여 안전배려 또는 도난방지 등의 보호의무를 부담하지 않는다(대법원 1999. 7. 9. 선고 99다10004 판결). 그러나 숙박계약의 경우 숙박업자는 투숙객의 안전을 배려해야할 보호의무를 진다(대법원 2000. 11. 24. 선고 2000다38718,38725 판결).

> **판례** **통상 임대차 임대인의 임차인 보호의무**
>
> 통상의 임대차관계에 있어서 임대인의 임차인에 대한 의무는 특별한 사정이 없는 한 단순히 임차인에게 임대목적물을 제공하여 임차인으로 하여금 이를 사용·수익하게 함에 그치는 것이고, 더 나아가 임차인의 안전을 배려하여 주거나 도난을 방지하는 등의 보호의무까지 부담한다고 볼 수 없을 뿐만 아니라 임대인이 임차인에게 임대목적물을 제공하여 그 의무를 이행한 경우 임대목적물은 임차인의 지배 아래 놓이게 되어 그 이후에는 임차인의 관리하에 임대목적물의 사용·수익이 이루어지는 것이다(대법원 1999.7.9. 선고 99다10004 판결).

> **판례** **일시 사용임대차와 임대인의 고객 보호의무 위반 책임**
>
> 공중접객업인 숙박업을 경영하는 자가 투숙객과 체결하는 숙박계약은 숙박업자가 고객에게 숙박을 할 수 있는 객실을 제공하여 고객으로 하여금 이를 사용할 수 있도록 하고 고객으로부터 그 대가를 받는 일종의 일시 사용을 위한 임대차계약으로서 객실 및 관련 시설은 오로지 숙박업자의 지배 아래 놓여 있는 것이므로 숙박업자는 통상의 임대차와 같이 단순히 여관 등의 객실 및 관련 시설을 제공하여 고객으로 하여금 이를 사용·수익하게 할 의무를 부담하는 것에서 한 걸음 더 나아가 고객에게 위험이 없는 안전하고 편안한 객실 및 관련 시설을 제공함으로써 고객의 안전을 배려하여야 할 보호의무를 부담하며 이러한 의무는 숙박계약의 특수성을 고려하여 신의칙상 인정되는 부수적인 의무로서 숙박업자가 이를 위반하여 고객의 생명·신체를 침해하여 투숙객에게 손해를 입힌 경우 불완전이행으로 인한 채무불이행책임을 부담하고, 이 경우 피해자로서는 구체적 보호의무의 존재와 그 위반 사실을 주장·입증하여야 하며 숙박업자로서는 통상의 채무불이행에 있어서와 마찬가지로 그 채무불이행에 관하여 자기에게 과실이 없음을 주장·입증하지 못하는 한 그 책임을 면할 수는 없다(대법원 2000.11.24. 선고 2000다38718,38725 판결).

V. 임차인의 권리 · 의무

1. 임차인의 권리

임차인은 임대차 기간 동안 임차물을 사용 · 수익할 수 있고(민법 제618조), 임대차 기간이 종료된 경우에는 부속물매수청구권(민법 제646조 · 제647조), 비용상환청구권(민법 제626조), 철거권(민법 제654조 · 제615조), 지상시설매수청구권(민법 제643조 · 제644조 · 제645조)을 행사하여 임차물에 투자한 비용을 회수할 수 있다.

1) 임차권(임차물의 사용 · 수익권)

(1) 의의

임차권은 임차인이 계약 또는 그 임차물의 성질에 따라 정하여진 용도에 따라 임차물을 사용 · 수익할 수 있는 권리이다(민법 제618조 참조). 따라서 임차인은 임대인의 승낙 없이 타인에게 그 임차물을 사용 · 수익하게 할 수 없으며, 임차인이 이를 위반한 경우에 임대인은 계약을 해지할 수 있고, 손해배상을 청구할 수도 있다.

(2) 임차권의 대항력

임차권은 채권이므로 임차인은 계약의 당사자인 임대인 이외의 제3자에게 대항하지 못한다. 예를 들어 임대인이 임차물을 제3자에게 양도한 경우, 임차물 양수인이 소유권에 기한 임차물 반환청구권을 행사하면 임차인은 그 임차물을 반환하여야 한다. 즉 임차인은 임차권을 가지고 임차물의 양수인에게 대항하지 못하므로, 임차인을 보호할 필요성이 있다. 민법에서는 일정한 경우 부동산 임차권에 대하여 예외적으로 대항력을 인정하고 있다.[7]

① 임차권등기

부동산 임차인은 당사자 간에 반대 약정이 없으면 임대인에 대하여 그 임대차등기 절차에 협력할 것을 청구할 수 있고, 부동산 임대차를 등기한 때에는 그때부터 제3자에 대하여 효력이 생긴다(민법 제621조). 따라서 임차권이 등기된 임차물이 양도된 경우, 임대

---
7) 임차인 보호를 위한 특별법으로 주택임대차보호법과 상가건물임대차보호법이 있다.

차 기간 만료 전에 양수인이 임차인에 대하여 임차물의 반환을 청구하더라도 종래의 임대차는 양수인과 임차인 사이에 존속하는 것으로 되어 임차인은 양수인의 인도청구를 거절할 수 있다.

② 건물 등기 있는 토지 임차권의 대항력

건물의 소유를 목적으로 한 토지임대차는 이를 등기하지 아니한 경우에도 임차인이 그 지상 건물을 등기한 때에는 제3자에 대하여 임대차의 효력이 생긴다(민법 제622조 제1항). 예를 들어, 건물의 신축을 목적으로 토지를 임차한 자가 토지임차권 등기는 하지 않은 채 건물을 지은 뒤에 건물에 관하여 소유권보존등기를 한 경우, 토지 임대차는 제3자에 대하여 효력이 있다. 한편 건물 등기 있는 경우의 임대차의 대항력은 임대차가 존속하고 또 건물이 존재하는 동안에만 인정된다. 따라서 건물이 임대차기간 만료 전에 멸실 또는 후폐朽廢(썩어서 소용이 없게 됨) 한 때에는, 토지임대차는 대항력을 잃는다(민법 제622조 제2항).

③ 등기된 부동산 임대차의 임차인과 양수인의 관계

부동산 임차권을 등기한 때에는 그때부터 제3자에 대하여 효력이 생긴다(민법 제621조). 즉 임차권이 등기된 후 소유자인 임대인으로부터 부동산을 양수하는 경우에 양수인은 임대인의 지위를 승계하고, 임대인은 임대차 관계에서 벗어나게 된다. 따라서 임대차 종료시 임차인은 양수인에게 보증금의 반환을 청구하여야 한다. 그러나 임대인의 지위가 양도되는 경우에 임차인은 이의를 제기함으로써 승계되는 임대차 관계의 구속을 면할 수 있고, 임대인과의 임대차 관계도 해지할 수 있다(대법원 1998. 9. 2. 자 98마100 결정).

> **판례** 임대목적물의 양도와 임차인의 임대차 해지권
> 임대차계약에 있어 임대인의 지위의 양도는 임대인의 의무의 이전을 수반하는 것이지만 임대인의 의무는 임대인이 누구인가에 의하여 이행방법이 특별히 달라지는 것은 아니고, 목적물의 소유자의 지위에서 거의 완전히 이행할 수 있으며, 임차인의 입장에서 보아도 신 소유자에게 그 의무의 승계를 인정하는 것이 오히려 임차인에게 훨씬 유리할 수도 있으므로 임대인과 신 소유자와의 계약만으로써 그 지위의 양도를 할 수 있다 할 것이나, 이 경우에 임차인이 원하지 아니하면 임대차의 승계를 임차인에게 강요할 수는 없는 것이어서 스스로 임대차를 종료시킬 수 있어

야 한다는 공평의 원칙 및 신의성실의 원칙에 따라 임차인이 곧 이의를 제기함으로써 승계되는 임대차 관계의 구속을 면할 수 있고, 임대인과의 임대차 관계도 해지할 수 있다고 보아야 한다(대법원 1998.9.2.자 98마100 결정).

2) 비용상환청구권

(1) 필요비상환청구권

임대인은 임차인이 임차물을 그 용도에 맞게 사용·수익하게 할 적극적 의무를 부담한다. 따라서 임차인이 임차물의 보존에 관한 필요비를 지출한 때에는 임대인이 그 비용을 부담하여야 한다. 따라서 임차인은 임대인에 대하여 그 필요비의 상환을 청구할 수 있다(민법 제626조 제1항).

> **판례** 유익비와 필요비의 의미
> 민법 제626조 소정의 유익비라 함은 임차인이 임차물의 객관적 가치를 증가시키기 위하여 투입한 비용이고 필요비라 함은 임차인이 임차물의 보존을 위하여 지출한 비용을 말한다(대법원 1980.10.14. 선고 80다1851,1852 판결).

(2) 유익비상환청구권

임차인이 유익비를 지출한 경우에는 임대인은 임대차 종료 시에 그 가액의 증가가 현존한 때에 한하여 임차인이 지출한 금액이나 그 증가액을 상환하여야 한다(민법 제626조 제2항 제1문). 따라서 임차인은 임대인에 대하여 유익비상환청구권을 행사할 수 있다. 이 경우에 법원은 임대인의 청구에 의하여 상당한 상환기간을 허여할 수 있다(민법 제626조 제2항 제2문). 유익비는 임차인이 임차물의 객관적 가치를 증가시키기 위하여 투입한 비용을 말하는 것이므로, 임차인이 영업 목적으로 시설 개선 등을 위하여 투자한 비용은 유익비에 해당하지 않는다.(대법원 1991. 10. 8. 선고 91다8029 판결; 대법원 1994. 9. 30. 선고 94다20389, 20396 판결).

> **판례** 카페 내부시설 공사비의 유익비 해당 여부
> 피고가 임차한 이 사건 점포에서 카페영업을 하기 위한 공사를 하고, 또 카페의 규모를 확장하면서 내부시설공사를 하고, 또는 창고지붕의 보수공사를 하고 공사비를 지출한 사실을 인정할 수 있으나, 창고지붕의 보수공사비는 통상의 관리비에

속하고, 나머지 공사비인 이 사건 점포의 내부시설공사는 피고가 카페를 운영하기 위한 필요에 의하여 행하여진 것이고 그로 인하여 이 사건 점포의 객관적 가치가 증가한 것은 아니어서, 이를 위하여 지출한 돈은 원고가 상환의무를 지는 유익비에 해당하지 아니한다(민법 제626조 제2항에서 임대인의 상환의무를 규정하고 있는 유익비란 임차인이 임차물의 객관적 가치를 증가시키기 위하여 투입한 비용을 말하는 것인데, 피고가 이 사건 점포에 지출한 위 공사비가 유익비에 해당하지 않는다는 사례; ^{대법원 1991.10.8. 선고
91다8029 판결}).

판례 **간판설치비의 유익비 해당 여부**

민법 제626조 제2항에서 임대인의 상환의무를 규정하고 있는 유익비란 임차인이 임차물의 객관적 가치를 증가시키기 위하여 투입한 비용을 말하는 것이므로, 임차인이 임차건물부분에서 간이 음식점을 경영하기 위하여 부착시킨 시설물에 불과한 간판은 건물부분의 객관적 가치를 증가시키기 위한 것이라고 보기 어려울 뿐만 아니라, 그로 인한 가액의 증가가 현존하는 것도 아니어서 그 간판설치비를 유익비라 할 수 없다(^{대법원 1994.9.30. 선고
94다20389, 20396 판결}).

(3) 비용상환청구권의 포기 및 행사기간

임차인의 비용상환청구권에 관한 규정은 강행규정이 아니므로 이를 포기하기로 하는 당사자의 약정도 유효하다(^{대법원 1994. 9. 30. 선고
94다20389, 20396 판결}). 또한 임차인의 필요비 또는 유익비상환청구는 임대인이 임차물을 반환 받은 날로부터 6월내에 하여야 한다(^{민법 제654조 ·
민법 제617조}).

판례 **비용상환청구권 포기 약정의 유효 여부**

임대차계약 체결시 임차인이 임대인의 승인하에 임차목적물인 건물부분을 개축 또는 변조할 수 있으나 임차목적물을 임대인에게 명도할 때에는 임차인이 일체 비용을 부담하여 원상복구를 하기로 약정하였다면, 이는 임차인이 임차목적물에 지출한 각종 유익비의 상환청구권을 미리 포기하기로 한 취지의 특약이라고 봄이 상당하다(유익비상환청구권 포기 약정의 유효를 인정한 사례; ^{대법원 1994.9.30. 선고
94다20389, 20396 판결}).

3) 철거권

임차인의 임차권에 의하여 임차물에 부가된 물건이 독립한 것으로 인정되는 경우에, 그 부속된 물건의 소유권은 임대인이 아니고 임차인에게 속한다(^{민법
제256조 참고}). 따라서 임차인은 임대차 종료 시에 그 부속시킨 물건을 철거할 수 있다(^{민법
제654조 · 제615조}). 그리고 건물임차인은 부속물매수청구권, 토지임차인은 지상시설매수청구권을 행사할 수도 있다. 이에 대하여는 후술한다.

4) 건물임차인의 부속물매수청구권

(1) 의의

건물 기타 공작물의 임차인이 그 사용의 편익을 위하여 임대인의 동의를 얻어 이에 부속시킨 물건 또는 임대인으로부터 매수한 부속물이 있는 때에는, 임차인은 임대차의 종료 시에 임대인에 대하여 그 부속물의 매수를 청구할 수 있다(민법 제646조). 이러한 임차인의 권리를 부속물매수청구권이라고 한다.

건물임차인이 부속시킨 물건이 기존건물과 분리되어 독립한 소유권의 객체가 될 수 없는 경우에는 비용상환이 문제가 되고, 독립한 소유권의 객체로 되는 경우에는 부속물 매수청구권을 행사할 수 있다(김상용, 채권각론, 309면; 송덕수, 채권각론, 259면). 부속물매수청구권을 인정하는 이유는 임대차 종료시 임차인이 부속물을 철거하여 원상회복하여야 한다면 부속물의 가치가 감소하게 되어 사회경제적으로 손실이 발생하기 때문이다(양형우, 1314면).

(2) 요건

① 부속물

매수청구의 대상이 되는 부속물이란 건물에 부속된 물건으로서 임차인의 소유에 속하고, 건물의 구성부분으로는 되지 아니한 것으로서 건물의 사용에 객관적인 편익을 가져오게 하는 물건이어야 한다. 예를 들어 점포 임차인이 점포에 유리출입문ㆍ새시 등의 시설을 설치한 경우, 대중음식점 용도의 건물에 설치한 실내장식, 주방, 화장실, 전기시설 기타 각종시설은 건물의 사용에 객관적 편익을 가져오는 것으로 부속물에 해당한다(대법원 1995. 6. 30. 선고 95다12927 판결; 대법원 1993. 2. 26. 선고 92다41627 판결). 그러나 부속된 물건이 오로지 임차인의 특수목적(예: 카페ㆍ삼계탕집 영업)에 사용하기 위하여 부속된 것일 때에는 부속물매수청구권의 대상이 아니다(대법원 1991.10.8. 선고 91다8029 판결; 대법원 1993.10.8. 선고 93다25738, 93다25745 판결 등).

② 임대인의 동의 또는 임대인으로부터 매수

부속물은 임대인의 동의를 얻어 부속시킨 것이거나 임대인으로부터 매수한 것이어야 한다(민법 제646조). 따라서 임차인이 임의로 부속시킨 물건은 매수청구의 대상이 될 수 없다.[8]

③ 임대차 종료

부속물매수청구권은 임대차가 종료한 경우에 발생한다. 그러나 임대차계약이 임차인의 채무불이행으로 인하여 해지된 경우에는 임차인은 민법 제646조에 의한 부속물매수청구권을 행사할 없다(대법원 1990. 1. 23. 선고 88다카7245, 88다카7252 판결; 학설(곽윤직, 채권각론, 215면; 김상용, 채권각론, 309면)은 임대차 종료 원인을 묻지 않고 부속물매수청구권을 인정하고 있음).

> **판례** 매수청구의 대상이 되는 "부속물"의 범위와 판단 기준
>
> 민법 제646조가 규정하는 매수청구의 대상이 되는 부속물이란 건물에 부속된 물건으로서 임차인의 소유에 속하고, 건물의 구성부분으로는 되지 아니한 것으로서 건물의 사용에 객관적인 편익을 가져오게 하는 물건이라고 할 것이므로, 부속된 물건이 오로지 임차인의 특수목적에 사용하기 위하여 부속된 것일 때에는 이에 해당하지 않으며, 당해 건물의 객관적인 사용목적은 그 건물 자체의 구조와 임대차계약 당시 당사자 사이에 합의된 사용목적, 기타 건물의 위치, 주위환경 등 제반 사정을 참작하여 정하여지는 것이다(대법원 1993.10.8. 선고 93다25738, 93다25745 판결; 대법원 1993.2.26. 선고 92다41627 판결).

> **판례** 부속물매수청구권을 인정한 사례
>
> [1] 피고 임차인이 임차한 건물은 공부 및 임대차계약서상 그 용도가 대중음식점으로 되어 있고, 피고가 임차한 이 사건 건물부분은 당초 상·하수도, 화장실, 전기배선 등 기본시설만 되어 있었다. 피고는 임차 후 식당으로 사용하기 위하여 원고의 동의를 얻어 이 사건 건물부분에 실내장식, 주방, 화장실, 전기시설 기타 각종 시설을 설치하였다. 이러한 사실관계에 비추어 보면 이 사건 건물의 객관적인 사용목적은 대중음식점이라고 봄이 상당하다고 할 것이다(5층 건물 중 공부상 용도가 음식점인 1,2층을 임차하여 대중음식점을 경영하면서 음식점영업의 편익을 위하여 한 시설물이 건물의 사용에 객관적인 편익을 가져오게 하는 것이라고 인정하

---

8) 민법 제646조(임차인의 부속물매수청구권)는 편면적 강행규정으로서 임차인에게 불리한 것은 무효이다. 즉 임차인의 부속물매수청구권은 임차인을 위한 제도이다. 따라서 임차인이 임의로 부속시킨 물건에도 매수청구를 인정한다면 임대인의 이익이 지나치게 침해되기 때문에 이 경우에는 임차인의 매수청구는 부정되어야 한다(동지, 양형우, 1314면).

여 부속물매수청구권을 인정한 사례; ^{대법원 1993.2.26. 선고} ^{92다41627 판결}).

[2] 유리 출입문과 새시의 설치경위 및 기록에 의하여 알 수 있는 위 유리출입문과 새시의 설치상태, 용도, 이 사건 점포가 있는 위 상가건물의 구조, 주변환경 등에 비추어 볼 때, 위 유리 출입문과 새시는 이 사건 점포의 사용에 객관적인 편익을 가져오게 하는 물건으로서 이 사건 점포의 구성부분이 되었다고 보이지는 아니하고, -중략- 민법 제646조 제1항 소정의 부속물매수청구권을 행사할 수 있다고 보아야 할 것이다(^{대법원 1995.6.30. 선고} ^{95다12927 판결}).

판례 부속물매수청구권을 부정한 사례

원심은 피고가 이 사건 건물을 임차한 후 그곳에서 삼계탕집을 경영하기 위하여 합계 금 9,643,000원을 들여 보일러, 온돌방, 방문틀, 주방내부, 합판을 이용한 점포장식, 가스, 실내전등, 계단전기 등을 설치하고 페인트 도색을 하는 등 공사를 하였고, -중략- 이 사건 건물의 본래의 용도 및 피고의 이용실태 등에 비추어 피고가 지출한 위 비용은 어디까지나 피고가 위 건물에서 삼계탕집을 경영하기 위한 것이지 건물의 보존을 위한다거나 그 객관적 가치를 증가시키기 위한 것이 아니어서 이를 필요비 또는 유익비라고 할 수 없다. -중략- 피고가 주장하는 위 시설들은 이 사건 건물의 구성부분으로 되었거나 피고의 삼계탕집 경영이라는 특수한 목적에 사용하기 위한 것이므로 매수대상이 되는 부속물에 해당하지 않는다(건물을 임차하여 삼계탕집을 운영하기 위한 시설 투자와 그 비용은 특수 목적을 위한 것이므로 건물의 보존과 객관적 가치 증가 또는 객관적 편익이 없으므로 임차인의 비용상환청구 및 부속물매수청구를 부정한 사례; ^{대법원 1993.10.8. 선고} ^{93다25738, 93다25745 판결}).

판례 임차권의 승계와 부속물매수청구권의 승계 여부

점포의 최초 임차인이 임대인 측의 묵시적 동의하에 유리 출입문, 새시등 영업에 필요한 시설을 부속시킨 후, 그 점포의 소유권이 임차보증금 반환채무와 함께 현 임대인에게 이전되고 점포의 임차권도 임대인과의 사이에 시설비 지급 여부 또는 임차인의 원상회복 의무에 관한 아무런 논의 없이 현 임차인에게 전전승계되어 왔다면, 그 시설 대금이 이미 임차인측에 지급되었다거나 임차인의 지위가 승계될 당시 유리 출입문 등의 시설은 양도대상에서 특히 제외하기로 약정하였다는 등의 특별한 사정이 인정되지 않는 한, 종전 임차인의 지위를 승계한 현 임차인으로서는 임차기간의 만료로 임대차가 종료됨에 있어 임대인에 대하여 부속물매수청구권을 행사할 수 있다(^{대법원 1995.6.30. 선고} ^{95다12927 판결}).

(3) 행사와 효과

① 행사

부속물매수청구권은 건물임차인이 행사하며, 임차인의 지위가 승계된 경우에는 현재의 임차인이 청구권자이다. 그 상대방은 임대인이며, 임대인의 지위가 승계된 경우에는 양수인이 그 상대방이 된다(송덕수, 채권각론, 260면).

② 효과

임차인의 부속물매수청구권은 형성권이므로, 임차인의 부속물매수청구의 의사표시를 하면 임대인과 임차인 사이에 매매가 성립한다(곽윤직, 채권각론, 215면; 이은영, 채권각론, 447면). 매매대금은 매수청구권을 행사할 때의 시가時價를 기준으로 한다.

민법 제646조는 편면적 강행규정으로서 임차인에게 불리한 약정은 무효이다. 따라서 임차인의 부속물매수청구권을 포기하는 약정을 하는 경우에는 특별한 사정이 없는 한 효력이 없다.

> **판례** 부속물매수청구권 포기 약정의 효력
> [1] 건물 임차인이 자신의 비용을 들여 증축한 부분을 임대인 소유로 귀속시키기로 하는 약정은 임차인이 원상회복의무를 면하는 대신 투입비용의 변상이나 권리주장을 포기하는 내용이 포함된 것으로서 특별한 사정이 없는 한 유효하므로, 그 약정이 부속물매수청구권을 포기하는 약정으로서 강행규정에 반하여 무효라고 할 수 없다(대법원 1996.8.20. 선고 94다44705, 44712 판결).
> [2] 甲이 乙에게 건물부분을 임대할 때 그 임차보증금과 임료를 시가보다 저렴하게 해 주고 그 대신 乙은 임대차가 종료될 때 그가 설치한 부속물에 대한 시설비나 필요비, 유익비, 권리금 등을 일체 청구하지 아니하기로 약정하였고 丙 등이 乙로부터 위 임차권을 양수할 때에도 甲에게 위 시설비 등을 일체 청구하지 아니하기로 약정하였다면 乙이나 丙 등은 매수청구권을 포기하였다 할 것이고 또 위와 같은 약정이 임차인에게 일방적으로 불리한 것이라고 볼 수도 없다(대법원 1992.9.8. 선고 92다24998, 92다25007 판결).

5) 토지임차인의 계약갱신청구권과 지상물매수청구권

(1) 계약갱신청구권

건물 기타 공작물의 소유 또는 식목, 채염, 목축을 목적으로 한 토지임대차의 기간이 만료한 경우에 건물, 수목 기타 지상시설이 현존한 때에는 임차인은 계약의 갱신을 청구할 수 있다(민법 제643조 · 민법 제283조 제1항). 임차인의 계약갱신청구권은 청구권이므로, 임대인이 계약체결을 거절하면 계약은 성립하지 않는다. 임차인의 채무불이행으로 계약이 해지된 경우에는 계약갱신청구권이 인정되지 않는다(대법원 1972.12.26. 선고 72다2013 판결).

(2) 지상물매수청구권

① 의의

건물 기타 공작물의 소유 또는 식목, 채염, 목축을 목적으로 한 토지 임대차에서 그 기간이 만료한 경우에, 건물, 수목 기타 지상시설이 현존하면, (임대인이 계약의 갱신을 원하지 않는 경우에) 임차인은 상당한 가액으로 건물, 수목 기타 지상시설의 매수를 청구할 수 있다(민법 제643조 · 민법 제283조 제2항). 지상물매수청구권은 임대인이 계약의 갱신을 원하지 않는 경우에 임차인에게 인정되는 2차적 권리이고 형성권이다. 따라서 임차인의 지상물매수청구권 행사로 인하여 임대인과 임차인 사이에 그 지상물에 대한 매매가 성립하게 된다. 지상물매수청구권은 국민경제적 관점에서 지상 건물의 잔존 가치를 보존하고, 토지 소유자의 배타적 소유권 행사로 인하여 희생당하기 쉬운 임차인을 보호하기 위한 제도이다(대법원 2013.11.28. 선고 2013다48364,48371 판결).

② 요건

㉮ 매수 대상 지상시설

매수청구권의 대상이 되는 건물 등의 지상시설은 그것이 토지의 임대목적에 반하여 축조되고, 임대인이 예상할 수 없을 정도의 고가의 것이라는 특별한 사정이 없는 한 임대차기간 중에 축조되었다고 하더라도 그 만료시에 그 가치가 잔존하고 있으면 그 범위에 포함되는 것이고, 반드시 임대차계약 당시의 기존건물이거나 임대인의 동의를 얻어 신축한 것에 한정되지 않는다(대법원 1993.11.12. 선고 93다34589 판결). 행정관청의 허가를 받지 아니한 무허가건물이라도 임차인의 지상물매수청구권의 대상이 될 수 있다(대법원 2013.11.28. 선고 2013다48364,48371 판결). 지상 건물 등은 객관적인 경제적 가치나 임대인에 대한 효용이 없어도 매수청구의 대상이 될 수 있다(대법원 2002.5.31. 선고 2001다42080 판결). 그러나 매수청구의 대상이 되는 건물에는 임차인이 임차토지상에 그 건물을 소유하면서 그 필요에 따라 설치한 것으로서 건물로부터 용이하게 분리될 수 없고 그 건물을 사용하는 데 객관적인 편익을 주는 부속물이나 부속시설 등이 포함되는 것이지만, 이와 달리 임차인이 자신의 특수한 용도나 사업을 위하여 설치한 물건이나 시설은 이에 해당하지 않는다(대법원 2002.11.13. 선고 2002다46003, 46027, 46010 판결).

> **판례** 임차 토지 외의 토지 위에 걸쳐 있는 지상 건물의 매수청구
> 건물 소유를 목적으로 하는 토지임대차에 있어서 임차인 소유 건물이 임대인이 임대한 토지 외에 임차인 또는 제3자 소유의 토지 위에 걸쳐서 건립되어 있는 경우에는, 임차지 상에 서 있는 건물 부분 중 구분소유의 객체가 될 수 있는 부분에 한하여 임차인에게 매수청구가 허용된다(대법원 1996.3.21. 선고 93다42634 전원합의체 판결).

> **판례** 임차 토지상에 설치한 비닐하우스 매수청구
> 임차인이 화초의 판매용지로 임차한 토지에 설치한 비닐하우스가 화훼판매를 위하여 필요한 시설물이라 하더라도 그 자체의 소유가 그 임대차의 주된 목적은 아니었을 뿐 아니라, 비용이 다소 든다고 하더라도 주구조체인 철재파이프를 토지로부터 쉽게 분리 철거해 낼 수 있는 점 등에 비추어 비닐하우스를 철거할 경우 전혀 쓸모가 없어진다거나 사회경제적으로 큰 손실을 초래하지 않는다는 이유로, 피고에게 위 비닐하우스의 매수청구권이 있다는 피고의 주장을 배척하였다(임차 토지상에 설치한 화훼판매용 쇠파이프 골격 비닐하우스에 대한 임차인의 매수청구권을 부정한 사례: 대법원 1997.2.14. 선고 96다46668 판결).

㉯ 임대차 종료

토지임차인은 임대차 기간이 만료하고 지상시설이 현존하는 때에 임대인이 계약의 갱신을 원하지 않는 경우에 지상물매수청구권을 행사할 수 있다. 토지임차인의 지상물매수청구권은 기간의 정함이 없는 임대차에 있어서 임대인에 의한 해지 통고에 의하여 그 임차권이 소멸된 경우에도 인정된다(대법원 1995.7.11. 선고 94다34265 전원합의체판결). 그러나 임차인의 채무불이행 등의 사유로 인하여 임대차계약이 해지되었을 때에는 임차인에게 계약갱신권

이나 매수청구권이 발생할 수 없다(대법원 1972.12.26. 선고 72다2013 판결).

> **판례** **채무불이행으로 인한 계약해지와 지상물매수청구권**
> 공작물의 소유 등을 목적으로 하는 토지임대차에 있어서 임차인의 채무불이행을 이유로 계약이 해지된 경우에는 임차인은 임대인에 대하여 민법 제283조, 제643조에 의한 매수청구권을 가지지 아니한다(대법원 2003.4.22. 선고 2003다7685 판결).

③ 행사와 효과

㉮ 행사

지상물매수청구권은 지상물의 소유자에 한하여 행사할 수 있다. 따라서 토지 임대차기간이 만료하기 전에 그 지상 건물을 양도하였다면 그 임차인은 그 건물에 대한 매수청구권을 행사할 수 없다(대법원 1993.7.27. 선고 93다6386 판결). 한편 종전 임차인으로부터 미등기 무허가 건물을 매수하여 점유하고 있는 임차인은 특별한 사정이 없는 한 비록 소유자로서의 등기명의가 없어 소유권을 취득하지 못하였다 하더라도 임대인에 대하여 지상물매수청구권을 행사할 수 있다(대법원 2013.11.28. 선고 2013다48364,48371 판결).

건물 등의 소유를 목적으로 하는 토지임차인의 지상물매수청구권 행사의 상대방은 원칙적으로 임차권 소멸 당시의 토지소유자인 임대인이다(대법원 1994.7.29. 선고 93다59717, 93다59724 판결). 그러나 건물에 대한 소유권보존등기 등의 대항력 있는 토지임차권의 경우에는 임대차 종료 전 또는 종료 후에 그 토지가 제3자에게 양도되었더라도 토지임차인은 토지양수인에 대하여 매수청구권을 행사할 수 있다(대법원 1977.4.26. 선고 75다348 판결; 대법원 1996.6.14. 선고 96다14517 판결).

> **판례** **토지임차인의 건물매수청구권 행사 상대방**
> [1] 건물의 소유를 목적으로 한 토지임차인의 건물매수청구권 행사의 상대방은 통상의 경우 기간의 만료로 인한 임차권 소멸 당시 토지소유자인 임대인뿐만 아니라 임차권 소멸후 임대인이 그 토지를 제3자에게 양도하는 등 그 소유권이 이전되었을 때에는 그 건물에 대하여 보존등기를 필하여 제3자에 대하여 대항할 수 있는 차지권을 가지고 있는 토지임차인은 그 신소유자에 대하여도 위 매수 청구권을 행사할 수 있다(대법원 1977.4.26. 선고 75다348 판결).
> [2] 건물 등의 소유를 목적으로 하는 토지 임대차에서 임대차 기간이 만료되거나 기

간을 정하지 않은 임대차의 해지통고로 임차권이 소멸한 경우에 임차인은 민법 제 643조에 따라 임대인에게 상당한 가액으로 건물 등의 매수를 청구할 수 있다. 임차인의 지상물매수청구권은 국민경제적 관점에서 지상 건물의 잔존 가치를 보존하고 토지 소유자의 배타적 소유권 행사로부터 임차인을 보호하기 위한 것으로서, 원칙적으로 임차권 소멸 당시에 토지 소유권을 가진 임대인을 상대로 행사할 수 있다. 임대인이 제3자에게 토지를 양도하는 등으로 토지 소유권이 이전된 경우에는 임대인의 지위가 승계되거나 임차인이 토지 소유자에게 임차권을 대항할 수 있다면 새로운 토지 소유자를 상대로 지상물매수청구권을 행사할 수 있다(대법원 2017.4.26. 선고 2014다72449, 72456 판결).

토지임차인의 지상물매수청구권은 그 행사에 특정의 방식을 요하지 않는 것으로서 재판상으로 뿐만 아니라 재판 외에서도 행사할 수 있고, 그 행사의 시기에 대하여도 제한이 없으므로 임차인이 자신의 건물매수청구권을 제1심에서 행사하였다가 철회한 후 항소심에서 다시 행사하였다고 하여 그 매수청구권의 행사가 허용되지 아니할 이유는 없다(대법원 2002.5.31. 선고 2001다42080 판결).

> **판례** 건물철거 청구소송 패소 토지임차인의 지상건물매수청구
>
> 건물의 소유를 목적으로 하는 토지 임대차에 있어서, 임대차가 종료함에 따라 토지의 임차인이 임대인에 대하여 건물매수청구권을 행사할 수 있음에도 불구하고 이를 행사하지 아니한 채, 토지의 임대인이 임차인에 대하여 제기한 토지인도 및 건물철거청구 소송에서 패소하여 그 패소판결이 확정되었다고 하더라도, 그 확정판결에 의하여 건물철거가 집행되지 아니한 이상 토지의 임차인으로서는 건물매수청구권을 행사하여 별소로써 임대인에 대하여 건물매매대금의 지급을 구할 수 있다(대법원 1995.12.26. 선고 95다42195 판결).

㉴ 효과

지상물매수청구권은 형성권이므로 임차인이 지상물매수청구권을 행사하면 임대인은 그 매수를 거절하지 못하고, 임대인과 임차인 사이에 지상물에 관한 매매가 성립하게 된다(대법원 1995.7.11. 선고 94다34265 전원합의체판결). 지상물매수청구권에 관한 민법 제643조 규정은 강행규정이므로 이에 위반하는 것으로서 임차인에게 불리한 약정은 그 효력이 없다(대법원 1995.7.11. 선고 94다34265 전원합의체판결). 건물에 대한 지상물매수청구권을 행사한 경우에 그 건물의 매수가격은 건물 자체의 가격 외에 건물의 위치, 주변토지의 여러 사정 등을 종합적으로 고려하여 매수청구권

행사 당시 건물이 현재하는 대로의 상태에서 평가된 시가市價를 말한다(대법원 2002.11.13. 선고 2002다46003, 46027, 46010 판결).

> **판례** 저당권이 설정된 건물의 매수청구와 매수가격
>
> 건물의 소유를 목적으로 한 토지임대차계약의 기간이 만료함에 따라 지상건물 소유자가 임대인에 대하여 행사하는 민법 제643조 소정의 매수청구권은 매수청구의 대상이 되는 건물에 근저당권이 설정되어 있는 경우에도 인정된다. 이 경우에 그 건물의 매수가격은 건물 자체의 가격 외에 건물의 위치, 주변 토지의 여러 사정 등을 종합적으로 고려하여 매수청구권 행사 당시 건물이 현존하는 대로의 상태에서 평가된 시가 상당액을 의미하고, 여기에서 근저당권의 채권최고액이나 피담보채무액을 공제한 금액을 매수가격으로 정할 것은 아니다. 다만, 매수청구권을 행사한 지상건물 소유자가 위와 같은 근저당권을 말소하지 않는 경우 토지소유자는 민법 제588조에 의하여 위 근저당권의 말소등기가 될 때까지 그 채권최고액에 상당한 대금의 지급을 거절할 수 있다(대법원 2008.5.29. 선고 2007다4356 판결).

> **판례** 부속물매수청구권 행사와 동시이행의 항변권
>
> 민법 제643조의 규정에 의한 토지임차인의 매수청구권행사로 지상건물에 대하여 시가에 의한 매매유사의 법률관계가 성립된 경우에 토지임차인의 건물명도 및 그 소유권이전등기의무와 토지임대인의 건물대금지급의무는 서로 대가관계에 있는 채무이므로 토지임차인은 토지임대인의 건물명도청구에 대하여 대금지급과의 동시이행을 주장할 수 있다(대법원 1991.4.9. 선고 91다3260 판결).

2. 임차인의 의무

1) 차임지급의무

임대차에 기하여 임차인은 차임을 지급할 의무가 있다(민법 제618조). 차임은 금전에 한정되지 않으므로, 물건이나 노무로 지급할 수 있다(김상용, 채권각론, 309면; 송덕수, 채권각론, 261면).

(1) 차임 감액 청구

① 목적물의 일부 멸실과 감액청구

임차물의 일부가 임차인의 과실없이 멸실 기타 사유로 인하여 사용, 수익할 수 없는 때에는 임차인은 그 부분의 비율에 의한 차임의 감액을 청구할 수 있다(민법 제627조 제1항). 그 잔존부분으로 임차의 목적을 달성할 수 없는 때에는 임차인은 계약을 해지할 수 있다(민법 제627조 제2항).

② 사정변경에 의한 감액청구

임대물에 대한 공과부담의 감소 기타 경제사정의 변동으로 인하여 약정한 차임이 상당하지 아니하게 된 때에는 임차인은 장래에 대한 차임의 감액을 청구할 수 있다(민법 제628조).

(2) 차임 지급 시기

차임의 지급 시기는 당사자의 계약으로 정할 수 있다. 그러나 특별히 정하는 바가 없으면, 동산, 건물이나 대지의 차임은 매월 말에, 기타 토지에 대하여는 매년 말에 지급하여야 한다(민법 제633조 본문). 그러나 수확기 있는 것에 대하여는 그 수확 후 지체 없이 지급하여야 한다(민법 제633조 단서).

(3) 공동임차인의 연대의무

수인이 공동하여 물건을 임차한 때에는 연대하여 그 의무를 부담한다(민법 제654조·민법 제616조).

(4) 차임지급의 연체와 해지

건물 기타 공작물의 임대차에는 임차인의 차임연체액이 2기의 차임액에 달하는 때에는 임대인은 즉시 계약을 해지할 수 있다(민법 제640조). 건물 기타 공작물의 소유 또는 식목, 채염, 목축을 목적으로 한 토지임대차의 경우에도 동일하다(민법 제641조).

> **판례** 차임연체와 임대인 지위 승계 양수인의 계약 해지
> 임대인 지위가 양수인에게 승계된 경우 이미 발생한 연체차임채권은 따로 채권양

도의 요건을 갖추지 않는 한 승계되지 않고, 따라서 양수인이 연체차임채권을 양수받지 않은 이상 승계 이후의 연체 차임액이 3기 이상의 차임액에 달하여야만 비로소 임대차계약을 해지할 수 있다(민법과 달리 임차인의 차임연체액이 3기분의 차임액에 이른 때에 임대인은 계약을 해지할 수 있다는 상가임대차법에 따라 상가임대인이 상가임차인의 차임 연체를 이유로 계약을 해지한 사례; ^{대법원 2008.10.9. 선고 2008다3022 판결}).

2) 임차물보관의무 등

(1) 선량한 관리자의 주의의무

임차인은 계약 또는 임차물의 성질에 의하여 정하여진 용도로 임차물을 사용·수익하여야 하며(^{주거용 건물의 영업용 사용 금지 등}), 임차물을 임대인에게 반환할 때까지 선량한 관리자의 주의를 가지고 보관할 의무가 있다(^{민법 제374조}). 임차인이 이 의무를 위반하여 임차물이 멸실·훼손된 때에는 손해배상 등의 채무불이행책임을 진다.

> **판례** **임차물 보존에 대한 주의의무와 입증책임**
> 임차인은 임차목적물을 명도할 때까지는 선량한 관리자의 주의로 이를 보존할 의무가 있어, 이러한 주의의무를 위반하여 임대목적물이 멸실, 훼손된 경우에는 그에 대한 손해를 배상할 채무가 발생하며, 임대목적물이 멸실, 훼손된 경우 임차인이 그 책임을 면하려면 그 임차건물의 보존에 관하여 선량한 관리자의 주의의무를 다하였음을 입증하여야 할 것이다(^{대법원 1991.10.25. 선고 91다22605, 22612(반소) 판결}).

(2) 임차물 수선 인용의무

임대인이 임대물의 보존에 필요한 행위를 하는 때에는 임차인은 이를 거절하지 못한다(^{민법 제624조}). 그러나 임대인이 임차인의 의사에 반하여 보존행위를 하는 경우에 임차인이 이로 인하여 임차의 목적을 달성할 수 없는 때에는 계약을 해지할 수 있다(^{민법 제625조}). 임차인의 보존행위로 인하여 임차물을 사용할 수 없었던 기간에는 차임을 지급할 의무가 없다(^{양형우, 1321면}).

(3) 통지의무

임차물이 수리를 요하거나 임차물에 대하여 권리를 주장하는 자가 있는 때에는, 임차인은 지체없이 임대인에게 이를 통지하여야 한다(민법 제634조 본문). 그러나 임대인이 이미 이를 안 때에는 통지의무가 없다(민법 제634조 단서).

3) 임차물반환의무

(1) 임차물반환과 원상회복

① 원상회복의 범위

임대차가 종료한 때에 임차인은 임대인에게 임차물을 반환할 의무가 있다.[9] 임대인의 지위가 승계된 때에는 임차물의 양수인에게 임차물을 반환하여야 한다. 임차물을 반환할 때에는 원상회복하여 반환하여야 하며(민법 제654조, 제615조 본문), 원상회복은 임차인이 임차물을 인도받았을 때의 상태로 회복시키면 된다(대법원 1990.10.30. 선고 90다카12035 판결). 임차인의 원상회복의무는 임대차가 종료된 경우이면, 설사 임대인의 유책사유로 중도에 해지된 때에도 인정된다(대법원 2002.12.6. 선고 2002다42278 판결).

> **판례** **내부시설을 개조한 임차인의 원상회복 범위**
> 전 임차인이 무도유흥음식점으로 경영하던 점포를 임차인이 소유자로부터 임차하여 내부시설을 개조 단장하였다면 임차인에게 임대차 종료로 인하여 목적물을 원상회복하여 반환할 의무가 있다고 하여도 별도의 약정이 없는 한 그것은 임차인이 개조한 범위 내의 것으로서 임차인이 그가 임차 받았을 때의 상태로 반환하면 되는 것이지 그 이전의 사람이 시설한 것까지 원상회복할 의무가 있다고 할 수는 없다(대법원 1990.10.30. 선고 90다카12035 판결).

> **판례** **전임차인이 설치한 시설의 원상회복의무**
> [1] 임차인이 임대인에게 임차목적물을 반환하는 때에는 원상회복의무가 있다(민법 제654조, 제615조). 임차인이 임차목적물을 수리하거나 변경한 때에는 원칙적으로 수리·변경 부분을 철거하여 임대 당시의 상태로 사용할 수 있도록 해야 한다. 다만 원상회복의무의 내용과 범위는 임대차계약의 체결 경위와 내용, 임대 당시 목적물의 상태, 임차인이 수리하거나 변경한 내용 등을 고려하여 구체적·개별적으로 정해야 한다(대법원 2019. 8. 30. 선고 2017다268142 판결).

---
9) 임대인이 소유자인 때에는, 그 임대인은 계약에 기한 반환청구권외에도 소유물반환청구권을 가진다.

[2] 주식회사 A는 2010. 2.경 점포를 임차하여 커피전문점 영업에 필요한 시설 설치공사를 하고 그때부터 'ㅇㅇㅇㅇ'라는 상호로 커피전문점을 운영하였다. 원고는 이전 임차인 A로부터 ㅇㅇㅇㅇ 커피전문점 영업을 양수하고 피고로부터 점포를 임차하여 ㅇㅇㅇㅇ 커피전문점을 운영하였다. 임대차계약서에는 임대차 종료 시 원고의 원상회복의무를 정하고 있는데 임대차 종료 시 원고가 인테리어시설 등을 철거하지 않아 피고가 비용을 들여 철거하였다. 피고가 철거한 시설은 전부 또는 대부분이 원고 전의 임차인 A가 커피전문점 영업을 하려고 설치한 시설이다. 이러한 사정을 종합하면 피고가 비용을 들여 철거한 시설물이 원고의 전 임차인이 설치한 것이라고 해도 원고가 철거하여 원상회복할 의무가 있다. 피고가 철거한 시설물이 점포에 부합되었다고 해도 임대차계약의 해석상 원고가 원상회복의무를 부담하지 않는다고 보기 어렵다. 또한 피고가 철거한 시설은 'ㅇㅇㅇㅇ'라는 프랜차이즈 커피전문점의 운영을 위해 설치된 것으로서 점포를 그 밖의 용도로 사용할 경우에는 불필요한 시설이고, 원고가 비용상환청구권을 포기하였다고 해서 피고가 위와 같이 한정된 목적으로만 사용할 수 있는 시설의 원상회복의무를 면제해 주었다고 보기 어렵다. 따라서 피고가 원고에게 반환할 보증금에서 피고가 지출한 시설물 철거비용을 공제하여야 한다(대법원 2019. 8. 30. 선고 2017다268142 판결).

판례 영업허가와 원상회복의무(폐업신고절차의무)

임대차종료로 인한 임차인의 원상회복의무에는 임차인이 사용하고 있던 부동산의 점유를 임대인에게 이전하는 것은 물론 임대인이 임대 당시의 부동산 용도에 맞게 다시 사용할 수 있도록 협력할 의무도 포함한다. 따라서 임대인 또는 그 승낙을 받은 제3자가 임차건물 부분에서 다시 영업허가를 받는 데 방해가 되지 않도록 임차인은 임차건물 부분에서의 영업허가에 대하여 폐업신고절차를 이행할 의무가 있다(대법원 2008.10.9. 선고 2008다34903 판결).

판례 임대인의 유책사유로 인한 계약해지와 원상회복의무

임대차계약이 중도에 해지되어 종료하면 임차인은 목적물을 원상으로 회복하여 반환하여야 하는 것이고, 임대인의 귀책사유로 임대차계약이 해지되었다고 하더라도 임차인은 그로 인한 손해배상을 청구할 수 있음은 별론으로 하고 원상회복의무를 부담하지 않는다고 할 수는 없다(대법원 2002.12.6. 선고 2002다42278 판결).

② 임차인의 원상회복 지체와 손해배상

임차인이 원상회복의무를 이행하지 않는 경우에는 임대인에게 손해를 배상하여야 한다. 즉 임대차계약의 종료로 목적물을 반환함에 있어서 임차인이 점유기간 동안 설치한 시설물을 철거하지 않은 경우, 임대인은 대신 원상회복을 완료하고 그 철거 비용과 그 동안 이용하지 못한 데 따른 손해의 배상을 청구할 수 있다. 이 경우 임대차 종료시 임차인의 원상회복의무 지체로 인하여 임대인이 입은 손해는 이행지체일로부터 임대인이 실제로 원상회복을 완료한 날까지의 임대료 상당액이 아니라 임대인 스스로 원상회복을 할 수 있었던 기간까지의 임대료 상당액이다(대법원 1999.12.21. 선고 97다15104 판결).

판례 임대인의 원상회복과 비용청구
임차인이 임대차계약 해제로 인하여 목적물을 반환함에 있어서 그 점유기간 동안에 설치한 시설물을 철거하고 원상복구하지 않은 이상 그 비용 상당액을 지급할 의무가 있고, 이러한 비용의 청구가 신의성실의 원칙에 반한다고 볼 수 없다(대법원 1995.4.28. 선고 94다33989 판결).

판례 임차인의 원상회복의무 불이행과 손해배상
[1] 임대차 목적물이 훼손된 경우에 그 수리나 원상복구가 불가능하다면 훼손 당시의 임대차 목적물의 교환가치가 통상의 손해일 것이고 수리나 원상복구가 가능하다면 그 수리비나 원상복구비가 통상의 손해일 것이나 그것이 임대차 목적물의 교환가치가 감소된 부분을 현저하게 넘는 경우에는 특별한 사정이 없는 한 일반적으로 경제적인 면에서 수리나 원상복구가 불능이라고 보아 형평의 원칙상 그 손해액은 임대차 목적물의 교환가치 감소 부분 범위 내로 제한되어야 한다(대법원 1999. 12. 21. 선고 97다15104 판결).
[2] 임대차 종료시 임차인의 원상회복의무 지체로 인하여 임대인이 입은 손해는 이행지체일로부터 임대인이 실제로 원상회복을 완료한 날까지의 임대료 상당액이 아니라 임대인 스스로 원상회복을 할 수 있었던 기간까지의 임대료 상당액이다(임대목적물인 논의 원상복구 지연으로 5년간 영농수입을 얻지 못한 손해배상을 청구한 사안에서, 임대인은 임대차 종료 후 임대인 스스로 복구하였다면 다음 해 영농을 시작하기 전까지 충분히 복구를 마칠 수 있었으므로 복구비 이외에 복구 지체로 인한 영농을 하지 못하는 손해는 인정하기 어렵다는 사례; 대법원 1999. 12. 21. 선고 97다15104 판결).

(2) 임차인의 반환불능과 손해배상

임차인의 목적물반환의무가 이행불능이 된 경우에, 임차인은 이행불능이 자신의 책임 있는 사유에 의한 것이 아니라는 것임을 증명하지 못하면 이행불능으로 인한 손해를 배상할 책임이 있다(대법원 2017.5.18. 선고 2012다86895, 86901 전원합의체 판결). 예를 들어 임차물이 화재로 소실된 경우에 그 화재 발생 원인이 밝혀지지 아니한 때에도 임차인은 그 임차건물의 보존에 관하여 선량한 관리자의 주의의무를 다하였음을 증명하면 면책될 수 있다. 또한 이러한 법리는 임대차 종료 당시 임대차 목적물반환의무가 이행불능 상태는 아니지만 반환된 임차 건물이 화재로 인하여 훼손되었음을 이유로 손해배상을 구하는 경우에도 동일하게 적용된다(대법원 2017.5.18. 선고 2012다86895, 86901 전원합의체 판결).

임대차계약 존속 중에 발생한 화재가 임대인이 지배·관리하는 영역에 존재하는 하자로 인하여 발생한 것으로 추단된다면, 그 하자를 보수·제거하는 것은 임대차 목적물을 사용·수익하기에 필요한 상태로 유지하여야 하는 임대인의 의무에 속하며, 임차인이 하자를 미리 알았거나 알 수 있었다는 등의 특별한 사정이 없는 한, 임대인은 화재로 인한 목적물반환의무의 이행불능 등에 관한 손해배상책임을 임차인에게 물을 수 없다(대법원 2017.5.18. 선고 2012다86895, 86901 전원합의체 판결).

임차인이 임대인 소유 건물의 일부를 임차하여 사용·수익하던 중 임차 건물 부분에서 화재가 발생하여 임차 외 건물 부분까지 불에 타 그로 인해 임대인에게 재산상 손해가 발생한 경우에, 임차 외 건물 부분에 발생한 손해에 대하여 임대인이 임차인을 상대로 채무불이행을 원인으로 하는 배상을 구하려면, 임차인이 보존·관리의무를 위반하여 화재가 발생한 원인을 제공하는 등 화재 발생과 관련된 임차인의 계약상 의무 위반이 있었고, 그러한 의무 위반과 임차 외 건물 부분의 손해 사이에 상당인과관계가 있으며, 임차 외 건물 부분의 손해가 의무 위반에 따라 민법 제393조에 의하여 배상하여야 할 손해의 범위 내에 있다는 점에 대하여 임대인이 주장·증명하여야 한다(대법원 2017. 5. 18. 선고 2012다86895, 86901 전원합의체 판결).

> **판례** **임차 부분 화재와 임차인의 임차 외 부분에 대한 책임**
>
> [1] 임차부분에 대한 임차인의 손해배상책임
> 임대차 목적물이 화재 등으로 인하여 소멸됨으로써 임차인의 목적물 반환의무가 이행불능이 된 경우에, 임차인은 이행불능이 자기가 책임질 수 없는 사유로 인한 것이라는 증명을 다하지 못하면 목적물 반환의무의 이행불능으로 인한 손해를 배상할 책임을 지며, 화재 등의 구체적인 발생 원인이 밝혀지지 아니한 때에도 마찬가지이다(대법원 2018. 10. 25. 선고 2015다219030 판결).

[2] 임차 외 건물 부분에 대한 임차인의 손해배상책임

임차인이 임대인 소유 건물의 일부를 임차하여 사용·수익하던 중 임차 건물 부분에서 화재가 발생하여 임차 건물 부분이 아닌 건물 부분(이하 '임차 외 건물 부분'이라 한다)까지 불에 타 그로 인해 임대인에게 재산상 손해가 발생한 경우에, 임차인이 보존·관리의무를 위반하여 화재가 발생한 원인을 제공하는 등 화재 발생과 관련된 임차인의 계약상 의무 위반이 있었음이 증명되고, 그러한 의무 위반과 임차 외 건물 부분의 손해 사이에 상당인과관계가 있으며, 임차 외 건물 부분의 손해가 그러한 의무 위반에 따른 통상의 손해에 해당하거나, 임차인이 그 사정을 알았거나 알 수 있었을 특별한 사정으로 인한 손해에 해당한다고 볼 수 있는 경우라면, 임차인은 임차 외 건물 부분의 손해에 대해서도 민법 제390조, 제393조에 따라 임대인에게 손해배상책임을 부담하게 된다(대법원 2017. 5. 18. 선고 2012다86895, 86901 전원합의체 판결; 대법원 2018. 10. 25. 선고 2015다219030 판결).

[3] 임차 외 부분 손해와 임차인의 의무위반에 대한 임대인의 증명책임

임차 외 건물 부분이 구조상 불가분의 일체를 이루는 관계에 있는 부분이라 하더라도, 그 부분에 발생한 손해에 대하여 임대인이 임차인을 상대로 채무불이행을 원인으로 하는 배상을 구하려면, 임차인이 보존·관리의무를 위반하여 화재가 발생한 원인을 제공하는 등 화재 발생과 관련된 임차인의 계약상 의무 위반이 있었고, 그러한 의무 위반과 임차 외 건물 부분의 손해 사이에 상당인과관계가 있으며, 임차 외 건물 부분의 손해가 의무 위반에 따라 민법 제393조에 의하여 배상하여야 할 손해의 범위 내에 있다는 점에 대하여 임대인이 주장·증명하여야 한다(임대인의 주장·증명이 없는 경우에도 임차인이 임차 건물의 보존에 관하여 선량한 관리자의 주의의무를 다하였음을 증명하지 못하는 이상 임차 외 건물 부분에 대해서까지 채무불이행에 따른 손해배상책임을 지게 된다고 판단한 종래의 대법원판결을 변경한 전원합의체 판결; 대법원 2017. 5. 18. 선고 2012다86895, 86901 전원합의체 판결).

Ⅵ. 임차권의 양도와 임차물의 전대

1. 의의

임차권의 양도는 임차인이 임차권을 그 동일성을 유지하면서 제3자에게 이전하는 계약이며, 임차권의 양도로 임차인은 임대차 관계에서 벗어나게 된다. 임차물의 전대는 임차인이 자신이 임대인이 되어서 그의 임차물을 다시 제3자에게 사용·수익하게 하는 계약이며, 임차인은 종전의 계약상의 지위를 유지한다. 그러나 임차인은 임대인의 동의

없이 그 권리를 양도하거나 임차물을 전대하지 못한다(민법 제629조 제1항). 임차인이 임대인이 동의 없이 무단 양도·전대한 경우에 임대인은 계약을 해지할 수 있다(민법 제629조 제2항). 다만, 건물의 임차인이 그 건물의 소부분을 타인에게 사용하게 한 경우에는 예외이다(민법 제632조).

한편 무단 양도·무단 전대를 금지하는 민법 제629조는 강행규정이 아니므로, 임차권 양도와 임차물의 전대에 임대인의 동의를 요하지 않는다는 특약도 유효하다.

> **판례** 특별한 사정이 있는 무단 양도·전대와 계약해지
>
> 민법상 임차인은 임대인의 동의 없이 그 권리를 양도하거나 임차물을 전대하지 못하고 임차인이 이에 위반한 때에는 임대인은 계약을 해지할 수 있으나(민법 제629조), 이는 임대차계약이 원래 당사자의 개인적 신뢰를 기초로 하는 계속적 법률관계임을 고려하여 임대인의 인적 신뢰나 경제적 이익을 보호하여 이를 해치지 않게 하고자 함에 있고, 임차인이 임대인의 동의 없이 제3자에게 임차물을 사용·수익시키는 것은 임대인에게 임대차관계를 계속시키기 어려운 배신적 행위가 될 수 있는 것이기 때문에 임대인에게 일방적으로 임대차관계를 종료시킬 수 있도록 하고자 함에 있다. 따라서 임차인이 비록 임대인으로부터 별도의 승낙을 얻지 아니하고 제3자에게 임차물을 사용·수익하도록 한 경우에 있어서도, 임차인의 당해 행위가 임대인에 대한 배신적 행위라고 할 수 없는 특별한 사정이 인정되는 경우에는, 임대인은 자신의 동의 없이 전대차가 이루어졌다는 것만을 이유로 임대차계약을 해지할 수 없으며, 임차권 양수인이나 전차인은 임차권의 양수나 전대차 및 그에 따른 사용·수익을 임대인에게 주장할 수 있다(임차권의 양수인이 임차인과 부부로서 임차건물에 동거하면서 함께 가구점을 경영하고 있는 경우(대법원 1993. 4. 27. 선고 92다45308 판결), 임차보증금을 반환받지 못한 임차인이 생업관계로 이사하면서 전대하고 전차인이 주민등록을 마치고 거주하는 경우(대법원 2007. 11. 29. 선고 2005다64255 판결)에는 특별한 사정이 인정됨; 대법원 2010. 6. 10. 선고 2009다101275 판결).

2. 임대인의 동의 있는 양도·전대의 법률관계

1) 양도의 경우

임대인의 동의가 있으면 임차권은 동일성을 유지하면서 양수인에게 이전되며, 양도인은 임대차 관계에서 벗어난다. 따라서 임대차 관계는 임대인과 양수인 사이에 존재하며, 장래의 차임지급의무는 양수인에게 이전된다. 그러나 연체된 차임지급의무나 손해배상의무, 임대차 보증금반환채권은 특약이 없는 한 이전되지 않는다

($\binom{대법원 1998.7.14. 선고}{96다17202 판결}$).

> **판례** 임차권의 양도와 양도인(구임차인)의 보증금반환채권의 이전여부
>
> [1] 임대인이 임차권의 양도를 승낙하였다면 임대인과 구 임차인과의 임대차관계는 종료되어 구 임차인은 임대차관계로부터 이탈하게 되고, 구 임차인의 임대차보증금반환채권은 구 임차인과 임대인과의 임대차관계의 종료로 인하여 임대인의 임차권 양도 승낙시에 이행기에 도달하게 된다($\binom{대법원 1998. 7. 14. 선고}{96다17202 판결}$).
>
> [2] 이와 같은 경우에 임대차보증금에 관한 구 임차인의 권리의무관계는 구 임차인이 임대인과 사이에 임대차보증금을 신 임차인의 채무불이행의 담보로 하기로 약정거나 신 임차인에 대하여 임대차보증금반환채권을 양도하기로 하는 등의 특단의 사정이 없는 한 신 임차인에게 승계되지 아니하며, 구 임차인이 임대인과 사이에 임대차보증금을 신 임차인의 채무의 담보로 하기로 약정하거나 신 임차인에 대하여 임대차보증금반환채권을 양도하기로 한 때에도 그 이전에 임대차보증금반환채권이 제3자에 의하여 가압류 또는 압류되어 있는 경우에는 위와 같은 합의나 양도의 효력은 위 압류권자 등에게 대항할 수 없다(임차권이 양도된 경우 특별한 약정이 없는 한 양도인의 임차권보증금반환채권은 양수인에게 승계되지 않는다는 사례; $\binom{대법원 1998. 7. 14. 선고}{96다17202 판결}$).

2) 전대의 경우

전대차가 성립하여도 임대인과 임차인 사이의 관계에는 영향이 없고($\binom{민법}{제630조 제2항}$), 임차인과 전차인 사이에 별개의 새로운 임대차 관계가 생긴다. 따라서 전차인은 임차인에게 목적물을 사용·수익하게 해줄 것을 청구할 수 있고, 임차인은 전차인에게 차임청구권을 가진다. 그러나 임대인과 전차인 사이에는 직접적인 임대차관계는 성립하지 않으므로 전차인은 임대인에게는 권리를 갖지 않는다. 그러나 전차인은 직접 임대인에 대하여 의무($\binom{차임지급의무, 목적물의}{보관 및 반환의무}$)를 부담하고($\binom{민법 제630조}{제1항 제1문}$), 임차인에 대한 차임의 지급으로써 임대인에게 대항하지 못한다($\binom{민법 제630조}{제1항 제2문}$).[10]

---

10) 임대인 보호를 위하여 전차인은 임대인에 대하여 직접 의무를 부담한다(민법 제630조 제1항). 특히 차임 지급과 관련하여, 전차인은 임대인과 임차인 중 1인에 대하여 차임을 지급하면 다른 자에게는 그 의무를 면한다. 그러나 전차인은 임차인에 대한 차임 지급으로써 임대인에게 대항하지 못한다(민법 제630조 제1항 제2문). 즉 전대차 계약상의 차임지급시기 전에 임차인에게 미리 지급한 경우에는, 전차인은 임대인에게 대항할 수 없다. 그러므로 전차인이 차임을 임차인에게 차임지급 시기 전에 미리 지급한 경우에, 임대인의 청구가 있으면 전차인은 임대인에게 다시 지급하여야 한다. 전차인은 임차인에게 부당이득의 반환을 청구할 수 있다.

한편 전차인의 전차권은 임차인의 임차권을 기초로 한 것으로서 임대차가 종료하면 전대차도 당연히 종료한다.[11] 이 경우 임대인은 직접 전차인에 대하여 목적물의 반환을 청구할 수 있지만, 전차인은 임차인에 대한 보증금반환 채권으로 임대인에게 대항하지 못한다.

3. 임대인의 동의 없는 양도·전대

1) 양도의 경우

임대인의 동의 없이 임차권을 양도한 경우, 그 양도계약은 양도인·양수인 사이에는 유효하며 양수인은 임차권을 취득한다. 임대인이 해지권을 행사하지 않는 한 양수인은 임차물을 사용·수익할 수 있다. 그러나 양수인은 임차권을 가지고 임대인에게 대항할 수 없다(대법원 1985.2.8. 선고 84다카188 판결). 또한 양수인의 점유는 불법점유에 해당하므로 임대인은 방해배제청구권을 행사할 수 있다.

2) 전대의 경우

전대차 계약은 전대인·전차인 사이에는 유효하다. 그러나 전차인은 자신의 임차권을 가지고 임대인에게 대항하지 못한다. 따라서 임대인은 전차인에 대하여 물권적 청구권을 행사할 수 있다. 한편 임대인·임차인 사이의 임대차에는 영향이 없으나, 임대인은 임대차를 해지할 수 있다. 그러나 건물의 임차인이 그 건물의 소부분을 타인에게 사용하게 하는 경우에는 무단 전대를 이유로 해지하지 못한다(민법 제632조).

> **판례** **임차권의 무단 양도·전대와 임대인의 권리**
> 임차인이 임대인의 동의를 받지 않고 제3자에게 임차권을 양도하거나 전대하는 등의 방법으로 임차물을 사용·수익하게 하더라도, 임대인이 이를 이유로 임대차계

---

11) 임차권 종료시 전차권도 종료하므로 전차인 보호를 위한 규정을 두고 있다. i)임대인과 전대인이 합의로 계약을 종료하게 한 때에는 전차인의 권리는 소멸하지 않는다(민법 제631조). ii)임대차계약이 해지의 통고로 인하여 종료된 경우에 그 임대물이 적법하게 전대되었을 때에는 임대인은 전차인에 대하여 그 사유를 통지하지 아니하면 해지로써 전차인에게 대항하지 못한다(민법 제638조 제1항). 전차인이 그 통지를 받은 때에는 전차인에 대하여는 일정한 기간이 경과한 후에 해지의 효력이 생긴다(민법 제638조 제2항). 그리고 iii)토지 전대의 경우, 전차인의 계약갱신청구권과 지상물매수청구권이 인정되며(민법 제644조), iv)건물 전대의 경우, 전차인의 부속물매수청구권이 인정된다(민법 제647조).

약을 해지하거나 그 밖의 다른 사유로 임대차계약이 적법하게 종료되지 않는 한 임대인은 임차인에 대하여 여전히 차임청구권을 가지므로, 임대차계약이 존속하는 한도 내에서는 제3자에게 불법점유를 이유로 한 차임상당 손해배상청구나 부당이득반환청구를 할 수 없다(^{대법원 2008.2.28. 선고
2006다10323 판결}).

Ⅶ. 보증금 및 권리금

1. 보증금

1) 의의

보증금은 부동산 임대차 특히 건물 임대차에 있어서 임대인의 채권(^{차임 및 손해
배상채권 등})을 담보하기 위하여 임차인이나 제3자가 임대인에게 교부하는 금전 기타의 유가물이다. 민법에는 보증금에 대한 규정이 없으며, 주택임대차보호법과 상가임대차보호법에 일부 규정이 있을 뿐이다.

2) 보증금의 효력

(1) 임차인의 채무확보

부동산 임대차에 있어서 수수된 보증금은 차임채무, 목적물의 멸실·훼손 등으로 인한 손해배상채무 등 임대차에 따른 임차인의 모든 채무를 담보하고, 그 피담보채무 상당액은 임대차관계의 종료 후 목적물이 반환될 때에 특별한 사정이 없는 한 별도의 의사표시 없이 보증금에서 당연히 공제된다(^{대법원 1999.12.7. 선고 99다50729 판결;
대법원 2014.2.27. 선고 2009다39233 판결}). 보증금에 의하여 담보되는 채권에는 연체차임 및 그에 대한 지연손해금, 임대차 종료 후 목적물 반환시 까지 임차인이 목적물을 사용한 경우 차임 상당의 부당이득도 포함된다(^{대법원
2014.2.27. 선고 2009다39233 판결; 대법원 1987.6.23. 선고 87다카98 판결}). 한편 임대차보증금에서 피담보채무 등을 공제하려면 임대인은 공제될 차임채권 등의 발생 원인에 관하여 주장·입증하여야 하고, 그 발생한 채권의 소멸에 관한 주장·입증은 임차인이 하여야 한다(^{대법원 2005.9.28. 선고
2005다8323, 8330 판결}).

판례 **차임채무의 보증금 공제 여부와 주장·증명책임**

임대차계약에 있어 임대차보증금은 임대차계약 종료 후 목적물을 임대인에게 명도할 때까지 발생하는, 임대차에 따른 임차인의 모든 채무를 담보하는 것으로서, 그 피담보채무 상당액은 임대차관계의 종료 후 목적물이 반환될 때에, 특별한 사정이 없는 한, 별도의 의사표시 없이 보증금에서 당연히 공제되는 것이므로, 임대인은 임대차보증금에서 그 피담보채무를 공제한 나머지만을 임차인에게 반환할 의무가 있다. 임대차계약의 경우 임대차보증금에서 그 피담보채무 등을 공제하려면 임대인으로서는 그 피담보채무인 연체차임, 연체관리비 등을 임대차보증금에서 공제하여야 한다는 주장을 하여야 하고 나아가 그 임대차보증금에서 공제될 차임채권, 관리비채권 등의 발생원인에 관하여 주장·입증을 하여야 하는 것이며, 다만 그 발생한 채권이 변제 등의 이유로 소멸하였는지에 관하여는 임차인이 주장·입증책임을 부담한다(대법원 2005.9.28. 선고 2005다8323, 8330 판결).

판례 **연체차임에 대한 지연손해금의 발생과 소멸**

차임지급채무는 그 지급에 확정된 기일이 있는 경우에는 그 지급기일 다음 날부터 지체책임이 발생하고 보증금에서 공제되었을 때 비로소 그 채무 및 그에 따른 지체책임이 소멸되는 것이므로, 연체차임에 대한 지연손해금의 발생종기는 다른 특별한 사정이 없는 한 임대차계약의 해지 시가 아니라 목적물이 반환되는 때라고 할 것이다(대법원 2014.2.27. 선고 2009다39233 판결).

(2) 임대차 존속 중의 보증금 충당

임대차 관계가 계속되는 경우, 임대인은 임대차보증금에서 연체차임을 충당할 것인지를 자유로이 선택할 수 있으므로 임대차 종료 전에는 연체차임이 공제 등 별도의 의사표시 없이 임대차 보증금에서 당연히 공제되는 것은 아니다(대법원 2016. 11. 25. 선고 2016다211309 판결).

판례 **임대차계약 종료 전에 연체차임의 당연 공제 여부**

[1] 임대인에게 임대차보증금이 교부되어 있더라도 임대인은 임대차관계가 계속되고 있는 동안에는 임대차보증금에서 연체차임을 충당할 것인지를 자유로이 선택할 수 있다. 따라서 임대차계약 종료 전에는 공제 등 별도의 의사표시 없이 연체차임이 임대차보증금에서 당연히 공제되는 것은 아니고, 임차인도 임대차보증금의 존재를 이유로 차임의 지급을 거절할 수 없다(대법원 2016. 11. 25. 선고 2016다211309 판결).

[2] 소멸시효는 법률행위에 의하여 이를 배제, 연장 또는 가중할 수 없다(민법 제184조 제2항).

그러므로 임대차 존속 중 차임을 연체하더라도 이는 임대차 종료 후 목적물 인도 시에 임대차보증금에서 일괄 공제하는 방식에 의하여 정산하기로 약정한 경우와 같은 특별한 사정이 없는 한 차임채권의 소멸시효는 임대차계약에서 정한 지급기일부터 진행한다(대법원 2016. 11. 25. 선고 2016다211309 판결).

[3] 임대차보증금은 차임의 미지급, 목적물의 멸실이나 훼손 등 임대차 관계에서 발생할 수 있는 임차인의 모든 채무를 담보하는 것이므로, 차임의 지급이 연체되면 장차 임대차 관계가 종료되었을 때 임대차보증금으로 충당될 것으로 생각하는 것이 당사자의 일반적인 의사이다. 이는 차임채권의 변제기가 따로 정해져 있어 임대차 존속 중 소멸시효가 진행되고 있는데도 임대인이 임대차보증금에서 연체차임을 충당하여 공제하겠다는 의사표시를 하지 않고 있었던 경우에도 마찬가지이다. 더욱이 임대차보증금의 액수가 차임에 비해 상당히 큰 금액인 경우가 많은 우리 사회의 실정에 비추어 보면, 차임 지급채무가 상당기간 연체되고 있음에도, 임대인이 임대차계약을 해지하지 아니하고 임차인도 연체차임에 대한 담보가 충분하다는 것에 의지하여 임대차관계를 지속하는 경우에는, 임대인과 임차인 모두 차임채권이 소멸시효와 상관없이 임대차보증금에 의하여 담보되는 것으로 신뢰하고, 나아가 장차 임대차보증금에서 충당 공제되는 것을 용인하겠다는 묵시적 의사를 가지고 있는 것이 일반적이다.

한편 민법 제495조는 "소멸시효가 완성된 채권이 그 완성 전에 상계할 수 있었던 것이면 그 채권자는 상계할 수 있다."라고 규정하고 있다. 이는 당사자 쌍방의 채권이 상계적상에 있었던 경우에 당사자들은 채권·채무관계가 이미 정산되어 소멸하였다고 생각하는 것이 일반적이라는 점을 고려하여 당사자들의 신뢰를 보호하기 위한 것이다. 다만 이는 '자동채권의 소멸시효 완성 전에 양 채권이 상계적상에 이르렀을 것'을 요건으로 하는데, 임대인의 임대차보증금 반환채무는 임대차계약이 종료된 때에 비로소 이행기에 도달하므로, 임대차 존속 중 차임채권의 소멸시효가 완성된 경우에는 소멸시효 완성 전에 임대인이 임대차보증금 반환채무에 관한 기한의 이익을 실제로 포기하였다는 등의 특별한 사정이 없는 한 양 채권이 상계할 수 있는 상태에 있었다고 할 수 없다. 그러므로 그 이후에 임대인이 이미 소멸시효가 완성된 차임채권을 자동채권으로 삼아 임대차보증금 반환채무와 상계하는 것은 민법 제495조에 의하더라도 인정될 수 없지만, 임대차 존속 중 차임이 연체되고 있음에도 임대차보증금에서 연체차임을 충당하지 않고 있었던 임대인의 신뢰와 차임연체 상태에서 임대차관계를 지속해 온 임차인의 묵시적 의사를 감안하면 연체차임은 민법 제495조의 유추적용에 의하여 임대차보증금에서 공제할 수는 있다(임대차계약은 임대인의 2014. 3. 27.자 내용증명우편이 임차인에게 도달함으로써 적법하게 해지되어 종료하였는데, 지급기일이 2011. 3. 27. 이전인 차임채권은 임대차계약의 종료 전에 이미 소멸시효가 완성되었으므로, 그 차임채권 상당액은 임대차보증금에서 공제될 수 없고, 임대인은 민법 제495조에 따라 위와 같이 임대차계약의 종료 전에 이미 소멸시효가 완성된 차임채권을 자동채권으로 삼아 임대차보증금 반환채무와 상계할 수 없다는 원심 판결을 파기한 사례; ^{대법원 2016. 11. 25. 선고
2016다211309 판결}).

3) 보증금반환청구권

(1) 임차물반환과 동시이행

임대차 종료 후 임대인은 임대차보증금에서 그 피담보채무를 공제한 나머지만을 임차인에게 반환할 의무가 있다(^{대법원 2005.9.28. 선고
2005다8323, 8330 판결}). 임대인의 보증금반환의무는 임차인의 임차물 반환의무와 동시이행의 관계에 있다(^{대법원 2002.2.26. 선고
2001다77697 판결}). 임차인이 동시이행의 항변권에 기하여 임차목적물을 점유하고 사용·수익으로 인하여 실질적으로 얻은 이익이 있으면 차임 상당액을 부당이득으로 반환하여야 한다(^{대법원 1998.7.10. 선고 98다15545 판결;
대법원 2001.6.1. 선고 99다60535 판결}). 그러나 임차인이 본래의 용도대로 사용·수익하지 않은 때에는 임차인의 부당이득반환의무는 성립하지 않는다(^{대법원 2008.4.10. 선고
2007다76986,76993 판결}).

> **판례** **임차인의 퇴거 미고지와 임차물반환의무 이행**
>
> 임차인의 임차목적물 명도의무와 임대인의 보증금 반환의무는 동시이행의 관계에 있다 하겠으므로, 임대인의 동시이행의 항변권을 소멸시키고 임대보증금 반환 지체책임을 인정하기 위해서는 임차인이 임대인에게 임차목적물의 명도의 이행제공을 하여야만 한다 할 것이고, 임차인이 임차목적물에서 퇴거하면서 그 사실을 임대인에게 알리지 아니한 경우에는 임차목적물의 명도의 이행제공이 있었다고 볼 수는 없다(^{대법원 2002.2.26. 선고
2001다77697 판결}).

> **판례** **임대차 종료 후 임차인의 단순 임차물 점유와 부당이득**
>
> 임차인이 임대차계약 종료 이후에도 동시이행의 항변권을 행사하는 방법으로 목적물의 반환을 거부하기 위하여 임대차건물 부분을 계속 점유하기는 하였으나 이를 본래의 임대차계약상의 목적에 따라 사용·수익하지 아니하여 실질적인 이득을 얻은 바 없는 경우에는 그로 인하여 임대인에게 손해가 발생하였다고 하더라도

임차인의 부당이득반환의무는 성립되지 아니한다(대법원 1998.5.29. 선고 98다6497 판결; 대법원 2008.4.10. 선고 2007다76986,76993 판결).

(2) 임차물의 매수인이 보증금반환채무를 인수한 경우

부동산의 매수인이 매매 목적물에 관한 임대차보증금 반환채무 등을 인수하면서 그 채무액을 매매대금에서 공제하기로 약정한 경우, 그 인수는 특별한 사정이 없는 이상 매도인을 면책시키는 면책적 채무인수가 아니라 이행인수로 보아야 하고, 면책적 채무인수로 보기 위하여는 이에 대한 채권자 즉, 임차인의 승낙이 있어야 한다(대법원 2015.5.29. 선고 2012다84370 판결).

> **판례** 매수인의 임차보증금반환채무 인수의 법적 성격
>
> 부동산의 매수인이 매매목적물에 관한 임대차보증금 반환채무 등을 인수하는 한편 그 채무액을 매매대금에서 공제하기로 약정한 경우, 그 인수는 특별한 사정이 없는 이상 매도인을 면책시키는 면책적 채무인수가 아니라 이행인수로 보아야 하고, 면책적 채무인수로 보기 위해서는 이에 대한 채권자 즉 임차인의 승낙이 있어야 한다. 임대차보증금 반환채무의 면책적 인수에 대한 임차인의 승낙은 반드시 명시적 의사표시에 의하여야 하는 것은 아니고 묵시적 의사표시에 의하여서도 가능하다. 그러나 임차인이 채무자인 임대인을 면책시키는 것은 그의 채권을 처분하는 행위이므로, 만약 임대차보증금 반환채권의 회수가능성 등이 의문시되는 상황이라면 임차인의 어떠한 행위를 임대차보증금 반환채무의 면책적 인수에 대한 묵시적 승낙의 의사표시에 해당한다고 쉽게 단정하여서는 아니 된다(임차보증금반환채무를 매매대금에서 공제하는 임차건물의 양도계약 체결 후에 임차인은 양수인으로부터 건물 양수 사실을 통지받고 양수인에게 임대료를 지급하였으나, 임대차보증금 회수 가능성에 대한 의문을 가지고 임대인을 상대로 임대차보증금반환 책임을 요구하는 각서를 요구하거나 보증금반환에 관한 책임을 확인하기 위하여 매매계약서 내용의 확인을 구하는 등의 행위를 한 사안에서 임차인이 임차건물의 양수사실을 통지 받고 이의를 제기하지 않았다거나 양수인에게 임대료를 지급했다는 이유만으로 임차인의 보증금반환채무의 면책적 채무인수에 대한 묵시적 승낙이 있는 것으로 볼 수 없다는 사례; 대법원 2015. 5. 29. 선고 2012다84370 판결).

(3) 부동산 소유권 이전과 보증금의 승계

부동산 임차인이 대항력을 갖추지 못한 경우와 달리 부동산 임대차를 등기한 경우(민법 제621조), 건물 소유를 목적으로 하는 토지임차인이 그 지상건물을 등기한 경우(민법 제622조)와

같이 대항력을 갖춘 임차인은 그 양수인에 대하여 임차권을 가지고 대항할 수 있다.[12] 즉 임차권이 등기된 후 소유자인 임대인으로부터 부동산을 양수하는 경우에 양수인은 임대인의 지위를 승계하고, 임대인은 임대차 관계에서 벗어나게 된다. 따라서 보증금에 대한 권리·의무도 당연히 신소유자에게 이전되므로(면책적 채무인수), 임대차 종료시 임차인은 양수인에게 보증금의 반환을 청구하여야 한다(송덕수, 채권각론, 279면; 양형우, 1337면). 그러나 임대인의 지위가 양도되는 경우에 임차인은 이의를 제기함으로써 승계되는 임대차 관계의 구속을 면할 수 있고, 임대인과 임대차 관계도 해지할 수 있다.

> **판례** 임차건물의 소유권 이전과 양수인의 보증금반환책임
>
> [1] 대항력 없는 임차인에 대한 보증금반환책임
> 법인은 주택임대차보호법 제3조 제1항이 정하는 대항요건의 하나인 주민등록을 마칠 수 없는 점에 비추어 보면, 주택을 임차한 법인에는 주택임대차보호법 제3조 제2항, 제3항이 정하는 경우를 제외하고는 주택임대차보호법 제3조가 적용되지 않는다. 그러므로 임차주택의 양수인이 임대인의 지위를 당연히 승계한다는 내용의 주택임대차보호법 제3조 제4항도 주택 임차인이 법인인 경우에는 원칙적으로 적용되지 않는다. 따라서 임대인이 법인을 임차인으로 하는 주택을 양도한 경우에는 임대인의 임대차보증금 반환채무를 양수인이 면책적으로 인수하였다는 등의 특별한 사정이 없는 한 임대인의 법인에 대한 임대차보증금 반환채무는 위 주택 양도에도 불구하고 소멸하지 아니한다(대항력 없는 임차인에 대한 양수인의 보증금반환책임은 면책적 채무인수가 이루어진 경우에만 인정된다는 사례; 대법원 2024. 6. 13. 선고 2024다215542 판결).
>
> [2] 대항력 있는 임차인에 대한 보증금반환책임
> 주택임대차보호법 제3조 제3항은 같은 조 제1항이 정한 대항요건을 갖춘 임대차의 목적이 된 임대주택(이하 '임대주택'은 주택임대차보호법의 적용대상인 임대주택을 가리킨다)의 양수인은 임대인의 지위를 승계한 것으로 본다고 규정하고 있는바, 이는 법률상의 당연승계 규정으로 보아야 하므로, 임대주택이 양도된 경우에 양수인은 주택의 소유권과 결합하여 임대인의 임대차 계약상의 권리·의무 일체를 그대로 승계하며, 그 결과 양수인이 임대차보증금 반환채무를 면책적으로 인수하고, 양도인은 임대차관계에서 탈퇴하여 임차인에

---

12) 후술하는 주택임대차의 경우에도 대항요건(주택인도와 주민등록)을 갖춘 임차인은 임차주택의 양수인에게 임차권을 주장할 수 있으며, 임차주택의 양수인은 임대인의 지위를 승계한 것으로 본다(주택임대차보호법 제3조 제4항). 따라서 양수인은 임대차보증금반환채무를 면책적으로 인수하고, 양도인은 임대차 관계에서 탈퇴하여 임차인에 대한 보증금반환채무를 면하게 된다(대법원 2013. 1. 17. 선고 2011다49523 전원합의체 판결).

대한 임대차보증금반환채무를 면하게 된다. - 중략- 주택임대차보호법상 임대주택의 양도에 양수인의 임대차보증금반환채무의 면책적 인수를 인정하는 이유는 임대주택에 관한 임대인의 의무 대부분이 그 주택의 소유자이기만 하면 이행가능하고 임차인이 같은 법에서 규정하는 대항요건을 구비하면 임대주택의 매각대금에서 임대차보증금을 우선변제받을 수 있기 때문이다(민법상 임차권 등기가 된 경우에도 주택임대차보호법상 대항력을 갖춘 임차인과 동일한 해석이 가능하다;^{대법원 2013. 1. 17. 선고 2011다49523 전원합의체 판결}).

2. 권리금

1) 의의

권리금이란 임대차 목적물인 상가건물에서 영업을 하는 자 또는 영업을 하려는 자가 영업시설·비품, 거래처, 신용, 영업상의 노하우, 상가건물의 위치에 따른 영업상의 이점 등 유형·무형의 재산적 가치의 양도 또는 이용대가로서 임대인, 임차인에게 보증금과 차임 이외에 지급하는 금전 등의 대가를 말한다(^{상가건물임대차보호법 제10조의3 제1항}). 즉 권리금은 임대인과 임차인, 임차인과 신규 임차인이 되려는 자 사이에 지급되고 있다.

2) 효력

권리금은 임대차가 종료된 때에 그 반환을 청구할 수 없다.

임차인이 권리금을 임대인에게 지급한 경우, 즉 권리금이 그 수수 후 일정한 기간 이상으로 그 임대차를 존속시키기로 하는 임차권 보장의 약정 하에 임차인으로부터 임대인에게 지급된 경우에는, 보장기간 동안의 이용이 유효하게 이루어진 이상 임대인은 그 권리금의 반환의무를 지지 아니한다(^{대법원 2002.7.26. 선고 2002다25013 판결}). 그러나 임대인의 사정으로 임대차계약이 중도 해지됨으로써 당초 보장된 기간 동안의 이용이 불가능하였다는 등의 특별한 사정이 있을 때에는 임대인은 임차인에 대하여 그 권리금의 반환의무를 진다(^{대법원 2002.7.26. 선고 2002다25013 판결}). 이 경우 임대인이 반환의무를 부담하는 권리금의 범위는, 지급된 권리금을 경과기간과 잔존기간에 대응하는 것으로 나누어, 임대인은 임차인으로부터 수령한 권리금 중 임대차계약이 종료될 때까지의 기간에 대응하는 부분을 공제한 잔존기간에 대응하는 부분만을 반환할 의무를 부담한다고 봄이 공평의 원칙에 합치된다(대법원 2002.7.26. 선고 2002다25013 판결).

　임차인은 임차권의 양도 또는 전대차 기회에 부수하여 자신도 일정 기간 이용할 수 있는 권리를 다른 사람에게 양도하거나 또는 다른 사람으로 하여금 일정기간 이용케 함으로써 권리금 상당액을 회수할 수 있다(대법원 2002.7.26. 선고 2002다25013 판결). 상가건물임대차보호법에서는 신규임차인이 되려는 자가 임차인에게 권리금을 지급하기로 하는 계약만을 권리금 계약으로 정의하고, 임차인의 권리금 회수기회를 보호하고 있다(상가건물임대차보호법 제10조의4; 이하 상가임대차 참고).

판례 임대차계약서에 기재된 '모든 권리금을 인정함'의 의미

통상 권리금은 새로운 임차인으로부터만 지급받을 수 있을 뿐이고 임대인에 대하여는 지급을 구할 수 없는 것이므로 임대인이 임대차계약서의 단서 조항에 권리금액의 기재 없이 단지 '모든 권리금을 인정함'이라는 기재를 하였다고 하여 임대차 종료 시 임차인에게 권리금을 반환하겠다고 약정하였다고 볼 수는 없고, 단지 임차인이 나중에 임차권을 승계한 자로부터 권리금을 수수하는 것을 임대인이 용인하고, 나아가 임대인이 정당한 사유 없이 명도를 요구하거나 점포에 대한 임대차계약의 갱신을 거절하고 타에 처분하면서 권리금을 지급받지 못하도록 하는 등으로 임차인의 권리금 회수 기회를 박탈하거나 권리금 회수를 방해하는 경우에 임대인이 임차인에게 직접 권리금 지급을 책임지겠다는 취지로 해석해야 할 것이다(대법원 2000.4.11. 선고 2000다4517, 4524 판결).

판례 임대차계약의 중도 해지와 임대인의 권리금 반환 범위

권리금이 그 수수 후 일정한 기간 이상으로 그 임대차를 존속시키기로 하는 임차권 보장의 약정하에 임차인으로부터 임대인에게 지급된 경우에는, 보장기간 동안의 이용이 유효하게 이루어진 이상 임대인은 그 권리금의 반환의무를 지지 아니하며, 다만 임차인은 당초의 임대차에서 반대되는 약정이 없는 한 임차권의 양도 또는 전대차 기회에 부수하여 자신도 일정 기간 이용할 수 있는 권리를 다른 사람에게 양도하거나 또는 다른 사람으로 하여금 일정기간 이용케 함으로써 권리금 상당액을 회수할 수 있을 것이지만, 반면 임대인의 사정으로 임대차계약이 중도 해지됨으로써 당초 보장된 기간 동안의 이용이 불가능하였다는 등의 특별한 사정이 있을 때에는 임대인은 임차인에 대하여 그 권리금의 반환의무를 진다고 할 것이고, 그 경우 임대인이 반환의무를 부담하는 권리금의 범위는, 지급된 권리금을 경과기간과 잔존기간에 대응하는 것으로 나누어, 임대인은 임차인으로부터 수령한 권리금 중 임대차계약이 종료될 때까지의 기간에 대응하는 부분을 공제한 잔존기간에 대응하는 부분만을 반환할 의무를 부담한다고 봄이 공평의 원칙에 합치된다(대법원 2002.7.26. 선고 2002다25013 판결).

제4절 주택임대차와 상가건물임대차

Ⅰ. 서설

임대차에서 임차인의 임차권은 채권에 불과하므로 경제적 약자인 임차인을 보호할 필요성이 있다. 민법에서는 임차권 등기제도를 두어 임차인을 보호하고 있으나(민법 제621조·제622조 참조), 임차인 보호에는 충분하지 않다. 그 결과 주택임차인 보호를 위한 주택임대차보호법과 상가건물임차인을 보호를 위한 상가건물임대차보호법이 제정되어 시행되고 있다.

Ⅱ. 주택임대차

1. 주택임대차보호법의 목적

주택임대차보호법은 주거용 건물의 임대차에 관하여 「민법」에 대한 특례를 규정함으로써 국민 주거생활의 안정을 보장함을 목적으로 한다(동법 제1조). 그리고 주택임대차보호법에 위반된 약정으로서 임차인에게 불리한 것은 그 효력이 없다(동법 제10조). 주택임대차보호법 규정은 강행규정이다.

2. 적용범위

주택임대차보호법은 주거용 건물의 전부 또는 일부의 임대차에 적용되며, 그 임차주택의 일부가 주거 이외의 목적으로 사용되는 경우(가게와 방이 함께 있는 주택의 일부를 주거 목적으로 사용하는 경우)에도 적용된다(동법 제2조). 그러나 비주거용 건물의 일부를 주거 목적으로 사용하는 경우에는 적용이 없다. 또한 주택임대차보호법은 미등기 전세에는 준용되고(동법 제12조), 일시 사용하기 위한 임대차임이 명백한 경우에는 적용되지 아니한다(동법 제11조).

> **판례** **주택임대차보호법의 적용범위**
> [1] 주거용 건물의 판단 기준
> 주택임대차보호법 제2조 소정의 주거용 건물에 해당하는지 여부는 임대차목적물의 공부상의 표시만을 기준으로 할 것이 아니라 그 실지용도에 따라서 정하여야 하고

건물의 일부가 임대차의 목적이 되어 주거용과 비주거용으로 겸용되는 경우에는 구체적인 경우에 따라 그 임대차의 목적, 전체 건물과 임대차목적물의 구조와 형태 및 임차인의 임대차목적물의 이용관계 그리고 임차인이 그곳에서 일상생활을 영위하는지 여부 등을 아울러 고려하여 합목적적으로 결정하여야 한다.(대법원 1995. 3. 10. 선고 94다52522 판결).

[2] 비주거용 건물의 일부 주거와 주택임대차보호법 적용

① 방 2개와 주방이 딸린 다방이 영업용으로서 비주거용 건물이라고 보여지고, 설사 그 중 방 및 다방의 주방을 주거목적에 사용한다고 하더라도 이는 어디까지나 다방의 영업에 부수적인 것으로서 그러한 주거목적 사용은 비주거용 건물의 일부가 주거목적으로 사용되는 것일 뿐, 주택임대차보호법 제2조 후문에서 말하는 '주거용 건물의 일부가 주거 외의 목적으로 사용되는 경우'에 해당한다고 볼 수 없다(다방 임차인이 다방에 딸린 방을 주거 목적으로 사용한 경우 주택임대차보호법이 적용되지 않는다고 한 사례; 대법원 1996. 3. 12. 선고 95다51953 판결).

② 건물 중 1층이 공부상으로는 소매점으로 표시되어 있으나 건축 당시부터 그 면적의 절반 정도는 방(2칸)으로, 나머지 절반 정도는 소매점 등 영업소를 하기 위한 홀(Hall)로 건축되어 있었고, 그러한 상태에서 피고가 이를 임차한 후 그 가족들과 함께 거주하면서 음식점 영업을 하여 온 사실, 그 중 방 부분은 음식점 영업시에는 손님을 받는 곳으로 사용하고 그 때 외에는 주거용으로 사용하여 온 사실, 피고의 가족은 4인으로 이 사건 건물 1층 외에는 달리 주택이 없는 사실을 인정한 다음, 피고가 점유하고 있는 이 사건 건물 1층은 주택임대차보호법 제2조 후문에서 정한 주거용 건물에 해당한다고 판단하였음은 옳고, 거기에 소론과 같은 주택임대차보호법에 관한 법리오해의 위법이 있다고 할 수 없다(전체 건물 중 1층인 임대차목적물이 공부상 소매점으로 표시되어 있으나, 건축 당시부터 그 면적의 절반 정도가 방(2칸)으로, 나머지 절반 정도가 소매점 등 영업소를 하기 위한 홀(Hall)로 건축되어 있었고, 그러한 상태에서 임차인이 가족들과 함께 거주하면서 음식점을 영업하여 온 사실 등을 인정하여, 위 임대차목적물이 주택임대차보호법 제2조에 정한 주거용건물에 해당한다고 판단한 사례; 대법원 1996. 5. 31. 선고 96다5971 판결).

판례 **경매절차상 최고가 매수신고인의 임대차 계약 체결 권한**

[1] 주택임대차보호법이 적용되는 임대차가 임차인과 주택의 소유자인 임대인 사이에 임대차계약이 체결된 경우로 한정되는 것은 아니나, 적어도 그 주택에 관하여 적법하게 임대차계약을 체결할 수 있는 권한을 가진 임대인이 임대차계약을 체결할 것이 요구된다(대법원 2014. 2. 27. 선고 2012다93794 판결).

[2] 갑이 임의경매절차에서 최고가매수신고인의 지위에 있던 을과 주택임대차계약

을 체결한 후 주택을 인도받아 전입신고를 마치고 임대차계약서에 확정일자를 받았는데, 다음날 을이 매각대금을 완납하고 병 주식회사에 근저당권설정등기를 마쳐준 사안에서, 을이 최고가매수신고인이라는 것 외에는 임대차계약 당시 적법한 임대권한이 있었음을 인정할 자료가 없는데도, 갑이 아직 매각대금을 납부하지도 아니한 최고가매수신고인에 불과한 을로부터 주택을 인도받아 전입신고 및 확정일자를 갖추었다는 것만으로 주택임대차보호법 제3조의2 제2항에서 정한 우선변제권을 취득하였다고 본 원심판결에 법리오해 등의 위법이 있다(주택의 임의경매절차에서 매각대금을 납부하지 아니한 최고가 매수인은 임대차 계약 체결권한이 없다는 사례; 대법원 2014.2.27. 선고 2012다93794 판결).

3. 임차권의 대항력

1) 요건

임대차는 그 등기가 없는 경우에도 임차인이 주택의 인도와 주민등록을 마친 때에는 그 다음 날부터 제3자에 대하여 효력이 생긴다. 이 경우 전입신고를 한 때에 주민등록이 된 것으로 본다(주택임대차보호법 제3조 제1항).[13]

(1) 주택의 인도

'주택의 인도'는 임차목적물인 주택에 대한 점유의 이전을 말하며, 임차인의 임차주택 거주 또는 이삿짐을 옮기거나 열쇠를 받는 등의 현실의 인도가 보통이다.

주택임대차보호법 제3조 제1항 소정의 대항력은 임차인이 당해 주택에 거주하면서 이를 직접 점유하는 경우뿐만 아니라 타인의 점유를 매개로 하여 이를 간접 점유하는 경우에도 인정될 수 있다. 그러나 간접 점유하는 경우에 임차인과의 점유매개관계에 기하여 당해 주택에 실제로 거주하는 직접 점유자가 자신의 주민등록을 마친 경우에 한하여 비로소 그 임차인의 임대차가 제3자에 대하여 적법하게 대항력을 취득할 수

---

13) 제3조(대항력 등) ② 주택도시기금을 재원으로 하여 저소득층 무주택자에게 주거생활 안정을 목적으로 전세임대주택을 지원하는 법인이 주택을 임차한 후 지방자치단체의 장 또는 그 법인이 선정한 입주자가 그 주택을 인도받고 주민등록을 마쳤을 때에는 제1항을 준용한다. 이 경우 대항력이 인정되는 법인은 대통령령으로 정한다. ③「중소기업기본법」제2조에 따른 중소기업에 해당하는 법인이 소속 직원의 주거용으로 주택을 임차한 후 그 법인이 선정한 직원이 해당 주택을 인도받고 주민등록을 마쳤을 때에는 제1항을 준용한다. 임대차가 끝나기 전에 그 직원이 변경된 경우에는 그 법인이 선정한 새로운 직원이 주택을 인도받고 주민등록을 마친 다음 날부터 제삼자에 대하여 효력이 생긴다.

있다(대법원 2007.11.29. 선고 2005다64255 판결).

> **판례** **주택 인도의 의미**
> 주택의 인도는 임차목적물인 주택에 대한 점유의 이전을 말한다. 이때 점유는 사회통념상 어떤 사람의 사실적 지배에 있다고 할 수 있는 객관적 관계를 가리키는 것으로서, 사실상의 지배가 있다고 하기 위해서는 반드시 물건을 물리적·현실적으로 지배할 필요는 없고, 물건과 사람의 시간적·공간적 관계, 본권관계, 타인의 간섭가능성 등을 고려해서 사회통념에 따라 합목적적으로 판단하여야 한다. 임대주택을 인도하는 경우에는 임대인이 임차인에게 현관이나 대문의 열쇠를 넘겨주었는지, 자동문 비밀번호를 알려주었는지, 이사를 할 수 있는지 등도 고려하여야 한다(임대목적물의 경매로 임차인 사이에 배당 순위가 문제된 사안에서 임대차계약 당시 이 사건 주택 101호가 비어 있었고, 임대인이 임차인에게 현관 자동문의 비밀번호를 알려주었으며, 임차인은 2012. 7. 17. 이 사건 주택 101호에 짐을 옮겨 놓았으므로, 늦어도 2012. 7. 17.에는 이 사건 주택 101호를 인도받았다고 보아야 한다는 사례; 대법원 2017. 8. 29. 선고 2017다212194 판결).

> **판례** **임차주택의 전대차와 대항력**
> 주택임차인이 임차주택을 직접 점유하여 거주하지 않고 그곳에 주민등록을 하지 아니한 경우라 하더라도, 임대인의 승낙을 받아 적법하게 임차주택을 전대하고 그 전차인이 주택을 인도받아 자신의 주민등록을 마친 때에는, 이로써 당해 주택이 임대차의 목적이 되어 있다는 사실이 충분히 공시될 수 있으므로, 임차인은 주택임대차보호법에 정한 대항요건을 적법하게 갖추었다고 볼 것이다(대법원 2007.11.29. 선고 2005다64255 판결).

(2) 주민등록

① 주민등록의 효력 발생(전입신고)

주민등록은 거래의 안전을 위하여 임차권의 존재를 제3자가 명백히 인식할 수 있는 공시방법으로 마련된 것이다.[14] 그러므로 주민등록이 어떤 임대차를 공시하는 효력이

---

14) 매매계약자 또는 임대차계약자 등의 이해관계인은 전입세대확인서의 열람 또는 교부 신청(부록_서식 전입세대확인서 열람 또는 교부 신청서 및 전입세대확인서 참고)을 통하여 해당 건물 또는 시설의 소재지에 주민등록이 되어 있는 세대주 등의 성명과 전입일자를 확인할 수 있다(주민등록법 제29조의2). 특히 임대차계약을 체결할 때 임대인은 임차인에게 해당 주택의 확정일자 부여일, 차임 및 보증금 등 정보를 제공하여야 하므로 임차인은 임대인이 제공하는 정보로 해당 주택에 대한 임차권의 존재를 알 수 있다

있는지 여부는 일반사회 통념상 그 주민등록으로 당해 임대차 건물에 임차인이 주소 또는 거소를 가진 자로 등록되어 있다고 인식할 수 있는지 여부에 따라 결정하여야 한다(대법원 2009.1.30. 선고 2006다17850 판결).

주민등록은 주택임차인이 전입신고를 한 때에 주민등록이 된 것으로 본다(주택임대차보호법 제3조 제1항 제2문). 주민등록의 신고는 행정청에 도달하기만 하면 신고로서의 효력이 발생하는 것이 아니라 행정청이 수리한 경우에 비로소 신고의 효력이 발생한다.

> **판례** **주민등록 신고의 효력 발생 시기**
>
> 주민등록은 단순히 주민의 거주관계를 파악하고 인구의 동태를 명확히 하는 것 외에도 주민등록에 따라 공법관계상의 여러 가지 법률상 효과가 나타나게 되는 것으로서, 주민등록의 신고는 행정청에 도달하기만 하면 신고로서의 효력이 발생하는 것이 아니라 행정청이 수리한 경우에 비로소 신고의 효력이 발생한다. 따라서 주민등록 신고서를 행정청에 제출하였다가 행정청이 이를 수리하기 전에 신고서의 내용을 수정하여 위와 같이 수정된 전입신고서가 수리되었다면 수정된 사항에 따라서 주민등록 신고가 이루어진 것으로 보는 것이 타당하다(정확한 지번과 동, 호수로 주민등록 전입신고서를 작성·제출하였는데 담당공무원이 착오로 수정을 요구하여, 잘못된 지번으로 수정하고 동, 호수 기재를 삭제한 주민등록 전입신고서를 다시 작성·제출하여 그대로 주민등록이 된 사안에서, 그 주민등록이 임대차의 공시방법으로서 유효하지 않고 이것이 담당공무원의 요구에 기인한 것이라 하더라도 마찬가지라고 판단한 사례; 대법원 2009.1.30. 선고 2006다17850 판결).

② 주민등록의 계속

주택임대차보호법 제3조 제1항에서 규정하고 있는 주민등록이라는 대항요건은 임차인 본인뿐만 아니라 그 배우자나 자녀 등 가족의 주민등록을 포함한다(대법원 1996.1.26. 선고 95다30338 판결). 따라서 임차인이 자신의 주민등록을 하지 않았어도 가족의 주민등록을 한 경우에는 그 요건을 갖춘 것으로 본다. 또한 주택 임차인이 그 가족과 함께 그 주택에 대한 점유를 계속하고 있으면서 그 가족의 주민등록을 그대로 둔 채 임차인만 주민등록을 일시 다른 곳으로 옮긴 경우라면, 전체적으로나 종국적으로 주민등록의 이탈이라고 볼 수 없는 만큼, 임대차의 제3자에 대한 대항력을 상실하지 아니한다(대법원 1996.1.26. 선고 95다30338 판결). 주택의

(주택임대차보호법 제3조의7).

인도 및 주민등록이라는 대항요건은 대항력 취득 시에만 구비하면 족한 것이 아니고, 그 대항력을 유지하기 위하여서도 계속 존속하고 있어야 한다(대법원 2003.7.25. 선고 2003다25461 판결).

> **판례** **주택 임차인의 재전입과 종래 임차권 대항력 등의 효력**
> [1] 재전입 이전에 근저당권을 취득한 자가 있는 경우
> 주택임대차보호법 제3조 제1항에서 주택임차인에게 주택의 인도와 주민등록을 요건으로 명시하여 등기된 물권에 버금가는 강력한 대항력을 부여하고 있는 취지에 비추어볼 때 달리 공시방법이 없는 주택임대차에서는 주택의 인도 및 주민등록이라는 대항요건은 그 대항력 취득 시에만 구비하면 족한 것이 아니고, 그 대항력을 유지하기 위하여서도 계속 존속하고 있어야 한다(재전입 이전의 근저당권자에게 대항하지 못한다는 사례; 대법원 1987.2.24. 선고 86다카1695 판결).
> [2] 재전입 이후에 근저당권을 취득한 자가 있는 경우
> 주택의 임차인이 그 주택의 소재지로 전입신고를 마치고 입주함으로써 임차권의 대항력을 취득한 후 일시적이나마 다른 곳으로 주민등록을 이전하였다면 그 전출 당시 대항요건을 상실함으로써 대항력은 소멸하고, 그 후 임차인이 다시 그 주택의 소재지로 주민등록을 이전하였다면 대항력은 당초에 소급하여 회복되는 것이 아니라 재전입한 때로부터 새로운 대항력이 다시 발생하며, 이 경우 전출 이전에 이미 임대차계약서상에 확정일자를 갖추었고 임대차계약도 재전입 전후를 통하여 그 동일성을 유지한다면, 임차인은 재전입시 임대차계약서상에 다시 확정일자를 받을 필요 없이 재전입 이후에 그 주택에 관하여 담보물권을 취득한 자보다 우선하여 보증금을 변제받을 수 있다(임차인이 재전입 이후에 그 주택에 관하여 담보물권을 취득한 자보다 우선하여 보증금을 변제받을 수 있다는 사례; 대법원 1998.12.11. 선고 98다34584 판결).

> **판례** **주민등록의 직권말소와 주택임차인의 대항력**
> 주택의 인도 및 주민등록이라는 대항요건은 그 대항력 취득시에만 구비하면 족한 것이 아니고 그 대항력을 유지하기 위하여서도 계속 존속하고 있어야 하고, 주택임차인의 의사에 의하지 아니하고 주민등록법 및 같은법 시행령에 따라 시장, 군수 또는 구청장에 의하여 직권조치로 주민등록이 말소된 경우에도 원칙적으로 그 대항력은 상실된다고 할 것이지만, 주민등록법상의 직권말소 제도는 거주관계 등 인구의 동태를 상시로 명확히 파악하여 주민생활의 편익을 증진시키고 행정사무의 적정한 처리를 도모하기 위한 것이고, 주택임대차보호법에서 주민등록을 대항력의 요건으로 규정하고 있는 것은 거래의 안전을 위하여 임대차의 존재를 제3자가 명백히 인식할 수 있게 하기 위한 것으로서 그 취지가 다르므로, 직권말소 후

주민등록법 소정의 이의절차에 따라 그 말소된 주민등록이 회복되거나 같은 법 시행령 제29조에 의하여 재등록이 이루어짐으로써 주택임차인에게 주민등록을 유지할 의사가 있었다는 것이 명백히 드러난 경우에는 소급하여 그 대항력이 유지된다고 할 것이고, 다만, 그 직권말소가 주민등록법 소정의 이의절차에 의하여 회복된 것이 아닌 경우에는 직권말소 후 재등록이 이루어지기 이전에 주민등록이 없는 것으로 믿고 임차주택에 관하여 새로운 이해관계를 맺은 선의의 제3자에 대하여는 임차인은 대항력의 유지를 주장할 수 없다고 봄이 상당하다(직권말소된 주민등록은 대항력을 상실함이 원칙이나 소정의 절차에 의하여 주민등록이 회복된 경우에는 소급하여 대항력이 유지된다는 사례; ^{대법원 2002.10.11. 선고 2002다20957 판결}).

③ 주민등록의 특정

주택과 주민등록지가 특정되어야 한다. 주민등록은 거래의 안전을 위하여 임차권의 존재를 제3자가 명백히 인식할 수 있게 하는 공시방법으로 마련된 것이다. 따라서 주민등록의 특정여부는 제3자의 인식을 기준으로 판단하여야 한다.

> **판례** **대항력 부정 사례**
> 임대차 공시방법으로서의 주민등록이 등기부상의 주택의 현황과 일치하지 않는다면 원칙적으로 유효한 공시방법으로 볼 수 없다.
> ⓐ 신축중인 연립주택 중 1층 소재 주택의 임차인이 주민등록 이전시 잘못된 현관문의 표시대로 '1층 201호'라고 전입신고를 마쳤는데, 준공 후 그 주택이 공부상 '1층 101호'로 등재된 경우(대법원 1995.8.11. 선고 95다177 판결)
> ⓑ 연립주택 중 1개 세대에 대한 미등기전세권자가 연립주택 동호수를 기재하지 아니하고 그 지번만을 신고하여 주민등록된 경우(대법원 1995.4.28. 선고 94다27427 판결)
>
> **대항력 긍정 사례**
> ⓐ 두 개 동이 있는 연립주택의 경우 임차주택의 등기부 표제부상 '에이(A)동'으로 기재되어 있으나, 임차인이 주소지를 '가동'으로 신고한 경우(대법원 2003.6.10. 선고 2002다59351 판결)
> ⓑ 임차인이 전입신고를 올바르게 하였는데 담당공무원의 착오로 주민등록표상에 신거주지 지번이 다소 틀리게 기재된 경우(대법원 1991.8.13. 선고 91다18118 판결)

> **판례** **등기부가 아닌 건축물대장상의 지번에 따른 주민등록의 유효성**
> 주택의 인도와 주민등록이라는 임대차의 공시방법은 어디까지나 등기라는 원칙적

인 공시방법에 갈음하여 마련된 것이고, 제3자는 주택의 표시에 관한 사항과 주택에 관한 권리관계에 관한 사항을 통상 등기부에 의존하여 파악하고 있으므로, 임대차 공시방법으로서의 주민등록이 등기부상의 주택의 현황과 일치하지 않는다면 원칙적으로 유효한 공시방법이라고 할 수 없으나, 다만 주택의 소유권보존등기가 이루어진 후 토지의 분할 등으로 인하여 지적도, 토지대장, 건축물대장 등의 주택의 지번 표시가 분할 후의 지번으로 등재되어 있으나 등기부에는 여전히 분할 전의 지번으로 등재되어 있는 경우, 임차인이 주민등록을 함에 있어 토지대장 및 건축물대장에 일치하게 주택의 지번과 동호수를 표시하였다면 설사 그것이 등기부의 기재와 다르다고 하여도 일반의 사회통념상 임차인이 그 지번에 주소를 가진 것으로 제3자가 인식할 수 있다고 봄이 상당하므로 유효한 임대차의 공시방법이 된다(주택의 소유권보존등기가 이루어진 후 토지의 분할 등으로 인하여 지적도, 토지대장, 건축물대장 등의 주택의 지번 표시가 등기부상 지번과 상이하게 된 경우, 토지대장 및 건축물대장상의 지번에 따른 주민등록이 유효한 임대차의 공시방법으로 인정된다는 사례; 대법원 2001. 12. 27. 선고 2001다63216 판결).

④ 전대차의 경우

임차인이 전입신고하지 않고 전차인만이 주택의 인도와 전입신고를 한 경우에 임차인의 임차권에는 대항력이 인정된다. 그러나 실제 거주하는 전차인은 전입신고를 하지 않고, 거주하지 않는 임차인만이 전입신고를 한 경우에는 대항력이 인정되지 않는다(대법원 2001.1.19. 선고 2000다55645 판결).

> **판례** 전대차와 임차인의 대항력
>
> 주택임차인이 임차주택을 직접 점유하여 거주하지 않고, 간접 점유하여 자신의 주민등록을 이전하지 아니한 경우라 하더라도 임대인의 승낙을 받아 임차주택을 전대하고 그 전차인이 주택을 인도받아 자신의 주민등록을 마친 때에는 그 때로부터 임차인은 제3자에 대하여 대항력을 취득한다(대법원 1994.6.24. 선고 94다3155 판결).

> **판례** 간접점유자의 주민등록과 대항력 인정 여부
>
> 주택임대차보호법 제3조 제1항 소정의 대항력은 임차인이 당해 주택에 거주하면서 이를 직접 점유하는 경우뿐만 아니라 타인의 점유를 매개로 하여 이를 간접 점유하는 경우에도 인정될 수 있을 것이나, 그 경우 당해 주택에 실제로 거주하지 아니하는 간접점유자인 임차인은 주민등록의 대상이 되는 '당해 주택에 주소 또는 거

소를 가진 자'(주민등록법 제6조 제1항)가 아니어서 그 자의 주민등록은 주민등록법 소정의 적법한 주민등록이라고 할 수 없고, 따라서 간접점유자에 불과한 임차인 자신의 주민등록으로는 대항력의 요건을 적법하게 갖추었다고 할 수 없으며, 임차인과의 점유매개관계에 기하여 당해 주택에 실제로 거주하는 직접점유자가 자신의 주민등록을 마친 경우에 한하여 비로소 그 임차인의 임대차가 제3자에 대하여 적법하게 대항력을 취득할 수 있다(대법원 2001.1.19. 선고 2000다55645 판결).

2) 대항력의 내용

(1) 대항력 발생 시기

주택의 임차인이 주택의 인도와 주민등록을 마친 때에는, 그 다음 날부터 제3자에 대하여 효력이 생긴다(주택임대차보호법 제3조 제1항). 즉 임차인은 그 다음날 오전 0시부터 대항력을 취득한다(대법원 1999.5.25. 선고 99다9981 판결). 그 이유는 임차권의 대항력과 임차권등기가 같은 날 이루어진 경우에 그 선후관계 결정의 곤란을 피하기 위함이다.

> **판례** **주택임대차보호법상 대항력의 효력 발생**
> 원고가 1996. 9. 24. 소외인 소유의 이 사건 아파트에 대하여 판시 근저당권설정등기를 마친 사실과 피고가 같은 달 19. 소외인으로부터 이 사건 아파트를 임차하여 그 임대차계약서에 확정일자를 갖추고 그 아파트를 인도받은 다음 위 근저당권설정등기일과 같은 날인 같은 달 24. 전입신고를 마친 사실을 인정하고, 그 인정 사실에 의하면 피고는 전입신고를 마친 날의 다음날인 같은 달 25.에야 법 제3조의2 제1항이 정하는 우선변제권을 취득하였으므로 그 전날인 같은 달 24. 근저당권설정등기를 마친 원고보다 후순위의 권리자라고 판단하였는바, 관련 증거를 기록과 대조하여 검토하여 보면 원심의 사실인정과 판단은 정당하고 여기에 사실오인이나 법리오해의 위법이 있다고 할 수 없다(대법원 1999. 3. 23. 선고 98다46938 판결).

∴ 문제점
주택의 인도와 주민등록과 그 주택에 대한 제3자의 저당권 등기가 같은 날 이루어진 경우에는 저당권이 우선하므로 임차인에게 불리한 경우가 발생할 수 있다.

(2) 내용

① 제3자에 대한 관계

양수인 이외의 제3자에 대한 관계는 대항력 요건 구비의 선후에 따라 그 우열관계가 정하여진다. 따라서 임차인은 대항력이 생긴 이후에 이해관계를 맺은 자에 대하여는 대항할 수 있다. 예를 들어 임차인이 임차권에 관한 대항력을 구비한 후 임대인이 임차목적물에 근저당권을 설정한 후 근저당권자가 경매를 실행하여 제3자가 경락을 받은 경우에 임차인의 대항력은 소멸하지 않는다. 따라서 임차인은 경락받은 자에 대하여 자신의 임차권을 주장할 수 있다.

임차인은 대항력이 생기기 이전에 이해관계를 맺은 자(예를 들어 저당권 등기를 한 자)에 대하여는 대항하지 못한다(대법원 2000.2.11. 선고 99다59306 판결). 임대 주택에 설정된 저당권이 여러 개 존재하는 경우에는 최우선 순위의 저당권과 임차권을 비교하여 임차인의 대항력 여부를 판단하여야 한다. 예를 들어 선순위저당권이 성립한 후 임차인이 대항요건을 갖추고, 그 후에 설정된 후순위저당권자의 신청으로 경매가 실행된 경우, 임차인은 경락인에게 임차권을 주장하지 못한다.[15] 또한 선순위 저당권 성립 후 임차인이 대항력을 갖추고 다른 자가 강제경매를 신청한 때에도 같다.

> **판례** **경매와 후순위 주택임차권의 대항력**
> 경매목적 부동산이 경락된 경우에는 소멸된 선순위 저당권보다 뒤에 등기되었거나 대항력을 갖춘 임차권은 함께 소멸하는 것이고, 따라서 그 경락인은 주택임대차보호법 제3조에서 말하는 임차주택의 양수인 중에 포함된다고 할 수 없을 것이므로 경락인에 대하여 그 임차권의 효력을 주장할 수 없다(경락으로 소멸되는 선순위 저당권보다 뒤에 등기되었거나 대항력을 갖춘 주택 임차권의 효력을 경락인에 대하여 주장할 수 없다는 판례; 대법원 2000.2.11. 선고 99다59306 판결).

---

15) 저당권의 실행으로 저당부동산에 존재하던 저당권은 모두 소멸한다. 그리고 대항력이 있는 용익권(전세권, 지상권, 임차권)과 저당권은 그 설정의 선후에 따라 결정된다. 여기서 저당권은 저당권 실행을 신청한 저당권이 아니라 그 부동산 위의 최우선 순위의 저당권이다. 만약 임차권이 소멸하지 않는다고 하면 부동산의 매각대금은 그 만큼 떨어질 수밖에 없고, 이는 임차권보다 선행하는 담보권을 해치는 결과가 되어 설정 당시의 교환가치를 담보하는 담보권의 취지에 맞지 않게 되므로, 임차인의 임차권은 매수인(경락인)에게 대항할 수 없다.

판례 선순위저당권의 말소와 낙찰자의 손해

[1] 낙찰대금지급 기일전 선순위 저당권의 말소

부동산의 경매절차에 있어서 주택임대차보호법 제3조에 정한 대항요건을 갖춘 임차권보다 선순위의 근저당권이 있는 경우에는, 낙찰로 인하여 선순위 근저당권이 소멸하면 그보다 후순위의 임차권도 선순위 근저당권이 확보한 담보가치의 보장을 위하여 그 대항력을 상실하는 것이지만, 낙찰로 인하여 근저당권이 소멸하고 낙찰인이 소유권을 취득하게 되는 시점인 낙찰대금지급기일 이전에 선순위 근저당권이 다른 사유로 소멸한 경우에는, 대항력이 있는 임차권의 존재로 인하여 담보가치의 손상을 받을 선순위 근저당권이 없게 되므로 임차권의 대항력이 소멸하지 아니한다(대법원 2003. 4. 25. 선고 2002다70075 판결).

[2] 선순위 저당권 말소 고지의무와 채무자 책임

선순위 근저당권의 존재로 후순위 임차권이 소멸하는 것으로 알고 부동산을 낙찰받았으나, 그 후 채무자가 후순위 임차권의 대항력을 존속시킬 목적으로 선순위 근저당권의 피담보채무를 모두 변제하고 그 근저당권을 소멸시키고도 이 점에 대하여 낙찰자에게 아무런 고지도 하지 않아 낙찰자가 대항력 있는 임차권이 존속하게 된다는 사정을 알지 못한 채 대금지급기일에 낙찰대금을 지급하였다면, 채무자는 민법 제578조 제3항의 규정에 의하여 낙찰자가 입게 된 손해를 배상할 책임이 있다(대법원 2003. 4. 25. 선고 2002다70075 판결).

판례 대항력을 갖춘 임차인의 전세권 소멸과 임차권의 대항력

[1] 갑이 주택소유자로서 1986.4.24. 주민등록전입신고를 하고 거주하여 오다가 을에게 주택을 매도하면서 1990.11.27. 을과 사이에 주택 1층에 관하여 전세계약을 체결하고 계속 거주하던 중 1991.7.6. 전세권설정등기를 경료하였는데, 을이 1991.4.13. 병에게 근저당권을 설정하였고 병의 임의경매신청으로 정이 1991.12.19. 경락을 받은 경우 갑이 전세권설정등기를 한 이유가, 주택임대차보호법 소정의 임차인의 대항력을 갖추었지만 그의 지위를 강화시키기 위한 것이었다면, 갑 명의의 전세권설정등기가 선순위의 근저당권의 실행에 따른 경락으로 인하여 말소된다 하더라도 그 때문에 갑이 위 전세권설정등기 전에 건물소유자와 전세계약을 맺고 주민등록을 함으로써 주택임대차보호법 제12조, 제3조 제1항에 의하여 확보된 대항력마저 상실하게 되는 것은 아니다(대법원 1993. 11. 23. 선고 93다10552, 93다10569 판결).

[2] 주택임차인으로서의 우선변제를 받을 수 있는 권리와 전세권자로서 우선변제를 받을 수 있는 권리는 근거규정 및 성립요건을 달리하는 별개의 것이므로, 주택임대차보호법상 대항력을 갖춘 임차인이 임차주택에 관하여 전세권설정등기를 경

료하였다거나 전세권자로서 배당절차에 참가하여 전세금의 일부에 대하여 우선변제를 받은 사유만으로는 변제받지 못한 나머지 보증금에 기한 대항력 행사에 어떤 장애가 있다고 볼 수 없다(대법원 1993. 12. 24. 선고 93다39676 판결).

② 양수인에 대한 관계

대항력을 갖춘 임차인은 임차주택의 소유권을 취득한 양수인에 대하여 대항할 수 있다(주택임대차보호법 제3조 제1항). 즉 임차인은 임차주택을 계속하여 사용·수익할 수 있다. 또한 임차주택이 양도된 경우, 임차주택의 양수인(그 밖에 임대할 권리를 승계한 자를 포함한다)은 임대인의 지위를 승계한 것으로 본다(동조 제4항). 따라서 주택임차인이 제3자에 대한 대항력을 갖춘 후 임차주택이 양도되어 그 양수인이 임대인의 지위를 승계하는 경우, 임대차보증금반환채무도 부동산의 소유권과 결합하여 일체로서 이전하는 것이므로 양수인이 보증금반환채무를 인수하고, 양도인의 임대인 지위나 보증금반환채무는 소멸한다(대법원 1996.2.27. 선고 95다35616 판결).

한편 임대차 기간이 끝난 경우에도 임차인이 보증금을 반환받을 때까지는 임대차 관계가 존속되는 것으로 본다(동법 제4조 제2항). 따라서 대항력 있는 주택임대차의 존속 기간 만료나 당사자의 합의 등으로 임대차가 종료된 후 임대 주택이 양도된 경우에도 그 양수인에게 임대차가 종료된 상태에서의 임대인으로서의 지위가 당연히 승계된다(대법원 2002.9.4. 선고 2001다64615 판결). 따라서 임대차 종료 후에 임대 주택이 양도된 경우, 임차인은 임대차 보증금을 반환받을 때까지 임대인의 지위를 승계한 양수인에 대하여 대항할 수 있다(대법원 1993.12.7. 선고 93다36615 판결).

> **판례** 임대 주택의 양도와 양도인(구임대인)의 보증금반환의무
>
> 양수인이 임대인의 지위를 승계하는 경우에는 임대차보증금 반환채무도 부동산의 소유권과 결합하여 일체로서 이전하는 것이므로 양도인의 임대인으로서의 지위나 보증금 반환채무는 소멸하는 것이지만, 임차인의 보호를 위한 임대차보호법의 입법 취지에 비추어 임차인이 임대인의 지위승계를 원하지 않는 경우에는 임차인이 임차주택의 양도사실을 안 때로부터 상당한 기간 내에 이의를 제기함으로써 승계되는 임대차관계의 구속으로부터 벗어날 수 있다고 봄이 상당하고, 그와 같은 경우에는 양도인의 임차인에 대한 보증금 반환채무는 소멸하지 않는다(대법원 2002.9.4. 선고 2001다64615 판결).

판례 대항력 있는 임차인의 양수(낙찰)와 보증금반환의무

주택의 임차인이 제3자에 대한 대항력을 갖춘 후 임차주택의 소유권이 양도되어 그 양수인이 임대인의 지위를 승계하는 경우에는, 임대차보증금의 반환채무도 부동산의 소유권과 결합하여 일체로서 이전하는 것이므로 양도인의 임대인으로서의 지위나 보증금반환채무는 소멸하는 것이고(당원 1996. 2. 27. 선고 95다35616 판결 등 참조), 대항력을 갖춘 임차인이 양수인이 된 경우라고 하여 달리 볼 이유가 없으므로, 대항력을 갖춘 임차인이 당해 주택을 양수한 때에도 임대인의 보증금반환채무는 소멸하고 양수인인 임차인이 임대인의 자신에 대한 보증금반환채무를 인수하게 되어, 결국 임차인의 보증금반환채권은 혼동으로 인하여 소멸하게 되는 것이며, 임차주택의 양도로 인하여 임대인의 보증금반환채무가 소멸하는 것을 가리켜 특별한 사정이 없는 한 임대인이 부당이득을 한 것이라고 할 수는 없는 것이다(대법원 1996. 11. 22. 선고 96다38216 판결).

판례 임차주택 양도 후 임차인 전출과 보증금반환채무

주택의 임차인이 제3자에 대하여 대항력을 구비한 후에 임대주택의 소유권이 양도된 경우에는 그 양수인이 임대인의 지위를 승계하게 되므로, 임대인의 임차보증금반환채무도 양수인에게 이전되는 것이고, 이와 같이 양수인이 임차보증금반환채무를 부담하게 된 이후에 임차인이 주민등록을 다른 곳으로 옮겼다 하여 이미 발생한 임차보증금반환채무가 소멸하는 것은 아니다(대법원 1993.12.7. 선고 93다36615 판결).

판례 대항력을 갖춘 임차권의 적법 양도·전대와 대항력의 효력

주택임대차보호법 제3조 제1항에 의한 대항력을 갖춘 주택임차인이 임대인의 동의를 얻어 적법하게 임차권을 양도하거나 전대한 경우에 있어서 양수인이나 전차인이 임차인의 주민등록퇴거일로부터 주민등록법상의 전입신고 기간[16] 내에 전입신고를 마치고 주택을 인도받아 점유를 계속하고 있다면 비록 위 임차권의 양도나 전대에 의하여 임차권의 공시방법인 점유와 주민등록이 변경되었다 하더라도 원래의 임차인이 갖는 임차권의 대항력은 소멸되지 아니하고 동일성을 유지한 채로 존속한다고 보아야 한다(대법원 1988.4.25. 선고 87다카2509 판결).

---

16) 제16조(거주지의 이동) ①하나의 세대에 속하는 자의 전원 또는 그 일부가 거주지를 이동하면 제11조나 제12조에 따른 신고의무자가 신거주지에 전입한 날부터 14일 이내에 신거주지의 시장·군수 또는 구청장에게 전입신고(轉入申告)를 하여야 한다.

4. 주택임대차 기간

1) 최단기간 보장

주택임대차에 있어서 당사자가 그 존속기간을 정하지 아니하거나 2년 미만으로 정한 경우에 그 임대차의 기간은 2년으로 본다(^{주택임대차보호법}_{제4조 제1항}). 그러나 임차인은 2년 미만으로 정한 기간이 유효함을 주장할 수 있다(^{동조}_{제1항 단서}). 한편 임차인의 보증금 반환채권을 보호하기 위하여 특칙을 두고 있다. 즉 임대차기간이 끝난 경우에도 임차인이 보증금을 반환받을 때까지는 임대차 관계가 존속되는 것으로 본다(^{동조}_{제2항}).

2) 임차인의 계약갱신요구와 임대차 기간

(1) 임차인의 계약갱신요구권

임대인은 임차인이 임대차 기간이 끝나기 6개월 전부터 2개월 전까지의 기간 이내에 계약의 갱신을 요구할 경우 정당한 사유 없이 거절하지 못한다(^{주택임대차보호법}_{제6조의3 제1항 본문}). 임차인의 계약갱신요구에 대하여 임대인은 i)임대차 기간 중 임차인의 의무위반이 있는 경우, ii)임차인에게 보상을 한 경우, iii)주택의 점유 회복이 필요한 경우, 그리고 iv)임대인이 실제 거주하려는 등의 경우에 계약갱신을 거절할 수 있다. 구체적으로 아래의 사유에 해당하는 경우, 임대인인 임차인의 계약갱신 요구를 거절할 수 있다(^{동법 제6조의}_{3 제1항 단서}).

① 임차인이 2기의 차임액에 해당하는 금액에 이르도록 차임을 연체한 사실이 있는 경우
② 임차인이 거짓이나 그 밖의 부정한 방법으로 임차한 경우
③ 서로 합의하여 임대인이 임차인에게 상당한 보상을 제공한 경우
④ 임차인이 임대인의 동의 없이 목적 주택의 전부 또는 일부를 전대(轉貸)한 경우
⑤ 임차인이 임차한 주택의 전부 또는 일부를 고의나 중대한 과실로 파손한 경우
⑥ 임차한 주택의 전부 또는 일부가 멸실되어 임대차의 목적을 달성하지 못할 경우
⑦ 임대인이 다음 중 어느 하나에 해당하는 사유로 목적 주택의 전부 또는 대부분을 철거하거나 재건축하기 위하여 목적 주택의 점유를 회복할 필요가 있는 경우
　가. 임대차계약 체결 당시 공사시기 및 소요기간 등을 포함한 철거 또는 재건축

계획을 임차인에게 구체적으로 고지하고 그 계획에 따르는 경우
　　나. 건물이 노후·훼손 또는 일부 멸실되는 등 안전사고의 우려가 있는 경우
　　다. 다른 법령에 따라 철거 또는 재건축이 이루어지는 경우
⑧ 임대인(임대인의 직계존속·직계비속을 포함한다)이 목적 주택에 실제 거주하려는 경우
⑨ 그 밖에 임차인이 임차인으로서의 의무를 현저히 위반하거나 임대차를 계속하기 어려운 중대한 사유가 있는 경우

∴ 임차인의 계약갱신요구권 등의 규정 신설 이유
주택시장의 불안정 속에 전세에서 월세로의 전환이 빨라지고 주택 임대료가 상승함에 따라 임차가구의 주거 불안과 주거비 부담이 가중되고 있으나, 현행법으로는 안정적인 주거를 보장하기에 충분하지 아니하다는 지적이 있다. 이에 임차인의 계약갱신요구권을 보장하여 현행 2년에서 4년으로 임대차 보장기간을 연장하고, 계약갱신 시 차임이나 보증금의 증액청구는 약정한 차임이나 보증금의 20분의 1의 금액을 초과하지 못하도록 제한하려는 것이다(2020. 7. 31. 시행).

(2) 임차인의 계약갱신요구권 행사의 효과

임차인은 계약갱신요구권을 1회에 한하여 행사할 수 있고, 이 경우 갱신되는 임대차의 존속기간은 2년으로 본다(주택임대차보호법 제6조의3 제2항). 그러나 임차인은 언제든지 임대인에게 계약해지를 통지할 수 있으며, 임대인이 그 통지를 받은 날부터 3개월이 지나면 임대차는 종료한다(동법 제6조의3 제4항·제6조의2).

갱신되는 임대차는 전 임대차와 동일한 조건으로 다시 계약된 것으로 본다(동법 제6조의3 제3항). 다만, 차임과 보증금은 동법 제7조의 범위에서 증감할 수 있다. 즉 증액청구는 임대차 계약 또는 약정한 차임이나 보증금의 증액이 있은 후 1년 이내에는 하지 못하고, 증액청구는 약정한 차임이나 보증금의 20분의 1의 금액을 초과하지 못한다(동법 제6조의3 제3항 단서·제7조).

(3) 임대인의 손해배상의무

임대인이 임대 목적 주택에 실제 거주하려는 사유로 임차인의 계약갱신요구를 거절하였음에도 불구하고 갱신요구가 거절되지 아니하였더라면 갱신되었을 기간(2년)이 만료되기 전에 정당한 사유 없이 제3자에게 목적 주택을 임대한 경우 임대인은 갱신거절로 인하여 임차인이 입은 손해를 배상하여야 한다(주택임대차보호법 제6조의3 제5항). 이 경우 손해배

상액은 거절 당시 당사자 간에 손해배상액의 예정에 관한 합의가 이루어지지 않는 한 i)갱신거절 당시 월차임(차임 외에 보증금이 있는 경우에는 그 보증금을 제7조의2 각 호 중 낮은 비율에 따라 월 단위의 차임으로 전환한 금액을 포함한다. 이하 "환산월차임"[17]이라 한다)의 3개월분에 해당하는 금액, ii)임대인이 제3자에게 임대하여 얻은 환산월차임과 갱신거절 당시 환산월차임 간 차액의 2년분에 해당하는 금액, iii)갱신거절로 인하여 임차인이 입은 손해액 중 큰 금액으로 한다(동법 제6조의3 제6항).

한편 임대인(임대인의 직계존속·직계비속을 포함한다)이 임대 주택에 실제 거주하려는 이유로 계약 갱신이 거절된 임차인이었던 자는 확정일자부여기관에 해당 주택의 확정일자 부여일, 차임 및 보증금 등 정보의 제공을 요청할 수 있다(부록-서식 임대차 정보제공 요청서 참고, 동법 제3조의6 제3항 및 동법 시행령 제5조). 즉 임대차 계약 갱신이 거절되었던 임차인은 갱신요구가 거절되지 않았더라면 갱신되었을 기간 중에 존속하는 임대차계약에 관하여 임대차목적물, 임대인·임차인의 인적사항(임대인·임차인의 성명, 법인명 또는 단체명으로 한정한다), 확정일자 부여일, 차임·보증금 및 임대차기간의 열람 및 서면 교부를 통하여 임대인의 실제거주 여부를 확인할 수 있다(동법 시행령 제6조 제1항). 그 결과 임대인이 실제 거주하지 않는 경우에 임차인은 임대인을 상대로 손해배상을 청구할 수 있다.

> **판례** 실제 거주 목적 계약갱신거절의 규정취지 및 입증책임

[1] 실거주 목적 계약갱신거절 규정의 취지

2020. 7. 31. 법률 제17470호 개정으로 신설된 주택임대차보호법 제6조의3 제1항은 "제6조에도 불구하고 임대인은 임차인이 제6조 제1항 전단의 기간 이내에 계약갱신을 요구할 경우 정당한 사유 없이 거절하지 못한다. 다만 다음 각호의 어느 하나에 해당하는 경우에는 그러하지 아니하다."라고 규정하면서 제8호에서 "임대인(임대인의 직계존속·직계비속을 포함한다)이 목적 주택에 실제 거주하려는 경우"를 임차인의 계약갱신 요구를 거절할 수 있는 사유 중 하나로 들고 있다. 이러한 주택임대차보호법 규정의 취지는 임차인의 주거생활 안정을 위하여 임차인에게 계약갱신요구권을 보장하는 동시에 임대인의 재산권을 보호하고 재산권에 대한 과도한 제한을 방지하기 위하여 임대인에게 정당한 사유가 있는 경우 계약갱신을 거절할 수 있도록 함으로써 임차인과 임대인의 이익 사이에 적절한 조화를 도모하고자 함에 있다(실제 거주 목적

---

[17] 주택임대차보호법 제7조의2(월차임 전환 시 산정률의 제한)에 의하면, 보증금의 전부 또는 일부를 월 단위의 차임으로 전환하는 경우에는 그 전환되는 금액에 i)「은행법」에 따른 은행에서 적용하는 대출금리와 해당 지역의 경제 여건 등을 고려하여 대통령령으로 정하는 비율(연 1할, 동법 시행령 제9조 제1항) 또는 ii)한국은행에서 공시한 기준금리에 대통령령으로 정하는 이율을 더한 비율(연 2퍼센트, 동법 시행령 제9조 제2항) 중 낮은 비율을 곱한 월차임(月借賃)의 범위를 초과할 수 없다.

계약갱신거절 사유의 규정 취지를 설명한 판례; 대법원 2022. 12. 1. 선고 2021다266631 판결; 대법원 2023. 12. 21. 선고 2023다263551 판결).

[2] 실거주 목적 계약갱신거절의 입증책임

임대인(임대인의 직계존속·직계비속을 포함한다. 이하 같다)이 목적 주택에 실제 거주하려는 경우에 해당한다는 점에 대한 증명책임은 임대인에게 있다. '실제 거주하려는 의사'의 존재는 임대인이 단순히 그러한 의사를 표명하였다는 사정이 있다고 하여 곧바로 인정될 수는 없지만, 임대인의 내심에 있는 장래에 대한 계획이라는 위 거절사유의 특성을 고려할 때 임대인의 의사가 가공된 것이 아니라 진정하다는 것을 통상적으로 수긍할 수 있을 정도의 사정이 인정된다면 그러한 의사의 존재를 추인할 수 있을 것이다. 이는 임대인의 주거 상황, 임대인이나 그의 가족의 직장이나 학교 등 사회적 환경, 임대인이 실제 거주하려는 의사를 가지게 된 경위, 임대차계약 갱신요구 거절 전후 임대인의 사정, 임대인의 실제 거주 의사와 배치·모순되는 언동의 유무, 이러한 언동으로 계약갱신에 대하여 형성된 임차인의 정당한 신뢰가 훼손될 여지가 있는지 여부, 임대인이 기존 주거지에서 목적 주택으로 이사하기 위한 준비의 유무 및 내용 등 여러 사정을 종합하여 판단할 수 있다(여러 채의 주택을 소유한 임대인이 가족과 함께 거주할 목적으로 계약갱신을 거절하고, 소장에서는 임대인(원고)과 그 부모의 거주 목적, 준비서면에서는 임대인의 배우자와 직계존속(통원 진료)의 거주 목적으로 갱신거절한 사안과 임대인의 직계비속(임대인의 손자로 군필 후 2년제 대학 졸업반에 있으며 취업 준비하고 있음)이 임대주택에 거주할 예정으로 계약갱신을 거절한 사안에서 실거주 목적에 대한 입증책임은 임대인이 부담한다는 판례; 대법원 2023. 12. 7. 선고 2022다279795 판결, 대법원 2023. 12. 21. 선고 2023다263551 판결).

> **판례** 임차주택 양수인의 실거주 목적 계약갱신거절

주택임대차법 제6조, 제6조의3 등 관련 규정의 내용과 체계, 입법 취지 등을 종합하여 보면, 임차인이 주택임대차법 제6조의3 제1항 본문에 따라 계약갱신을 요구하였더라도, 임대인으로서는 특별한 사정이 없는 한 같은 법 제6조 제1항 전단에서 정한 기간 내라면 제6조의3 제1항 단서 제8호에 따라 임대인이 목적 주택에 실제 거주하려고 한다는 사유를 들어 임차인의 계약갱신 요구를 거절할 수 있고, 같은 법 제3조 제4항에 의하여 임대인의 지위를 승계한 임차주택의 양수인도 그 주택에 실제 거주하려는 경우 위 갱신거절 기간 내에 위 제8호에 따른 갱신거절 사유를 주장할 수 있다고 보아야 한다(갱신거절 기간 내에 주택임대차법 제3조 제4항에 의하여 임대인의 지위를 승계한 양수인이 목적 주택에 실제 거주하려는 경우에는 실제 거주 목적을 이유로 임차인의 계약갱신을 거절할 수 있다는 사례; 대법원 2022. 12. 1. 선고 2021다266631 판결).

3) 계약의 묵시적 갱신

(1) 요건

임대인이 임대차기간이 끝나기 6개월 전부터 2개월 전까지의 기간에 임차인에게 갱신거절의 통지를 하지 아니하거나 계약조건을 변경하지 아니하면 갱신하지 아니한다는 뜻의 통지를 하지 아니한 경우에는, 그 기간이 끝난 때에 전 임대차와 동일한 조건으로 다시 임대차한 것으로 본다(주택임대차보호법 제6조 제1항 1문). 그러나 임차인이 2기期의 차임액에 달하도록 연체하거나 그 밖에 임차인으로서의 의무를 현저히 위반한 경우에는 인정되지 않는다(동조 제3항). 임차인이 임대차기간이 끝나기 2개월 전까지 통지하지 아니한 경우에도 임대차 계약은 묵시적으로 갱신된 것으로 본다(동조 제1항 제2문).

⁂ 계약갱신 거절 등의 통지 기간 개정

현행법상 임대인은 임대차기간이 끝나기 6개월 전부터 1개월 전까지, 임차인은 임대차기간이 끝나기 1개월 전까지 상대방에게 갱신거절 통지를 하지 아니하거나 계약조건을 변경하지 아니하면 갱신하지 아니한다는 뜻의 통지를 하지 아니한 경우 전 임대차와 동일한 조건으로 다시 임대차한 것으로 보는 묵시적 계약갱신 제도를 규정하고 있으나, 통상 1개월은 임차인이 다른 주거주택을 마련하거나 임대인이 새로운 임차인을 구하기에 충분한 시간이 아니므로 임대차기간이 끝나기 2개월 전까지 통지하지 아니한 경우 전 임대차와 동일한 조건으로 다시 임대차한 것으로 보도록 함으로써 주거생활의 안정성을 높이려는 목적으로 개정된 것이다(2020. 12. 10. 시행).

(2) 효과

임대차 계약이 묵시적으로 갱신된 경우, 그 임대차의 존속기간은 2년으로 본다(주택임대차보호법 제6조 제2항). 그러나 계약이 갱신된 경우에 그 존속기간에도 불구하고 임차인은 언제든지 임대인에게 계약해지를 통지할 수 있고, 해지는 임대인이 그 통지를 받은 날부터 3개월이 지나면 그 효력이 발생한다(동법 제6조의2 제1항·제2항).

대항력과 우선변제권을 갖춘 임대차계약이 묵시적으로 갱신된 경우, 종전 보증금의 범위 내에서 최초 임대차계약에 의한 대항력과 우선변제권이 그대로 유지된다(대법원 2012.7.12. 선고 2010다42990 판결).

> **판례** 계약 갱신과 기존 임차권의 대항력과 우선변제권의 효력

[1] 주택에 관하여 임대차계약을 체결한 임차인이 주민등록과 주택의 인도를 마친 때에는 그 다음날부터 제3자에 대하여 대항력이 생기고, 또한 임대차계약증서에 확정일자를 갖춘 임차인은 민사집행법에 따른 경매를 할 때에 후순위권리자등 보다 우선하여 보증금을 변제받을 권리를 가진다. 그리고 대항력과 우선변제권을 갖춘 임대차계약이 갱신된 경우에도 종전 보증금의 범위 내에서는 최초 임대차계약에 의한 대항력과 우선변제권이 그대로 유지된다(대법원 1990. 8. 14. 선고 90다카11377 판결; 대법원 2012. 7. 12. 선고 2010다42990 판결).

[2] 임차인이 임차건물에 관한 저당권설정등기 이전에 대항력을 갖춘 임차권을 취득한 경우에는 그 임차권으로써 저당권자에게 대항할 수 있음은 물론이나, 저당권설정등기 후에 임대인과 사이에 임차보증금을 증액하기로 합의하고 증액된 부분의 보증금을 지급하였다면 그 합의는 저당권자의 권리를 해하는 것이므로 저당권자에게는 대항할 수 없다고 할 것이다. 따라서 임차인은 위 저당권에 기하여 건물을 경락받은 소유자의 건물명도 청구에 대하여 증액전 임차보증금을 상환받을 때까지 그 건물을 명도할 수 없다고 주장할 수 있을 뿐이고 저당권설정등기 이후에 증액한 임차보증금으로써는 소유자에게 대항할 수 없는 것이다(대법원 1990. 8. 14. 선고 90다카11377 판결 참조). 이러한 법리는 대항력을 갖춘 임차인이 체납처분에 의한 압류등기 이후에 임대인과 보증금을 증액하기로 합의하고 초과부분을 지급한 경우에도 마찬가지로 적용된다고 할 것이다(대법원 2010. 5. 13. 선고 2010다12753 판결).

5. 차임·보증금 증감청구권

1) 사정변경에 의한 증감청구

당사자는 약정한 차임이나 보증금이 임차주택에 관한 조세, 공과금, 그 밖의 부담의 증감이나 경제사정의 변동으로 인하여 적절하지 아니하게 될 때에는 장래에 대하여 그 증감을 청구할 수 있다(주택임대차보호법 제7조). 다만, 증액의 경우에는 대통령령으로 정하는 기준에 따른 비율을 초과하지 못한다(동조 단서). 즉 차임이나 보증금(이하 차임 등)의 증액청구는 약정한 차임 등의 20분의 1의 금액을 초과하지 못하고,[18] 증액 청구는 임대차계약 또는 약정한 차임 등의 증액이 있은 후 1년 이내에는 하지 못한다(동법 시행령 제2조). 임차인이 제7

---

18) 다만, 특별시·광역시·특별자치시·도 및 특별자치도는 관할 구역 내의 지역별 임대차 시장 여건 등을 고려하여 본문의 범위에서 증액청구의 상한을 조례로 달리 정할 수 있다(주택임대차보호법 제7조 제2항 단서).

조에 따른 증액비율을 초과하여 차임 또는 보증금을 지급한 경우에는 초과 지급된 차임 또는 보증금 상당금액의 반환을 청구할 수 있다(동법 제10조의2).

2) 재계약 등에 따른 증감청구

주택임대차보호법 제7조(차임 등의 증감청구권) 규정은 임대차 종료 후 재계약하거나 임대차계약 종료 전에 당사자의 합의로 차임 등의 증액을 합의한 경우에는 적용되지 않는다(대법원 1993.12.7. 선고 93다30532 판결). 그러나 임차인의 계약갱신요구권 행사에 의하여 계약이 갱신되는 경우에는 차임 등의 증액청구는 임대차계약 또는 약정한 차임 등의 증액이 있은 후 1년 이내에는 하지 못하고, 약정한 차임 등의 20분의 1의 금액을 초과하지 못한다(동법 제6조의3 제3항 단서·제7조·동법 시행령 제2조). 증액비율을 초과하여 차임 또는 보증금을 지급한 임차인은 초과 지급된 차임 또는 보증금 상당금액의 반환을 청구할 수 있다(동법 제10조의2).

> **판례** **재계약 임대인의 차임 등의 증액 청구 제한 여부**
>
> 주택임대차보호법 제7조에서 "약정한 차임 또는 보증금이 임차주택에 관한 조세·공과금 기타 부담의 증감이나 경제사정의 변동으로 인하여 상당하지 아니하게 된 때에는 당사자는 장래에 대하여 그 증감을 청구할 수 있다. 그러나 증액의 경우에는 대통령령이 정하는 기준에 따른 비율을 초과하지 못한다."고 정하고 있기는 하나, 위 규정은 임대차계약의 존속 중 당사자 일방이 약정한 차임 등의 증감을 청구한 때에 한하여 적용되고, 임대차계약이 종료된 후 재계약을 하거나 또는 임대차계약 종료 전이라도 당사자의 합의로 차임 등이 증액된 경우에는 적용되지 않는다(다만, 임대차 계약이 임차인의 계약갱신요구권(1회에 한하여 인정) 행사로 갱신되는 경우에는 주택임대차보호법 제7조가 적용되므로, 해당 판례는 임차인이 계약갱신요구권을 행사하지 못하게 된 후 재계약 하는 때에 의미가 있다; 대법원 1993. 12. 7. 선고 93다30532 판결; 대법원 2002. 6. 28. 선고 2002다23482 판결).

6. 보증금의 효력

1) 보증금의 우선변제

(1) 요건

① 대항력과 확정일자

주택임대차보호법상의 대항요건(주택인도와 주민등록)과 임대차계약증서상의 확정일자를 갖춘 임차인은 「민사집행법」에 따른 경매 또는 「국세징수법」에 따른 공매를 할 때에 임차주택(대지를 포함한다)의 환가대금에서 후순위권리자나 그 밖의 채권자보다 우선하여 보증금을 변제받을 권리가 있다(동법 제3조의2 제2항). 그러나 임차인은 임차주택을 양수인에게 인도하지 아니하면 보증금을 받을 수 없다(동조 제3항).

> **판례** **주택임대차보호법 제3조의2 제2항의 규정 취지**
> 주택임대차보호법 제3조의2 제2항은 대항요건(주택인도와 주민등록전입신고)과 임대차계약증서상의 확정일자를 갖춘 주택임차인은 후순위권리자 기타 일반채권자보다 우선하여 보증금을 변제받을 권리가 있음을 규정하고 있는바, 이는 임대차계약증서에 확정일자를 갖춘 경우에는 부동산 담보권에 유사한 권리를 인정한다는 취지이다(대법원 1992.10.13. 선고 92다30597 판결).

② 확정일자 부여 및 임대차 정보 등 제공

㉮ 확정일자 부여

확정일자는 주택 소재지의 읍·면사무소, 동 주민센터 또는 시(특별시·광역시·특별자치시는 제외하고, 특별자치도는 포함한다)·군·구(자치구를 말한다)의 출장소, 지방법원 및 그 지원과 등기소 또는 「공증인법」에 따른 공증인(이하 이 조에서 "확정일자부여기관"이라 한다)이 부여한다(주택임대차보호법 제3조의6 제1항). 확정일자부여기관은 해당 주택의 소재지, 확정일자 부여일, 차임 및 보증금 등을 기재한 확정일자부를 작성하여야 하고, 이 경우 전산처리정보조직을 이용할 수 있다(동조 제2항).

> **판례** **확정일자의 의미**
> 확정일자란 증서에 대하여 그 작성한 일자에 관한 완전한 증거가 될 수 있는 것으

로 법률상 인정되는 일자를 말하며 당사자가 나중에 변경하는 것이 불가능한 확정된 일자를 가리키고, 확정일자 있는 증서란 위와 같은 일자가 있는 증서로서 민법 부칙 제3조 소정의 증서를 말한다 할 것이다(대법원 1988.4.12. 선고 87다카2429 판결; 대법원 2010.5.13. 선고 2010다8310 판결).

㉯ 임대차 정보 제공

임대차계약을 체결하려는 자, 즉 임차인은 임대인의 동의를 받아 확정일자부여기관에 해당 주택의 확정일자 부여일, 차임 및 보증금 등 정보의 제공을 요청할 수 있고, 이 경우 요청을 받은 확정일자부여기관은 정당한 사유 없이 이를 거부할 수 없다(부록-서식 임대차 정보제공요청서 참고, 주택임대차보호법 제3조6 제4항).[19] 임대인은 임대차계약을 체결할 때 해당 주택의 확정일자 부여일, 차임 및 보증금 등 정보와 국세 및 지방세 납세증명서를 임차인에게 제시하여야 한다(주택임대차보호법 제3조의7). 다만 임대인이 임대차계약을 체결하기 전에 임차인이 확정일자부여기관에 해당 주택의 확정일자 부여일, 차임 및 보증금 등 정보의 제공을 요청하는 것에 대하여 동의하거나 「국세징수법」 제109조 제1항에 따른 미납국세와 체납액의 열람(부록-서식 미납국세 등 열람신청서 참고)[20] 및 「지방세징수법」 제6조 제1항에 따른 미납지방세의 열람(부록-서식 미납지방세 등 열람신청서 참고)[21]에 각각 동의한 경우에 임대인은 해당 주택의 확정일자 부여일, 차임 및 보증금 등의 정보 및 납세증명서 제시를 그 동의로써 갈음할 수 있다(동법 제3조의7 제1호 및 제2호).

---

[19] 자세한 사항은 주택임대차계약증서상의 확정일자 부여 및 임대차 정보제공에 관한 규칙[법무부령 제939호, 2018. 10. 26, 일부개정] 참고.

[20] 주택임차인은 임대차계약을 하기 전 또는 임대차계약을 체결하고 임대차 기간이 시작하는 날까지 임대인의 동의를 받아 그 자가 납부하지 아니한 국세 또는 체납액의 열람을 임차할 건물 소재지의 관할 세무서장에게 신청할 수 있고, 이 경우 열람 신청은 관할 세무서장이 아닌 다른 세무서장에게도 할 수 있으며, 신청을 받은 세무서장은 열람 신청에 따라야 한다(국세징수법 제109조 제1항). 임대차계약을 체결한 임차인으로서 해당 계약에 따른 보증금이 대통령령으로 정하는 금액(1천만원, 동법 시행령 제97조 제2항)을 초과하는 자는 임대차 기간이 시작하는 날까지 임대인의 동의 없이도 제1항에 따른 신청을 할 수 있고, 이 경우 신청을 받은 세무서장은 열람 내역을 지체 없이 임대인에게 통지하여야 한다(동법 제109조 제2항).

[21] 주택임차인은 임대차계약을 하기 전 또는 임대차계약을 체결하고 임대차기간이 시작되는 날까지 임대인의 동의를 받아 임대인이 납부하지 아니한 지방세의 열람을 지방자치단체의 장에게 신청할 수 있고, 이 경우 지방자치단체의 장은 열람신청에 응하여야 한다(지방세징수법 제6조 제1항). 임차인이 체결한 임대차계약에 따른 보증금이 대통령령으로 정하는 금액(1천만원, 동법 시행령 제8조 제2항)을 초과하는 경우 임차인은 임대차기간이 시작되는 날까지 임대인의 동의 없이 제1항에 따른 열람신청을 할 수 있고, 이 경우 열람신청을 접수한 지방자치단체의 장은 지체 없이 열람 사실을 임대인에게 통지하여야 한다(동법 제6조 제2항).

(2) 내용

① 우선변제효력의 발생 시기

임차인의 우선변제권이 다른 채권자보다 선순위인지 여부는 대항요건과 확정일자를 모두 갖춘 날을 기준으로 판단한다(대법원 1992.10.13. 선고 92다30597 판결 참조). 구체적으로 주택임차인이 주택의 인도와 주민등록을 마친 당일 또는 그 이전에 임대차계약증서상에 확정일자를 갖춘 경우, 임차인의 우선변제권은 대항력을 갖춘 다음날(오전 0시)부터 발생한다(대법원 1999.3.23. 선고 98다46938 판결). 임차인이 대항력을 미리 갖춘 후에 확정일자를 받은 경우에는 확정일자를 받은 즉시 우선변제권이 발생한다(대법원 1992.10.13. 선고 92다30597 판결).

> **판례** 주택임대차의 대항력과 우선변제권의 효력 발생 시기
>
> 원고는 2007. 10. 23. 이 사건 부동산에 대한 인도와 주민등록을 마침과 동시에 임대차계약증서상의 확정일자를 부여받음으로써 그 다음날인 2007. 10. 24. 00:00 법 제3조의2 제2항에 의한 우선변제권을 취득하였으므로(대법원 1999. 3. 23. 선고 98다46938 판결 참조), 법 제3조의2 제2항에 따라 위 경매절차상 환가대금에서 2007. 10. 24. 근저당권설정등기를 마친 근저당채권자인 피고보다 우선하여 위 임차보증금 3,000만 원을 변제받을 권리가 있다고 할 것이다(원심과 달리 대법원은 주택의 임의경매절차에서 매각대금을 납부하지 아니한 최고가 매수인은 임대차 계약 체결권한이 없기 때문에 주택임대차보호법이 적용되지 아니하므로 원고의 우선변제권이 인정되지 아니하는 것으로 판결하였으나, 원고가 소유권을 취득한 이후에 임대차 계약이 체결되었다면 동일한 사안에서 원고는 피고의 근저당권에 대하여 대항력을 가진다고 해석할 수 있다; 의정부지방법원 2012. 9. 13. 선고 2011나9267 판결; 대법원 2014. 2. 27. 선고 2012다93794 판결).

> **판례** 전출 후 재전입한 임차인의 우선변제권
>
> 주택의 임차인이 그 주택의 소재지로 전입신고를 마치고 입주함으로써 임차권의 대항력을 취득한 후 일시적이나마 다른 곳으로 주민등록을 이전하였다면 그 전출 당시 대항요건을 상실함으로써 대항력은 소멸하고, 그 후 임차인이 다시 그 주택의 소재지로 주민등록을 이전하였다면 대항력은 당초에 소급하여 회복되는 것이 아니라 재전입한 때부터 새로운 대항력이 다시 발생하며, 이 경우 전출 이전에 이미 임대차계약서상에 확정일자를 갖추었고 임대차계약도 재전입 전후를 통하여 그 동일성을 유지한다면, 임차인은 재전입시 임대차계약서상에 다시 확정일자를 받을 필요 없이 재전입 이후에 그 주택에 관하여 담보물권을 취득한 자보다 우선

하여 보증금을 변제받을 수 있다(대법원 1998.12.11. 선고 98다34584 판결).

판례 임차권 양수인 또는 전차인의 우선변제권 승계 여부

주택임대차보호법 제3조 제1항에 의한 대항력을 갖춘 주택임차인이 임대인의 동의를 얻어 적법하게 임차권을 양도하거나 전대한 경우, 양수인이나 전차인에게 점유가 승계되고 주민등록이 단절된 것으로 볼 수 없을 정도의 기간 내에 전입신고가 이루어졌다면 비록 위 임차권의 양도나 전대에 의하여 임차권의 공시방법인 점유와 주민등록이 변경되었다 하더라도 원래의 임차인이 갖는 임차권의 대항력은 소멸되지 아니하고 동일성을 유지한 채로 존속한다고 보아야 한다. 이러한 경우 임차권 양도에 의하여 임차권은 동일성을 유지하면서 양수인에게 이전되고 원래의 임차인은 임대차관계에서 탈퇴하므로 임차권 양수인은 원래의 임차인이 주택임대차보호법 제3조의2 제2항 및 같은 법 제8조 제1항에 의하여 가지는 우선변제권을 행사할 수 있고, 전차인은 원래의 임차인이 주택임대차보호법 제3조의2 제2항 및 같은 법 제8조 제1항에 의하여 가지는 우선변제권을 대위 행사할 수 있다(대법원 2010.6.10. 선고 2009다101275 판결).

② 임차주택 및 그 대지의 환가대금에 대한 우선변제

대항요건 및 확정일자를 갖춘 임차인과 소액임차인은 임차주택과 대지가 함께 경매될 경우뿐만 아니라 임차주택과 별도로 대지만이 경매될 경우에도 대지의 환가대금에 대하여 우선변제권을 행사할 수 있다(대법원 2012.7.26. 선고 2012다45689 판결). 이러한 법리는 임차주택이 미등기인 경우에도 그대로 적용된다(대법원 2007.6.21. 선고 2004다26133 전원합의체 판결). 그러나 대지의 환가대금에서 우선변제를 받는 것은 대지에 관한 저당권 설정당시에 이미 그 지상건물이 존재하는 경우에만 인정된다(대법원 2010.6.10. 선고 2009다101275 판결).

판례 타인 양도 임차주택 대지의 환가대금에 대한 우선변제권

대항요건 및 확정일자를 갖춘 임차인과 소액임차인은 임차주택과 대지가 함께 경매될 경우뿐만 아니라 임차주택과 별도로 대지만이 경매될 경우에도 대지의 환가대금에 대하여 우선변제권을 행사할 수 있다. 이와 같은 우선변제권은 이른바 법정담보물권의 성격을 갖는 것으로서 임대차 성립 시의 임차 목적물인 임차주택 및 대지의 가액을 기초로 임차인을 보호하고자 인정되는 것이므로, 임대차 성립 당시 임대인의 소유였던 대지가 타인에게 양도되어 임차주택과 대지의 소유자가 서로 달라진 경우에도 임차인은 대지의 경매대금에 대하여 우선변제권을 행사할 수 있다. 이러한 법리는 여러 필지의 임차주택 대지 중 일부가 타인에게 양도되어 일부

대지만이 경매되는 경우도 마찬가지라 할 것이다(대법원 2012.7.26. 선고 2012다45689 판결).

(3) 우선변제권의 실현 절차

임차인에게는 임차권에 기한 경매청구권이 존재하지 않는다. 따라서 임차인은 제3자가 신청한 임차주택의 강제집행에 일반채권자로서 배당참가하거나 임차인이 집행권원을 얻어 스스로 강제경매를 신청하여 보증금을 회수할 수 있다.

① 제3자가 임차주택을 강제 집행하는 경우

주택임대차보호법에 의하여 우선변제청구권이 인정되는 임대차보증금반환채권은 현행법상 배당요구가 필요한 배당요구채권에 해당하는 것이므로, 경락기일까지 배당요구를 한 경우에 한하여 비로소 배당을 받을 수 있다(대법원 1998.10.13. 선고 98다12379 판결). 따라서 적법한 배당요구를 하지 아니한 경우에는 비록 실체법상 우선변제청구권이 있다 하더라도 경락대금으로부터 배당을 받을 수는 없을 것이므로, 이러한 배당요구채권자가 적법한 배당요구를 하지 아니하여 그를 배당에서 제외하는 것으로 배당표가 작성·확정되고 그 확정된 배당표에 따라 배당이 실시되었다면 그가 적법한 배당요구를 한 경우에 배당받을 수 있었던 금액 상당의 금원이 후순위채권자에게 배당되었다고 하여 이를 법률상 원인이 없는 것이라고 할 수 없다(대법원 1998.10.13. 선고 98다12379 판결).

② 임차인의 임차주택을 강제 집행하는 경우

임차인은 임대인을 상대로 제기한 보증금반환청구 소송의 확정판결 등 집행권원을 얻어 임차주택에 대하여 스스로 강제경매를 신청하여 보증금을 우선변제 받을 수 있다. 이 경우 임차인은 일반적인 강제집행 절차에서와 달리 임차주택을 명도하지 않은 상태로 강제집행을 할 수 있다(주택임대차보호법 제3조의2 제1항).[22] 그러나 임차인은 임차주택을 양수인에게 인도하지 않으면 보증금을 받을 수 없다(동조 제3항).

주택임대차보호법상의 대항력과 우선변제권을 모두 가지고 있는 임차인이 보증금

---

22) 임차인(제3조제2항의 법인을 포함한다. 이하 같다)이 임차주택에 대하여 보증금반환청구소송의 확정판결이나 그 밖에 이에 준하는 집행권원에 따라서 경매를 신청하는 경우에는 집행개시요건에 관한 「민사집행법」 제41조에도 불구하고 반대의무의 이행이나 이행의 제공을 집행개시의 요건으로 하지 아니한다 (제3조의2 제1항).

을 반환받기 위하여 보증금반환청구 소송의 확정판결 등 집행권원을 얻어 임차주택에 대하여 스스로 강제경매를 신청하였다면 특별한 사정이 없는 한 대항력과 우선변제권 중 우선변제권을 선택하여 행사한 것으로 보아야 한다. 이 경우 임차인은 우선변제권을 인정받기 위하여 배당요구의 종기까지 별도로 배당요구를 하여야 하는 것은 아니다(대법원 2013.11.14. 선고 2013다27831 판결). 이와 같이 우선변제권이 있는 임차인이 집행권원을 얻어 스스로 강제경매를 신청하는 방법으로 우선변제권을 행사하고, 그 경매절차에서 집행관의 현황조사 등을 통하여 경매신청채권자인 임차인의 우선변제권이 확인되고 그러한 내용이 현황조사보고서, 매각물건명세서 등에 기재된 상태에서 경매절차가 진행되어 매각이 이루어졌다면, 특별한 사정이 없는 한 경매신청채권자인 임차인은 배당절차에서 후순위권리자나 일반채권자보다 우선하여 배당받을 수 있다고 보아야 한다(대법원 2013.11.14. 선고 2013다27831 판결).

　주택임대차보호법상의 대항력과 우선변제권의 두 가지 권리를 함께 가지고 있는 임차인이 우선변제권을 선택하여 제1경매절차에서 보증금 전액에 대하여 배당요구를 하였으나 보증금 전액을 배당받을 수 없었던 때에는 경락인에게 대항하여 이를 반환받을 때까지 임대차관계의 존속을 주장할 수 있을 뿐이고, 임차인의 우선변제권은 경락으로 인하여 소멸하는 것이므로 제2경매절차에서 우선변제권에 의한 배당을 받을 수 없다. 이러한 법리는 임대인을 상대로 보증금반환청구 소송을 제기하여 승소판결을 받은 뒤 그 확정판결에 기하여 1차로 강제경매를 신청한 경우에도 마찬가지이다(대법원 2006.2.10. 선고 2005다21166 판결). 따라서 대항력을 갖춘 임차인은 경락인에 대하여 의제된 임차권을 주장하여 임차보증금을 변제받을 때까지 그 주택을 점유할 수 있기 때문에, 경락인으로서는 임차보증금을 반환하지 않을 수 없게 되어 사실상의 우선변제권을 보장받게 된다.

> **판례** **경매 신청 후 경매절차에서 배당받지 못한 임차인의 우선변제권**
> 주택임대차보호법상의 대항력과 우선변제권의 두 가지 권리를 함께 가지고 있는 임차인이 우선변제권을 선택하여 제1경매절차에서 보증금 전액에 대하여 배당요구를 하였으나 보증금 전액을 배당받을 수 없었던 때에는 경락인에게 대항하여 이를 반환받을 때까지 임대차관계의 존속을 주장할 수 있을 뿐이고, 임차인의 우선변제권은 경락으로 인하여 소멸하는 것이므로 제2경매절차에서 우선변제권에 의한 배당을 받을 수 없다(대법원 1998. 6. 26. 선고 98다2754 판결; 2001. 3. 27. 선고 98다4552 판결 등 참조). 이는 이 사건 원고와 같이 근저당권자

가 신청한 1차 임의경매 절차에서 확정일자 있는 임대차계약서를 첨부하거나 임차권등기명령을 받아 임차권등기를 하였음을 근거로 하여 배당요구를 하는 방법으로 우선변제권을 행사한 것이 아니라, 임대인을 상대로 보증금반환청구 소송을 제기하여 승소판결을 받은 뒤 그 확정판결에 기하여 1차로 강제경매를 신청한 경우에도 마찬가지이다(대항력과 확정일자를 갖춘 임차인 갑은 채권자(임차보증금반환청구에 대한 확정 판결)로서 해당 아파트에 관한 경매를 신청한 후(제1경매) 배당을 요구하였으나, 갑이 전입신고 후 확정일자를 부여 받은 날 이전에 설정된 선순위 권리자들이 배당할 금액을 모두 배당 받은 결과 갑은 임차보증금을 전혀 회수하지 못하게 되었고, 그 후 갑은 또 다시 해당 아파트에 대한 강제경매를 신청하였으나(제2경매) 경매법원은 갑이 제1경매 절차에서 우선변제권을 행사하였으므로 제2경매 절차에서는 우선변제권에 의한 배당을 받을 수 없는 임차인으로서 갑을 최후순위 권리자로 인정한 사례; 대법원 2006. 2. 10. 선고 2005다21166 판결).

(4) 보증금반환채권 양수인의 우선변제권 행사

우선변제권이 있는 임차보증금반환채권의 양수인은 그 주택의 임차인으로부터 임차권과 분리된 임차보증금반환채권만을 양수한 경우에 주택임대차보호법상의 우선변제권을 행사할 수 없다. 따라서 임차보증금반환채권의 양수인은 임차주택에 대한 경매절차에서 주택임대차보호법상의 임차보증금 우선변제권자의 지위에서 배당요구 할 수 없고, 일반 금전채권자로서의 요건을 갖추어 배당요구 할 수 있을 뿐이다(대법원 2010. 5. 27. 선고 2010다10276 판결).

그런데 금융기관 등이 우선변제권을 취득한 임차인의 보증금반환채권을 계약으로 양수한 경우에는 양수한 금액의 범위에서 우선변제권을 승계한다(주택임대차보호법 제3조의2 제7항). 그러나 우선변제권을 승계한 금융기관 등은 임차인이 주택임대차보호법상 대항요건(동법 제3조 제1항·제2항 또는 제3항 참조)을 상실하거나 임차권등기(동법 3조의3 제5항 참조) 또는 임대차등기(민법 제621조 참조)가 말소된 경우에는 우선변제권을 행사할 수 없다(주택임대차보호법 제3조의2 제8항).

∗∗ 보증금반환채권 양수 금융기관의 우선변제권 승계 규정 취지

주택임차인이 보증금반환채권을 담보로 전세자금 등을 빌리는 경우에 그 담보권자에게 우선변제권이 인정되지 않아 높은 대출이자를 부담하게 되므로 보증금반환채권을 양수한 금융기관 등에 우선변제권을 인정함으로써 주택 임차인이 낮은 금리로 전세자금 등을 빌릴 수 있도록 하기 위해서 임차인의 보증금반환채권을 양수한 금융기관 등이 우선변제권을 승계하도록 규정을 신설하였다(2013. 8. 13. 신설).

2) 임차권등기명령

임대차 종료 후에도 임차인은 보증금을 반환받을 때까지 우선변제의 요건을 유지하여야 한다. 따라서 임차인의 거주이전의 자유는 대항력을 유지하기 위하여 제한을 받게 된다. 임차권등기명령제도는 임대차 종료 후 임차인을 보호하기 위한 제도이다.

(1) 임차권등기명령 신청

임대차가 끝난 후 보증금을 반환받지 못한 임차인은 신청서에 일정한 사항[23]을 적어 임차주택의 소재지를 관할하는 지방법원·지방법원지원 또는 시·군 법원에 임차권등기명령을 신청할 수 있다(주택임대차보호법 제3조의3 제1항).

신청이유에는 임대차계약의 체결 사실 및 계약내용과 그 계약이 종료한 원인 사실을 기재하고, 임차인이 신청 당시에 이미「주택임대차보호법」제3조 제1항부터 제3항까지의 규정에 따른 대항력을 취득한 경우에는 임차주택을 점유하기 시작한 날과 주민등록을 마친 날을, 제3조의2 제2항의 규정에 의한 우선변제권을 취득한 경우에는 임차주택을 점유하기 시작한 날, 주민등록을 마친 날과 임대차계약증서상의 확정일자를 받은 날을 각 기재하여야 한다(임차권등기명령 절차에 관한 규칙 제2조 제2항). 임차인은 임차권등기명령의 신청과 그에 따른 임차권등기와 관련하여 든 비용을 임대인에게 청구할 수 있다(동조 제8항).

(2) 임차권등기명령의 효력

임차권등기명령은 판결에 의한 때에는 선고를 한 때에, 결정에 의한 때에는 상당한 방법으로 임대인에게 고지를 한 때에 그 효력이 발생한다(임차권등기명령 절차에 관한 규칙 제4조). 법원사무관등은 임차권등기명령의 효력이 발생하면 지체없이 촉탁서에 재판서 등본을 첨부하여 등기관에게 임차권등기의 기입을 촉탁하여야 한다(임차권등기명령 절차에 관한 규칙 규칙 제5조).

임차인은 임차권등기명령의 집행에 따른 임차권등기를 마치면 대항력과 우선변제권을 취득한다(주택임대차보호법 제3조의3 제5항 본문). 다만, 임차인이 임차권등기 이전에 이미 대항력이나 우

---

23) 주택임대차보호법 제3조의3(임차권등기명령) 제2항에 의하면, 임차권등기명령의 신청서에는 i)신청의 취지 및 이유, ii)임대차의 목적인 주택(임대차의 목적이 주택의 일부분인 경우에는 해당 부분의 도면을 첨부한다), iii)임차권등기의 원인이 된 사실(임차인이 제3조제1항·제2항 또는 제3항에 따른 대항력을 취득하였거나 제3조의2제2항에 따른 우선변제권을 취득한 경우에는 그 사실), iv)그 밖에 대법원규칙으로 정하는 사항을 적어야 하며, 신청의 이유와 임차권등기의 원인이 된 사실을 소명(疎明)하여야 한다.

선변제권을 취득한 경우에는 그 대항력이나 우선변제권은 그대로 유지되며, 임차권등기 이후에는 대항요건을 상실하더라도 이미 취득한 대항력이나 우선변제권을 상실하지 아니한다(동조 제5항 단서). 그 결과 임차권등기명령의 집행에 따른 임차권등기가 끝난 주택(임대차의 목적이 주택의 일부분인 경우에는 해당 부분으로 한정한다)을 그 이후에 임차한 임차인은 소액보증금의 우선변제권을 가질 수 없다(동조 제6항).[24]

이와 같은 임차권등기명령에 의한 등기의 효력은 민법 제621조에 의한 임차권등기의 효력에도 준용된다(동법 제3조의4 제1항). 따라서 임차인은 임차권등기명령에 의하지 않고 임대인의 협력을 얻어 임차권등기를 할 수도 있다.

임대인의 임차보증금반환의무는 임차권등기명령에 의한 임차권등기의 말소의무보다 먼저 이행되어야 할 의무이다(대법원 2005.6.9. 선고 2005다4529 판결).

> **판례** 임차보증금반환의무와 임차권등기말소의무의 관계
> 주택임대차보호법 제3조의3 규정에 의한 임차권등기는 이미 임대차계약이 종료하였음에도 임대인이 그 보증금을 반환하지 않는 상태에서 경료되게 되므로, 이미 사실상 이행지체에 빠진 임대인의 임대차보증금의 반환의무와 그에 대응하는 임차인의 권리를 보전하기 위하여 새로이 경료하는 임차권등기에 대한 임차인의 말소의무를 동시이행관계에 있는 것으로 해석할 것은 아니고, 특히 위 임차권등기는 임차인으로 하여금 기왕의 대항력이나 우선변제권을 유지하도록 해 주는 담보적 기능만을 주목적으로 하는 점 등에 비추어 볼 때, 임대인의 임대차보증금의 반환의무가 임차인의 임차권등기 말소의무보다 먼저 이행되어야 할 의무이다(대법원 2005.6.9. 선고 2005다4529 판결).

3) 소액보증금 중 일정액의 보호

(1) 소액보증금의 최우선 변제

임차인은 보증금 중 일정액을 다른 담보물권자보다 우선하여 변제받을 권리가 있다. 이 경우 임차인은 주택에 대한 경매신청의 등기 전에 대항요건(주택의 인도와 주민등록)을 갖추어야 한다(주택임대차보호법 제8조 제1항). 소액보증금은 임대차 성립의 선후에 구애받지 않고 언제나 1순위로 가장 먼저 변제받는다. 그리고 우선변제를 받을 임차인 및 보증금 중 일정액의

---
[24] 이러한 경우까지 소액보증금 최우선변제를 인정한다면 임차권등기명령제도의 기능을 유지할 수 없기 때문이다.

범위와 기준은 동법 제8조의2에 따른 주택임대차위원회의 심의를 거쳐 대통령령으로 정한다. 다만, 보증금 중 일정액의 범위와 기준은 주택가액(대지의 가액포함한다)의 2분의 1을 넘지 못한다(동조 제3항).

(2) 우선변제 받을 보증금의 범위

주택임대차보호법 시행령(2018. 9. 18. 시행)에 따르면, 우선변제 받을 보증금 중 일정액의 범위는 i)서울특별시에서는 보증금 1억 6천 5백만원인 경우에 한하여 5천 500만원까지, ii)「수도권정비계획법」에 따른 과밀억제권역(서울특별시는 제외한다), 세종특별자치시, 용인시, 화성시 및 김포시에서는 보증금 1억 4천 5백만원에 한하여 4천 800만원까지, iii)광역시(수도권정비 계획법에 따른 과밀억제권역에 포함된 지역과 군지역은 제외한다), 안산시, 광주시, 파주시, 이천시 및 평택시에서는 보증금 8천 500만원에 한하여 2천 800만원까지, iv)그 밖의 지역에서는 보증금 7천 500만원에 한하여 2천 500만원까지이다(동법 시행령 제10조·제11조).

> **판례** 우선변제권을 가진 소액임차인의 경매대금 배당
> 주택임대차보호법 제3조의2 제2항은 대항요건(주택인도와 주민등록전입신고)과 임대차계약증서상의 확정일자를 갖춘 주택임차인에게 부동산 담보권에 유사한 권리를 인정한다는 취지로서, 이에 따라 대항요건과 확정일자를 갖춘 임차인들 상호간에는 대항요건과 확정일자를 최종적으로 갖춘 순서대로 우선변제받을 순위를 정하게 되므로, 만일 대항요건과 확정일자를 갖춘 임차인들이 주택임대차보호법 제8조 제1항에 의하여 보증금 중 일정액의 보호를 받는 소액임차인의 지위를 겸하는 경우, 먼저 소액임차인으로서 보호받는 일정액을 우선 배당하고 난 후의 나머지 임차보증금채권액에 대하여는 대항요건과 확정일자를 갖춘 임차인으로서의 순위에 따라 배당을 하여야 하는 것이다(대법원 2007.11.15. 선고 2007다45562 판결).

4) 보증금의 우선변제 순위

주택임차인은 소액보증금을 최우선 변제받을 권리가 있다(주택임대차보호법 제8조 제1항). 또한 주택임대차보호법상의 일정한 요건(대항요건(주택인도·주민등록)과 임대차계약증서상의 확정일자, 임차권등기 또는 임대차등기)을 갖춘 임차인은 「민사집행법」에 따른 경매 또는 「국세징수법」에 따른 공매를 할 때에 임차주택(대지를 포함한다)의 환가대금에서 후순위권리자나 그 밖의 채권자보다 우선하여 보증금을 변제받을 권리가 있다(동법 제3조의2 제2항, 제3조의3 제5항, 제3조의4 제1항). 즉 우선변제 요건을 갖춘 주택임차인은 해당 주택의 환가

대금에서 일반채권자 보다 우선 변제받을 권리가 있으나, 우선변제권을 가진 담보물권자(저당권자, 전세권자 등)와 경합하는 경우에는 그 설정의 순위에 따라 우선순위가 정해진다. 예를 들어, 주택임차인이 주택의 인도와 주민등록전입신고를 하고 주택임대차 계약서에 확정일자를 갖춘 자는 보증금의 반환에서 그 이후에 저당권을 취득한 저당권자보다 우선하고, 그 이전에 저당권을 취득한 저당권자보다는 후순위이다.

조세채권우선의 원칙에 따라 국세와 지방세는 공과금과 채권에 우선하여 징수한다(국세기본법 제35조 제1항 본문, 지방세기본법 제99조). 그러나 임차인이 우선변제 받을 소액보증금(주택임대차보호법 제8조, 상가건물임대차보호법 제14조)과 법정기일 전에 대항요건과 확정일자를 갖춘 임차권(주택임대차보호법 제3조의2 제2항, 상가건물임대차보호법 제5조 제2항)은 국세 및 지방세에 우선한다(국세기본법 제35조 제1항 제3·4호, 지방세기본법 제71조 제1항 제3·4호). 당해세(當該稅)[25]의 경우에는 조세채권우선의 원칙이 적용된다. 즉 해당 재산에 대하여 부과된 상속세, 증여세 및 종합부동산세는 법정기일 전에 대항요건과 확정일자를 갖춘 임차권보다 우선하고(국세기본법 제35조 제3항), 해당 재산에 재산세, 자동차세, 지역자원시설세, 지방교육세도 법정기일 전에 대항요건과 확정일자를 갖춘 임차권보다 우선한다(지방세기본법 제71조 제1항 및 제5항 참조).

근로자의 최종 3개월분의 임금 채권과 재해보상금 및 최종 3년간의 퇴직급여는 사용자의 재산에 설정되어 있는 저당권 등에 따라 담보된 채권, 조세·공과금 및 다른 채권에 우선하여 변제되어야 한다(근로기준법 제38조 제2항, 근로자퇴직급여보장법 제12조 제2항). 따라서 근로자의 최종 3개월분의 임금채권과 재해보상금은 주택임차인의 소액보증금 채권과 함께 최우선순위로 변제받을 수 있고, 양자 사이에는 비례하여 변제받는다(전병서, 317면).

7. 임차인의 사망과 주택 임차권의 승계

상속권 없는 동거인들에 대한 거주의 보호와 상속권자의 상속권의 보호가 상호 충돌하는 경우에 대한 특칙을 두고 있다.

1) 상속인 없는 경우

임차인이 상속인 없이 사망한 경우, 그 주택에서 가정공동생활을 하던 사실상의 혼

---

[25] 당해세(當該稅)는 당해재산(현재 문제되고 있는 재산, 예를 들어 우선변제권이 있는 주택임차권이 있는 주택)에 부과되는 조세이다. 국세 중 당해세에 해당하는 것은 상속세, 증여세 및 종합부동산세이고, 지방세 중에는 재산세, 자동차세, 지역자원시설세, 지방교육세가 당해세에 해당한다.

인 관계에 있는 자가 임차인의 권리와 의무를 승계한다(주택임대차보호법 제9조 제1항).

2) 상속인이 있는 경우

임차인이 사망한 때에 사망 당시 상속인이 그 주택에서 가정공동생활을 하고 있지 아니한 경우, 그 주택에서 가정공동생활을 하던 사실상의 혼인 관계에 있는 자와 2촌 이내의 친족이 공동으로 임차인의 권리와 의무를 승계한다(동조 제2항). 따라서 그 상속인이 2촌 이내의 친족이 아닌 경우, 사실상의 혼인 관계에 있는 자가 단독으로 임차권을 승계한다.

3) 주택임차권 승계의 효과

주택임차권이 승계되는 경우, 임대차 관계에서 생긴 채권·채무는 임차인의 권리 의무를 승계한 자에게 귀속된다(동조 제4항). 그러나 임차인이 사망한 후 1개월 이내에 임대인에게 그 승계 대상자가 반대의사를 표시한 경우에는 임차인의 권리와 의무를 승계하지 아니한다(동조 제3항).

8. 기타

(1) 월차임 전환 시 산정률의 제한

보증금의 전부 또는 일부를 월 단위의 차임으로 전환하는 경우에는 그 전환되는 금액에 은행법에 따른 은행에서 적용하는 대출금리와 해당 지역의 경제 여건 등을 고려하여 대통령령으로 정하는 비율(연1할 임, 주택임대차보호법 시행령 제9조 제1항) 또는 한국은행에서 공시한 기준금리에 대통령령으로 정하는 이율을 더한 비율(연 2퍼센트임, 동법 시행령 제9조 제2항) 중 낮은 낮은 비율을 곱한 월차임月借賃의 범위를 초과할 수 없다(동법 제7조의2). 임차인이 월차임 산정률을 초과하여 차임을 지급한 경우에는 초과 지급된 차임 또는 보증금 상당금액의 반환을 청구할 수 있다(동법 제10조의2).

(2) 편면적 강행규정

주택임대차보호법에 위반된 약정으로서 임차인에게 불리한 것은 그 효력이 없다(동법 제10조).

(3) 소액사건심판법의 준용

임차인이 임대인에 대하여 제기하는 보증금반환청구소송에 대하여는 소액사건심판법의 규정을 준용한다(주택임대차보호법 제13조).

(4) 주택임대차분쟁조정위원회

주택임대차보호법의 적용을 받는 주택임대차와 관련된 분쟁을 심의·조정하기 위하여 대통령령으로 정하는 바에 따라「법률구조법」제8조에 따른 대한법률구조공단의 지부에 주택임대차분쟁조정위원회를 둔다. 조정위원회는 i)차임 또는 보증금의 증감에 관한 분쟁, ii)임대차 기간에 관한 분쟁, iii)보증금 또는 임차주택의 반환에 관한 분쟁, iv)임차주택의 유지·수선 의무에 관한 분쟁, v)그 밖에 대통령령으로 정하는 주택임대차에 관한 분쟁을 심의·조정한다(주택임대차보호법 제14조).

(5) 주택 임대차 계약의 신고

보증금 6천만원을 초과하거나 월 차임 30만원을 초과하는 주택[26] 임대차 계약을 체결한 당사자는 그 보증금 및 차임 등 일정한 사항을 임대차 계약의 체결일부터 30일 이내에 주택 소재지를 관할하는 시장·군수 또는 구청장에 공동으로 신고하여야 한다(부록_서식 주택 임대차 계약 신고서 참고, 부동산거래신고법 제6조의 2 제1항 및 동법 시행령 제4조의3 제1항).[27] 신고를 받은 신고관청은 그 신고 내용을 확인한 후 신고인에게 신고필증을 지체 없이 발급하여야 한다(부록_서식 주택 임대차 신고필증 참고, 동조 제4항).

임대차 계약당사자는 주택 임대차 계약을 신고한 후 해당 주택 임대차 계약의 보증금, 차임 등 임대차 가격이 변경되거나 임대차 계약이 해제된 때에는 변경 또는 해제가 확정된 날부터 30일 이내에 해당 신고관청에 공동으로 신고하여야 하고(부록_서식 주택 임대차 계약 변경 신고서 및 해제 신고서 참고, 동법 제6조의 3 제1항), 신고를 받은 신고관청은 그 신고 내용을 확인한 후 지체 없이 신고인에게 변경사항을 반영한 임대차 신고필증 또는 주택 임대차 계약 해제 확인서를 발급하여야 한다(부록_서식 주택 임대차 계약 해제 확인서 참고, 동조 제3항).

한편 주택 임대차 계약 당사자의 신고의무에도 불구하고 임차인이「주민등록법」에

---

[26] 「주택임대차보호법」제2조에 따른 주택을 말하며, 주택을 취득할 수 있는 권리를 포함한다.
[27] 주택 임대차 계약 신고지역은 임차가구 현황 등을 고려하여 특별자치시·특별자치도·시·군(광역시 및 경기도의 관할구역에 있는 군으로 한정한다)·구(자치구를 말한다) 지역으로 한다(동법 제6조의2 제2항 및 동법 시행령 제4조의3 제2항).

따라 전입신고를 하는 경우에는 부동산거래신고법에 따른 주택 임대차 계약의 신고를 한 것으로 본다(동법 제6조의5 제1항). 또한 주택 임대차 계약 또는 계약 변경 신고의 접수를 완료한 때에는 「주택임대차보호법」 제3조의6 제1항에 따른 확정일자를 부여한 것으로 본다(임대차계약서가 제출된 경우로 한정). 이 경우 신고관청은 「주택임대차보호법」 제3조의6 제2항에 따라 확정일자부를 작성하거나 「주택임대차보호법」 제3조의6의 확정일자부여기관에 신고 사실을 통보하여야 한다(동법 제6조의5 제3항). 주택 임대차 계약의 당사자가 그 신고를 의무를 이행하지 아니하거나(공동신고를 거부한 자 포함) 거짓으로 신고한 경우에는 100만원 이하의 과태료를 부과한다(동법 제28조 제5항 제3호).

Ⅲ. 상가건물임대차

1. 상가건물임대차보호법의 목적

상가건물임대차보호법은 상가건물 임대차에 관하여 「민법」에 대한 특례를 규정하여 국민 경제생활의 안정을 보장함을 목적으로 한다(동법 제1조).

2. 적용범위

상가건물임대차보호법은 일정 보증금액[28] 이하의 상가건물[29] 임대차(임대차 목적물의 주된 부분을 영업용으로 사용하는 경우를 포함한다)에만 적용된다(동법 제2조 제1항). 보증금 이외에 차임이 있는 경우에는 월 단위 차임액에 1분의 100을 곱한 금액을 보증금에 합산한다(동법 제2조 제2항 및 동법 시행령 제2조 제2항·제3항).

일정 보증금액을 초과하는 임대차의 경우에도 대항력(동법 제3조), 계약갱신요구권(동법 제10조 제1항·제2항·제3항 본문), 계약갱신의 특례(동법 제10조의2), 권리금(동법 제10조의3~제10조의8) 및 표준계약서(동법 제19조) 규정은 적용된다. 일시 사용을 위한 임대차임이 명백한 경우에는 동법을 적용하지 아니하고(동법 제16조), 목적건물을 등기하지 아니한 전세계약에는 이 법을 준용한다(동법 제17조).

---

28) 동법 시행령(2019. 4. 17. 시행) 제2조에 의하면, 보증금액이 서울특별시에서는 9억원, 「수도권정비계획법」에 따른 수도권중 과밀억제권역(서울특별시를 제외한다) 및 부산광역시에서는 6억 9천만원, 광역시(「수도권정비계획법」에 따른 과밀억제권역에 포함된 지역과 군지역은 제외한다), 세종특별자치시, 파주시, 화성시, 안산시, 용인시, 김포시 및 광주시에서는 5억 4천만원, 그 밖의 지역에서는 3억 7천만원을 초과하는 임대차에는 적용되지 않는다.
29) 상가건물은 「부가가치세법」 제8조, 「소득세법」 제168조 또는 「법인세법」 제111조에 따른 사업자등록의 대상이 되는 건물을 말한다(동법 제2조).

3. 대항력

임대차는 그 등기가 없는 경우에도, 임차인이 건물의 인도와 「부가가치세법」 제5조, 「소득세법」 제168조 또는 「법인세법」 제111조에 따른 사업자등록을 신청[30]하면 그 다음 날부터 제3자에 대하여 효력이 생긴다(상가건물임대차보호법 제3조 제1항). 그리고 임차인이 대항력을 가지는 경우, 임차건물의 양수인(그 밖에 임대할 권리를 승계한 자를 포함한다)은 임대인의 지위를 승계한 것으로 본다(동조 제2항).

4. 보증금의 효력

1) 보증금의 우선변제

임차인이 제3조 제1항의 대항요건을 갖추고, 관할 세무서장으로부터 임대차계약서상의 확정일자를 받은 경우, 임차인은 「민사집행법」에 따른 경매 또는 「국세징수법」에 따른 공매 시 임차건물(임대인 소유의 대지를 포함한다)의 환가대금에서 후순위권리자나 그 밖의 채권자보다 우선하여 보증금을 변제받을 권리가 있다(상가건물임대차보호법 제5조 제2항). 임대차계약을 체결하려는 자는 임대인의 동의를 받아 관할 세무서장에게 해당 상가건물의 확정일자 부여일, 차임 및 보증금 등 정보의 제공을 요청할 수 있으며, 요청을 받은 관할 세무서장은 정당한 사유 없이 이를 거부할 수 없다(동법 제4조 제4항, 부록_서식 임대차 정보제공 요청서 참고).

임차인이 임차건물에 대하여 보증금반환청구소송의 확정판결, 그 밖에 이에 준하는 집행권원에 의하여 경매를 신청하는 경우에는 「민사집행법」 제41조에도 불구하고 반대의무의 이행이나 이행의 제공을 집행개시의 요건으로 하지 아니한다(상가건물임대차보호법 제5조 제1항). 그러나 임차인은 임차건물을 양수인에게 인도하지 아니하면 보증금을 받을 수 없다(동법 제5조 제3항).

임차권은 임차건물에 대하여 「민사집행법」에 따른 경매가 실시된 경우에는 그 임차건물이 매각되면 소멸한다. 다만, 보증금이 전액 변제되지 아니한 대항력이 있는 임차권은 그러하지 아니하다(상가건물임대차보호법 제8조).

---

30) 부가가치세법 제8조(사업자등록) ① 사업자는 사업장마다 대통령령으로 정하는 바에 따라 사업 개시일부터 20일 이내에 사업장 관할 세무서장에게 사업자등록을 신청하여야 한다. 다만, 신규로 사업을 시작하려는 자는 사업 개시일 이전이라도 사업자등록을 신청할 수 있다. ② 사업자는 제1항에 따른 사업자등록의 신청을 사업장 관할 세무서장이 아닌 다른 세무서장에게도 할 수 있다. 이 경우 사업장 관할 세무서장에게 사업자등록을 신청한 것으로 본다.

판례 폐업 신고 후 재등록한 상가건물 임차인의 우선변제권

상가건물의 임차인이 임대차보증금 반환채권에 대하여 상가건물임대차보호법 제3조 제1항 소정의 대항력 또는 같은 법 제5조 제2항 소정의 우선변제권을 가지려면 임대차의 목적인 상가건물의 인도 및 부가가치세법 등에 의한 사업자등록을 구비하고, 관할세무서장으로부터 확정일자를 받아야 하며, 그 중 사업자등록은 대항력 또는 우선변제권의 취득요건일 뿐만 아니라 존속요건이기도 하므로, 배당요구의 종기까지 존속하고 있어야 하는 것이며, 상가건물을 임차하고 사업자등록을 마친 사업자가 폐업한 경우에는 그 사업자등록은 상가건물임대차보호법이 상가임대차의 공시방법으로 요구하는 적법한 사업자등록이라고 볼 수 없으므로(대법원 2006.1.13. 선고 2005다64002 판결 참조), 그 사업자가 폐업신고를 하였다가 다시 같은 상호 및 등록번호로 사업자등록을 하였다고 하더라도 상가건물임대차보호법상의 대항력 및 우선변제권이 그대로 존속한다고 할 수 없다(대법원 2006.10.13. 선고 2006다56299 판결).

2) 임차권등기명령

임대차가 종료된 후 보증금을 돌려받지 못한 임차인은 신청서에 일정한 사항(상가건물임대차보호법 제6조 제2항 참조)을 기재하여 임차건물의 소재지를 관할하는 법원에 임차권등기명령을 신청할 수 있다(동법 제6조 제1항). 신청이유에는 임대차계약의 체결 사실 및 계약내용과 그 계약이 종료한 원인 사실을 기재하고, 임차인이 신청 당시에 이미 「상가건물임대차보호법」 제3조 제1항에 따른 대항력을 취득한 경우에는 임차건물을 점유하기 시작한 날과 사업자등록을 신청한 날을, 제5조 제2항에 따른 우선변제권을 취득한 경우에는 임차건물을 점유하기 시작한 날, 사업자등록을 신청한 날과 임대차계약서상의 확정일자를 받은 날을 각 기재하여야 한다(임차권등기명령 절차에 관한 규칙 제2조 제2항). 임차권등기명령은 판결에 의한 때에는 선고를 한 때에, 결정에 의한 때에는 상당한 방법으로 임대인에게 고지를 한 때에 그 효력이 발생한다(동 규칙 제4조). 법원사무관등은 임차권등기명령의 효력이 발생하면 지체없이 촉탁서에 재판서 등본을 첨부하여 등기관에게 임차권등기의 기입을 촉탁하여야 한다(동 규칙 제5조).

임차권등기명령의 집행에 따른 임차권등기를 마치면 임차인은 대항력과 우선변제권을 취득한다. 다만, 임차인이 임차권등기 이전에 이미 대항력 또는 우선변제권을 취득한 경우에는 그 대항력 또는 우선변제권이 그대로 유지되며, 임차권등기 이후에는 대항요건을 상실하더라도 이미 취득한 대항력 또는 우선변제권을 상실하지 아니한다

임차권등기명령의 집행에 따른 임차권등기를 마친 건물(임대차의 목적이 건물의 일부분인 경우에는 그 부분으로 한정한다)을 그 이후에 임차한 임차인은 우선변제를 받을 권리가 없다(동법 제6조 제6항). 임차인은 임차권등기명령의 신청 및 그에 따른 임차권등기와 관련하여 든 비용을 임대인에게 청구할 수 있다(동법 제6조 제8항).

3) 보증금 중 일정액의 보호

임차인은 보증금 중 일정액을 다른 담보물권자보다 우선하여 변제받을 권리가 있다. 이 경우 임차인은 건물에 대한 경매신청의 등기 전에 대항력(건물이 인도와 사업자등록신청)을 갖추어야 한다(상가건물임대차보호법 제14조 제1항).

상가건물임대차보호법 시행령(2019.4.17. 시행)에 의하면, 우선변제를 받을 보증금의 범위는 서울특별시에서는 보증금이 6천 5백만원 이하인 경우에 한하여 2,200만원까지, 수도권 중 과밀억제지역(서울특별시는 제외한다)에서는 5천 5백만원 이하인 경우에 한하여 1,900만원까지, 광역시(「수도권정비계획법」에 따른 과밀억제권역에 포함된 지역과 군지역은 제외한다), 안산시, 용인시, 김포시 및 광주시에서는 3천 8백만원 이하인 경우에 한하여 1,300만원까지이고, 그 밖의 지역에는 3천만원 이하인 경우에 한하여 1,000만원 까지이다(동법 시행령 제6조·제7조 제1항).

5. 상가건물 임대차의 존속 보장

1) 임대차 기간

기간을 정하지 아니하거나 기간을 1년 미만으로 정한 임대차는 그 기간을 1년으로 본다. 다만, 임차인은 1년 미만으로 정한 기간이 유효함을 주장할 수 있다(상가건물임대차보호법 제9조 제1항). 임대차가 종료한 경우에도 임차인이 보증금을 돌려받을 때까지는 임대차 관계는 존속하는 것으로 본다(동조 제2항).

2) 계약갱신요구권

임대인은 임차인이 임대차기간이 만료되기 6개월 전부터 1개월 전까지 사이에 계약갱신을 요구할 경우에 정당한 사유 없이 거절하지 못한다(상가건물임대차보호법 제10조 제1항 본문).

(1) 계약갱신 거절 정당화 사유

임대인은 임차인의 계약갱신요구에 대하여 아래의 8가지 사유에 해당하는 경우에는 계약갱신을 거절할 수 있다(동조 제1항 단서).

① 임차인이 3기의 차임액에 해당하는 금액에 이르도록 차임을 연체한 사실이 있는 경우
② 임차인이 거짓이나 그 밖의 부정한 방법으로 임차한 경우
③ 서로 합의하여 임대인이 임차인에게 상당한 보상을 제공한 경우
④ 임차인이 임대인의 동의 없이 목적 건물의 전부 또는 일부를 전대(轉貸)한 경우
⑤ 임차인이 임차한 건물의 전부 또는 일부를 고의나 중대한 과실로 파손한 경우
⑥ 임차한 건물의 전부 또는 일부가 멸실되어 임대차의 목적을 달성하지 못할 경우
⑦ 임대인이 다음 각 목의 어느 하나에 해당하는 사유로 목적 건물의 전부 또는 대부분을 철거하거나 재건축하기 위하여 목적 건물의 점유를 회복할 필요가 있는 경우

    가. 임대차계약 체결 당시 공사시기 및 소요기간 등을 포함한 철거 또는 재건축 계획을 임차인에게 구체적으로 고지하고 그 계획에 따르는 경우
    나. 건물이 노후·훼손 또는 일부 멸실되는 등 안전사고의 우려가 있는 경우
    다. 다른 법령에 따라 철거 또는 재건축이 이루어지는 경우

⑧ 그 밖에 임차인이 임차인으로서의 의무를 현저히 위반하거나 임대차를 계속하기 어려운 중대한 사유가 있는 경우

판례 **차임연체와 계약갱신요구 거절**

[1] 구 상가임대차법 제10조 제1항 제1호의 취지는 상가건물의 임차인에게 계약갱신 요구권을 부여하여 권리금이나 시설투자비용을 회수할 수 있도록 임차권의 존속을 보장하되, 임차인이 종전 임대차의 존속 중에 3기의 차임액에 해당하는 금액에 이르도록 차임을 연체한 사실이 있는 경우에는 당사자 사이의 신뢰를 기초로 하는 임대차계약관계를 더 이상 유지하기 어려우므로, 임대인이 임차인의 계약갱신 요구를 거절할 수 있도록 함으로써 그러한 경우까지 임차인의 일방적 의사에 따라 계약관계가 연장되는 것을 허용하지 않는다는 것이다(대법원 2014. 7. 24. 선고 2012다28486 판결 참조). 구 상가임대차법 제10조 제1항 제1호 중 '차임을 연체한 사실이 있는 경우'는 차임을 연

체하고 있거나 차임을 연체했던 경우를 모두 포함한다고 보는 것이 문언에 따른 자연스러운 해석이다. 이와 달리 임차인이 계약갱신을 요구할 당시 차임을 연체하고 있어야만 한다고 보는 것은 위 규정의 문언에 합치하지 않는다(대법원 2021. 5. 27. 선고 2020다263635, 263642 판결).
[2] 차임연체액이 임대차기간 중 3기 차임액에 이르렀다가 임차인이 계약갱신을 요구할 당시 그에 이르지 않게 된 경우 임대인이 계약갱신 요구를 거절할 수 없다고 한다면, 임대인으로 하여금 신뢰를 잃은 임차인과 계약관계에서 벗어날 수 없게 하고 차임지급의무를 성실히 이행하지 않은 임차인을 보호하게 되어 형평에 반하고 구 상가임대차법 제10조 제1항 제1호를 둔 입법 목적을 실현하기 어렵다. 이러한 규정의 문언, 내용, 체계와 입법 취지 등에 비추어 보면, 임차인이 임대차기간 중 3기 차임액에 이르도록 차임을 연체한 사실이 있다면 임차인이 계약갱신을 요구할 당시 차임연체액이 3기 차임액에 이르지 않게 되었다고 하더라도 임대인은 임차인의 계약갱신 요구를 거절할 수 있다(대법원 2021. 5. 27. 선고 2020다263635, 263642 판결).

❖ 건물의 철거 또는 재건축의 경우

임대인은 건물의 전부 또는 대부분을 철거하거나 재건축하기 위하여 목적 건물의 점유를 회복할 필요가 있는 경우에는 계약의 갱신을 거절할 수 있다(동조 제1항 단서 제7호). 특히 임대인이 건물의 노후·훼손 또는 일부 멸실되는 등 안전사고의 우려가 있다는 이유로 재건축 등을 위하여 계약의 갱신을 거절할 경우, 임대인과 임차인 사이에 건물의 노후·훼손 또는 일부 멸실 등에 대한 판단이 다를 수밖에 없으므로 법적 분쟁의 소지가 크다. 따라서 임대인은 단순히 철거하고 재건축하겠다는 통지나 건축허가를 받는 정도로는 계약갱신을 거절할 수 없고, 최소한 안전진단 등을 하여 재건축이 불가피하다는 점을 입증하여만 계약갱신을 거절할 수 있다.

> **판례** 계약갱신거절 사유 중 '재건축' 부분의 위헌성
>
> [1] 상가건물 임대차보호법은 민법상 채권인 임차권에 대항력, 우선변제권, 계약갱신요구권을 인정하는 등 사적 자치에 의하여 형성되어야 하는 권리관계에 개입하여 임차인의 지위를 강화시켜 주는 것으로서, 임대인 측에서 계약을 해지할 수 있는 법정해지권에 관해 규정하고 있지 않고, 임차인에게 계약갱신요구권이 인정되는 5년 동안은 임차인에게 불리한 약정해지도 인정하지 않고 있다. 심판대상조항은 이와 같이 임차인에게 계약갱신요구권이 포괄적으로 인정되는 상황에서, 상대적으로 제약될 수 밖에 없는 임대인의 재산권 행사를 보호하기 위한 규정이다(헌법재판소 2014. 8. 28. 선고 2013헌바76 전원재판부).
>
> [2] 심판대상조항이 재건축 사유 및 재건축을 이유로 갱신거절권을 행사할 수 있는 시점 등에 대해 분명한 규정을 두고 있지 아니하여 임대인에 의해 남용될 여지가

있는 것은 사실이나, 복잡하고 다양한 재건축 사유 및 그 진행단계를 일일이 고려하여 입법하는 것이 기술적으로 어려운 점, 임대인의 갱신거절권 행사가 정당한지 여부에 대해, 법원이 구체적인 재건축 사유, 재건축사업의 실제 추진가능성 및 진행단계, 그 밖에 여러 사정을 고려하여 합목적적으로 판단하고 있는 점, 임차인의 권리는 계약갱신요구권 이외에도 우선변제권이나 차임감액청구권 등 상가건물 임대차보호법 상 다른 규정에 따라 두텁게 보호되고 있는 점 등의 사정을 종합하여 보면, 심판대상조항이 과도하게 상가임차인의 재산권을 침해한다고 볼 수 없다(^{헌법재판소 2014. 8. 28. 선고 2013헌바76 전원재판부}).

(2) 계약갱신요구권의 행사 기간

임차인의 계약갱신요구권은 최초의 임대차기간을 포함한 전체 임대차기간이 10년을 초과하지 아니하는 범위에서만 행사할 수 있다(^{상가건물임대차보호법 제10조 제2항}). 갱신되는 임대차는 전 임대차와 동일한 조건으로 다시 계약된 것으로 본다. 다만, 차임과 보증금은 제11조에 따른 범위에서 증감할 수 있다(^{동법 제10조 제3항}).

> **판례 최초의 임대차 기간의 의미**
> 상가건물임대차보호법 제10조 제2항은 '임차인의 계약갱신요구권은 최초의 임대차 기간을 포함한 전체 임대차 기간이 5년(^{현행 10년})을 초과하지 않는 범위 내에서만 행사할 수 있다'라고 규정하고 있는바, 위 법률규정의 문언 및 임차인의 계약갱신요구권을 전체 임대차 기간 5년의 범위 내에서 인정하게 된 입법 취지에 비추어 볼 때 '최초의 임대차 기간'이라 함은 위 법 시행 이후에 체결된 임대차계약에 있어서나 위 법 시행 이전에 체결되었다가 위 법 시행 이후에 갱신된 임대차계약에 있어서 모두 당해 상가건물에 관하여 최초로 체결된 임대차계약의 기간을 의미한다고 할 것이다(이 법 시행 당시에 이미 전체임대차 기간이 5년을 경과한 임차인의 계약갱신요구권을 부인한 사례; ^{대법원 2006.3.23. 선고 2005다74320 판결}).

> **판례 임대인의 갱신거절 통지 후 임차인의 계약갱신요구와 그 효력**
> 임차인의 계약갱신요구권에 관한 구 상가건물임대차보호법 제10조 제1항 내지 제3항과 임대인의 갱신 거절의 통지에 관한 법 제10조 제4항의 문언 및 체계와 아울러, 법 제10조 제1항에서 정하는 임차인의 계약갱신요구권은 임차인의 주도로 임대차계약의 갱신을 달성하려는 것인 반면 법 제10조 제4항은 기간의 만료로 인한 임대차관계의 종료에 임대인의 적극적인 조치를 요구하는 것으로서 이들 두 법조

항상의 각 임대차갱신제도는 취지와 내용을 서로 달리하는 것인 점 등을 종합하면, 법 제10조 제4항에 따른 임대인의 갱신 거절의 통지에 법 제10조 제1항 제1호 내지 제8호에서 정한 정당한 사유가 없는 한 그와 같은 임대인의 갱신 거절의 통지의 선후와 관계없이 임차인은 법 제10조 제1항에 따른 계약갱신요구권을 행사할 수 있고, 이러한 임차인의 계약갱신요구권의 행사로 인하여 종전 임대차는 법 제10조 제3항에 따라 갱신된다(임대인의 갱신 거절의 통지가 임차인의 계약갱신요구권 행사보다 먼저 있었다 하더라도 임대인의 갱신 거절의 통지에 법 제10조 제1항 제1호 내지 제8호에서 정한 정당한 사유가 없는 경우, 임차인의 계약갱신요구권 행사가 유효하다고 본 사례; ^{대법원 2014.4.30. 선고
2013다35115 판결}).

3) 묵시적 갱신

임대인이 임대차기간이 만료되기 6개월 전부터 1개월 전까지의 기간 이내에 임차인에게 갱신 거절의 통지 또는 조건 변경의 통지를 하지 아니한 경우에는 그 기간이 만료된 때에 전 임대차와 동일한 조건으로 다시 임대차한 것으로 본다(^{묵시적 갱신
또는 법정 갱신}). 이 경우에 임대차의 존속기간은 1년으로 본다(^{상가건물임대차보호법
제10조 제4항}). 이 경우 임차인은 언제든지 임대인에게 계약해지의 통고를 할 수 있고, 임대인이 통고를 받은 날부터 3개월이 지나면 효력이 발생한다(^{동법
제10조 제5항}).

> **판례** 임차인의 계약갱신요구권 소멸 후의 묵시적 갱신 여부
>
> 구 상가건물임대차보호법 제10조 제1항에서 정하는 임차인의 계약갱신요구권은 임차인이 임대차기간이 만료되기 6개월 전부터 1개월 전까지 사이에 계약의 갱신을 요구하면 그 단서에서 정하는 사유가 없는 한 임대인이 그 갱신을 거절할 수 없는 것을 내용으로 하여서 임차인의 주도로 임대차계약의 갱신을 달성하려는 것이다. 이에 비하여 같은 조 제4항은 임대인이 위와 같은 기간 내에 갱신거절의 통지 또는 조건변경의 통지를 하지 아니하면 임대차기간이 만료된 때에 임대차의 갱신을 의제하는 것으로서, 기간의 만료로 인한 임대차관계의 종료에 임대인의 적극적인 조치를 요구한다. 이와 같이 이들 두 법조항상의 각 임대차갱신제도는 그 취지와 내용을 서로 달리하는 것이므로, 임차인의 갱신요구권에 관하여 전체 임대차기간을 5년으로 제한하는 같은 조 제2항의 규정은 같은 조 제4항에서 정하는 법정갱신에 대하여는 적용되지 아니한다(합의 갱신에 의하여 5년의 임대차 기간이 만료된 후 갱신거절 통지를 하지 아니하여 법정갱신(묵시적 갱신)이 인정된 사례; ^{대법원 2010.6.10. 선고
2009다64307 판결}).

6. 권리금

1) 의의

(1) 권리금

권리금이란 임대차 목적물인 상가건물에서 영업을 하는 자 또는 영업을 하려는 자가 영업시설·비품, 거래처, 신용, 영업상의 노하우, 상가건물의 위치에 따른 영업상의 이점 등 유형·무형의 재산적 가치의 양도 또는 이용대가로서 임대인, 임차인에게 보증금과 차임 이외에 지급하는 금전 등의 대가를 말한다($^{상가건물임대차보호법}_{제10조의3\ 제1항}$). 권리금은 종래 대법원에서 인정하고 있던 내용을 입법에 반영한 것으로 그 내용에 따라 바닥권리금 또는 지역권리금($^{상가건물의\ 위치에}_{따른\ 영업상의\ 이점}$), 시설권리금($^{영업시설\cdot}_{비품}$) 및 영업권리금($^{신용,\ 영업상의}_{노하우}$)으로 분류할 수 있으며, 상가건물임대차보호법에서는 3가지 유형을 모두 인정하고 있다.

(2) 권리금 계약

권리금 계약이란 신규임차인이 되려는 자가 임차인에게 권리금을 지급하기로 하는 계약을 말한다($^{상가건물임대차보호법}_{제10조의3\ 제2항}$).

2) 권리금의 회수

(1) 권리금 보호의 필요성

임차인이 권리금을 임대인에게 지급한 경우, 특별한 사정[31]이 없는 한 임대인은 권리금의 반환의무를 지지 않고($^{대법원\ 2002.7.26.\ 선고}_{2002다25013\ 판결}$), 임차인은 새로운 임차인으로부터 권리금을 회수할 수 있을 뿐이다. 그러나 상가건물 임차인이 투자한 비용이나 영업활동의 결과로 형성된 지명도나 신용 등의 경제적 이익, 즉 권리금을 보호할 수 있는 법적 근거가 마련되어 있지 않았다. 그 결과 임대인의 계약해지 또는 갱신거절에 의하여 임차인은 다시 시설비를 투자하고 신용확보와 지명도 형성을 위하여 상당기간 영업 손실

---

[31] 임대인의 사정으로 임대차계약이 중도 해지됨으로써 당초 보장된 기간 동안의 이용이 불가능하였다는 등의 특별한 사정이 있을 때에는 임대인은 임차인에 대하여 그 권리금의 반환의무를 진다(대법원 2002. 7. 26. 선고 2002다25013 판결).

을 감당하여야 하는 반면에 임대인은 새로운 임대차계약을 체결하면서 직접 권리금을 받거나 임차인이 형성한 영업적 가치를 아무런 제한 없이 이용할 수 있게 되는 등의 문제점이 발생하였다. 이러한 문제점을 해결하기 위하여 임차인에게 권리금회수 기회를 보장하고, 임대인이 정당한 사유 없이 임차인의 권리금회수를 방해하는 경우에 손해배상책임을 부과하는 등의 권리금 등에 관한 규정을 신설하였다(상가건물임대차보호법 제10조의3 내지 제10조의7). [32]

(2) 권리금 회수 기회 보호

임대인은 임차인의 권리금 회수를 방해해서는 아니 되며, 임대인이 권리금 회수방해금지의무를 위반한 경우에는 손해배상책임을 진다(상가건물임대차보호법 제10조의4). [33] 즉 임대인은 임대차기간이 끝나기 6개월 전부터 임대차 종료 시까지 권리금 계약에 따라 임차인이 주선한 신규임차인이 되려는 자로부터 권리금을 지급받는 것을 방해하여서는 아니 된다(동법 제10조의4 제1항). 임대인이 임차인의 권리금 회수를 방해하여 임차인에게 손해가 발생한 경우에는 그 손해를 배상하여 한다(동법 제10조의4 제2항). 그러나 임대인에게 임차인의 계약갱신요구를 거절할 수 있는 정당한 사유가 있는 경우(동법 제10조 제1항)에는 임차인의 권리금 회수기회는 보호받지 못한다.

> **판례** 계약갱신요구권 행사기간이 만료된 임차인의 권리금회수
>
> [1] 구 상가건물임대차보호법 제10조의4의 문언과 내용, 입법 취지에 비추어 보면, 구 상가임대차법 제10조 제2항에 따라 최초의 임대차기간을 포함한 전체 임대차기간이 5년을 초과하여 임차인이 계약갱신요구권을 행사할 수 없는 경우에도 임대인은 같은 법 제10조의4 제1항에 따른 권리금 회수기회 보호의무를 부담한다고 보아야 한다(대법원 2019.5.16. 선고 2017다225312, 225329 판결).
>
> [2] 갑이 을과 상가 임대차계약을 체결한 다음 상가를 인도받아 음식점을 운영하면서 2회에 걸쳐 계약을 갱신하였고, 최종 임대차기간이 만료되기 전 병과 권리금 계약을 체결한 후 을에게 병과 새로운 임대차계약을 체결하여 줄 것을 요청하였으

---

32) 그 결과 임차인 보호는 이전에 비해 크게 강화되었지만, 임대인의 재산권 행사는 제한을 받게 되었다.
33) 제10조의5(권리금 적용 제외) 제10조의4는 다음 각 호의 어느 하나에 해당하는 상가건물 임대차의 경우에는 적용하지 아니한다.
    1. 임대차 목적물인 상가건물이 「유통산업발전법」 제2조에 따른 대규모점포 또는 준대규모점포의 일부인 경우(다만, '전통시장 및 상점가 육성을 위한 특별법' 제2조 제1호에 따른 전통시장은 제외한다)
    2. 임대차 목적물인 상가건물이 「국유재산법」에 따른 국유재산 또는 「공유재산 및 물품 관리법」에 따른 공유재산인 경우

나, 을이 노후화된 건물을 재건축하거나 대수선할 계획을 가지고 있다는 등의 이유로 병과의 임대차계약 체결에 응하지 아니한 사안에서, 갑이 구 상가건물임대차보호법(2018. 10. 16. 법률 제15791호로 개정되기 전의 것) 제10조의4 제1항에 따라 임대차기간이 끝나기 3개월 전부터 임대차 종료 시까지 신규임차인을 주선하였으므로, 을은 정당한 사유 없이 신규임차인과 임대차계약 체결을 거절해서는 안 되고, 이는 갑과 을 사이의 전체 임대차기간이 5년을 지난 경우에도 마찬가지인데도, 갑이 병과 권리금 계약을 체결할 당시 더 이상 임대차계약의 갱신을 요구할 수 없었던 상황이었으므로 을이 권리금 회수기회 보호의무를 부담하지 않는다고 본 원심판단에 법리오해의 잘못이 있다(대법원 2019.5.16. 선고 2017다225312, 225329 판결).

① 권리금 회수 방해 사유

임대인은 i)임차인이 주선한 신규임차인이 되려는 자에게 권리금을 요구하거나 임차인이 주선한 신규임차인이 되려는 자로부터 권리금을 수수하는 행위, ii)임차인이 주선한 신규임차인이 되려는 자로 하여금 임차인에게 권리금을 지급하지 못하게 하는 행위, iii)임차인이 주선한 신규임차인이 되려는 자에게 상가건물에 관한 조세, 공과금, 주변 상가건물의 차임 및 보증금, 그 밖의 부담에 따른 금액에 비추어 현저히 고액의 차임과 보증금을 요구하는 행위, iv)그 밖에 정당한 사유 없이 임대인이 임차인이 주선한 신규임차인이 되려는 자와 임대차계약의 체결을 거절하는 행위를 함으로써 권리금 계약에 따라 임차인이 주선한 신규임차인이 되려는 자로부터 권리금을 지급받는 것을 방해하여서는 아니 된다(동법 제10조의4 제1항).

판례 **신규임차인 주선의 필요성과 권리금회수 방해**

구 상가건물임대차보호법 제10조의3 내지 제10조의7의 내용과 입법 취지에 비추어 보면, 임차인이 임대인에게 권리금 회수 방해로 인한 손해배상을 구하기 위해서는 원칙적으로 임차인이 신규임차인이 되려는 자를 주선하였어야 한다. 그러나 임대인이 정당한 사유 없이 임차인이 신규임차인이 되려는 자를 주선하더라도 그와 임대차계약을 체결하지 않겠다는 의사를 확정적으로 표시하였다면 이러한 경우에까지 임차인에게 신규임차인을 주선하도록 요구하는 것은 불필요한 행위를 강요하는 결과가 되어 부당하다. 이와 같은 특별한 사정이 있다면 임차인이 실제로 신규임차인을 주선하지 않았더라도 임대인의 위와 같은 거절행위는 상가임대차법 제10조의4 제1항 제4호에서 정한 거절행위에 해당한다고 보아야 한다. 따라서 임차인은 같은 조 제3항에 따라 임대인에게 권리금 회수 방해로 인한 손해배상을 청구할 수 있다(임대인이 임차인에게 임대차 종료 후에는 신규임차인과 임대차계약을 체결하지 않고 자신이 상가를 직접 이용할 계획이라고 밝힌 경우 임차인의 신규임차인 주선을 거절하는 의사를 명백히 표시한 것으로 인정한 사례; ^{대법원 2019.7.4. 선고 2018다284226 판결}).

② 권리금 회수 방해 정당화 사유

임대인은 i)임차인이 주선한 신규임차인이 되려는 자가 보증금 또는 차임을 지급할 자력이 없는 경우, ii)임차인이 주선한 신규임차인이 되려는 자가 임차인으로서의 의무를 위반할 우려가 있거나 그 밖에 임대차를 유지하기 어려운 상당한 사유가 있는 경우, iii)임대차 목적물인 상가건물을 1년 6개월 이상 영리목적으로 사용하지 아니한 경우, iv)임대인이 선택한 신규임차인이 임차인과 권리금 계약을 체결하고 그 권리금을 지급한 경우에는 임차인이 주선한 신규임차인이 되려는 자와의 임대차 계약의 체결을 거절할 수 있다(^{동법 제10조의4 제2항}). 제3호의 경우에는 법문상 그 주체를 명시하지 않고, '영리 목적으로 사용하지 아니한 경우'라고 하여 과거의 상황을 규정하고 있다는 점에서 그 주체를 임차인으로 해석할 수도 있다. 그러나 그 주체는 입법취지에 맞게 임대인으로 해석하여야 하며, 또한 해석상의 혼란을 피하기 위하여 그 주체와 시점을 임대인과 현재로 개선하는 입법적 개선이 필요하다.

> **판례** 상가건물을 1년 6개월 이상 영리목적 미사용의 의미
>
> 상가건물 임대차보호법 제10조의4 제2항 제3호에서 정하는 '임대차 목적물인 상가건물을 1년 6개월 이상 영리목적으로 사용하지 아니한 경우'는 임대인이 임대차 종료 후 임대차 목적물인 상가건물을 1년 6개월 이상 영리목적으로 사용하지 아니하는 경우를 말하고, 위 조항에 따른 정당한 사유가 있다고 하기 위해서는 임대인이 임대차 종료 시 그러한 사유를 들어 임차인이 주선한 자와 신규 임대차계약 체결을 거절하고, 실제로도 1년 6개월 동안 상가건물을 영리목적으로 사용하지 않아야 한다. 이때 종전 소유자인 임대인이 임대차 종료 후 상가건물을 영리목적으로 사용하지 아니한 기간이 1년 6개월에 미치지 못하는 사이에 상가건물의 소유권이 변동되었더라도, 임대인이 상가건물을 영리목적으로 사용하지 않는 상태가 새로운 소유자의 소유기간에도 계속하여 그대로 유지될 것을 전제로 처분하고, 실제 새로운 소유자가 그 기간 중에 상가건물을 영리목적으로 사용하지 않으며, 임대인과 새로운 소유자의 비영리 사용기간을 합쳐서 1년 6개월 이상이 되는 경우라면, 임

대인에게 임차인의 권리금을 가로챌 의도가 있었다고 보기 어려우므로, 그러한 임대인에 대하여는 위 조항에 의한 정당한 사유를 인정할 수 있다(대법원 2022. 1. 14. 선고 2021다272346 판결).

③ 권리금 회수 기회 방해와 임대인의 손해배상의무

임대인이 임차인의 권리금 회수 방해금지의무를 위반하여 임차인에게 손해를 발생하게 한 때에는 그 손해를 배상할 책임이 있다. 이 경우 그 손해배상액은 신규임차인이 임차인에게 지급하기로 한 권리금과 임대차 종료 당시의 권리금 중 낮은 금액을 넘지 못한다(동법 제10조의4 제4항). 이 경우 임차인의 임대인에 대한 손해배상청구권은 임대차가 종료한 날부터 3년 이내에 행사하지 아니하면 시효의 완성으로 소멸한다(동조 제5항).

> **판례** 권리금회수기회 방해와 임대인의 손해배상
>
> [1] 원심은 그 판시와 같은 이유로, 이 사건 상가 임차인인 원고가 신규임차인으로 주선한 소외인에 대하여 임대인인 피고가 정당한 사유 없이 임대차계약 체결을 거절함으로써 원고의 권리금 회수기회를 방해하였다고 보아, 상가건물 임대차보호법이 정한 손해배상으로서 임대차 종료 당시의 권리금 감정 결과에 따른 금액을 지급할 의무를 인정하면서, 원고의 상가 시설물 회수에 따른 이익이 위 손해배상액에서 공제되어야 한다는 피고의 주장을 배척하였다. 원심판결 이유를 관련 법리와 기록에 비추어 살펴보면, 원심의 위와 같은 판단에 상고이유 주장과 같이 손해배상의무의 성립과 범위에 관하여 논리와 경험의 법칙을 위반함으로써 자유심증주의의 한계를 벗어나거나 손익상계에 관한 법리를 오해한 잘못이 없다(대법원 2023. 2. 2. 선고 2022다260586 판결).
>
> [2] 상가임대차법이 보호하고자 하는 권리금의 회수기회란 임대차 종료 당시를 기준으로 하여 임차인이 임대차 목적물인 상가건물에서 영업을 통해 창출한 유·무형의 재산적 가치를 신규임차인으로부터 회수할 수 있는 기회를 의미한다. 이러한 권리금 회수기회를 방해한 임대인이 부담하게 되는 손해배상액은 임대차 종료 당시의 권리금을 넘지 않도록 규정되어 있는 점, 임대인에게 손해배상을 청구할 권리의 소멸시효 기산일 또한 임대차가 종료한 날인 점 등 상가임대차법 규정의 입법 취지, 보호법익, 내용이나 체계를 종합하면, 임대인의 권리금 회수기회 방해로 인한 손해배상책임은 상가임대차법이 그 요건, 배상범위 및 소멸시효를 특별히 규정한 법정책임이고, 그 손해배상채무는 임대차가 종료한 날에 이행기가 도래하여 그다음 날부터 지체책임이 발생하는 것으로 보아야 한다(대법원 2023. 2. 2. 선고 2022다260586 판결).

④ 임차인의 정보제공의무

임차인은 임대인에게 임차인이 주선한 신규임차인이 되려는 자의 보증금 및 차임을 지급할 자력 또는 그 밖에 임차인으로서의 의무를 이행할 의사 및 능력에 관하여 자신이 알고 있는 정보를 제공하여야 한다(동법 제10조의6 제6항).

7. 차임 지급의 연체와 해지

1) 차임 연체와 계약해지

임차인의 차임연체액이 3기의 차임액에 달하는 때에는 임대인은 계약을 해지할 수 있다(상가건물임대차보호법 제10조의8).

> **판례** 계약갱신 전후 차임연체와 임차인의 계약해지
> 갱신 전후 상가건물 임대차계약의 내용과 성질, 임대인과 임차인 사이의 형평, 상가건물임대차보호법 제10조와 민법 제640조의 입법 취지 등을 종합하여 보면, 상가건물의 임차인이 갱신 전부터 차임을 연체하기 시작하여 갱신 후에 차임연체액이 2기(현행 3기)의 차임액에 이른 경우에도 임대차계약의 해지사유인 '임차인의 차임연체액이 2기의 차임액에 달하는 때'에 해당하므로, 이러한 경우 특별한 사정이 없는 한 임대인은 2기 이상의 차임연체를 이유로 갱신된 임대차계약을 해지할 수 있다(동 판결 후 2015.5.13.상가건물 임차인의 차임연체액이 3기의 차임액에 달하는 때에는 임대인은 계약을 해지할 수 있다는 규정(제10조의8)을 신설함; 대법원 2014.7.24. 선고 2012다28486 판결).

2) 차임연체에 대한 임시 특례

임차인이 2020. 9. 29.부터 6개월까지의 기간 동안 연체한 차임액은 임차인의 계약갱신요구권(상가건물임대차보호법 제10조 제1항 제1호), 권리금회수기회보호(동법 제10조의4 제1항 단서) 및 차임연체와 해지(동법 제10조의8)와 관련하여 차임연체액으로 보지 아니한다. 이 경우 연체한 차임액에 대한 임대인의 그 밖의 권리는 영향을 받지 아니한다(동법 제10조의9).

∗∗ 차임연체에 대한 임시 특례 신설
코로나 19의 여파로 국내 소비지출이 위축되고 상가임차인의 매출과 소득이 급감하고 있는 가운데, 임대료가 상가임차인의 영업활동에 큰 부담이 되고 있는 실정이다. 그런데 현행법에 따르

면 차임연체액이 3기의 차임액에 달하는 경우 등은 계약의 해지, 계약갱신의 거절 또는 권리금 회수기회 제외 사유에 해당하여 많은 임차인이 소득 감소에 따른 차임연체로 영업기반을 상실할 위기에 처해지고 있다. 또한 현행 차임 등의 증감청구권 요건이 제한적으로 해석되고, 임대료의 증액상한에 의해 임대인이 수용 가능한 감액규모가 한정될 수 있어 경제적 위기 상황에도 불구하고 증감청구권이 활용되기 쉽지 않은 상황이다. 이에 이 법 시행 후 6개월의 기간 동안 연체한 차임액은 계약의 해지, 계약갱신 거절 등의 사유가 되는 차임연체액에 해당하지 않는 것으로 보도록 함으로써 경제적 위기 상황 동안 임대인의 계약 해지 등을 제한하는 임시적 특례를 둔다(법률 제17490호, 2020. 9. 29. 시행).

8. 차임 등의 증감청구권

1) 사정변경에 의한 경우

차임 또는 보증금이 임차건물에 관한 조세, 공과금, 그 밖의 부담의 증감이나 「감염병의 예방 및 관리에 관한 법률」 제2조 제2호에 따른 제1급감염병 등에 의한 경제 사정의 변동으로 인하여 상당하지 아니하게 된 경우에는 당사자는 장래의 차임 또는 보증금에 대하여 증감을 청구할 수 있다(상가건물임대차보호법 제11조 제1항 본문). 차임 또는 보증금의 증액청구는 청구 당시의 차임 또는 보증금의 100분의 5의 금액을 초과하지 못한다(동법 제11조 1항 단서, 동법 시행령 제4조). 그러나 「감염병의 예방 및 관리에 관한 법률」 제2조 제2호에 따른 제1급감염병에 의한 경제 사정의 변동으로 차임 등이 감액된 후 임대인이 다시 증액을 청구하는 경우, 임대인은 증액된 차임 등이 감액 전 차임 등의 금액에 달할 때까지는 청구 당시의 차임 또는 보증금의 100분의 5의 금액을 초과하여 증액을 청구할 수 있다(동법 제11조 제3항). 한편 증액 청구는 임대차계약 또는 약정한 차임 등의 증액이 있은 후 1년 이내에는 하지 못한다(동법 제11조 제2항).

∴ 차임 등의 증감청구권 사유 추가
차임 등의 증감청구권 사유에 '제1급감염병 등에 의한 경제사정의 변동'을 명시하고, 제1급감염병에 의한 경제사정의 변동으로 차임 등이 감액된 후 임대인이 증액을 청구하는 경우에는 증액된 차임 등이 감액 전 차임 등의 금액에 달할 때까지는 증액상한이 적용되지 않도록 함으로써 상가임차인에게 가장 큰 고충이 되고 있는 임대료 부담을 완화하려는 것이다.

2) 계약갱신 요구에 의한 경우

임차인의 계약갱신요구에 의하여 갱신되는 임대차는 전 임대차와 동일한 조건으로 다시 계약된 것으로 본다(상가건물임대차보호법 제10조 제3항 본문). 다만, 차임과 보증금은 제11조에 따른 범위에서 증감할 수 있으며(동조 제3항 단서), 증액을 청구하는 경우에는 청구 당시의 차임 또는 보증금의 100분의 5의 금액을 초과하지 못한다(동법 시행령 제4조).

3) 재계약 등에 의한 경우

재계약 또는 계약 종료 전 당사자 합의로 차임을 증액하는 경우에는 동법 제11조가 적용되지 않는다. 즉 증액은 그 제한비율(청구 당시의 차임 또는 보증금의 100분의 5의 금액)을 초과하여 청구할 수 있다(대법원 2014.2.13. 선고 2013다80481 판결).

> **판례** 임대차 종료 후 재계약하는 경우 차임증액청구의 제한여부
>
> 구 상가건물임대차보호법 제11조 제1항에서 "차임 또는 보증금이 임차건물에 관한 조세, 공과금 그 밖의 부담의 증감이나 경제사정의 변동으로 인하여 상당하지 아니하게 된 때에는 당사자는 장래에 대하여 그 증감을 청구할 수 있다. 그러나 증액의 경우에는 대통령령이 정하는 기준에 따른 비율을 초과하지 못한다. 제1항의 규정에 의한 증액청구는 임대차계약 또는 약정한 차임 등의 증액이 있은 후 1년 이내에는 이를 하지 못한다."고 규정하고 있는바, 위 규정은 임대차계약의 존속 중 당사자 일방이 약정한 차임 등의 증감을 청구한 경우에 한하여 적용되고, 임대차계약이 종료한 후 재계약을 하거나 임대차계약 종료 전이라도 당사자의 합의로 차임 등을 증액하는 경우에는 적용되지 않는다(대법원 2014.2.13. 선고 2013다80481 판결; 대법원 2014.4.30. 선고 2013다35115 판결).

9. 기타

1) 월 차임 전환 시 산정률의 제한

보증금의 전부 또는 일부를 월 단위의 차임으로 전환하는 경우에는 그 전환되는 금액에 「은행법」에 따른 은행의 대출금리 및 해당 지역의 경제 여건 등을 고려하여 대통령령으로 정하는 비율(연 1할 2푼 임, 동법 시행령 제5조 제1항) 또는 한국은행에서 공시한 기준금리에 대통령령으로 정하는 배수를 곱한 비율(4.5배 임, 동조 제2항) 중 낮은 비율을 곱한 월 차임의 범위를 초과할 수 없다(동법 제12조).

2) 강행규정

상가건물임대차보호법의 규정에 위반된 약정으로서 임차인에게 불리한 것은 효력이 없다(상가건물임대차보호법 제15조).

3) 상가건물임대차분쟁조정위원회

상가건물임대차보호법의 적용을 받는 상가건물 임대차와 관련된 분쟁을 심의·조정하기 위하여 대통령령으로 정하는 바에 따라 「법률구조법」 제8조에 따른 대한법률구조공단의 지부에 상가건물임대차분쟁조정위원회를 둔다(상가건물임대차보호법 제20조 제1항).

조정위원회는 i)차임 또는 보증금의 증감에 관한 분쟁, ii)임대차 기간에 관한 분쟁, iii)보증금 또는 임차상가건물의 반환에 관한 분쟁, iv)임차상가건물의 유지·수선 의무에 관한 분쟁, v)권리금에 관한 분쟁, vi)그 밖에 대통령령으로 정하는 상가건물 임대차에 관한 분쟁을 심의·조정한다(동조 제2항).

5

제 5 장
부동산 담보

제1절 서설
제2절 유치권
제3절 저당권
제4절 비전형담보

제5장 부동산 담보

제1절 서설

채권의 발생원인은 매우 다양하며, 그 내용도 채권에 따라 달라진다. 그러나 채무자가 임의로 채무를 이행하지 않는 경우, 채권자는 본래의 급부 대신 최종적으로 손해배상을 통하여 채권의 만족을 얻게 된다. 손해배상은 금전배상을 원칙으로 하므로, 결국 모든 채권은 최종적으로 금전채권으로 변하게 된다. 금전채권은 채무자가 임의로 변제하면 소멸하지만 채무자가 임의로 변제하지 않으면 채권자는 채무자의 책임재산에 대한 강제집행을 통하여 채권을 회수할 수밖에 없다. 그러나 채무자에 대하여 채권을 가지는 자가 다수인 경우에 채권자는 채권자 평등의 원칙에 따라 각자의 채권액에 비례하여 매각대금을 분배받게 된다. 채무자의 재산액이 채무 총액을 넘는 경우에는 모든 채권자가 만족을 얻을 수 있다. 그러나 채무자의 재산액이 채무 총액에 미달하는 경우 채권자들은 채권 전부를 회수할 수 없게 된다. 따라서 채권자에게는 자신의 채권을 회수할 수 있는 수단이 필요하다. 이러한 수단을 담보라고 하고, 담보제도에는 인적 담보제도와 물적 담보제도가 있다.

인적 담보제도는 채무자의 일반재산 이외에 제3자의 일반재산도 책임재산으로 추가하여 채권의 실현을 확보하는 담보제도이다(예: 보증채무·연대채무 등).[1] 물적 담보제도는 채무자 또는 제3자 소유의 특정 재산(예: 토지·건물 등)으로 채권을 담보하고, 채무자의 채무불이행이 있으면 채권자는 그 특정재산의 매각 대금에서 우선적으로 자기 채권을 회수할 수 있는 제도이다.[2] 물적 담보제도에는 민법상 담보물권과 특별법상 담보물권이 있다. 민법상 담보물권은 그 객체에 따라 동산 담보물권과 부동산 담보물권으로 나누어지며,

---

[1] 인적담보는 담보하는 제3자의 재산상태에 따라 영향을 받게 될 뿐만 아니라 제3자의 재산에 대하여도 채권자평등의 원칙이 적용될 수 있으므로 채권의 만족에 어려움이 있을 수 있다. 그러나 인적담보는 담보 목적물이 없어도 이용할 수 있고, 절차가 간편하다는 장점이 있기 때문에 오늘날에도 이용되고 있다.

[2] 물적 담보는 특정 재산의 재산가치가 하락하지 않는 한 담보의 효력이 확실하고, 모르는 자 사이에도 이용할 수 있다. 그러나 절차가 복잡하고 번거롭다는 단점이 있으나 오늘날 금융권을 중심으로 널리 이용되고 있다.

동산 담보물권에는 질권과 유치권이 있고, 부동산 담보물권에는 유치권과 저당권이 있다.

제2절 유치권

Ⅰ. 의의

유치권이란 타인의 물건 또는 유가증권을 점유한 자가 그 물건이나 유가증권에 관하여 생긴 채권이 변제기에 있는 경우에는 변제를 받을 때까지 그 물건 또는 유가증권을 유치할 수 있는 물권이다(민법 제321조 제1항). 예를 들어 건물을 수리한 업자는 수리비를 받을 때까지 그 물건을 유치할 권리가 있다. 즉 유치권은 당사자 사이의 공평을 기하기 위하여 인정된 법정담보물권이다. 따라서 유치권은 피담보채권 전부의 만족을 얻을 때까지 그 물건을 유치하여 계속 점유할 수 있는 물권이다(민법 제321조). 유치권은 일정한 요건이 되면 법률의 규정에 의하여 성립하며, 부동산 유치권은 등기 없이 성립한다. 또한 유치권은 목적물을 유치하여 그 채권의 변제를 간접적으로 강제하는 담보물권이다.

> **판례** 유치권의 제도적 취지
> 우리 법에서 유치권 제도는 무엇보다도 권리자에게 그 목적인 물건을 유치하여 계속 점유할 수 있는 대세적 권능을 인정한다(민법 제320조 제1항·민사집행법 제91조 제5항 등 참조). 그리하여 소유권 등에 기하여 목적물을 인도받고자 하는 사람(물건의 점유는 대부분의 경우에 그 사용수익가치를 실현하는 전제가 된다)은 유치권자가 가지는 그 피담보채권을 만족시키는 등으로 유치권이 소멸하지 아니하는 한 그 인도를 받을 수 없으므로 실제로는 그 변제를 강요당하는 셈이 된다. 그와 같이하여 유치권은 유치권자의 그 채권의 만족을 간접적으로 확보하려는 것이다(대법원 2011.12.22. 선고 2011다84298 판결).

Ⅱ. 유치권의 성립

유치권은 아래의 요건이 갖추어지면 법률상 당연히 성립한다(민법 제320조).

1. 변제기가 도래한 채권의 존재

유치권자는 채권을 가지고 있어야 하고, 그 채권은 변제기에 있어야 한다(민법 제320조 제1항).[3] 채권은 그 발생 원인을 불문하고, 금전채권임을 요하지 않는다.

2. 타인의 물건 또는 유가증권의 점유

유치권자는 타인의 물건 또는 유가증권을 계속 점유하여야 한다. 따라서 유치권자가 점유를 상실하면 유치권은 소멸한다(민법 제328조). 그러나 점유를 침탈당한 때에는 점유보호청구권을 행사하여 점유를 회복하면 유치권은 소멸하지 않은 것으로 된다(민법 제204조 참조).

한편 유치권의 객체는 타인 소유의 물건 또는 유가증권이고, 타인은 채무자뿐만 아니라 제3자를 포함한다(예: 시계의 임차인이 수선을 맡긴 경우). 점유는 적법한 점유이어야 하고, 그 점유가 불법행위로 인한 경우에는 유치권이 인정되지 않는다(민법 제320조 제2항). 또한 유치권의 성립요건이자 존속요건인 유치권자의 점유는 직접점유이든 간접점유이든 관계가 없으나, 직접점유자가 채무자인 경우에는 유치권의 요건으로서의 점유에 해당하지 않는다(대법원 2008.4.11. 선고 2007다27236 판결).

> **판례** 경락인에 의한 점유침탈과 유치권자의 점유
>
> 공장 신축공사 공사잔대금채권에 기한 공장 건물의 유치권자가 공장 건물의 소유회사가 부도가 난 다음에 그 공장에 직원을 보내 그 정문 등에 유치권자가 공장을 유치·점유한다는 안내문을 게시하고 경비용역회사와 경비용역계약을 체결하여 용역경비원으로 하여금 주야 교대로 2인씩 그 공장에 대한 경비·수호를 하도록 하는 한편 공장의 건물 등에 자물쇠를 채우고 공장 출입구 정면에 대형 컨테이너로 가로막아 차량은 물론 사람들의 공장 출입을 통제하기 시작하고 그 공장이 경락된 다음에도 유치권자의 직원 10여 명을 보내 그 공장 주변을 경비·수호하게 하고 있었다면, 유치권자가 그 공장을 점유하고 있었다고 볼 여지가 충분하다(공사대금 채권에 기한 공장 건물 유치권자가 경락인에 의한 부당한 점유침탈을 원인으로 점유회수의 소를 제기한 사안에서, 유치권자의 점유를 인정하지 아니한 원심판결을 파기하고 유치권을 인정한 사례; 대법원 1996.8.23. 선고 95다8713 판결).

---

[3] 피담보채권의 변제기 도래는 담보권 실행의 요건이나 유치권의 경우에는 성립요건이다.

3. 채권과 목적물 사이에 관련성(견련성)

채권은 목적물에 관하여 생긴 것이어야 한다(민법 제320조 제1항). 즉 채권과 목적물 사이에 견련관계가 있어야 한다.

> **판례** 유치권의 피담보채권이 되기 위한 요건
>
> [1] 물건에 관하여 생긴 채권
> 이 사건 유치권의 피담보채권은 ○○종합건설과의 하도급계약에 따라 이 사건 호텔의 외부 간판 등의 설치공사를 완료함으로써 발생한 채권임을 알 수 있다. 건물의 옥탑, 외벽 등에 설치된 간판의 경우 일반적으로 건물의 일부가 아니라 독립된 물건으로 남아 있으면서 과다한 비용을 들이지 않고 건물로부터 분리할 수 있는 것이 충분히 있을 수 있고, 그러한 경우에는 특별한 사정이 없는 한 간판 설치공사 대금채권을 그 건물 자체에 관하여 생긴 채권이라고 할 수 없다(대법원 2013. 10. 24. 선고 2011다44788 판결).
>
> [2] 물건의 일부 점유와 피담보채권 전부 담보
> 다세대주택의 창호 등의 공사를 완성한 하수급인이 공사대금채권 잔액을 변제받기 위하여 위 다세대주택 중 한 세대를 점유하여 유치권을 행사하는 경우, 그 유치권은 위 한 세대에 대하여 시행한 공사대금만이 아니라 다세대주택 전체에 대하여 시행한 공사대금채권의 잔액 전부를 피담보채권으로 하여 성립한다(대법원 2007. 9. 7. 선고 2005다16942 판결).

Ⅲ. 유치권의 효력

1. 유치권자의 권리

1) 목적물을 유치할 권리

유치권자는 채권의 변제를 받을 때까지 그 물건을 유치할 권리가 있다. 유치留置란 목적물의 점유를 계속하면서 인도를 거절하는 것을 말한다.

> **판례** 압류 효력 발생 시기에 따른 유치권의 효력
>
> [1] 부동산 경매절차에서의 매수인은 민사집행법 제91조 제5항에 따라 유치권자에게 그 유치권으로 담보하는 채권을 변제할 책임이 있는 것이 원칙이나, 채무자 소유의 건물 등 부동산에 경매개시결정의 기입등기가 경료되어 압류의 효력이 발생한 후에 채무자가 위 부동산에 관한 공사대금 채권자에게 그 점유를 이전함으로써

그로 하여금 유치권을 취득하게 한 경우, 그와 같은 점유의 이전은 목적물의 교환가치를 감소시킬 우려가 있는 처분행위에 해당하여 민사집행법 제92조 제1항, 제83조 제4항에 따른 압류의 처분금지효에 저촉되므로 점유자로서는 위 유치권을 내세워 그 부동산에 관한 경매절차의 매수인에게 대항할 수 없다(대법원 2009. 1. 15. 선고 2008다70763 판결; 대법원 2013.06.27. 선고 2011다50165 판결).

[2] 이러한 법리는 경매로 인한 압류의 효력이 발생하기 전에 유치권을 취득한 경우에는 적용되지 아니하고, 유치권 취득시기가 근저당권설정 후라거나 유치권 취득 전에 설정된 근저당권에 기하여 경매절차가 개시되었다고 하여 달리 볼 것은 아니다(대법원 2009. 1. 15. 선고 2008다70763 판결).

2) 경매권과 우선변제권

유치권자는 채권의 변제를 받기 위하여 유치물을 경매할 수 있다(민법 제322조 제1항). 그러나 유치권자는 그 경매대금에 대한 우선변제권이 없다. 다만 유치권자는 예외적으로 간이변제충당에 의하여 우선변제 받을 수 있다. 간이변제 충당이란, 정당한 이유 있는 때에는 유치권자가 감정인의 평가에 의하여 유치물로 직접 변제에 충당할 것을 법원에 청구하는 것을 말한다(민법 제322조 제2항).

> **판례** 유치권에 의한 경매와 소멸주의
>
> 민사집행법 제91조 제2항, 제3항, 제268조는 경매의 대부분을 차지하는 강제경매와 담보권 실행을 위한 경매에서 소멸주의를 원칙으로 하고 있을 뿐만 아니라 이를 전제로 하여 배당요구의 종기결정이나 채권신고의 최고, 배당요구, 배당절차 등에 관하여 상세히 규정하고 있는 점, 민법 제322조 제1항에 "유치권자는 채권의 변제를 받기 위하여 유치물을 경매할 수 있다."고 규정하고 있는데, 유치권에 의한 경매에도 채권자와 채무자의 존재를 전제로 하고 채권의 실현·만족을 위한 경매를 상정하고 있는 점, 반면에 인수주의를 취할 경우 필요하다고 보이는 목적부동산 위의 부담의 존부 및 내용을 조사·확정하는 절차에 대하여 아무런 규정이 없고 인수되는 부담의 범위를 제한하는 규정도 두지 않아, 유치권에 의한 경매를 인수주의를 원칙으로 진행하면 매수인의 법적 지위가 매우 불안정한 상태에 놓이게 되는 점, 인수되는 부담의 범위를 어떻게 설정하느냐에 따라 인수주의를 취하는 것이 오히려 유치권자에게 불리해질 수 있는 점 등을 함께 고려하면, 유치권에 의한 경매도 강제경매나 담보권 실행을 위한 경매와 마찬가지로 목적부동산 위의 부담을 소멸시키는 것을 법정매각조건으로 하여 실시되고 우선채권자뿐만 아니라

일반채권자의 배당요구도 허용되며, 유치권자는 일반채권자와 동일한 순위로 배당을 받을 수 있다고 봄이 상당하다(대법원 2011. 6. 15.자 2010마1059 결정).

판례 유치물의 간이변제충당 요건인 정당한 이유에 대한 판단
유치물의 처분에 관하여 이해관계를 달리하는 다수의 권리자가 존재하거나 유치물의 공정한 가격을 쉽게 알 수 없는 등의 경우에는 민법 제322조 제2항에 의하여 유치권자에게 유치물의 간이변제충당을 허가할 정당한 이유가 있다고 할 수 없다(대법원 2000. 10. 30.자 2000마4002 결정).

3) 과실수취권
유치권자는 유치물의 과실을 수취하여 다른 채권보다 먼저 그 채권의 변제에 충당할 수 있으나, 과실이 금전이 아닌 때에는 경매하여야 한다(민법 제323조 제1항). 과실은 먼저 채권의 이자에 충당하고 그 잉여가 있으면 원본에 충당한다(동조 제2항).

4) 유치물 사용권
유치권자는 채무자의 승낙 없이 유치물을 사용·대여 또는 담보제공 하지 못하나, 예외적으로 유치물의 보존을 위하여 필요한 경우에는 유치물을 사용할 수 있다(민법 제324조 제2항). 유치권자가 이를 위반한 경우 채무자는 유치권의 소멸을 청구할 수 있다(민법 제324조 제3항).

판례 유치물 보존에 필요한 사용과 부당이득
민법 제324조에 의하면, 유치권자는 선량한 관리자의 주의로 유치물을 점유하여야 하고, 소유자의 승낙 없이 유치물을 보존에 필요한 범위를 넘어 사용하거나 대여 또는 담보제공을 할 수 없으며, 소유자는 유치권자가 위 의무를 위반한 때에는 유치권의 소멸을 청구할 수 있다고 할 것인바, 공사대금채권에 기하여 유치권을 행사하는 자가 스스로 유치물인 주택에 거주하며 사용하는 것은 특별한 사정이 없는 한 유치물인 주택의 보존에 도움이 되는 행위로서 유치물의 보존에 필요한 사용에 해당한다고 할 것이다. 그리고 유치권자가 유치물의 보존에 필요한 사용을 한 경우에도 특별한 사정이 없는 한 차임에 상당한 이득을 소유자에게 반환할 의무가 있다(대법원 2009.9.24. 선고 2009다40684 판결).

5) 비용상환청구권

유치권자가 유치물에 관하여 필요비를 지출한 때에는 소유자에게 그 상환을 청구할 수 있다(민법 제325조 제1항). 유치권자가 유치물에 관하여 유익비를 지출한 때에는 그 가액의 증가가 현존한 경우에 한하여 소유자의 선택에 좇아 그 지출한 금액이나 증가액의 상환을 청구할 수 있다(동조 제2항). 그러나 법원은 소유자의 청구에 의하여 상당한 상환기간을 허여할 수 있다(동조 제2항 단서), 이 경우 그 기간에는 유치권이 성립하지 않는다.

2. 유치권자의 의무

유치권자는 선량한 관리자의 주의로 유치물을 점유하여야 하며, 채무자의 승낙 없이 유치물의 사용·대여·담보 제공할 수 없다(민법 제324조 제1항·제2항). 유치권자가 이를 위반한 경우 채무자 또는 유치물의 소유자는 유치권의 소멸을 청구할 수 있다(동조 제3항).

3. 피담보채권의 소멸시효

유치권의 행사는 채권의 소멸시효 진행에 영향을 미치지 아니한다(민법 제326조).

> **판례** 유치권의 제도적 취지와 한계
>
> [1] 우리 법에서 유치권제도는 무엇보다도 권리자에게 그 목적인 물건을 유치하여 계속 점유할 수 있는 대세적 권능을 인정한다(민법 제320조 제1항, 민사집행법 제91조 제5항 등 참조). 그리하여 소유권 등에 기하여 목적물을 인도받고자 하는 사람(물건의 점유는 대부분의 경우에 그 사용수익가치를 실현하는 전제가 된다)은 유치권자가 가지는 그 피담보채권을 만족시키는 등으로 유치권이 소멸하지 아니하는 한 그 인도를 받을 수 없으므로 실제로는 그 변제를 강요당하는 셈이 된다. 그와 같이 하여 유치권은 유치권자의 그 채권의 만족을 간접적으로 확보하려는 것이다. 그런데 우리 법상 저당권 등의 부동산담보권은 이른바 비점유담보로서 그 권리자가 목적물을 점유함이 없이 설정되고 유지될 수 있고 실제로도 저당권자 등이 목적물을 점유하는 일은 매우 드물다. 따라서 어떠한 부동산에 저당권 또는 근저당권과 같이 담보권이 설정된 경우에도 그 설정 후에 제3자가 그 목적물을 점유함으로써 그 위에 유치권을 취득하게 될 수 있다. 이와 같이 저당권 등의 설정 후에 유치권이 성립한 경우에도 마찬가지로 유치권자는 그 저당권의 실행절차에서 목적물을 매수한 사람을 포함하여 목적물의 소유자 기타 권리자에 대하여 위와 같은 대세적인 인도거절권능을 행사할 수 있다. 따라서 부동산유치권은 대부분의 경우에 사실상

최우선순위의 담보권으로서 작용하여, 유치권자는 자신의 채권을 목적물의 교환가치로부터 일반채권자는 물론 저당권자 등에 대하여도 그 성립의 선후를 불문하여 우선적으로 자기 채권의 만족을 얻을 수 있게 된다. 이렇게 되면 유치권의 성립 전에 저당권 등 담보를 설정받고 신용을 제공한 사람으로서는 목적물의 담보가치가 자신이 애초 예상·계산하였던 것과는 달리 현저히 하락하는 경우가 발생할 수 있다. 이와 같이 유치권제도는 "시간에서 앞선 사람은 권리에서도 앞선다"는 일반적 법원칙의 예외로 인정되는 것으로서, 특히 부동산담보거래에 일정한 부담을 주는 것을 감수하면서 마련된 것이다.

유치권은 목적물의 소유자와 채권자와의 사이의 계약에 의하여 설정되는 것이 아니라 법이 정하는 일정한 객관적 요건(민법 제320조 제1항, 상법 제58조, 제91조, 제111조, 제120조, 제147조 등 참조)을 갖춤으로써 발생하는 이른바 법정담보물권이다. 법이 유치권제도를 마련하여 위와 같은 거래상의 부담을 감수하는 것은 유치권에 의하여 우선적으로 만족을 확보하여 주려는 그 피담보채권에 특별한 보호가치가 있다는 것에 바탕을 둔 것으로서, 그러한 보호가치는 예를 들어 민법 제320조 이하의 민사유치권의 경우에는 객관적으로 점유자의 채권과 그 목적물 사이에 특수한 관계(민법 제320조 제1항의 문언에 의하면 "그 물건에 관한 생긴 채권"일 것, 즉 이른바 '물건과 채권과의 견련관계'가 있는 것)가 있는 것에서 인정된다. 나아가 상법 제58조에서 정하는 상사유치권은 단지 상인 간의 상행위에 기하여 채권을 가지는 사람이 채무자와의 상행위(그 상행위가 채권 발생의 원인이 된 상행위일 것이 요구되지 아니한다)에 기하여 채무자 소유의 물건을 점유하는 것만으로 바로 성립하는 것으로서, 피담보채권의 보호가치라는 측면에서 보면 위와 같이 목적물과 피담보채권 사이의 이른바 견련관계를 요구하는 민사유치권보다 그 인정범위가 현저하게 광범위하다.

이상과 같은 사정을 고려하여 보면, 유치권제도와 관련하여서는 거래당사자가 유치권을 자신의 이익을 위하여 고의적으로 작출함으로써 앞서 본 유치권의 최우선순위담보권으로서의 지위를 부당하게 이용하고 전체 담보권질서에 관한 법의 구상을 왜곡할 위험이 내재한다. 이러한 위험에 대처하여, 개별 사안의 구체적인 사정을 종합적으로 고려할 때 신의성실의 원칙에 반한다고 평가되는 유치권제도 남용의 유치권 행사는 이를 허용하여서는 안 될 것이다.

[2] 채무자가 채무초과의 상태에 이미 빠졌거나 그러한 상태가 임박함으로써 채권자가 원래라면 자기 채권의 충분한 만족을 얻을 가능성이 현저히 낮아진 상태에서 이미 채무자 소유의 목적물에 저당권 기타 담보물권이 설정되어 있어서 유치권의 성립에 의하여 저당권자 등이 그 채권 만족상의 불이익을 입을 것을 잘 알면서 자기 채권의 우선적 만족을 위하여 위와 같이 취약한 재정적 지위에 있는 채무자와의 사이에 의도적으로 유치권의 성립요건을 충족하는 내용의 거래를 일으키고 그

에 기하여 목적물을 점유하게 됨으로써 유치권이 성립하였다면, 유치권자가 그 유치권을 저당권자 등에 대하여 주장하는 것은 다른 특별한 사정이 없는 한 신의칙에 반하는 권리행사 또는 권리남용으로서 허용되지 아니한다. 그리고 저당권자 등은 경매절차 기타 채권실행절차에서 위와 같은 유치권을 배제하기 위하여 그 부존재의 확인 등을 소로써 청구할 수 있다고 할 것이다(채무자 갑 주식회사 소유의 건물 등에 관하여 을 은행 명의의 1순위 근저당권이 설정되어 있었는데, 2순위 근저당권자인 병 주식회사가 갑 회사와 건물 일부에 관하여 임대차계약을 체결하고 건물 일부를 점유하고 있던 중 을 은행의 신청에 의하여 개시된 경매절차에서 유치권신고를 한 사안에서, 경매개시결정 기입등기가 마쳐지기 전에 임대차계약이 체결되어 병 회사가 건물 일부를 점유하고 있으며, 병 회사의 갑 회사에 대한 채권은 상인인 병 회사와 갑 회사 사이의 상행위로 인한 채권으로서 임대차계약 당시 이미 변제기에 도달하였고 상인인 병 회사가 건물 일부를 임차한 행위는 채무자인 갑 회사에 대한 상행위로 인한 것으로 인정되므로, 병 회사는 상사유치권자로서 갑 회사에 대한 채권 변제를 받을 때까지 유치목적물인 건물 일부를 점유할 권리가 있으나, 위 건물 등에 관한 저당권 설정 경과, 병 회사와 갑 회사의 임대차계약 체결 경위와 내용 및 체결 후의 정황, 경매에 이르기까지의 사정 등을 종합하여 보면, 병 회사는 선순위 근저당권자인 을 은행의 신청에 의하여 건물 등에 관한 경매절차가 곧 개시되리라는 사정을 충분히 인식하면서 임대차계약을 체결하고 그에 따라 유치목적물을 이전받았다고 보이므로, 병 회사가 선순위 근저당권자의 신청에 의하여 개시된 경매절차에서 유치권을 주장하는 것은 신의칙상 허용될 수 없다고 본 원심판단을 수긍한 사례; 대법원 2011. 12. 22. 선고 2011다84298 판결).

제3절 저당권

Ⅰ. 의의

저당권抵當權은 채무자 또는 제3자가 점유를 이전하지 아니하고 채무의 담보로 제공한 부동산에 대하여 (채무의 변제가 없는 경우에) 다른 채권자보다 우선변제를 받을 수 있는 약정담보물권이다(민법 제356조).

저당권은 점유를 그 요건으로 하지 않으므로, 채무자는 자신의 부동산에 대한 사용·수익을 계속하면서 저당권을 이용하여 자금을 빌릴 수 있다. 또한 자금을 빌려주는 채권자는 저당부동산 관리에 대한 부담 없이 자금을 투자하여 수익을 얻을 뿐만 아니라 채무불이행시에 저당부동산을 처분하여 우선변제를 받을 수 있다. 저당권은 자금의 융통을 도와주는 역할과 자금 회수를 담보하는 역할을 하므로 오늘날 가장 많이 활용되고 있는 담보물권이다.

Ⅱ. 저당권의 성립

저당권은 대부분 저당권설정계약과 등기로 성립하는 약정담보물권이다.[4]

1. 저당권 설정 계약

저당권설정계약은 저당권설정자와 저당권자 간의 저당권 설정을 목적으로 하는 물권적 합의를 말한다. 저당권자는 피담보채권의 채권자이고, 저당권설정자는 채무자 또는 제3자(물상보증인)이다.

2. 저당권 설정 등기

저당권은 약정담보물권이므로 등기하여야 그 효력이 생긴다(민법 제186조 참조). 저당권 설정등

---

4) 예외적으로 토지임대인이 변제기를 경과한 최후 2년의 차임채권에 의하여 그 지상에 있는 임차인소유의 건물을 압류한 때에는 민법 제649조에 의하여 법정저당권이 성립한다(민법 제649조 참조).

기를 할 경우에는 채권자, 채권액, 채무자의 성명과 주소를 등기하여야 하고, 변제기·이자·원본·채무불이행으로 인한 손해배상에 관한 약정·저당권의 효력이 미치는 범위에 관한 약정·채권의 조건 등에 관한 약정이 있으면 등기하여야 한다(부동산등기법 제75조 제1항).

3. 저당권의 객체

저당권은 등기·등록에 의하여 공시되므로, 등기·등록에 의하여 공시할 수 있는 것이면 저당권의 객체가 된다. 따라서 부동산, 즉 1필의 토지 또는 1동의 건물은 당연히 저당권의 객체가 되며, 지상권과 전세권도 저당권의 객체가 된다(민법 제371조). 그 밖에 특별법에 의하여 입목, 선박, 자동차, 항공기 등이 저당권의 객체가 된다.[5]

4. 저당권을 설정할 수 있는 채권(피담보채권)

저당권을 설정할 수 있는 채권(피담보채권)은 일반적으로 금전채권이다. 그러나 비금전채권인 경우에도 저당권을 설정할 수 있다. 다만 비금전채권은 저당권 실행 시기에 금전채권으로 될 수 있어야 한다. 장래의 특정 채권뿐만 아니라 불특정채권(후술하는 근저당권)을 담보하기 위하여 저당권을 설정할 수 있다(민법 제357조 참조).

> **판례** 장래 발생할 특정의 조건부 채권을 담보하기 위한 저당권 설정
>
> [1] 공동으로 매수하고 공유자에게 명의신탁한 부동산이 공유자에 의하여 임의로 처분되거나 그의 채권자들에 의하여 강제집행되는 등의 사유로 공유자에 의하여 자기지분이 침해될 경우에 공유자에 대하여 가지게 되는 장래의 조건부 손해배상청구권 또는 부당이득반환청구권을 담보하기 위하여 근저당권설정등기를 경료하였다면 이는 공유자 사이의 합치된 진정한 의사표시에 기하여 경료된 것이지 강제집행을 면탈할 목적으로 통정하여 한 허위의 의사표시라고 볼 수 없으며 또 장래에 발생할 특정의 조건부 채권을 피담보채권으로 하고 있어서 피담보채권이 존재하지 않는다고도 볼 수 없다(대법원 1993. 5. 25. 선고 93다6362 판결).
>
> [2] 장래에 발생할 특정의 위 조건부채권을 담보하기 위한 방편으로 이 사건 각 부동산에 대하여 위 각 근저당권을 설정한 것이라면, 특별한 사정이 없는 한 이는 장래 발생할 진실한 채무를 담보하기 위한 것으로 보여져(대법원 1993.5.25. 선고 93다6362 판결 참조) 피고인의

---

[5] 민법 이외의 법률에 의하여 저당권의 객체가 될 수 있는 것에는 입목(입목법), 광업권(광업법)·어업권(수산업법), 공장재단·광업재단(공장 및 광업재단 저당법), 등기된 선박(상법)·자동차(자동차저당법)·항공기(항공기저당법)·건설기계(건설기계저당법) 등이 있다.

위 행위를 가리켜 강제집행면탈죄 소정의 '허위의 채무를 부담'하는 경우에 해당한다고 할 수 없다(대법원 1996.10.25. 선고 96도1531 판결).

Ⅲ. 저당권의 효력

1. 저당권의 효력이 미치는 범위

1) 목적물의 범위

(1) 저당부동산 · 부합물 · 종물 · 과실

저당권의 효력은 저당부동산뿐만 그에 부합된 물건과 종물에 미친다(민법 제358조 본문). 그러나 법률에 특별한 규정 또는 설정행위에 다른 약정이 있으면 그러하지 아니하다(민법 제358조 단서). 저당물로부터 생긴 과실은 저당권설정자가 수취하는 것이 원칙이다. 그러나 저당권 실행, 즉 압류 후에 저당권설정자가 그 부동산으로부터 수취한 과실 또는 수취할 수 있는 과실에는 저당권의 효력이 미친다(민법 제359조 본문). 이 경우에는 저당권자가 그 부동산에 대한 소유권, 지상권 또는 전세권을 취득한 제3자에 대하여는 압류한 사실을 통지한 후에만 저당권의 효력을 주장할 수 있다(민법 제359조 단서).

> **판례** **저당부동산 경락인의 부동산 부합물과 종물의 소유권 취득**
>
> [1] 부동산에 부합된 물건이 사실상 분리복구가 불가능하여 거래상 독립한 권리의 객체성을 상실하고 그 부동산과 일체를 이루는 부동산의 구성부분이 된 경우에는 타인이 권원에 의하여 이를 부합시켰더라도 그 물건의 소유권은 부동산의 소유자에게 귀속된다(대법원 2008. 5. 8. 선고 2007다36933,36940 판결).
>
> [2] 종물은 물건의 소유자가 그 물건의 상용에 공하기 위하여 자기 소유인 다른 물건을 이에 부속하게 한 것을 말하므로(민법 제100조 제1항) 주물과 다른 사람의 소유에 속하는 물건은 종물이 될 수 없다(대법원 2008. 5. 8. 선고 2007다36933,36940 판결).
>
> [3] 저당권의 실행으로 부동산이 경매된 경우에 그 부동산에 부합된 물건은 그것이 부합될 당시에 누구의 소유이었는지를 가릴 것 없이 그 부동산을 낙찰받은 사람이 소유권을 취득하지만, 그 부동산의 상용에 공하여진 물건일지라도 그 물건이 부동산의 소유자가 아닌 다른 사람의 소유인 때에는 이를 종물이라고 할 수 없으므로

부동산에 대한 저당권의 효력에 미칠 수 없어 부동산의 낙찰자가 당연히 그 소유권을 취득하는 것은 아니며, 나아가 부동산의 낙찰자가 그 물건을 선의취득하였다고 할 수 있으려면 그 물건이 경매의 목적물로 되었고 낙찰자가 선의이며 과실 없이 그 물건을 점유하는 등으로 선의취득의 요건을 구비하여야 한다(대법원 2008. 5. 8. 선고 2007다36933,36940 판결).

> **판례** **유류저장탱크와 주유기의 경매목적물 해당 여부**
> 이 사건 유류저장탱크를 토지로부터 분리하는 데는 과다한 비용이 들고 또한 사실관계가 위와 같다면 지하에 매설된 유류저장탱크를 분리하여 발굴할 경우 그 경제적 가치가 현저히 감소할 것임은 경험칙상 분명하므로 이 사건 유류저장탱크는 이 사건 토지에 부합된 것이라고 할 것이다. 또한 이 사건 주유기는 비록 독립된 물건이기는 하나 유류저장탱크에 연결되어 유류를 수요자에게 공급하는 기구로서 주유소 영업을 위한 이 사건 건물이 있는 이 사건 토지의 지상에 설치되었고 그것이 설치된 이 사건 건물은 당초부터 주유소 영업을 위한 건물로 건축되었다는 것인바, 이러한 점 등을 종합하여 보면, 이 사건 주유기는 계속해서 이 사건 주유소 건물 자체의 경제적 효용을 다하게 하는 작용을 하고 있으므로 이 사건 건물의 상용에 공하기 위하여 부속시킨 종물이라고 보아야 할 것이다(토지 지하에 설치된 유류저장탱크와 건물에 설치된 주유기가 토지에 부합되거나 건물의 상용에 공하기 위하여 부속시킨 종물로서 토지 및 건물에 대한 경매의 목적물이 된다고 한 사례; 대법원 1995.6.29. 선고 94다6345 판결; 대법원 2000.10.28.자 2000마5527 결정).

(2) 물상대위(物上代位)

저당권은 저당물의 멸실, 훼손 또는 공용징수로 인하여 저당권설정자가 받을 금전 기타 물건에 대하여도 이를 행사할 수 있으며(물상대위), 그 지급 또는 인도전에 압류하여야 한다(민법 제370조·제342조).

> **판례** **저당 토지의 공용징수와 토지 보상금에 대한 물상대위**
> 근저당권자는 근저당권의 목적이 된 토지의 공용징수 등으로 토지의 소유자가 받을 금전이나 그 밖의 물건에 대하여 물상대위권을 행사할 수 있으나, 다만 그 지급이나 인도 전에 압류하여야 하고(민법 제370조, 제342조), 근저당권자가 금전이나 물건의 인도청구권을 압류하기 전에 토지의 소유자가 인도청구권에 기하여 금전 등을 수령한 경우 근저당권자는 더 이상 물상대위권을 행사할 수 없다(대법원 2015.9.10. 선고 2013다216273 판결).

판례 **전세권저당권과 전세금반환채권에 대한 물상대위**

전세권의 존속기간이 만료하면 전세권의 용익물권적 권능이 소멸하기 때문에 그 전세권에 대한 저당권자는 더 이상 전세권 자체에 대하여 저당권을 실행할 수 없게 되고, 이러한 경우에는 민법 제370조, 제342조, 민사집행법 제273조에 의하여 저당권의 목적물인 전세권에 갈음하여 존속하는 것으로 볼 수 있는 전세금반환채권에 대하여 추심명령 또는 전부명령을 받거나, 제3자가 전세금반환채권에 대하여 실시한 강제집행절차에서 배당요구를 하는 등의 방법으로 자신의 권리를 행사할 수 있고, 민법 제370조, 제342조 단서가 저당권자는 물상대위권을 행사하기 위하여 저당권설정자가 받을 금전 기타 물건의 지급 또는 인도 전에 압류하여야 한다고 규정한 것은 물상대위의 목적인 채권의 특정성을 유지하여 그 효력을 보전함과 동시에 제3자에게 불측의 손해를 입히지 않으려는 데 그 목적이 있으므로, 적법한 기간 내에 적법한 방법으로 물상대위권을 행사한 저당권자는 전세권자에 대한 일반채권자보다 우선변제를 받을 수 있다(대법원 2008. 3. 13. 선고 2006다29372,29389 판결).

2) 저당권에 의하여 담보되는 채권의 범위

(1) 저당권에 의하여 담보되는 채권(피담보채권)

저당권은 원본뿐만 아니라 이자·위약금·채무불이행으로 인한 손해배상 및 저당권의 실행비용을 담보한다(민법 제360조 본문). 그러나 지연배상에 대하여는 원본의 이행 기일을 경과한 후의 1년분에 한하여 저당권을 행사할 수 있다(동조 단서).

(2) 불가분성

저당권자는 채권 전부의 변제를 받을 때까지 저당물 전부에 대하여 그 권리를 행사할 수 있으며(민법 제370조·제321조), 저당권설정자는 저당권등기의 말소를 청구하지 못한다.

판례 **잔존채무의 존재와 조건부 등기말소**

원고가 피담보채무 전액을 변제하였다고 주장하면서 근저당권설정등기에 대한 말소등기절차의 이행을 청구하였으나 그 원리금의 계산 등에 관한 다툼 등으로 인하여 변제액이 채무 전액을 소멸시키는데 미치지 못하고 잔존채무가 있는 것으로 밝혀진 경우에는 특별한 사정이 없는 한 원고의 청구 중에는 확정된 잔존채무를 변제하고 그 다음에 위 등기의 말소를 구한다는 취지도 포함되어 있는 것으로 해석함이 상당하고, 이는 장래 이행의 소로서 미리 청구할 이익도 인정된다고 할 것이다(대법원 1981.9.22. 선고 80다2270 판결 등 참조). 따라서 원심으로서는 이 사건 근저당권설정등기의 피담보채무 중 잔존원금 및 지연손해금의 액수를 심리·확정한 다음, 그 변제를 조건으로 이 사건 근저당권설정등기의 말소를 명하였어야 한다고 할 것이다(저당권의 불가분성을 인정하면서, 채무변제 조건부 등기말소를 명한 사례; 대법원 2008.4.10. 선고 2007다83694 판결).

2. 우선변제적 효력

채무자가 채무를 이행하지 않으면 저당권자는 저당권에 의하여 우선변제를 받거나 일반 채권자로서 변제받을 수 있고, 또한 유저당계약에 의하여 변제받을 수도 있다.

1) 저당권에 의한 우선변제

(1) 우선변제가 인정되는 경우

① 저당권 실행에 의한 우선변제

저당권 실행은 담보권 실행을 위한 경매(임의경매)[6] 절차에 따라 진행된다(민사집행법 제264조 이하). 임의경매의 경우에는 강제경매와 달리 집행권원이 필요하지 않고, 담보권 증명 서류를 제출하여야 한다. 임의경매는 강제경매와 동일한 절차로 진행된다. 즉 i)경매신청(강제경매신청서, 부동산 소재지 관할 법원), ii)경매개시결정(경매개시결정등기: 압류), iii)매각절차(매각기일 공고, 이해관계인에게 통지, 경매 실시와 매각허가결정), iv)대금납부와 배당순으로 진행된다.

② 저당권 실행에 의하지 않은 우선변제

저당권자는 스스로 저당권을 실행하지 않고, 저당부동산에 대한 강제집행에 참여하여 우선변제를 받을 수 있다. 즉 저당부동산에 대한 일반채권자, 전세권자 또는 후순위저당권자의 강제집행에 참여하여 우선변제를 받을 수 있다. 그러나 일반채권자 또는 후순위저당권자의 경매 실행은 선순위저당권자를 보호하기 위하여 선순위저당권자 등의 채무를 변제하고 남는 것이 있을 경우에만 허용된다(민사집행법 제268조·제102조).[7]

---

6) 민사집행법상 경매는 강제경매(일반채권자에 의한 집행)와 담보권 실행 등을 위한 경매(임의경매)로 구분되며, 강제경매는 집행권원(확정판결, 채무자가 강제집행을 승낙한 공증증서 등)을 필요로 하나(민사집행법 제81조), 임의경매는 집행권원을 필요로 하지 않는다.

7) 민사집행법 제102조【남을 가망이 없을 경우의 경매취소】

(2) 저당권자의 우선적 지위

저당권자가 저당부동산에 대하여 우선변제를 받는 경우, 그 목적물에 이해관계를 가진 자 사이에 그 순위가 문제된다.

첫째, 저당권자는 일반채권자에 우선하는 것이 원칙이다. 그러나 저당권 설정 전 임차권이 등기된 경우(민법 제621조·제622조), 주택임대차보호법상의 일정 요건을 갖춘 주택의 임차인 등은 저당권자에 우선한다(주택임대차보호법 제3조의2·제12조). 예외적으로 소액보증금에 관하여는 주택임차인 등이 저당권자에 우선한다(주택임대차보호법 제8조).

둘째, 전세권과 저당권이 경합하는 경우에 그 우선순위는 설정의 선후에 의한다. 하나의 부동산 위에 여러 개의 저당권이 설정된 경우에 그 순위는 설정의 선후에 의한다(민법 제370조·민법 제333조). 따라서 후순위저당권자는 선순위저당권자가 변제받고 남은 부분에 대하여만 우선변제받을 수 있다. 이 경우 선순위저당권이 변제 기타의 사유로 소멸하면 후순위 저당권은 그 순위가 승진한다(순위승진의 원칙).

셋째, 유치권에는 우선변제력이 없으나 저당권실행으로 소유권을 취득한 자는 유치권에 의하여 담보되는 채권을 변제하지 않으면 경매 목적물을 인도받을 수 없다(민사집행법 제91조 제5항 참조). 따라서 유치권에는 사실상 우선변제력이 있으므로 유치권자는 저당권자에 우선한다.

넷째, 조세채권우선의 원칙에 따라 국세와 지방세는 공과금과 채권에 우선하여 징수한다(국세기본법 제35조 제1항 본문, 지방세기본법 제99조). 그러나 법정기일[8] 전에 설정된 저당권은 국세 및 지방세에 우선한다(국세기본법 제35조 제1항 제3호, 지방세기본법 제71조 제1항 제3호). 당해세(當該稅)[9]의 경우에는 조세채권우선의 원칙이 적용된다. 즉 해당 재산에 부과되는 상속세, 증여세 및 종합부동산세는 법정기일 전에

---

① 법원은 최저매각가격으로 압류채권자의 채권에 우선하는 부동산의 모든 부담과 절차비용을 변제하면 남을 것이 없겠다고 인정한 때에는 압류채권자에게 이를 통지하여야 한다.
② 압류채권자가 제1항의 통지를 받은 날부터 1주 이내에 제1항의 부담과 비용을 변제하고 남을 만한 가격을 정하여 그 가격에 맞는 매수신고가 없을 때에는 자기가 그 가격으로 매수하겠다고 신청하면서 충분한 보증을 제공하지 아니하면, 법원은 경매절차를 취소하여야 한다.
③ 제2항의 취소결정에 대하여는 즉시항고를 할 수 있다.
[8] 법정기일은 신고납부방식의 조세의 경우에는 신고일이고, 부과세방식의 조세의 경우에는 그 조세부과통지서의 발송일이다(국세기본법 제35조 제2항). 저당권 등이 조세채권의 법정기일 전에 설정되었다는 사실은 부동산등기부 등에 의하여 확인할 수 있다.
[9] 당해세(當該稅)는 당해재산(현재 문제되고 있는 재산, 예를 들어 우선변제권이 있는 주택임차권이 있는 주택)에 부과되는 조세이다. 국세 중 당해세에 해당하는 것은 상속세, 증여세 및 종합부동산세이고, 지방세 중에는 재산세, 자동차세, 지역자원시설세, 지방교육세가 당해세에 해당한다.

설정된 저당권에 우선하고(국세기본법 제35조 제3항), 해당 재산에 부과되는 재산세, 자동차세, 지역자원시설세, 지방교육세도 법정기일 전에 설정된 저당권에 우선한다(지방세기본법 제71조 제1항 및 제5항 참고).

다섯째, 근로자의 최종 3개월분의 임금 채권과 재해보상금 및 최종 3년간의 퇴직급여는 사용자의 재산에 설정되어 있는 저당권에 의하여 담보된 채권, 조세·공과금 및 다른 채권에 우선하여 변제되어야 한다(근로기준법 제38조 제2항, 근로자퇴직급여보장법 제12조 제2항). 따라서 근로자의 최종 3개월분의 임금채권과 재해보상금은 주택임차인의 소액보증금 채권과 함께 최우선순위로 변제받을 수 있고, 양자 사이에는 비례하여 변제받는다(전병서, 317면).

2) 일반 채권자로서 변제를 받는 경우

저당권자가 저당권에 의하여 저당목적물의 경매대금에서 우선변제를 받았으나 피담보채권을 완전히 변제받지 못할 수도 있다. 이러한 경우에 저당권자는 일반 채권자로서 채무자의 일반재산에 대하여 스스로 강제집행을 하거나 제3자가 채무자의 재산에 대하여 강제집행을 하는 경우에 그 배당에 참가할 수 있다.

3) 유저당 계약

유저당流抵當이란 저당권으로 담보된 채무의 변제기 전에 피담보채무의 불이행이 있으면 저당부동산의 소유권을 저당권자가 취득하는 것으로 하거나 법률이 정하지 않은 방법으로 저당부동산을 제3자에게 매각하여 변제받기로 약정하는 것을 말한다. 민법에는 유질계약(민법 제339조)과 달리 명문으로 규정되어 있지 않다. 그러나 문헌 등에서는 유저당 계약을 일반적으로 인정하고, 피담보채권을 초과하는 부분은 무효이므로 반드시 채무자에게 반환하여야 하는 것으로 해석하고 있다(강태성, 물권법, 1178면; 곽윤직·김재형, 물권법, 461면; 양형우, 723면; 송덕수, 물권법, 517면).

3. 저당권과 용익관계

1) 일반 원칙

저당권자는 그 저당부동산에 대하여 교환가치만을 지배한다. 따라서 저당권 설정은 그 목적물의 용익用益, 즉 사용·수익에 영향을 미치지 않는다.

(1) 저당권설정자가 용익하는 경우

저당권 설정 후 저당권이 실행되기 전까지 저당권설정자는 스스로 그 목적물을 용익할 수 있다. 그러나 저당권이 실행되어 그 경락인, 즉 매수인이 저당물의 소유권을 취득하면 저당권설정자의 용익권은 소멸한다.

(2) 제3자가 용익하는 경우

제3자의 용익권은 저당권의 실행으로 소멸하는 것이 원칙이다. 그러나 저당권과 제3자에 대하여 대항력을 가지는 용익권(지상권, 전세권, 민법에 의하여 등기된 임차권(동법 제621조·제622조)과 주택임대차보호법상의 대항요건(주택인도와 주민등록)을 갖춘 임차권 등)의 관계는 그 설정의 선후(先後)에 의하여 결정된다. 이 경우 저당권은 최우선순위의 저당권을 기준으로 한다.

첫째, 저당권 설정 전 용익권이 성립되어 있는 경우, 제3자 대항력 있는 용익권은 저당권의 실행으로 소멸하지 않는다. 따라서 매수인이 지상권·전세권 및 등기된 임차권 등의 부담을 인수하게 된다(민사집행법 제91조 제4항 본문).[10] 다만 전세권은 전세권자가 그 저당부동산의 매각대금에서 배당요구를 하는 경우 매각으로 소멸한다(동조 제4항 단서). 저당권 설정 후 용익권이 성립된 경우, 용익권은 그 공시방법 구비 여부를 불문하고 소멸한다(민사집행법 제91조 제3항).[11]

둘째, 저당부동산 위의 모든 저당권은 경매로 인한 매각으로 소멸한다(민사집행법 제91조 제2항). 예를 들어 저당부동산에 저당권, 전세권, 저당권의 순으로 권리가 설정된 경우, 2순위 저당권자에 의하여 저당권이 실행된 경우, 1순위 저당권은 소멸한다. 따라서 후순위인 전세권도 소멸하게 된다. 이 경우 1순위 저당권자는 그 저당부동산의 경매 대금에서 우선변제를 받게 된다.

셋째, 유치권은 저당부동산의 매각으로 소멸하지 않는다. 따라서 저당부동산의 매수인은 유치권자에게 그 유치권으로 담보하는 채권을 변제할 책임이 있다. 이 경우 유치권은 압류의 효력이 발생하기 전에 생긴 것이어야 한다. 즉 채무자 소유의 부동산에 경매개

---

10) 다만, 전세권의 경우에는 전세권자가 민사집행법 제88조에 따라 배당요구를 하면 매각으로 소멸한다(민사집행법 제91조 제4항 단서).
11) 저당권자는 제3자의 용익권이 존재하지 않는 상태에서 목적물을 평가하여 저당권을 설정하였으므로, 저당권자의 손해를 막기 위하여는 저당권의 실행으로 용익권이 소멸하여야 한다(강태성, 물권법, 1191면; 곽윤직·김재형, 물권법, 463면).

시결정의 기입등기가 마쳐져 압류의 효력이 발생한 후에 유치권을 취득한 경우에는 그 유치권으로써 부동산에 관한 경매절차의 매수인에게 대항할 수 없다(대법원 2013. 6. 27. 선고 2011다50165 판결).

2) 법정지상권

(1) 의의

저당물의 경매로 인하여 토지와 그 지상건물이 다른 소유자에 속한 경우에 토지소유자는 건물소유자에 대하여 지상권을 설정한 것으로 본다(민법 제366조). 이 경우 건물 소유자가 법률의 규정에 따라 취득하는 지상권을 법정지상권이라고 한다. 민법 제366조의 법정지상권이 인정되는 이유는 기존 건물의 철거를 방지하는 것이 사회 경제적으로 이득이 되고(곽윤직·김재형, 물권법, 464면), 저당권자도 법정지상권의 인정으로 예상하지 못한 손해를 입는 것이 아니기 때문이다.[12]

> **판례** 법정지상권 배제 특약의 효력(민법 제366의 강행규정성)
> 민법 제366조는 가치권과 이용권의 조절을 위한 공익상의 이유로 지상권의 설정을 강제하는 것이므로 저당권설정 당사자간의 특약으로 저당목적물인 토지에 대하여 법정지상권을 배제하는 약정을 하더라도 그 특약은 효력이 없다(대법원 1988. 10. 25. 선고 87다카1564 판결).

(2) 성립요건

민법 제366조의 법정지상권이 성립하기 위하여는 i)저당권 설정 당시에 건물이 존재하고, ii)토지와 건물의 소유자가 동일하고, iii)토지와 건물의 어느 한쪽 또는 둘 위에 저당권이 설정되고, iv)저당권 실행 경매로 인하여 토지와 건물의 소유자가 달라져야 한다.

> **판례** 저당권 설정 후 재건축 건물에 대한 법정지상권 성립
> [1] 토지 또는 구건물에만 (단독)저당권이 설정된 경우
> 민법 제366조 소정의 법정지상권이 성립하려면 저당권 설정 당시 저당권의 목적이

---

12) 즉 저당권자는 저당권 설정 당시에 법정지상권의 부담을 예상할 수 있고, 저당권 설정 당시의 담보가치가 저당권이 실행될 때에도 그대로 유지되면 족하므로, 법정지상권의 인정으로 불측의 손해를 받는 것은 아니라고 한다(강태성, 물권법, 1204면).

되는 토지 위에 건물이 존재하여야 하는데, 저당권 설정 당시의 건물을 그 후 개축·증축한 경우는 물론이고 그 건물이 멸실되거나 철거된 후 재건축·신축한 경우에도 법정지상권이 성립하며, 이 경우 신건물과 구건물 사이에 동일성이 있거나 소유자가 동일할 것을 요하는 것은 아니라 할 것이지만, 그 법정지상권의 내용인 존속기간·범위 등은 구건물을 기준으로 하여야 할 것이다(대법원 2001.03.13. 선고 2000다48517,48524,48531 판결).

[2] 토지와 구건물에 공동저당권이 설정된 경우

동일인의 소유에 속하는 토지 및 그 지상 건물에 관하여 공동저당권이 설정된 후 그 지상 건물이 철거되고 새로 건물이 신축된 경우에는 그 신축건물의 소유자가 토지의 소유자와 동일하고 토지의 저당권자에게 신축건물에 관하여 토지의 저당권과 동일한 순위의 공동저당권을 설정해 주는 등 특별한 사정이 없는 한 저당물의 경매로 인하여 토지와 그 신축건물이 다른 소유자에 속하게 되더라도 그 신축건물을 위한 법정지상권은 성립하지 않는다고 해석하여야 하는바, 그 이유는 동일인의 소유에 속하는 토지 및 그 지상 건물에 관하여 공동저당권이 설정된 경우에는, 처음부터 지상 건물로 인하여 토지의 이용이 제한 받는 것을 용인하고 토지에 대하여만 저당권을 설정하여 법정지상권의 가치만큼 감소된 토지의 교환가치를 담보로 취득한 경우와는 달리, 공동저당권자는 토지 및 건물 각각의 교환가치 전부를 담보로 취득한 것으로서, 저당권의 목적이 된 건물이 그대로 존속하는 이상은 건물을 위한 법정지상권이 성립해도 그로 인하여 토지의 교환가치에서 제외된 법정지상권의 가액 상당 가치는 법정지상권이 성립하는 건물의 교환가치에서 되찾을 수 있어 궁극적으로 토지에 관하여 아무런 제한이 없는 나대지로서의 교환가치 전체를 실현시킬 수 있다고 기대하지만, 건물이 철거된 후 신축된 건물에 토지와 동순위의 공동저당권이 설정되지 아니 하였는데도 그 신축건물을 위한 법정지상권이 성립한다고 해석하게 되면, 공동저당권자가 법정지상권이 성립하는 신축건물의 교환가치를 취득할 수 없게 되는 결과 법정지상권의 가액 상당 가치를 되찾을 길이 막혀 위와 같이 당초 나대지로서의 토지의 교환가치 전체를 기대하여 담보를 취득한 공동저당권자에게 불측의 손해를 입게 하기 때문이다(종래 판례는 저당권 설정 당시 건물이 존재하는 이상 건물을 증·개축하거나 재건축하는 등의 경우에는 단독저당·공동저당 여부를 구분하지 않고 법정지상권을 인정하였으나 공동저당의 경우에는 예외를 인정한다는 대법원 전원합의체 판결; 대법원 2003.12.18. 선고 98다43601 전원합의체 판결).

(3) 법정지상권의 취득과 효력

① 법정지상권의 취득

법정지상권은 토지나 건물의 경매로 그 소유권이 경매의 매수인에게 이전하는 때, 즉 매수인이 매각대금을 완납하는 때에 성립한다. 따라서 건물 소유자는 법률의 규정에 의하여 지상권을 취득한 것이므로, 법정지상권의 취득에는 등기를 요하지 않는다(민법 제187조 참조).

② 지상권에 관한 규정 적용

민법 제366조의 법정지상권의 법률관계에 대하여는 지상권에 관한 규정이 유추적용된다. 따라서 법정지상권자는 해당 건물의 대지뿐만 아니라 건물의 유지와 사용에 필요한 범위에서 토지를 사용할 권리가 있다. 법정지상권의 존속기간은 그 지상물의 종류에 따라 민법 제281조 제1항에 따라 결정된다(대법원 1992. 6. 9. 선고 92다4857 판결). 지료는 당사자의 합의가 성립하지 않으면, 당사자의 청구에 의하여 법원이 결정한다(민법 제366 단서).

> **판례** 법정지상권 설정등기 없는 건물 양수인의 권리
>
> 법정지상권을 가진 건물소유자(甲)로부터 건물을 양수하면서 법정지상권까지 양도받기로 한 자(丙)는 채권자대위의 법리에 따라 전건물소유자 및 대지소유자(乙)에 대하여 차례로 지상권의 설정등기 및 이전등기절차이행을 구할 수 있다 할 것이므로 이러한 법정지상권을 취득할 지위에 있는 자에 대하여 대지소유자가 소유권에 기하여 건물철거를 구함은 지상권의 부담을 용인하고 그 설정등기절차를 이행할 의무 있는 자가 그 권리자를 상대로 한 청구라 할 것이어서 신의성실의 원칙상 허용될 수 없다(법정지상권의 설정 등기 없이 건물소유권이 양도된 경우, 건물양수인(丙)은 토지소유자(乙)에 대하여 채권자대위권에 의하여 건물양도인(甲) 명의의 법정지상권의 설정등기를 청구할 수 있고, 건물양도인(甲)에 대하여는 법정지상권의 이전등기를 청구할 수 있다는 사례; 대법원 1985.4.9. 선고 84다카1131,1132 전원합의체판결).

3) 저당 토지 위의 건물에 대한 일괄경매청구권

(1) 의의

일괄경매청구권이란, 토지를 목적으로 저당권을 설정한 후 그 설정자가 그 토지에

건물을 축조한 경우에 그 저당권자가 토지와 함께 그 건물에 대하여도 경매를 청구할 수 있는 권리를 말한다(민법 제365조). 일괄경매청구권은 기존 건물의 철거 방지와 토지 저당권자를 보호하기 위하여 인정된 제도이다.

> **판례** 일괄경매청구권의 취지
> 민법 제365조 본문이 토지를 목적으로 한 저당권을 설정한 후 저당권설정자가 그 토지에 건물을 축조한 때에는 저당권자가 토지와 건물에 대하여 일괄하여 경매를 청구할 수 있도록 규정한 취지는, 저당권설정자로서는 저당권 설정 후에도 그 지상에 건물을 신축할 수 있는데 후에 저당권 실행으로 토지가 제3자에게 매각될 경우에 건물을 철거하여야 한다면 사회경제적으로 현저한 불이익이 생기게 되므로 이를 방지할 필요가 있고, 저당권자에게도 저당토지상 건물의 존재로 인하여 생기게 되는 경매의 어려움을 해소하여 저당권 실행을 쉽게 할 수 있도록 한 데 있다(대법원 2012.3.15. 선고 2011다54587 판결).

(2) 요건

일괄경매청구권이 인정되기 위해서는 i)토지저당권 설정 후에 그 토지 위에 건물이 축조되고, ii)저당권설정자가 건물을 축조하고 경매 시까지 건물을 소유하고, iii)토지 저당권자의 일괄경매신청이 있어야 한다. 일괄경매청구권의 행사여부는 저당권자가 자유로이 선택할 수 있다. 한편 토지저당권의 실행만으로 피담보채권액과 경매비용을 충분히 변제받을 수 있는 경우에도 저당권자는 일괄경매를 청구할 수 있다(대법원 1968.9.30. 자 68마890 결정).

> **판례** 일괄경매의 추가신청과 그 시간적 한계
> 민법 제365조에 기한 일괄경매청구권은 토지의 저당권자가 토지에 대하여 경매를 신청한 후에도 그 토지상의 건물에 대하여 토지에 관한 경매기일 공고 시까지는 일괄경매의 추가신청을 할 수 있고, 이 경우에 집행법원은 두 개의 경매사건을 병합하여 일괄경매절차를 진행함이 상당하다(대법원 2001. 6. 13. 자 2001마1632 결정).

> **판례** 저당권설정자의 용익권자 축조 건물 취득과 일괄경매신청
> 저당지상의 건물에 대한 일괄경매청구권은 저당권설정자가 건물을 축조한 경우뿐만 아니라 저당권설정자로부터 저당토지에 대한 용익권을 설정받은 자가 그 토지에 건물을 축조한 경우라도 그 후 저당권설정자가 그 건물의 소유권을 취득한 경우에는 저당권자는 토지와 함께 그 건물에 대하여 경매를 청구할 수 있다(대법원 2003. 4. 11. 선고 2003다3850 판결).

(3) 효력

토지 저당권자는 그 건물의 경매대가에 대하여는 우선변제를 받을 권리가 없다(민법 제365조 단서). 그러나 토지 저당권자는 건물의 경매대가에 대하여는 일반채권자로서 변제받을 수 있다(대법원 2012. 3. 15. 선고 2011다54587 판결). 토지와 건물을 동일인에게 경락시켜야만 건물이 계속 존속할 수 있으므로 토지경락인과 건물 경락인은 동일하여야 한다(강태성, 물권법, 1195면; 김상용, 물권법, 709면).

> **판례** 일괄경매청구권 행사와 건물 매각대금에 대한 배당 요건
>
> [1] 동일인의 소유에 속하는 토지 및 지상 건물에 관하여 공동저당권이 설정된 후 건물이 철거되고 새로 건물이 신축된 경우에는, 신축건물의 소유자가 토지의 소유자와 동일하고 토지의 저당권자에게 신축건물에 관하여 토지의 저당권과 동일한 순위의 공동저당권을 설정해 주었다는 등 특별한 사정이 없는 한 저당물의 경매로 인하여 토지와 신축건물이 다른 소유자에 속하게 되더라도 신축건물을 위한 법정지상권이 성립하지 않으므로, 위와 같은 경우 토지와 신축건물에 대하여 민법 제365조에 의하여 일괄매각이 이루어졌다면 일괄매각대금 중 토지에 안분할 매각대금은 법정지상권 등 이용 제한이 없는 상태의 토지로 평가하여 산정하여야 한다(대법원 2012.03.15. 선고 2011다54587 판결).
>
> [2] 같은 조 단서에 의하면 그때 저당권자에게는 건물의 매각대금에 대하여 우선변제를 받을 권리가 없도록 규정되어 있는 점에 비추어 보면, 위와 같은 경우 토지의 저당권자가 건물의 매각대금에서 배당을 받으려면 민사집행법 제268조, 제88조의 규정에 의한 적법한 배당요구를 하였거나 그 밖에 달리 배당을 받을 수 있는 채권으로서 필요한 요건을 갖추고 있어야 한다(대법원 2012. 3. 15. 선고 2011다54587 판결).

4) 제3취득자의 보호

제3취득자는 저당권 설정 후 저당부동산 대하여 소유권이나 지상권·전세권을 취득한 제3자를 말한다. 제3취득자는 채무자의 변제 여부에 따라 그 지위가 달라지는 불안정한 상태에 있다. 민법에서는 제3취득자를 보호하기 위한 규정을 두고 있다. 즉 제3취득자는 i)저당물경매에서 매수인이 될 수 있고(민법 제363조 제2항), ii)저당권자에게 그 부동산으로 담보된 채권을 변제하고 저당권의 소멸을 청구할 수 있으며(민법 제364조), iii)저당부동산에 지출한 필요비 또는 유익비를 저당물의 경매대가에서 우선상환을 받을 수 있다(민법 제367조).

4. 저당권의 보호

1) 저당권 침해의 특수성

저당권자는 저당객체의 교환가치가 감소하는 경우에 자신의 피담보채권을 우선변제 받지 못할 수 있다. 저당권 침해가 발생하는 경우, 저당권자는 저당권 침해에 대하여 자신의 저당권을 보호할 권리가 있다.

부동산이 저당권의 객체인 경우, 저당부동산은 저당권설정자 또는 제3자의 적극적·소극적 행위에 의하여 저당권이 침해될 수 있다. 예를 들어 저당권자가 저당부동산을 멸실·훼손하게 하거나(예: 저당 토지에 산업폐기물을 매립하는 경우) 저당부동산의 교환가치 감소를 방치하는 경우(예: 수리가 필요한 주택을 수리하지 않는 경우)에는 저당권의 침해가 발생한다. 이러한 경우 저당권자는 저당부동산의 객관적 교환가치가 감소되는 것을 방지할 의무가 있다. 그러나 저당권은 교환가치만을 지배하는 권리이므로 저당권 설정 후 저당권 설정자 또는 제3자가 사용·수익하는 것은 저당권의 침해가 아니며, 또한 저당부동산의 교환가치가 하락하더라도 잔존 교환가치가 피담보채권액을 초과하는 경우에는 저당권의 침해가 아니다.

2) 물권적 청구권

저당권은 점유를 수반하는 권리가 아니므로 저당권자는 저당목적물 반환청구권을 행사할 수 없다. 저당권자는 저당권을 침해하는 자에 대하여 침해의 제거를 청구할 수 있고 저당권을 침해할 염려 있는 행위를 하는 자에 대하여 그 예방이나 손해배상의 담보를 청구할 수 있다(민법 제370조, 민법 제214조). 그러나 저당권자는 피담보채권을 전부 변제받을 때까지 저당목적물 전부에 대하여 그 권리를 행사할 수 있으므로(불가분성; 민법 제370조, 제321조), 저당권자의 방해제거 또는 예방청구권은 목적물의 교환가치가 피담보채권을 모두 만족시킬 수 있는 때에도 발생한다(양형우, 734면; 송덕수, 물권법, 538면).

> **판례** **저당권설정 토지상 건축 행위에 대한 방해배제청구**
>
> [1] 저당권자는 저당권 설정 이후 환가에 이르기까지 저당물의 교환가치에 대한 지배권능을 보유하고 있으므로 저당목적물의 소유자 또는 제3자가 저당목적물을 물리적으로 멸실·훼손하는 경우는 물론 그 밖의 행위로 저당부동산의 교환가치가 하락할 우려가 있는 등 저당권자의 우선변제청구권의 행사가 방해되는 결과가 발

생한다면 저당권자는 저당권에 기한 방해배제청구권을 행사하여 방해행위의 제거를 청구할 수 있다(대법원 2006.01.27. 선고 2003다58454 판결).

[2] 대지의 소유자가 나대지 상태에서 저당권을 설정한 다음 대지상에 건물을 신축하기 시작하였으나 피담보채무를 변제하지 못함으로써 저당권이 실행에 이르렀거나 실행이 예상되는 상황인데도 소유자 또는 제3자가 신축공사를 계속한다면 신축건물을 위한 법정지상권이 성립하지 않는다고 할지라도 경매절차에 의한 매수인으로서는 신축건물의 소유자로 하여금 이를 철거하게 하고 대지를 인도받기까지 별도의 비용과 시간을 들여야 하므로, 저당목적 대지상에 건물신축공사가 진행되고 있다면, 이는 경매절차에서 매수희망자를 감소시키거나 매각가격을 저감시켜 결국 저당권자가 지배하는 교환가치의 실현을 방해하거나 방해할 염려가 있는 사정에 해당한다(대지의 소유자가 나대지 상태에서 저당권을 설정한 다음 대지상에 건물을 신축하기 시작하였으나 피담보채무를 변제하지 못함으로써 저당권이 실행에 이르렀거나 실행이 예상되는 상황인데도 신축공사가 진행되는 경우, 저당권자가 지배하는 교환가치의 실현을 방해하거나 방해할 염려가 있는 사정에 해당한다고 판단한 사례; 대법원 2006.01.27. 선고 2003다58454 판결).

3) 손해배상청구권

저당권설정자 또는 제3자의 저당권 침해로 저당권자에게 손해가 발생한 경우, 저당권자는 그 침해자에 대하여 불법행위에 기한 손해배상을 청구할 수 있다(민법 제750조). 그러나 물권적 청구권 행사와 달리 저당권의 침해로 저당부동산의 잔존 교환가치가 그 피담보채권액에 미달한 경우에만 손해배상청구권을 행사할 수 있다.

> **판례** 저당목적물의 담보가치 하락과 불법행위 성립
>
> 근저당권의 공동 담보물 중 일부를 권한 없이 멸실·훼손하거나 담보가치를 감소시키는 행위로 인하여 근저당권자가 나머지 저당 목적물만으로 채권의 완전한 만족을 얻을 수 없게 되었다면 근저당권자는 불법행위에 기한 손해배상청구권을 취득한다. 이때 이와 같은 불법행위 후 근저당권이 확정된 경우 근저당권자가 입게 되는 손해는 채권최고액 범위 내에서 나머지 저당 목적물의 가액에 의하여 만족을 얻지 못하는 채권액과 멸실·훼손되거나 또는 담보가치가 감소된 저당 목적물 부분(이하 '소멸된 저당목적물 부분'이라 한다)의 가액 중 적은 금액이다. 여기서 나머지 저당 목적물의 가액에 의하여 만족을 얻지 못하는 채권액은 위 근저당권의 실행 또는 제3자의 신청으로 개시된 경매절차에서 근저당권자가 배당받을 금액이 확정되었거나 확정될 수 있

는 때에는 그 금액을 기준으로 하여 산정하며, 그렇지 아니한 경우에는 손해배상 청구소송의 사실심 변론종결시를 기준으로 산정하여야 하고, 소멸된 저당 목적물 부분의 가액 역시 같은 시점을 기준으로 산정하여야 한다(대법원 2009.05.28. 선고 2006다42818 판결).

4) 저당물보충청구권

저당권설정자의 책임 있는 사유로 인하여 저당물의 가액이 현저히 감소된 때에는 저당권자는 저당권설정자에 대하여 그 원상회복 또는 상당한 담보제공을 청구할 수 있다(민법 제362조).

5) 즉시변제청구권(기한의 이익 상실)

채무자가 저당부동산을 손상, 감소 또는 멸실하게 한 경우, 채무자는 기한의 이익을 주장하지 못한다(민법 제388조 제1호). 따라서 채권자인 저당권자는 즉시변제를 청구할 수 있다.

Ⅳ. 저당권의 처분과 소멸

1. 저당권의 처분

1) 저당권의 처분제한

저당권자는 두 가지 방법으로 자금을 회수할 수 있다. 먼저 피담보채권의 변제기가 도래한 경우, 저당권자는 채무자로부터 채권을 변제받거나 채권자가 변제하지 않으면 저당권을 실행하여 자금을 회수할 수 있다. 피담보채권의 변제기가 도래하지 않은 경우에는 저당권을 처분하여 자금을 회수할 수 있다. 우리 민법에서는 저당권자의 투하자본 회수 방법으로 저당권 양도(민법 제361조)와 입질(민법 제348조)을 규정하고 있다. 저당권을 양도하는 경우, 저당권은 그 담보한 채권과 분리하여 타인에게 양도하거나 다른 채권의 담보로 하지 못한다(민법 제361조).

2) 저당권부 채권의 양도

저당권자는 피담보채권과 분리하여 저당권을 양도할 수 없고, 저당권자는 피담보채권과 함께 저당권을 양도하여야 한다(민법 제361조). 저당권부 채권의 양도는 저당권과 채권의 양도이므로, 저당권부 채권의 양도에는 부동산물권변동 규정과 채권양도 규정이 적용된다. 즉 저당권 양도는 저당권 양도에 관한 물권적 합의와 등기의 요건을 갖추어야 하며(민법 제186조), 채권양도는 당사자의 약정으로 효력이 있으나 양도인이 채무자에게 양도사실을 통지하거나 채무자가 승낙하지 아니하면 채무자 기타 제3자에게 대항할 수 없다(민법 제450조).

> **판례** 저당권양도와 물권적 합의를 요하는 당사자의 범위
>
> 저당권은 피담보채권과 분리하여 양도하지 못하는 것이어서 저당권부 채권의 양도는 언제나 저당권의 양도와 채권양도가 결합되어 행해지므로 저당권부 채권의 양도는 민법 제186조의 부동산물권변동에 관한 규정과 민법 제449조 내지 제452조의 채권양도에 관한 규정에 의해 규율되므로 저당권의 양도에 있어서도 물권변동의 일반원칙에 따라 저당권을 이전할 것을 목적으로 하는 물권적 합의와 등기가 있어야 저당권이 이전된다고 할 것이나, 이 때의 물권적 합의는 저당권의 양도·양수받는 당사자 사이에 있으면 족하고 그 외에 그 채무자나 물상보증인 사이에까지 있어야 하는 것은 아니라 할 것이고, 단지 채무자에게 채권양도의 통지나 이에 대한 채무자의 승낙이 있으면 채권양도를 가지고 채무자에게 대항할 수 있게 되는 것이다(대법원 2005. 6. 10. 선고 2002다15412, 15429 판결).

> **판례** 채권양도 후 저당권 명의자 변경 전 저당권의 효력
>
> 피담보채권과 근저당권을 함께 양도하는 경우에 채권양도는 당사자 사이의 의사표시만으로 양도의 효력이 발생하지만 근저당권이전은 이전등기를 하여야 하므로 채권양도와 근저당권이전등기 사이에 어느 정도 시차가 불가피한 이상 피담보채권이 먼저 양도되어 일시적으로 피담보채권과 근저당권의 귀속이 달라진다고 하여 근저당권이 무효로 된다고 볼 수는 없으나, 위 근저당권은 그 피담보채권의 양수인에게 이전되어야 할 것에 불과하고, 근저당권의 명의인은 피담보채권을 양도하여 결국 피담보채권을 상실한 셈이므로 집행채무자로부터 변제를 받기 위하여 배당표에 자신에게 배당하는 것으로 배당표의 경정을 구할 수 있는 지위에 있다고 볼 수 없다(대법원 2003.10.10. 선고 2001다77888 판결).

3) 저당권부 채권의 입질

저당권도 피담보채권과 함께 질권의 목적이 된다. 단 저당권으로 담보한 채권을 질권의 목적으로 한 때에는 그 저당권등기에 질권의 부기등기를 하여야 그 효력이 저당권에 미친다(민법 제348조).

2. 저당권의 소멸

저당권은 물권에 공통한 소멸원인, 즉 목적물의 멸실, 공용징수, 포기, 혼동[13] 등으로 소멸한다. 또한 저당권은 담보물권에 공통한 소멸원인, 즉 피담보채권의 소멸, 저당권 실행 경매, 제3취득자의 변제 후 소멸청구(민법 제364조)로 소멸한다. 목적물의 멸실 또는 공용징수로 인하여 저당권이 소멸하는 경우, 저당권자는 그로 인하여 저당권설정자가 받을 금전 기타의 물건에 대하여 저당권을 행사할 수 있다(물상대위; 민법 제370조, 제342조). 피담보채권이 소멸시효로 소멸하면 저당권도 소멸한다. 그러나 저당권은 피담보채권과 별도로 소멸시효에 걸리지 않는다.

한편 지상권 또는 전세권을 목적으로 하는 저당권의 경우, 지상권 또는 전세권이 존속기간 만료 기타 사유로 소멸하면 저당권도 소멸한다. 따라서 지상권 또는 전세권을 목적으로 저당권을 설정한 자는 저당권자의 동의 없이 지상권 또는 전세권을 소멸하게 하는 행위를 하지 못한다(민법 제371조 제2항).

> **판례** 전세권 기간 만료와 전세권부 저당권의 소멸
>
> [1] 전세권 말소 등기와 저당권의 소멸
> 전세권이 기간만료로 종료된 경우 전세권은 전세권설정등기의 말소등기 없이도 당연히 소멸하고, 저당권의 목적물인 전세권이 소멸하면 저당권도 당연히 소멸하는 것이므로 전세권을 목적으로 한 저당권자는 전세권의 목적물인 부동산의 소유자에게 더 이상 저당권을 주장할 수 없다(대법원 1999. 9. 17. 선고 98다31301 판결).
>
> [2] 저당권자 동의 없는 전세권의 소멸 여부
> 소외인은 2001. 8. 21. 피고와 사이에 이 사건 부동산을 임대차보증금 1억 원, 월 차임 195만 원, 임차기간 2년으로 정하여 임차하기로 하는 내용의 임대차계약을 체결하고, 위 임대차보증금 반환채권을 담보하기 위하여 같은 날 전세금 1억 원, 기간 2001. 8. 21.부터 2003. 8. 21.까지로 하는 전세권설정계약을 별도로 체결한 다

---
[13] 저당권자가 저당물에 대한 소유권을 취득하면 저당권은 혼동으로 소멸한다(민법 제191조).

음, 같은 날 위와 같은 내용의 전세권설정등기를 경료하였고, 한편 원고는 2001. 8. 21. 소외인과 사이에 동인에 대한 대출금채권을 담보하기 위하여 위 전세권에 대하여 저당권설정계약을 체결한 다음, 같은 날 그 저당권설정등기를 마치고, - 중략 - 소외인과 피고는 위 전세권의 존속기간 중인 2003. 3. 27. 이 사건 부동산 중 일부만 임대차계약의 목적물로 존속하고 나머지 부분은 합의해지하기로 하면서 이 사건 부동산 중 일부를 임대차보증금 8,000만 원, 월 차임 100만 원, 임차기간 2년으로 정하여 임차하기로 하는 내용으로 종전의 임대차계약을 변경하였음을 알 수 있는바, 민법 제371조 제2항이 "전세권을 목적으로 저당권을 설정한 자는 저당권자의 동의 없이 전세권을 소멸하게 하는 행위를 하지 못한다."고 규정하고 있는 점에 비추어 볼 때, 위와 같은 경우 소외인과 피고 사이에서는 위 전세권이 위 계약 내용대로 변경되어 전세금이 1억 원에서 8,000만 원으로 일부 소멸한다고 할 것이지만, 위 전세권저당권자인 원고에 대한 관계에서는 소외인은 물론 위 전세권설정자인 피고도 원고의 동의가 있지 않는 한 위와 같은 전세권의 일부 소멸을 주장할 수 없다고 할 것이다(임대차보증금 반환채권을 담보하기 위하여 전세권설정등기를 경료한 후 그 전세권에 대하여 저당권이 설정된 경우, 임대차계약의 변경으로 전세권이 일부 소멸하더라도 저당권자의 동의가 없는 한 전세권설정자가 위 전세권의 일부 소멸을 주장할 수 없다고 한 사례; 대법원 2006.02.09. 선고 2005다59864 판결).

V. 특수저당권

1. 공동저당권

1) 의의

공동저당권이란 동일한 채권을 담보하기 위해 수개의 부동산(여러 필의 토지 또는 토지와 그 지상건물 등) 위에 설정된 저당권을 말한다(민법 제368조 제1항). 예를 들어 乙이 甲으로부터 6천만원을 차용하면서 그 채무를 담보하기 위하여 乙소유의 X토지(시가 6천만원)와 그 위의 Y건물(시가 4천만원), 그리고 Z토지(시가 2천만원)에 저당권을 설정한 경우, 甲은 위 토지와 건물을 객체로 하는 공동저당권을 취득하게 된다.[14] 이와 같이 공동저당제도를 이용하면, 채무자는 개별 부동산의 가

---

14) 공동저당권은 다수의 부동산이 1개의 채권을 담보하지만 각 부동산 마다 1개의 저당권이 존재한다. 다만 모든 저당권은 피담보채권을 공동으로 하고 있으므로 서로 일정한 제한을 받는다. 따라서 피담보채권이 모두 변제되면, 모든 저당권은 소멸하게 된다.

액이 피담보채권액에 미달하여도 그 부동산들을 이용하여 저당권을 설정하여 자금을 마련할 수 있고, 채권자는 개별 부동산의 가치 하락이나 경매가 곤란한 사정이 있어도 다른 부동산으로부터 변제받을 수 있다.[15]

2) 공동저당권의 성립

공동저당권도 저당권과 마찬가지로 그 설정의 합의와 등기를 함으로써 성립한다.

보통저당권의 객체는 공동저당권의 객체가 되고, 그 객체는 동일인 소유일 것을 요하지 않는다. 공동저당권의 등기는 각 저당부동산에 저당권 설정 등기를 하고, 각 부동산의 등기기록에 공동담보라는 것을 기록한다(부동산등기법 제78조·부동산등기규칙 제133조·제135조). 공동저당 부동산이 5개 이상일 경우에는 공동담보목록을 전자적으로 작성하고, 각 부동산의 등기기록에 공동담보목록의 번호를 기록한다(동법 제78조 제2항·동규칙 제135조 제2항). 이 경우 공동담보목록은 등기기록의 일부로 본다(동법 제78조 제3항).

또한 공동저당권 설정은 반드시 동시에 할 필요는 없으며, 추가적으로 공동담보 목적으로 다른 부동산에 저당권을 설정할 수 있다(동규칙 제134조 참조). 그리고 각 저당권의 순위는 동일하지 않아도 된다. 예를 들어 위의 사례에서 X토지에는 1번 저당권, Y건물에는 2번 저당권, Z토지에는 3번 저당권이 설정될 수 있다.

3) 공동저당권의 효력

공동저당권자는 공동저당부동산 중 어느 부동산으로부터 그의 채권의 전부 또는 일부를 우선변제 받을 것인지를 자유롭게 선택할 수 있다. 그 결과 저당권자의 선택에 따라 각 공동저당부동산의 소유자나 후순위권리자 사이에 불공평이 발생할 수 있다. 민법에서는 공동저당권자의 선택을 보호하고, 각 부동산에의 부담을 공평하게 배분하기 위하여 동시배당同時配當에서의 부담분배와 이시배당異時配當에서의 후순위저당권자의 대위를 규정하고 있다(민법 제368조).

---

15) 부동산등기법에서는 공동저당의 설정을 위하여 공동저당권의 목적물인 부동산이 5개 이상인 경우에는 공동담보목록을 작성하도록 하고 있다(동법 제78조 제2항)

(1) 동시배당(同時配當)의 경우

① 동시배당과 부담분배

동일한 채권의 담보로 수개의 부동산에 저당권을 설정한 경우에 그 부동산의 경매대가를 동시에 배당하는 때에는 각 부동산의 경매대가에 비례하여 그 채권의 분담을 정한다(민법 제368조 제1항).

> **판례** 민법 제368조 제1항의 취지
>
> 민법 제368조는 공동저당의 목적인 여러 개의 부동산이 동시에 경매된 경우에 공동저당권자로서는 어느 부동산의 경매대가로부터 배당받든 우선변제권이 충족되기만 하면 되지만, 각 부동산의 소유자나 차순위저당권자 기타의 채권자에게는 어느 부동산의 경매대가가 공동저당권자에게 배당되는가에 대하여 중대한 이해관계를 가지게 되므로, 같은 조 제1항은 여러 부동산의 매각대금이 동일한 배당절차에서 배당되는 이른바 동시배당의 경우에 공동저당권자의 실행선택권과 우선변제권을 침해하지 않는 범위 내에서 각 부동산의 책임을 안분시킴으로써 각 부동산상의 소유자와 차순위저당권자 기타의 채권자의 이해관계를 조절하고자 하는 것이다(대법원 2006.05.26. 선고 2003다18401 판결).

② 동시배당에서의 부담분배 사례

앞의 사례에서 살펴보면, 甲은 乙에 대한 6천만원의 채권을 담보하기 위하여 乙 소유의 X토지(시가 6천만원), Y건물(시가 4천만원), Z토지(시가 2천만원)에 대하여 1번 저당권을 가지고 있다. 한편 丙은 乙에 대한 3천만원의 채권을 담보하기 위하여 X토지에 2번 저당권을 가지고 있으며, 丁은 乙에 대한 2천만원의 채권을 담보하기 위하여 Y건물에 2번 저당권을 가지고 있다. 또한 戊는 乙에 대한 1천만원의 채권을 담보하기 위하여 Z토지에 2번 저당권을 가지고 있다. 이 경우에 X토지, Y건물, Z토지를 동시에 경매하여 배당하는 경우, 甲은 자신의 6천만원의 채권을 X · Y · Z 각 부동산의 경매대가에 비례하여 배당을 받을 수 있다. 즉 甲은 X토지의 경매대금(6천만원)에서 3천만원, Y건물의 경매대금(4천만원)에서 2천만원, 그리고 Z토지의 경매대금(2천만원)에서 1천만원을 배당받게 된다. 그리고 丙 · 丁 · 戊는 각 부동산의 나머지 대금에서 배당을 받을 수 있다. 즉 丙은 X토지의 경매대금에서 3천만원, 丁은 Y건물의 경매대금에서 2천만원, 戊는 Z토지의 경매대금에서 1천만원을 배당받을 수 있다.

③ 동시배당과 물상보증인의 공동부담 문제(민법 제368조 제1항의 적용범위)

공동저당권이 설정되어 있는 수개의 부동산 중 일부는 채무자 소유이고 일부는 물상보증인 소유인 경우 각 부동산의 경매 대가를 동시에 배당하는 때에는 민법 제368조 제1항은 적용되지 아니하고, 채무자 소유 부동산의 경매대가에서 공동저당권자에게 우선적으로 배당을 하고, 부족분이 있는 경우에 한하여 물상보증인 소유 부동산의 경매대가에서 추가로 배당을 하여야 한다(^{대법원 2010. 4. 15. 선고 2008다41475 판결;}
^{대법원 2016. 3. 10. 선고 2014다231965 판결}).

판례 **물상보증인 소유 부동산에 대한 동시배당과 부담분배**

공동저당권이 설정되어 있는 수개의 부동산 중 일부는 채무자 소유이고 일부는 물상보증인의 소유인 경우 위 각 부동산의 경매 대가를 동시에 배당하는 때에는, 물상보증인이 민법 제481조, 제482조의 규정에 의한 변제자대위에 의하여 채무자 소유 부동산에 대하여 담보권을 행사할 수 있는 지위에 있는 점 등을 고려할 때, "동일한 채권의 담보로 수개의 부동산에 저당권을 설정한 경우에 그 부동산의 경매대가를 동시에 배당하는 때에는 각 부동산의 경매대가에 비례하여 그 채권의 분담을 정한다"고 규정하고 있는 민법 제368조 제1항은 적용되지 아니한다고 봄이 상당하다. 따라서 이러한 경우 경매법원으로서는 채무자 소유 부동산의 경매대가에서 공동저당권자에게 우선적으로 배당을 하고, 부족분이 있는 경우에 한하여 물상보증인 소유 부동산의 경매대가에서 추가로 배당을 하여야 한다(^{대법원 2010. 4. 15. 선고}
^{2008다41475 판결}).

(2) 이시배당(異時配當)의 경우

① 이시배당과 후순위저당권자 대위

공동저당권자는 공동저당부동산 중 일부의 경매 대가를 먼저 배당하는 경우에는 그 대가에서 그 채권전부의 변제를 받을 수 있다(^{민법 제368조}
^{제2항 제1문}). 이 경우에 그 경매한 부동산의 차순위저당권자는 동시배당하는 경우에 선순위저당권자가 다른 부동산의 경매대가에서 변제를 받을 수 있는 금액의 한도에서 선순위자를 대위하여 저당권을 행사할 수 있다(^{동조}
^{제2항 제2문}).

민법에서 규정하고 있는 차순위次順位저당권자는 공동저당권자 다음의 순위의 저당권자뿐만 아니라 그 이하의 후순위저당권자 전부를 포함한다(강태성, 물권법, 1249면; 송덕수, 물권법, 550면). 후순위저당권자의 대위는 공동저당권자의 채권이 전부 변제된 경우 뿐만 아니라 일부만을 변제받은 경우에도 인정된다(송덕수, 물권법, 552면). 그러나 공동저당권자의 채권이 어느 저당부동산의 경매 대가로부터 일부 변제된 경우에는 공동저당권자가 다른 저당부동산을 경매하여 채권전액을 변제받거나 공동저당권자의 저당권이 소멸하여야만 대위할 수 있다.

후순위저당권자의 대위에 의해 공동저당권자가 가지고 있던 저당권은 법률상 당연히 후순위저당권자에 이전한다. 이 경우 후순위저당권자는 등기를 하지 않고도 대위할 수 있지만(민법 제187조 참고), 제3자에게 대항하기 위하여는 등기가 필요하다(대법원 2015. 3. 20. 선고 2012다99341 판결). 후순위 저당권자는 부동산등기법 제80조에 따라 대위 등기할 수 있다.

> **판례** 후순위저당권자 대위제도의 취지와 대위권 발생시기
>
> 같은 조 제2항의 대위제도는 동시배당이 아닌 공동저당 부동산 중 일부의 경매 대가를 먼저 배당하는 경우, 이른바 이시배당의 경우에도 최종적인 배당의 결과가 동시배당의 경우와 같게 하기 위한 것으로서 공동저당권자의 실행선택권 행사로 인하여 불이익을 입은 차순위저당권자를 보호하기 위한 규정인바, 이와 같은 차순위저당권자의 대위권은 일단 배당기일에 그 배당표에 따라 배당이 실시되어 배당기일이 종료되었을 때 발생하는 것이지 배당이의 소송의 확정 등 그 배당표가 확정되는 것을 기다려 그때에 비로소 발생하는 것은 아니다(대법원 2006.05.26. 선고 2003다18401 판결).

> **판례** 선순위저당권의 등기말소와 후순위저당권자 대위
>
> 먼저 경매된 부동산의 후순위저당권자가 다른 부동산에 공동저당의 대위등기를 하지 아니하고 있는 사이에 선순위저당권자 등에 의해 그 부동산에 관한 저당권등기가 말소되고, 그와 같이 저당권등기가 말소되어 등기부상 저당권의 존재를 확인할 수 없는 상태에서 그 부동산에 관하여 소유권이나 저당권 등 새로 이해관계를 취득한 사람에 대해서는, 후순위저당권자가 민법 제368조 제2항에 의한 대위를 주장할 수 없다(대법원 2015. 3. 20. 선고 2012다99341 판결).

② 이시배당에서 후순위저당권자의 대위 사례

앞의 사례에서 甲이 X토지에 대하여 먼저 경매를 실행하면, 甲은 X토지의 경매 대가에서 그 채권전부의 변제를 받을 수 있다. 즉 甲은 X토지의 경매대금(6천만원) 전액을 배당받게 되고, 丙은 甲의 선택에 따라 X토지의 경매 대금으로부터 전혀 배당받지 못

하게 된다. 이 경우 丙은 X·Y·Z 부동산을 동시 배당하였으면 甲이 Y·Z 부동산의 경매대가에서 배당받았을 금액의 한도에서 甲을 대위하여 저당권을 행사할 수 있다. 따라서 丙은 甲이 동시배당을 받았더라면 Y건물과 Z토지로부터 배당받았을 금액의 한도에서 배당받을 수 있다. 결국 병은 Y건물의 경매대금(4천만원) 중 2천만원, Z토지의 경매대금(2천만원) 중 1천만원을 甲을 대위하여 1번 저당권자로서 우선 배당받을 수 있다.

③ 물상보증인 또는 제3취득자와의 관계

공동저당 부동산의 일부가 채무자 이외의 자, 즉 물상보증인이나 제3취득자의 소유에 속하고 그 부동산이 경매된 경우에 물상보증인 또는 제3취득자는 채무자에 대한 구상권(민법 제370조·제341조)을 취득함과 동시에 공동저당의 객체인 다른 부동산에 대하여 채권자를 대위한다(변제자대위; 민법 제481조·제482조). 공동저당권이 실행된 부동산의 후순위저당권자도 다른 부동산에 대하여 공동저당권자를 대위한다(민법 제368조 제2항). 그 결과 변제자 대위와 후순위저당권자 대위 사이에 충돌이 생기게 된다. 예를 들어 甲의 乙에 대한 6천만원의 채권담보를 위하여 乙의 X토지(시가 6천만원)와 丙의 Y토지(시가 6천만원)에 1번 저당권이 설정되고, X토지에 丁의 3천만원과 Y토지에 戊의 3천만원 채권의 담보를 위하여 각각 2번 저당권이 설정된 후에 甲이 Y토지를 경매하여 전액을 변제 받았다. 이 경우에 X토지에 대하여 물상보증인 丙이 변제자대위에 의하여 6천만원을 받게 되면 후순위저당권자 丁은 배당을 받을 수 없고, 후순위저당권자 丁이 3천만원을 대위하면 물상보증인 丙은 3천만원으로 변제자대위가 제한되어 보호받지 못하게 된다.

㉮ 물상보증인과의 관계

물상보증인의 변제자대위와 후순위권리자의 대위가 충돌하는 경우에는 물상보증인의 대위가 우선한다(대법원 2014. 1. 23. 선고 2013다207996 판결).

첫째, 물상보증인 소유의 부동산이 먼저 경매되는 경우, 물상보증인은 채무자 소유의 부동산에서 공동저당권자를 대위한다. 이 때에 물상보증인 소유 부동산 위의 후순위저당권자는 물상보증인이 채무자 소유 부동산에 대위 취득한 1번 저당권을 대위할 수 있다(대법원 2015. 11. 27. 선고 2013다41097, 41103 판결). 앞의 사례에서 甲이 Y토지의 경매대금에서 6천만원을 배당받으면, 丙은 X토지에 대하여 甲의 공동저당권을 대위하여 6천만원을 배당받을 수 있고 Y토지 위의 후순위권리자 戊는 6천만원 중 3천만원을 丙을 대위하여 배당받을 수 있다.

둘째, 채무자 소유 부동산이 먼저 경매되는 경우, 채무자 소유 부동산 위의 후순위저당권자는 물상보증인 소유의 부동산에 갑의 공동저당권을 대위할 수 없다(대법원 2014. 1. 23. 선고 2013다207996 판결). 앞의 사례에서 甲이 X토지의 경매대금에서 6천만원을 변제받으면, 丁은 물상보증인 丙 소유의 Y토지에 대하여 대위권을 행사할 수 없다.

> **판례** 채무자 소유 부동산의 경매와 후순위저당권자 대위
>
> 공동저당의 목적인 채무자 소유의 부동산과 물상보증인 소유의 부동산 중 채무자 소유의 부동산에 대하여 먼저 경매가 이루어져 그 경매대금의 교부에 의하여 1번 공동저당권자가 변제를 받더라도 채무자 소유의 부동산에 대한 후순위 저당권자는 민법 제368조 제2항 후단에 의하여 1번 공동저당권자를 대위하여 물상보증인 소유의 부동산에 대하여 저당권을 행사할 수 없다(대법원 1995. 6. 13.자 95마500 결정, 대법원 1996. 3. 8. 선고 95다36596 판결 등 참조). 그리고 이러한 법리는 채무자 소유의 부동산에 후순위 저당권이 설정된 후에 물상보증인 소유의 부동산이 추가로 공동저당의 목적으로 된 경우에도 마찬가지로 적용된다(대법원 2014. 1. 23. 선고 2013다207996 판결).

> **판례** 물상보증인 소유 부동산의 경매와 후순위권리자 대위
>
> 공동저당의 목적인 물상보증인 소유의 부동산에 후순위저당권이 설정되어 있는 경우에 물상보증인 소유의 부동산이 먼저 경매되어 경매대금에서 선순위공동저당권자가 변제를 받은 때에는 특별한 사정이 없는 한 물상보증인은 채무자에 대하여 구상권을 취득함과 동시에 변제자대위에 관한 민법 제481조, 제482조에 따라 채무자 소유의 부동산에 대한 선순위공동저당권자의 저당권을 대위취득하고, 물상보증인 소유의 부동산에 대한 후순위저당권자는 물상보증인이 대위취득한 채무자 소유의 부동산에 대한 선순위공동저당권자의 저당권에 대하여 물상대위를 할 수 있다(대법원 2015. 11. 27. 선고 2013다41097, 41103 판결).

㈎ 제3취득자와의 관계

채무자 소유의 부동산(X, Y)에 공동저당권이 설정된 후 그 중 하나의 부동산(Y)이 제3자에게 양도된 경우에 채무자 소유의 부동산(X)에 대한 후순위저당권자는 민법 제368조 제2항 제2문에 따라 1번 공동저당권자를 대위할 수 있다(대법원 2011. 10. 13. 선고 2010다99132 판결).

판례 공동저당 부동산의 일부 양도와 후순위권리자의 대위

민법 제368조 제2항에 의하여 공동저당 부동산의 후순위저당권자에게 인정되는 대위를 할 수 있는 지위 내지 그와 같은 대위에 관한 정당한 기대를 보호할 필요성은 그 후 공동저당 부동산이 제3자에게 양도되었다는 이유로 달라지지 않는다. 즉 공동저당 부동산의 일부를 취득하는 제3자로서는 공동저당 부동산에 관하여 후순위저당권자 등 이해관계인들이 갖고 있는 기존의 지위를 전제로 하여 공동저당권의 부담을 인수한 것으로 보아야 하기 때문에 공동저당 부동산의 후순위저당권자의 대위에 관한 법적 지위 및 기대는 공동저당 부동산의 일부가 제3자에게 양도되었다는 사정에 의해 영향을 받지 않는다(대법원 2011.10.13. 선고 2010다99132 판결).

2. 근저당권

1) 의의

근저당권은 계속적 거래관계(예: 당좌대월계약, 어음할인계약, 상품공급계약 등)로부터 발생할 여러 개의 불특정한 채권들을 장래의 일정시기(결산기)에 일정한 한도액의 범위 안에서 담보하는 저당권이다(민법 제357조). 근저당권제도는 계속적 거래 관계에서 당사자 사이의 거래로 채권이 발생·소멸할 때마다 저당권을 설정·말소하여야 하는 불편함을 피하기 위한 제도이다(양형우, 751면). 근저당권은 은행과 고객 간의 금융거래에서 많이 사용되고 있다.[16]

2) 근저당권의 성립

근저당권은 근저당권 설정계약과 설정등기에 의하여 성립한다.

판례 피담보채권의 존재와 근저당권의 성립

근저당권은 그 담보할 채무의 최고액만을 정하고, 채무의 확정을 장래에 보류하여

---

[16] 예를 들어, 고객이 은행에 당좌예금구좌를 개설한 후 은행을 그 지급인으로 하여 제3자에게 수표를 발행할 경우, 은행은 고객의 구좌에 예금이 있는 한 수표에 표시된 금액을 지급하기로 하는 계약(당좌계정계약)을 체결하면서, 고객의 예금 잔고가 0이 되더라도 일정 금액까지는 은행이 고객이 제3자에게 발행해 준 수표를 지급하기로 하는 계약(당좌대월계약)을 체결한다. 고객이 예금 잔고를 넘어서 제3자에게 수표를 발행해 주고, 은행이 당좌대월계약에 따라 그 수표를 지급하면 고객은 은행에 채무를 지게 된다. 그리고 고객이 당좌예금계좌에 입금을 함에 따라 그 채무는 감소하게 된다. 결국 은행의 고객에 대한 채권은 일정 금액의 범위에서 증감·변동한다. 이러한 경우 저당권을 이용할 경우, 채권이 발생·소멸하면 저당권도 발생·소멸시켜야 한다. 이러한 불편한 점 때문에 고객과 은행 사이의 금융거래에는 주로 근저당권이 이용되고 있다(자세한 사항은 강태성, 물권법 1213면 참조).

설정하는 저당권으로서(민법 제357조 제1항), 계속적인 거래관계로부터 발생하는 다수의 불특정채권을 장래의 결산기에서 일정한 한도까지 담보하기 위한 목적으로 설정되는 담보권이므로, 근저당권설정행위와는 별도로 근저당권의 피담보채권을 성립시키는 법률행위가 있어야 하고, 근저당권의 성립 당시 근저당권의 피담보채권을 성립시키는 법률행위가 있었는지 여부에 대한 증명책임은 그 존재를 주장하는 측에 있다(대법원 2009. 12. 24. 선고 2009다72070 판결; 대법원 2011.4.28. 선고 2010다107408 판결).

(1) 근저당권 설정계약

근저당권 설정계약의 당사자는 채권자(근저당권자)와 담보제공자(근저당권설정자)이며, 채무자 이외에 제3자(물상보증인)도 담보를 제공할 수 있다.

> **판례** 제3자를 근저당권자로 한 근저당권설정등기의 효력
>
> 채권담보를 목적으로 근저당권설정등기를 하는 경우에는 원칙적으로 채권자와 근저당권자가 동일인이 되어야 하지만, 채권자 아닌 제3자를 근저당권자로 한 근저당권설정등기를 하는 데 대하여 채권자와 채무자 및 제3자 사이에 합의가 있었고, 나아가 제3자에게 그 채권이 실질적으로 귀속되었다고 볼 수 있는 특별한 사정이 있거나, 거래 경위에 비추어 제3자를 근저당권자로 한 근저당권설정등기가 한낱 명목에 그치는 것이 아니라 그 제3자도 채무자로부터 유효하게 채권을 변제받을 수 있고 채무자도 채권자나 근저당권자인 제3자 중 누구에게든 채무를 유효하게 변제할 수 있는 관계, 즉 채권자와 제3자가 불가분적 채권자의 관계에 있다고 볼 수 있는 경우에는, 그 제3자를 근저당권자로 한 근저당권설정등기도 유효하다고 볼 것이다(대법원 2013.01.16. 선고 2011다71100 판결).

(2) 근저당권 설정 등기

근저당권을 설정할 때에는 반드시 근저당권임을 등기하여야 하며, 채권 최고액과 채무자의 성명·주소도 기재하여야 한다(부동산등기법 제75조 제2항). 그러나 채무의 이자는 최고액 중에 산입한 것으로 보므로(민법 제357조 제2항), 저당권과 달리 채무의 이자는 등기 사항이 아니다(부동산등기법 제75조 제1항·제2항 참고).

3) 근저당권의 효력

근저당권은 결산기의 채권들을 최고액의 범위 안에서 담보한다. 따라서 근저당권

에 의하여 담보되는 채권은 일정한 시기가 도래하면 최고액의 범위에서 담보될 채권액이 확정되고, 근저당권은 보통저당권으로 전환된다. 따라서 피담보채권의 변제기가 도래하면 근저당권을 실행하여 우선 변제받을 수 있다.

> **판례** 배당권리자의 부존재와 채권 최고액 초과 경매대금의 처리
>
> 민사집행법상 경매절차에 있어 근저당권설정자와 채무자가 동일한 경우에 근저당권의 채권최고액은 민사집행법 제148조에 따라 배당받을 채권자나 저당목적 부동산의 제3취득자에 대한 우선변제권의 한도로서의 의미를 갖는 것에 불과하고, 그 부동산으로써는 그 최고액 범위 내의 채권에 한하여서만 변제를 받을 수 있다는 이른바 책임의 한도라고까지는 볼 수 없다. 그러므로 민사집행법 제148조에 따라 배당받을 채권자나 제3취득자가 없는 한 근저당권자의 채권액이 근저당권의 채권최고액을 초과하는 경우에 매각대금 중 그 최고액을 초과하는 금액이 있더라도 이는 근저당권설정자에게 반환할 것은 아니고 근저당권자의 채권최고액을 초과하는 채무의 변제에 충당하여야 한다(대법원 2009. 2. 26. 선고 2008다4001 판결).

4) 근저당권의 소멸

근저당권은 일정 기간이 도래하기 전, 즉 피담보채권이 확정되기 전에는 발생한 채권들이 모두 변제되었더라도 소멸하지 않는다. 그러나 일정 기간이 도래하기 전이라도 발생한 채권들이 모두 변제되고 계속적 거래 의사가 없으면 계약을 해지할 수 있다. 일정 기간이 도래한 때에 채권이 존재하지 않으면 근저당권은 소멸한다.

> **판례** 근저당권의 피담보채무의 확정시기
>
> [1] 근저당권의 존속기간이 있는 경우
> 근저당권에 의하여 담보되는 피담보채무는 근저당권설정계약에서 근저당권의 존속기간을 정하거나 근저당권으로 담보되는 기본적인 거래계약에서 결산기를 정한 경우에는 원칙적으로 존속기간이나 결산기가 도래한 때에 확정되지만, 이 경우에도 근저당권에 의하여 담보되는 채권이 전부 소멸하고 채무자가 채권자로부터 새로이 금원을 차용하는 등 거래를 계속할 의사가 없는 경우에는, 그 존속기간 또는 결산기가 경과하기 전이라 하더라도 근저당권설정자는 계약을 해제하고 근저당권설정등기의 말소를 구할 수 있다(대법원 2006.04.28. 선고 2005다74108 판결).
>
> [2] 근저당권의 존속기간을 정하지 않은 경우
> 근저당권의 존속기간이나 결산기의 정함이 없는 때에는 근저당권설정자가 근저당

권자를 상대로 언제든지 해지의 의사표시를 함으로써 피담보채무를 확정시킬 수 있으며, 이러한 계약의 해제 또는 해지에 관한 권한은 근저당부동산의 소유권을 취득한 제3자도 원용할 수 있다고 할 것이다(대법원 2006.04.28. 선고 2005다74108 판결; 대법원 2017.10.31. 선고 2015다65042 판결).

5) 포괄근저당권

포괄근저당권은 거래관계의 종류를 한정적으로 열거하고 그로부터 발생하는 현재와 장래의 모든 채권을 담보하거나 또는 거래 관계의 종류를 한정적으로 열거하지 않고 '채무자에 대한 채권자의 현재와 장래의 채권 일체'를 담보하는 근저당권이다. 전자는 한정적 포괄근저당권이고, 후자는 무한정적 포괄적 근저당권이다. 판례는 무한정 포괄근저당권도 인정하고 있다(대법원 1994.9.30. 선고 94다20242 판결). 그러나 예외적으로 피담보채무에 관한 포괄적 기재는 부동문자로 인쇄된 일반거래약관의 예문에 불과한 것으로 해석하여 피담보채권의 범위를 좁게 인정하고 있다(대법원 2003.3.14. 선고 2003다2109 판결; 대법원 1997.5.28. 선고 96다9508 판결).

> **판례** 금융기관 근저당권설정계약서에 인쇄된 피담보채무의 범위
>
> 근저당설정계약서는 처분문서이므로 특별한 사정이 없는 한 그 계약 문언대로 해석하여야 함이 원칙이지만, 그 근저당권설정계약서가 금융기관 등에서 일률적으로 일반거래약관의 형태로 부동문자로 인쇄하여 두고 사용하는 계약서인 경우에 그 계약 조항에서 피담보채무의 범위를 그 근저당권 설정으로 대출받은 당해 대출금 채무 외에 기존의 채무나 장래에 부담하게 될 다른 원인에 의한 모든 채무도 포괄적으로 포함하는 것으로 기재하였다고 하더라도, 당해 대출금채무와 장래 채무의 각 성립 경위 등 근저당설정계약 체결의 경위, 대출 관행, 각 채무액과 그 근저당권의 채권최고액과의 관계, 다른 채무액에 대한 별도의 담보확보 여부 등 여러 사정에 비추어 인쇄된 계약 문언대로 피담보채무의 범위를 해석하면 오히려 금융기관의 일반 대출 관례에 어긋난다고 보여지고 당사자의 의사는 당해 대출금 채무만을 그 근저당권의 피담보채무로 약정한 취지라고 해석하는 것이 합리적일 때에는 위 계약서의 피담보채무에 관한 포괄적 기재는 부동문자로 인쇄된 일반거래약관의 예문에 불과한 것으로 보아 그 구속력을 배제하는 것이 타당하다(대법원 2003.3.14. 선고 2003다2109 판결).

제4절 비전형담보

Ⅰ. 의의

민법이 규정하는 제한물권 형식의 담보물권이 아니면서 실제의 거래계에서 채권담보의 기능을 수행하고 있는 여러 가지 제도를 통틀어서 비전형담보라한다. 일반적으로 비전형담보는 재산권을 이전하는 형식으로 채권을 담보한다. 비전형담보에는 가등기담보와 양도담보가 있으며, 가등기담보 등에 관한 법률이 적용된다.

Ⅱ. 가등기담보

1. 의의

가등기담보는 채권(특히 금전채권)을 담보하기 위하여 담보권자(채권자)와 담보권설정자(채무자 또는 제3자) 사이에 담보권설정자 소유 부동산을 목적으로 하는 대물변제예약 또는 매매예약 등을 하고, 이러한 예약에 따라 소유권이전청구권을 보전하기 위하여 가등기를 하는 방법으로 채권을 담보한다. 따라서 가등기담보권자는 채무자의 채무불이행시에 예약완결권을 행사하여 가등기에 기한 본등기를 함으로써 소유권을 취득하거나 그 부동산을 경매함으로써 채권의 만족을 얻을 수 있다.[17]

2. 가등기담보권의 성립

가등기담보권은 그 담보 설정에 대한 물권적 합의와 가등기를 함으로써 성립한다. 가등기담보권설정에 관한 합의는 가등기담보권자(채권자)와 가등기담보권설정자(채무자 또는 제3자) 사이에 이루어진다. 그리고 가등기는 담보가등기임을 기록하여야 한다.

---

[17] 가등기담보권의 성질에 관하여는 학설의 대립이 있다. 그러나 가등기담보법에 의하면 우선변제권 등이 인정되고 있으므로(가등기담보법 제13조 등), 가등기담보는 일종의 담보물권이다. 따라서 가등기담보는 경매절차 없이 우선변제가 가능하므로 가등기담보권자에게 유리하고, 가등기담보권설정자는 가등기담보권 설정 후에도 소유자 명의의 목적부동산을 용익하거나 후순위담보권을 설정할 수도 있으며 그 부동산을 양도할 수도 있으므로 가등기담보권설정자에게도 불리하지 않기 때문에 이용되고 있다.(강태성, 물권법, 1335~1337면; 김상용, 물권법, 774면)

∴ 담보가등기의 신청

대물반환의 예약을 원인으로 한 가등기신청을 할 경우 등기신청서 기재사항 중 등기의 목적은 본등기 될 권리의 이전담보가등기(예: 소유권이전담보가등기, 저당권이전담보가등기 등)라고 기재한다. 등기원인은 "○○○○년 ○○월 ○○일 대물반환예약"등과 같이 기재한다. 「부동산등기법」제89조의 가처분명령에 의하여 가등기신청을 할 때에도 등기원인이 대물반환의 예약인 경우에는 마찬가지이다(가등기에 관한 업무처리지침 등기예규 제1632호).

> **판례** 제3자 명의로 설정된 채권담보 목적 가등기의 효력
>
> 채권담보를 목적으로 가등기를 하는 경우에는 원칙적으로 채권자와 가등기명의자가 동일인이 되어야 하지만, 채권자 아닌 제3자의 명의로 가등기를 하는 데 대하여 채권자와 채무자 및 제3자 사이에 합의가 있었고, 나아가 제3자에게 그 채권이 실질적으로 귀속되었다고 볼 수 있는 특별한 사정이 있거나, 거래경위에 비추어 제3자의 가등기가 한낱 명목에 그치는 것이 아니라 그 제3자도 채무자로부터 유효하게 채권을 변제받을 수 있고 채무자도 채권자나 가등기명의자인 제3자 중 누구에게든 채무를 유효하게 변제할 수 있는 관계 즉, 채권자와 제3자가 불가분적 채권자의 관계에 있다고 볼 수 있는 경우에는, 그 제3자 명의의 가등기도 유효하다고 볼 것이고, 이와 같이 제3자 명의의 가등기를 유효하게 볼 수 있는 경우에는 제3자 명의의 가등기를 부동산실권리자명의등기에관한법률이 금지하고 있는 실권리자 아닌 자 명의의 등기라고 할 수는 없다(대법원 2002.12.24. 선고 2002다50484 판결).

> **판례** 담보가등기 여부의 판단 기준
>
> [1] 어떤 가등기가 담보가등기인지 여부는 그 등기기록의 표시나 등기를 할 때에 주고받은 서류의 종류에 의하여 형식적으로 결정할 것이 아니고 거래의 실질과 당사자의 의사해석에 따라 결정하여야 한다(대법원 1992. 2. 11. 선고 91다36932 판결; 대법원 2016. 10. 27. 선고 2015다63138, 63145 판결).
>
> [2] 권리신고가 되지 않아 담보가등기인지 순위보전의 가등기인지 알 수 없는 경우에도 그 가등기가 등기부상 최선순위이면 집행법원으로서는 일단 이를 순위보전을 위한 가등기로 보아 낙찰인에게 그 부담이 인수될 수 있다는 취지를 입찰물건명세서에 기재한 후 그에 기하여 경매절차를 진행하면 족한 것이지, 반드시 그 가등기가 담보가등기인지 순위보전의 가등기인지 밝혀질 때까지 경매절차를 중지하여야 하는 것은 아니다(대법원 2003.10.6.자 2003마1438 결정).

3. 가등기담보권의 효력

1) 일반적 효력

(1) 가등기담보권의 효력이 미치는 범위

① 목적물의 범위

가등기담보권의 효력이 미치는 범위는 약정이 없는 경우에는 저당권과 동일하다. 즉 가등기담보권의 효력은 목적 부동산이외에도 부합물·종물·과실 등에도 미친다(민법 제358조·제359조). 또한 가등기담보권의 효력은 그 담보물 전부에 미치며 또한 그 담보물의 멸실 또는 훼손등으로 인한 청구권에도 미친다(물상대위; 민법 제370조·제342조).

② 피담보채권의 범위

가등기담보권에 의하여 담보되는 채권의 범위는 민법 제360조의 규정에 의한다(가등기담보법 제3조 제2항 참고). 즉 가등기담보권은 원본뿐만 아니라 이자·위약금·채무불이행으로 인한 손해배상 및 가등기담보권의 실행비용을 담보한다(민법 제360조 본문). 그러나 지연배상에 대하여는 원본의 이행 기일을 경과한 후의 1년분에 한하여 가등기담보권을 행사할 수 있다(동조 단서). 또한 가등기담보권자는 채권 전부의 변제를 받을 때까지 그 담보물에 대하여 권리를 행사할 수 있다(불가분성; 민법 제370조·제321조).

(2) 가등기담보와 용익관계

① 담보목적물의 사용·수익

가등기담보권설정자는 가등기담보권이 실행되기 전까지는 소유자로서 담보목적물을 사용·수익할 수 있고, 제3자를 위한 용익권을 설정할 수도 있다. 그러나 가등기담보권이 실행되면, 가등기담보권 설정 후 설정된 용익권은 모두 소멸한다.

② 법정지상권

토지와 그 위의 건물이 동일한 소유자에게 속하는 경우 그 토지나 건물에 대하여 소유권을 취득하거나(가등기담보법 제4조 제2항), 담보가등기에 따른 본등기가 행하여진 경우에는 그 건물의 소유를 목적으로 그 토지 위에 지상권이 설정된 것으로 본다(동법 제10조 제1문). 이 경우 그 존속기간과 지료는 당사자의 청구에 의하여 법원이 정한다(동법 제10조 제2문).

2) 우선변제적 효력

(1) 우선변제청구권

가등기담보권이 설정된 부동산에 대하여 강제경매 등이 개시된 경우에 가등기담보권자는 다른 채권자보다 자기 채권을 우선변제 받을 권리가 있다. 이 경우 그 순위에 관하여는 그 가등기담보권을 저당권으로 보고, 그 담보가등기를 마친 때에 그 저당권의 설정등기가 행하여진 것으로 본다(가등기담보법 제13조).

(2) 가등기담보의 실행

가등기담보권자는 그 선택에 따라 동법 제3조에 따른 담보권을 실행하거나 담보목적부동산의 경매를 청구할 수 있다(가등기담보법 제12조 제1항).

① 권리취득에 의한 실행

채무자가 채무를 불이행하는 경우, 가등기담보권자는 그 목적부동산의 소유권을 취득함으로써 채권의 만족을 얻는 방법이다. 그 절차는 실행통지, 청산, 소유권 취득의 3단계로 진행된다.

㉮ 실행통지

채권자가 담보계약에 따른 담보권을 실행하여 그 담보목적부동산의 소유권을 취득하기 위하여는 그 채권의 변제기 후에 청산금(통지 당시의 담보목적부동산의 가액에서 그 채권액을 뺀 금액)의 평가액을 채무자 등[18]에게 통지하여야 한다. 이 경우 청산금이 없다고 인정되는 경우에는 그 뜻을 통지

---
18) 채무자 등이란 채무자, 담보가등기목적 부동산의 물상보증인, 담보가등기 후 소유권을 취득한 제3자를

하여야 한다(가등기담보법 제3조 제1항). 통지에는 통지 당시의 담보목적부동산의 평가액과 「민법」제360조에 규정된 채권액을 명시하여야 한다(동조 제2항).

> **판례** **귀속정산절차상 통지의 상대방**
> 가등기담보등에관한법률에 의하면, 가등기담보권자가 담보권실행을 위하여 담보목적 부동산의 소유권을 취득하기 위하여는 그 채권의 변제기 후에 소정의 청산금 평가액 또는 청산금이 없다고 하는 뜻을 채무자 등에게 통지하여야 하고(제3조 제1항), 이때의 채무자 등에는 채무자와 물상보증인뿐만 아니라 담보가등기 후 소유권을 취득한 제3취득자가 포함되는 것이므로(제2조 제2호), 위 통지는 이들 모두에게 하여야 하는 것이다(대법원 2002.04.23. 선고 2001다81856 판결).

> **판례** **담보부동산 평가액의 피담보채권액 미달과 통지방법**
> 채권의 담보 목적으로 양도된 재산에 관한 담보권의 실행은 다른 약정이 없는 한 처분정산이나 귀속정산 중 채권자가 선택하는 방법에 의할 수 있는바, 그 재산에 관한 담보권이 귀속정산의 방법으로 실행되어 채권자에게 확정적으로 이전되기 위해서는 채권자가 이를 적정한 가격으로 평가한 후 그 가액으로 피담보채권의 원리금에 충당하고 그 잔액을 반환하거나, 평가액이 피담보채권액에 미달하는 경우에는 채무자에게 그와 같은 내용의 통지를 하는 등 정산절차를 마쳐야 하며, 귀속정산의 통지방법에는 아무런 제한이 없어 구두로든 서면으로든 가능하고, 담보부동산의 평가액이 피담보채권액에 미달하는 경우에는 청산금이 있을 수 없으므로 귀속정산의 통지방법으로 부동산의 평가액 및 채권액을 구체적으로 언급할 필요 없이 그 미달을 이유로 채무자에 대하여 담보권의 실행으로 그 부동산을 확정적으로 채권자의 소유로 귀속시킨다는 뜻을 알리는 것으로 족하다(대법원 2001. 8. 24. 선고 2000다15661 판결).

㉯ 청산

청산기간이 지난 후, 즉 실행통지가 채무자 등에게 도달한 날로부터 2개월 후에 가등기담보권자는 청산금을 채무자등에게 지급하여야 한다(가등기담보법 제3조 제1항·제4조 제1항).

㉰ 소유권 취득

담보가등기를 마친 경우에는 청산기간이 지나야 그 가등기에 따른 본등기를 청구

말한다(동법 제2조 제2호).

할 수 있다(가등기담보법 제4조 제2항 제2문). 따라서 실행 통지 및 청산기간이 경과한 후에 청산이 있게 되면 가등기담보권자는 그 담보가등기에 기하여 본등기인 소유권이전등기를 함으로써 목적부동산의 소유권을 취득한다. 이 경우 청산금의 지급채무와 부동산의 소유권이전등기 및 인도채무는 동시이행의 관계에 있다(동조 제3항).

> **판례** **귀속정산절차상 통지 흠결과 소유권 취득**
> 가등기담보등에관한법률에 의하면, -중략- 채무자 등의 전부 또는 일부에 대하여 위 통지를 하지 않으면 청산기간이 진행할 수 없게 되고, 따라서 가등기담보권자는 그 후 적절한 청산금을 지급하거나 실제 지급할 청산금이 없다고 하더라도 가등기에 기한 본등기를 청구할 수 없으며, 설령 편법으로 본등기를 마쳤다고 하더라도 그 소유권을 취득할 수 없다(대법원 2002. 4. 23. 선고 2001다81856 판결).

② 경매에 의한 실행

담보가등기권리자는 그 선택에 따라 권리취득에 의한 담보권을 실행하지 않고(가등기담보법 제3조) 담보목적부동산의 경매를 청구할 수 있다. 이 경우 경매에 관하여는 담보가등기권리를 저당권으로 본다(동법 제12조 제1항).

Ⅲ. 양도담보

1. 의의

양도담보란 채권을 담보하기 위하여 채무자 또는 제3자(물상보증인)의 소유권을 채권자에게 이전하는 방법으로 채권을 담보하는 제도이다. 양도담보를 설정한 경우에 채무자가 채무를 이행하면 채무자 또는 물상보증인은 목적물의 소유권을 반환받지만, 채무자가 채무를 이행하지 않으면 채권자는 그 목적물로부터 우선변제를 받게 된다.[19]

---

19) 양도담보에는 i)필요한 자금을 매매의 형식으로 얻고 그 후에 그 물건을 다시 사오기로 약정하는 매도담보(이 경우에는 법적 수단으로 환매와 재매예약이 이용된다)와 ii)필요한 자금을 소비대차 형식으로 취득하고 그것을 담보하기 위하여 소유권을 이전하는 협의의 양도담보가 있다. 그러나 가등기담보법은 매도담보를 좁은 의미의 양도담보와 똑같이 규율하고 있고, 양자를 법적으로 다르게 취급할 실익이 적다. 특히 양자는 우선변제적 효력에서 동일하게 취급된다.

2. 양도담보의 성립

양도담보권은 양도담보권 설정의 물권적 합의와 공시방법을 갖추어야 성립한다.

1) 목적물

양도담보의 목적물은 재산적 가치가 있는 것으로서 양도성이 있어야 한다. 따라서 동산, 부동산, 채권, 주식, 지식재산권 등에도 양도담보권을 설정할 수 있다. 판례는 증감하는 집합 동산(예: 상품 입출이 빈번한 창고 안의 상품 전부 또는 원자재의 입출이 있는 공장 안의 원자재 전부 등)의 경우에도 그 목적 동산을 종류, 장소 또는 수량지정으로 특정할 수만 있다면 그 집합물 전체를 하나의 재산권으로 하는 담보권의 설정 가능하다고 한다(대법원 1988.12.27. 선고 87누1043 판결 등).

> **판례** 집합물에 대한 양도담보의 효력이 미치는 목적물의 범위
>
> 돈사에서 대량으로 사육되는 돼지를 집합물에 대한 양도담보의 목적물로 삼은 경우, 위 양도담보권의 효력은 양도담보설정자로부터 이를 양수한 양수인이 당초 양수한 돈사 내에 있던 돼지들 및 통상적인 양돈방식에 따라 그 돼지들을 사육·관리하면서 돼지를 출하하여 얻은 수익으로 새로 구입하거나 그 돼지와 교환한 돼지 또는 그 돼지로부터 출산시켜 얻은 새끼돼지에 한하여 미치는 것이지 양수인이 별도의 자금을 투입하여 반입한 돼지에까지는 미치지 않는다(대법원 2004.11.12. 선고 2004다22858 판결).

2) 물권적 합의

채권자와 채무자 또는 제3자(물상보증인) 간에 채권담보의 목적으로 소유권 그 밖의 재산권을 이전하면서 채무불이행시에는 그 재산권으로부터 채권을 변제받기로 하는 내용의 합의가 있어야 한다.

3) 공시방법의 구비

양도담보는 재산권이전의 형식으로 채권을 담보하는 것이므로, 그 이전에 공시방법이 필요한 재산권에는 반드시 공시방법을 갖추어야 한다. 부동산의 경우에는 소유권이전등기를 하고 등기원인은 등기실무상 양도담보로 기재한다.

> **판례** 양도담보권 성립 여부의 판단 기준
>
> 채무자가 채무와 관련하여 채권자에게 채무자 소유의 재산을 양도하기로 약정한

경우에, 그것이 종전 채무의 변제에 갈음하여 대물변제 조로 양도하기로 한 것인지 아니면 종전 채무의 담보를 위하여 추후 청산절차를 유보하고 양도하기로 한 것인지는 그 약정 당시의 당사자 의사해석에 관한 문제이다. 이에 관하여 명확한 증명이 없는 경우에는, 약정에 이르게 된 경위 및 당시의 상황, 양도 당시의 채무액과 양도목적물의 가액, 양도 후의 이자 등 채무 변제 내용, 양도 후의 양도목적물의 지배 및 처분관계 등 여러 사정을 종합하여 그것이 담보 목적인지 여부를 가려야 한다(^{대법원 2013. 1. 16. 선고 2012다11648 판결;}
_{대법원 2015.08.27. 선고 2013다28247 판결}).

3. 양도담보권의 효력

1) 일반적 효력

(1) 양도담보권의 효력이 미치는 범위

① 목적물의 범위

양도담보권의 효력이 미치는 목적물의 범위는 목적 부동산이외에도 부합물·종물·과실 등에 미친다(^{민법 제358조··}_{제359조}). 또한 양도담보권의 효력은 그 담보물의 전부에 미치고, 또한 그 멸실·훼손 등으로 양도담보권설정자가 받을 수 있는 금전 기타 물건에도 미친다(^{물상대위; 민법}_{제370조; 제342조}).

> **판례** **집합물에 대한 양도담보 효력이 미치는 목적물 범위**
> 돈사에서 대량으로 사육되는 돼지를 집합물에 대한 양도담보의 목적물로 삼은 경우, 위 양도담보권의 효력은 양도담보설정자로부터 이를 양수한 양수인이 당초 양수한 돈사 내에 있던 돼지들 및 통상적인 양돈방식에 따라 그 돼지들을 사육·관리하면서 돼지를 출하하여 얻은 수익으로 새로 구입하거나 그 돼지와 교환한 돼지 또는 그 돼지로부터 출산시켜 얻은 새끼돼지에 한하여 미치는 것이지 양수인이 별도의 자금을 투입하여 반입한 돼지에까지는 미치지 않는다(^{대법원 2004. 11. 12. 선고}_{2004다22858 판결}).

> **판례** **양도담권자의 물상대위청구권**
> 양도담보권자는 양도담보 목적물이 소실되어 양도담보 설정자가 보험회사에 대하여 화재보험계약에 따른 보험금청구권을 취득한 경우에도 담보물 가치의 변형물

인 위 화재보험금청구권에 대하여 양도담보권에 기한 물상대위권을 행사할 수 있다고 봄이 상당하다(대법원 2009.11.26. 선고 2006다37106 판결).

② 피담보채권의 범위

양도담보권에 의하여 담보되는 채권의 범위는 민법 제360조의 규정에 의한다(가등기담보법 제1조·제3조·제4조·제12조·제13조). 즉 양도담보권은 원본뿐만 아니라 이자·위약금·채무불이행으로 인한 손해배상 및 양도담보권의 실행비용을 담보한다(민법 제360조 본문). 그러나 지연배상에 대하여는 원본의 이행 기일을 경과한 후의 1년분에 한하여 양도담보권을 행사할 수 있다(동조 단서). 또한 양도담보권자는 채권전부의 변제를 받을 때까지 그 담보물에 대하여 권리를 행사할 수 있다(불가분성; 민법 제370조·제321조).

(2) 목적물의 이용관계

양도담보권이 설정된 목적물의 점유 및 이용은 당사자의 합의로 정할 수 있다. 당사자 간에 합의가 없으면, 양도담보권설정자가 사용·수익권을 가진다(대법원 2001.12.11. 선고 2001다40213 판결).

> **판례** **부동산 양도담보와 목적부동산의 사용·수익권자**
>
> [1] 일반적으로 부동산을 채권담보의 목적으로 양도한 경우 특별한 사정이 없는 한 목적부동산에 대한 사용수익권은 채무자인 양도담보 설정자에게 있는 것이므로 설정자와 양도담보권자 사이에 양도담보권자가 목적물을 사용·수익하기로 하는 약정이 없는 이상 목적부동산을 임대할 권한은 양도담보 설정자에게 있다(대법원 2001. 12. 11. 선고 2001다40213 판결; 대법원 2018.05.30. 선고 2018다201429 판결).
>
> [2] 양도담보권자는 사용 수익할 수 있는 정당한 권한이 있는 채무자나 채무자로부터 그 사용 수익할 수 있는 권한을 승계한 자에 대하여는 사용수익을 하지 못한 것을 이유로 임료 상당의 손해배상이나 부당이득반환청구를 할 수 없다(대법원 2008.2.28. 선고 2007다37394, 37400 판결).

2) 우선변제적 효력

(1) 가등기담보법의 적용을 받는 경우

가등기담보법은 양도담보에도 적용된다. 즉 부동산 양도담보의 경우에 그 부동산의 가액이 차용액과 이자의 합산액을 초과하는 때에는 가등기담보법의 적용을 받는다

(가등기담보법 제1조). 그러나 양도담보권의 실행은 권리취득에 의한 실행만이 인정된다.[20] 따라서 그 절차는 가등기담보법과 마찬가지로 실행통지, 청산, 소유권 취득의 순으로 진행된다(동법 제3조·제4조). 특히 담보목적부동산에 관하여 이미 소유권이전등기를 마친 경우, 즉 양도담보의 경우에는 청산기간이 지난 후 청산금을 채무자등에게 지급한 때에 담보목적부동산의 소유권을 취득한다(동법 제4조 제2항 제1문).

(2) 가등기담보법의 적용을 받지 않는 경우

소비대차에 기한 채권을 담보하기 위한 것이 아닌 경우 또는 부동산 가액이 차용액 및 그 이자의 합산액에 미달하는 경우에는 가등기담보법이 적용되지 않는다(대법원 1996. 11. 15. 선고 96다31116 판결; 대법원 2001. 1. 5. 선고 2000다47682 판결). 이러한 경우에는 가등기담보법에 의한 양도담보권의 실행은 인정되지 않는다. 그러나 양도담보권자는 반드시 정산을 하여야 하다. 판례에 의하면, 양도담보의 실행은 특별한 약정이 없는 한 처분정산이나 귀속정산 중 채권자가 선택하는 방법에 따라 할 수 있다(대법원 2001.8.24. 선고 2000다15661 판결).

> **판례** **가등기담보법의 적용범위**
> 가등기담보법은 차용물의 반환에 갈음하여 다른 재산권을 이전할 것을 예약한 경우에 적용되는 것으로서, 매매대금의 지급을 담보하기 위하여 부동산의 소유권을 이전하는 경우에는 적용되지 아니한다(대법원 2001. 1. 5. 선고 2000다47682 판결; 대법원 2016.10.27. 선고 2015다63138, 63145 판결).

> **판례** **가등기담보법이 적용되지 않는 양도담보권의 실행**
> [1] 채권의 담보 목적으로 양도된 재산에 관한 담보권의 실행은 다른 약정이 없는 한 처분정산이나 귀속정산 중 채권자가 선택하는 방법에 의할 수 있는바, 그 재산에 관한 담보권이 귀속정산의 방법으로 실행되어 채권자에게 확정적으로 이전되기 위해서는 채권자가 이를 적정한 가격으로 평가한 후 그 가액으로 피담보채권의 원리금에 충당하고 그 잔액을 반환하거나, 평가액이 피담보채권액에 미달하는 경우에는 채무자에게 그와 같은 내용의 통지를 하는 등 정산절차를 마쳐야 하며, 귀속정산의 통지방법에는 아무런 제한이 없어 구두로든 서면으로든 가능하고, 담보부동산의 평가액이 피담보채권액에 미달하는 경우에는 청산금이 있을 수 없으므로 귀속정산의 통지방법으로 부동산의 평가액 및 채권액을 구체적으로 언급할 필

---

[20] 가등기담보법의 규정에 의하면 경매의 청구는 담보가등기권리자에게만 인정된다(동법 제12조 및 제13조 등).

요 없이 그 미달을 이유로 채무자에 대하여 담보권의 실행으로 그 부동산을 확정적으로 채권자의 소유로 귀속시킨다는 뜻을 알리는 것으로 족하다(대법원 2001.8.24. 선고 2000다15661 판결).

[2] 당사자 사이에 매매대금 채무를 담보하기 위하여 부동산에 관하여 가등기를 마치고 채무를 변제하지 아니하면 가등기에 기한 본등기를 마치기로 약정한 경우에, 변제기에 채무를 변제하지 아니하면 채권채무관계가 소멸하고 부동산의 소유권이 확정적으로 채권자에게 귀속된다는 명시의 특약이 없는 이상 대물변제의 약정이 있었다고 인정할 수 없고, 단지 채무에 대한 담보권 실행을 위한 방편으로 소유권이전등기를 하는 약정, 이른바 정산절차를 예정하고 있는 '약한 의미의 양도담보' 계약이라고 봄이 타당하다. 그리고 '약한 의미의 양도담보'가 이루어진 경우에, 채권자는 채무의 변제기가 지나면 부동산의 가액에서 채권원리금 등을 공제한 나머지 금액을 채무자에게 반환하고 부동산의 소유권을 취득하거나(귀속정산), 부동산을 처분하여 매각대금에서 채권원리금 등의 변제에 충당하고 나머지 금액을 채무자에게 반환할 수도 있다(처분정산). 그렇지만 채무자가 채권자에게 적극적으로 위와 같은 정산을 요구할 청구권을 가지지는 아니하며, 다만 채무자는 채무의 변제기가 지난 후에도 채권자가 담보권을 실행하여 정산절차를 마치기 전에는 언제든지 채무를 변제하고 채권자에게 가등기 및 가등기에 기한 본등기의 말소를 청구할 수 있다(대법원 2016.10.27. 선고 2015다63138, 63145 판결).

부록

- 토지등기기록
- 건물등기기록
- 구분건물등기기록
- 토지대장
- 일반건축물대장
- 지적도
- 소유권이전등기신청(주택매매)
- 소유권이전등기신청(구분건물매매)
- 소유권이전등기신청(상속)
- 부동산매매계약서(단독주택)
- 표준임대차계약서
- 상가건물임대차 표준계약서
- 상가건물임대차권리금거래계약서
- 부동산거래계약 신고서
- 부동산거래계약 변경 신고서
- 부동산거래계약 해제등 신고서
- 부동산거래계약신고필증
- 주택 임대차 계약 신고서
- 주택 임대차 계약 변경 신고서
- 주택 임대차 계약 해제 신고서
- 주택 임대차 계약 신고 필증
- 임대차 정보제공 요청서
- 전입세대확인서 열람 또는 교부신청서
- 전입세대확인서
- 상가임대차 정보제공 요청서
- 상가임대차 확정일자 신청서
- 미납국세 등 열람신청서
- 납세증명서
- 미납지방세 등 열람신청서
- 지방세 납세증명서

■ 부동산등기규칙 [별지 제1호 양식] 토지등기기록

[토지] 0000시 00구 00동 00

고유번호 0000-0000-000000

[표 제 부]　　(토지의 표시)

표시번호	접 수	소재지번	지목	면적	등기원인 및 기타사항

[갑 구]　　(소유권에 관한 사항)

순위번호	등기목적	접 수	등기원인	권리자 및 기타사항

[을 구]　　(소유권 외의 권리에 관한 사항)

순위번호	등기목적	접 수	등기원인	권리자 및 기타사항

■ 부동산등기규칙   [별지 제2호 양식] 건물등기기록

[건물] 0000시 00구 00동 00   고유번호 0000-0000-000000

[**표 제 부**]   (건물의 표시)

표시번호	접 수	소재지번 및 건물번호	건물내역	등기원인 및 기타사항

[**갑 구**]   (소유권에 관한 사항)

순위번호	등기목적	접 수	등기원인	권리자 및 기타사항

[**을 구**]   (소유권 외의 권리에 관한 사항)

순위번호	등기목적	접 수	등기원인	권리자 및 기타사항

■ 부동산등기규칙 [별지 제3호 양식] 구분건물등기기록

[구분건물] 0000시 00구 00동 00 제0층 제0호

고유번호 0000-0000-000000

[표 제 부]　　(1동의 건물의 표시)

표시번호	접 수	소재지번, 건물명칭 및 번호	건물내역	등기원인 및 기타사항

(대지권의 목적인 토지의 표시)

표시번호	소재지번	지목	면적	등기원인 및 기타사항

[표 제 부]　　(전유부분의 건물의 표시)

표시번호	접 수	건물번호	건물내역	등기원인 및 기타사항

(대지권의 표시)

표시번호	대지권종류	대지권비율	등기원인 및 기타사항

[갑 구]　　(소유권에 관한 사항)

순위번호	등기목적	접 수	등기원인	권리자 및 기타사항

[을 구]　　(소유권 외의 권리에 관한 사항)

순위번호	등기목적	접 수	등기원인	권리자 및 기타사항

■ 공간정보의 구축 및 관리 등에 관한 법률 시행규칙 [별지 제63호서식] <개정 2017. 1. 31.>

토 지 대 장

고유번호					도면번호		발급번호	
토지소재					장번호		처리시각	
지 번		축 척			비 고		발 급 자	

토 지 표 시				소 유 자		
지 목	면 적(㎡)	사 유		변 동 일 자	주 소	
				변 동 원 인	성명 또는 명칭	등록번호
				년 월 일	( )	( )
				년 월 일	( )	( )
				( )	( )	( )
				( )	( )	( )
				( )	( )	( )
				( )	( )	( )

등 급 수 정 연 월 일								
토 지 등 급 (기준수확량등급)	( )	( )	( )	( )	( )	( )	( )	
개별공시지가 기준일								용도지역 등
개별공시지가(원/㎡)								

270㎜×190㎜[백상지(150g/㎡)]

일반건축물대장(갑)

■ 건축물대장의 기재 및 관리 등에 관한 규칙 [별지 제1호서식] <개정 2018. 12. 4.>

(3쪽 중 제1쪽)

고유번호				명칭		호수/가구수/세대수	
대지위치			지번	도로명주소			
※대지면적 ㎡	연면적 ㎡		※지역		※구역		
건축면적 ㎡	용적률 산정용 연면적 ㎡		주구조	주용도		층수 지하: 층, 지상: 층	
※건폐율 %	※용적률 %		높이	지붕		부속건축물 동 ㎡	
※조경면적 ㎡	※공개 공지·공간 면적 ㎡		※건축선 후퇴면적 ㎡	※건축선 후퇴거리 m			

건축물 현황

구분	층별	구조	용도	면적(㎡)

소유자 현황

성명(명칭) 주민(법인)등록번호 (부동산등기용등록번호)	주소	소유권 지분	변동일 변동원인

이 등(초)본은 건축물대장의 원본내용과 틀림없음을 증명합니다.

발급일:
담당자:
전 화:

특별자치시장·특별자치도지사 또는 시장·군수·구청장 인

년   월   일

※ 표시 항목은 총괄표제부가 있는 경우에는 적지 않을 수 있습니다.

297㎜×210㎜[백상지 80g/㎡]

■ 건축물대장의 기재 및 관리 등에 관한 규칙 [별지 제1호서식

(3쪽 중 제2쪽)

고유번호		명칭	호수/가구수/세대수
대지위치	지번	도로명주소	

구분	성명 또는 명칭	면허(등록)번호	※주차장					승강기				허가일
건축주			구분	옥내	옥외	인근	면제	승용	대	비상용	대	착공일
설계자								※하수처리시설				사용승인일
공사감리자			자주식	대 ㎡	대 ㎡	대 ㎡		형식				관련 주소
공사시공자 (현장관리인)			기계식	대 ㎡	대 ㎡	대 ㎡	대	용량				지번

※제로에너지건축물 인증		※건축물 에너지효율등급 인증		※에너지성능지표 (EPI) 점수	※녹색건축 인증		※지능형건축물 인증		
등급		등급		점	등급		등급		
에너지자립률	%	1차에너지 소요량 (또는 에너지절감률)	kWh/㎡(%)	※에너지소비총량	인증점수	점	인증점수	점	
유효기간: . . . ~ . . .		유효기간: . . . ~ . . .		kWh/㎡	유효기간: . . . ~ . . .		유효기간: . . . ~ . . .		도로명

내진설계 적용 여부	내진능력	특수구조 건축물 (해당, 미해당)	특수구조 건축물 유형
지하수위 G.L m	기초형식 (지내력기초, 파일기초)	설계지내력(지내력기초인 경우) t/㎡	구조설계 해석법 (등가정적해석법, 동적해석법)

변동사항				
변동일	변동내용 및 원인	변동일	변동내용 및 원인	그 밖의 기재사항

※ 표시 항목은 총괄표제부가 있는 경우에는 적지 않을 수 있습니다.

건축물현황도

■ 건축물대장의 기재 및 관리 등에 관한 규칙 [별지 제1호서식]

(3쪽 중 제3쪽)

고유번호		명칭		호수/가구수/세대수	
대지위치		지번		도로명주소	

도면 작성자   (서명 또는 인)

도면의 종류   축척 1 :

공간정보의 구축 및 관리 등에 관한 법률 시행규칙 [별지 제67호서식]

지 적 도

○○군 ○○면 ○○리 지적도 ○○장 중 제○○호 축척○○○○분의1

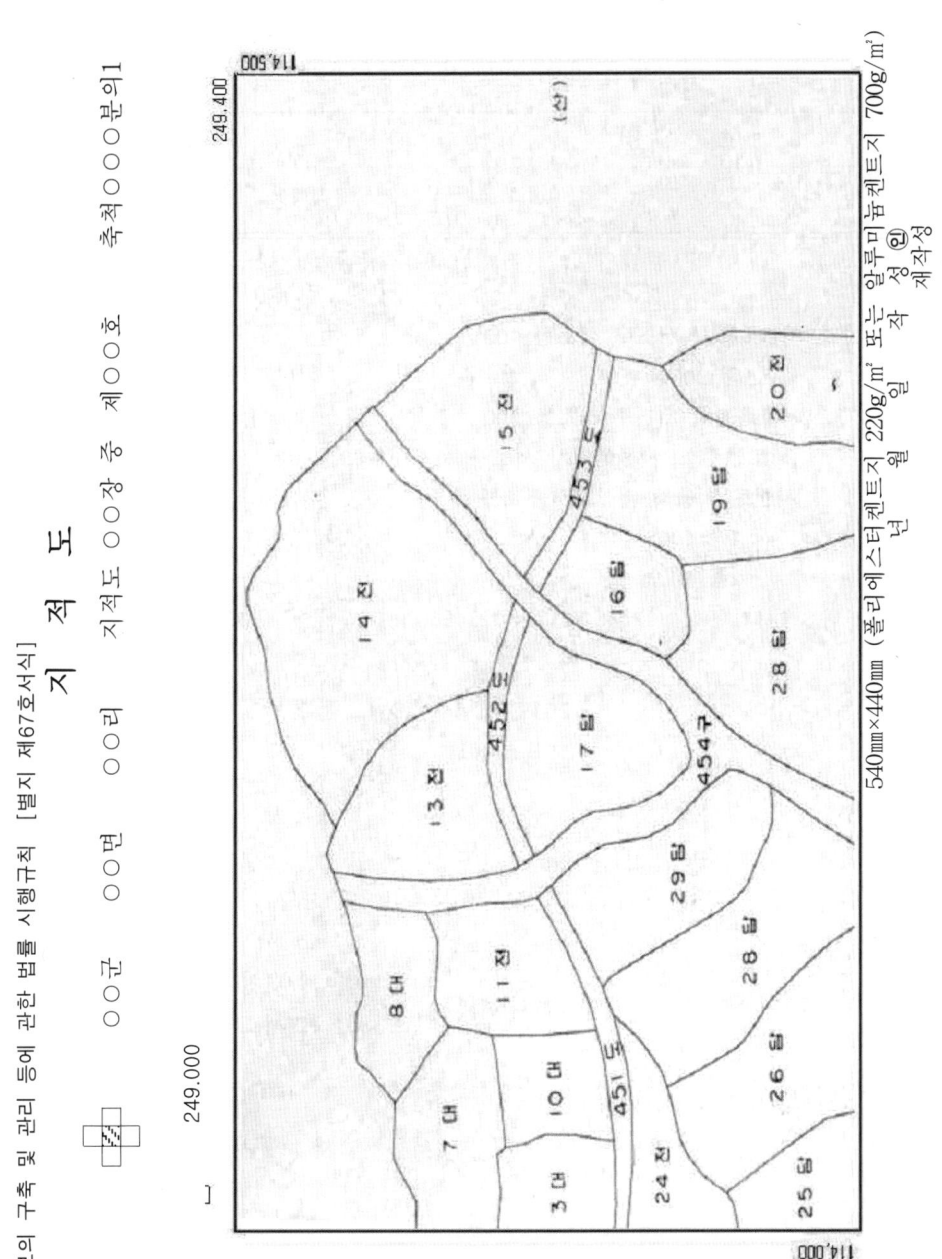

540mm×440mm (폴리에스티렌트지 220g/㎡ 또는 알루미늄켄트지 700g/㎡)
년 월 일 작성 ㉠ 제작청

부동산 등기신청서의 양식에 관한 예규 양식 제2-1, 2호
신청례 : 대한민국 법원 인터넷 등기소 자료센터(http://www.iros.go.kr/PMainJ.jsp)

소유권이전등기신청(매매)

접 수	년 월 일 제 호	처 리 인	등기관 확인	각종 통지

① 부동산의 표시(거래신고관리번호/거래가액)
1. 서울특별시 서초구 서초동 100 　　대 300㎡ 2. 서울특별시 서초구 서초동 100 　　[도로명주소] 서울특별시 서초구 서초대로88길 10 　　시멘트 벽돌조 슬래브지붕 2층 주택 　　1층 100㎡ 　　2층 100㎡ 　거래신고관리번호 : 12345-2017-4-1234560　　거래가액 : 500,000,000원 　　　　　　　　　　　　　　이　　　　　　　상

② 등기원인과 그 연월일	2017년 4월 3일 매매
③ 등 기 의 목 적	소유권이전
④ 이 전 할 지 분	

구분	성 명 (상호·명칭)	주민등록번호 (등기용등록번호)	주　소 (소 재 지)	지 분 (개인별)
⑤ 등기의무자	이 대 백	700101-1234567	서울특별시 서초구 서초대로88길 20(서초동)	
⑥ 등기권리자	김 갑 돌	801231-1234567	서울특별시 중구 다동길 96(다동)	

- 1 -

⑦ 시가표준액 및 국민주택채권매입금액		
부동산 표시	부동산별 시가표준액	부동산별 국민주택채권매입금액
1. **주택**	금 300,000,000원	금 7,800,000원
2.	금 원	금 원
3.	금 원	금 원
⑦ 국 민 주 택 채 권 매 입 총 액		금 7,800,000원
⑦ 국 민 주 택 채 권 발 행 번 호		1234-12-1234-1234
⑧ 취득세(등록면허세) 금 **5,000,000**원	⑧ 지방교육세 금 500,000원	
	⑧ 농어촌특별세 금 원	
⑨ 세 액 합 계	금	5,500,000원
⑩ 등 기 신 청 수 수 료	금	30,000원
	납부번호 : 12-12-12345678-0	
	일괄납부 : 건 원	

⑪ 등기의무자의 등기필정보		
부동산고유번호	1102-2006-002095	
성명(명칭)	일련번호	비밀번호
이대백	A77C-LO71-35J5	40-4636
부동산고유번호	1101-2016-001234	
성명(명칭)	일련번호	비밀번호
이대백	QWER-AS12-ZXC1	40-2345

⑫ 첨 부 서 면	
· 매매계약서(전자수입인지첨부) **1**통	· 주민등록표초본(또는 등본) 각**1**통
· 취득세(등록면허세)영수필확인서 **1**통	· 부동산거래계약신고필증 **1**통
· 등기신청수수료 영수필확인서 **1**통	· 매매목록 **1**통
~~· 위임장 통~~	· 인감증명서나 본인서명사실확인서 또는
~~· 등기필증 통~~	전자본인서명확인서 발급증 **1**통
· 토지·건축물대장등본 각**1**통	〈기 타〉

삭2행

2017년 5월 26일

⑬ 위 신청인   이   대   백 ⑪ (전화 : 010-1234-5678)
　　　　　　　김   갑   돌 ⑪ (전화 : 010-5678-1234)
　　　(또는)위 대리인　　　　　　　　　(전화 :   )

서울중앙 지방법원   **등기국** 귀중

― 신청서 작성요령 ―

* 1. 부동산표시란에 2개 이상의 부동산을 기재하는 경우에는 부동산의 일련번호를 기재하여야 합니다.
  2. 신청인란등 해당란에 기재할 여백이 없을 경우에는 별지를 이용합니다.
  3. 담당 등기관이 판단하여 위의 첨부서면 외에 추가적인 서면을 요구할 수 있습니다.

부동산 등기신청서의 양식에 관한 예규 양식 제2-1, 2호
신청례 : 대한민국 법원 인터넷 등기소 자료센터(http://www.iros.go.kr/PMainJ.jsp)

소유권이전등기신청(매매)

접 수	년 월 일 제 호	처 리 인	등기관 확인	각종 통지

① 부동산의 표시(거래신고관리번호/거래가액)

1동의 건물의 표시
    서울특별시 서초구 서초동 100
    서울특별시 서초구 서초동 101   샛별아파트 가동
    [도로명주소] 서울특별시 서초구 서초대로88길 10
전유부분의 건물의 표시
    건물의 번호 1-101
    구   조 철근콘크리트조
    면   적 1층 101호 86.03㎡
대지권의 표시
    토지의 표시
    1. 서울특별시 서초구 서초동 100   대 1,400㎡
    2. 서울특별시 서초구 서초동 101   대 1,600㎡
    대지권의 종류 소유권
    대지권의 비율 1,2 : 3,000분의 500
  거래신고관리번호 : 12345-2017-4-1234560   거래가액 : 350,000,000원
                      이   상

② 등기원인과 그 연월일	2017년 4월 3일 매매
③ 등 기 의 목 적	소유권이전
④ 이 전 할 지 분	

구분	성 명 (상호·명칭)	주민등록번호 (등기용등록번호)	주 소 (소 재 지)	지 분 (개인별)
⑤ 등기의무자	이 대 백	700101-1234567	서울특별시 서초구 서초대로88길 20(서초동)	
⑥ 등기권리자	김 갑 동	801231-1234567	서울특별시 서초구 서초대로88길 10, 가동 101호(서초동, 샛별아파트)	

⑦ 시가표준액 및 국민주택채권매입금액		
부동산 표시	부동산별 시가표준액	부동산별 국민주택채권매입금액
1. **주택**	금 300,000,000원	금 7,800,000원
2.	금 원	금 원
3.	금 원	금 원
⑦ 국 민 주 택 채 권 매 입 총 액		금 7,800,000원
⑦ 국 민 주 택 채 권 발 행 번 호		1234-12-1234-1234
⑧ 취득세(등록면허세) 금 **5,000,000**원	⑧ 지 방 교 육 세 금	500,000원
	⑧ 농 어 촌 특 별 세 금	원
⑨ 세 액 합 계	금	5,500,000원
⑩ 등 기 신 청 수 수 료	금	15,000원
	납부번호 : 12-12-12345678-0	
	일괄납부 : 건	원
⑪ 등기의무자의 등기필정보		
부동산고유번호	1102-2006-002095	
성명(명칭)	일련번호	비밀번호
이대백	A77C-LO71-35J5	40-4636
⑫ 첨 부 서 면		
· 매매계약서(전자수입인지첨부) 1통 · 취득세(등록면허세)영수필확인서 1통 · 등기신청수수료 영수필확인서 1통 · ~~등기필증~~ 통 · ~~매매목록~~ 통 · ~~위임장~~ 통		· 토지대장등본 2통 · 집합건축물대장등본 1통 · 주민등록표초본 각1통 · 부동산거래계약신고필증 1통 · 인감증명서나 본인서명사실확인서 또는 전자본인서명확인서 발급증 1통 〈기 타〉

13행

2017년   5월   26일

⑬ 위 신청인   이   대   백 ㊞ (전화 : **010-1234-5678**)
　　　　　　 김   갑   동 ㊞ (전화 : **010-5678-1234**)
　　(또는)위 대리인　　　　　　　　　(전화 :   )

서울중앙 지방법원   **등기국** 귀중

- 신청서 작성요령 -

* 1. 부동산표시란에 2개 이상의 부동산을 기재하는 경우에는 부동산의 일련번호를 기재하여야 합니다.
  2. 신청인란등 해당란에 기재할 여백이 없을 경우에는 별지를 이용합니다.
  3. 담당 등기관이 판단하여 위의 첨부서면 외에 추가적인 서면을 요구할 수 있습니다.

부동산 등기신청서의 양식에 관한 예규 양식 제3-1, 2호
신청례 : 대한민국 법원 인터넷 등기소 자료센터(http://www.iros.go.kr/PMainJ.jsp)

소유권이전등기신청(상속)

접 수	년 월 일 제 호	처 리 인	등기관 확인	각종 통지

① 부동산의 표시

1. 서울특별시 서초구 서초동 100
   　　대 300m²
2. 서울특별시 서초구 서초동 100
   　　[도로명주소] 서울특별시 서초구 서초대로 88길 10
   　　시멘트 벽돌조 슬래브지붕 2층 주택
   　　1층 100m²
   　　2층 100m²

　　　　　　　이　　　　상

② 등기원인과 그 연월일	2017년 4월 3일 상속
③ 등 기 의 목 적	소유권이전
④ 이 전 할 지 분	

구분	성 명	주민등록번호	주　　　소	상속분	지 분 (개인별)
⑤ 피상속인	망 이도령	300101 -1234567	서울특별시 중구 마장로길 88 (황학동)		
⑥ 등기권리자	김 복 순	300101 -2345678	서울특별시 중구 다동길 96 (다동)	3/7	3/7
	이 대 영	550101 -1234567	서울특별시 중구 다동길 96 (다동)	2/7	2/7
	이 갑 돌	600101 -1234567	서울특별시 중구 다동길 96 (다동)	2/7	2/7

⑦ 시가표준액 및 국민주택채권매입금액	
부동산 표시	부동산별 시가표준액	부동산별 국민주택채권매입금액
1. **주택**	금 300,000,000원	금 12,600,000원
2.	금 원	금 원
3.	금 원	금 원
⑦ 국 민 주 택 채 권 매 입 총 액	금 12,600,000원	
⑦ 국 민 주 택 채 권 발 행 번 호	1234-12-1234-1234	
⑧ 취득세(등록면허세) 금 5,000,000원	⑧ 지방교육세 금 500,000원
	⑧ 농어촌특별세 금 원
⑨ 세 액 합 계	금 5,500,000원
⑩ 등 기 신 청 수 수 료	금 30,000원
	납부번호 : 12-12-12345678-0
	일괄납부 : 건 원
⑪ 첨 부 서 면	
· 가족관계증명서(상세) 1통	· 취득세(등록면허세)영수필확인서 1통
· 기본증명서(상세) 1통	· 등기신청수수료 영수필확인서 1통
· 친양자입양관계증명서(상세) 1통	· 토지·건축물대장등본 각1통
· 제적등본 1통	· 제적등본 1통
· 피상속인 및 상속인의	· ~~위임장~~ ~~통~~
주민등록표초본 각1통	〈기 타〉

2017년 5월 26일

⑫ 위 신청인 김   복   순 ㊞ (전화 : 010-1234-5678)
           이   대   영 ㊞ (전화 : 010-1234-5679)
           이   갑   돌 ㊞ (전화 : 010-1234-5680)

(또는)위 대리인   (전화 :   )

서울중앙 지방법원   **등기국** 귀중

삭1행

- 신청서 작성요령 -

* 1. 부동산표시란에 2개 이상의 부동산을 기재하는 경우에는 그 부동산의 일련번호를 기재하여야 합니다.
  2. 신청인란 등 해당란에 기재할 여백이 없을 경우에는 별지를 이용합니다.
  3. 담당 등기관이 판단하여 위의 첨부서면 외에 추가적인 서면을 요구할 수 있습니다.

신청례 : 대한민국 법원 인터넷 등기소 자료센터(http://www.iros.go.kr/PMainJ.jsp)

(예시문)부 동 산 매 매 계 약 서

부동산의 표시

    소재지 : 서울 관악구 신림동 1201

    토지의 표시   지목 : 대   면적 : 300 m²

    건물의 표시   건물내역 : 시멘트 벽돌조 2층 주택

당사자의 표시

매 도 인   이름(회사이름과 대표자): 홍길동
(파는 사람)   주소(회사본점이 있는 곳): 서울 중구 서소문동 120
     주민등록번호(사업자등록번호): XXXXXX-XXXXXXX
     전화번호: (02) 210-4321

매 수 인   이름(회사이름과 대표자): 한국무역 주식회사 대표이사 김보통
(사는 사람)   주소(회사본점이 있는 곳): 서울 서초구 서초동 1508
     주민등록번호(사업자등록번호): XXXXXX-XXXXXXX
     전화번호: (02) 3454-4543

매도인(파는 사람)과 매수인(사는 사람)은 위 부동산을 아래와 같이 사고 판다.

제1조(매매대금)

    매수인은 매도인에게 매매대금을 아래와 같이 주기로 한다.

    매매대금   삼억   원 (₩ 300,000,000)

    계약금   삼천만   원은 계약하는 날에 주고,

        [받은 사람의 확인: 홍길동 (서명 또는 인)]

    1차중도금   일억이천만   원은 2006년 11월 15일에 주며,

    2차중도금   원은 20 년 월 일에 주고,

    잔 금   일억오천만   원은 2006년 12월 15일에 주기로 한다.

제2조(소유권이전과 인도)

① 매도인은 잔금을 받으면서 매수인에게 소유권이전등기에 필요한 서류 전부를 주고 위 부동산도 넘겨주어야 한다. 다만, 매도인과 매수인 사이에 ②항과 같이 따로 정하는 경우 그에 따른다.

② 소유권이전에 필요한 서류를 주는 날 : _____

　　부동산을 넘겨주는 날 : _____

제3조(부동산에 대한 부담의 소멸 등)

① 매도인은 위 부동산에 설정된 저당권, 전세권, 지상권 등 제한물권이나 가압류, 가처분 등 소유권의 행사를 제한하는 사유가 있는 경우 이들을 말소하여 제한이 없는 소유권을 이전하여야 한다.

② 전기, 가스, 수도 요금 등의 공과금 중, 위 부동산을 넘겨주는 날까지 발생한 부분은 매도인이 부담하고, 그 다음 날부터 발생하는 부분은 매수인이 부담한다. 다만, 아래와 같이 따로 정하는 경우 그에 따른다.

　　[따로 정하는 사항] _____

제4조(하자의 부담)

① 위 부동산에 하자가 있는 경우 매도인은 매수인에게 하자담보의 책임을 진다. 다만, 아래와 같이 매도인이 책임지는 기간을 따로 정하는 경우 그에 따른다.

　　[따로 정하는 기간] 위 부동산을 넘겨준 날로부터 _____년간

② 위 부동산을 넘겨주는 날 이전에 위 부동산에 남아 있던 건축법 기타 법령위반의 사유로 인하여 매수인이 이행강제금 또는 벌금을 내게 되거나, 그 이외에 재산의 손해(원상회복비용 등)를 입은 경우, 매도인은 매수인에게 이를 배상하여야 한다.

제5조(계약의 해제)

① 매수인이 매도인에게 중도금을 주기 전까지(중도금을 정하지 않은 경우에는 잔금을 주기 전까지)는, 매도인은 매수인에게 계약금의 2배를 주고 이 계약을 해제할 수 있고, 매수인은 계약금을 포기하고 이 계약을 해제할 수 있다.

② 매도인 또는 매수인이 이 계약에 따른 채무를 이행하지 않은 경우 그 상대방은 채무를 이행하지 않은 당사자에게 이행을 촉구한 후 이 계약을 해제할 수 있다. 이 경우 채무를 이행하지 않은 당사자는 이로 인하여 상대방에게 발생한 손해를 배상하여야 한다. 다만, 아래와 같이 손해배상액을 따로 정하는 경우 그에 따른다.

　　[따로 정하는 사항] _____

제6조(확인 사항)

☑ 이 사건 부동산에 관하여 발급된 등기부등본(20<u>06</u>년<u>11</u>월<u>1</u>일자) 및 건축물대장, 토지대장
☑ 법인등기부등본 및 법인 인감증명서(계약 당사자 한쪽 또는 양쪽이 법인인 경우)
☑ 위임장 및 위임인의 인감증명서(대리인이 계약을 체결한 경우)

제7조(특별히 정하는 사항)

① _____
② _____
③ _____

2006 년 <u>11</u> 월 <u>1</u> 일

매도인   <u>홍길동</u>   (서명 또는 인)
  대리인 _____ (서명 또는 인)
  (대리인의 주민등록번호: _____)

매수인   <u>한국무역 주식회사 대표이사 김보통</u>(서명 또는 인)
  대리인 _____ (서명 또는 인)
  (대리인의 주민등록번호: _____)

이 계약서는 법무부에서 국토교통부⊠울시 및 학계 전문가와 함께 민법, 주택임대차보호법, 공인중개사법 등 관계법령에 근거하여 만들었습니다. 법의 보호를 받기 위해 【중요확인사항】(별지)을 꼭 확인하시기 바랍니다.

주택임대차계약서

☐ 보증금 있는 월세
☐ 전세 ☐ 월세

임대인(　　　　　)과 임차인(　　　　　)은 아래와 같이 임대차 계약을 체결한다

[임차주택의 표시]

소 재 지	(도로명주소)			
토 지	지목		면적	㎡
건 물	구조·용도		면적	㎡
임차할부분	상세주소가 있는 경우 동㏇ 정확히 기재		면적	㎡

미납 국세	선순위 확정일자 현황	
☐ 없음 (임대인 서명 또는 날인　　　㊞)	☐ 해당 없음 (임대인 서명 또는 날인　　　㊞)	확정일자 부여란
☐ 있음(중개대상물 확인·설명서 제2쪽 Ⅱ. 개업공인중개사 세부 확인사항 '⑨ 실제 권리관계 또는 공시되지 않은 물건의 권리사항'에 기재)	☐ 해당있음(중개대상물 확인·설명서 제2쪽 Ⅱ. 개업공인중개사 세부 확인사항 '⑨ 실제 권리관계 또는 공시되지 않은 물건의 권리사항'에 기재)	

유의사항: 미납국세 및 선순위 확정일자 현황과 관련하여 개업공인중개사는 임대인에게 자료제출을 요구할 수 있으나, 세무서와 확정일자부여기관에 이를 직접 확인할 법적권한은 없습니다. ※ 미납국세·선순위확정일자 현황 확인방법은 "별지"참조

[계약내용]

제1조(보증금과 차임) 위 부동산의 임대차에 관하여 임대인과 임차인은 합의에 의하여 보증금 및 차임을 아래와 같이 지불하기로 한다.

보증금	금	원정(₩　　　　　)			
계약금	금	원정(₩　　　)	)은 계약시에 지불하고 영수함. 영수자 (　㊞)		
중도금	금	원정(₩　　　)	)은　　년　　월　　일에 지불하며		
잔 금	금	원정(₩　　　)	)은　　년　　월　　일에 지불한다		
차임(월세)	금	원정은 매월　　일에 지불한다(입금계좌:　　　　)			

제2조(임대차기간) 임대인은 임차주택을 임대차 목적대로 사용·수익할 수 있는 상태로 ＿＿년 ＿月 ＿＿일 까지 임차인에게 인도하고, 임대차기간은 인도일로부터 ＿＿＿년 ＿＿＿월 ＿＿＿일까지로 한다.

제3조(입주 전 수리) 임대인과 임차인은 임차주택의 수리가 필요한 시설물 및 비용부담에 관하여 다음과 같이 합의한다.

수리 필요 시설	☐ 없음 ☐ 있음(수리할 내용:　　　　)
수리 완료 시기	☐ 잔금지급 기일인　　년　　월　　일까지 ☐ 기타 (　　　)
약정한 수리 완료 시기 까지 미 수리한 경우	☐ 수리비를 임차인이 임대인에게 지급하여야 할 보증금 또는 차임에서 공제 ☐ 기타(　　　　)

제4조(임차주택의 사용·관리·수선) ① 임차인은 임대인의 동의 없이 임차주택의 구조변경 및 전대나 임차권 양도를 할 수 없으며, 임대차 목적인 주거 이외의 용도로 사용할 수 없다.

② 임대인은 계약 존속 중 임차주택을 사용·수익에 필요한 상태로 유지하여야 하고, 임차인은 임대인이 임차주택의 보존에 필요한 행위를 하는 때 이를 거절하지 못한다.

③ 임대인과 임차인은 계약 존속 중에 발생하는 임차주택의 수리 및 비용부담에 관하여 다음과 같이 합의한다. 다만, 합의되지 아니한 기타 수선비용에 관한 부담은 민법, 판례 기타 관습에 따른다.

임대인부담	예컨대, 난방, 상㊦수도, 전기시설 등 임차주택의 주요설비에 대한 노후·불량으로 인한 수선은 민법 제623조, 판례상 임대인이 부담하는 것으로 해석됨
임차인부담	예컨대, 임차인의 고의⊠실에 기한 파손, 전구 등 통상의 간단한 수선, 소모품 교체 비용은 민법 제623조, 판례상 임차인이 부담하는 것으로 해석됨

④ 임차인이 임대인의 부담에 속하는 수선비용을 지출한 때에는 임대인에게 그 상환을 청구할 수 있다.

제5조(계약의 해제) 임차인이 임대인에게 중도금(중도금이 없을 때는 잔금)을 지급하기 전까지, 임대인은 계약금의 배액을 상환하고, 임차인은 계약금을 포기하고 이 계약을 해제할 수 있다.

제6조(채무불이행과 손해배상) 당사자 일방이 채무를 이행하지 아니하는 때에는 상대방은 상당한 기간을 정하여 그 이행을 최고하고 계약을 해제할 수 있으며, 그로 인한 손해배상을 청구할 수 있다. 다만, 채무자가 미리 이행하지 아니할 의사를 표시한 경우의 계약해제는 최고를 요하지 아니한다.

제7조(계약의 해지) ① 임차인은 본인의 과실 없이 임차주택의 일부가 멸실 기타 사유로 인하여 임대차의 목적대로 사용할 수 없는 경우에는 계약을 해지할 수 있다.

② 임대인은 임차인이 2기의 차임액에 달하도록 연체하거나, 제4조 제1항을 위반한 경우 계약을 해지할 수 있다.

제8조(계약의 종료) 임대차계약이 종료된 경우에 임차인은 임차주택을 원래의 상태로 복구하여 임대인에게 반환하고, 이와 동시에 임대인은 보증금을 임차인에게 반환하여야 한다. 다만, 시설물의 노후화나 통상 생길 수 있는 파손 등은 임차인의 원상복구의무에 포함되지 아니한다.

제9조(비용의 정산) ① 임차인은 계약종료 시 공과금과 관리비를 정산하여야 한다.

② 임차인은 이미 납부한 관리비 중 장기수선충당금을 소유자에게 반환 청구할 수 있다. 다만, 관리사무소 등 관리주체가 장기수선충당금을 정산하는 경우에는 그 관리주체에게 청구할 수 있다.

제10조(중개보수 등) 중개보수는 거래 가액의 _____% 인 _____원(□ 부가가치세 포함 □ 불포함)으로 임대인과 임차인이 각각 부담한다. 다만, 개업공인중개사의 고의 또는 과실로 인하여 중개의뢰인간의 거래행위가 무효·취소 또는 해제된 경우에는 그러하지 아니하다.

제11조(중개대상물확인·설명서 교부) 개업공인중개사는 중개대상물 확인·설명서를 작성하고 업무보증관계증서(공제증서 등) 사본을 첨부하여 _____년 _____월 _____일 임대인과 임차인에게 각각 교부한다.

[특약사항]

상세주소가 없는 경우 임차인의 상세주소부여 신청에 대한 소유자 동의여부(□ 동의   □ 미동의)

※ 기타 임차인의 대항력·우선변제권 확보를 위한 사항, 관리비·전기료 납부방법 등 특별히 임대인과 임차인이 약정할 사항이 있으면 기재
- [대항력과 우선변제권 확보 관련 예시] "주택을 인도받은 임차인은 ____년 ____월 ____일까지 주민등록(전입신고)과 주택임대차계약서상 확정일자를 받기로 하고, 임대인은 ____년 ____월 ____일(최소한 임차인의 위 약정일자 이튿 후부터 가능)에 저당권 등 담보권을 설정할 수 있다"는 등 당사자 사이 합의에 의한 특약 가능

본 계약을 증명하기 위하여 계약 당사자가 이의 없음을 확인하고 각각 서명·날인 후 임대인, 임차인, 개업공인중개사는 매 장마다 간인하여, 각각 1통씩 보관한다.   년   월   일

임대인	주 소		전 화		성 명		서명 또는 날인㊞
	주민등록번호						
	대리인	주소		주민등록번호		성 명	
임차인	주 소						서명 또는 날인㊞
	주민등록번호		전 화		성 명		
	대리인	주소		주민등록번호		성 명	
중개업자	사무소소재지			사무소소재지			
	사무소명칭			사무소명칭			
	대 표	서명 및 날인	㊞	대 표	서명 및 날인		㊞
	등록번호		전화	등록번호		전화	
	소속공인중개사	서명 및 날인	㊞	소속공인중개사	서명 및 날인		㊞

별지)

법의 보호를 받기 위한 중요사항! 반드시 확인하세요

< 계약 체결 시 꼭 확인하세요 >

【당사자 확인 / 권리순위관계 확인 / 중개대상물 확인·설명서 확인】

① 신분증·등기사항증명서 등을 통해 당사자 본인이 맞는지, 적법한 임대·임차권한이 있는지 확인합니다.
② 대리인과 계약 체결 시 위임장·대리인 신분증을 확인하고, 임대인(또는 임차인)과 직접 통화하여 확인하여야 하며, 보증금은 가급적 임대인 명의 계좌로 직접 송금합니다.
③ 중개대상물 확인·설명서에 누락된 것은 없는지, 그 내용은 어떤지 꼼꼼히 확인하고 서명하여야 합니다.

【대항력 및 우선변제권 확보】

① 임차인이 주택의 인도와 주민등록을 마친 때에는 그 다음날부터 제3자에게 임차권을 주장할 수 있고, 계약서에 확정일자까지 받으면, 후순위권리자나 그 밖의 채권자에 우선하여 변제받을 수 있습니다.
- 임차인은 최대한 신속히 ① 주민등록과 ② 확정일자를 받아야 하고, 주택의 점유와 주민등록은 임대차 기간 중 계속 유지하고 있어야 합니다.
② 등기사항증명서, 미납국세, 다가구주택 확정일자 현황 등 반드시 확인하여 선순위 담보권자가 있는지, 있다면 금액이 얼마인지를 확인하고 계약 체결여부를 결정하여야 보증금을 지킬 수 있습니다.
※ 미납국세와 확정일자 현황은 임대인의 동의를 받아 임차인이 관할 세무서 또는 관할 주민센터·등기소에서 확인하거나, 임대인이 직접 납세증명원이나 확정일자 현황을 발급받아 확인시켜 줄 수 있습니다.

< 계약기간 중 꼭 확인하세요 >

【차임증액청구】

계약기간 중이나 묵시적 갱신 시 차임·보증금을 증액하는 경우에는 5%를 초과하지 못하고, 계약체결 또는 약정한 차임 등의 증액이 있은 후 1년 이내에는 하지 못합니다.

【월세 소득공제 안내】

근로소득이 있는 거주자 또는 「조세특례제한법」 제122조의3 제1항에 따른 성실사업자는 「소득세법」 및 「조세특례제한법」에 따라 월세에 대한 소득공제를 받을 수 있습니다. 근로소득세 연말정산 또는 종합소득세 신고 시 주민등록표등본, 임대차계약증서 사본 및 임대인에게 월세액을 지급하였음을 증명할 수 있는 서류를 제출하면 됩니다. 기타 자세한 사항은 국세청 콜센터(국번 없이 126)로 문의하시기 바랍니다.

【묵시적 갱신 등】

① 임대인은 임대차기간이 끝나기 6개월부터 1개월 전까지, 임차인은 1개월 전까지 각 상대방에게 기간을 종료하겠다거나 조건을 변경하여 재계약을 하겠다는 취지의 통지를 하지 않으면 종전 임대차와 동일한 조건으로 자동 갱신됩니다.
② 제1항에 따라 갱신된 임대차의 존속기간은 2년입니다. 이 경우, 임차인은 언제든지 계약을 해지할 수 있지만 임대인은 계약서 제7조의 사유 또는 임차인과의 합의가 있어야 계약을 해지할 수 있습니다.

< 계약종료 시 꼭 확인하세요 >

【보증금액 변경시 확정일자 날인】

계약기간 중 보증금을 증액하거나, 재계약을 하면서 보증금을 증액한 경우에는 증액된 보증금액에 대한 우선변제권을 확보하기 위하여 반드시 다시 확정일자를 받아야 합니다.

【임차권등기명령 신청】

임대차가 종료된 후에도 보증금이 반환되지 아니한 경우 임차인은 임대인의 동의 없이 임차주택 소재지 관할 법원에서 임차권등기명령을 받아, 등기부에 등재된 것을 확인하고 이사해야 우선변제 순위를 유지할 수 있습니다. 이때, 임차인은 임차권등기명령 관련 비용을 임대인에게 청구할 수 있습니다.

법무부   국토교통부   서울특별시

이 계약서는 법무부에서 국토교통부·서울시·중소기업청 및 학계 전문가와 함께 민법, 상가건물 임대차보호법, 공인중개사법 등 관계법령에 근거하여 만들었습니다. 법의 보호를 받기 위해 【중요확인사항】(별지)을 꼭 확인하시기 바랍니다.

상가건물 임대차 표준계약서

☐ 보증금 있는 월세
☐ 전세   ☐ 월세

임대인(이름 또는 법인명 기재)과 임차인(이름 또는 법인명 기재)은 아래와 같이 임대차 계약을 체결한다

[임차 상가건물의 표시]

소재지				
토 지	지목		면적	㎡
건 물	구조·용도		면적	㎡
임차할부분			면적	㎡
유의사항: 임차할 부분을 특정하기 위해서 도면을 첨부하는 것이 좋습니다.				

[계약내용]

제1조(보증금과 차임) 위 상가건물의 임대차에 관하여 임대인과 임차인은 합의에 의하여 보증금 및 차임을 아래와 같이 지급하기로 한다.

보증금	금	원정(₩)		
계약금	금	원정(₩)	은 계약시에 지급하고 수령함. 수령인 (인)	
중도금	금	원정(₩)	은 년 월 일에 지급하며	
잔 금	금	원정(₩)	은 년 월 일에 지급한다	
차임(월세) (입금계좌:	금)	원정(₩)	은 매월 일에 지급한다. 부가세 ☐ 불포함 ☐ 포함	
환산보증금	금	원정(₩)		

유의사항: ① 당해 계약이 환산보증금을 초과하는 임대차인 경우 확정일자를 부여받을 수 없고, 전세권 등을 설정할 수 있습니다. ② 보증금 보호를 위해 등기사항증명서, 미납국세, 상가건물 확정일자 현황 등을 확인하는 것이 좋습니다. ※ 미납국세·선순위확정일자 현황 확인방법은 "별지"참조

제2조(임대차기간) 임대인은 임차 상가건물을 임대차 목적대로 사용·수익할 수 있는 상태로 ____년 __월 __일까지 임차인에게 인도하고, 임대차기간은 인도일로부터 ____년 __월 __일까지로 한다.

제3조(임차목적) 임차인은 임차 상가건물을 _____(업종)을 위한 용도로 사용한다.

제4조(사용·관리·수선) ① 임차인은 임대인의 동의 없이 임차 상가건물의 구조·용도 변경 및 전대나 임차권 양도를 할 수 없다.

② 임대인은 계약 존속 중 임차 상가건물을 사용·수익에 필요한 상태로 유지하여야 하고, 임차인은 임대인이 임차 상가건물의 보존에 필요한 행위를 하는 때 이를 거절하지 못한다.

③ 임차인이 임대인의 부담에 속하는 수선비용을 지출한 때에는 임대인에게 그 상환을 청구할 수 있다.

제5조(계약의 해제) 임차인이 임대인에게 중도금(중도금이 없을 때는 잔금)을 지급하기 전까지, 임대인은 계약금의 배액을 상환하고, 임차인은 계약금을 포기하고 계약을 해제할 수 있다.

제6조(채무불이행과 손해배상) 당사자 일방이 채무를 이행하지 아니하는 때에는 상대방은 상당한 기간을 정하여 그 이행을 최고하고 계약을 해제할 수 있으며, 그로 인한 손해배상을 청구할 수 있다. 다만, 채무자가 미리 이행하지 아니할 의사를 표시한 경우의 계약해제는 최고를 요하지 아니한다.

제7조(계약의 해지) ① 임차인은 본인의 과실 없이 임차 상가건물의 일부가 멸실 기타 사유로 인하여 임대차의 목적대로 사용, 수익할 수 없는 때에는 임차인은 그 부분의 비율에 의한 차임의 감액을 청구할 수 있다. 이 경우에 그 잔존부분만으로 임차의 목적을 달성할 수 없는 때에는 임차인은 계약을 해지할 수 있다.

② 임대인은 임차인이 3기의 차임액에 달하도록 차임을 연체하거나, 제4조 제1항을 위반한 경우 계약을 해지할 수 있다.

제8조(계약의 종료와 권리금회수기회 보호) ① 계약이 종료된 경우에 임차인은 임차 상가건물을 원상회복하여 임대인에게 반환하고, 이와 동시에 임대인은 보증금을 임차인에게 반환하여야 한다.

② 임대인은 임대차기간이 끝나기 3개월 전부터 임대차 종료 시까지 「상가건물임대차보호법」 제10조의4제1항 각 호의 어느 하나에 해당하는 행위를 함으로써 권리금 계약에 따라 임차인이 주선한 신규임차인이 되려는 자로부터 권리금을 지급받는 것을 방해하여서는 아니 된다. 다만, 「상가건물임대차보호법」 제10조제1항 각 호의 어느 하나에 해당하는 사유가 있는 경우에는 그러하지 아니하다.

③ 임대인이 제2항을 위반하여 임차인에게 손해를 발생하게 한 때에는 그 손해를 배상할 책임이 있다. 이 경우 그 손해배상액은 신규임차인이 임차인에게 지급하기로 한 권리금과 임대차 종료 당시의 권리금 중 낮은 금액을 넘지 못한다.

④ 임차인은 임대인에게 신규임차인이 되려는 자의 보증금 및 차임을 지급할 자력 또는 그 밖에 임차인으로서의 의무를 이행할 의사 및 능력에 관하여 자신이 알고 있는 정보를 제공하여야 한다.

제9조(재건축 등 계획과 갱신거절) 임대인이 계약 체결 당시 공사시기 및 소요기간 등을 포함한 철거 또는 재건축 계획을 임차인에게 구체적으로 고지하고 그 계획에 따르는 경우, 임대인은 임차인이 상가건물임대차보호법 제10조제1항 제7호에 따라 계약갱신을 요구하더라도 계약갱신의 요구를 거절할 수 있다.

제10조(비용의 정산) ① 임차인은 계약이 종료된 경우 공과금과 관리비를 정산하여야 한다.

② 임차인은 이미 납부한 관리비 중 장기수선충당금을 소유자에게 반환 청구할 수 있다. 다만, 임차 상가건물에 관한 장기수선충당금을 정산하는 주체가 소유자가 아닌 경우에는 그 자에게 청구할 수 있다.

제11조(중개보수 등) 중개보수는 거래 가액의 _____% 인 _____원(부가세 ☐ 불포함 ☐ 포함)으로 임대인과 임차인이 각각 부담한다. 다만, 개업공인중개사의 고의 또는 과실로 인하여 중개의뢰인간의 거래행위가 무효·취소 또는 해제된 경우에는 그러하지 아니하다.

제12조(중개대상물 확인·설명서 교부) 개업공인중개사는 중개대상물 확인·설명서를 작성하고 업무보증관계증서(공제증서 등) 사본을 첨부하여 임대인과 임차인에게 각각 교부한다.

[특약사항]

① 입주전 수리 및 개량, ②임대차기간 중 수리 및 개량, ③임차 상가건물 인테리어, ④ 관리비의 지급주체, 시기 및 범위, ⑤귀책사유 있는 채무불이행 시 손해배상액예정 등에 관하여 임대인과 임차인은 특약할 수 있습니다

본 계약을 증명하기 위하여 계약 당사자가 이의 없음을 확인하고 각각 서명·날인후 임대인, 임차인, 개업공인중개사는 매 장마다 간인하여, 각각 1통씩 보관한다.   년   월   일

임대인	주 소						
	주민등록번호 (법인등록번호)			전 화		성 명 (회사명)	서명 또는 날인㊞
	대 리 인	주 소		주민등록번호		성 명	
임차인	주 소						
	주민등록번호 (법인등록번호)			전 화		성 명 (회사명)	서명 또는 날인㊞
	대 리 인	주 소		주민등록번호		성 명	
개업공인중개사	사무소소재지			사무소소재지			
	사무소명칭			사무소명칭			
	대 표	서명 및 날인	㊞	대 표	서명 및 날인		㊞
	등록번호		전화	등록번호		전화	
	소속공인중개사	서명 및 날인	㊞	소속공인중개사	서명 및 날인		㊞

별지)

법의 보호를 받기 위한 중요사항! 반드시 확인하세요

< 계약 체결 시 꼭 확인하세요 >

【당사자 확인 / 권리순위관계 확인 / 중개대상물 확인·설명서확인】
① 신분증·등기사항증명서 등을 통해 당사자 본인이 맞는지, 적법한 임대·임차권한이 있는지 확인합니다.
② 대리인과 계약 체결 시 위임장·대리인 신분증을 확인하고, 임대인(또는 임차인)과 직접 통화하여 확인하여야 하며, 보증금은 가급적 임대인 명의 계좌로 직접 송금합니다.
③ 중개대상물 확인·설명서에 누락된 것은 없는지, 그 내용이 어떤지 꼼꼼히 확인하고 서명하여야 합니다.

【대항력 및 우선변제권 확보】
① 임차인이 상가건물의 인도와 사업자등록을 마친 때에는 그 다음날부터 제3자에게 임차권을 주장할 수 있고, 환산보증금을 초과하지 않는 임대차의 경우 계약서에 확정일자까지 받으면, 후순위권리자나 그 밖의 채권자에 우선하여 변제받을 수 있습니다.
  ※ 임차인은 최대한 신속히 ① 사업자등록과 ② 확정일자를 받아야 하고, 상가건물의 점유와 사업자등록은 임대차 기간 중 계속 유지하고 있어야 합니다.
② 미납국세와 확정일자 현황은 임대인의 동의를 받아 임차인이 관할 세무서에서 확인할 수 있습니다.

< 계약기간 중 꼭 확인하세요 >

【계약갱신요구】
① 임차인이 임대차기간이 만료되기 6개월 전부터 1개월 전까지 사이에 계약갱신을 요구할 경우 임대인은 정당한 사유 (3기의 차임액 연체 등, 상가건물 임대차보호법 제10조제1항 참조) 없이 거절하지 못합니다.
② 임차인의 계약갱신요구권은 최초의 임대차기간을 포함한 전체 임대차기간이 5년을 초과하지 아니하는 범위에서만 행사할 수 있습니다.
③ 갱신되는 임대차는 전 임대차와 동일한 조건으로 다시 계약된 것으로 봅니다. 다만, 차임과 보증금은 청구당시의 차임 또는 보증금의 100분의 9의 금액을 초과하지 아니하는 범위에서 증감할 수 있습니다.
  ※ 환산보증금을 초과하는 임대차의 계약갱신의 경우 상가건물에 관한 조세, 공과금, 주변 상가건물의 차임 및 보증금, 그 밖의 부담이나 경제사정의 변동 등을 고려하여 차임과 보증금의 증감을 청구할 수 있습니다.

【묵시적 갱신 등】
① 임대인이 임대차기간이 만료되기 6개월 전부터 1개월 전까지 사이에 임차인에게 갱신 거절의 통지 또는 조건 변경의 통지를 하지 않으면 종전 임대차와 동일한 조건으로 자동 갱신됩니다.
  ※ 환산보증금을 초과하는 임대차의 경우 임대차기간이 만료한 후 임차인이 임차물의 사용, 수익을 계속하는 경우에 임대인이 상당한 기간내에 이의를 하지 아니한 때에는 종전 임대차와 동일한 조건으로 자동 갱신됩니다. 다만, 당사자는 언제든지 해지통고가 가능합니다.
② 제1항에 따라 갱신된 임대차의 존속기간은 1년입니다. 이 경우, 임차인은 언제든지 계약을 해지할 수 있지만 임대인은 계약서 제8조의 사유 또는 임차인과의 합의가 있어야 계약을 해지할 수 있습니다.

< 계약종료 시 꼭 확인하세요 >

【보증금액 변경시 확정일자 날인】
계약기간 중 보증금을 증액하거나, 재계약을 하면서 보증금을 증액한 경우에는 증액된 보증금액에 대한 우선변제권을 확보하기 위하여 반드시 다시 확정일자를 받아야 합니다.

【임차권등기명령 신청】
임대차가 종료된 후에도 보증금이 반환되지 아니한 경우 임차인은 임대인의 동의 없이 임차건물 소재지 관할 법원에서 임차권등기명령을 받아, 등기부에 등재된 것을 확인하고 이사해야 우선변제 순위를 유지할 수 있습니다. 이때, 임차인은 임차권등기명령 관련 비용을 임대인에게 청구할 수 있습니다.

【임대인의 권리금 회수방해금지】
임차인이 신규임차인으로부터 권리금을 지급받는 것을 임대인이 방해하는 것으로 금지되는 행위는 ① 임차인이 주선한 신규임차인이 되려는 자에게 권리금을 요구하거나, 임차인이 주선한 신규임차인이 되려는 자로부터 권리금을 수수하는 행위, ② 임차인이 주선한 신규임차인이 되려는 자로 하여금 임차인에게 권리금을 지급하지 못하게 하는 행위, ③ 임차인이 주선한 신규임차인이 되려는 자에게 상가건물에 관한 조세, 공과금, 주변 상가 건물의 차임 및 보증금, 그 밖의 부담에 따른 금액에 비추어 현저히 고액의 차임 또는 보증금을 요구하는 행위, ④ 그 밖에 정당한 이유 없이 임차인이 주선한 신규임차인이 되려는 자와 임대차계약의 체결을 거절하는 행위 입니다.
임대인이 임차인이 주선한 신규임차인과 임대차계약의 체결을 거절할 수 있는 정당한 이유로는 예를 들어 ① 신규임차인이 되려는 자가 보증금 또는 차임을 지급할 자력이 없는 경우, ② 신규임차인이 되려는 자가 임차인 으로서의 의무를 위반할 우려가 있거나, 그 밖에 임대차를 유지하기 어려운 상당한 사유가 있는 경우, ③ 임대차 목적물인 상가건물을 1년 6개월 이상 영리목적으로 사용하지 않는 경우, ④ 임대인이 선택한 신규임차인이 임차인과 권리금 계약을 체결하고 그 권리금을 지급한 경우입니다.

> 이 계약서는 「상가건물 임대차보호법」을 기준으로 만들었습니다. 작성시【작성요령】(별지)을 꼭 확인하시기 바랍니다.

상가건물 임대차 권리금계약서

임차인(이름 또는 법인명 기재)과 신규임차인이 되려는 자(이름 또는 법인명 기재)는 아래와 같이 권리금 계약을 체결한다.

※ 임차인은 권리금을 지급받는 사람을, 신규임차인이 되려는 자(이하「 신규임차인 」이라한다)는 권리금을 지급하는 사람을 의미한다.

[임대차목적물인 상가건물의 표시]

소 재 지		상 호	
임대면적		전용면적	
업 종		허가(등록)번호	

[임차인의 임대차계약 현황]

임 대 차 관 계	임차보증금		월 차 임			
	관 리 비		부가가치세	별도( ), 포함( )		
	계약기간	년 월 일부터		년 월 일까지(월)		

[계약내용]

제1조(권리금의 지급) 신규임차인은 임차인에게 다음과 같이 권리금을 지급한다.

총 권리금	금	원정(₩)
계 약 금	금	원정은 계약시에 지급하고 영수함. 영수자((인))
중 도 금	금	년 월 일에 지급한다.
잔 금	금	년 월 일에 지급한다.
	※ 잔금지급일까지 임대인과 신규임차인 사이에 임대차계약이 체결되지 않는 경우 임대차계약 체결일을 잔금지급일로 본다.	

제2조(임차인의 의무) ① 임차인은 신규임차인을 임대인에게 주선하여야 하며, 임대인과 신규임차인 간에 임대차계약이 체결될 수 있도록 협력하여야 한다.
② 임차인은 신규임차인이 정상적인 영업을 개시할 수 있도록 전화가입권의 이전, 사업등록의 폐지 등에 협력하여야 한다.
③ 임차인은 신규임차인이 잔금을 지급할 때까지 권리금의 대가로 아래 유형·무형의 재산적 가치를 이전한다.

유형의 재산적 가치	영업시설·비품 등
무형의 재산적 가치	거래처, 신용, 영업상의 노하우, 상가건물의 위치에 따른 영업상의 이점 등

※ 필요한 경우 이전 대상 목록을 별지로 첨부할 수 있다.
④ 임차인은 신규임차인에게 제3항의 재산적 가치를 이전할 때까지 선량한 관리자로서의 주의의무를 다하여 제3항의 재산적 가치를 유지·관리하여야 한다.
⑤ 임차인은 본 계약체결 후 신규임차인이 잔금을 지급할 때까지 임차목적물상 권리관계, 보증금, 월차임 등 임대차계약 내용이 변경된 경우 또는 영업정지 및 취소, 임차목적물에 대한 철거명령 등 영업을 지속할 수 없는 사유가 발생한 경우 이를 즉시 신규임차인에게 고지하여야 한다.

제3조(임대차계약과의 관계) 임대인의 계약거절, 무리한 임대조건 변경, 목적물의 훼손 등 임차인과 신규임차인의 책임 없는 사유로 임대차계약이 체결되지 못하는 경우 본 계약은 무효로 하며, 임차인은 지급받은 계약금 등을 신규임차인에게 즉시 반환하여야 한다.

제4조(계약의 해제 및 손해배상) ① 신규임차인이 중도금(중도금 약정이 없을 때는 잔금)을 지급하기 전까지 임차인은 계약금의 2배를 배상하고, 신규임차인은 계약금을 포기하고 본 계약을 해제할 수 있다.

② 임차인 또는 신규임차인이 본 계약상의 내용을 이행하지 않는 경우 그 상대방은 계약상의 채무를 이행하지 않은 자에 대해서 서면으로 최고하고 계약을 해제할 수 있다.

③ 본 계약체결 이후 임차인의 영업기간 중 발생한 사유로 인한 영업정지 및 취소, 임차목적물에 대한 철거명령 등으로 인하여 신규임차인이 영업을 개시하지 못하거나 영업을 지속할 수 없는 중대한 하자가 발생한 경우에는 신규임차인은 계약을 해제하거나 임차인에게 손해배상을 청구할 수 있다. 계약을 해제하는 경우에도 손해배상을 청구할 수 있다.

④ 계약의 해제 및 손해배상에 관하여는 이 계약서에 정함이 없는 경우 「민법」의 규정에 따른다.

[특약사항]

본 계약을 증명하기 위하여 계약 당사자가 이의 없음을 확인하고 각각 서명 또는 날인한다.

년   월   일

임차인	주 소				
	성 명		주민등록번호	전화	(인)
대리인	주 소				
	성 명		주민등록번호	전화	
신규임차인	주 소				
	성 명		주민등록번호	전화	(인)
대리인	주 소				
	성 명		주민등록번호	전화	

별지)

작 성 요 령

1. 이 계약서는 권리금 계약에 필요한 기본적인 사항만을 제시하였습니다. 따라서 권리금 계약을 체결하려는 당사자는 이 표준계약서와 다른 내용을 약정할 수 있습니다.

2. 이 계약서의 일부 내용은 현행 「상가건물임대차보호법」을 기준으로 한 것이므로 계약 당사자는 법령이 개정되는 경우에는 개정내용에 부합되도록 기존의 계약을 수정 또는 변경할 수 있습니다. 개정법령에 강행규정이 추가되는 경우에는 반드시 그 개정규정에 따라 계약내용을 수정하여야 하며, 수정계약서가 작성되지 않더라도 강행규정에 반하는 계약내용은 무효로 될 수 있습니다.

3. 임차인이 신규임차인에게 이전해야 할 대상은 개별적으로 상세하게 기재합니다. 기재되지 않은 시설물 등은 이 계약서에 의한 이전 대상에 포함되지 않습니다.

4. 계약내용 제3조 "무리한 임대조건 변경" 등의 사항에 대해 구체적으로 특약을 하면, 추후 임대차 계약조건에 관한 분쟁을 예방할 수 있습니다.

    (예: 보증금 및 월차임 oo% 인상 등)

5. 신규임차인이 임차인이 영위하던 영업을 양수하거나, 임차인이 사용하던 상호를 계속사용하는 경우, 상법 제41조(영업양도인의 경업금지), 상법 제42조(상호를 속용하는 양수인의 책임) 등 상법 규정을 참고하여 특약을 하면, 임차인과 신규임차인간 분쟁을 예방할 수 있습니다.

    (예: 임차인은 oo동에서 음식점 영업을 하지 않는다, 신규임차인은 임차인의 영업상의 채무를 인수하지 않는다 등)

> 상법 제41조(영업양도인의 경업금지) ①영업을 양도한 경우에 다른 약정이 없으면 양도인은 10년간 동일한 특별시·광역시·시·군과 인접 특별시·광역시·시·군에서 동종영업을 하지 못한다.
> ②양도인이 동종영업을 하지 아니할 것을 약정한 때에는 동일한 특별시·광역시·시·군과 인접 특별시·광역시·시·군에 한하여 20년을 초과하지 아니한 범위내에서 그 효력이 있다.

> 상법 제42조(상호를 속용하는 양수인의 책임) ①영업양수인이 양도인의 상호를 계속 사용하는 경우에는 양도인의 영업으로 인한 제3자의 채권에 대하여 양수인도 변제할 책임이 있다.
> ②전항의 규정은 양수인이 영업양도를 받은 후 지체없이 양도인의 채무에 대한 책임이 없음을 등기한 때에는 적용하지 아니한다. 양도인과 양수인이 지체없이 제3자에 대하여 그 뜻을 통지한 경우에 그 통지를 받은 제3자에 대하여도 같다.

■ 부동산 거래신고 등에 관한 법률 시행규칙 [별지 제1호서식] <개정 2020. 2. 27.> 부동산거래관리시스템(rtms.molit.go.kr)에서도 신청할 수 있습니다.

부동산거래계약 신고서

※ 뒤쪽의 유의사항·작성방법을 읽고 작성하시기 바라며, [ ]에는 해당하는 곳에 √표를 합니다. (앞쪽)

접수번호		접수일시		처리기간	지체없이	
① 매도인	성명(법인명)		주민등록번호(법인·외국인등록번호)		국적	
	주소(법인소재지)				거래지분 비율 (분의)	
	전화번호		휴대전화번호			
② 매수인	성명(법인명)		주민등록번호(법인·외국인등록번호)		국적	
	주소(법인소재지)				거래지분 비율 (분의)	
	전화번호		휴대전화번호			
	③ 자금조달 및 입주 계획	[ ]제출 [ ]매수인 별도제출 [ ]해당 없음				
	외국인의 부동산등 매수용도	[ ]주거용(아파트) [ ]주거용(단독주택) [ ]주거용(그 밖의 주택) [ ]레저용 [ ]상업용 [ ]공업용 [ ]그 밖의 용도				
개업 공인중개사	성명(법인명)		주민등록번호(법인·외국인등록번호)			
	전화번호		휴대전화번호			
	상호		등록번호			
	사무소 소재지					

거래대상	종류	④ [ ]토지 [ ]건축물 ( ) [ ]토지 및 건축물 ( )			
		⑤ [ ]공급계약 [ ]전매 [ ]분양권 [ ]입주권 [ ]준공 전 [ ]준공 후 [ ]임대주택 분양전환			
	⑥ 소재지/지목/면적	소재지			
		지목	토지면적 m²	토지 거래지분 (분의)	
		대지권비율 (분의)	건축물면적 m²	건축물 거래지분 (분의)	
	⑦ 계약대상 면적	토지 m²	건축물 m²		
	⑧ 물건별 거래가격	원	공급계약 또는 전매	분양가격 원	발코니 확장 등 선택비용 원	추가 지불액 등 원
⑨ 총 실제 거래가격 (전체)	합계 원	계약금	원	계약 체결일	
		중도금	원	중도금 지급일	
		잔금	원	잔금 지급일	
⑩ 종전 부동산	소재지/지목/면적	소재지			
		지목	토지면적 m²	토지 거래지분 (분의)	
		대지권비율 (분의)	건축물면적 m²	건축물 거래지분 (분의)	
	계약대상 면적	토지 m²	건축물 m²	건축물 유형( )	
	거래금액	합계 원	추가 지불액 등 원	권리가격 원	
		계약금 원	중도금 원	잔금 원	
⑪ 계약의 조건 및 참고사항					

「부동산 거래신고 등에 관한 법률」 제3조제1항부터 제4항까지 및 같은 법 시행규칙 제2조제1항부터 제4항까지의 규정에 따라 위와 같이 부동산거래계약 내용을 신고합니다.

년   월   일

신고인   매도인 :   (서명 또는 인)
         매수인 :   (서명 또는 인)
         개업공인중개사 :   (서명 또는 인)
         (개업공인중개사 중개 시)

시장·군수·구청장 귀하

210mm×297mm[백상지(80g/m²) 또는 중질지(80g/m²)]

(뒤쪽)

첨부서류	1. 부동산 거래계약서 사본(「부동산 거래신고 등에 관한 법률」 제3조제2항 또는 제4항에 따라 단독으로 부동산거래의 신고를 하는 경우에만 해당합니다) 2. 단독신고사유서(「부동산 거래신고 등에 관한 법률」 제3조제2항 또는 제4항에 따라 단독으로 부동산거래의 신고를 하는 경우에만 해당합니다)

유의사항

1. 「부동산 거래신고 등에 관한 법률」 제3조 및 같은 법 시행령 제3조의 실제 거래가격은 매수인이 매수한 부동산을 양도하는 경우 「소득세법」 제97조제1항·제7항 및 같은 법 시행령 제163조제11항제2호에 따라 취득 당시의 실제 거래가격으로 보아 양도차익이 계산될 수 있음을 유의하시기 바랍니다.
2. 거래당사자 간 직접거래의 경우에는 공동으로 신고서에 서명 또는 날인을 하여 거래당사자 중 일방이 신고서를 제출하고, 중개거래의 경우에는 개업공인중개사가 신고서를 제출해야 하며, 거래당사자 중 일방이 국가 및 지자체, 공공기관인 경우(국가등)에는 국가등이 신고해야 합니다.
3. 부동산거래계약 내용을 기간 내에 신고하지 않거나, 거짓으로 신고하는 경우 「부동산 거래신고 등에 관한 법률」 제28조제1항 부터 제3항까지의 규정에 따라 과태료가 부과되며, 신고한 계약이 해제, 무효 또는 취소가 된 경우 거래당사자는 해제 등이 확정된 날로부터 30일 이내에 같은 법 제3조의2에 따라 신고를 해야 합니다.
4. 담당 공무원은 「부동산 거래신고 등에 관한 법률」 제6조에 따라 거래당사자 또는 개업공인중개사에게 거래계약서, 거래대금지급 증명 자료 등 관련 자료의 제출을 요구할 수 있으며, 이 경우 자료를 제출하지 않거나, 거짓으로 자료를 제출하거나, 그 밖의 필요한 조치를 이행하지 않으면 같은 법 제28조제1항 또는 제2항에 따라 과태료가 부과됩니다.
5. 거래대상의 종류가 공급계약(분양) 또는 전매계약(분양권, 입주권)인 경우 ⑧ 물건별 거래가격 및 ⑨ 총 실제거래가격에 부가가치세를 포함한 금액을 적고, 그 외의 거래대상의 경우 부가가치세를 제외한 금액을 적습니다.

작성방법

①·② 거래당사자가 다수인 경우 매도인 또는 매수인의 주소란에 ⑥의 거래대상별 거래지분을 기준으로 각자의 거래 지분 비율(매도인과 매수인의 거래지분 비율은 일치해야 합니다)을 표시하고, 거래당사자가 외국인인 경우 거래당사자의 국적을 반드시 적어야 하며, 외국인이 부동산등을 매수하는 경우 매수용도란의 주거용(아파트), 주거용(단독주택), 주거용(그 밖의 주택), 레저용, 상업용, 공장용, 그 밖의 용도 중 하나에 √표시를 합니다.

③ 자금조달 및 입주 계획란은 투기과열지구에 소재한 주택으로서 실제 거래가격이 3억원 이상인 주택을 거래하는 경우(주택을 포함한 다수 부동산을 거래하는 경우 각 주택의 거래가격이 3억원 이상인 경우를 포함한다) 별지 제1호의2서식의 계획서를 이 신고서와 함께 제출하는지 또는 매수인이 별도 제출하는지를 √표시하고, 그 밖의 경우에는 해당 없음에 √표시를 합니다.

④ 부동산 매매의 경우 "종류"에는 토지, 건축물 또는 토지 및 건축물(복합부동산의 경우)에 √표시를 하고, 해당 부동산이 "건축물" 또는 "토지 및 건축물"인 경우에는 ( )에 건축물의 종류를 "아파트, 연립, 다세대, 단독, 다가구, 오피스텔, 근린생활시설, 사무소, 공장 등" 「건축법 시행령」 별표 1에 따른 용도별 건축물의 종류를 적습니다.

⑤ 공급계약은 시행사 또는 건축주등이 최초로 부동산을 공급(분양)하는 계약을 말하며, 준공 전과 준공 후 계약 여부에 따라 √표시하고, "임대주택 분양전환"은 임대주택사업자(법인으로 한정)가 임대기한이 완료되어 분양전환하는 주택인 경우에 √표시합니다. 전매는 부동산을 취득할 수 있는 권리의 매매로서, "분양권" 또는 "입주권"에 √표시를 합니다.

⑥ 소재지는 지번(아파트 등 집합건축물의 경우에는 동·호수)까지, 지목/면적은 토지대장상의 지목·면적, 건축물대장상의 건축물 면적(집합건축물의 경우 호수별 전용면적, 그 밖의 건축물의 경우 연면적), 등기사항증명서상의 대지권 비율, 각 거래대상의 토지와 건축물에 대한 거래 지분을 정확하게 적습니다.

⑦ 계약대상 면적에는 실제 거래면적을 계산하여 적되, 건축물 면적은 집합건축물의 경우 전용면적으로 하고, 그 밖의 건축물의 경우 연면적으로 합니다.

⑧ 물건별 거래가격란에는 각각의 부동산별 거래가격을 적습니다. 최초 공급계약(분양) 또는 전매계약(분양권, 입주권)의 경우 분양가격, 발코니 확장 등 선택비용 및 추가 지불액 등(프리미엄 등 분양가격을 초과 또는 미달하는 금액)을 각각 적습니다. 이 경우 각각의 비용에 부가가치세가 있는 경우 부가가치세를 포함한 금액으로 적습니다.

⑨ 총 실제 거래가격란에는 전체 거래가격(둘 이상의 부동산을 함께 거래하는 경우 각각의 부동산별 거래가격의 합계 금액)을 적고, 계약금/중도금/잔금 및 그 지급일을 적습니다.

⑩ 종전 부동산란은 입주권 매매의 경우에만 작성하고, 거래금액란에는 추가 지불액 등(프리미엄 등 분양가격을 초과 또는 미달하는 금액) 및 권리가격, 합계 금액, 계약금, 중도금, 잔금을 적습니다.

⑪ 계약의 조건 및 참고사항란은 부동산 거래계약 내용에 계약조건이나 기한을 붙인 경우, 거래와 관련한 참고내용이 있을 경우에 적습니다.

※ 다수의 부동산, 관련 필지, 매도·매수인, 개업공인중개사 등 기재사항이 복잡한 경우에는 다른 용지에 작성하여 간인 처리한 후 첨부합니다.

※ 소유권이전등기 신청은 「부동산등기 특별조치법」 제2조제1항 각 호의 구분에 따른 날부터 60일 이내에 신청해야 하며, 이를 해태한 때에는 같은 법 제11조에 따라 과태료가 부과될 수 있사오니 유의하시기 바랍니다.

처리절차

신고서 작성 (인터넷, 방문신고)	⇨	접수	⇨	신고처리	⇨	신고필증 발급
신고인				처리기관: 시·군·구(담당부서)		

■ 부동산 거래신고 등에 관한 법률 시행규칙 [별지 제3호서식] <개정 2023. 8. 22.> 부동산거래관리시스템(rtms.molit.go.kr)에서도 신청할 수 있습니다.

부동산거래계약 변경 신고서

※ 뒤쪽의 유의사항·작성방법을 읽고 작성하시기 바라며, [ ]에는 해당하는 곳에 √표를 합니다. (앞쪽)

접수번호		접수일시		처리기간	즉시

① 부동산 소재지					
② 신고인	구분	[ ] 매도인	[ ] 매수인	[ ] 개업공인중개사	[ ] 대리인
	성명(법인명)		주민등록번호(법인·외국인등록번호)		
	주소(법인소재지)				
	전화번호		휴대전화번호		
③ 변경 항목		변경 전		변경 후	
④ [ ]거래지분 비율		분의 ( )		분의 ( )	
[ ]거래 지분	[ ] 토지 [ ] 건축물	분의		[ ] 토지 [ ] 건축물	분의
[ ]계약대상 면적	토지: m² 건축물: m²			토지: m² 건축물: m²	
[ ]계약 조건 또는 기한					
[ ]거래가격	거래가격 분양가격 발코니 확장 등 선택비용 추가 지급액 등			거래가격 분양가격 발코니 확장 등 선택비용 추가 지급액 등	
[ ]중도금 및 지급일	중도금: 지급일:			중도금: 지급일:	
[ ]잔금 및 지급일	잔금: 지급일:			잔금: 지급일:	
⑤ [ ] 매수인 변경					
⑥ [ ] 계약대상 부동산 등의 변경					
⑦ [ ] 위탁관리인 변경					

「부동산 거래신고 등에 관한 법률 시행규칙」 제3조제3항부터 제5항까지의 규정에 따라 위와 같이 부동산거래계약 변경내용을 신고합니다.

년   월   일

② 신고인   매도인 :   (서명 또는 인)
            매수인 :   (서명 또는 인)
            개업공인중개사 :   (서명 또는 인)
            (개업공인중개사 중개 시)

시장·군수·구청장 귀하

210mm×297mm[백상지(80g/m²) 또는 중질지(80g/m²)]

(뒤쪽)

첨부서류	그 사실을 증명할 수 있는 거래 계약서 사본(부동산등의 면적 변경이 없는 상태에서 거래가격이 변경된 경우 또는 분양가격 및 선택품목을 거래당사자 일방이 단독으로 변경신고하는 경우에만 해당합니다)	수수료 없음
담당 공무원 확인사항	부동산거래계약 신고필증	

유의사항

「부동산 거래신고 등에 관한 법률」 제3조 및 같은 법 시행령 제3조의 실제 거래가격은 매수인이 매수한 부동산을 양도하는 경우 「소득세법」 제97조제1항·제7항 및 같은 법 시행령 제163조제11항제2호에 따라 취득 당시의 실제 거래가격으로 보아 양도차익이 계산될 수 있음을 유의하시기 바랍니다.

작성방법

① 부동산 소재지는 동·호 등의 상세주소까지 적습니다.
② 매도인, 매수인 또는 개업공인중개사가 부동산거래계약 변경신청을 할 수 있고, 신고인란에는 거래당사자 간 거래인 경우에는 거래당사자가 서명 또는 날인하며, 중개거래인 경우는 개업공인중개사만 서명 또는 날인을 합니다.
③ 변경하려는 각 항목 앞의 [ ]에 ∨표시를 하고, 변경 전·후의 내용을 적습니다.
④ 거래지분 비율란의 괄호 안에는 거래 지분이 변경되는 자의 성명을 적습니다.
⑤ 매수인 변경란에는 공동매수의 경우 계약의 해제 등을 한 매수인의 성명과 계약을 이행하는 다른 매수인의 거래 지분 변경내용을 구체적으로 적되, 매수인을 추가하거나 교체하는 경우는 제외합니다.
⑥ 계약대상 부동산 등의 변경란에는 다수의 부동산 등을 거래하는 경우 계약의 해제 등을 한 계약대상 부동산 등의 지번 등 내용을 구체적으로 적되, 계약대상 부동산 등을 추가하거나 교체하는 경우는 제외합니다.
⑦ 위탁관리인의 인적사항이 변경되는 경우, 변경 전·후 위탁관리인의 성명, 주민등록번호, 주소, 전화번호(휴대전화번호를 포함한다) 등을 구체적으로 적습니다.
※ 개업공인중개사가 다수이거나 변경 항목 등이 복잡한 경우에는 다른 용지에 작성하여 간인 처리한 후 첨부할 수 있습니다.

처리절차

※ 이 신고서는 아래와 같이 처리됩니다.

신고인	처리기관(담당부서)
	시·군·구(부동산거래업무 담당부서)
신고서 작성·제출 →	접수
	↓
	신고 내용 확인
	↓
	검토 및 결재
	↓
변경된 신고필증 발급 ←	변경된 신고필증 작성

■ 부동산 거래신고 등에 관한 법률 시행규칙 [별지 제4호서식] <개정 2020. 2. 27.> 부동산거래관리시스템(rtms.molit.go.kr)
에서도 신청할 수 있습니다.

부동산거래계약 해제등 신고서

※ 뒤쪽의 작성방법을 읽고 작성하시기 바라며, [ ]에는 해당하는 곳에 √표를 합니다. (앞쪽)

접수번호		접수일시		처리기간	지체없이

신고인	구분	[ ] 매도인　　[ ] 매수인　　[ ] 개업공인중개사　　[ ] 대리인		
	성명(법인명)	(서명 또는 인)	주민등록번호(법인·외국인등록번호)	
	주소(법인소재지)			
	전화번호		휴대전화번호	

신고사항	매도인	성명(법인명)	주민등록번호(법인·외국인등록번호)
		주소(법인소재지)	
		전화번호	휴대전화번호
	매수인	성명(법인명)	주민등록번호(법인·외국인등록번호)
		주소(법인소재지)	
		전화번호	휴대전화번호
	신고필증 관리번호		
	계약 체결일	년　　월　　일	거래계약 해제등의 사유 발생일　　년　　월　　일
	부동산 소재지		
	거래계약 해제등의 사유	구분　　[ ] 해제　　[ ] 무효　　[ ] 취소	
		사유	

「부동산 거래신고 등에 관한 법률」 제3조의2 및 같은 법 시행규칙 제4조제1항·제2항에 따라 위와 같이 부동산거래계약 해제등의 내용을 신고합니다.

년　　월　　일

신고인　　매도인 :　　　　　　　　　　(서명 또는 인)
　　　　　매수인 :　　　　　　　　　　(서명 또는 인)
　　　　　개업공인중개사 :　　　　　　(서명 또는 인)
　　　　　(개업공인중개사 중개 시)

시장·군수·구청장 귀하

210mm×297mm[백상지(80g/㎡) 또는 중질지(80g/㎡)]

(뒤쪽)

첨부서류	1. 확정된 법원의 판결문 등 해제등이 확정된 사실을 입증할 수 있는 서류(「부동산 거래신고 등에 관한 법률」 제3조의2제1항 단서 또는 같은 조 제2항 단서 및 같은 법 시행규칙 제4조제2항에 따라 단독으로 부동산거래계약 해제등 신고를 하는 경우에만 해당합니다) 2. 단독신고사유서(「부동산 거래신고 등에 관한 법률」 제3조의2제1항 단서 또는 같은 조 제2항 단서 및 같은 법 시행규칙 제4조제2항에 따라 단독으로 부동산거래계약 해제등 신고를 하는 경우에만 해당합니다)

유의사항

거래계약이 해제 등이 되지 않았음에도 불구하고 거짓으로 「부동산 거래신고 등에 관한 법률」 제3조의2에 따른 해제 등 신고를 하는 경우 같은 법 제28조제1항제2호에 따라 3천만원 이하의 과태료가 부과되오니 유의하시기 바랍니다.

작성방법

1. 신고인이 매도인 또는 매수인인 경우 신고사항의 매도인 또는 매수인란에는 중복하여 적을 필요가 없습니다.
2. 신고인의 서명 또는 날인은 거래당사자 모두가 신고 내용을 확인한 후 서명 또는 날인해야 합니다.
3. 부동산 소재지는 동·호 등의 상세주소까지 적어야 합니다.
4. 다수 부동산, 관련 필지, 매도인·매수인, 개업공인중개사 등 기재사항이 복잡한 경우에는 다른 용지에 작성하여 간인 처리한 후 첨부합니다.

처리절차

이 신고서는 아래와 같이 처리됩니다.

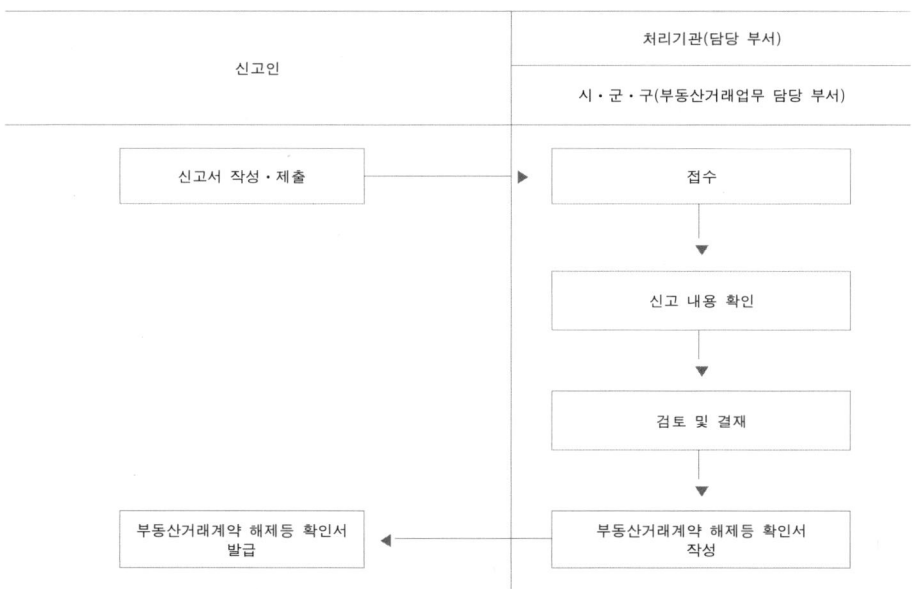

■ 부동산 거래신고 등에 관한 법률 시행규칙 [별지 제2호서식] <개정 2020. 10. 27.>

관리번호	제 호	접수번호	제 호	접수일

부동산거래계약 신고필증

QR코드

매도인	성명(법인명)		생년월일(법인·외국인등록번호)		국적	
	주소(법인소재지)				거래지분 비율 (분의)	
	전화번호		휴대전화번호			

매수인	성명(법인명)		생년월일(법인·외국인등록번호)		국적	
	주소(법인소재지)				거래지분 비율 (분의)	
	전화번호		휴대전화번호			

개업 공인중개사	성명(법인명)	생년월일(법인·외국인등록번호)
	전화번호	휴대전화번호
	상호	등록번호
	사무소 소재지	

거래대상	종류	[ ]토지 [ ]건축물( ) [ ]토지 및 건축물( )
		[ ]공급계약 [ ]전매 [ ]분양권 [ ]입주권 [ ]준공 전 [ ]준공 후 [ ]임대주택 분양전환
	소재지/지목/면적	소재지
		지목 / 토지면적 ㎡ / 토지 거래지분 (분의)
		대지권비율 (분의) / 건축물면적 ㎡ / 건축물 거래지분 (분의)
	계약대상 면적	토지 ㎡ 건축물 ㎡
	물건별 거래가격	거래금액 원
		공급계약 또는 전매 / 분양가격 원 / 발코니 확장 등 선택비용 원 / 추가 지불액 등 원

총 실제 거래가격 (전체)	합계 원	계약금 원	계약체결일
		중도금 원	중도금 지급일
		잔금 원	잔금 지급일

계약의 조건 및 참고사항	

「부동산 거래신고 등에 관한 법률」 제3조제5항 및 같은 법 시행규칙 제2조제11항에 따라 부동산거래계약 신고필증을 발급합니다.

년 월 일

시장·군수·구청장 직인

※ 유의사항
입주권 거래신고의 경우에는 입주권 거래가격이 표시된 신고필증과 종전 토지 거래가격이 표시된 신고필증 등 2부가 발급됩니다.
소유권을 이전하려는 부동산의 종류에 맞는 신고필증을 부동산등기 신청서에 첨부하고, 「부동산등기 특별조치법」 제2조제1항 각 호의 구분에 따른 날부터 60일 이내에 소유권이전등기 신청을 하시기 바랍니다.

210mm×297mm[백상지(80g/㎡) 또는 중질지(80g/㎡)]

■ 부동산 거래신고 등에 관한 법률 시행규칙 [별지 제5호의2서식]
<개정 2023. 12. 29.>

부동산거래관리시스템(rtms.molit.go.kr)에서도 신청할 수 있습니다.

주택 임대차 계약 신고서

※ 뒤쪽의 유의사항·작성방법을 읽고 작성하시기 바라며, [ ]에는 해당하는 곳에 √표를 합니다. (앞쪽)

접수번호		접수일시		처리기간	지체 없이

①임대인	성명(법인·단체명)		주민등록번호(법인·외국인등록·고유번호)	
	주소(법인·단체 소재지)			
	전화번호		휴대전화번호	

②임차인	성명(법인·단체명)		주민등록번호(법인·외국인등록·고유번호)	
	주소(법인·단체 소재지)			
	전화번호		휴대전화번호	

③임대 목적물 현황	종류	아파트[ ] 연립[ ] 다세대[ ] 단독[ ] 다가구[ ] 오피스텔[ ] 고시원[ ] 그 밖의 주거용[ ]			
	④소재지(주소)				
	건물명( )		동	층	호
	⑤임대 면적(m²)	m²	방의 수(칸)		칸

임대 계약내용	⑥신규 계약 [ ]	임대료	보증금			원
			월 차임			원
		계약 기간		년 월 일 ~	년 월 일	
		체결일		년 월 일		
	⑦갱신 계약 [ ]	종전 임대료	보증금			원
			월 차임			원
		갱신 임대료	보증금			원
			월 차임			원
		계약 기간		년 월 일 ~	년 월 일	
		체결일		년 월 일		
	⑧「주택임대차보호법」 제6조의3에 따른 계약갱신요구권 행사 여부			[ ] 행사	[ ] 미행사	

개업공인 중개사	사무소 명칭		사무소 명칭	
	사무소 소재지		사무소 소재지	
	대표자 성명		대표자 성명	
	등록번호		등록번호	
	전화번호		전화번호	
	소속공인중개사 성명		소속공인중개사 성명	

「부동산 거래신고 등에 관한 법률」 제6조의2 및 같은 법 시행규칙 제6조의2에 따라 위와 같이 주택 임대차 계약 내용을 신고합니다.

년 월 일

신고인 임대인: (서명 또는 인)
임차인: (서명 또는 인)
제출인: (서명 또는 인)
(제출 대행시)

시장·군수·구청장 (읍·면·동장·출장소장) 귀하

(뒤쪽)

첨부서류	1. 주택 임대차 계약서(「부동산 거래신고 등에 관한 법률」 제6조의5제3항에 따른 확정일자를 부여받으려는 경우 및 「부동산 거래신고 등에 관한 법률 시행규칙」 제6조의2제3항·제5항·제9항에 따른 경우만 해당합니다) 2. 입금표·통장사본 등 주택 임대차 계약 체결 사실을 입증할 수 있는 서류 등(주택 임대차 계약서를 작성하지 않은 경우만 해당합니다) 및 계약갱신요구권 행사 여부를 확인할 수 있는 서류 등 3. 단독신고사유서(「부동산 거래신고 등에 관한 법률」 제6조의2제3항 및 같은 법 시행규칙 제6조의2제5항에 따라 단독으로 주택 임대차 신고서를 제출하는 경우만 해당합니다)

유의사항

1. 「부동산 거래신고 등에 관한 법률」 제6조의2제1항 및 같은 법 시행규칙 제6조의2제1항에 따라 주택 임대차 계약 당사자는 이 신고서에 공동으로 서명 또는 날인해 계약 당사자 중 일방이 신고서를 제출해야 하고, 계약 당사자 중 일방이 국가, 지방자치단체, 공공기관, 지방직영기업, 지방공사 또는 지방공단인 경우(국가등)에는 국가등이 신고해야 합니다.

2. 주택 임대차 계약의 당사자가 다수의 임대인 또는 임차인인 경우 계약서에 서명 또는 날인한 임대인 및 임차인 1명의 인적사항을 적어 제출할 수 있습니다.

3. 「부동산 거래신고 등에 관한 법률 시행규칙」 제6조의2제3항에 따라 주택 임대차 계약 당사자 일방이 이 신고서에 주택 임대차 계약서 또는 입금증, 주택 임대차 계약과 관련된 금전거래내역이 적힌 통장사본 등 주택 임대차 계약 체결 사실을 입증할 수 있는 서류 등(주택 임대차 계약서를 작성하지 않은 경우만 해당합니다), 「주택임대차보호법」 제6조의3에 따른 계약갱신요구권 행사 여부를 확인할 수 있는 서류 등을 제출하는 경우에는 계약 당사자가 공동으로 신고한 것으로 봅니다.

4. 「부동산 거래신고 등에 관한 법률 시행규칙」 제6조의2제9항에 따라 신고인이 같은 조 제1항 각 호의 사항이 모두 적힌 주택 임대차 계약서를 신고관청에 제출하면 주택 임대차 계약 신고서를 제출하지 않아도 됩니다. 이 경우 신고관청에서 주택 임대차 계약서로 주택 임대차 신고서 작성 항목 모두를 확인할 수 없으면 주택 임대차 계약 신고서의 제출을 요구할 수 있습니다.

5. 「부동산 거래신고 등에 관한 법률 시행규칙」 제6조의5에 따라 주택 임대차 계약 당사자로부터 신고서의 작성 및 제출을 위임받은 자는 제출인란에 서명 또는 날인해 제출해야 합니다.

6. 주택 임대차 계약의 내용을 계약 체결일부터 30일 이내에 신고하지 않거나, 거짓으로 신고하는 경우 「부동산 거래신고 등에 관한 법률」 제28조제5항제3호에 따라 100만원 이하의 과태료가 부과됩니다.

7. 신고한 주택 임대차 계약의 보증금, 차임 등 임대차 가격이 변경되거나 임대차 계약이 해제된 경우에도 변경 또는 해제가 확정된 날부터 30일 이내에 「부동산 거래신고 등에 관한 법률」 제6조의3에 따라 신고해야 합니다.

작성방법

① · ② 임대인 및 임차인의 성명 · 주민등록번호 등 인적사항을 적으며, 주택 임대차 계약의 당사자가 다수의 임대인 또는 임차인인 경우 계약서에 서명 또는 날인한 임대인 및 임차인 1명의 인적사항을 적어 제출할 수 있습니다.

③ 임대 목적물 현황의 종류란에는 임대차 대상인 주택의 종류에 √표시를 하고, 주택의 종류를 모를 경우 건축물대장(인터넷 건축행정시스템 세움터에서 무료 열람 가능)에 해당 주택의 용도를 참고합니다.

④ 소재지(주소)란에는 임대차 대상 주택의 소재지(주소)를 적고, 건물명이 있는 경우 건물명(예: 00아파트, 00빌라, 다가구건물명 등)을 적으며, 동·층·호가 있는 경우 이를 적고, 구분 등기가 되어 있지 않은 다가구주택 및 고시원 등의 일부를 임대한 경우에도 동·층·호를 적습니다.

⑤ 임대 면적란에는 해당 주택의 건축물 전체에 대해 임대차 계약을 체결한 경우 집합건축물은 전용면적을 적고, 그 밖의 건축물은 연면적을 적습니다. 건축물 전체가 아닌 일부를 임대한 경우에는 임대차 계약 대상 면적만 적고 해당 면적을 모르는 경우에는 방의 수(칸)를 적습니다.

⑥ · ⑦ 신고하는 주택 임대차 계약이 신규 계약 또는 갱신 계약 중 해당하는 하나에 √표시를 하고, 보증금 또는 월 차임(월세) 금액을 각각의 란에 적으며, 임대차 계약 기간과 계약 체결일도 각각의 란에 적습니다.

⑧ 갱신 계약란에 √표시를 한 경우 임차인이 「주택임대차보호법」제6조의3에 따른 계약갱신요구권을 행사했는지를 "행사" 또는 "미행사"에 √표시를 합니다.

※ 같은 임대인과 임차인이 소재지(주소)가 다른 다수의 주택에 대한 임대차 계약을 일괄하여 체결한 경우에도 임대 목적물별로 각각 주택 임대차 신고서를 작성해 제출해야 합니다.

처리절차

신고서 작성 (인터넷, 방문신고) → 접수 → 신고처리 → 주택 임대차 계약 신고필증 발급

신고인　　　　　　　처리기관: 시·군·구(읍·면·동장·출장소) 담당부서

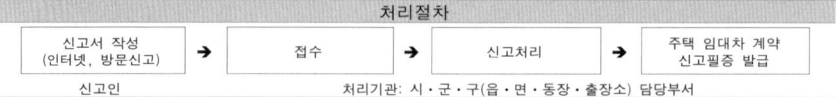

■ 부동산 거래신고 등에 관한 법률 시행규칙 [별지 제5호의4서식]
<개정 2023. 12. 29.>

부동산거래관리시스템(rtms.molit.go.kr)에서도 신청할 수 있습니다.

주택 임대차 계약 변경 신고서

※ 뒤쪽의 유의사항·작성방법을 읽고 작성하시기 바랍니다. (앞쪽)

접수번호		접수일시		처리기간	지체 없이	
① 신고필증 관리번호						
② 임대인	성명(법인·단체명)			주민등록번호(법인·외국인등록·고유번호)		
	주소(법인·단체 소재지)					
	전화번호			휴대전화번호		
③ 임차인	성명(법인·단체명)			주민등록번호(법인·외국인등록·고유번호)		
	주소(법인·단체 소재지)					
	전화번호			휴대전화번호		
소재지 (주소)						
④ 계약 기간	년 월 일 ~ 년 월 일					
⑤ 기존 임대료	보증금				원	
	월 차임				원	
⑥ 변경 임대료	보증금				원	
	월 차임				원	
⑦ 변경 계약 체결일	년 월 일					
개업공인 중개사	사무소 명칭		사무소 명칭			
	사무소 소재지		사무소 소재지			
	대표자 성명		대표자 성명			
	등록번호		등록번호			
	전화번호		전화번호			
	소속공인중개사 성명		소속공인중개사 성명			

「부동산 거래신고 등에 관한 법률」 제6조의3 및 같은 법 시행규칙 제6조의3에 따라 위와 같이 주택 임대차 가격 변경 내역을 신고합니다.

년 월 일

신고인
임대인: (서명 또는 인)
임차인: (서명 또는 인)
제출인: (서명 또는 인)
(제출 대행시)

시장·군수·구청장 (읍·면·동장·출장소장) 귀하

첨부서류	1. 주택 임대차 변경 계약서(「부동산 거래신고 등에 관한 법률」 제6조의5제3항에 따른 확정일자를 부여받으려는 경우 및 같은 법 시행규칙 제6조의3제4항에서 준용하는 제6조의2제3항·제9항에 따른 경우에만 해당합니다. 2. 임대차 가격이 변경된 사실을 입증할 수 있는 서류 등(「부동산 거래신고 등에 관한 법률 시행규칙」 제6조의3제4항에서 준용하는 제6조의2제3항에 따라 단독으로 신고하는 경우로서 주택 임대차 변경 계약서를 제출하지 않는 경우만 해당합니다). 3. 단독신고사유서(「부동산 거래신고 등에 관한 법률」 제6조의3제2항 및 같은 법 시행규칙 제6조의3제2항에 따라 단독으로 주택 임대차 계약 변경 신고를 하는 경우만 해당합니다)

(뒤쪽)

유의사항

1. 「부동산 거래신고 등에 관한 법률」 제6조의3제1항 및 같은 법 시행규칙 제6조의3제1항에 따라 주택 임대차 계약 당사자는 이 신고서에 공동으로 서명 또는 날인해 계약 당사자 중 일방 또는 1명이 신고서를 제출해야 하고, 계약 당사자 중 일방이 국가, 지방자치단체, 공공기관, 지방직영기업, 지방공사 또는 지방공단인 경우(국가등)에는 국가등이 신고해야 합니다.

2. 주택 임대차 계약의 당사자가 다수의 임대인 또는 임차인인 경우 계약서에 서명 또는 날인한 임대인 및 임차인 1명의 인적사항을 적어 제출할 수 있습니다.

3. 「부동산 거래신고 등에 관한 법률 시행규칙」 제6조의3제4항에서 준용하는 제6조의2제3항에 따라 주택 임대차 계약 당사자 일방이 이 신고서에 주택 임대차 변경 계약서 또는 주택 임대차 계약이 변경된 사실을 입증할 수 있는 서류 등(주택 임대차 변경 계약서를 작성하지 않은 경우만 해당합니다)을 첨부해 제출하는 경우에는 계약 당사자가 공동으로 신고한 것으로 봅니다.

4. 「부동산 거래신고 등에 관한 법률 시행규칙」 제6조의5에 따라 주택 임대차 계약 당사자로부터 주택 임대차 계약 변경 신고서의 작성 및 제출을 위임받은 자는 제출인란에 서명 또는 날인해 제출해야 합니다.

5. 「부동산 거래신고 등에 관한 법률 시행규칙」 제6조의3제4항에서 준용하는 제6조의2제9항에 따라 신고인이 변경 사항이 모두 적힌 주택 임대차 변경 계약서를 신고관청에 제출하면 주택 임대차 계약 변경 신고서를 제출하지 않아도 됩니다. 이 경우 신고관청에서 주택 임대차 변경 계약서로 임대차 가격 변경 사항 모두를 확인할 수 없으면 주택 임대차 계약 변경 신고서의 제출을 요구할 수 있습니다.

6. 임대차 가격의 변경이 확정된 날부터 30일 이내에 신고하지 않거나, 거짓으로 신고하는 경우 「부동산 거래신고 등에 관한 법률」 제28조제5항제3호에 따라 100만원 이하의 과태료가 부과됩니다.

작성방법

① 신고필증 관리번호란에는 종전의 주택 임대차 계약 신고에 따라 발급받은 주택 임대차 계약 신고필증에 적힌 관리번호를 적습니다.
② · ③ 임대인 및 임차인의 성명 · 주민등록번호 등 인적사항을 적으며, 주택 임대차 계약의 당사자가 다수의 임대인 또는 임차인인 경우 계약서에 서명 또는 날인한 임대인 및 임차인 1명의 인적사항을 적어 제출할 수 있습니다.
④ 계약 기간란에는 종전에 신고한 주택 임대차 계약의 계약 기간을 적습니다.
⑤ · ⑥ 기존 임대료란에는 종전에 신고한 임대료를 적고, 변경 임대료란에는 변경된 임대료를 적습니다.
⑦ 변경 계약 체결일란에는 주택 임대차 가격의 변경이 확정된 날짜를 적습니다.
※ 같은 임대인과 임차인이 소재지(주소)가 다른 다수의 주택에 대해 일괄하여 체결한 임대차 계약의 가격이 변경된 경우에도 종전에 신고한 임대목적물 건별로 각각 주택 임대차 계약 변경 신고서를 작성해 제출해야 합니다.

처리절차

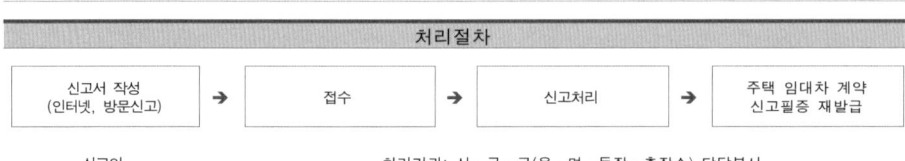

신고인   처리기관: 시 · 군 · 구(읍 · 면 · 동장 · 출장소) 담당부서

■ 부동산 거래신고 등에 관한 법률 시행규칙 [별지 제5호의5서식] <개정 2023. 12. 29.>

부동산거래관리시스템(rtms.molit.go.kr)에서도 신청할 수 있습니다.

주택 임대차 계약 해제 신고서

※ 뒤쪽의 유의사항·작성방법을 읽고 작성하시기 바랍니다. (앞쪽)

접수번호		접수일시		처리기간	지체 없이
①신고필증 관리번호					
②임대인	성명(법인·단체명)		주민등록번호(법인·외국인등록·고유번호)		
	주소(법인·단체 소재지)				
	전화번호		휴대전화번호		
③임차인	성명(법인·단체명)		주민등록번호(법인·외국인등록·고유번호)		
	주소(법인·단체 소재지)				
	전화번호		휴대전화번호		
소재지 (주소)					
④계약 기간	년 월 일 ~ 년 월 일				
계약 체결일	년 월 일		해제사유 발생일	년 월 일	
⑤해제사유					
개업공인 중개사	사무소 명칭		사무소 명칭		
	사무소 소재지		사무소 소재지		
	대표자 성명		대표자 성명		
	등록번호		등록번호		
	전화번호		전화번호		
	소속공인중개사 성명		소속공인중개사 성명		

「부동산 거래신고 등에 관한 법률」 제6조의3 및 같은 법 시행규칙 제6조의3에 따라 위와 같이 주택 임대차 계약 해제 내역을 신고합니다.

년 월 일

신고인
임대인: (서명 또는 인)
임차인: (서명 또는 인)
제출인: (서명 또는 인)
(제출 대행시)

시장·군수·구청장 (읍·면·동장·출장소장) 귀하

첨부서류	1. 주택 임대차 계약 해제 합의서(「부동산 거래신고 등에 관한 법률 시행규칙」 제6조의3제4항에서 준용하는 제6조의2제3항·제9항에 따른 경우만 해당합니다)
	2. 주택 임대차 계약이 해제된 사실을 입증할 수 있는 서류 등(「부동산 거래신고 등에 관한 법률 시행규칙」 제6조의3제2항에 따라 단독으로 신고하는 경우로서 주택 임대차 계약 해제 합의서를 제출하지 않는 경우만 해당합니다)
	3. 단독신고사유서(「부동산 거래신고 등에 관한 법률」 제6조의3제2항 및 같은 법 시행규칙 제6조의3제2항에 따라 단독으로 주택 임대차 계약 해제 신고를 하는 경우만 해당합니다)

(뒤쪽)

유의사항

1. 「부동산 거래신고 등에 관한 법률」 제6조의3제1항 및 같은 법 시행규칙 제6조의3제1항에 따라 주택 임대차 계약 당사자는 이 신고서에 공동으로 서명 또는 날인해 계약 당사자 중 일방 또는 1명이 신고서를 제출해야 하고, 계약 당사자 중 일방이 국가, 지방자치단체, 공공기관, 지방직영기업, 지방공사 또는 지방공단인 경우(국가등)에는 국가등이 신고해야 합니다.
2. 주택 임대차 계약의 당사자가 다수의 임대인 또는 임차인인 경우 계약서에 서명 또는 날인한 임대인 및 임차인 1명의 인적사항을 적어 제출할 수 있습니다.
3. 「부동산 거래신고 등에 관한 법률 시행규칙」 제6조의3제4항에서 준용하는 제6조의2제3항에 따라 주택 임대차 계약 당사자 일방이 이 신고서에 주택 임대차 계약 해제 합의서 또는 주택 임대차 계약이 해제된 사실을 입증할 수 있는 서류 등(주택 임대차 해제 합의서를 작성하지 않은 경우만 해당합니다)을 첨부해 제출하는 경우에는 계약 당사자가 공동으로 신고한 것으로 봅니다.
4. 「부동산 거래신고 등에 관한 법률 시행규칙」 제6조의5에 따라 주택 임대차 계약 해제 신고서의 작성 및 제출을 주택 임대차 계약 당사자로부터 위임받은 자는 제출인란에 서명 또는 날인해 제출해야 합니다.
5. 「부동산 거래신고 등에 관한 법률 시행규칙」 제6조의3제4항에서 준용하는 제6조의2제9항에 따라 신고인이 주택 임대차 해제 합의서를 신고관청에 제출하면 주택 임대차 계약 해제 신고서를 제출하지 않아도 됩니다. 이 경우 신고관청에서 주택 임대차 해제 합의로 주택 임대차 계약 해제 사실을 확인할 수 없으면 주택 임대차 해제 신고서의 제출을 요구할 수 있습니다.
6. 주택 임대차 계약의 해제가 확정된 날부터 30일 이내에 신고하지 않거나, 거짓으로 신고하는 경우 「부동산 거래신고 등에 관한 법률」 제28조제5항제3호에 따라 100만원 이하의 과태료가 부과됩니다.

작성방법

① 신고필증 관리번호란에는 종전의 주택 임대차 계약 신고에 따라 발급받은 신고필증에 적힌 관리번호를 적습니다.
②·③ 임대인·임차인의 성명·주민등록번호 등 인적사항을 적으며, 주택 임대차 계약의 당사자가 다수의 임대인 또는 임차인인 경우 계약서에 서명 또는 날인한 임대인 및 임차인 1명의 인적사항을 적어 제출할 수 있습니다.
④ 계약 기간란에는 종전에 신고한 주택 임대차 계약의 계약 기간을 적습니다.
⑤ 해제사유란에는 해제사유를 간략히 적습니다.
※ 동일한 임대인과 임차인이 소재지(주소)가 다른 다수의 주택에 대해 일괄하여 체결한 임대차 계약이 해제된 경우에도 종전에 신고한 임대목적물 건별로 각각 주택 임대차 계약 해제 신고서를 작성해 제출해야 합니다.

처리절차

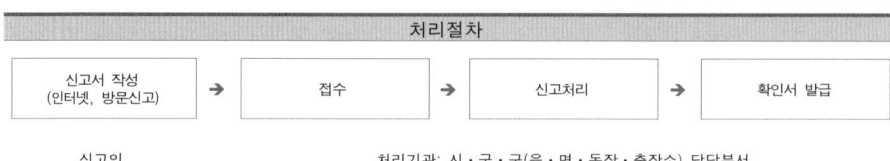

신고인   처리기관: 시·군·구(읍·면·동장·출장소) 담당부서

■ 부동산 거래신고 등에 관한 법률 시행규칙 [별지 제5호의3서식] <개정 2023. 12. 29.>

주택 임대차 계약 신고필증

관리번호	제 호	접수번호	제 호	접수완료일		확정일자번호	제 호

<table>
<tr><td rowspan="3">임대인</td><td colspan="2">성명(법인·단체명)</td><td colspan="2">생년월일(법인·고유번호)</td></tr>
<tr><td colspan="4">주소(법인·단체 소재지)</td></tr>
<tr><td colspan="2">전화번호</td><td colspan="2">휴대전화번호</td></tr>
<tr><td rowspan="3">임차인</td><td colspan="2">성명(법인·단체명)</td><td colspan="2">생년월일(법인·고유번호)</td></tr>
<tr><td colspan="4">주소(법인·단체 소재지)</td></tr>
<tr><td colspan="2">전화번호</td><td colspan="2">휴대전화번호</td></tr>
<tr><td rowspan="4">임대
목적물
현황</td><td colspan="4">종류</td></tr>
<tr><td colspan="4">소재지(주소)</td></tr>
<tr><td colspan="4">건물명(   )   동   층   호</td></tr>
<tr><td>임대 면적(㎡)</td><td>㎡</td><td>방의 수(칸)</td><td>칸</td></tr>
<tr><td rowspan="6">임대
계약내용</td><td rowspan="6">( )
계약</td><td rowspan="2">임대료</td><td>보증금</td><td>원</td><td>변경 보증금</td><td>원</td></tr>
<tr><td>월 차임</td><td>원</td><td>변경 월 차임</td><td>원</td></tr>
<tr><td>계약 기간</td><td colspan="3">년   월   일   ~   년   월   일</td></tr>
<tr><td>체결일</td><td colspan="3">변경 계약 체결일</td></tr>
<tr><td colspan="4">계약갱신요구권 행사 여부</td></tr>
</table>

개업공인 중개사	사무소 명칭		사무소 명칭	
	사무소 소재지		사무소 소재지	
	대표자 성명		대표자 성명	
	등록번호		등록번호	
	전화번호		전화번호	
	소속공인중개사 성명		소속공인중개사 성명	

「부동산 거래신고 등에 관한 법률」 제6조의2제4항, 제6조의3제3항 및 같은 법 시행규칙 제6조의2 제7항, 제6조의3제3항 및 제6조의4제3항에 따라 주택 임대차 계약 신고필증을 발급합니다.

년   월   일

시장·군수·구청장
(읍·면·동장·출장소장)   [직인]

210mm×297mm[백상지(80g/㎡) 또는 중질지(80g/㎡)]

■ 주택임대차계약증서상의 확정일자 부여 및 임대차 정보제공에 관한 규칙[별지 제3호서식] <신설 2013.12.31>

임대차 정보제공 요청서

(앞쪽)

접수번호		접수일자		발급일		처리기간	즉시

신청인	성명(법인명)		주민등록번호(법인등록번호)
	주소(본점 소재지)		휴대전화번호:
			주소지 전화번호:
	☐ 이해관계인(해당사유:) 1. 해당 주택의 임대인·임차인 2. 해당 주택의 소유자 3. 해당 주택 또는 그 대지의 등기기록에 기록된 권리자 4. 「주택임대차보호법」 제3조의2제7항에 따라 우선변제권을 승계한 금융기관 5. 그 밖에 법무부령으로 정하는 자		
	☐ 임대차계약을 체결하려는 자		

요청내용	주택소재지·임대차목적물(건물명, 동, 열, 층, 호수까지 구체적으로 기재합니다)	
	요청기간	____년 __월 __일 ~ ____년 __월 __일
	요청정보	비고
	☐ 확정일자 부여현황 ☐ 확정일자 부여현황(임차인 특정) (임차인 성명: _____) ☐ 확정일자 부여현황(임대인·임차인용) (임차인 성명: _____)	* "확정일자 부여현황"이란 임대차목적물, 임대인·임차인 인적사항, 확정일자 부여일, 차임·보증금, 임대차기간을 말합니다. – 임대인·임차인의 인적사항은 임대차계약 서상의 계약당사자(임대인·임차인)만 요청 가능합니다. * 임차인을 특정하여 임대차 정보제공 요청 시 반드시 임차인 성명을 기재하여야 합니다.
	구분 1. 열람 ( ) 2. 출력물 교부 ( )	

「주택임대차보호법」 제3조의6에 따라 위 주택의 임대차 정보제공을 요청합니다.

년   월   일

신청인 성명   주민등록번호   (서명 또는 인)

읍·면·동장 또는 시·군·구 출장소의 장 / 공증인 ○○○   귀하

210mm×297mm[백상지 80g/㎡]

(뒤쪽)

신청인은 아래 위임받은 자에게 「주택임대차보호법」 제3조의6에 따른 임대차 정보제공 요청 및 출력물 수령에 관한 일체의 권리와 의무를 위임합니다.

년   월   일

위임자   (서명 또는 인)

위임 받은 자	성명	주민등록번호
	신청인과의 관계	전화번호

첨부서류		
신청인의 신분증 제출서류	1. 신청인의 신분을 확인할 수 있는 서류 1부(주민등록증 등 신분증의 제시로 갈음할 수 있습니다) 2. 요청인의 대리인이 요청하는 경우에는 대리인의 신분을 확인할 수 있는 서류 1부(주민등록증 등 신분증의 제시로 갈음할 수 있습니다) 3. 이해관계인임을 입증할 수 있는 서류	수수료 600원
이해관계인	1. 임대인 또는 임차인이 요청하는 경우 임대차계약증서 등 2. 주택 소유자가 요청하는 경우 등기사항증명서 등 3. 해당 주택 또는 그 대지의 등기기록에 기재된 권리자의 경우 등기사항증명서 등 4. 우선변제권을 승계한 금융기관의 경우 채권양도증서 등	
임대차계약을 체결하려는 자	1. 임대인의 동의서 2. 인감증명서, 본인서명사실 확인서 또는 신분증명서 사본	
유의사항		
임대차 정보제공은 「주택임대차보호법」 제3조의6에 따라 신청자가 이해관계인이거나 임대차계약을 체결하고자 하는 자로서 임대인의 동의를 받은 경우에만 허용됩니다.		

■ 주민등록법 시행규칙 [별지 제15호서식] <개정 2024. 12. 20.>

전입세대확인서 열람 또는 교부 신청서

※ 뒤쪽의 유의사항을 읽고 작성하시기 바라며, [ ]에는 해당되는 곳에 "√"표시를 합니다. (앞쪽)

접수번호		접수일자		처리기간	즉시

신청 내용	[ ]전입세대확인서 열람		[ ]전입세대확인서 교부	
개인 신청인	성명 (서명 또는 인)		주민등록번호	
	주소 (시·도) (시·군·구)		연락처	
법인·단체 신청인	명칭		사업자등록번호	
	대표자 (서명 또는 인)		연락처	
	소재지			
	방문자 성명	주민등록번호	연락처	

열람 또는 교부 대상 건물 또는 시설의 소재지	
말소 또는 거주불명 등록된 사람의 성명과 전입일자 표시 여부	표시됨 □ / 표시되지 않음 □
용도 및 목적	

「주민등록법」 제29조의2제1항, 같은 법 시행령 제49조의2제1항 및 같은 법 시행규칙 제14조제2항에 따라 위와 같이 전입세대확인서의 열람 또는 교부를 신청합니다.

년 월 일

신청인 (서명 또는 인)

시장·군수·구청장 또는 읍·면·동장 및 출장소장 귀하

※ 위임장은 위임하여 신청하는 경우에만 작성합니다.

위임장				

「주민등록법」 제29조의2제2항제2호에 따라 위 신청인에게 전입세대확인서의 열람 또는 교부 신청을 위임합니다.

년 월 일

위임한 자 (개인)	성명 (서명 또는 인)		주민등록번호	
	주소		연락처	

위임한 자 (법인·단체)	명칭		사업자등록번호	
	대표자 (서명 또는 인)		연락처	
	소재지			

(뒤쪽)

제출 서류	신청인의 신분증명서 ※ 법인·단체의 경우에는 대표자의 신분증명서, 법인인감증명서 또는 사용인감계를 제출합니다.	수수료
담당 공무원 확인사항	※ 담당 공무원이 행정정보의 공동이용을 통해 확인하는 것에 동의하는 서류 앞의 [ ]에 √ 표를 합니다. [ ] 1. 신청인이 전입세대확인서의 열람 또는 교부 신청을 할 수 있는 자임을 입증하는 「주민등록법 시행규칙」 별표 2에 따른 서류 [ ] 2. 신청인의 수급자 정보, 독립유공자 정보, 국가유공자 정보, 고엽제후유의증환자 정보, 참전군인 정보, 5·18민주유공자정보, 특수임무수행자 정보, 한부모가족 지원대상자 정보를 확인할 수 있는 자료 ※ 담당 공무원이 본인정보 제공 요구 및 공동이용 또는 행정정보 공동이용을 통해 확인하는 것에 동의하는 서류 앞의 [ ]에 √ 표를 합니다. [ ] 3. 신청인의 가족관계증명서(상세)	- 열람: 1건 1회 300원 - 교부: 1통 400원 ※ 「주민등록법」 제29조의2제2항 제3호에 해당하는 경우에는 500원

본인정보 제공 요구서

「민원 처리에 관한 법률」 제10조의2, 같은 법 시행령 제7조의3 및 제7조의4에 따라 공동이용을 위한 본인정보를 위와 같이 신청합니다.

신청인(위임한 사람)   (서명 또는 인)

법원행정처장 귀하

본인정보 공동이용 및 행정정보 공동이용 동의서

[ ] 1. 본인은 이 건 업무 처리와 관련하여 「민원 처리에 관한 법률」 제10조의2에 따른 본인정보 제공 요구를 통해 민원처리기관의 담당자가 전자적으로 본인에 관한 행정정보를 확인하는 것에 동의합니다.

[ ] 2. 본인은 이 건 업무 처리와 관련하여 담당 공무원이 「전자정부법」 제36조제1항에 따른 행정정보의 공동이용(「주택임대차보호법」 제3조의6제2항 후단에 따른 전산처리정보조직의 이용을 포함합니다)을 통해 위의 담당 공무원 확인사항을 확인하는 것에 동의합니다.

※ 신청인이 본인정보 공동이용 또는 행정정보의 공동이용에 동의하지 않거나 본인정보 공동이용 또는 행정정보의 공동이용을 통해 확인할 수 있는 서류가 아닌 경우에는 신청인이 직접 해당 서류를 제출해야 합니다.

신청인(위임한 사람)   (서명 또는 인)

유의 사항

1. '서명 또는 인' 란에는 서명을 하거나 도장을 찍어야 하며 지문은 사용할 수 없습니다. 이 경우 서명을 할 때에는 자필로 한글 성명을 써야 합니다.
2. 외국인등록을 한 외국인 또는 국내거소신고를 한 외국국적동포의 경우 「출입국관리법」 제33조제1항에 따른 외국인등록증 또는 「재외동포의 출입국과 법적 지위에 관한 법률」 제7조제1항에 따른 국내거소신고증을 제시해야 하며, 주민등록번호는 외국인등록번호 또는 국내거소신고번호로 갈음할 수 있습니다.
3. 법인·단체 신청인의 경우에는 '대표자' 란에 대표자가 서명하거나 법인 인감(사용 인감을 포함합니다)을 찍습니다.
4. 동일 신청자가 동일 증명자료에 따라 동일 목적으로 여러 건물 또는 시설의 소재지에 대해 전입세대확인서의 열람 또는 교부를 신청하는 경우에는 「주민등록법 시행규칙」 별지 제15호서식과 별지 제16호서식에 따라 일괄 신청할 수 있습니다. 이 경우 해당 별지 제15호서식과 별지 제16호서식 사이에는 신청인의 확인(간인)이 있어야 합니다.
5. 전입세대확인서의 열람 또는 교부 신청의 위임은 해당 건물 또는 시설의 소유자, 임차인, 임대차계약자 또는 매매계약자 본인만이 할 수 있습니다. 이 경우 위임받아 신청하는 자는 위임장과 본인 및 위임한 자의 신분증명서(법인·단체의 경우에는 대표자의 신분증명서, 법인인감증명서 또는 사용인감계를 말합니다)를 함께 제출해야 합니다.
6. 다른 사람의 서명 또는 도장 등을 위조하거나 부정하게 사용하는 등의 방법으로 신청서 또는 위임장을 거짓으로 작성하는 경우에는 「형법」에 따라 처벌을 받게 됩니다.
7. 확인하려는 전입세대의 주소가 사실과 다르게 기재된 경우에는 전입세대확인서를 통해 해당 전입세대를 확인할 수 없습니다.
8. 외국인 및 외국국적동포는 세대주 또는 주민등록표 상의 동거인이 될 수 없으므로, 외국인 및 외국국적동포의 세대주 및 동거인 여부는 전입세대확인서를 통해 확인할 수 없습니다.
9. 「주민등록법 시행규칙」 제18조제1항에 따른 전입세대확인서 열람 또는 교부 신청 수수료 면제 대상은 다음과 같습니다.
   가. 「주민등록법」 제29조의2제2항제3호마목에 따라 국가나 지방자치단체가 공무상 필요하여 신청하는 경우
   나. 「국민기초생활 보장법」 제2조제2호에 따른 수급자가 신청하는 경우
   다. 재해의 발생 등 행정안전부장관, 시·도지사 또는 시장·군수·구청장이 필요하다고 인정하는 경우
   라. 관계 법령에서 주민등록자료 제공에 대한 수수료를 면제하도록 한 규정이 있는 경우
   마. 「독립유공자예우에 관한 법률」 제6조에 따라 등록된 독립유공자와 그 유족(선순위자만 해당됩니다)이 신청하는 경우
   바. 「국가유공자 등 예우 및 지원에 관한 법률」 제6조에 따라 등록된 국가유공자 등과 그 유족(선순위자만 해당하되, 선순위자가 부 또는 모인 경우에는 선순위자가 아닌 모 또는 부를 포함합니다)이 신청하는 경우
   사. 「고엽제후유의증 등 환자지원 및 단체설립에 관한 법률」 제4조에 따라 등록된 고엽제후유의증환자 등이 신청하는 경우
   아. 「참전유공자 예우 및 단체설립에 관한 법률」 제5조에 따라 등록된 참전유공자 등이 신청하는 경우
   자. 「5·18민주유공자 예우에 관한 법률」 제7조에 따라 등록 결정된 5·18민주유공자와 그 유족(선순위자만 해당하되, 선순위자가 부 또는 모인 경우에는 선순위자가 아닌 모 또는 부를 포함합니다)이 신청하는 경우
   차. 「특수임무유공자 예우 및 단체설립에 관한 법률」 제6조에 따라 등록된 특수임무유공자와 그 유족(선순위자만 해당하되, 선순위자가 부 또는 모인 경우에는 선순위자가 아닌 모 또는 부를 포함합니다)이 신청하는 경우
   카. 「한부모가족지원법」 제5조 또는 제5조의2에 따른 지원대상자가 신청하는 경우
   타. 미성년자인 자녀(가족관계등록부 기록을 기준으로 하고, 조부모와 손자녀로만 구성된 가족의 경우에는 손자녀를 말합니다) 2명 이상을 양육하는 사람이 신청하는 경우
   파. 지방자치단체가 조례로 정하는 경우

■ 주민등록법 시행규칙 [별지 제15호의3서식] <개정 2024. 6. 25.>

전입세대확인서

발급번호					발급일자					
말소 또는 거주불명 등록된 사람의 성명과 전입일자 표시 여부						표시됨 □ / 표시되지 않음 □				
열람 또는 교부 대상 건물 또는 시설 소재지		도로명 주소								
		지번 주소								
세대순번	세대주/ 최초 전입자	성명	전입일자	등록구분	동거인 사항	순번	성명	전입일자	등록구분
		최초 전입자의 전입일자							
	세대주				동거인				
	최초 전입자								
	세대주				동거인				
	최초 전입자								
	세대주				동거인				
	최초 전입자								
	세대주				동거인				
	최초 전입자								

「주민등록법」 제29조의2제1항 및 같은 법 시행규칙 제14조제1항에 따라 해당 건물 또는 시설의 소재지에 주민등록이 되어 있는 세대가 위와 같음을 증명합니다.

년 월 일

시장·군수·구청장 또는 읍·면·동장 및 출장소장   직인

담당자 의견

유의사항

1. 확인하려는 전입세대의 주소가 사실과 다르게 기재된 경우에는 전입세대확인서를 통해 해당 전입세대를 확인할 수 없습니다.
2. 외국인 및 외국국적동포는 세대주 또는 주민등록표 상의 동거인이 될 수 없으므로, 외국인 및 외국국적동포의 세대주 및 동거인 여부는 전입세대확인서를 통해 확인할 수 없습니다.

■ 상가건물 임대차계약서상의 확정일자 부여 및 임대차 정보제공에 관한 규칙 [별지 제4호서식]

임대차 정보제공 요청서

※ 색상이 어두운 난은 신청인이 적지 않습니다.

(앞쪽)

접수번호		접수일자		발급일		처리기간	즉시

요청인	성명(법인명)		주민(법인)등록번호	사업자등록번호
	주소 또는 본점(주사무소) 소재지		휴대전화번호: 주소지 전화번호: 사업장 전화번호	

	☐ 이해관계인 *(해당 번호에 체크)*
	  1. 해당 상가건물의 임대인, 2. 해당 상가건물의 임차인, 3. 해당 상가건물의 소유자
	  4. 해당 상가건물 또는 그 대지의 등기부에 기록된 권리자
	    (환매권자, 지상권자, 전세권자, 질권자, 저당권자, 근저당권자, 임차권자, 신탁등기의 수탁자, 가등기권리자, 압류채권자 및 경매개시결정의 채권자 중 기재)
	  5. 「상가건물 임대차보호법」 제5조제7항에 따라 우선변제권을 승계한 금융기관
	  6. 임대차 정보의 제공에 관하여 법원의 판결을 받은 자			

	☐ 임대차계약을 체결하려는 자			

정보제공 대상	상가건물 소재지(임대차 목적물)		
	상가건물명, 동, 호수 등 임대차계약의 대상이 되는 상가의 범위를 구체적으로 기재합니다.		
	상가건물 중 해당 임대차 대상 부분을 특정할 수 있는 표지		
	'출입문에서 오른쪽 ◯㎡' 등 임대차 대상을 특정할 수 있도록 구체적으로 기재합니다.		
	등기 기록상 소유자	주민(법인)등록번호	
		사업자등록번호	

제공방법	1. 열람 (　　　)	2. 출력물 교부 (　　　)

「상가건물 임대차보호법」 제4조에 따라 위 건물 임대차에 대한 정보제공을 요청합니다.

년　　월　　일

요청인 성명　　（서명 또는 인）

○○○ 세무서의 장　귀하

210mm×297mm[백상지 80g/㎡]

(뒤쪽)

아래 난은 대리인에게 임대차 정보제공 요청을 위임하는 경우 적습니다.

요청인은 아래 위임받은 자에게 「상가건물 임대차보호법」 제4조에 따른 임대차 정보제공 요청 및 열람, 출력물 수령에 관한 일체의 권리와 의무를 위임합니다.

년 월 일

위임자 (서명 또는 인)

위임 받은 자	성명	주민등록번호
	신청인과의 관계	전화번호

아래 난은 '임대차 계약을 체결하려는 자'가 임대차 정보제공을 요청할 경우 임대인이 동의를 해 주었음을 확인하는 난입니다(별도 서식으로도 가능합니다).

임대인은 아래 임대차계약을 체결하려는 자의 「상가건물 임대차보호법」 제4조에 따른 임대차 정보제공 요청 및 열람, 출력물 수령에 관하여 동의합니다.

년 월 일

임대인 (서명 또는 인)

임대인	성명	주민(법인)등록번호
		전화번호
임대차계약을 체결하려는 자	성명	주민(법인)등록번호
		전화번호

첨부서류
1. 주민등록증, 운전면허증, 여권 또는 외국인등록증 등 요청인(대리인 포함)의 신분을 확인할 수 있는 서류 2. 이해관계인임을 증명할 수 있는 서류 3. 임대차계약을 체결하려는 자의 경우 임대인의 동의서 및 임대인의 신분을 확인할 수 있는 신분증 사본 등
유의사항
1. 임대차 정보제공은 「상가건물 임대차보호법」 제4조에 따라 요청자가 이해관계인이거나 임대차계약을 체결하려는 자로서 임대인의 동의를 받은 경우에만 허용됩니다. 2. 관할 세무서 아닌 세무서에 임대차 정보제공 요청서를 제출하더라도 관할 세무서장으로부터 임대차 정보를 제공받을 수 있습니다. 3. 정보제공 요청은 「상가건물 임대차보호법」 제2조제1항 단서에 따른 보증금액을 초과하지 않는 임대차의 경우에 가능합니다.

■ 상가건물 임대차계약서상의 확정일자 부여 및 임대차 정보제공에 관한 규칙 [별지 제1호서식]

확정일자 신청서

※ 색상이 어두운 난은 신청인이 적지 않습니다.

(앞쪽)

접수번호		처리기간	즉시	
임차인 (신청인)	성명(법인명)	주민(법인)등록번호		
	상호	사업자등록번호		
	주소(본점)	전화번호		휴대전화번호
임대인	성명(법인명)	주민(법인)등록번호		
	주소(본점)	전화번호		휴대전화번호
임대차 계약내용	상가건물 소재지(임대차 목적물) *상가건물명, 동, 호수 등 구체적으로 기재*			
	계약일	임대차기간		
	보증금	차임		
	면적(㎡) ㎡	확정일자번호		

※ 아래 난은 대리인에게 확정일자 신청을 위임하는 경우 적습니다.

신청인은 아래 위임받은 자에게 확정일자 신청에 관한 사항을 위임합니다.

위임 받은 자	성명	주민등록번호
	신청인과의 관계	전화번호

「상가건물 임대차보호법」 제5조제2항에 따른 확정일자를 신청합니다.

년   월   일

신청인   (서명 또는 인)

위임받은 자   (서명 또는 인)

세무서장 귀하

첨부서류	1. 상가건물 임대차계약서 원본 2. 주민등록증, 운전면허증, 여권 또는 외국인등록증 등 신청인(또는 대리인)의 신분을 확인할 수 있는 서류 3. 상가건물의 일부분을 임차한 경우 상가건물 도면(뒷면 상가건물 도면 양식 또는 별지로 제출)

유의사항

1. 임차한 상가건물이 주로 사업에 이용되는 경우만 신청대상이며, 주로 주거에 이용되는 경우에는 「주택임대차보호법」에 따라 신청하여야 합니다.
2. 「상가건물 임대차보호법」의 적용을 받기 위해서는 임차부동산의 소재지를 사업자등록증상의 사업장소재지 등 공적 장부상 소재지와 일치되도록 적어야 합니다.
3. 「상가건물 임대차보호법」 제2조제1항 단서에 따른 보증금액을 초과하는 임대차의 경우 확정일자 부여를 신청할 수 없습니다.

210mm×297mm[백상지 80g/㎡]

(뒤쪽)

상가건물 도면

※ 상가건물의 일부분을 임차한 경우에는 상가건물 도면을 제출해야 합니다.

임차인 (신청인)	성명(법인명) <div style="text-align:right">(서명 또는 인)</div>	주민(법인)등록번호	
	상호	사업자등록번호	
	주소(본점)	전화번호	휴대전화번호

[도 면]

작성요령 1. 상가건물의 전체면적(㎡)과 해당 임차부분의 면적(㎡) 등을 표시합니다.
         2. 평면도 등으로 작성하며, 통로·주출입구 등을 표시합니다.
         3. 해당 임차부분을 빗금으로 표시합니다.
         4. 임대차목적물의 면적이 변동된 경우 최종 총면적과 위치를 표시합니다.
         5. 상가건물의 형상, 길이, 위치 등을 적어 위 도면으로 제3자가 해당 임차건물의 위치를 정확히 인지할 수 있도록 작성해야 합니다.

■ [별지 제95호서식] <개정 2024. 3. 22.>

미납국세 등 열람신청서 [ ]주택임차 [ ]상가임차

(앞쪽)

접수번호	접수일		처리기간 즉시
임차인 (임차하여 사용하려는 자 포함)	성명(상호)		주민등록번호(사업자등록번호)
	주소(사업장)		전화번호
임대인	성명(상호)		주민등록번호(사업자등록번호)
	주소(사업장)		전화번호

임차 건물 소재지(건물의 종류·명칭 및 동·열·층·호 등 구체적으로 기재)

[ ] 임대인의 동의가 필요한 경우	「국세징수법」 제109조제1항에 따라 위 임차인(임차하여 사용하려는 자 포함)에게 본인의 미납국세 등에 대한 열람을 동의합니다. 년 월 일 임대인 (서명 또는 인)
[ ] 임대인의 동의가 필요하지 않은 경우	※ 「국세징수법」 제109조제2항 전단 및 같은 법 시행령 제97조제2항에 따라 임대차계약에 따른 보증금이 1천만원 초과인 경우를 말합니다.

「국세징수법」 제109조에 따라 위 임대인의 미납국세 등에 대한 열람을 신청합니다.

년   월   일

신청인   (서명 또는 인)

세무서장 귀하

첨부서류	1. 임대인 및 신청인의 신분을 증명하는 서류(주민등록증 또는 운전면허증 사본 등) 1부 2. 임대차계약 체결 사실을 증명하는 서류(임대차계약서 사본) 1부 (「국세징수법」 제109조제2항 전단에 따라 임대인의 동의 없이 신청하는 경우만 제출합니다.	수수료 없음

유의사항

1. 「국세징수법」 제109조에 따른 미납국세 등의 열람 신청은 임대차 기간이 시작하는 날까지 할 수 있습니다.
2. 각 세법에 따른 과세표준 및 세액의 신고기한까지 임대인이 신고한 국세 중 납부하지 않은 국세에 대해서는 신고기한부터 30일(종합소득세의 경우 60일)이 경과한 때부터 열람이 가능하며, 납부하지 않은 각 국세별 금액이 50만원 이하인 소액국세의 경우 열람 시점과 미납부 세액 검증 및 전산 입력 시점 간 시차로 인하여 조회 내역서에 일부 표시되지 않을 수도 있습니다.
3. 「국세징수법」 제109조제2항 전단에 따라 임대인의 동의 없이 미납국세 등의 열람을 신청한 경우에는 같은 항 후단에 따라 그 열람 내역이 임대인에게 통지됩니다.

210mm×297mm[백상지 80g/㎡ 또는 중질지 80g/㎡]

418 부동산 사법

(뒤 쪽)

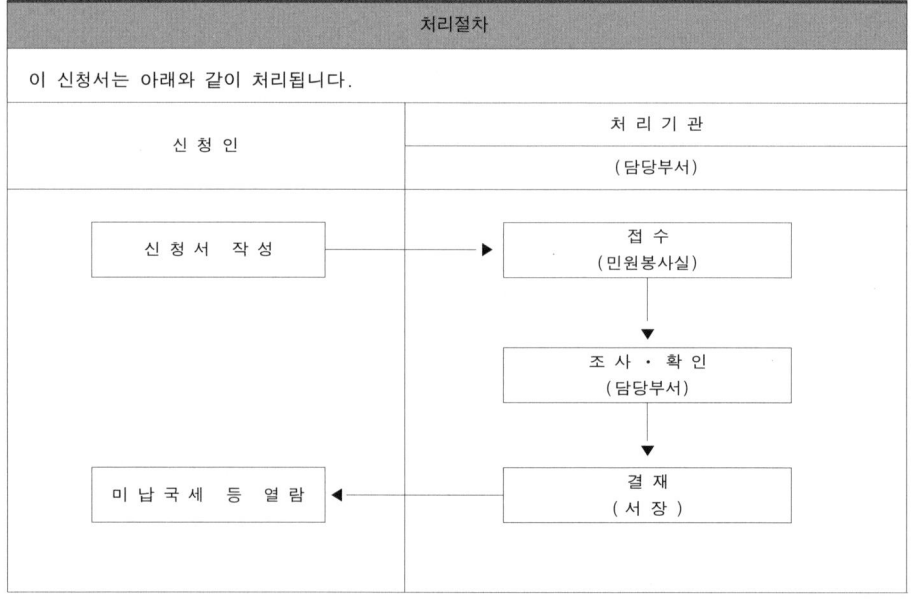

■ [별지 제94호서식] <개정 2023. 3. 20.>

납세증명서

※ 색상이 어두운 난은 신청인이 작성하지 않습니다.

발급번호			처리기간	즉시 (단, 해외이주용 10일)
납세자 인적사항	성명(상호)		주민등록번호(사업자등록번호)	
	주소(사업장)			

증명서의 사용목적	[ ] 대금수령 [ ] 해외이주 [ ] 기타

증명서의 유효기간	유효기간	년 월 일
	유효 기간을 정한 사유	[ ] 「국세징수법 시행령」 제96조제1항 [ ] 기타 (사유:)

연장·유예 내역 (단위: 원)	연장·유예 종류	연장·유예 기간	과세기간	세목	납부기한	세액	가산금

물적납세의무 체납내역 (단위: 원)	위탁자☒도담보설정자		과세기간	세목	납부기한	세액	가산금

「국세징수법」 제108조 및 같은 법 시행령 제95조에 따라 발급일 현재 위의 연장·유예액 또는 「국세기본법」 제42조,「종합부동산세법」 제7조의2·제12조의2 또는 「부가가치세법」 제3조의2에 따른 양도담보권자 또는 수탁자의 물적납세의무와 관련된 체납액을 제외하고는 다른 체납액이 없음을 증명합니다.

※ 발급일 현재 지정납부기한이 도래하지 않은 미납국세는 체납액이 아니므로 증명 대상에서 제외됨.

담당부서		년 월 일
담당자		
연락처		세 무 서 장 직인

210mm×297mm[백상지 80g/㎡ 또는 중질지 80g/㎡]

■ 지방세징수법 시행규칙 [별지 제2호서식] <개정 2023. 3. 31.>

미납지방세 등 열람신청서   [ ]주택임차
[ ]상가임차

※ 색상이 어두운 칸은 신청인이 작성하지 않으며, [ ]에는 해당되는 곳에 √표를 합니다.

접수번호		접수일		처리기간	즉시
임차인	성명(법인명)			주민(법인·외국인)등록번호	
	주소(영업소)				
	전화번호 (휴대전화:)			전자우편주소	
임대인	성명(법인명)			주민(법인·외국인)등록번호	
	주소(영업소)				
	전화번호 (휴대전화:)			전자우편주소	
임차할 건물 소재지 (건물의 종류·명칭 및 동·열·층·호 등을 구체적으로 기재합니다)					

「지방세징수법」 제6조 및 같은 법 시행령 제8조에 따라 위와 같이 미납지방세 등의 열람을 신청합니다.

년   월   일

신청인   (서명 또는 인)

지방자치단체의 장 귀하

첨부서류	1. 임대인의 동의를 증명할 수 있는 서류(아래의 임대인 동의서로 갈음할 수 있으며, 「지방세징수법」 제6조제1항 전단에 따라 임대인의 동의를 받아 미납지방세 등 열람을 신청하는 경우에만 제출합니다) 2. 임대차계약 사실을 증명할 수 있는 서류 1부(「지방세징수법」 제6조제3항 전단에 따라 임대인의 동의 없이 미납지방세 등 열람을 신청하는 경우에만 제출합니다) 3. 임차인의 신분을 증명하는 서류 1부	수수료 없음

임대인 동의서

「지방세징수법」 제6조제1항에 따라 위 임차인이 본인의 미납지방세 등을 열람하는 것에 동의합니다.

년   월   일

임대인   (서명 또는 인)

※ 이 동의서는 「지방세징수법」 제6조제1항에 따라 임대인의 미납지방세 등의 열람을 신청하는 경우에만 작성합니다.

유의사항

1. 임차인이 임대인의 동의를 받아 임대인의 미납지방세 등의 열람을 신청할 수 있는 기한은 건물에 대한 임대차계약을 하기 전까지 또는 임대차계약을 체결하고 임대차기간이 시작되는 날까지입니다.
2. 임차인이 임대인의 동의 없이 임대인의 미납지방세 등의 열람을 신청할 수 있는 기한은 임대차계약을 체결하고 임대차기간이 시작되는 날까지입니다.

210mm×297mm[백상지(80g/㎡) 또는 중질지(80g/㎡)]

부록_서식

지방세 납세증명(신청)서
Local Tax Payment Certificate (Application)

■ 지방세징수법 시행규칙 [별지 제1호서식] <개정 2024. 12. 31.> 정부24(www.gov.kr)에서도 신청할 수 있습니다.

(앞쪽)

발급번호 Issuance No.		접수일시 Time and Date of receipt	처리기간 Processing Time	즉시 Immediately
납세자 Taxpayer	성명(법인명) Resident Name (Corporation Name)		주민(법인·외국인)등록번호 Resident (Corporation·Foreign) Registration No.	
	주소(영업소) Resident Address (Business Address)			
	전화번호(휴대전화) Phone No. (Mobile Phone No.)			
증명서의 사용 목적 Purpose of Certificate	[ ] 대금수령 Billing	대금 지급자 Payer		
	[ ] 해외이주 Emigration	이주번호 Emigration No.	해외이주 신고일 Date of the Report	년 월 일 Year Month Day
	[ ] 부동산 신탁등기 Registration for Real Estate Trust	신탁 부동산의 표시 (소재지, 건물명칭 및 번호) Information of Real Estate Trust (Location, Building Name and No.)		
	[ ] 그 밖의 목적 Others			
증명서 신청부수 Copies of Certificate				부 Copy (Copies)

「지방세징수법」 제5조 및 같은 법 시행령 제6조제1항에 따라 발급일 현재 「지방세징수법 시행령」 제2조 각 호의 금액을 제외하고는 다른 체납액이 없음을 증명하여 주시기 바랍니다.
Please certify that there are no other taxes on arrears as of the date of issuance except for the amounts stipulated in each subparagraph of Article 2 of the Enforcement Decree of the Local Tax Collection Act in accordance with Article 5 of the Local Tax Collection Act and Article 6 (1) of its Enforcement Decree.

년(Year) 월(Month) 일(Day)

신청인(납세자)
Applicant (Taxpayer)   (서명 또는 인)
                                      (Signature or Stamp)

징수유예등 또는 체납처분유예 등 명세 Deferred Tax Collection or Deferred Disposition of Tax on Arrears

유예종류 Type of Deferment	유예기간 Period of Deferment	과세연도 Tax Year	세목 Tax Item	납부기한 Due Date for Tax Payment	지방세 Tax Amount	가산금 Penalty Tax

물적납세의무 체납 명세 Tax-in-kind Liabilities in Tax Arrears

위탁자·양도담보설정자·명의신탁자 Trustor·Debtor in Security Interest· Title Truster	과세연도 Tax Year	세목 Tax Item	납부기한 Due Date for Tax Payment	지방세 Tax Amount	가산금 Penalty Tax

「지방세징수법」 제5조 및 같은 법 시행령 제6조제2항에 따라 발급일 현재 「지방세징수법 시행령」 제2조 각 호의 금액을 제외하고는 다른 체납액이 없음을 증명합니다.
I hereby certify that there are no other taxes on arrears as of the date of issuance except for the amounts stipulated in each subparagraph of Article 2 of the Enforcement Decree of the Local Tax Collection Act in accordance with Article 5 of the Local Tax Collection Act and Article 6 (2) of its Enforcement Decree.

1. 증명서 유효기간: 년(Year) 월(Month) 일(Day)
   Validity Period:
2. 유효기간을 정한 사유:
   Reason for validity Period:

년(Year) 월(Month) 일(Day)

지방자치단체의 장   직인
Mayor · County Chief · District Chief

(뒤쪽)

담당 공무원 확인사항 Matter to be confirmed by the official in charge	해외이주 신고 확인서 사본 1부 (해외이주여권 발급 신청의 경우) Copy of Emigration Report Notification (In case you are applying for an Emigration passport)	수수료 없음 Free of Charge

동의서 (Consent)

본인은 이 건 업무 처리와 관련하여 담당 공무원이 「전자정부법」 제36조제1항에 따른 행정정보의 공동이용을 통하여 위의 담당 공무원 확인 사항을 확인하는 것에 동의합니다. * 담당 공무원의 확인에 동의하지 아니하는 경우에는 신청인이 직접 관련 서류를 제출하여야 합니다.

I hereby agree that the official in charge will verify the above 'Matter to be confirmed by the official in charge' through the co-use of administrative information according the Article 36 (1) of the E-Government Act in relation to the processing of this application.

*If the applicant does not agree to the verification by the official in charge, the applicant must submit the relevant document directly.

납세자
Taxpayer

(서명 또는 인)
(Signature or Stamp)

참고문헌

[문헌과 그 표시례]

강태성, 민법총칙(제10판), 대명출판사, 2020 → 강태성, 민법총칙
　　　, 물권법(제10판), 대명출판사, 2020 → 강태성, 물권법
곽윤직 · 김재형, 민법총칙(제9판), 박영사, 2017 → 곽윤직 · 김재형, 민법총칙
　　　　　　, 물권법(제8판 (전면개정) 보정), 박영사, 2016 → 곽윤직 · 김재형, 물권법
곽윤직, 채권총론(제6판), 박영사, 2012 → 곽윤직, 채권총론
　　　, 채권각론(제6판), 박영사, 2011 → 곽윤직, 채권각론
김상용, 민법총칙(제3판), 화산미디어, 2014 → 김상용, 민법총칙
　　　, 물권법(제4판), 화산미디어, 2018 → 김상용, 물권법
　　　, 채권총론(제3판), 화산미디어, 2016 → 김상용, 채권총론
　　　, 채권각론(제3판), 화산미디어, 2016 → 김상용, 채권각론
김주수 · 김상용, 민법총칙(제6판), 삼영사, 2012 → 김주수 · 김상용
김증한 · 김학동, 민법총칙(제10판), 박영사, 2013 → 김증한 · 김학동
백태승, 민법총칙(제7판), 집현재, 2016 → 백태승
양형우, 민법의 세계(제11판), 피앤씨미디어, 2019 → 양형우
윤철홍, 물권법(개정판), 법원사, 2013 → 윤철홍
송덕수, 민법총칙(제5판), 박영사, 2020 → 송덕수, 민법총칙
　　　, 물권법(제4판), 박영사, 2019 → 송덕수, 물권법
　　　, 채권총론(제5판), 박영사, 2020 → 송덕수, 채권총론
　　　, 채권각론(제4판), 박영사, 2019 → 송덕수, 채권각론
이영준, 한국민법론(총칙편), 박영사, 2004 → 이영준, 한국민법론
　　　, 물권법, 박영사, 2009 → 이영준, 물권법
이은영, 민법총칙(제5판), 박영사, 2009 → 이은영, 민법총칙
　　　, 물권법(제4판), 박영사, 2006 → 이은영, 물권법
　　　, 채권총론(제4판), 박영사, 2009 → 이은영, 채권총론
　　　, 채권각론(제5판), 박영사, 2007 → 이은영, 채권각론
전병서, 민사집행법, 박영사, 2024 → 전병서

색인

|ㄱ|

가계약금 142
가등기 26
가등기담보 355
가등기담보권 355
가등기담보의 실행 358
가등기의 가등기 27
가등기의 효력 39
간이변제 충당 320
간접의무 8
강제경매 62
개축 84
건물 19
건축물대장 25
견련성 319
경매 62, 179
경매에 의한 실행 360
경매청구권 223
계약갱신요구권 300
계약갱신청구권 241
계약금 143, 144
계약명의신탁 110
계약의 해제 181
계약해제 148, 149, 151
계약해지 310
공경매 62, 179
공동저당권 344
공시의 원칙 22
공신의 원칙 23
공용부분 123
공용징수 62
공유 93
공유물의 관리 99
공유물의 보존행위 95
공유물의 분할 100
공유물의 사용, 수익 99
공유물의 처분, 변경 100
과반수지분권자 95

과실 327
과실수취권 321
관련성 319
관리단 130, 132
관리단집회 125, 130
관리비채권 130
관리인 130
관습법 4
관습법상 법정지상권 206
광물 46
교환 136
구분건물 122
구분소유 19, 47, 122
구분소유권 47, 122
구분의사 19
구분지상권 205
구분행위 19, 122
국유재산 64
권리 8
권리금 262, 305
권리금 계약 305
권리금의 회수 305
권리금 회수 기회 보호 306
권리금 회수 방해 307
권리남용 90, 159
권리남용금지의 원칙 16
권리변동의 등기 26
권리 변동적 효력 36
권리의 하자 170
권리취득에 의한 실행 358
규약 133
규칙 4
근저당권 351
금반언 13
기한의 이익 상실 341
긴급명령 3

|ㄴ|

농작물 21

|ㄷ|

담보가등기 27, 355

담보권실행경매 62
담보물권 317
담보제도 316
담보지상권 85
담보책임 170
대금지급 의무 161
대리인에 의한 신청 28
대법원 규칙 3
대상청구권 166
대위신청 28
대장 25
대지사용권 124
대항력 272
대항적 효력 37
동산 담보물권 316
동시배당 346
동시이행의 항변권 153
등기 23
등기권리자 27
등기명의신탁 108
등기부 24
등기부의 열람 25
등기부 취득시효 74
등기부취득시효 116
등기비용 151
등기사무 24
등기원인을 증명하는 정보 29
등기의무자 27
등기의 신청 27
등기의 실행 32
등기인수청구권 33
등기청구권 33, 68, 73
등기필정보 30

|ㅁ|

매도인의 담보책임 169, 170
매도청구권 125
매매 137
매매의 예약 139
면책적 채무인수 260
명령 3
명의신탁 106
모순행위 금지의 원칙 13

무과실 77
무과실책임 169
무한정적 포괄적 근저당권 354
묵시의 갱신 226
묵시적 갱신 281, 304
물건의 하자 175
물권 22, 42
물권법정주의 42
물권적 청구권 86, 339
물상대위 328
물상 보증인 325
물상보증인 349
물상보증인의 공동부담 347
물적 담보제도 316
미등기 전세 264
미분리 과실 21

|ㅂ|

바닥권리금 305
방문신청 28
방해 90
배우자 명의신탁 116
법률 3
법률적 장애 176
법리 13
법원 2
법인 아닌 사단 104
법정갱신 218, 226
법정담보물권 228, 317
법정저당권 228
법정지상권 202, 219, 334, 358
법정질권 228
법정해제권 182
보존등기 26
보증금 256, 282
보증금반환청구권 259
보증금반환청구 소송 289
보증금의 범위 293, 300
보증금의 우선변제 284, 298
본등기 26
부담분배 346
부당이득 83
부당이득반환청구 98

부동산 18
부동산 거래 신고 151
부동산 담보물권 316
부속물 237
부속물 매수청구권 223
부속물매수청구권 237
부종성 212
부합 80
부합물 82, 327
분묘기지권 209
분양자 133
분양자의 담보책임 133
분할 18
불가분성 212, 329
불문법 4
불법원인급여 109
불법행위 72, 98
불완전이행 186
불특정물 매매 177
비용상환청구권 235, 322
비전형담보 355

|ㅅ|

사업자등록 298
사원총회 105
사정변경의 원칙 11, 186
3자간 명의신탁 109
상가건물임대차 297
상가건물임대차분쟁조정위원회 313
상계 158
상린관계 47, 220
상속 62
상호명의신탁 116
상환급부판결 158
생활방해 금지 48
선례구속 7
선이행의무자 155
성문법 3
소급효 189
소멸시효 63, 130
소수지분권자 96
소액보증금의 최우선 변제 292
소액사건심판법 296

소유권 44
소유권 절대의 원칙 44
소유물반환청구권 87
소유물방해예방청구권 91
소유물방해제거청구권 89
손해배상 250, 316
손해배상액의 예정 145
손해배상의무 278
손해배상청구 340
손해배상청구권 98
수거허용청구권 92
수동채권 158
수령지체 160
수목 21
수탁자 106, 109
순위승진의 원칙 331
순위 확정적 효력 37
승역지 211
시공자의 담보책임 133
시설권리금 305
시효 63
시효중단 69
시효취득 213
신뢰이익 193
신의성실의 원칙 9
신청정보 29
신탁자 106, 109
실행통지 358
실효의 원칙 14, 194
쌍무예약 140
쌍방예약 140

|ㅇ|

약정담보물권 325
약정해제권 181
양도담보 360
양수인 275
연기적 항변권 158
영업권리금 305
예비등기 26
예약완결권 141
완전물급부청구권 178
요물계약 143

요역지 211
용익권 333
우선변제권 223, 286
우선변제청구권 358
원상회복의무 191, 223
원시취득 74
2자간 명의신탁 108
2차 점유취득시효 71
위약금 144
위약벌 144
위임명령 3
위험부담 159
유익비 235
유익비상환청구권 223, 235
유저당 332
유치 319
유치권 317
유치물 사용권 321
의무 8
이시배당 347
이행거절권 158
이행불능 166, 186
이행이익 193
이행인수 260
이행지체 163, 168, 182
이행청구권 166
인감증명 31
인적 담보제도 316
인지사용청구권 48
일괄경매청구권 336
일물일권주의 42
일반건축물대장 25
일반명령 3
일반재산 64
일반조항 10, 15
일방예약 140
임대인의 담보책임 231
임대인의 손해배상의무 309
임대인의 수선의무 229
임대차 224
임대차보증금반환채권 288
임야대장 25
임의경매 330
임차권 233

임차권등기 233
임차권등기명령 291, 299
임차권의 대항력 233, 266
임차권의 양도 252
임차물의 전대 252
임차인의 계약갱신요구권 277
임차인의 반환불능 250
임차인의 정보제공의무 310
입목 21
입주자대표회의 131, 132
입찰 179

|ㅈ|

자동채권 158
자주점유 66
재건축 결의 126
재매매예약 198
재산권 이전의무 165
저당권 325
저당권부 채권의 양도 341
저당권 양도 342
저당권의 처분 341
저당권 침해 339
저당물보충청구권 341
저당부동산 327
전세권 216
전세권의 담보제공 220
전세권의 양도 220
전세권의 처분 220
전세금 217
전세금증감청구권 221
전유부분 123
전입신고 267
전자신청 28
전전세 221
전형적인 명의신탁 108
절대권 22
점유기간의 기산점 67
점유보조자 88
점유의 승계 67
점유자의 선의 77
점유취득시효 64
제3자 190

제3취득자 338
제척기간 178
제한물권 44
조례 4
조리 6
조약 3
조합체 102
종교단체 명의신탁 116
종국등기 26
종물 327
종원 6
종중 6, 106
종중 부동산의 명의신탁 116
주민등록 267
주민등록의 계속 268
주민등록의 특정 270
주위토지통행권 51
주택의 인도 266
주택임대차 264
주택임대차분쟁조정위원회 296
주택 임차권의 승계 294
중간생략명의신탁 109
즉시변제청구권 341
증감청구권 282, 311
증액청구 282
증약금 144
증여 136
증축 84
지분 94, 103
지분권자 95
지분의 비율 94
지분의 처분 94
지분의 탄력성 99
지상권 201
지상물매수청구권 204, 241
지역권 211
지역권리금 305
지적공부 18
집합건물 122
집합건축물대장 25
집행권원 288
집행명령 3

|ㅊ|

차순위저당권자 347
차임 282
차임 연체 310
차임증액청구권 227
차임지급청구권 227
채권양도 342
채권자 위험부담주의 160
채권자 평등의 원칙 316
채권적 전세 216
채무자 위험부담주의 159
책임재산 316
철거권 236
첨부정보 29
청산 359
체납관리비 129
총유 104
추정적 효력 37
취득시효 63
취득시효 5원칙 69
취득시효의 정지 79
취득시효의 중단 78
취득시효이익의 포기 79

|ㅌ|

타주점유 116
토지 18
토지대장 25
토지소유권의 범위 45
토지의 정착물 19
토지 임차권의 대항력 234
통행지역권의 시효취득 213
특정물 매매 177

|ㅍ|

판결 62
판례 7
편무예약 140
평온·공연한 점유 67
포괄근저당권 354
피담보채권 326

필요비 235
필요비상환청구권 235

| ㅎ |

하자 176
하자담보책임 175
한정적 포괄근저당권 354
합병 18
합유 102
해약금 146, 147
해제권의 불가분성 189
해제기간 148
헌법재판소 결정 7
확정일자 284
확정일자부여기관 284
환가대금 287
환매 195, 198
환매기간 196
환매대금 196
후순위 저당권자 대위 347

저자약력

약력
- 경북대학교 법과대학 공법학과 졸업(법학사)
- 경북대학교 일반대학원 법학과 석사과정 졸업(법학석사)
- 독일 키일(Kiel)대학교 법학과 박사과정 졸업(법학박사)
- 변호사시험, 경찰공무원 경력채용시험 출제위원
- 감정평가사, 공인노무사, 주택관리사, 공인중개사 등 각종 국가자격시험위원
- 한국재산법학회, 민사법의 이론과 실무학회 등 이사
- 경상북도 소청심사위원회 위원
- 대구광역시 소청심사위원회 위원
- 대한법률구조공단 주택·상가건물 임대차분쟁조정위원회 위원 등

주요 저서 및 논문
- Rechtliche Aspekte der elektronischen Willenserklärung im deutschen und koreanischen Recht - eine Untersuchung vor dem Hintergrund des Eropäischen Rechts und des E-Commerce-Rechts von UNCITRAL -
- 상가건물 임차인의 계약갱신요구권과 권리금회수 기회보호 -계약갱신요구권 행사기간 연장에 따른 법적 이해관계 -
- 명의신탁과 불법원인급여 성립 여부
- 연명의료결정법과 연명의료중단 -연명의료 결정에 관한 독일법과의 비교를 중심으로-
- 전자적 법률행위 방식의 민법전 편입 검토 - 독일의 법률행위 방식과의 비교를 중심으로 -
- 부동산점유취득시효의 기산점에 관한 판례의 통일적 해석
- 사전의료지시의 구속력에 관한 독일법과의 비교법적 고찰
- 동산담보권이 설정된 동산의 선의취득과 동산담보권 보호

부동산 사법(제2판) - 생활속의 부동산과 법률

초판 발행 / 2020년 12월 30일
제2판 발행 / 2025년 3월 5일

글쓴이 / 장병주
펴낸이 / 박준성
펴낸곳 / 준커뮤니케이션즈
등록일 / 2004년 1월 9일 제25100-2004-1호
주   소 / 대구광역시 중구 봉산동 217-16 삼협빌딩 3층
홈페이지 / www.jbooks.co.kr
전   화 / (053)425-1325
팩   스 / (053)425-1326

ISBN 979-11-6296-056-1 93360

값 22,000원

※파본은 바꿔 드립니다. 본서의 무단복제행위를 금합니다.